서울대학교 교육학총서 3

학문과 교육【하】

교육적 인식론이란 무엇인가

장 상 호

서울대학교출판문화원

본 도서는 서울대학교 사범대학 교육연구재단의 1998년도 저술 · 번역 연구비 지원을 받아 간행되었음.

간 행 사

대학에서 한 학문분야를 가르치고 연구할 수 있는 학과와 연구소를 설치한다는 것은 학문이 독립적으로 발전할 수 있는 기반을 마련하는 데 필수적인 요건이다. 서울대학교의 교육학과는 1946년 10월 서울대학교의 창립과 함께 사범대학의 한 학과로 설치되었으며, 교육연구소는 1963년 10월 교육이론 및 교육실제의 문제를 전문적으로 연구하여 우리 나라 교육의 발전에 기여함을 목적으로 설립되었다.

서울대학교 교육연구소의 교육학 전문서 편찬사업의 일환으로 발간되는 "서울대학교 교육학총서"는 우리 나라 교육학을 세계적인 수준으로 끌어올림과 동시에 교육학 분야의 지적 자산을 축적하기 위한 것이다. 이 총서는 단지 서양의 교육이론을 소개하는 책이 아니라 저자 자신의 연구 · 분석과 이론체계를 반영한 것으로서 우리 나라 교육학의 발전과정을 여실히 보여줄 것이다. 따라서 이 총서는 교재용 개론서가 아니라 이론적인 포괄성을 지닌 연구서적인 것이다.

서울대학교 교육학총서가 우리 나라 교육학 발전의 견인차 역할을 담당하고, 교육학에 관심있는 사람들에게 필독서가 될 수 있기를 기대한다.

2000. 5.

서울대학교 교육연구소 교육학총서 기획위원

머 리 말

본서는 저자가 그 동안 《학문과 교육》이라는 표제로 다루어 온 시리즈 작업의 마지막에 해당한다. 여기에 진입하기 위해서 우리는 그 동안 먼 길을 걸어 왔다. 우선 첫 작업인 《상권》에서 "학문이란 무엇인가?" 하는 문제를 해결하려고 하였다. 그 연장선상에서 분과학문의 조건과 성격을 규정하였다. 이를 배경으로 《중권》에서는 "교육이란 무엇인가?"라는 주제를 내놓고 현존하는 교육학이 갖는 분과학문으로서의 근원적 취약성을 드러낼 수 있었으며, 그 결과 교육을 새롭게 규정하는 시도가 이루어졌다. 이제 시리즈의 마지막 작업인 본서는 그 새로운 교육관에 의해 규정되는 교육적 현상이 학문과 연관될 수 있는 측면을 탐구하려고 시도되었다. 그 작업의 결과가 바로 "교육적 인식론이란 무엇인가?"라는 주제로 요약된 것이다.

학문의 발전에서 두드러진 현상의 하나는 다양한 분과학문의 출현이다. 학문은 바야흐로 횡적인 다원화의 시대를 맞이하고 있으며, 스스로 다원화된 분과학문의 반성적인 탐구대상이 되고 있다. 예컨대, 철학, 심리학, 사회학 등이 그 나름의 해석적인 맥락에서 학문의 제반 측면을 설명하여 왔다. 분석철학은 주로 인식론을 중심으로 명제가 어떤 형식을 갖추며 어느 경우에 진리의 지위를 차지하는가를 논의한다. 학습심리학은 어떻게 지식이 자극과 반응의 연합을 통해서 유기체 내부에서 누적되고 가공되는가를 보여주는 일련의 경험연구를 제시하고 있다. 다른 한편, 지식사회학은 우리의 지식이 사회적인 조건과 무관하게 형성될 수 없음을 입증하려 한다. 이처럼 다양한 각도에서 학문이라는 현상 자체가 분과학문적 개념에 의해서 새롭게 조명을 받고 있다. 그러나 학문은 이들 분과학문들이 포착하지 못한 미궁의 여지를 항상 남기고 있다. 이런 이유로 저자는《상권》의 제 2 장에서 교육학적 안목으로 그 설명이 더욱 보충되어야 할 것을 주장하였다.

이런 예고는《상권》의 제 5 장에서 현존하는 학문의 제반 방법론을 다루면서도 이루어진 바 있다. 우리는 거기서 객관성을 강조해 온 실증주의에서 시작하여 여타의 방법론, 예컨대 현상학적 방법, 해석학적 방법, 구조주의적 방법, 변증법적인 방법을 점검하였다. 저자는 교육적 관점의 필요성을 부각시키기 위해 그들 방법론 혹은 더 넓게는 인식론들이 포함하고 있는 한계를 지적하였다. 학문은 어떤 방법으로 발전하는가? 이전의 지식을 거부하고 새로운 지식을 승인하는 과정은 무엇인가? 여러 개의 경합하는 이론체계가 있다고 할 때, 그들의 우열을 비교해서 평가할 수 있는 기준은 무엇인가? 거기에는 어떤 일반적인 내규가 있는가? 오히려 그 판정기준이 다양해서 그들간에 갈등할 소지는 없는가? 이런 제반 질문에 대한 기존의 방법론들이 검토되었지만 그 해답에는 여전히 미흡한 점이 많았다.

우리는 그 동안 학문이 줄기차게 발전해 왔다는 부인할 수 없는 사실을 알고 있으며, 이 사실 자체가 이미 학문의 내부에는 그 진로를 결정하는 메커니즘이 작동하고 있음을 함축하고 있다. 그럼에도 불구하고 그것이 어떻게 발전할 수 있었는지에 대한 인식론적인 논란은 아직도 계속된다. 이는 학문이 발전해 왔다는 사실과 그 사실을 정당화하는 이론이 반드시 일치하는 것은 아니라는 점을 말해 주는 것이다. 어느 분야에서나 그러하듯이 그 기준에 대한 논의나 제안에서도 역시 일련의 수정과 발전이 부분적으로 이루어지고 있는 것은 사실이다. 그 과정에서 다양한 문제점들이 아직도 드러나고 있으며, 그것을 해결할 수 있는 새로운 설명체계를 발견할 수 있다면 그것이 바로 현존하는 인식론을 대체하는 훌륭한 대안이 될 수 있을 것이다.

근래에 포스트모더니즘의 등장과 더불어 기존의 인식론에 큰 균열이 일어나고 있으며, 이 단계에서 모든 학문에 적용될 수 있는 보다 개선된 인식론이나 방법론의 정립이 아쉬운 시점에 이르렀다. 여기에 어떤 방법적 논리가 추가되거나 대체적 이론으로 등장해야 하는가? 저자는 교육학이 그 자체의 고유한 개념적인 맥락을 토대로 기존의 인식론이나 다른 분과학문이 해명하지 못한 인식론적인 문제를 해결해 줄 수 있다는 신념을 가지고 있다. 우리는 《중권》에서 이제까지의 교육학이 교육자체를 체계적으로 탐구하기보다는 기존의 학문을 응용하는 것으로만 인식되어 왔음을 문제시했다. 그 대신 우리는 교육학의 잘못된 역사를 바로잡기 위해 교육을 하나의 자율적인 세계로 확립하는 길을 택해 왔다. 이것은 넓게 보면 그 자체가 학문의 횡적 발전을 의미할 수도 있다. 우리는 이제까지 제시된 제반 인식론적인 문제들이 사실상 고유한 의미의 교육학적인 논리를 요구하는 징후로 보고, '교육적 인식론(educational epistemology)'을 교육학 체계의 하위 탐구영역으로 삼았다. 본서는 이전의 개별적인 인식론과 방법론에 의해서 은폐되어 왔던 교육적 사실들을 밝히면서 그것이 학문의 실재와 발전을 교도해 온 측면을 새롭게 부각시킬 것이다.

그러나 본론에 들어가기 전에 한 가지 분명하게 짚고 나가야 할 것이 있다. 그것은 여기서 도입되는 교육적 인식론은 어디까지나 《중권》에서 제안된 '교육본위론'의 개념적 근거의 연장선상에서 이해되어야 한다는 점이다. 수도계에서 상이한 품위를 매개하는 과정의 하나인 교육은 그 나름의 고유한 구조와 규칙을 가지고 있다. 그 교육의 논리가 바로 품위를 확인하고 수준의 차이를 판별하는 작용을 하는 것이다. 교육은 개별적인 주체가 지금 있는 그 상태로 어떤 것을 인식하고 검증하는 것이 아니라, 먼저 더 나은 실재를 인식하기 위한 상구를 통해 그것을 자증하고, 또 아직 인식하지 못한 사람들을 위해 하화함으로써 그것을 타증하는 것으로 되어 있다. 이런 방식으로 우리는 서로가 우리 자신의 발전에 공감하면서 앞으로 나아간다. 이 때문에 품위간의 차이와 위계는 그들 사이의 교육이 얼마나 활발하게 허용되느냐의 여부에 의해서 판별된다.

보다 구체적으로 말한다면, 교육적 인식론은 각종의 수도계 가운데 특별히 학문의 세계를 소재로 하는 교육의 상황과 내재율에 관한 것이다. 교육은 학문의 방법적인 측면에서 가장 강력한 요인일 뿐만 아니라 지식의 우열을 판정하는 과정으로 작용해 왔을 것이다. 지금까지 철학적 인식론은 그런 과정을 밝히기보다는 당연한 것으로 전제하거나 간과해 왔다. 그 책임을 굳이 따진다면 그것은 철학자들에게 있다기보다는 교육학자들의 편에 있다. 《중권》에서 지적했듯이 이제까지 교육학도들 역시 교육의 과정과 내재율을 포착하고 감식할 만한 개념체계를 제대로 확보하지 못했기 때문에 마찬가지의 오류를 범한 것이다. 이제 교육의 자율성을 말할 수 있는 토대가 정립된 이상, 교육적 과정의 측면을 이론적으로 명시화함으로써 이제까지 철학자들에 의해서 거의 비현실적으로 증류되고 화석화된 인식론의 논의에 새로운 활기를 불어넣을 수 있기를 기대한다.

이런 시도는 교육학의 전통에 비추어 하나의 코페르니쿠스적인 발상의 전환이라고 할 수 있다. 흔히 교육학자임을 자처하는 사람들은 교육학의 고유한 이론적인 맥락을 추구하기보다는 타학문에서 만들어 놓은 기성의 지식을 '응용'이라는 이름으로 포장해 놓고서는 안이하게도 그것이 곧 교육학이 될 수 있으리라고 생각해 왔다. 이른바 '철학적 인식론'에 대한 신뢰와 의존도 그 사례의 하나이다. 철학을 모학문으로 삼아 신봉하는 교육철학자들은 철학적 인식론이 교육을 해명하는 데 모종의 학문적 토대가 될 수 있을 것으로 기대한다. 본 저서는 교육학자들의 그런 종속적인 입장을 역전시켜 혁파하고자 한다. 교육적 인식론은 교육학 자체의 개념에 의존하여 이제까지 철학이 해결할 수 없었던 문제를 해결하는 능력을 보이고자 한다. 이 점에서 이런 논증은 처음 시도되는 것으로서 새로운 교육학의 전도를 가늠하는 중요한 시금석의 하나가 될 것이다.

교육적 인식론은 교육본위론의 10가지 탐구영역 가운데 하나에 불과하다. 만약 우리가 이런 작업을 성공적으로 수행할 수 있다면, 그것은 교육학이 새로운 면모로 학문공동체 내에서 그 자율성을 확보하고 한걸음 더 나아가 타학문의 문제해결에 공헌할 수도 있음을 명예롭게 입증하는 셈이다. 이것은 교육학이 철학과 같은 기존의 분과학문과는 다른 독자적인 개념체계를 확보하려는 차별화의 소산이다. 새로운 교육학이 탐색한 교육의 내재율을 적용함으로써 앞으로 교육학은 여타의 제반 학문이 봉착한 문제를 해결해 나갈 수 있을 것이다. 그것은 교육학이 타학문에 의존하는 적자학문의 오명에서 벗어나서 반대로 타학문이 봉착한 문제를 해결하는 흑자학문으로의 전환을 의미한다. 이런 가능성은 부끄러운 교육학의 역사를 자랑스러운 것으로 바꾸어 놓을 수 있는 희망을 부풀게 한다.

이제 교육적 인식론으로 그 동안 진행되었던 《학문과 교육》이라는 기나긴 시리즈를 마감하면서 저자의 감회는 참으로 크다. 고백하건대 이 작업은 적어도 내가 이전에 한번도 가 본 적이 없는 황량한 미지의 길을 개척하는 것을 의미했다. 당시에 확보된 것이라고는 막연한 직관과 해결되어야 할 과제뿐이었다. 자율적인 교육학이 가능하며, 그것이 참된 것이라면, 어떤 방식으로든 그에 대한 발언이나 해명이 누군가로부터는 있어야 한다는 신념만이 이 작업을 추진하는 가장 큰 힘이었다. 그 작업의 진도는 독자가 기대하는 것보다는 어렵고 더딜 수밖에 없었다. 이것은 산을 뚫고 강을 가로질러 철로를 놓는 일에 비유될 수 있을지 모른다. 그 길을 개척할 때 저자가 투여했던 노고와 향유했던 희열의 강도만큼 본서가 독자들을 여행할 만한 세계로 안내할 수 있기를 미리부터 소망해 본다.

지난 6~7년 동안의 끈질긴 집념과 노력의 이면에는 많은 사람들과 조건의 지원이 있었다. 매달 한 번씩 만나 의견을 타진하고 나누었던 '교육원형연구회'의 회원들, 나의 지도를 받아 왔던 제자들, 그리고 생소한 개념을 소화해 준 수강생들에게 먼저 감사하고 싶다. 하루도 빠짐없이 나를 맞아준 연구실, 내 사고의 빈궁함을 숨김없이 반사해 주던 모니터, 피곤한 눈에 잠시의 평안을 주던 창밖의 다채로운 풍경들, 늘 무의미한 시간의 경과를 나무라던 시계와 달력 …. 그러나 나는 이 순간 나의 기억을 잠시 스치고 지나가는 것들, 그리고 그밖의 모든 호의적인 사람과 사물들에게 감사하고 싶다. 끝으로 원고의 출판에 따르는 번거로운 일을 맡아준 서울대학교 교육학과 박사과정의 신기현 선생과 홍원표 선생에게도 고마움을 느낀다.

2000년 5월
관악산 기슭의 연구실에서
장상호

차 례

일러두기

1. 본 저서에서 번역된 외국의 자료들을 인용할 때에는 원래의 출판 연도를 먼저 표기하거나 생략하고, 그 뒤에 그것이 다른 나라의 말로 번역되어 출판된 연도를 병기하였다. 그리고 각 출판 연도 사이에는 빗금를 두어 구분하였다.
   예를 들어 헤겔《정신현상학》의 경우 (1808/1988)이나 (/1988)로 표기되며, 1808은 정신현상학이 독일어로 출판된 연도를, 1988은 그것이 외국어로(이 경우에는 우리말로) 번역되어 출판된 연도를 나타낸다.
2. 본 저서의 각 장에서 외국학자들의 이름이 처음 인용될 때에는 우리말로 발음되는 대로 표기하고, 그 뒤에 원래의 이름을 괄호 안에 묶어 제시하였다. 단, 외국학자들의 이름이 많이 거론되는 경우에는 번거로움을 피하기 위하여 원래의 이름을 그대로 제시하였다.

제 1 장

정초주의에 대한 대안

인식론이나 방법론은 넓게 말한다면 학문적인 지식의 성격, 그 탐구와 형성, 그리고 평가기준에 관한 연구라고 할 수 있다. 인식에 대한 혹은 방법에 대한 인식은 가능하다. 그러나 첫번째의 인식에 비해 두 번째의 인식, 즉 인식론과 방법론은 아직도 어느 수준에서 지체되어 있는 것이 사실이다. 두뇌가 그 자신에 대한 설명을 제대로 하지 못하듯이 우리는 매일 인식활동을 하고 놀라운 학문적 성과를 얻고 있음에도 불구하고 그 발전에 대한 설명에 있어서 매우 낮은 단계에 있다. 전통적인 인식론이나 방법론은 그 흐름의 전반적인 형태에 비해서 너무 지엽적이거나 부분적이거나 혹은 스스로의 언어의 한계 속에 갇혀 있다.

인식은 변화의 과정을 거치며 그것의 특수한 종류의 하나로서 인식론도 당연히 변화의 과정을 거친다. 인식론은 앎에 관한 앎으로서 인식의 자기성찰적 요소를 가지고 있다. 앎이란 무엇인가, 그것은 어떻게 형성되는가, 그리고 참된 앎과 거짓된 앎을 구분하는 기준은 무엇인가 등등 우리는 앎 자체에 대한 많은 의문을 가지고 있다. 그것 자체가 인식론이 아직도 발전할 소지가 많은 분야임을 말해준다. 인식론에 있어서 최종적인 해답이나 절대적 기준이 있을 수 없다. 다양한 학설들은 발전하는 인식론의 다양한 수준을 반영하고 있고, 우리는 오직 상대적인 것에 대한 성실한 연구를 통해서만 발전으로 향하는 길을 모색할 수 있다. 즉 우리는 인식 혹은 인식론에 있어서 특정한 하나의 관점에만 큰 비중을 두지 않고 다양한 관점들을 초청하고 그들에게 보다 높은 수준의 인식 혹은 인식론으로 향하는 길이 있음을 보여주는 절차를 취해야 할 것이다.

어떤 것을 보다 발전된 인식론으로 등장시키려면 그것이 이전에 전통적으로 이루어진 철학적 인식론과 어떤 연관성을 갖는지를 먼저 규명하는 것이 순서이다. 우리가 제안하려는 교육적 인식론은 이전의 인식론과 다른 것이다. 그렇다면 그것이 새로운 탐구영역으로 성립되기 위해서는 먼저 근거가 제시되어야 할 것이다. 그 근거라는 것은 우선 현존하는 인식론이 봉착한 문제가 될 것이다. 교육적 인식론은 전통적인 제반 인식론에서 제기된 난점과 문제를 새로운 방식으로 해결하는 연속선상에 있다. 이 때문에 본 장에서는 우리의 교육적 인식론을 제안하기에 앞서 이제까지의 인식론적인 전통과 그것이 당면한 문제들을 종합적으로 평가하고자 한다.

이제까지 철학적 인식론자들은 역사적으로 사실의 세계에서 일어났었고 현재 일어나고 있는 현상을 해명하기보다는 그것들을 철학적 취향에 맞도록 재구성하는 일을 주로 하였다. 이들은 인식의 과정에 포함된 복잡한 문제나 그들의 전문적 능력 밖의 주제는 생략하거나 혹은 선험적인 것으로 가정하여 넘어가는 편법을 취하였다. 그들의 논의는 결과만을 놓고 보면 너무도 그럴듯한 정합성을 갖추고 있다. 그것은 철학자로서 불가피하고 당연한 처리방식이 될지도 모른다. 그러나 그것이 아무리 논리적인 정합성을 갖는다고 하더라도 현실에 맞지 않는다면 하나의 헛된 가공에 불과할 것이다.

그 중 오늘날 크게 문제되고 있는 것이 전통적 인식론이 가지고 있는 이른바 정초주의(foundationalism)이다. 지금까지 서양의 인식론은 대체로 절대적 확실성이나 절대적 오류 불가능성이라는 이념 아래 전개되어 왔다. 철학자들은 인식의 문제를 다룸에 있어서 처음부터 아르키메데스적인 기점을 전제하고 그것에 대립하는 불확실하고 회의적인 모든 요소들은 철학적 사유를 통해 개념적으로 배제해 나가면 종국에는 의심의 여지가 없이 확실한 인식의 체계를 이룩할 수 있을 것으로 생각하였다. 그들은 삶에서 직접적으로 나타나는 인식의 불확실성을 철학의 본령으로부터 축출하였다.

인식에 모종의 질서와 정초성을 찾고자 하는 노력의 저변에는 항상 그 궁극적 기반의 결여에서 나오는 허무주의, 무정부주의, 상대주의, 무질서, 혼돈, 그리고 혼란에 대한 불안이 자리잡고 있었다. 그런 불안을 해소하고 절대적인 근거나 기반을 찾는 과정에서 정초주의자들은 세계는 우리의 인식과는 독립하여 미리 고정된 속성을 지니고 있다고 믿음으로써 인식의 토대를 찾아 왔다. 즉 세계의 속성이 어떠한 인지활동보다 먼저 확정되어 있는 것이다. 그리고 나서 그들은 그것을 있는 그대로 표상하고 재현하는 인식활동을 가정한다. 그래서 그들에게 있어서 지닌 표상의 타당성을 판정할 수 있는 궁극적인 법정은 표상의 의미에 독립적으로 존재하는 세계이다. 이런 방식으로 그들은 실재와 완벽하게 대응하는 지식을 얻어내는 엄밀한 방법을 발견했다고 공언하고 그 주장과 이념에 반대하는 철학자를 상대주의자로 매도하였다.

그 전형적인 예들이 인식론의 중심을 차지해 왔던 경험론, 합리론, 칸트의 인식론, 그리고 현상학과 분석철학 등이다. 그러나 이들이 가정했던 바는 점차 허물어지고 있다. 철학적 인식론이 철학자의 관심을 충족시키고는 있지만 이 현실적인 부적합함은 그 어느 역사적 사실에 비추어 보더라도 금방 드러난다. 그렇다면 그것은 인식론의 종말을 의미하는가? 결코 그렇지는 않다는 것이 우리의 결론이다. 이런 상황은 어느 분야에서나 흔히 찾아볼 수 있듯이 인식론이 다시 한 번 그 발전의 출구를 발견해야 하는 위기로 해석되어야 할 것이다. 인류 역사가 시작된 이래 인식활동은 언제나 줄기차게 진행되어 왔으며 그것에 대한 우열의 판단 역시 꾸준하게 진행되어 왔다는 것은 의심의 여지가 없다. 학문의 세계는 역사적으로 유례가 없는 발전을 구가하고 있다. 인식론은 이 부인할 수 없는 사실을 설명하는 데 당분간 좌초하고 있다고 보아야 한다.

우리는 그런 인식론의 발전적 과정을 전제하는 입장에 서서 정초주의를 떠난 새로운 인식론의 지평을 열 수 있는 길을 모색해야만 하는 것이다. 절대적인 진리를 판명할 수 있는 절차나 방법에 대한 기대를 버려야 한다고 할 때 우리는 정초주의자들이 그토록 금기시해 왔던 상대주의를 그 대안으로 떠올린다. 상대주의자들은 다른 이론과 비교하여 한 이론의 우위성을 평가할 수 있는 보편적이고 초시간적인 합리성의 기준은 존재하지 않는다고 주장한다. 한 과학이론을 평가하는 기준은 개인과 사회에 따라 변하며, 개인이나 집단이 무엇을 가치있는 것으로 평가하느냐에 따라 달라진다는 것이다. 그들에 따르면, 이론의 우위성을 평가하는 기준은 개인과 사회에 모두 상대적이다. 그러나 이런 사실을 인정하는 것이 반드시 정초주의자들이 우려하는 것처럼 무정부적인 결과만을 가져오는 것은 아니다. 설사 지식이 절대적일 수는 없다고 하더라도 상대적인 우열을 판별하는 가능성조차 부인되는 것은 아니다. 우리는 그 평가기준의 상대적 우위를 인정하고 거기서 학문적 탐구의 바른 길을 찾는 현실적인 방안을 찾을 수도 있다.

만약 우리가 지식의 상대성을 인정한다면, 누가 어떤 자격을 가지고 이론의 우열을 판단할 것인가? 이 문제와 관련하여 전통적인 인식론에서 주장해 왔던 해답은 주체가 배제된 모종의 객관적인 절차였다. 이제까지 인식대상과 인식의 대응을 모두가 따질 수 있다는 신념이 하나의 확신으로 굳어져 왔다. 그러나 이런 가정은 더 이상 사실 자체에 부합하지 않다는 것이 분명해지고 있다. 알고 보면 우리에게는 실재에 곧바로 접촉할 길이 애초부터 차단되어 있다. 지금까지의 대응설적 가정을 받아들일 때 이 사실은 절망적인 증거가 될 것이다.

그러나 우리가 지식이라는 것을 좀더 현실에 부합한 방식으로 규정할 수 있게 된다면 이것은 새로운 인식론의 출발을 의미한다. 만약 우리가 지식이라고 불러 왔던 것도 기실 실재에 대한 그림이 아니라 실재와 우리 자신의 상호작용의 한 양상이라고 보면 지식의 우위를 판단할 주체는 그 판단에 앞서 해당 지식들을 먼저 증득해야만 한다. 이것은 바로 지식의 판단에는 그것을 습득하거나 습득하도록 돕는 과정이 불가피하게 요구된다는 것을 의미한다.

우리는 정초주의가 무너진 자리에 교육적 인식론을 건립하려고 한다. 교육이 전제되지 않은 어떤 인식론도 성립될 수 없다. 새로운 인식이란 인식자 자신의 변화가 없이는 이루어질 수 없다는 것이 우리의 기본적인 입장이다. 그것이 새로운 실재를 밝힌 것이라면 그 실재를 인식할 수 없는 사람들에게는 그 실재성을 입증할 수도 없다. 이 때문에 이에 대한 해결은 인식주체 자신의 변화를 통해서 비교하고자 하는 지식을 증득하고 그것을 토대로 그들간의 상대적 우위를 판단하는 것이다. 이런 방식으로 우리는 전통적인 인식론의 붕괴와 더불어 등장하고 있는 무정부적인 상대주의와 자의적인 주관주의에 대해서 우리가 가지고 있는 불안한 심정을 해소해 나갈 수 있게 된다. 그 해결의 단초는 변증법, 해석학, 프래그머티즘, 신과학철학 등의 전통에서 교화라는 이름으로 이미 상당부분 시사되었다. 그러나 이들은 여러모로 그 해결의 중심부에 있는 교육의 과정을 시사하면서도 그 자체의 구심점과 내재된 인식론적 논리를 체계적으로 끌어내는 단계에는 아직 이르지 못했다. 그들의 입장과 교육적 인식론이 만나기 위해서는 기존의 인식론적인 개념 자체도 일관성있게 재조정되어야만 한다. 그 점에서 본 장은 교육적 인식론으로 향하는 과도기적 논의로 보아야 할 것이다.

1.1. 고전적 인식론

인식론은 멀리 기원전 5세기의 희랍에서부터 지식의 정의, 형성과정, 그리고 정당화와 관련된 제반 물음을 추구하는 과정에서 발전하였다. 그 이후 인식론의 중요한 과제는 어떻게 거짓 믿음의 가능성을 배제하느냐에 있었다. 그 가운데 여기서 검토하려는 정초주의의 입장은 그 논의의 발전과정에서 확실한 것을 찾을 수 없다거나 공인된 사상을 의문시하는 회의주의, 혹은 어떤 대상에 대한 하나 이상의 상반된 관점을 동시에 인정하는 상대주의와의 끊임없는 논변을 통해서 정립되어 왔다.

상대주의는 철학사적으로 "인간은 만물의 척도이다"라고 주장한 프로타고라스(Protagoras)의 선언과 더불어 시작되었다. 이는 현실은 있는 그대로 인식될 수 없고, 오히려 인식하는 의식을 통해서만 인식될 수 있다는 것을 함축하는 최초의 선언이다. 이런 관점은 당시 소피스트들에 의해 널리 채택되었으며, 그들은 상대주의적 관점에 의해서 절대적 지식 혹은 진리를 부정하였다. 인식론은 이처럼 객관적인 진리를 부정하는 회의론과 혼란을 견제하면서 참된 지식을 얻고 또 평가할 수 있는 질서를 찾으려는 동기에서 점차 발전하였다. 서양 지성사의 주류를 형성하는 소크라테스, 플라톤, 아리스토텔레스 계열은 인식의 보편적 질서를 찾고자 하였다.

보편적 합리성과 객관성을 찾으려는 열망은 중세의 신학과 결부하여 극단의 형태에 이르게 된다. 4세기부터 15세기까지 약 천년간 기독교가 유럽의 사회적 · 문화적 세계는 물론 개인적인 삶을 지배하는 동안 인식의 분명한 기점은 신으로 확정되었다. 절대적 진리와 가치가 지배하는 형이상학적 독단과 신학적 세계관이 이전까지의 모든 회의론을 추방하였다. 인식에 대한 모든 평가가 자명한 기점에서 연역되어 나왔기 때문에 불확정성을 가정하는 학문은 정체될 수밖에 없었다. 믿음, 헌신, 기도, 선한 일, 그리고 하느님과 교회에 대한 사랑과 복종이 중요한 이 시대에는 희랍의 자유롭고 이성적이며 독립적인 철학은 더 이상 존속되기 어려웠다. 신학과 자연과학을 분리시키려는 베이컨(F. Bacon: 1561~1627)과 근대철학의 대표자로 등장한 데카르트(R. Descartes: 1596~1650)에 이르러서야 비로소 신학의 어두운 동굴을 빠져 나오려는 새로운 인식론적인 입장이 드러나게 되었다.

이들은 17세기에 출현한 근대 자연과학과 더불어 새로운 활로를 찾았다. 그 근간을 이루었던 입장이 합리론과 경험론이다. 이 모두는 신학적 확실성과 고대 희랍에서 시원한 학문적 탐구를 구분하려는 당시의 시대사조를 반영하고 있다. 다만 방법에 있어서 서로 이견이 있었다. 그러나 그들은 의견의 상대성을 벗어나서 결정적으로 확실한 지식을 구성한다는 취지에서는 서로 일치한다. 그런 입장은 데카르트에 이어 로크(J. Locke: 1632~1704), 칸트(I. Kant: 1724~1804)로 이어지는 근대 인식론의 전개과정에서 찾아볼 수 있다. 더 나아가 그런 정초주의적 이상은 오늘날에도 현상학과 분석철학 등에까지 이르고 있다. 그들에게 있어서 절대적이고 확실한 인식을 위협하는 요소의 등장은 언제나 인식론의 위기였다.

인식론은 그때 그때의 위기를 맞아 해체와 재정립의 과정을 거쳐 왔다. 인식론의 발전단계마다 이전의 인식론이 내포하고 있는 문제를 제기하고 더 확실한 지식을 보장할 수 있는 길을 모색하려는 시도가 있었다. 스콜라주의에 대한 데카르트와 로크의 입장에서 이 점을 확인할 수 있다. 칸트가 경험론과 합리론의 일면성을 공격한 경우에도 인식에 대한 정의 자체를 포함하여 모든 것이 새로운 관점에서 재조정되었다. 그리고 이는 다시 헤겔(G.W.F. Hegel: 1770~1831)에 의해서 일면적인 것으로 부인되었다. 현대에 이르러서는 현상학자들과 분석철학자들이 이전의 철학적 지식과 인식론을 부정하고 새로운 길을 모색하고 있다. 그러나 그들의 주장 역시 해체에서 자유로운 것은 아니다.

이 모든 것이 더 나은 인식론으로 향하는 결정적인 단계로 우리에게 기억된다. 이런 발전은 이전의 인식론이 가지고 있는 잘못된 가정, 개념적 혼동, 혹은 실재에 대한 무의식적 곡해가 점차 드러남으로써 불가피하게 이루어진 것이다. 이처럼 이전의 인식론이 해체되고 새로운 것이 정립되는 과정을 거쳤기 때문에 상이한 인식론들 사이의 차이는 단지 부분적인 것이 아니다. 그들이 서로 공유하는 개념은 사실상 없다고 해도 과언이 아니다. 각각의 개념은 그 체제 안의 맥락에서 규정된다. 이 때문에 하나의 새로운 인식론을 제안한다는 것은 이전의 것과 총체적으로 다른 것을 정립한다는 것을 의미한다. 인식론의 발전 역사에서 각 단계의 인식론은 그들 나름의 논리를 제시하고 있다.

나는 이하에서 정초주의적 이상이 어떻게 진전되어 왔는가를 그 줄거리만 간략하게 제시하고자 한다. 나무보다는 숲을 보기 위해서 세부사항들은 생략하는 것이 오히려 더 효과적일 때가 있다. 그 약술에는 두 가지 점이 포함되어 있다. 하나는 오직 정초주의적 특징을 부각시킨다는 점이고, 다른 하나는 무수한 이론 가운데 연원이 분명한 대표적인 몇 가지만을 든다는 점이다. 그들을 주목함에 있어서 중요한 준거의 하나는 그것의 내적인 문제가 무엇이며, 그 문제가 추후의 시도에 의해서 어떻게 해소될 수 있었느냐일 것이다. 그리고 이런 논의는 오늘날 봉착하고 있는 또 다른 위기를 뛰어넘는 중요한 배경이 된다.

1.1.1. 데카르트의 합리론

합리론자들은 지식을 실재의 내재적 본질이 직접 포착된 것으로 간주한다. 이러한 생각의 연원은 플라톤의 형상(eidos) 혹은 이데아(idea)의 개념에까지 소급해 갈 수 있다. 플라톤은 형상을 불변하고 한결같으며, 따라서 생성 또는 소멸하지 않는 어떤 것으로 상정했다. 이에 더하여 이 불변의 것은 감각에 의해서가 아니라 이성에 의해서 파악된다는 것이 강조된다.

현대적인 의미의 합리론은 근대철학의 아버지라고 인정받는 데카르트에 의해서 확실하게 정립되었다. 중세와 현대의 건널목에서 사상적으로 방황하는 와중에 확실한 지식을 조금의 흔들림도 없는 정초 위에 세우려는 방법론적 야망을 가졌던 그는 《방법서설》이라는 저서를 통해 모든 객관적인 학문의 가능성을 선험적 주관의 명증성 위에 정초하려고 하였다. 그는 자아의 필증성에 있어 발생적 측면은 도외시하고, 다만 공리와 같은 공허한 발판을 그것의 확고한 기점으로 전제한다.

자신의 생애를 단일하고 통일된 새로운 학문의 확립에 바치기로 결심한 데카르트에게 있어 가장 중요한 과제는 확실성의 열망을 실현하는 것이었다. 절대적 확실성에 이르는 방법만이 스콜라 철학과 종교적 독단론인 중세의 암흑을 추방하고, 철학자들 사이 그리고 교회와 과학자들 사이의 극심한 논쟁을 종식시키고, 종국에는 궁극적이고 확실한 진리에의 도달을 보장할 수 있을 것으로 보였기 때문이다.

데카르트는 바로 의심을 통해 영원 부동한 지식의 구조를 찾을 수 있을 것이라고 열망했다. 그는 《성찰》에서 확고한 지식의 최종거점을 이른바 '아르키메데스의 일점'에 비유하였다.

> 조금이라도 의심할 수 있는 것은 그것이 아주 거짓된 것임을 내가 확실히 알고 있는 경우처럼 모두 멀리 하련다. 그리고 마침내 어떤 확실한 것을 인식하게 될 때까지, 혹은 다른 것은 못 해도 적어도 확실한 것은 하나도 없다고 하는 것만은 확실한 것으로 인식하는 데까지 이 길을 가련다. 아르키메데스는 지구 전체를 그 장소로부터 다른 곳으로 이동시키기 위하여 하나의 확고부동한 점밖에는 아무 것도 구하지 않았다. 그와 같이 나도 다행히 단 한 가지 것이라도 확실하고 의심할 여지가 없는 것을 발견한다면, 큰 희망을 품어도 괜찮을 듯싶다(최명관 역저, 1983, p.82).

명확한 지식에 대한 데카르트의 열망은 의심의 여지가 없는 확실한 지식의 성립가능성을 보장하는 토대가 존재한다는 믿음에까지 도달한다. 그의 방법론은 그런 믿음에서 출발한다. 그는 《방법서설》에서 '방법'이라는 것을 이렇게 규정한다.

> 방법은 확실하고 쉬운 규칙들이다. 이 규칙들의 덕택으로 이것들을 정확하게 지키는 사람들은 누구나 거짓을 참이라고 생각하는 일이 없을 것이요, 또 쓸데없는 노력을 함으로써 지치는 일이 없이 도리어 그들의 지식을 점차적으로 쌓아 올리고 늘이면서, 그들이 도달할 수 있는 모든 것의 참된 인식에 이를 것이다(최명관 역저, 1983, p.250).

데카르트는 이른바 '방법적 회의'라는 전략을 택한다. 우리가 종전까지 당연하게 생각했던 것을 의문시하는 데서 모든 연구는 출발한다. 그는 회의의 방법을 통해 독단과 환상, 검증되지 않은 신념 등을 배제하고 합리적으로 의심의 여지가 없는 토대 위에 명석 판명한 지식을 쌓을 수 있을 것으로 생각했다. 여기에는 물론 중세적인 것, 비합리적인 것, 미신적인 것 등이 당연히 포함된다. 그는 모든 것을 의심하면서도 인간의 이성능력에 대해서는 큰 믿음을 갖고 엄밀한 이성적 방법에 의해서 참된 인식을 검증해 낼 수 있을 것으로 보았다.

그에 의하면 감각기관은 우리를 속인다. 예컨대 감각이 우리에게 알려주는 태양의 크기는 유리창의 테두리 안에 있다. 이 때문에 감각에서 출발해서는 안 되며 감각에만 의지해서도 안 된다. 대신 이성적 정신 혹은 오성이야말로 인식의 근원적인 능력이다. 감각과는 달리 태양의 진정한 크기를 우리에게 알려주는 것은 우리의 이성이다. "내가 깨어 있을 때든 잠잘 때든 2 더하기 3은 항상 5요, 사각형은 네 변 이상을 갖지 않는다"고 데카르트는 말한다. 이처럼 그는 모든 학문으로 하여금 수학적 성격, 즉 과학적 성격을 띠게 하려 하였다. 그에게 있어서 과학의 통일은 수학적 공리에 기초한 합리론적인 통일이었다. 그는 16세기 코페르니쿠스(N. Copernicus: 1473~1543)가 우주에 대한 새로운 지동설로 천문학을 변혁시키고, 17세기 갈릴레오(G. Galileo: 1564~1642)가 코페르니쿠스의 이론을 증명할 수 있었던 것은 수학을 토대로 하는 이성에 의존했기 때문이라고 믿었다. 방법의 관건은 모든 사실들을 연역적이고 논리적인 하나의 체계로 정돈하는 것이다.

합리론은 먼저 순수하게 형식적인 전제로부터 출발하며, 그 전제 자체의 확실성이 어떤 것인지를 묻지는 않는다. 말하자면 먼저 확실한 기초를 마련한 후에 그 위에 점차적으로 인식을 구축하는 것이다. 그 확실한 기점을 데카르트는 인식주체인 자신의 존재성에서 찾았다. "나는 생각한다, 고로 나는 존재한다"는 것, 이것만큼은 절대적으로 확실하고 자명한, 그리고 의심할 여지가 없는 제1의 원리라고 보았다. 다시 말하자면 그의 인식론에 있어서 어떠한 의심으로부터도 흔들리지 않는 확고부동한 진리는 하나의 의식적인 주체로서 내 자신이 존재한다는 진리이다. 그리하여 데카르트적 사고는 주관주의를 근대철학에 전파하고 있다.

데카르트는 인식하는 자와 인식된 것 사이의 이원론, 우리의 인식과정과 별도로 존재하는 세계라는 관념을 사용한다. 모든 자연현상은 물질적 실체의 기계적 운동으로서 필연적으로 원인과 결과의 지배를 받는다. 물체의 모든 운동은 시계의 작동처럼 기계적 충격에 기인한다. 우리의 신체도 이 점에서는 마찬가지이다. 그러나 우리의 정신은 공간을 점유하지 않으며, 운동하지 않으며, 시계장치의 어떤 부분도 아니다. 생각하는 실체는 추론하고 기억하고 부정하는 능력을 가지고 있으며, 자유의지를 가지며, 이 때문에 행동에 대한 도덕적 책임을 진다. 그런 확실한 자아를 중심으로 우리는 나의 신체, 태양, 신, 물질적 세계 등의 존재를 추론하고 증명할 수 있다.

합리주의자들에 있어서 진리의 궁극적인 척도는 명증성에 있다. 모든 증명이 그 전제의 진리에 의존하기 때문에, 명백한 진리로 인정되는 것이 있다면 아무런 증명이 없이 직접적으로 명백한 진리가 존재하지 않으면 안 된다고 생각한다. 어떤 것을 명백한 진리로 받아들인다면 그것에서 발단한 명제 역시 너무나 자명하게 보이므로, 그 길 이외의 것을 전혀 알지 못하게 된다. 합리주의의 원조인 데카르트는 이런 방식으로 신의 존재까지도 입증할 수 있었다.[1] 그러나 우리가 되물어야 할 것은 바로 그것이 근거한 전제 자체가 진정 자명한 것인가 하는 문제이다.

데카르트는 자아 외부의 세계를 자아의 명증성의 영역으로 끌어들인다. 그러나 그는 그것을 상호주관적 명증성의 차원으로 확장하지는 못

1) 데카르트는 신의 존재를 증명하기 위해서 세 가지 방법을 시도하였다. 첫째는 이른바 본유관념에 의한 방법이다. 우리가 나면서 지니고 있는 신의 관념에는 원인이 있어야 하는데, 이 원인이 현실로 가장 큰 실재성을 띠고 있는 신 자신을 나타내고 있다고 하는 것, 둘째는 신의 관념을 가지고 있는 우리의 존재가 불완전한 것이라고 하는 데서 그것이 더 한층 완전한 존재를 나타내고 있음을 귀결하는 것이며, 셋째는 이른바 '존재론적 증명'이라고 하는 것으로서, 최고 완전자인 신의 관념은 본질적으로 당연히 자신의 존재를 포함하지 않으면 안 된다는 것이다.

한다. 여기에는 유아론적 독단의 위험이 도사리고 있다. 만인에게 직접적으로 명백한 것이 있는가? 그렇지 않다면 그것은 누구에게 명백한 것인가? 타인들이 자명한 근거에 동의할 수 없다면 그것의 인식론적인 지위는 어떻게 되는가? 많은 것들이 아주 명백하게 보이는 순간 우리에게 그 반대는 불가능하게 보인다. 그러나 그 후의 경험에 의해서 이전에 의심의 여지가 없었던 것이 틀린 것이거나 불확실한 것으로 밝혀지는 경우가 흔히 있다. 또한 나에게 명백한 진리가 남에게는 그렇게 보이지 않는다. 이러한 인식론상의 불확실성은 어떻게 해결될 것인가? 이런 질문은 아르키메데스적인 기점에 대해 당장 제기될 수 있는 문제점들이다.

1.1.2. 영국의 경험론

경험론은 프랜시스 베이컨이 효시이다. 그도 역시 데카르트의 경우처럼 어떻게 하면 학문, 특히 자연과학을 중세적인 구속에서 벗어나게 하느냐 하는 문제로 고심하였다. 그러나 데카르트가 그 해결방안을 이성에 기반한 주관적 확실성에서 찾은 데 비해, 베이컨은 감각지각이 인식의 획득과 검증에서 유일하게 믿을 수 있는 방법이라는 원리를 정립하였다. 여기에는 감각기관에 의한 직접관찰과 도구사용 및 실험에 의한 간접관찰이 포함된다.

이런 경험론적인 전통이 이후에 데카르트가 추구한 정초성을 의심하고 그 대안을 제시하는 계기가 된다. 경험론의 전성기는 로크(J. Locke: 1632~1704), 버클리(G. Berkeley: 1685~1753), 그리고 흄(D. Hume: 1711~1776)에 의해서 이루어졌다. 그들은 당시에 이루어진 자연과학의 업적을 설명함에 있어서 데카르트와 견해를 달리하였다. 데카르트는 그것을 합리성에서 찾았지만 이들 경험론자들은 그의 방법이 오히려 정반대였다고 설명한다. 경험론자들은 모든 지식이 경험으로부터 단순하게 그리고 완벽하게 추출된 것으로 보았다. 그들은 과학적 지식이 새로운 과학적 도구를 통해 관찰된 감각적 경험 자료에서부터 시작한다고 주장했다.

유럽의 대륙에서 합리론이 득세할 무렵 영국의 로크는 플라톤에서 출발하여 토마스 아퀴나스(T. Aquinas: 1225~1274)를 거쳐 데카르트에 이르는 합리론의 쓰레기를 치우는 것이 철학의 할 일이라고 규정했다. 그는 데카르트의 본유관념을 제거하고자 하였다. 인간에게는 그런 선천적인 능력이 애초부터 있는 것이 아니다. 그에 의하면 정신은 출생과 더불어 관념들로 가득 차 있는 곳이 아니다. 로크는 우리의 마음이 공허하며 결국 외부에서의 감각적인 투입에 의해 형성된다는 사실을 부각시키기 위해서 마음을 '백지표(tabula rasa)'로 규정하였다. 이 백지 위에 경험에 의해서 글씨가 쓰여지는 것이다. 인식의 기원은 외적 대상들에 의해서 형성된 인상을 받아들이는 데 있는 것이다. 우리의 지식은 자극과 반응의 연합에 의해 형성된 습관의 한 형태이다. 여기에는 외부적인 자극 혹은 투입이 감각을 통해서 원자료로 그리고 순수하게 피동적으로 수용된다는 가정이 포함되어 있다. 더 나아가 로크는 모든 권위와 전통을 거부하고 감각적 증거만을 토대로 의심의 여지가 없는 객관적인 지식을 얻어낼 수 있다고 생각했다.

그러나 이러한 경험론적 정초주의에 대해서도 차츰 의문이 대두되었다. 예컨대, 버클리는 경험론의 논의를 더 밀고 나아가 철학자들이 흔히 말해 왔던 객관적이고 궁극적인 실체 자체에 대한 경험의 난점을 지적하였다. 이러한 생각은 완전히 거짓이며, 환상에 불과한 것이다. 그에 의하면, 물질적 실체의 존재는 오직 실체들이 지각되고 있다는 데 있을 뿐이다. 이 때문에 자연법칙들이 물질적 실체들의 법칙들이라고 말할 수 없다. 그것들은 엄격히 말하면 단지 우리들 자신의 지각들 또는 관념들의 법칙이라고 볼 수 있다.

다른 한편으로 이런 경험주의적 의문 속에서 흄은 데카르트의 합리주의 사상을 격렬하게 비판했다. 그는 데카르트의 자기 존재 증명과 신의 존재 증명을 무의미한 것으로 거부했다. 그는 정신적 또는 물질적 실체들의 존재를 증명할 수 있다는 데카르트의 주장을 부정한다. 그는 원인과 결과라는 관념을 파괴함으로써 데카르트의 기계적 인과론에 반대했다. 그리고 인식에 있어서 데카르트적 정초성을 파괴하려고 하였다. 그에 의하면, 우리들의 모든 과학적 인식은 전혀 참된 것이 아니고 확실성도 갖지 않는다. 확실한 것으로 여겨지는 것은 감각기관에 의해 우리에게 부여된 것들을 참이라고 느끼는 우리들의 신념에 기초하는 것뿐이다. 이와 같은 방식으로 그는 데카르트가 인식의 확실성을 위해 확립한 정초를 파괴하는 일의 선봉에 섰다.

흄은 모든 관념이란 그것에 대응하는 인상에 불과하다고 본다. 그는 이러한 자신의 원칙을 적용함으로써 인상이 없는 관념은 무의미하다고 주장한다. 경험을 구성하는 원자인 개별적 인상들의 조합에 불과한 관념은 유사성, 시공간의 인접성, 그리고 인과적 추론의 법칙에 의해서 이루어진다. 그리고 여기서 말하는 인과관계라는 관념은 데카르트가 주장하는 것과 같이 절대성과 필연성을 갖는 것이 아니라 대상들이 상호 관련되어 있다고 보는 우리 정신의 사유방식 혹은 주관적 습관과 강제에서 나온다고 주장한다. 이렇게 보면 어떠한 인과법칙이라고 할지라도 그것에 대한 이성적 증명은 결코 있을 수 없다. "내일도 태양이 떠오를 것인가?" 하는 질문에 대한 해답은 논리적인 필연성에서 나올 수 없다. "내일 태양이 떠오르지 않을 것이다"라고 말하는 것도 얼마든지 가능하며, 거기에는 어떤 논리적인 모순도 없다.

여기서 비로소 두 가지 종류의 지식이 구분된다. 흄은 사실의 문제에 관한 한 이성은 우리에게 아무 것도 말해줄 수 없다고 보고 이성을 수학과 논리학의 영역에 국한시킨다. 이런 근거로 그는 사실에 대한 명제와 관념들 사이의 관계에 대한 명제를 구분하였다. 후자는 수학적 명제의 경우처럼 절대적 확실성을 가지고 있다는 것을 인정한다. 데카르트가 말하는 이성은 단지 논리적 · 수학적인 증명들을 할 수 있다. 그러나 그것은 실재하는 것들에 대해서는 아무 것도 말해 주지 않는 공허한 추상적 · 형식적 진리일 뿐이다. 아울러 그는 철학자들이 주로 다루어 왔던 도덕 판단은 오직 무엇이 동의할 만한 것이며, 무엇이 우리들과 다른 사람들에게 유용한 것인가에 대한 감정과 정서에 기초할 뿐인 것으로 치부하였다.

근대 영국철학에서 이어온 경험론은 이처럼 말 그대로 모든 인식을 경험에 환원시킨다. 이제 인식의 기점은 데카르트적인 이성에서 감각적 관찰과 경험으로 전환된다. 영국의 경험론은 특수하게 그 근원적인 경험을 보고 듣는 것과 같은 감성적 지각에서 구하고 있다. 우리는 보고 들은 것을 확실한 것으로 판단한다. 그것은 너무도 명백해서 더 이상 의심의 여지가 없어 보인다. 소박한 경험주의 혹은 귀납주의자들은 관찰이 과학적 지식을 세울 수 있는 확실한 토대를 제공한다고 믿는다. 누구든지 그의 감각을 정상적으로 사용하기만 하면 관찰언명을 확증할 수 있다. 여기에 개인적이고 주관적인 요소가 끼어들 여지가 없다는 것이다. 이런 확신 속에서 경험주의자들은 지식의 객관적 검증의 논리를 제시한다. 그들은 관찰보고의 참과 거짓은 이론적 수준의 문장에 호소함이 없이 직접적으로 결정될 것으로 가정하였다. 그러나 진정 그것이 가능한 일인가?

경험론자들에게 그토록 명백해 보이는 경험도 아직 연구되어야 할 것으로 처음부터 그렇게 명백한 개념이 아니다. 경험론이 아르키메데스적 기점으로 삼는 감각적 경험은 과연 신뢰로운 것인가? 경험론자들의 주장대로 우리의 감각이 그처럼 분리되고 고립된 형태로 존재할 수 있는 것인가? 또한 우리의 마음이 그토록 수동적인 것인가? 우리는 무엇을 지각할 때 내면에 가지고 있는 이해의 틀에 따라 바라보게 된다. 말하자면 근원적으로 보고 듣는 모든 인간의 지각은 언제나 우리가 가지고 있는 세계에 대한 이해로부터 유도된다. 그러니까 관찰도 우리가 사전에 가지고 있는 생각 혹은 개념의 틀과 독립된 것일 수 없다. 여기서 다시 경험론의 정초성에도 의문의 여지가 생긴다.

1.1.3. 칸트의 인식론

17세기와 18세기의 인식론에 있어서 정초주의의 기점은 합리론에서는 이성이었고, 경험론에서는 경험이었다. 이런 기점은 서로가 다른 것을 배척하고 배제하는 방식으로 주장되었다. 그렇다면 그 가운데 어떤 것이 옳은 것인가? 이 문제에 대한 칸트의 해답은 그 중 하나에 있지 않고 양자 모두를 극복하는 데 있었다. 칸트는 서로 대립적인 합리론과 경험론 양자를 종합하려고 하였다. 이는 특히 전통적 신념들을 파괴하는 흄의 회의론에 '대답'하고, 또 다른 의미의 인식의 정초를 발견하는 작업이 되었다. 이 작업에서 칸트는 단순히 양자를 적당히 무마하는 수준에 그치지 않는다. 그의 답변은 인식론에 있어서 위대한 '전환'이라고 불리는 업적을 성취하게 된다.

칸트가 《순수이성비판(1781)》에서 인식론에 새로운 전기를 마련한 것은 존재라고 하는 것이 우리의 경험을 벗어나서는 어떤 지적인 의미도 가질 수 없다는 사실을 체계적으로 도입한 데 있다. 그는 합리론과 경험론은 부분적인 관점에 불과하며, 선험적 관념이 감각적 자료를 여과하고 있다는 점을 지적했다. 그는 경험의 의미를 두 가지 점에서 제약하였다. 하나는 최종적인 근거는 오감에 의존해야 한다는 식의 경험주의적인 조건이고, 다른 하나는 그것이 오성적인 단계에 머물러야 한다는 조건이다. 그리고 그런 제약과 역량을 인간 모두에게 공통된 것으로 가정함으로써 인식의 또 다른 정초성을 확보하고자 했다.

이 작업에는 오성의 적절한 용도와 사변적 형이상학에 나타나는 이성의 적절치 못한 용도의 경계를 구분하는 복잡한 개념적 변화가 포함된다. 먼저 개략적으로 말한다면 그는 오성이 어떻게 사물에 대해 객관적으로 타당한 지식을 제공할 수 있느냐를 보여주고자 하였다. 단순한 지각의 경우를 생각해 보자. 예컨대, 그는 경험주의자들이 말하는 감각적 자료는 우리의 감성적 직관과 오성의 형식에 의해서 여과됨으로써 비로소 의미를 갖는 것으로 보았다. 감각이 경험의 내용을 제공하듯이 공간과 시간이라는 범주가 경험의 형식을 제공한다. 이로써 잡다한 감각내용이 하나의 통합된 경험이 된다는 것이다. 칸트는 이를 '통각의 선험적 통일(transcendental unity of apperception)'이라고 칭한다. 이런 착상과 새로운 개념화는 이전의 경험론과 합리론을 비판하는 가운데 정립되었다.

칸트에 따르면, 우리의 경험과 지식을 감각인상으로만 환원시키는 흄의 인식론은 잘못된 것이다. 그는 안다는 것을 단순히 감각인상을 수동적으로 받아들이는 것으로 본 흄의 생각을 거부하였다. 칸트가 본 지식은 기본적으로 능동적인 것이다. 그에게 있어서 앎은 반응의 연합이나 습관들로 환원될 수 없는, 그리고 감각에 의해서 주어지지 않은, 그러나 논리적으로 상호의존적인 관념들을 포함한다. 깊이 생각해 보면 감각적 인상을 조직하고 대상경험과 과학적 인식을 가능하게 하는 모종의 본유적 개념이 필요하다. 흄은 우리가 원인과 결과 사이의 필연적 연관에 관한 어떠한 감각인상도 가질 수 없다고 주장함으로써 과학의 인과적 법칙들을 공격하였다. 그러나 칸트는 정신 자체가 원인과 결과 사이의 필연적 연관의 개념을 부과하기 때문에 경험론자들이 생각하는 감각적 인상이 비로소 의미를 갖게 된다고 주장한다.

바로 그 부분이 칸트의 체계에서는 '순수오성'의 개념에 속한다. 그렇다고 해서 그가 말하는 보편적이며 필연적인 정신개념이 플라톤의 이데아 개념이나 데카르트의 본유개념과 동일한 것은 아니다. 칸트에 따르면 그들은 독립적인 실재의 구조에 상응하는 것이 아니라 우리의 정신의 구조일 뿐이다. 이것들의 기본이 되는 관념을 칸트는 '범주'들이라고 불렀다. 그 범주들은 형이상학적인 의미를 갖기보다는 오직 인식론적으로만 의미를 가지는 것이다. 그 범주들이 없이는 우리들의 판단과 결정이 불가능하다. 이러한 생각에 따르면 우리가 아는 바의 세계는 필연적으로 우리에게 드러나는 바의 세계이다. 즉 그들은 어떤 의미에서 우리가 만드는 세계인 것이다. 우리들이 외부에서 받아들인 인상들은 비록 외재하는 것들의 영향이지만, 관념들을 그것에 적용함으로써 현상세계를 만드는 것은 바로 우리들 자신인 것이다.

합리주의나 경험론이 그러했듯이 칸트의 인식론 역시 가장 확실한 지식을 밝힐 수 있어야 한다는 정초주의적 전통에서 벗어나지 않는다. 인식에 있어서 여러 가지 불확실성이 있는 것은 사실이다. 그러나 이 부분에 있어서 칸트의 새로운 해법이 이전의 전통과 다른 점은 우리가 확실히 알 수 있는 인식의 영역을 한정시키는 것이었다. 이를 위해서 그는 우리에게 그렇게 나타나는 바의 사물들과 그 자체로서의 사물들, 현상적인 세계와 실체로서의 세계, 그리고 우리가 그렇게 알고 있는 바의 세계(phenomena)와 우리의 지식 너머에 있는 그 자체로서의 세계(noumena)를 구별하였다. 그런 다음 그는 우리가 물 자체를 인식할 수는 없고 순수개념을 수단으로 하여 우리에게 나타나는 바 대로의 사물만을 인식할 수 있다고 봄으로써 학문적으로 검증할 수 있는 지식의 한계를 분명히 밝힌다. 그는 감각에 주어질 수 없는 초감각적 실재들은 참된 인식의 대상이 될 수 없다고 보았다.

칸트의 선험철학에서 모든 인식의 대상은 물 자체가 아니고 언제나 인식하는 주관에 투여된 대상에 국한된다. 후자에 대한 인식은 모든 사람들에게 공통적인 것이기 때문에 현상에 대한 판단은 모든 사람에게 상호주관적이며 참이 될 수 있다. 이것이 바로 그가 내세우는 객관적 경험의 근거이다. 칸트는 이 점에서 자연과학이 무엇이 확립된 것이고 무엇이 확립되지 않은 것인지에 대해 모든 사람이 합의함으로써 별다른 탈 없이 점진적으로 성공을 거듭한 것으로 보았다. 그에게 있어서 과학은 있는 그대로의 세계 자체에 관한 것이 아니라 오직 현실적이거나 가능한 경험세계에 관한 것이다. 이것은 그가 현상에 대한 이론을 관찰과 실험에 근거하여 검증할 수 있다고 보았기 때문이다.

칸트에 의하면, 선험적인 개념이나 범주에 의해서 정리되고 검토된 경험만이 세계에 대한 표상이 될 수 있다. 그러나 이런 기준에 비추어 본다면 당시까지의 사변적 형이상학은 어떤 결론으로 인도해 주는 믿을 만한 방법을 찾을 수 없다. 물론 칸트는 형이상학의 가치를 인정한다.

그러나 이제 그것은 순수한 예지적 실재에 대한 인식을 제공하는 진정한 학문이 될 수가 없다. 왜냐하면 모든 사물에 대한 진정한 지식은 경험에 토대를 두어야 하기 때문이다. 그럼에도 불구하고 이성은 이러한 지식을 가능한 것으로 다루는 경향이 있고, 바로 여기에서부터 사변적 형이상학의 착각이 일어난다고 주장한다. 칸트는 경험적 근거를 따질 수 없는 이런 주장은 곧 이율배반과 모순, 오류 등을 가져오는 근원이 된다고 본다. 그의 비판철학의 주된 과제는 이러한 사이비 과학의 공허함을 폭로하는 데 있었다. 이런 급진적인 입장에서 그는 지금까지의 모든 철학적 언설은 일종의 동어반복을 고안해 내고 우리가 말하고 생각하는 용어를 분석하는 것에 지나지 않았다고 보았다. 그래서 그는 참된 지식과 객관적인 인식가능성의 조건으로 그 당시 발전하는 자연과학의 객관적 방법을 신뢰할 만한 것으로 보았다.

그러나 칸트 당대의 자연과학 역시 이미 이전의 합리론과 경험론의 범위를 벗어나는 것이다. 독립적으로 실재하는 외적인 자연계는 흄과 경험론자들이 말하는 것처럼 감각 인상을 통해서나, 데카르트와 합리주의자들이 말하는 것처럼 명석 판명한 이성적 관념들과의 일치를 통해서는 그 자체의 법칙들을 부여하지 않는다. 칸트는 뉴턴의 법칙이 설정한 질서는 자연 속에 존재하는 것이 아니라, 인간의 보편적이고 필연적인 오성개념으로부터 나온다고 보았다. 말하자면 자연이 인간정신에게 그 자신의 법칙을 부여하는 것이 아니라, 오히려 정신이 고유한 법칙을 자연에 부과하여 모든 감각적 질료들을 조직한다는 것이다. 여기서 바로 개념이 우리의 모든 경험, 곧 자연에 대한 우리의 모든 지식을 형성하고 조직하고 구성한다는 인식론의 새로운 전환이 일어난 것이다. 인식대상은 언제나 주관의 창조물이라는 이런 입장의 전환은 그 이후의 과학철학과 과학적 인식론에 새로운 지평을 열어 주었다.

요컨대, 칸트는 당시까지 철학이 구축해 왔던 논의를 불신하고 자연과학에 인식론적 정당성을 부여하는 방식으로 인식론적 토대를 구축하였다. 간단히 말하여 그의 인식론적 체계의 구축은 이렇게 진전된다. 그는 먼저 인간의 대상 인식은 감각을 필요로 한다고 말한다. 그리고 대상을 인식하는 인간 주체의 순수한 조건들에 관심을 갖고 접근하면서 칸트는 이러한 탐구를 '선험적(transcendental)'이라고 이름지었다. 그 선험적 탐구의 결과로 얻어진 것이 바로 그가 말하는 선험적 범주들이다. 세계에 관한 우리의 지식에 확고한 기반을 제공하는 것은 적어도 칸트에 있어서는 선험적 범주들이다. 그것들은 경험에서 도출되지 않으면서도 경험의 발생시에는 소위 '지식'으로 나타나는 선천적(a priori) 지식이다. 공간과 시간은 감각경험의 선천적인 필수조건들이다. 이런 감각직관을 통해 나타나는 대상을 칸트는 '현상'이라고 한다. 오성은 현상들과 직접 관계하여 그것들을 자신의 판단 안에서 통일한다. 반면 이성은 현상과 직접 관계하지 않고 다만 간접적으로 혹은 매개적으로 관계할 뿐이다. 말하자면, 이성은 오성의 개념들과 판단들을 받아들여 그것들을 보다 고차적인 원칙에 비추어 통일하려는 것이다. 따라서 칸트에게 있어서 경험을 초월하거나 초감각적 실재를 기술하는 어떠한 형이상학도 학문적인 인식이라고 정당하게 주장될 수 없다. 그런 시도는 궤변적인 논증, 논리적인 오류, 혹은 이율배반에 빠질 것이기 때문에 미리 실패로 운명지워진 것으로 본다.

이런 복잡한 우여곡절을 거쳐 칸트는 우리가 가진 지식을 이른바 분석적 판단과 종합적 판단으로 구분한다. 분석적 판단은 "모든 물체에는 延長性이 있다"라는 명제의 경우처럼 술어가 주어의 개념 속에 포함되어 있는 판단이다. 그러나 종합적 판단은 "모든 물체는 무게를 가진다"는 명제의 경우처럼 주어에 대해 그 개념 속에 포함되어 있지 않은 술어를 긍정하거나 부정한다. 이 경우 주어와 술어의 연결관계는 긍정되지만 술어는 주어로부터 단순한 분석에 의해서 끌어낼 수 없다. 다시 말해서 그것은 경험 속에서 그리고 경험을 통해서 주어진다. 이런 경우 그 판단은 후천적으로(a posteriori) 종합적이다. 이런 도식에 의해서 칸트는 단순히 분석적인 것은 아니면서도 선천적인 종합명제를 주장했다. 예컨대 수학, 순수기하학 등이 이런 부류에 속한다.

칸트의 인식론은 철학사에 획기적인 전기를 마련하였다. 그것은 현대 철학에 이르는 관문의 역할을 하고 있다는 점에서 특기할 만하다. 현대 철학에서의 인식론은 대체적으로 데카르트적 전통을 이어받은 현상학과 흄의 전통을 이어받은 분석철학 혹은 논리실증주의로 양분된다. 그러나 이런 현대철학의 특징은 칸트의 인식론을 거쳤다는 점에서 새로운 요소가 가미되었다고 보아야 한다. 나는 마지막으로 그 두 가지 인식론적 조류를 간략히 소개하려고 한다. 그 이전에 우리는 그들이 어떻게 칸트적인 요소를 이어받고 전개되는지를 살펴보기로 하자.

현상학과 분석철학이 출현한 계기는 기본적으로 기존의 철학이 과학의 발전에 비해 침체되어 있다는 불만에서 비롯하였다. 이들 학파는 이제까지의 철학 및 과학적 사변이 더 이상 지탱될 수 없다는 위기의식에서 출현하였다. 철학은 자연과학이 될 수 없다는 점이 분명해졌다. 또한 칸트는 이전의 철학을 인식론적으로 정당화할 근거를 탈취하였다. 그렇다면 철학은 어디로 가야 하며, 그 방법은 어디에서 찾을 것인가? 이 질문에 대한 철학의 새로운 활로는 자연과학이나 그 전범을 따르기로 한 심리학 이외의 영역에서 도출되지 않으면 안 되었다. 현상학과 분석철학은 결국 인식의 문제를 이전의 철학보다 더욱 엄격하게 설명하는 데서 그 해답을 찾고자 하였다. 적어도 심리학보다는 더 엄격한 방법적 원리를 철학이 확보해야만 한다는 절박한 상황이 전개되었다.

현상학과 분석철학은 철학이 이제까지 무의미한 사변으로 표류했음을 비판하면서 이전보다 더욱 엄격한 정초주의적 특징을 드러낸다. 그들은 칸트와 마찬가지로 전통적인 형이상학적 문제를 제거하고 직접적으로 경험되는 현상에 관심을 국한시켰다. 그리고 그런 혁명적 과업을 완수함에 있어서 이들은 데카르트가 《방법서설》에서 전개한 프로그램과 유사하게 일종의 사명감을 가지고 사고의 명료성을 추구하고자 하였다. 현상학의 창조자인 후설(E. Husserl: 1859~1938)이 내세운 '엄밀한 과학으로서의 현상학'이나 논리실증주의가 내세운 '과학의 통일' 등의 기치는 모두 이전의 철학보다는 더욱 확실한 인식론적 단초를 확보하려는 의지를 반영하고 있다.

이처럼 각자의 방법이 갖는 확실성과 객관성을 확신하더라도 현상학과 분석철학간에 차이가 없는 것은 아니다(van Peursen, 1972). 이들간에는 마치 합리론과 경험론이 인식의 근거를 다른 곳에서 찾았듯이 인식론상의 큰 대립이 있다. 여기서 다시 칸트 이전에 있었던 것 같은 인식론 내부의 균열이 엿보인다. 앞서 지적했듯이, 이들은 칸트를 거치면서 정초성이 좀더 세련되는 양상을 공통적으로 보이고 있다. 그러나 후설을 필두로 하는 현상학은 데카르트적인 회의와 주관성을 전승하고 있는 데 반해, 분석철학 혹은 논리실증주의는 흄의 경험론을 전승하고 있다. 여기서 다시 인식의 정초성을 어디에 두느냐 하는 문제가 서로를 견제하고 비판하는 심각한 쟁점으로 등장하는 것이다.

논리적인 구조를 찾는 과정에서 현상학자들은 그것을 주체의 특수한 행동의 하나로 봄으로써 주관적인 축에 강조점을 둔다. 이에 비해서 분석철학자들은 논리적 과정을 주체 내에서 발생하는 것이 아니라 언어구조의 차원에서 이루어지는 것으로 보고 객관적인 축에 비중을 둔다. 후설이 관계를 수립하고 개념을 정의하는 데 직관을 말하고 논리적인 통찰을 중시하는 반면에 논리실증주의자들은 지각이나 혹은 논리적인 조작규칙을 수단으로 한다. 이 때문에 현상학적 방법은 분석철학자의 눈에 지나치게 환상적이고, 직관적이며, 불합리하고, 논증불가능한 것으로 보인다. 다른 한편으로, 분석철학자들의 실증적 방법은 현상학자들에게는 동어반복의 규칙이나 끌어들여 재단하고 분석하는 데만 몰두하여 철학 자체를 말장난으로 바꾸어 버리는 것으로 보인다. 그 각각을 이제부터 검토해 보기로 하자.

1.1.4. 후설의 현상학

현상학의 창시자는 후설(Husserl, 1913, 1950, 1954, /1965)이다. 따라서 여기서는 주로 그의 주장을 토대로 현상학의 정초주의적 특징을 살펴볼 것이다. 후설의 주된 관심은 자연과학의 등장과 더불어 위축되고 모호하게 된 철학의 정체성을 새로운 토대 위에 확고하게 정립하는 것이었다. 그는 모든 것을 객관화하고 자연화하려는 유럽문화의 경향을 위기로 간주하고, 이른바 '제 1 철학', '엄밀한 학문으로서의 철학', 그리고 과거에 철학이 그래왔듯이 모든 학문의 기초를 제시하는 보편학을 정립하기 위해 현상학을 제안하였다. 그것은 철학을 완전히 다시 시작할 필요성에서 출발한 일종의 새로운 방법론으로서 단지 철학뿐만 아니라 모든 과학의 확실한 출발점이 될 수 있을 것으로 보았다.

현상학은 한마디로 현상(phenomena)에 관한 이론이라고 할 수 있다. '나타나는 것으로서의 현상'에 대한 그의 관심 전환만 보아도 후설이 종전의 형이상학을 거부한다는 점이 분명해진다. 그러나 여기서 현상이란 개념은 이전의 인식론에서 썼던 것과는 다른 의미라는 점에 유의할 필요가 있다. 플라톤과 칸트는 본질적으로 숨겨져 있는 가상적인 존재(noumena)의 대칭어로 현상이라는 용어를 썼다. 그러나 후설에 와서 현상이라는 개념은 전혀 다른 이론적 의미로 탈바꿈한다. 후설에게 현상은 그 자체로 있는 그대로 드러내는 본질(essence)에 대한 명칭이다. 그는 이런 의미의 현상 자체, 즉 본질이 사실적인 사고과정과 경험적인 검증에 의존하지 않고 직관을 통해서 있는 그대로 인식되는 방법으로 이른바 '현상학적 환원'을 제안하였다.

현상학적 방법에 의해서 드러나는 것은, 주관이 우리가 일상적으로 접하는 세계를 있는 그대로 모사하거나 반영하는 단순한 표상작용이 아니라 그런 대상을 있게 하고 형성하는 생산적 기능을 가진 존재라는 사실이다. 이제 모든 존재는 주관에 의해서 구성된 존재로서만 그 타당성을 갖는다. 그러나 그 주관은 칸트에서처럼 선험적으로 주어진 것이 아니다. 여기에서 우리는 구성이라는 개념을 도입한 칸트의 선험철학을 더욱 확장하고 철저하게 완성시키려고 한 후설의 의도를 알게 된다. 이제 칸트의 범주는 구성되어야 할 현상으로 바뀐다. 개별적인 현상 'X'는 개별적인 학자와 독립하여 존재하는 실재라고 가정될 수 있다. 그러나 그에 대한 파악은 종국적으로 개별 학자들의 이론적인 구성에 의존할 수밖에 없다.

현상학이 칸트가 인식론적 토대로 삼았던 선험성을 벗어나고 있다면, 후설은 이제 그 인식의 최종적인 토대, 즉 정초성을 완전히 벗어난 것인가? 그렇지 않다. 그는 현상학적 구성의 작업을 인정하면서도 구성의 결과는 불변적이어야 한다고 봄으로써, 역시 최종적인 거점에 대한 집착에서 벗어나지 않는다. 어떤 대상의 본질은 상상적 변이를 통해서 실현되는 대상의 술어들 가운데 불변하는 것에 의해 성립된다. 그것이 바로 현상학에서 파악하려는 현상 'X'이다. 그 현상에는 우리가 흔히 수학과 논리학에서 취급하는 추상적인 실재도 포함된다.

현상 'X'는 후설에게 특별한 의미에서 일종의 객관성을 가지고 있다. 그것은 우리의 눈으로 감지될 수 있는 대상이 아니라 우리의 관념에 의해서 이해되어야만 하는 것이다. 그 간단한 예가 직각 삼각형이다. 직각 삼각형은 존재한다고 볼 수 있다. 그렇다면 그 본질은 어떻게 파악될 수 있는가? 우리 주변에는 다양한 형태의 직각 삼각형이 있다. 이 삼각형의 가능한 형태들을 무한대로 변화시킨다고 하더라도 우리는 직각 삼각형 각각의 개별적 특성과 독립된 그것의 본질이 존재한다고 보아야 할 것이다. 이것의 본질은 그것에 대한 모든 술어들의 합이며, 그것의 상상적인 삭제 또는 제거는 삼각형의 소실을 가져올 것이다. 이 점에서 삼각형은 관념적 객관성이 있다고 말할 수 있다.

현상학은 본질을 파악함에 있어서 이전과는 다른 인식태도상의 철두철미한 전환을 요구한다. 우선 후설의 현상학은 스스로를 사실학과 구분하여 사물의 본질을 포착하고자 한다는 점을 유의해야 한다. 개별적인 존재자, 즉 사물을 바라보는 것과 본질을 바라보는 것은 엄밀히 구분된다. 감각적 지각의 소여는 여러 가지 형태로 나타나지만 그러나 계속 동일한 것으로 남아 있는 것이 있다. 동일한 것만이 본질에 해당하는 것이다. 따라서 그것을 바라보기 위해서는 경험적인 소여를 비경험적인 타당성으로 환원시켜야 한다. 논의의 과정에서 그가 말하는 이 환원의 의미가 드러나겠지만 이것은 실재가 우리들의 의식과 독립적으로 존재한다는 생각에서 해방되어, 그것이 물체화되기 이전의 우리의 지향적 경험을 낳는 축으로 되돌아 갈 수 있도록 하는 것이다. 그것이 바로 그가 처방한 현상학적 방법이다.

현상학은 이제까지의 모든 것을 의문시하고 어떤 것이건 간접적으로 주어지는 타당성에 근거하지 않을 것을 선언한다. 여기서 후설은 먼저 한 점의 의혹도 없는 확실한 인식을 추구했던 데카르트적인 회의의 방법을 한 단계 진전시켜 무전제의 원칙을 적용하였다. 그 점에서 그의 인식론은 역시 철두철미하게 정초주의적인 전통을 계승하고 있다. 현상학은 절대적으로 그 어떤 공리도 전제하지 말아야 한다. 기존의 모든 신념과 가정이 갖는 타당성을 정지시키고, 다시 거기에 선험적 주관의 영역을 확보하여 그것으로부터 확실한 인식을 구성해 낼 수 있을 것으로 처방하였다.

현상의 본질구조를 탐구하기 위해서는 그에 대한 이전의 인식들을 일단 접어두어야 한다. 여기에는 자연주의적 선입관, 생활세계적 인식, 세계에 관계되는 이전의 학문적인 체계가 포함된다. 이런 것들이 대상의 본질적 특징을 근원적으로 은폐하고 있는 것이다. 이러한 은폐로부터 벗어나는 여러 단계가 바로 환원이라는 방법이다. 그러나 여기서 주의해야 할 것은 환원이 제반 인식체계의 전면적인 포기나 배제를 의미하는 것은 아니라는 사실이다. 일상적 생활을 하기 위해서는 일상적 세계의 믿음을 가질 필요가 있다. 다만 그것은 본질을 파악하려는 현상학적 과제를 수행함에 있어서는 장애가 되는 것이다.

후설에 의하면 질료적인 실재는 오직 의식의 상관자로서만 존재할 수 있다. 그럼에도 불구하고 우리는 일상생활에서 우리가 접하는 외부적 대상을 곧바로 실재 자체인 것으로 판단한다. 이런 일상적 세계를 최후의 대상세계로 보는 것은 잘못이다. 참된 인식은 의심의 여과를 거치지 않은 뿌리깊은 사고의 습관이나 정신적 한계에 의해 가려져 있다. 그 가운데 특히 문제시되는 것이 생활 속에서 자연스럽게 나타나는 상식과 객관적 사실을 중시하는 자연과학적 태도이다. 그런 한계를 극복하기 위해서 이른바 '판단중지'라는 특별한 방법이 도입된다. 이것은 질료적인 실재를 절대화하는 우리 사고의 가면을 벗기고 그것을 취소하는 것을 말한다.

따라서 판단을 중지한다 함은 제반 정립을 폐기하는 것이 아니라, 다만 이 정립이 지닌 어떤 자연적인 성질을 폐기하는 것이다. 이 때문에 후설은 그 환원을 마치 수학에서 당장 필요하지 않은 사항을 괄호 속에 집어넣는 것에 비유한다. 선험적 판단중지는 바로 본질을 파악하기 위해서 그것을 은폐하고 있는 사고체제나 습관을 잠시 괄호 안에 넣어 무효화시키는 것이다. 일상생활을 함에 있어서 상식은 필요하다. 또한 자연과학은 그 한계 안에서 탐구대상에 대한 부분적인 지식들을 쌓아 오고 있다. 따라서 그런 인식의 존재나 가치 자체를 현상학이 송두리째 부인하려는 것은 아니다. 후설이 진정 관심을 갖는 것은 상식이나 자연과학의 한계 밖에 있는 대상을 인정하고 그것을 인식하는 또 다른 철두철미한 방법론이다.

현상학은 선험적 자아의 순수직관에 의해 직접적으로 본질에 도달하여 그것을 파악하려는 시도이다. 따라서 이 분야는 현상이 드러나는 그대로를 솔직히 받아들이자는 정신을 바탕으로 삼는다. 현상학은 대상들이 의식에 주어지는 방식들에 관한 연구이다. 말하자면 현상학은 기본적으로 직접 현전하고 있는 본질에 대한 탐구라는 특징을 갖는다. 후설은 대상이 직접적인 방식으로 현전함으로써 의심할 바 없이 확실한 것이 된다고 생각했다. 여기서 문제되는 것은 부분적으로만 자신의 모습을 드러내거나 혹은 전혀 자신의 모습을 드러내지 않은 채 은폐되어 있는 경우이다. 그러나 판단중지나 현상학적 환원이 성공적으로 수행되었다면 그 결과로 인식자에게는 데카르트의 경우처럼 확실한 자아 혹은 의식만이 남게 된다.

우리에게 보이는 대상의 일면적인 명백성과 다양성에도 불구하고 그것의 특성은 은폐되어 있다. 우선 대상의 본질은 경험주의자들이 주장하는 것처럼 우리와 분리된 세계에 대한 표상 혹은 인상이 아니다. 따라서 진정 그 본질에 도달하기 위해서는 더 이상 감각적 기관에 주어지는 경험의 사실성에 제한되는 것이 아니라 자유로운 순수 가능성의 작용으로 그것을 드러내야 한다. 그러기 위해서는 대상에 대한 끊임없는 사유실험이 진행되어야 한다. 여기서 선험적으로 순수화된 현상의 자유로운 지평과 그에 따른 특유한 의미에서의 현상학적 공간이 열린다. 이 공간 속에서 우리는 이른바 현상을 출현시키는 현상학적 구성의 작업을 수행한다. 구성적 작업에 의해 산출된 통일체들은 하나의 통찰적인 의미를 지닌다. 그 구성된 대상이 바로 '현상'인 것이다.

현상학의 가장 큰 주안점은 인간과 세계의 가장 근원적인 접촉점, 즉 주관-객관의 약정적인 분리 이전의 근원적인 관계를 재정초하려는 것이다. 후설이 추구한 현상은 정확히 주관이 근원적으로 객관과 관련되어 있고, 객관이 근원적으로 주관과 관련되어 있는 경험적 접촉점 또는 중심점이다. 이런 방식으로 전통적인 실체의 범주는 관계의 범주로 대체된다. 현상학에서의 '본질'은 모든 현사실적 사실성과는 무관하지만 그것에서 구성적으로 생겨나는 대상성이다. 여기서 철학에서 통상 말해왔던 '실재'란 그 자체 존재하는 것을 의미하는 것이 아니라 자기 확인된 작용의 상관자를 의미하게 된다. 그 관계는 형식상 서로 독립적으로 존재하는 두 실체(예를 들면 인간과 세계) 사이에 일어나는 것이 아니다. 인간과 세계는 일차적으로 관계 속에 있다. 따라서 우리는 단지 반성적 논리의 수준에서만 그들을 분리된 실재로 나눌 수 있는 것이다.[2)]

현상학에서 경험적 사실성은 인식주체의 주관적 의식이 사실적 체험으로부터 본질 직관에까지 참여하는 과정과 직결된다. 후설의 주장에 따르면, 세계의 의미는 단지 의식의 현상[3)] 이외에 다른 것이 아니다. 인

2) 후설은 실증과학이 중립적 사실로 간주하고 있는 것은 우리가 직접 경험한 원래의 것과는 동떨어진 단순한 추상 이외의 다른 어떤 것도 아니라고 주장한다.

간의 의식은 지향성을 갖는다.[4] 즉 의식은 항상 '무엇'에 대한 의식일 수밖에 없다. 그리하여 우리의 의식은 의식하는 작용과 의식되는 대상의 양극을 갖는 주관과 객관의 상관관계로 성립한다. 후설은 전자를 '노에시스(noesis)', 그리고 후자를 '노에마(noema)'라고 칭하고 그들간의 상관성을 중시했다. 후설에 있어서 관념의 진리성은 그 관념을 구성하는 현상학적 자아의 주체적 자각에 의해서 확인된다. 그는 명증한 자기현존의 직접적인 확실성을 진리의 기준으로 삼았다. 그가 말하는 명증성은 노에마의 표상과 노에시스의 의미부여가 일치하거나 혹은 순간적인 포개짐이 이루어질 때 생기는 것이다. 그런 명증만이 반복되는 진리의 보증수표가 된다.

이처럼 후설에 있어서 진리의 확인은 개인의 자각에 근거한다. 후설은 명증성을 사념 작용과 이 작용의 대상이 '그 자체'로 현전하는 것, 즉 진술의 현실적 의미와 그 자체 주어진 사태가 일치하는 체험이며, 이 일치의 이념이 진리라고 생각한다. 이처럼 명증성과 진리를 상관적인 등가적 관계로 해석하는 것은 분명 데카르트로부터 받은 영향이다. 앞서의 현상학적 환원을 통해서 도달한 것이 현상학적 잔여로 남은 소위 '선험적 자아', '선험적 주관성'이다. 다시 말하면, 모든 입장을 환원하고 나면 더 이상 환원될 수 없는 자아에 도달한다. 여기서 후설은 데카르트적 출발점, 즉 "나는 존재한다"라는 내적 명증성을 이어받는다.

여기서 우리는 후설 자신이 말하는 바 그의 철학의 아르키메데스 점에 도달한다. 후설은 철학사에 나타나는 모든 상대주의는 이 내적 명증성 위에서 무너지게 된다고 주장한다. 체험이 체험되는 그대로 지각된

---

3) 이것은 실증주의적 과학의 대상이 아니라는 점에서 기계적 인과율을 벗어나며 심리학적인 이해를 벗어난다. 오히려 이것은 그 한계를 벗어나기 위해서 설정된 후설 나름의 고유한 개념인 것이다.

4) 이 사실을 후설에게 일깨워 준 사람은 19세기 스콜라풍의 철학자 브렌타노(F. Brentano)였다.

다면 '엄밀한 의미에 있어서의 인식'은 바로 내적 명증성에 있는 것이다. 우리가 체험하고 있는 동안에는 체험의 존재를 의심한다는 것이 불합리하다. 이와 같이 후설은 명증성을 일종의 객관적인 필연성과 동일한 것으로 사용하였다. 명증적인 타당성은 사실세계의 변화에 하등의 영향도 받지 않기 때문에 오류가 생길 가능성이 전혀 없다. 그것은 심리적인 의미 혹은 역사적인 의미에서는 오류의 영향을 받을 수 있겠지만 진술 자체의 논리적 내용에는 아무런 영향을 주지 못한다는 것이다.

요컨대 후설의 현상학은 모든 존재에 내재하고, 일상적인 세계 안에 숨겨져 있고, 익명적으로 머무르고 있는 로고스가 인식주체에게 명백해지도록 하는 것이다. 즉 진리란 존재의 양태를 명백히 하는 것이다. 그는 진리가 본질상 지향성 자체의 충족에 간직된 것으로 보았다. 이 충족은 이중적인 의미의 진리로 수행된다. 하나는 지향된 존재자 자체의 자기부여(진리 자체)의 충족이고, 다른 한편 이 충족은 동시에 작용지향성 자체의 충족이다. 이런 한에서 하나를 통해서 다른 하나의 지향이 충족되고 진리(이성으로서의 진리)에 이른다. 후설의 인식론에서 주목할 점은 명증성을 통해서 이론적 인식을 궁극적으로 논증하려고 한다는 것이다. 그에게 있어서 현상학적 환원을 통해서 얻는 이론적 지식은 더 이상 부정될 수 없는 순수한 것으로 가정된다.

후설의 현상학은 지식의 형성과정과 진리의 발견을 서로 긴밀하게 연관시킨다는 점에서 종전의 어떤 인식론보다 한 발 앞서 있다. 그럼에도 불구하고 그것의 문제는 그 구성이 한번에 종료될 수 있는 것으로 전제한다는 점에 있다. 그의 선험주의는 '필연적인 확실성'과 진정한 '단초', 새로운 토대, 철학에서의 아르키메데스적인 점을 약속해 준다. 그러나 현상학적 환원을 통해서 노출된 본질은 후설이 가정했던 것처럼 의심의 여지가 없는 확실성과 완전성을 확보하지 못한다. 그것은 선택과 논쟁, 그리고 수정에 개방되어 있다. 확실성과 완전성에 대한 약속 자체가 현실에 비추어 지나친 것이라는 것은 후설 자신의 학문적 탐구의 역사에서 찾아볼 수 있다.

현상학이 불변의 본질을 추구하고 인식의 문제에 있어서 후설이 현상학적 방법을 썼다고 가정할 때 우리는 그의 전기와 후기의 사상적인 변천을 설명하기 어렵게 된다. 선험적 주관성의 구조가 필연적인 인식에 도달할 수 있다고 믿었던 후설도 추후에 자신의 경력에서 발견된 오류 가능성을 시인하고 있다. 그는 주요 저작에서 자신의 방법을 새로운 각도에서 첨가 · 수정 · 확장하기를 거듭했다. 이처럼 인식은 아무런 선입견도 없는 텅 빈 상태로 존재하는 것이 아니다. 과거에 이미 만들어진 의미를 물려 받고, 또 미래에 구성될 의미에 참여하는 한 모든 인식은 근원적으로 시간의 변화과정에 놓여 있다. 역사의 모든 전제를 넘어서서 현전에 대한 순수직관을 열정적으로 추구하여 근본적인 기점을 찾으려고 했던 후설의 실패는 곧 현상학적 방법 자체의 한계를 말해 준다.

후기 후설에 있어서의 본질은 영원한 이념도, 자율적인 자아의 선천적인 구성물도 아니다. 그것은 인간 주관들이 역사적 시점에서 상호 의사소통을 통해 도달한 합의물일 따름이다. 이 점이 바로 현상학이 끝없이 열려 있는 우리 모두의 것이자, 자기완결적 체계가 아니라 하나의 제안으로, 그리고 해결이라기보다는 해결해야 할 과제로 남아 있는 이유이다. 후설이 말하는 현전을 이후의 철학자들은 서로 다른 관점에서 문제시한다. 이 점은 그의 계승자이면서 다른 한편으로 비평자인 하이데거(M. Heidegger)를 소개하는 자리에서 더 자세하게 다루어질 것이다.

1.1.5. 논리실증주의

현상학과 동시대에 출현했지만 그것과는 판이한 전통을 이어받은 현대철학이 있다. 그것은 논리실증주의, 분석철학, 혹은 과학철학이라고 불리는 인식론적 조류이다. 이것 역시 20세기 전반에 철학이 그 자체의 정체성을 찾는 과정에서 등장했다. 그러나 그 해법의 뿌리는 로크와 흄을 위시한 영국의 경험주의자들과 후에 인간의 지식과 판단을 논리적으로 분석한 칸트적 전통에 있다. 오스트리아의 빈에서 발단하여 주로 영국과 미국을 중심으로 동조세력을 형성함으로써 하나의 철학적 학파로 정착하게 된 이 사조는 과학적 진리의 확실성이 실증적인 근거에서 얻어지는 것처럼 철학적 인식에 있어서도 실증적 확실성을 추구할 수 있을 것으로 보았다. 그리하여 이들은 엄격한 논리적 과정으로서의 귀납적 소여와 논리가 이론을 확정하거나 반박하는 토대가 될 수 있을 것으로 가정한다.

인식론적으로 볼 때, 논리실증주의의 한 가지 특징은 지식을 발견의 과정과 분리시켜 정당화할 수 있다고 전제한다는 점이다. 이것은 앞서 현상을 이해하는 방식과 그 결과의 확인을 일치시키려는 현상학적 방법과 특별히 대조되는 측면이다. 논리실증주의자들은 역사적 조건과 발견의 맥락을 선험적 전제사항으로 간주하기 때문에 이에 대해서는 무관심하다. 이들은 지식의 형성과정보다는 그 결과를 논리적으로 정당화한다는 취지를 분명하게 밝힌다. 이런 일반적인 입장은 다음의 라이헨바흐(H. Reichenbach, 1951)의 언명에 잘 반영되어 있다.

> 불합리한 추측으로서 가설-연역적 방법의 신비로운 해설은 **발견의 맥락**[5]과 **정당화의 맥락**을 혼동한 데서 비롯한다. 발견의 행위는 논리적인 분석을 회피한다. 천재의 창조적인 기능을 인계해 받아내는 '발견의 기계'가 고안될 수 있는 어떤 논리적인 규칙도 없다. 그러나 과학적 발견을 설명하는 것은 논리학자들의 과제가 아니다. 그가 할 수 있는 것의 모든 것은 주어진 사실과 그 사실들을 설명한다고 주장하는 이론이 그에게 제시되었을 때 그들의 관계를 분석하는 것이다. 환언하면, 논리는 정당화의 맥락에만 관심을 갖는다. 그리고 관찰적 자료와 관련하여 한 이론을 정당화하는 일은 귀납적 이론의 주제이다(p.231).

위의 언명에서 잘 밝혀졌듯이 논리실증주의가 지식을 발견해 나가는

5) 인용문에서 강조를 나타내는 부분은 본문의 것이다. 이하에서도 그런 관례를 따르기로 한다.

과정과 그 결과를 정당화하는 작업을 구분한 것은 인식의 문제에 있어서 철학의 독특한 지위를 확보하기 위해서이다. 적어도 라이헨바흐가 보기에는 전자는 심리학이나 사회학과 같은 귀납적 이론을 추구하는 학문의 관심사이다. 거기에는 어떤 확실한 정형이 있을 수 없으며 다분히 우연적인 인과관계의 해명이 가능할 뿐이다. 그러므로 그것들이 논리학자나 철학자들의 관심사가 될 수는 없는 것으로 본다. 이런 이유로 논리실증주의자들은 결과의 정당화만을 자신들의 특별하고 고유한 탐구영역으로 국한시키는 입장을 택했다. 이것은 지식의 발견과정 자체를 심리적인 것과 구분해서 철학의 본령을 찾으려고 했던 현상학의 시도와는 전혀 다른 방식으로서, 일단 말썽의 소지가 많고 귀찮은 부분은 철학의 영역에서 제거해 버린다는 점에서 매우 편리한 전략이다.

인식의 문제를 그렇게 갈라놓고 해결할 수 있는지는 교육적 인식론과 관련하여 더 자세하게 비판적으로 논의될 것이다. 그러나 일단 이런 편리한 해법을 따르면, 과학적 발견은 이론과 가설의 발견 · 발상 · 착안 · 구성 등에 관여하고, 정당화는 그 이론과 가설의 평가 · 검증 · 확증 등에 관여한다. 이처럼 논리실증주의자들은 현실 속에서 이루어지는 인식이 아니라 그 인식의 결과를 놓고 그것을 그들 나름의 특유한 희망과 선험적 요청에 따라 재구성하는 자리를 마련할 수 있게 되었다. 이렇게 함으로써 그들은 과학의 합리성은 어떤 시기에도 타당한 비역사적인 성격을 가진다고 생각하였다.

그렇다면 지식의 결과란 어떤 것이며, 그것을 어떻게 정당화할 수 있다는 말인가? 이에 대한 논리실증주의자들의 해답은 두 가지 방향에서 이루어진다. 하나는 일단 의미있는 지식이 무엇인가를 규정하는 것이고, 다른 하나는 그 가운데 논리실증주의자들이 다룰 수 있고 다루어야 할 지식의 영역을 차지하는 것이다. 이 부분에서 그들은 상당 부분 전통적인 경험주의의 입장에 선다. 우선 전자의 과제와 관련하여 논리실증주의자들은 의미있는 지식을 결국 경험적인 내용을 가진 명제와 그 논리적인 일관성을 분석할 수 있는 분석적 명제의 두 가지로 압축시킨다

(Ayer, 1936, 1959). 이것은 이전에 흄이 이미 시사한 것 그대로이다. 흄에 따르면 분석적 명제는 '관념들의 관계들'을 진술하는 명제들이며, 종합적 명제는 '사실들'을 진술하는 명제에 해당한다. 같은 방식으로 칸트는 분석적 판단과 종합적 판단을 구분한 바 있다.

우선 논리실증주의자들이 말하는 종합명제란 무엇인가? 그것은 한마디로 귀납주의와 객관주의에 토대를 두고 있다. 전통적인 실증주의는 과학적 지식은 사실에 근거하고 있기 때문에 확실한 객관적 지식의 체계라고 인정하였다. 권위나 편견, 감정과 습관에 근거한 진술과는 달리 과학적 진술은 관찰과 실험적 증거에 기초하고 있으며, 그것은 관찰주체와는 상관없이 항상 동일한 의미를 갖는 것으로 생각되었다. 그들은 과학이 경험에 의해 정당화되어야 한다고 할 때 그 경험은 이론과 무관하며 객관적이고 중립적이라는 가설을 받아들인다. 그들은 경험이 이론을 평가하는 심판관 구실을 하며, 경험을 기술하는 '기초언명'은 공공적인 관찰이 가능하다는 점에서 객관적인 것으로 믿는다.

귀납주의에 의하면 과학은 관찰과 더불어 시작된다. 관찰자로서의 과학자는 자연을 충실하게 관찰하고 특수한 사실로부터 보편적인 법칙을 얻어낸다. 관찰의 결과는 이론에 대해서 독립적이기 때문에 이론선택의 문제가 제기되었을 경우에 관찰결과에 의존함으로써 의견의 불일치를 객관적으로 해결할 수 있다는 생각을 하였다. 이처럼 관찰과 실험에 의해서 확정된 종합적 명제가 증가하면 그만큼 지식은 탄탄하게 누적되는 것이다.

그렇다면 종합명제와 구분되는 분석명제란 무엇인가? 이것은 수학이나 논리학의 경우에 볼 수 있듯이 일종의 동어반복(tautology)과 같은 명제이다. 이것은 사실에 관해서 아무 것도 말하지 않지만 언제나 참인 명제이다. "우리 아버지는 남자이다"라는 명제는 그 전형적인 예가 될 것이다. 우리는 아버지가 남자인 것을 알기 위해서 관찰을 하거나 따로 경험적인 자료를 얻을 필요가 없다. 다만 아버지와 남자의 논리적 관계를 따지면 그 진위가 가려지는 것이다. 개념상 아버지는 부모 가운데 남자에 속하는 사람을 지칭하는 것이다. 따라서 아버지는 논리적인 필연성에 의해서 남자일 수밖에 없다. 이런 방식으로 우리는 세상에 관한 사실의 문제를 떠나서 다만 기호나 언어의 변환규칙만을 따짐으로써 지식의 확실성을 규명해 나갈 수 있는 것이다.

이처럼 지식을 두 가지 유형으로 분류하고 나서 논리실증주의자들은 종래의 사변적이고 선험적인 철학을 진정한 의미의 학문의 영역에서 추방시킨다. 분석철학자들은 철학의 논쟁이 대부분 언어사용의 모호함과 부정확함에서 생기는 것으로 규정하고 오랫동안 철학의 한 분야로 인정받아 온 형이상학의 학문적 지위를 박탈한다. 이를테면 전통철학이 주로 취급했던 '존재', '무', '선' 등은 의미있는 두 가지 종류의 지식, 즉 분석적 명제나 종합적 명제의 범주에 들지 않기 때문에 유사대상(quasi-object)으로서 진술과 주장의 '진'과 '위'를 구명하는 학문적 지식의 영역에 포함될 수 없다. 논리실증주의자들의 주장에 따르면, 이들은 일종의 위장된 종합적 명제로서 검증이 불가능하기 때문에 말이 안 되는 것이다. 그들에 따르면 형이상학은 표현할 수 없는 것을 세계 내로 도입하고 표현하려 함으로써 의미없는 언어가 되어버렸다.

그렇다면 논리실증주의는 모호한 철학적 전통을 청산하고 어떻게 하나의 학적 지위를 확보할 수 있는가? 이것은 한마디로 종래의 단순한 경험론이나 실증주의와는 달리 기호논리학에 의거한 논리적 분석을 사용한다는 점에 그 특징이 있다. 즉 분석철학자들이 과학에 공헌할 수 있는 것은 지식의 분석적 측면을 명료화하는 것이다. 그들에 따르면, 철학의 과업은 사실이나 자연적인 조작을 기술하는 것에 있지 않다. 철학이 과학에 공헌할 수 있는 것은 과학의 개념이나 용어를 논리적으로 그리고 분명하게 사용하도록 하는 규칙을 제시하는 것이다. 그들은 이런 과정에서 과학을 기술하거나 설명하는 논리적인 언어를 제 나름으로 만들어 냈다. 이렇게 하는 가운데 그들은 과학에 관한 경험적인 영역과는 거리를 두려는 시도를 모색하였다. 이 때문에 그들에게는 경험적인 생활과 역사적인 가변성에서 벗어나기 위해 논리적으로 구조화된 언어에만 관심을 집중하려는 경향이 현저해졌다.

이런 새로운 입장에서 논리실증주의자들 혹은 그것에 동조하는 분석철학자들은 그들이 철학의 새로운 지평을 확보한 것으로 여겼다. 그들이 말하는 철학의 임무는 우선 철학 안에 있는 명제의 의미를 명백하게 밝히고 무의미한 비경험적, 형이상학적 요소를 배제하는 데 있다. 다른 한편으로, 그들은 오늘날 확실한 지식을 정립하고 있는 자연과학적 지식에 대해 메타학문적인 지위를 얻고자 하였다. 넓은 의미의 실증주의적인 과학철학은 과학적 지식이 모든 지식의 범형이라는 전제하에 그것을 정형화시키는 작업을 주로 하였다. 그들은 과학철학을 '과학의 논리'로 규정하고 주로 고전적 경험론과 현대의 기호논리학을 이용하여 과학적 이론의 논리적인 구조를 해명하고자 하였다. 이와 같은 작업은 과학자가 아니라 철학자의 몫이라는 사실이 논리실증주의자들에게는 큰 자랑이다.

작업대상을 분석명제에 한정시켜 인식의 문제를 해명하려는 태도 속에는 이른바 상대주의에 대한 절대주의 혹은 주관주의에 대한 객관주의의 강력한 선호가 포함되어 있다. 이 점에서 그들은 분명히 우리가 말하는 정초주의의 전형을 이루고 있다. 논리실증주의의 또 다른 특징은 언어를 특별히 강조한다는 점이다. 명제나 개념의 모호함에 대한 그들의 분석은 주로 기호나 언어를 중심으로 이루어진다. 그들에 따르면, 인간은 언어를 중심으로 사물을 인식한다. 따라서 언어에 반영된 개념을 검토함으로써 그 구성에 오류가 없도록 해야 하는 것이다.

이런 경향은 논리실증주의 운동이 일어나기 전에 영국의 케임브리지 대학을 중심으로 분석철학이라는 운동으로 일어났는데, 그 중심인물은 무어(G. Moore), 러셀(B. Russell), 그리고 그의 제자인 비트겐슈타인(L. Wittgenstein) 등이다. 이런 특징은 비트겐슈타인의 기념비적 저서 《논리 · 철학논고(1922)》에 잘 반영되어 있다. 그는 인식의 문제를 언어의 한계 내에서 규정하고자 하였다. 그러나 그의 언어관에는 소박한 점이 있다. 비트겐슈타인은 이 저서에서 언어가 세계를 있는 그대로 표상하는 그림이 될 수 있을 것으로 간단히 생각했다. 같은 방식으로 러셀(1964)은 대상언어를 가정하였다. 이것은 세계 내의 실재적인 대상과 우리의 인식 사이의 일대일 대응을 전제하는 경험론과 조화를 이룬다. 문장이 그림이고 그들이 묘사하는 실재가 동일한 형태를 가지고 있다면 언어의 분석에 의해서 인식의 진리성을 검증하는 절차도 가능하게 될 것이다.

여기에 또 하나의 경험주의적 가정이 암묵적으로 추가된다. 그것은 한마디로 지식은 그것을 구성하는 요소로 환원될 수 있다는 생각이다. 비트겐슈타인과 러셀은 1900년경 이른바 '논리적 원자론(logical atomism)'을 변호했는데, 그 이론에 따르면 언어의 기본요소는 현실의 기초적인 '원자적 사실'과 일치한다. 그들의 검증가능성의 원리에 의하면 유의미한 언명은 원리적으로 경험에 의해 확인될 수 있는 '원자적 사실'을 기술하는 요소명제나 원자명제의 진리함수이다. 이제 철학자의 과제는 명제가 지시하는 사실성 자체를 떠나서 주어진 개념과 공리 및 규칙 가운데 이미 포함되어 있는 것을 드러내는 분석적인 측면에만 관심을 국한시키면 되는 것이다.

이런 전제하에 분석철학자들은 지식을 그것의 구성요소인 개별적인 법칙이나 명제로 환원시키고, 그 요소명제들의 개별적인 진리함수에 따라 전체적 지식의 진리함수를 찾아내는 방식을 취한다. 과학의 명제를 분석해 들어가면 최후에 원자명제에 도달한다. 원자명제는 더 이상 분석해 낼 수 없는 명제이다. 이것은 원자적 사실을 나타내는 것으로서 세계는 그들에 의해 구성되는 것으로 가정된다. 이런 도식에 따라 분석철학자들은 언어의 의미를 지배하고 있는, 언어사용에서 나타나는 규칙에 관심을 기울인다. 그들에게 있어서 진리는 오직 명제들 상호간의 관계를 분석함으로써 드러나며, 현실을 지시하는 명제의 경우에는 일련의 모순 없는 명제들을 통해서 사태에 어떤 특성을 부여하는 데 있는 것이다.

언어사용의 규칙은 대략 이런 것이다. 원자적 사실들은 '그리고', '혹은', '…이라면'과 같은 말로 결합되어 분자명제를 이룬다. 그리고 그것의 진리치는 원자적 명제의 진리치와 그것의 논리적 관계에 의해서 쉽게 결정된다. 가령 'p 또는 q'라는 명제가 참인 것은 'p'와 'q'라는 두 개의 구성체 중에서 적어도 하나가 참인 경우에 해당하며, 그리고 그러한 경우에 한한다는 규정이 가능한 것이다. 이런 논리적인 규칙에 따라 초기의 논리실증주의자들은 과학적 언어들은 보다 간단한 진술들과 개념들의 합성물로서 그들의 진위를 개별적으로 검증해서 전체적인 지식의 타당성을 판단할 수 있을 것으로 보았다.

이제까지 검토해 왔듯이 논리실증주의는 그 체제 내에 인식의 확실성을 보장하는 모든 장치를 완벽할 정도로 구비하고 있다. 일견 여기에 불확실성이 개재할 여지는 전혀 없어 보인다. 그런데 문제는 그것이 역사에서 이루어지고 있는 학문의 사실에 부응하느냐 하는 것이다. 분석적 지식과 종합적 지식은 그렇게 쉽게 구분될 수 있는 것인가? 분석철학자들은 그것을 가정하고 전자에서 그들의 역할을 찾고 있지만, 그들의 입장 역시 검증되지 않은 가정들을 포함하고 있다는 것을 숨기기 어렵다. 세계는 진정 원자적 사실로 구성되어 있는가? 세계와 우리의 지식은 그들이 가정한 바와 같이 직접적인 대응관계가 있는가? 지식은 참이거나 허위로 양분될 수 있는가? 더 나아가 지식은 참인 명제의 단순한 종합에 불과한 것인가? 언어는 원자적 사실들에 대한 그림이라고 볼 수 있는가? 이 모든 질문에 대해서 논리실증주의는 이제 더 이상 넘어가기 어려운 장애에 봉착하고 있다.

1.2. 정초주의의 해체

철학자들은 실재나 어떤 것의 궁극적인 본질을 자기들이 말하고 있다는 확신을 가졌을 뿐만 아니라, 그것을 검증할 수 있는 확실한 방법을 가지고 있다고 생각해 왔다. 우리는 이와 관련하여 플라톤에서 시작하여 데카르트의 합리주의, 영국의 경험주의 및 칸트에 이르는 인식론, 그리고 현대철학이 표방하는 방법론의 주류인 후설의 현상학과 논리실증주의를 검토하였다. 이들은 내용은 다르지만 우리가 무지에서 출발하여 전적으로 오류가 없는 확실한 지식을 얻을 수 있으며, 그것만이 유일하고도 유의미한 지식이라고 본다는 점에서는 동일한 범주에 포함시킬 수 있다. 이런 인식론적 입장을 일컬어 우리는 '정초주의'라는 명칭을 부여한다.

철학의 본령을 찾으려는 현대철학은 세상 내에서 일어나는 인식의 실제적 과정을 가급적 무시하려는 태도를 보여 왔다. 현상학은 심리학에서 말하는 경험적 과정과 거리를 두기 위해 엄격한 태도상의 변화를 강조했고, 논리실증주의자들은 탐구의 과정보다는 그 결과물인 지식의 논리적 구조에 더 많은 관심을 보인다. 그들은 인식의 문제에 불확실성이나 상대주의가 개재할 여지가 발견되면 모든 사변을 동원하여 그것을 피하면서 자신들의 정초주의적 이상을 실현할 수 있는 방향으로 이론을 수정해 왔다. 여기서 과학적 탐구의 과정은 다분히 철학의 사변적 전통으로 환원되는 경로를 거쳤다.

실제 일어나는 인식활동을 밝히려는 입장에서 자유로운 철학적 사변은 사실성과 거리가 있는 가정들을 편리하게 수용함으로써 탁상공론의 성격을 띠고 있다. 정초주의는 상대주의를 비난하거나 견제하면서 형성되어 왔으며, 절대적 주체와 오류가 없는 이성능력, 우리 밖에 존재하는 실재, 그것에 대응하는 인식, 그리고 그 인식에 대응하는 언어 등을 인식론의 토대로 상정해 왔다. 이렇게 편의에 따라 완벽한 체제를 구축함으로써, 철학자들은 독특하고 예외적인 방식으로 철학을 할 수 있을 뿐만 아니라, 나아가 과학에 대한 이해에 있어서도 메타학문적인 공헌을 할 수 있을 것으로 자임하기도 한다.

아르키메데스적 기점의 명증성에서 불변의 진리를 구하고자 하는 인식론의 전통은 우선 최근의 역사적 고찰을 통해 과학의 실제와 전혀 부합하지 않는다는 점이 드러나고 있다. 그들이 메타과학의 역할을 자임하고 제시한 검증의 제반 규칙과 과학자가 실제의 연구에서 이용하고 있는 절차 사이에는 현격한 차이가 있다. 그것이 아무리 논리적인 형식성을 가지고 있더라도 만약 실제 과학의 발전을 설명하지 못한다면 공허한 말장난이나 가공의 공론에 불과하다고 보아야 할 것이다. 이에 따라 새로운 과학철학은 과학분석의 도구로써 형식논리를 거부하고 실제 탐구활동 자체의 역사적 기록에 근거하여 그 내용을 재검토하기에 이르렀다.

정초주의의 붕괴는 또한 그것의 가정과 전제에 대한 철학 내부의 반성에 의해서 더욱 급격하게 진행되고 있다. 이전의 근대적 사상에 대한 의문에서 시작된 포스트모더니즘은 이제까지의 인식론의 전제나 가정이 구태의연할 뿐만 아니라 많은 점에서 중요한 사실들을 고의적으로 회피해 왔다고 비판한다. 이런 비판이 주로 '탈근대성'이라는 주제로 다루어지고 있다고 해서 단지 일시적인 시대사조에 불과하다고 치부하기에는 그 자체로서 성숙된 요소와 반성을 담고 있다. 포스트모더니즘에는 비단 상황의 변화에 대한 대응뿐만 아니라 이전의 철학이 향유했던 무근거한 전제에 대한 비평이라는 성숙된 면모도 있다.

이제 우리는 인식론자들이 철학자라는 특수한 지위에서 주로 사유에 의존해서 구축해 왔던 정초주의가 더 이상 유지될 수 없는 상황을 몇 가지 항목으로 나누어서 검토하고자 한다. 그 상황설명이 어떤 통일성을 갖는 것은 아니고 여기저기서 복잡하게 얽혀서 드러나고 있기 때문에 이후의 논의도 다소간은 중첩될 수 있다. 논의의 순서는 먼저 대충이나마 합리주의와 현상학의 노선을 비평한 다음, 경험주의와 논리실증주의에 도전하는 양상을 드러내는 순서로 진행될 것이다. 그러나 여기서 독자는 논의의 맥락과 그들이 사용하는 용어의 차이는 있을지언정 결국 같은 내용으로 수렴되는 것을 느낄 수 있을 것이다.

1.2.1. 현전의 형이상학의 붕괴

탈근대의 철학이 최근 들어 겨냥하고 있는 비판의 대상은 이른바 '현전의 형이상학(metaphysics of presence)'이라고 할 수 있다. 형이상학적 실재론이라 부르는 서양의 철학사상은 경험의 특징인 변화와 동요의 영향으로부터 완전히 벗어나 있는 어떤 절대적 세계가 있는 것으로 가정해 왔다. 그리고 서양의 인식론은 오랫동안 존재의 의미를 투명한 정신 앞의 현전으로 이해할 수 있다는 신념에 토대를 두어 왔다. 지식은 그것의 점유자와 독립된 세계를 있는 그대로 표상하고, 그 표상은 적어도 그 세계의 일부와 그것이 작용하는 원리를 반영하는 것으로 가정되었다. 존재, 실재, 진리, 본질 등의 개념들이 이런 전제 아래 널리 사용되었다.

현전의 형이상학의 뿌리는 "사실을 사실이 아니라고 하거나 혹은 사실 아닌 것을 사실이라고 말하는 것이 거짓이요, 사실을 사실대로 또한 사실 아닌 것을 사실 아닌 것으로 말하는 것이 참이다"라고 했던 아리스토텔레스의 사상까지 소급된다. 그들에 따르면, 세계는 인간의 마음으로부터 독립되어 있는 고정된 수의 대상들로 구성되어 있다. 따라서 세계를 완벽하게 기술하는 체계는 정확하게 하나뿐이다. 올바른 지식 혹은 진리는 사고나 언어가 고정된 수의 대상과 일치하는지를 따져서 결정될 수 있다.

고상한 명칭에도 불구하고 이런 식의 실재론이 우리의 일상적 인식에서 벗어나 있는 것이 아니며, 그만큼 우리에게 자연스럽다. 우리가 흔히 '진짜'냐 혹은 '가짜'냐 하는 시비를 따질 때 누구나 위와 같은 실재론적 입장에 서 있는 것이다. 이러한 호소력을 통해 실재론은 칸트 이전까지만 하더라도 모든 철학자들의 지지를 받았다. 인간의 지식은 우리의 경험과 독립된 실재를 직접 표상하는 것이고 우리는 그런 지식을 생산해 낼 수 있다. 이런 소박한 신념을 파트남(H. Putnam, 1981/1987)은 이렇게 평가한다.

> 이 주장이 처음부터 내적인 모순과 불명확성을 지녔음에도 불구하고 그토록 오랜 세월 동안 여러 가지 형태로 지속되어 온 이유는 신적 관점을 가지려는 사람들의 욕망이 자연스러운 것이었고 또 강렬했기 때문이다(pp.92-93).

파트남이 신의 눈에 비친 관점이라고 부르는 이유는 무엇이고 그것이 내적인 모순과 불명확성을 가지고 있다는 것은 도대체 무슨 곡절에서인가? 실재론이 너무도 당연하게 보이는 독자에게는 이 질문 자체가 의아한 것인지도 모른다. 이를 이해하기 위해서는 적어도 인식의 문제에 대해 칸트가 도달한 결론을 잠시 상기할 필요가 있다. 칸트는 세계를 직접 이해할 수 있다는 합리론과 경험론을 포기하였다. 세계 자체는 마음으로부터 독립되어 있고, 또한 유일하다고 하더라도 그 유일한 세계에 대한 인간적 해석이나 이론은 다양하다. 그것이 유일해야 할 이유도 없다. 따라서 순수 실체, 오염되지 않은 사물, 직접적인 현존, 원래의 대상, 분열되지 않은 원천 등을 나타낸 지식은 필연적으로 허구이다. 그 지식은 어떻든 간에 그것을 구성해 낸 사람의 체험에 의해서 이미 매개되고 오염되어 있다.

적어도 이 단계에서부터 인식론에서 현전의 개념은 어느 정도 흔들리고 있었다고 볼 수 있다. 그렇다고 해서 칸트 이후의 철학자들이 현전의 개념에 의해서 유지하려고 했던 정초주의적 이상을 완전히 포기한 것은 아니다. 이에 대한 칸트의 해결은 앞에서도 소개되었듯이 선험적 범주를 인정하는 것이었다. 그에게 있어서 선험적 범주는 보편적인 것으로 간주되었으며, 칸트는 바로 거기서 인식의 정초성을 찾으려고 하였다. 그리고 그 전제 아래 객관적 지식이 가능하다는 근거를 확립하려고 하였다. 그러나 그 선험성은 후설의 단계에서 다시 부정되기에 이른다. 이제 그 실재는 우리 자신의 현상학적 구성의 대상이 되었다. 그렇다면 후설은 현전의 형이상학에서 제외된 것인가? 그렇지 않다는 것이 문제이다. 그 역시 인식의 정초성을 확립하기 위해서 인식대상과 인식활동의 일치를 가정했으며, 그것이 바로 진리라고 생각했다.

이런 것들이 파트남이 말하는 형이상학적 실재론에 뿌리를 둔 인식론의 내적인 모순에 해당하는 측면이다. 우리는 세계가 독자적으로 그리고 객관적으로 현존한다고 생각한다. 그렇게 생각하는 것이 편하기 때문이다. 그러나 세계는 우리의 감각, 지각, 기억의 구성물이다. 따라서 세계의 독자적인 현존은 분명하게 밝혀진 것이 아니다. 우리에게 인식되는 것은 실재 자체가 아니다. 다만 그런 것들의 존재에 대한 우리들의 이해나 해석들이 존재할 뿐이다. 이해는 어떤 견해를 가지는 것이다. 역사의 외계 및 인간 이해의 지평 바깥에 존재하는 이해란 있을 수 없다. 그것은 역사 안에서 주어진 유한한 입지점에 존립하는 것이다. 이런 내적인 모순을 극복하는 방법은 인식자의 유한성을 부인하고 그가 일체의 선입견의 여과 없이 실재를 투시할 수 있는 신적인 권능을 가진 것으로 받아들이는 것이다. 그러나 그런 관점은 이제 더 이상 용인하기 어려운 시점에 도달하게 되었다.

현전의 실재론의 토대는 하이데거에 의해서 와해의 계기를 갖는다. 하이데거는 스승인 후설의 현상학적 전통에 있지만 인식의 문제에 있어서 전혀 다른 길을 열었다. 하이데거는 물론 후설이 말하는 순수 자아의 상관자인 세계의 자명성과 구체적인 의미를 부인하지 않지만, 그것의 의미가 순수 자아에 의해 구성된다는 설명에 대해서는 거부한다. 하이데거는 인간 이성은 자체의 편견, 선입견, 전통으로부터 완전히 자유로울 수 있다는 후설의 현상학적 전제에 의문을 제기했다. 존재자의 존재에 대해서 물을 수 있는 특수한 존재자로서 우리 자신인 현존재를 상정한 하이데거(1927/1994)는 이렇게 선언한다.

> 세계란 눈앞의 것의 총합이 아니다. 세계는 도대체 눈앞의 그 어떤 것도 아니다. 세계란 세계-내-존재에 의한 규정, 말하자면 현존재의 존재양식의 한 구조계기이다. 세계란 현존재적인 어떤 것이다. 세계는 사물들처럼 눈앞의 것이 아니다. 오히려 세계는 우리 자신이 그것인 현-존재〔거기에-있음〕가 존재하는 방식으로 거기에 존재한다(p.244).

이런 관점에서 하이데거는 이해의 과정을 후설처럼 의식의 지향성이라는 구조 속에서 해명하지 않고, 세계-내-존재인 현존재의 실존적 구조 속에서 해명한다. 현존재는 자기 자신의 존재에 있어서 존재 그 자체를 문제삼으며, 이 존재에 대한 이해를 가지고 있는 존재자이다. 이런 현존재는 모든 존재론의 가능성의 제약으로 작용한다. 이러한 의미에서 현존재는 다른 모든 존재자에 앞서서 물어져야 할 존재자라는 이유와 더불어 존재 물음의 우위에 놓인다. 이러한 현존재의 존재론적 분석론이 그의 '기초 존재론(Fundamentalontologie)' 이다. 이 새로운 체제에서 존재의 의미는 액면 그대로는 물론 스콜라적, 칸트적, 후설적 의미에서 역시 '최초의' 의미도, '근본이 되는' 의미도, '초월적' 의미도 아니다. 그와 같은 필연적이고, 비환원적이고, 현전적인 존재 의미는 로고스에 의해서 역사적으로 생산된 것으로서 역사성을 벗어나서는 아무 것도 아니다. 하이데거는 이제까지의 존재론은 그것이 누구의 것이건 간에 존재자의 잠정적인 계기에 불과한 것으로 보았다. 이제 초월적인 의미의 존재가 부인되고 그것의 열림이 강조된다. 이에 관해서는 후(1.4.2.)에 더 자세한 설명이 있을 것이다.

근래에 데리다(J. Derrida, 1967b)도 전통철학을 비판하는 가운데 현전의 형이상학을 대표하고 있는 학자로 후설을 지목하고 그를 비판하고 있다. 데리다는 비록 후설이 어떤 전제나 가정도 없는 '엄밀한 학문'을 지향한다고 했지만, 자신도 모르는 사이에 서양의 형이상학적 사고방식의 범주를 헤어나지 못했다는 것을 좀더 상세하게 드러내고 있다. 후설의 현상학의 근원성은 어디까지나 동일성과 겹침에 있다. 후설에게 있어서 진리는 노에시스의 직관적 지향과 노에마의 경험적 여건과의 겹침과 포개짐이다. 그리고 그런 진리 규정에는 의식에 나타난 현존(현전)이 언제나 동일하게 반복될 수 있는 형식이라는 점이 가정되어 있다. 그 체계 속에서 과거와 미래는 언제나 지나간 현재, 다가올 현재로서 규정된다.

그러나 데리다는 시간의 규정에서 과거와 미래가 현재를 중심으로 규정되는 것에 대해서 의문을 제기한다. 그는 관점을 역전시켜서 오히려 과거나 미래에 대한 '다시 당김'이나 '미리 당김'과 같은 요소들이 현재구성의 가능한 근거이며, 전자가 후자 중심의 파생체가 아님을 주장한다. 그에게 있어서 과거의 '흔적'이 현존보다 앞서고, 과거를 다시 당기는 재귀가 있기에 현재의 시각이 가능하게 되는 것이다. 즉 차이가 동일성보다 더 근원적이고, 어긋남이 일치보다 선행한다는 것이 그의 주장이다. 가령 현재 순간에 인식주체가 어떤 것을 직관한다고 하여도, 그 순간적인 직관의 행위가 결코 근원적인 것으로서 의식의 다른 시간을 구성하는 것이 아니고, 오히려 근접한 과거의 흔적이 하나의 배경으로 선행한다.

후설이 말하는 자아의 동일성이라는 것도 데리다에 의해서 의심의 대상이 된다. 후설이 말하는 과거의 흔적이 없는 생생한 지금 속에 있는 자아는 불가능하다. 그처럼 초월적 · 절대적 · 무시공적 자아는 현실적으로 존재하지 않는다. 우리의 자아는 경험적이고, 상대적이고, 시간적이다. 현재라고 하는 순수체험의 영역은 후설이 생각하듯이 결코 순수할 수 없다. 자아란 결국 어제의 자아와 오늘의 자아의 차이에서 생기는 흔적의 잡아당김에서 비로소 가능할 뿐이다. 이처럼 주체가 동일하다고 주장할 만한 실체가 아님에도 불구하고 그것을 주장하는 것은 하나의 환상이다. 또한 인식주체에게 어떤 명증의 순간이 있다면 과거의 흔적과 현존의 직관 사이의 차이가 더 중요한 역할을 하는 것이다.

데리다는 이런 새로운 입장에서 서구의 전통적인 현전의 형이상학 체계 전체를 흔들어 놓고 있다. 그 작업은 주로 언어에 관한 새로운 관점에서 출발하고 있다. 그는 언어학에서 말하는 기의가 차이와의 관계망에서 계속 운동하고 또 시간적으로 계속 미루어진다고 본다. 이를 위해서 그는 '다르게 하다'와 '미루다'를 하나로 결합한 차연(différance)이라는 신조어를 만들었을 뿐만 아니라, 흔적(trace), 산종(dissémination), 보충(supplément) 같은 개념을 도입하였다. 이 모든 개념은 어떤 언표의 고정된 근거나 의미를 발견하려는 이제까지의 기대를 전면적으로 부인한다. 이 때문에 어떤 기의도 고정된 내용을 갖지 못한다.

이런 근거에서 데리다는 서구의 전통적인 현전의 형이상학을 해체한다(Norris, 1987). 그는 서구 철학이 비이성에 대한 이성, 차이에 대한 동일성, 부재(不在)에 대한 현전(現前)을 진리의 근거로 주장해 왔다고 본다. 철학은 후자의 입장에서 항상 좀더 근원적인 것, 좀더 보편적이고 필연적인 것에 끊임없이 집착해 왔다. 본질, 실체, 형상, 원형, 목적, 참된 존재, 선험성, 신 등등의 개념들은 바로 이러한 이상에 대한 집념의 소산이다. 정초주의적 인식론도 주로 그런 범주 내에서 진행되었다. 데리다는 그것을 해체하는 작업에 선봉장의 역할을 하고 있다. 그는 이성, 동일성, 현전의 것들에 대비되는 비이성, 차이, 부재를 해방시키고자 한다. 이에 관해서도 곧 더 자세한 설명(1.2.6.)이 있을 것이다.

요컨대, 근래에 현전의 형이상학에 대한 비판과 거부는 점차 설득력을 얻고 있으며, 그것을 받아들일 때 인식론적 정초주의는 더 이상 유지될 수 없다. 전통적인 인식론은 인식의 절대적인 확실성을 보증할 만한 어떤 특권적인 정초를 찾아 헤매었다. 그 이론들은 최종적인 지식, 절대지, 진리와의 직접적인 만남이라는 생각을 인식론에 반영하려고 노력했다. 마찬가지로 철학자들은 전통적으로 그들 자신이 진실을 진술하며 진실에 입각해 기록한다고 믿었다. 그러나 그런 믿음은 한낱 공허한 것이 되고 만 것이다. 이제 특별한 종류의 예외적인 정신활동에 의해서 절대적인 실재를 정확하게 표상해 낸 지식이란 성립할 수 없게 되었다. 학문적인 지식은 언제나 발전의 도상에 있다. 이 사실에 비추어 현전의 형이상학에 대한 해체의 이런 노력은 어떻든 절대적 지식에 대한 과장된 확신과 그것을 발견하는 과정과 근거에 대한 독단주의와 허구성을 적나라하게 폭로하고, 불확실성을 숨김없이 받아들이는 성숙되고 미래지향적인 입장으로 받아들여야 할 것이다.

1.2.2. 인식주체의 오류가능성

인식의 문제에 있어서 주체나 주관성의 개념은 여러 가지로 정의될 수 있다. 일반적으로 서양철학에서 '주체'의 개념은 인간이란 자유로운 지적 행위자라는 점과 그것의 사유과정은 역사적 혹은 문화적 상황에 구속되지 않는다는 것을 가정한다. 전통적 인식론에서도 상황에 제약되지 않은 우월성을 가진 투명한 주체가 종종 상정된다. 철학자라든가 지성인이라든가 혹은 학자라는 말로 대변되는 사람들이 그런 지식을 생산하고 판단함에 있어서 특권적인 관리자로 나타난다.

이성을 소유한 절대적 자아라는 개념은 데카르트의 인식론에 함축되어 있다. 데카르트는 스스로를 사유하는 존재로 규정했으며, 그 이후 주체로서의 자아는 반성적 자기의식 안에서 확실한 학문의 기반으로서 자리잡게 되었다. 그의 유명한 말, 즉 "cogito ergo sum"에서 'ergo'가 그런 위치를 차지하였다. 이 때 주체는 명석하고 판명한 이념으로, 그리고 흔들리지 않는 절대근거의 모습으로 나타난다. 인식은 존재 자체를 여실하게 해명하는 것이고, 주체의 탐구는 그런 것을 가능하게 하는 것이다. 데카르트가 불변의 기반으로 삼은 이 인식주체는 그 자신의 개인에 국한되는 말은 아니다. 모든 사람이 이성적 능력을 구유하며, 그 능력을 올바로 사용하면 스스로 세계에 대한 진리를 찾을 수 있다는 낙천적인 신념을 가지고 있다.

인식의 기점을 투명한 의식을 가진 절대적 자아에서 찾는 데카르트적 주관주의의 전통은 서양의 철학자들에 의해 조금씩 다른 모양으로 나타나지만 크게 보아 근대적 의식의 뼈대를 이루고 있다. 칸트는 초월적 주체가 선험적 범주를 통해 경험에 의미를 부여하는 것으로 보았고, 헤겔은 시간의 제약을 떠난 절대주체를 상정했다. 후설의 현상학적 환원도 그런 절대적 주관성으로서의 주체에 대한 전제 속에서 제안되고 있다. 그가 말하는 현상학적 자아는 모든 선입견을 거부하고 모든 것을 자유롭게 의심할 수 있는 절대적인 힘을 가지고 있다. 후설이 말하는 자아는 세계에 대한 신념의 타당성 일체를 괄호 속에 넣고 오직 자기 자신과 관계를 맺는 주체로서 살과 피도 없고, 하등의 감정조차도 없어 보인다.

그러나 인식론의 전통에서 제일의 기점이 되어 왔던 사유하는 자아의 절대적 기반은 여지없이 흔들리고 있다. 특히 최근에 등장한 후기 구조주의에 의해서 이제까지 철학에서 특권적 지위를 누려 왔던 주체의 의미가 격하되고 있다. 이것은 그들이 속한 구조주의가 출현한 배경과 관련하여 자연스럽게 설명될 수 있다. 원래 구조주의는 소쉬르(Saussure, 1916)의 언어학에 뿌리를 두고 있고, 그의 언어학에서 개인은 그렇게 중요한 의미를 지니지 않는다. 그는 언어를 '랑그(langue)'와 '파롤(parole)'의 두 유형으로 분류하였다. 전자는 추상적인 규칙의 체계로서의 언어를 지칭하고, 후자는 그런 의미의 언어가 개인에 의해서 구체화되는 언어행위를 지칭한다. 소쉬르는 이 가운데 언어의 추상적인 체계에 관심을 보였다. 더 구체적으로 말한다면, 그에게 있어서 언어는 모종의 사회적 제도나 사실과 같은 것이다.

그의 이론체계에서 개인은 그것을 구현하는 하나의 부수적인 기능을 수행할 뿐이다. 이것을 쉽게 설명하면 이렇다. 언어의 화자는 음성체계나 문법체계를 의식하지 않는 상태로 말을 하지만 언어학에서는 그 체계를 기준으로 판단과 분석을 해 나간다. 또 주체는 자기 자신의 정신이나 행동을 규제하는 사회적 규약의 정교한 체계를 반드시 의식한다고 볼 수도 없다. 이런 방식으로 현대언어학에서는 주체가 해체되어 사람들 사이의 규약의 체계 속의 한 구성분자로 축소된다. 주체의 기능이 주체를 통해 작동하는 여러 체계로 환원되기 때문에 주체는 용해되는 것이다. 이로써 철학에서 중심의 위치에 있었던 주체가 점점 더 규약체계의 결과물로 인식되기에 이르렀다.

그 후 구조주의자들은 개인 밖에서 작용하는 엄청난 규모의 구조를 상정하고 개인들은 구조를 창조하는 주체나 구조의 원인이 아니라 구조의 산물임을 강조한다. 이러한 관점의 전환은 후기 구조주의에서 '인간주체'에 대한 회의적인 태도와도 연결되고 있다. 르네상스 이후, 신 중심의 세계관에서 해방된 인간은 자유로운 지적 행위자로 간주되어 왔으며, 따라서 역사적 상황이나 문화적 상황에 지배받지 않은 채 비교적 자유롭게 사고하고 판단한다고 여겨져 왔다. 이러한 개인은 다시 계몽주의의 시대를 거치면서 합리적 이성을 소유한 것으로 가정되었다. 그런데 구조주의자들은 그런 의미의 자유롭고 주체적이고 합리적인 개인은 없다고 하면서 주체를 사회체제에 종속하는 위치로 격하시키고 있다. 주체는 이제 존재의 근원 혹은 기원이 아니라 외재하는 사회체제나 혹은 타자와의 동일시의 과정이나 언어를 통해 형성된 결과물이라고 주장되기도 한다.

오늘날 후기 구조주의자들은 모두 데카르트 이래로 확고부동한 토대로 믿어 왔던 주체와 그 주체가 세계를 인식하는 매개물, 즉 구조 · 언어 · 역사가 가지고 있는 배타적 보편타당성을 부정하는 데 열을 올리고 있다. 특히 근래에 등장한 프랑스의 철학자들을 중심으로 하는 현대철학은 '주체의 죽음'을 선언하기에 이르렀다. 미셸 푸코, 자크 라캉, 자크 데리다 등은 이전의 인식론적 전통에서 강조된 주체를 해체하거나 탈중심화하는 경향을 보인다(윤호병 외, 1992). 이들은 주체와 관련하여 철학에서 강조하던 명증성의 문제, 지각의 문제, 의식의 문제 등을 권력의 문제, 욕망의 문제, 텍스트의 문제로 환원시키려고 한다. 예컨대, 자기 운명의 주인이자 의미 창출의 능동적인 주체라는 개념을 붕괴시키기 위해 이른바 반인간주의를 표방하는 푸코의 경우 인간 자체는 결코 능동적이고 자유로운 의미의 창출자가 아니며, 오히려 권력-지식의 연계에 의해 유통되는 담론적 실천의 산물에 불과하다.

그러나 후기 구조주의자들이 말하는 '주체의 죽음'이라는 주제는 인식론에서 좀더 신중하게 받아들여야 할 것이다. 만약 이것이 이성적 존재로서 확고한 중심을 의미했던 명증적 주체의 죽음을 의미한다면, 그것은 분명 인식주체의 독단을 제거한다는 점에서 인간의 유한성에 대한 더욱 철저한 반성으로 받아들여질 여지가 있다. 철학자들이 불변하는 것으로서 참된 자아와 절대적 근거로서 존재하는 순수의식의 존재를 가정했던 것은 잘못이었고 그것에 의문을 제기하는 것은 당연하다. 현실 속에 있는 개개인 혹은 자아는 철학자들이 생각하는 것처럼 순수하지 않다. 자아라고 하는 것도 타자, 허용과 금기체계로서의 언어와 문화에 의해서 비로소 형성되기 마련이고 그만큼 한계를 갖기 마련이다. 그러나 절대적 주체를 부인하는 것이 인식의 주체성 자체를 부인하는 방향으로 발전한다면 우리는 다른 하나의 오류에 빠질 우려가 있다.

후기 구조주의자들은 언어구조나 사회적 실천을 부각시키면서 인간을 모든 존재의 중심으로 보는 주체적 입장을 상대적으로 격하시키는 경향을 보이고 있다. 그들은 인식론적인 진보에 대한 인간적인 믿음을 포기할 뿐만 아니라 사회 · 역사적 진보에 대한 믿음 역시 포기한다. 그들은 변증법을 버리고 그들 자신이 다른 의미에서 역사의 종말에 처해 있다고 생각한다. 만약 후기 구조주의자들이 주체의 죽음이라는 주제를 등장시키면서 인식에 있어서 주체가 개입한다는 사실조차 인정하지 않는다면, 그들의 논의 내용을 우리가 믿어야 할지 말아야 할지 자가당착에 빠지게 된다. 그들의 주장이 옳다면 그들의 주장 자체도 주체적인 것이 아니라는 결론이 나오기 때문이다. 이런 사실은 반인간주의의 선봉장인 푸코의 이론을 검토하는 가운데 내린 다음과 같은 메르키오르(J. Merquior, 1985/1998)의 평에 적절히 반영되어 있다.

> 결론적으로 말하면, 푸코의 연구는 엄청난 인식론적 딜레마에 갇혀 있다고 할 수 있다. 만약 그것(푸코의 연구)이 진리를 말한다면, 그때 모든 지식은 객관성의 꾸밈 때문에 수상한 것으로 의심을 받게 된다. 이런 의심을 받는 이론이 어떻게 진리를 보장할 수 있는가? 이것은 크레테 섬의 거짓말쟁이의 저 유명한 역설[6]과도 같다. 푸코는 이 문제를 해결할 수 없는 것처럼 보인다(그

---

6) '크레테 섬의 거짓말쟁이'는 기원전 4세기의 희랍 철학자인 유불리데스(Eubulides)가 만들어 낸 논리적 역설을 가리키는 용어인데, 그 내용은 이런 것이다. "한 남자가 자기는 지금 거짓말을 하고 있다고 말한다. 이 경우 그

래서 푸코는 이 문제를 거론하지 않으려 했다)(pp.237-238).

그러나 인식에 있어서 주체를 소멸시키려는 입장은 반사실적일 뿐만 아니라 극히 위험한 자기 포기의 태도이다. 반인간주의나 주체의 죽음을 표방하는 후기 구조주의자들의 특이한 관점 자체도 그들 중심의 사고의 산물이라는 것은 증명의 필요가 없는 명백한 사실이다.

현전의 형이상학을 문제시하면서 우리는 모든 인식이 어떻든 주관의 매개를 거친다는 것을 인정하였다. 적어도 인식의 문제에 관한 한 칸트가 스스로 코페르니쿠스적 전환으로 본 인간 중심은 언제나 살아 있다. 그것은 사물을 인식함에 있어서뿐만 아니라 인간의 문화적 산물을 이해함에 있어서도 불가피하다. 주체가 없는 인식은 존재할 수 없다. 주체성을 전혀 가지고 있지 않은 개인도 없다. 비록 시간 속에 존재하는 유한한 존재이지만 얼마만큼의 주체성은 누구나 행사한다. 따라서 주체성을 전적으로 부인하고 주체의 책임을 숙명적이거나 비관적으로 얼버무리려는 시도도 경계해야 한다. 이런 관점에서 가다머와 하버마스의 해석학은 구조주의나 후기 구조주의적 비판이 지닌 급진적인 반인간주의를 거부한다. 해석은 주관의 객관화에 대한 이해를 말한다. 여기에는 비록 불완전한 방식을 통해서이기는 하지만 어쩔 수 없이 주관이 매개적으로 작용한다.

인식의 문제에서 주체 자체를 전적으로 제외하려는 어떠한 시도도 온당하지 않다. 흔히 과학적인 지식은 객관적이라는 말을 하지만 바로 그 말에는 독단의 요소가 들어 있다. 특정한 과학지식이 정말 옳은 것인지 그른 것인지를 아는 일은 기계장치나 컴퓨터만으로 되지 않는다. 인식의 문제를 논의하는 사람이 인식주체의 중요성 자체를 부인하는 것은 목욕탕 물을 비우면서 어린이까지 통째로 떠내려 가게 하는 치명적인 오류를 범한다고 볼 수 있다. 우리가 어떤 대상을 인지할 때 그 수준이 절

가 말한 것은 진실인가, 아닌가?”

대적인 것이라고 가정할 필요가 없다. 그 점에서 주체는 오류의 가능성이 있다. 그러나 인식은 그런 주체의 활동에 의해서만 구성될 수 있는 것이다. 우리의 인식대상은 우리가 사전에 가지고 있는 인지체계에 준해서 인식된다. 이 점에서 인식활동은 주체적인 선택의 과정이라고 할 수 있다. 또한 우리의 생각이 맞는다거나 진리라고 판단하는 것도 주체적인 판단에 의해서 이루어지는 것이다.

여기서 우리에게는 모종의 절충적 관점이 필요하다. 우리가 경계해야 할 것은 주체가 순수하고 절대적인 이성의 소유자라는 점을 가정하는 것이다. 데카르트가 말한 의미의 아르키메데스적 근거가 되는 절대적 인식주체는 인정될 수 없다. 인간 주체는 철학자들이 가정하듯이 자율적이며 전적인 책임을 질 수 있는 위치에 있지 않다. 또한 역사상에서 어떠한 불변의 주체도 있을 수 없다. 그러나 절대적 의미의 주체는 사라졌다고 하더라도 상대적 주체조차 부정해서는 안 된다. 우리가 부인해야 할 것은 주체의 절대적 인식능력 혹은 인식의 근거이지 인식에 작용하는 주체적 활동과 선택이 아닌 것이다. 이 후자는 타자의 인식내용을 받아들이는 경우에도 어김없이 작용하며, 그것이 인간이 컴퓨터와는 달리 새로운 인식을 창조해 내는 원천이 되기도 한다. 따라서 우리는 주체의 미숙함과 타자 의존성을 한편으로 인정하면서도 인간으로서 인식의 주체성을 살려나갈 수 있는 조건을 탐구해 나가야 할 것이다.

모든 인지내용이나 판단은 유한자에 의해서 이루어진다. 인식의 주체는 항상 얼마만큼 자신의 한계와 상황적, 역사적 제약조건 속에서 인식행위를 하고 있다. 지식에 대한 탐구는 유한한 인간에 의해서 이루어지고 있고, 따라서 결국 맹목과 편견 등의 모든 결점을 가지고 있는 인간이 판정하는 것이다. 여기에는 항상 얼마만큼의 오류가 포함되어 있다. 이 점에서 인식의 문제에 있어서 너무 완벽한 주체에 의존하는 것을 지양하고 그것을 좀더 냉정하고 겸허하게 검토할 필요가 있다. 인식론은 이제 인식주체의 자기도취적 승화에 의존하기보다는 자기한계에 애정어린 눈길을 주면서 인식활동을 미완의 지적 여정으로 부각시키는 방식으로 새롭게 구축될 필요가 있다.

인식론에서 절대적 주체의 상정은 사실상 불필요하다. 우리가 인식의 문제를 다룰 때에는 그것이 어떻게 개선될 수 있으며, 어떻게 개선된 것임을 판정할 수 있느냐에 초점이 있다. 그 때문에 우리는 지식을 탐구한다는 말을 쓸 수 있는 것이다. 우리 자신에게 항상 개선의 여지가 있고 그 개선활동을 통해 진리를 체험하고, 스스로의 체험을 기반으로 우리는 타인에게 진리의 안내자가 될 수 있다. 그것은 반드시 강제적 일치에 동조하는 복종과 예속, 외부적 권위에 대한 무조건적인 모방, 외재적 유인가의 동원에 의한 조건화가 아닌 방식으로도 성취할 수 있는 현실적인 목표이다. 이와 같은 맥락에서 우리는 큰 이성이 아닌 작은 이성, 오류가 없는 인간이 아닌 오류가능한 인간을 중심으로 인식론을 새롭게 구축할 수 있는 가능성을 모색해야 한다.

1.2.3. 역사 속에서 발견된 합리성

합리성이라는 말은 얼른 듣기에 그 자체로서 흠잡을 데가 없다는 것을 함축한다. 자기 주장을 내세우면서 스스로 불합리하다고 생각하는 사람을 이 세상에는 찾아보기 어렵다. 그러나 그 의미는 그렇게 분명한 것이 아니다. 가끔은 연역논리나 논리적 일관성, 시공을 떠난 보편적인 의미와 기준의 확보, 감정보다는 냉철한 판단 등의 다양한 의미를 지니고 있다. 합리론자인 데카르트는 합리성을 감각적 경험에 대비된 이성적인 측면으로 내세우면서 그것에는 오류가 있을 수 없는 것처럼 치장하였다.

그러나 이성과 논리성에 근거한 과학의 합리적인 이미지는 과학의 실제적인 모습과 일치하지 않음이 밝혀지고 있다. 이성도 사실상 역사의 산물이라는 것이 과학사에 나타나고 있다. 과학적 작업의 실례들은 과학이 갖는 비논리적인 측면을 보여주고 있으며, 논리성 자체가 과학적 지식의 본성, 지식의 발전의 본질을 규정하는 데 별로 도움이 안 된다는 것을 드러내고 있다. 최근에 드러나고 있는 분명한 사실은 포괄적인 통일성이라는 전통적인 이상과 그 이상의 토대가 되는 정합성이 역사 속에는 부재하다는 것이다. 합리성은 절대적인 것이 아니며, 삶의 여러 영역과 모든 문화에 있어서 상이한 성격의 합리화가 존재했음이 밝혀지고 있다. 또한 합리성도 발전과정의 수준마다 서로 그 의미가 다르고 또한 그들간에는 논리적인 불연속성이 있다는 것이 밝혀지고 있다.

이런 균열의 실상은 바슈라르(G. Bachelard, 1934, 1949)를 필두로 하는 프랑스 학자들과 쿤(T.S. Kuhn, 1970)과 같이 최근에 과학의 역사적 변화를 고찰하는 일련의 학자들에 의해서 더욱 예리하게 드러나기 시작했다. 현대 프랑스 인식론의 계보를 형성한 원조격인 바슈라르는 역사에 형태를 부여하는 것은 바로 모순들의 뒤엉킴이라는 점에 주목하고 '인식론적 단절(epistemological break)'이라는 개념을 도입하여 급격한 움직임, 갑작스러운 변전을 변증법적인 것으로 규정하려고 하였다. 그에 따르면, 과학의 역사도 예외일 수는 없다. 그의 새로운 관점은 연속주의에 심하게 경도되어 있던 과학사가들에게 하나의 과학은 과거와 단절하고 절연함으로써 확립된다는 점을 부각시켰다. 이런 관점은 쿤이 도입한 과학의 혁명이라는 논제와 일치점을 이루면서 점차 인식론의 주된 흐름으로 연결되고 있다.

그 흐름을 더 자세하게 소개하면 우선 스승인 바슈라르 계열의 맥을 이어받아 푸코(M. Foucault, 1966, 1969, 1977)는 역사상 서로 다른 시대에 생산된 무수한 원전들을 분석하고 그들간의 불연속성을 규정해 줄 실마리를 찾는다. 그는 정신의학과 의학, 인문과학, 행의학(行醫學), 성(性)에 관한 학문의 담론들을 탐구하면서 전통적으로 매끄럽게 서술되는 역사를 분석하여 그 속에 포함된 균열과 불안정성, 불연속성과 차이를 부각시켰다. 각 분야는 그들 나름의 인식소(épistemè)를 가지고 있고 그런 인식의 구조와 담론의 형식으로만 제시될 수 있다. 푸코는 특정한 담론분야 내에서 이와 같은 요소들이 형성되고 변형되는 규칙들을 냉정하게 수집하고 분석하면서 각 시기의 담론들의 기초를 이루는 발화의 규칙은 역사적 형성과 변형에 종속된다는 점에 주목하였다. 그는 '문서보관소(archive)'라는 개념을 도입하여 각 시기별로 담론의 전체적인 특성을 드러내고자 하였다. 그에게 있어서 문서보관소는 늘 바뀌고 그 개념적 지층이 여럿이면서도 규제된 문화적 지식의 불안정한 집합처럼 보였다.

푸코의 고고학적 분석은 각 시대의 억압적인 제도들의 언설에 내포된 이데올로기적 함축들을 폭로하고 그것들을 의문의 표적이 되도록 하는 데 집중되었다(Merquior, 1985). 그는 역사의 흐름에는 목적론적인 진보의 상승이나 하강으로 이루어지는 어떠한 연속적이고 통일된 과정도 없었다는 태도를 보인다. 이 점을 부각시킴으로써 그는 의도적으로 하나의 포괄적인 역사관을 구축하고 과거를 연속적인 발전으로 추적하는 전통적인 장치들을 분해시켰다. 특히 푸코는 《광기의 역사》로부터 《성의 역사》에 이르는 저서를 통해 역사적 자료를 치밀하게 분석하고 이성 중심주의가 생성되어 온 과정을 날카롭게 재구성함으로써 그러한 관념이 보편타당성을 주장할 수 없음을 밝혀냈다. 그가 보기에는 서양문화는 수없이 많은 합리성들이 끊임없이 얽히고 뒤섞인 소용돌이에 지나지 않는다. 근대 초기부터 역사적으로 정의된 합리성에는 늘 권력의 작용이 연계된 것으로 밝혀졌다.

다른 한편으로 쿤(1970)은 과학의 역사적 발전을 검토하는 과정에서 주류 혹은 '정통' 과학철학자들에 의해 정교하게 다듬어져 온 이야기나 개념에는 무엇인가 근본적인 잘못이 있다는 점을 드러냈다. 그는 과학의 역사에 있어서 발전에 대한 전혀 새로운 것을 발견했다. 그가 밝혀낸 것은 과학은 흔히 생각하듯이 연속적으로 발전하는 것이 아니라 새로운 개념과 새로운 사고방식, 새로운 질문 등, 요컨대 새로운 패러다임(paradigm) 혹은 문제틀(problematics)이 이전의 패러다임 혹은 문제틀과 단절함으로써 생겨난다는 것이다. 그때마다 합리성의 기준이 새롭게 형성된다. 그러나 서로 다른 패러다임은 다른 것들을 비합리성의 범주에 넣는다. 그러니까 역사에서 보편적인 합리성이란 존재할 수 없는 것이다.

여기서 쿤이 밝혀낸 사실은, 과학적 진보는 마치 정치적인 혁명의 경우처럼 하나의 이론이 포기되고 그 자리를 다른 이론이 차지하는 식으로 이루어진다는 것이다. 이 진보의 모델 안에서는 이른바 '정상과학'이 '혁명과학'에 의해서 교체된다. 정상과학은 보수적인 작업이다. 쿤은 이를 '퍼즐풀이 활동'이라고 규정한다. 문제와 해결방식을 결정하는 데 있어서 '패러다임'이 작용한다. 이는 과학공동체의 구성원들이 공유하고 있는 신념, 가치, 테크닉 등의 전체적인 집합이라고 할 수 있다. 정상과학은 패러다임이 적용되는 현상을 만족스럽게 설명하는 한 흔들리지 않고 지속된다. 그러나 어떤 현상은 처리되기 어렵다는 것이 밝혀지면서 그것에 대한 신뢰는 흔들린다. 이 때 더 생존능력이 있는 경쟁적인 패러다임이 출현함으로써 혁명기에 들어선다. 여기서는 이전의 정상과학과는 다른 새로운 패러다임이 적용된다. 패러다임간의 대치와 대결은 마치 형태의 변이와 같은 것이어서 서로 비교하는 일이 불가능하다.

우리가 합리성과 관련하여 주목할 점은 각각의 패러다임은 그 나름의 이해가능성의 표준을 가지고 있으며, 그 범위 내에서 '정상성'과 '합리성'을 규정한다는 점이다. 문제에 대한 해결이 성공적이지 못할 때, 그 원인은 패러다임의 부적합성에 있지 않고 과학자의 실수에 있는 것으로 해석된다. 말하자면 과학에서의 합리성의 표준 그 자체는 역사적 발전과 함수관계를 갖는다. 그렇다면 서로 상이한 패러다임의 교체는 단지 합리성이라는 기준만으로는 어렵게 된다. 그 교체는 이전의 합리성을 포기하고 새로운 합리성을 수락하는 몹시 어려운 과정을 거쳐야 한다. 그리고 사실 어떤 지식의 진위는 학문의 역사적 발전과정의 어느 시점에서 그것을 보느냐 하는 차이가 있을 뿐이다. 이처럼 쿤에 의해서 합리성에 기초를 둔 진리에 대한 관점은 예외없이 당대에 자기들이 가지고 있는 모종의 정상적인 담론을 영속화시키는 자기기만에 빠졌음이 드러났다.

철학자들이 강조했던 '합리성'의 기준은 많은 경우에 과학의 발전을 저해시켰다는 사실이 지적됨에 따라 이제 그 개념은 거의 설명력을 상실하고 있다. 과학의 발전을 촉진시킨 것은 하나의 합리성과 다른 하나의 합리성간의 충돌에 의해서 가능하게 되었다는 점이 드러나면서, 비합리가 오히려 그 과정을 설명해 준다는 관점이 더 호소력을 얻고 있다. 이처럼 학문의 발전은 처음부터 양자간의 일관성 있는 소통보다는 양자의 오해와 논리적인 비약을 극복하는 과정에서 이루어졌음이 인정되어야 한다.

파이어아벤트(P. Feyerabend, 1963, 1975, 1978)는 만약 증명된 기존의 이론만을 받아들이는 것이 합리적이라면, 다시 말해서 받아들여진 기본언명과 모순되는 이론을 유지하는 것이 비합리적이라고 한다면, 모든 과학은 비합리적이라고 주장하면서 오히려 비합리주의적 관점을 택한다. 그는 여기서 한걸음 더 나아간다. 그것은 이성과 형식논리를 강조하는 전통적인 철학과는 달리 열정이나 신념, 주관적인 선호도, 심리적인 판단 등과 같은 정서적이거나 의지적인 요인들에 대한 강조이다. 그는 이제까지의 과학철학적 입장을 비판하고 결국 이론선택에 있어서는 주관적인 기호에 주목해야 한다는 것을 다음과 같이 주장한다.

> 카르납, 헴펠, 네이글, 포퍼 그리고 라카토스 등이 과학적 변화를 합리화하기 위해 사용하는 방법들 중의 어느 하나도 실제로 적용될 수 있는 것은 없으며, 적용될 수 있는 유일한 방법인 반박은 그 힘이 크게 감소된다. 남은 것은 심미적인 판단, 취향(taste)에 의한 판단, 형이상학적 편견, 종교적인 원망(desires)이며, 간단히 말하면 남은 것은 우리의 주관적인 소망(subjective wishes)이다(1975, pp.284-285).

어떤 과학자가 다른 이론을 제쳐놓고 한 이론을 선택하기로 마음먹거나 연구하기로 할 때에는 주관적인 요소가 개입한다는 것을 우리는 인정하지 않으면 안 된다. 또한 그것은 관찰적 증거나 합리적인 논의에 의해서만 결정되지 않는다는 사실도 인정되어야 한다. 그러나 개인의 선호가 어디에 근거하고 있는가를 우리는 문제삼을 수 있다. 이 점은 일찍이 쿤에 의해서도 주장된 바 있다. 그는 패러다임의 변화는 구조적인 것이기 때문에 혁신적인 패러다임이 인정받으려면 합리적인 절차 대신에 개종과 같은 체험이 필요하다고 역설한 바 있다. 또한 파이어아벤트는 경합하는 두 이론체계 사이에서 이루어지는 우열의 선택은 어떤 합리적인 기준에 의해서라기보다는 주관적인 선호 · 설득 · 선전과 같은 비합리적인 과정에 의존한다고 보았다.

이런 결론은 감정과 같은 정서적인 요인들을 주관적이라거나 혹은 비합리적인 요인으로 치부해 왔던 철학의 전통에 비해 파격적인 관점의 전환인 것이다. 그러나 그들의 주장은 이전의 합리주의에 대한 반발로서는 지나치게 극단적이라는 인상을 부인하기 어렵다. 좀더 원만하게 해석한다면, 그들이 말하는 '비합리적인 방법'에는 합리성에 의해서 설명될 수 없는 모종의 과정을 인정하자는 취지가 담겨 있다. 그것은 저차원의 합리성을 고차원의 합리성으로 바꾸어 놓는 과정과 관련된다. 이런 입장은 다른 곳(1.3.2.)에서 더 자세하게 소개하고 풀이할 기회가 있을 것이다.

1.2.4. 인식론적 전체주의

앞서의 논의는 대체적으로 데카르트의 합리론과 그것을 전승한 현상학의 전제들이 근거가 없다는 점에 겨냥되어 있다. 그렇다면 경험론과 그것을 근간으로 하는 논리실증주의 및 분석철학에는 문제가 없는가? 그렇지 않다. 이들은 더 이상 합당하지 않은 가정들을 포함하고 있을 뿐만 아니라 칸트를 거치면서 현상학이 이미 극복한 초보적인 난제조차 간과하고 있다는 점에서 보다 심각한 문제를 가지고 있다. 우리는 그 문제를 인식론적 전체주의, 중립적 관찰의 부재, 그리고 언어적 의미의 불확실성이라는 측면에서 다루고자 한다. 그 가운데 본 절은 우선 첫번째의 주제인 인식론적 전체주의의 등장과 더불어 논리실증주의의 문제를 거론할 차례이다.

분석철학자들은 그들이 다루기 힘든 사실의 문제는 그들의 분석적 작업에서 분리시키려고 하였다. 그들에 따르면, 이른바 종합명제의 타당성은 경험과학자들이 해결해 나갈 문제이다. 그런 가정하에서 그들은 분석의 중요한 과제를 사실의 차원과는 다른 분석명제로 국한시켰다. 그러나 종합적인 사실과 논리적 진리가 이처럼 완전히 격리될 수 있는지는 의문이다. 어떤 분석의 작업에나 항상 깊이 따지고 들어가면 사실에 대한 모종의 가정이 포함되어 있다. 콰인(W. Quine, 1961)은 이 때문에 논리적 법칙 혹은 항상 참인 동어반복과 진이나 위일 수 있는 우연명제 사이의 경계가 그렇게 선명한 것이 아니라고 지적한다.

멀리 따질 필요도 없이 세상사의 사실에 관한 가정은 분석철학자들의 작업에도 이미 전제되어 있다. 예컨대, 그들은 지식은 외부대상에 대한 마음 속의 재현 혹은 표상이라는 경험론적 전통을 받아들인다. 그들은 또한 세계는 원자적 사실로 환원될 수 있으며, 각각에 대응하는 명제가 성립될 수 있을 것으로 보았다. 그들에 따르면 지식의 타당성은 그것을 구성하는 개별적인 명제의 검증으로 환원될 수 있다. 이런 가정들이 그들로 하여금 인식론의 아르키메데스적 기점에 대한 확신을 갖게 하는 근거가 되고 있다. 그런데 최근의 연구는 그런 전제가 더 이상 성립하기 어렵다는 점을 드러내 주고 있다. 그 전제가 타당하지 못하다면 그것을 토대로 진행되는 분석작업 역시 타당할 수 없는 것이다.

지식은 외재하는 사실과 직접 대응하는 개별적인 인지요소의 단순한 집합일 수 없다. 이 점은 칸트에 기반을 두고 발전하고 있는 구성주의와 근래에 등장한 구조주의, 그리고 새로운 과학철학의 논의에 그대로 반영되고 있는 사실이다. 지식은 외부의 실재를 있는 그대로 묘사하거나 표상하는 것이 아니다. 이 사실을 인식론에 최초로 도입한 학자가 칸트이다. 그는 사고방식 자체의 본성상 인간의 경험은 구조로 이루어진다고 생각하였고, 우리가 인식하는 세계는 그러한 근본구조에 의해 틀지워지지 않을 수 없다고 주장하였다. 그는 양(量), 보존의 원칙, 인과율, 그리고 뉴턴 역학의 기본법칙들이 바로 세계의 기본구조를 드러내는 범주들임을 입증하려고 하였다. 우리는 우리 내부의 장치에 의해서 감각적 경험의 내용을 응결력 있게 해석할 수 있는 것이다.

칸트의 이런 발상은 매우 깊은 통찰에 근거하고 있음에도 불구하고 구조의 선험성을 가정하고 있다는 점이 문제가 되었다. 현상학은 선험성에 대한 가정을 포기하고 대상에 대한 지식 자체가 우리가 구성해 낸 활동의 산물임을 받아들임으로써 한 단계 진전하는 계기가 된다. 그러나 현상학은 아직도 지식의 검증과 관련하여 우리의 인식과 인식대상의 대응성이라는 가정을 완전히 벗어난 것은 아니다. 칸트는 이성영역 밖에 있는 물 자체의 인식을 포기하면서도 그가 말하는 현상에 관한 한 대응성에 의한 검증의 필요성을 주장했고, 후설은 그 대응성의 개념을 의식의 내부로 끌어당기는 정도의 진전에 적용했다.

그러나 최근의 구성주의는 그런 대응성의 흔적을 송두리째 지워버리고 지식을 유기체와 환경간의 상호작용의 한 양상으로 설명하고자 한다. 그들에 따르면, 지식은 결코 주어진 세계에 대한 마음의 표상이 아니라 세계 내에서 한 존재가 수행하는 다양한 행위의 역사에 기반을 두고 마음과 세계가 함께 만들어 내는 생물학적인 현상이다. 최근에 마투라나와 바렐라는 《인식의 나무(Maturana & Varela, 1987/1995)》라는 저서를 통해서 인식의 현상을 생명체가 자율적으로 생산하는 특정한 구조의 체계로 설명하는 전혀 새로운 접근방식을 제시하고 있다. 생명체는 자기 역동성을 바탕으로 자기를 주위환경과 다른 것으로 구성한다. 이런 방식으로 개체들이 속한 부류마다 그 부류 특유의 '현상계'가 출현하는 것이다.[7]

구성주의의 관점에 따르면, 생물학적 개체의 한 부류인 인간의 인식

---

7) 예컨대, 개구리에게는 우리가 보는 바깥세계의 위와 아래, 앞과 뒤란 존재하지 않는다. 개구리에게 있는 것은 특정한 섭동작용을 받은 망막부위와 혀, 입, 목, 나아가 개구리 몸 전체의 움직이는 근육수축 사이의 '내적 상관관계'일 뿐이다.

도 인간 특유의 구성의 산물이다. 근래에 인지과학의 대안적 접근은 우리의 인지대상은 인지요소들의 상호 밀접한 연결, 조화적 협력, 조직화와 내적인 체계의 형성에 의해서 나타난다는 사실에 주목하는 단계에 접어들고 있다. 이와 같은 새로운 인지이론은 그 자체가 복잡하고 긴 설명을 요구하는 것이지만 바렐라 등(Varela, Thompson, & Roth, 1991/1997, p.171)은 다음과 같은 문답형식을 빌어 그 요지를 잘 요약하고 있다.

물음: 인지란 무엇인가?

대답: 단순한 구성 단위들이 연결된 망상에서 통일된 전체 상태가 창발(emergence)되는 것.

물음: 어떻게 가능한가?

대답: 개별 단위들이 작용을 위한 국부적인 규칙과 단위들 사이의 연결 강도의 변화를 주는 규칙에 의해서.

물음: 어떤 인지체계가 적절히 기능하는지 어떻게 알 수 있나?

대답: 창발적 속성(그리고 그것으로 귀결되는 구조)이 특정한 인지능력에 상응한다고 간주될 때 — 주어진 작업에 대해 성공적인 해답을 제시할 때.

위의 간단한 문답에서 구성주의가 시사하는 충격적인 사실은 지식은 더 이상 실재를 표상하는 그림이 아니라는 점이다. 이 점은 이미 칸트나 후설의 전통에서 단초를 발견할 수 있지만 이들은 우리의 지식을 적어도 감각적 지각과는 구분되는 방식으로 정의했다. 그러나 이제 구성주의에 따르면, 구성이라는 특성은 심지어 우리가 사물을 지각하는 경우에도 예외가 아닌 것으로 드러난다. 흔히 사람들은 시각을 망막에 맺힌 상의 모사물 또는 표상이 신경계 안에 전달되어 생기는 일정한 작업으로 생각한다. 그러나 이런 표상주의적 설명방식은 옳지 않다. 사실은 우리의 지각은 안구의 운동과 신경계의 구성요소들의 흥분관계가 환경의 변화와 조화를 이루면서 맞물려 일어난 상관관계의 소산이다. 그래서 우리들은 이 세계에서 공간을 보는 것이 아니라 우리들의 시야를 체험할 뿐이다.

이처럼 단순한 지각에서부터 고도의 정신적 생활 자체가 유기체와 환경의 상호작용의 양태로 밝혀지고 있다. 이런 관점은 지식이 시공적인 사건과의 접촉에 의해서 자극과 반응의 연합이 점차 축적됨으로써 이루어진다는 18세기적 경험주의 지식이론을 막다른 지점에 몰아붙이고 있다. 그런 마당에 후자의 관점을 전제한 분석철학의 가정은 인식론에서 더 이상 의미를 가질 수 없다. 지식을 포함하는 모든 형태의 인식에는 우리가 구조의 형태로 질서를 부여하는 적극적인 과정이 포함되어 있다. 이처럼 행위 · 개념 · 개념적 조작들은 단지 구성된 것이며, 그 구조 내에서 의미를 확보하고 있다.

이것은 지식을 단편적인 정보의 산술적인 합으로 보는 경험주의적 가정으로는 도저히 설명하거나 포착하기 어려운 현상이다. 지식의 요소는 서로 분리해서 존재할 수 없고 서로가 다른 것의 의미를 규정하는 방식으로 항상 연관되어 있다. 또한 지식은 쌓아지는 것이 아니라 구성되는 것이다. 정보가 서로 연관성을 가지고 하나의 체계 속에서 맥락적 의미를 가질 수 있을 때 비로소 그들은 지식의 자격을 얻게 된다. 지식의 구조적 통일성에서 이탈하여 단편적으로 제시되는 정보 혹은 이론적 연관성을 떠난 개념이나 명제의 의미는 매우 모호하고 추상적인 것이 되고 만다. 이러한 관점에서 본다면 분석철학자들은 스스로 개념적인 명료성을 추구하면서도 그런 모호한 지적인 단위에 확신을 두는 오류를 범했다는 비평을 면하기 어렵게 되었다.

정초주의에 대한 비판의 관점으로 택한 최근의 구조주의 역시 기본적으로 인간정신의 구조를 상정한다(Piaget, 1968/1970a). 구조주의는 어떤 실체나 경험이든 간에 그것이 인식자 내부의 구조 안에 통합되었을 때 최종적인 성질과 의미를 갖는다는 사실을 부각시킨다. 인간은 그가 정신적으로 만든 인지구조의 틀을 통해서 세계를 구분하고 분류해서 인식한다는 점을 구조주의자들은 누구나 받아들이고 있다. 하위 인지요소는 그것과 관련을 맺고 있는 많은 수의 인지요소들을 포함하는 더 큰 단위의 그물의 망 속에서 그 의미가 확보된다. 말하자면 의미는 수많은 단위들의 상호작용에서 나타나는 전체의 인지구조에 존재한다.

하나의 과학적 개념의 의미는 그것이 들어 있는 이론적 맥락에 의존한다. 이는 이론이 변형되면 개념의 의미 역시 근본적으로 변한다는 것을 의미한다. 최근에 새롭게 등장한 신과학철학도 지식은 경험론자나 논리실증주의자들이 주장하듯이 누적적으로 발전하지 않는다는 사실을 밝혀 내고 있다. 예컨대 쿤이 이를 '비가역적 형태전환(Gestalt-shift)'으로 본 것은 기본적으로 지식의 구조성을 전제한 것이다. 패러다임의 변화는 기존의 틀에 새로운 요소가 첨가되다가 그 틀 자체가 변화하는 것을 의미한다. 이것을 인정한다면 우리는 한 개인이 가진 지식을 이해하고 평가함에 있어서도 논리실증주의자들의 처방이 크게 잘못되어 있다는 것을 시인해야 할 것이다.

논리실증주의자들은 오직 언술화된 형태의 지식에만 관심을 가졌고 그것들을 구성하는 하나하나의 명제의 진위만을 문제시하였다. 개별적으로 분리된 언명의 '경험적 내용'에 대해서 말하는 것은 잘못된 것이다. 왜냐하면 그것은 그것이 속한 체계 내의 다른 것과의 관계 속에서만 의미를 갖기 때문이다. 여기서 우리는 개별적 명제가 속한 체제가 무엇이냐 하는 것과 관련하여 적어도 두 가지의 사실을 받아들여야 한다. 하나는 개념이나 명제의 진위는 그것들이 소속한 이론의 전반적인 관계를 총체적으로 검토해서 평가되어야 한다는 것이다. 다른 하나는 더 특수하게, 하나의 명제의 의미와 인식수준은 그것을 말하는 사람의 지식체계와 더불어 평가되어야 한다는 것이다.

과학에서의 개개의 가설들이 고립적으로 테스트될 수 없다는 점은 콰인(1961)과 듀엠(P. Duhem, 1954)의 이른바 인식론적 전체주의에 의해서 근래에 재인식되고 있다. 콰인은 "외부세계에 대한 명제는 감각경험에 의해서 개별적으로 테스트되는 것이 아니라 단체로 테스트된다(p.14)"고 주장한다. 개념에 대한 의미와 해석 그리고 개념들을 포함하는 관찰언명은 그것이 발생하는 이론적인 맥락에 의존한다. 그렇다면 이론 전체가 검증의 대상이 될 수밖에 없다. 또한 듀엠은 이에 동조하여 "물리학에서 가설 하나만을 따로 뽑아 실험함으로써, 그 가설을 잘못된 것으로 판단할 수 없다(p.183)"고 선언한다. 과학의 이론에서 각각의 명제는 다른 것들과 연관관계를 가지기 때문에 고립된 명제들을 테스트할 수는 없고 그 체계 전체를 테스트할 수 있을 뿐이다. 이론을 구성하는 가설 가운데 어느 하나가 잘못되면 여타의 것이 옳다고 하더라도 그 예측은 맞지 않게 된다. 그러나 그 잘못된 가설이 어떤 것인지 또한 그것이 어떤 수정을 거쳐야 할 것인지를 우리는 실험을 통해서 금방 시사받을 수 없다. 이는 이론을 검증하거나 반증하는 결정적인 실험이 있을 수 없다는 의미가 된다.

학문에서 평가하려는 대상은 낱낱의 명제가 아니라 그것들이 서로 모여서 하나의 대상에 대한 의미를 규정하는 지식체계이다. 이 점은 이 저서의 기본 전제이고 과학분야에서는 점차 받아들여지고 있다. 그러나 아직까지 그것이 널리 수락되기에는 시간이 필요한 듯하다. 그만큼 논리실증주의자들의 가정은 일반인의 상식과 부합한다는 것을 말해 준다. 심지어 과학철학을 대변하고 있는 파트남(Putnam, 1981/1987)의 경우도 최근에 이르러서야 이 점을 자신의 사적인 견해로서 수용하고 있는 형편이다.

> 나는 과학적 이론을 건립하는 절차를 분석함에 있어 그 절차를 과학이론의 문장 하나하나를 차례로 검증하는 것으로 생각한다면 올바른 분석이 못된다고 생각한다. 내 생각으로는 과학에서 검증한다는 것은 하나의 전체적인 것과 관련된 문제이다. 즉 경험의 검사를 받아야 하는 것은 하나의 '법인단체'와 같은 유기적인 조직으로서 이론체계 전체이며, 그 이론 전체가 어떻게 경험의 검사를 받는지도 궁극적으로는 직관적인 것에 의거하여 판단되는 것이지 형식에 의거하여 판단될 수 있는 성질의 것이 아니다(p.160).

이 사실을 수락하는 데 개인적인 용기가 필요하다면, 우리는 한번 더 큰 호흡을 하면서 다음과 같은 사실도 인정해야 한다. 그것은 지식의 의미와 평가는 그것을 가지고 있는 개별적인 자연인의 인지구조까지를 고려하여 다루어져야 한다는 것이다. 인식론적인 전체주의는 동일한 진술이 서로 다른 해석의 체계를 가진 사람들에게는 상이한 의미를 갖는다는 사실을 간접적으로 시사한다. 예컨대, "사람은 죽는다"는 생각이나 말은 일견 명백한 의미를 가지고 있고, 또 그 자체가 진리라는 생각을 하기 쉽다. 그러나 그 뜻은 그것이 어떤 맥락에 있느냐에 따라 달라질 뿐만 아니라 그 진위의 여부에 대한 판단도 달라진다. '갑'과 '을'은 서로 다른 연역적 논리와 맥락에서 그 말을 쓸 수도 있다. 가령 '갑'은 '죽는다'는 것을 단지 '움직이지 않는다'는 순진하고 단순한 맥락에서 해석함에 비해서, '을'은 '심장의 작동이 정지되어 있다'는 좀더 세련된 맥락에서 해석할 수도 있다.

이 점에서 맥락이 확정되지 않은 어떤 개인의 진술은 말하는 사람이나 듣는 사람 모두에게 모호성과 애매성을 갖는다고 볼 수 있다. 이 때문에 우리가 한 가지 진술의 의미와 타당성을 검증하려면 결국 그것이 어떤 맥락에서 발화되고 청취되는지를 추적해야만 한다. 이런 복잡한 절차는 피아제(J. Piaget)와 그들의 학파가 개인의 인지발달 현상을 연구하는 데 적용되었다. 아동들은 성인들의 말을 단지 모방할 뿐, 실제로는 성인과 다른 사고를 할 가능성이 있다. 이 때문에 그들은 말의 의미를 객관적으로 혹은 개별적으로 평가하기보다는 이른바 '임상적 방법(clinical method)(Piaget, 1923)' 혹은 '비판적 탐색의 방법(method of critical exploration)(Inhelder, Sinclair, & Bovet, 1974)'을 써서 그 말이 아동의 전체 인지구조에서 어떻게 해석되는지를 추적하였다. 이런 절차는 그 번잡함에도 불구하고 이전에 실증주의적 검사에 의해서 간과되었던 지식의 구조적 측면에 대한 새로운 증거를 얻는 데 불가결한 것이다. 우리가 앞으로 제시할 교육적 인식론은 이 점을 존중한다.

1.2.5. 중립적 관찰의 부재

귀납주의, 경험론, 논리실증주의는 인식대상과 인식주체는 서로 독립되어 있다는 철저한 믿음 위에서 주창되어 왔다. 우리가 탐구하는 대상세계는 절대적 초월성 · 독립성 · 실재성을 가지고 있기 때문에 그것에 대한 우리의 앎과 그 앎의 주체로부터 독립되어 있을 뿐만 아니라 그로부터 아무런 영향을 받지 않는다. 다른 한편으로 앎에 있어서 주체의 의식은 독자적이 아니라 언제나 대상 의존적이며, 따라서 그 앎은 대상을 피동적으로 모사하거나 모방함으로써 가능하게 된다. 여기 이론이 있고 다른 한편에 실재가 있다. 이런 믿음에서 실증주의자들은 양자의 대응관계를 따져서 이론의 타당성을 검증할 수 있다고 생각했다.

대응성 혹은 일치성을 판가름하는 것이 관찰 혹은 실험이라는 것이다. 물론 단순한 귀납주의를 벗어난 가설연역적 체계를 말하는 경우 실증주의자들도 고도로 추상적인 수준에서 이론적 명제와 관찰적 명제를 구분한다. 그리고 후자의 검증에 의해서 전자의 타당성을 추론하는 방식을 택한다. 그러나 아무튼 최종의 판단기준은 관찰내용이다. 이미 지적했듯이 분석철학자들도 사실에 관한 모든 논쟁은 증거에 관한 적합한 규칙에 호소함으로써 공정하게 해결될 수 있다고 생각했다. 만약 여기서 불일치가 발견되면 더 많은 증거를 수집하고, 증거에 의한 지지를 평가하는 적절한 규칙을 강력히 주장함으로써 그 불일치는 합리적인 결말로 나아갈 수 있다는 것이 그들의 전제였다.

그러나 그런 검증원리는 이제 공격의 대상이 되고 있다. 우리는 인식대상이 우리의 인식과 독립해서 존재한다는 것을 부인하기 어렵다. 지구는 인간이 존재하기 전에도 있었으며, 우리의 인식내용과는 별도로 운행된다. 그 점에서 우리 밖에 어떤 실재가 있다는 것을 인정할 수 있다. 그러나 불행히도 우리는 그것과 투명하게 접촉할 수가 없다. 이런 내막은 그 맥락은 서로 다르다고 할지라도 현전의 형이상학이 갖는 문제점과 관련하여 논의된 주제이다. 실재에 대한 우리의 접근은 항상 간접적인 것이다. 그것은 스스로 우리의 목적에 종속하는 개념체계를 통해서 매개된다. 이 말은 우리 밖에 존재하는 어떤 세계, 실재, 혹은 대상에 대한 우리의 인식도 실증주의자들이 생각하듯이 순수할 수 없다는 것을 의미한다.

우리가 믿고 있는 관찰의 경우를 생각해 보자. 우리가 무엇을 본다는 것과 우리가 그것을 사진기로 촬영한다는 것은 전혀 다른 메커니즘을 거친다. 우리의 인식은 어느 것이건 수동적인 것이 아니라 능동적인 것이다. 이것이 사진기와 인간의 지각의 차이를 가져온다. 사실 우리의 관찰은 망막에 맺힌 상에 의해서만 결정되지 않는다. 관찰자가 보는 것, 곧 관찰자가 한 대상을 볼 때 가지게 되는 시각경험은 과거에 그가 겪은 경험, 그의 지식, 그의 기대 등의 영향을 받는다. 우리들은 많은 경우 우리들이 본 적이 없는 것을 볼 수 없다. 또한 우리들은 '공간'을 보는 것이 아니라, '우리들의' 시계(視界)를 체험할 뿐이다. 또 우리들은 이 세계에서 '색깔'을 보는 것이 아니라, '우리들의' 색채공간을 체험할 뿐이다.

이 사실을 받아들인다면 입장이 역전될 수밖에 없다. 우리의 이론이 있고 대상이 있으며, 그들의 관계가 관찰에 의해서 판명된다고 보았는데, 이제 그 관찰이 순수하지 못함을 알게 되었다. 즉 관찰보고가 오히려 이론 의존적이라고 할 수 있다. 그렇다면 이제 관찰에 의해서 이론을 검증한다는 수단의 신빙성은 떨어질 수밖에 없다. 지금까지 방법론의 면에서 관찰이 가장 확실한 토대라고 간주되었던 자연과학의 영역에서 그 토대 자체가 과대하게 평가되었다는 반성이 일어나고 있다. 우리들의 기대나 이론에 비추어 해석되지 않고는 자연이라는 책을 읽을 수 없다. 기대를 품지 않은 관찰은 있지도 않고 있을 수도 없다. 흔히 가정하는 관찰적 명제와 이론적 명제의 자연적 구분 역시 존재하지 않는다. 관찰적 명제는 이론적 명제의 특수한 종류에 불과하다.

놀랍게도 그런 현실적인 애로를 철학자들이 깨닫게 된 것은 최근에 이르러서이다(Feyerabend, 1975; Hanson, 1961; Kuhn, 1970; Toulmin,

1961). 자연과학을 그것이 실제 진행되어온 역사와 더불어 탐구하려는 과정에서 발견된 이 사실은 최근에 실증주의적 방법을 비판할 때 한결같이 지적되고 있는 사항이다. 이른바 신과학철학을 표방하는 이들 학자들은 중립적 관찰이 가능하다는 사실을 부인한다. 그들에 의하면, 관찰은 이미 우리가 가지고 있는 기대, 신념, 개념, 이론, 패러다임 등에 의해서 제약된다. 따라서 관찰은 언제나 이론부하적(theory-laden)인 것이다. 이 사실을 인정한다면, 인식내용을 검증하는 원리로서 인식대상과 인식내용의 대응관계를 밝히려는 절차는 비현실적인 것이 되고 만다. 왜냐하면 대응성의 한편을 이루는 대상 자체를 우리가 곧바로 직면해서 파악할 방도가 없기 때문이다. 이들은 관찰 혹은 관찰명제가 이론과 독립적일 수 없다는 주장을 들어 그것을 전제했던 귀납주의와 논리실증주의의 체제 전체를 흔들어 놓고 있다.

관찰 이전에 무엇을 관찰하고 어떻게 관찰할 것인가에 대한 생각이 선행한다는 것은 과학사에 있었던 사실에 대한 면밀한 분석에 근거하고 있다. 가령 천문학의 연구에서 한때 '천동설'과 '지동설'의 대립이 있었다는 것을 우리는 알고 있다. 이것은 관찰에 의해서 쉽게 검증될 수 있을 것이고, 또 그것에 의존해서 지동설이 천동설을 제압할 수 있었을 것으로 생각한다. 그러나 코페르니쿠스의 입장을 지지한 사람과 톨레미의 입장을 지지한 사람들 사이의 싸움은 의견의 불일치가 해소되기까지 근 1세기를 끌었다. 이렇게 논쟁이 장기간에 걸쳐서 해결되지 않은 것은 결정적인 증거가 아직 발견되지 않았기 때문인가? 그 이유는 우리의 관찰이라고 하는 것이 실재와 우리들의 직접적인 접촉을 보장해 주는 장치가 될 수 없기 때문이다. 사실상 1600년경에 이 문제를 두고 케플러(J. Kepler)와 브라헤(T. Brache)가 서로 날카롭게 대립하고 있을 때 관찰방식이 그들의 논쟁을 해결하는 데 별로 효과를 거둘 수 없었다. 이와 관련하여 핸슨(N. Hanson, /1995)의 해명을 직접 인용해 보자.

케플러가 언덕 위에서 새벽 해돋이의 모습을 바라보고 있다고 상상해 보

> 자. 그리고 티코 브라헤가 함께 서 있다고 하자. 케플러는 태양은 고정되어 있는 반면에 지구는 움직인다고 생각하고 있을 것이다. 그러나 적어도 이 점에 있어서는 톨레미와 아리스토텔레스와 같이 티코 브라헤는 지구는 고정되어 있고, 나머지 모든 천체가 이 지구의 주위를 회전한다고 생각하고 있을 것이다. 그렇다면 케플러와 브라헤는 새벽녘에 동쪽 하늘로부터 동일한 것을 보고 있는가?(p.15)

이 두 사람의 망막에 맺힌 상은 동일하다. 그 점에서 그들은 동일한 것을 보고 있다고 말할 수 있다. 그것은 맹인을 제외한 모든 사람들, 예컨대 어린아이나 비전문가의 경우에도 해당한다. 그 망막의 반응은 단지 물리적인 상태일 뿐이다. 그러나 본다는 것은 하나의 경험상태이다. 물리적인 망막의 상은 우리의 경험 혹은 개념에 의해서 여과되고 해석된다. 따라서 이론과 해석은 우리의 보는 행위 속에 이미 존재한다고 말할 수 있다. 그들의 감각적 관찰은 단지 아침에 수평선과 태양 사이의 거리가 증가하는 것을 보여줄 뿐이다. 그러나 그 해석에 있어서는 서로 상이한 방식이 작용한다. 이 때문에 브라헤는 떠오르는 태양과 정지된 수평선을 보는 반면 케플러는 정지상태의 태양과 가라앉는 수평선을 본다. 만약 다르게 본다는 것이 이처럼 X에 대한 상이한 지식과 이론을 포함한다면, 그들이 동일한 것을 본다는 의미는 아마도 그들이 X에 대한 지식과 이론을 공유하고 있다는 뜻일 것이다. 이런 의미에서 천동설을 지지하는 톨레미와 브라헤는 서로 같은 것을 보고 있으며, 지동설을 지지하는 케플러와 갈릴레오는 이들과 다른 것을 보고 있다고 말할 수 있다.

천문학자들은 하늘의 천체를 서로 같게 혹은 서로 다르게 바라본다. 왜냐하면 그들의 관찰은 그들이 갖고 있는 지식이나 경험 혹은 이론에 의존하기 때문이다. 그렇다면 어떻게 그들의 이론간에 우열을 판단할 수 있는가? 이제 우리는 실증주의자들이 그토록 믿었던 진리의 대응설을 뛰어넘어 새로운 지식의 검증원리를 발견할 수 있어야 한다. 이에 대한 해답은 교육적 인식론이 해결해야 할 과제이기도 하다. 그 해답은 제

3 장에서 더 자세하게 설명할 기회가 있겠지만, 결국 이론검증에 참여하는 사람들 사이에 사실이란 어떤 것인가에 대한 해답의 조율에 있다. 이는 철학자들이 말하는 것처럼 누구에게나 사실로서 객관적으로 얻어지는 것이 아니다. 어떤 것을 사실로 보느냐 그렇지 않느냐는 그것에 대한 체험적 맥락과 관련되어 있다.

두 명의 학자들은 동일한 증거를 다른 방식으로 구성한다. 우리 각자는 동일한 것에 대해서 미숙한 경험과 성숙된 경험을 할 수 있고, 그 때 그것을 바라보는 관점에 차이가 있을 수 있다. 어릴 적에 현미경을 처음 사서 어떤 것을 관찰할 때와 10년 후에 생물학도가 되어서 관찰할 때 차이가 있을 것이다. 마찬가지로 같은 대상에 대해서 서로 경험의 수준이 다른 두 사람은 서로 다른 관찰을 할 수 있다. 두 명의 미생물학자가 잘 준비된 슬라이드를 바라볼 때에도, 초년생이 사실이라고 규정하는 것과 원로교수가 사실이라고 규정하는 것 간에는 엄청난 차이가 있다 (Polanyi, 1958). 선진인 후자는 이전에 후진인 전자의 생각을 한 적이 있고 그것이 어리석은 것임을 경험하였다. 그러나 전자는 그것을 모른다. 이 때 선진이 보는 것을 후진도 볼 수 있게 하기 위해서는 선진은 어떤 단계를 밟아야 하는가? 이런 문제에서 우리는 새로운 해법을 찾아나갈 수 있어야만 한다.

1.2.6. 언어가 갖는 의미의 불안정성

철학에서 언어는 중심적인 위치를 차지하여 왔다. 대체적으로 서양철학은 바로 인간이 언어를 사용한다는 사실에 근거하고 있다고 해도 과언이 아니다. 철학자들은 여러 가지 다양한 사고체계를 전개하는 데 언어가 확고한 원천이 될 것으로 보았다. 지금까지 별 동요 없이 지속되어 온 언어에 관한 가정은 관념이나 감정의 표현을 위한, 혹은 외부세계의 표현을 위한 투명한 매개자가 언어라는 것이었다. 세계에 대한 우리의 추상적인 사고는 언어라는 수단에 의해서 객관적인 형태로 표현될 수 있다. 이처럼 언어는 실체 자체를 드러내기 때문에 대응성의 규칙을 안다면 세계의 구체적인 실상을 훼손함이 없이 있는 그대로 전달할 수 있다. 이로써 우리는 직접 경험함이 없이도 세상 자체, 그리고 그에 대한 추상적인 경험을 간접적으로 정확하게 재생하고 공유할 수 있는 길을 갖게 된다.

언어에 대한 철학자들의 이런 가정과 집착은 근래의 분석철학에서 정점에 도달했다. 우리가 언어에 관해서 관심을 가지고 있는 것은 말과 사물의 관계이다. 그런데 분석철학자들은 흔히 음성과 글자로 나타내는 기호와 그것이 지칭하는 외부의 세계 혹은 그것이 의미하는 추상적 개념간에는 모종의 지시적이거나 필연적이거나 투명한 관계가 있을 것으로 본다. 그들에게 있어서 언어란 사진기나 그림이나 거울처럼 세계 자체 혹은 그에 대한 인식을 담는 그릇이다. 이런 선험적 가정 아래서 그들은 말의 의미를 애매하지 않은 방식으로 분명하게 확정하려고 하였다. 그들은 마치 모든 말이 반드시 완전히 결정된 의미를 가지기 때문에 그 이외의 사용은 허락될 수 없는 것처럼 주장한다. 그들은 심지어 언어적 형태로 진술된 지식을 분석하여 모종의 인식론적인 확실성을 확보할 수 있을 것으로 생각하면서 문장의 형식을 미시적으로 분석하는 일에 집착하였다.

그러나 그들에 의해서 간과되거나 혹은 억압된 언어의 교란적인 효과와 의미의 불안정성이 점차 밝혀지고 있다. 철학 내부에서 그 반성과 교정이 이루어진 전형적인 사례는 비트겐슈타인의 태도변화에서 찾아볼 수 있다. 그는 초기 작업의 성과인 《논고(1922)》에서 언어는 그림처럼 세상을 대표해 준다고 생각했다. 그림 속에 있는 요소가 세계 속에 있는 대상에 대응하고 그림 속에 있는 요소의 배열이 실재하는 대상의 가능한 배열에 대응하듯이, 문장은 세계 속에 있는 대상에 대응하는 이름을 포함한다. 즉 문장 속에서 이름의 배열은 세계 속에 있는 대상의 가능한 배열에 대응한다. 그에 동조하는 논리실증주의자들은 그런 전제 아래 명제들의 의미를 정확하게 논리적으로 분석하는 것을 철학의 절대적인 과제로 삼았다. 그러나 후기 작업인 《철학적 고찰(1953)》에서 그는 30년 전에 주장했던 자신의 언어관을 스스로 포기한다.

비트겐슈타인은 이제 언어가 다양한 용도를 가지며, 하나의 분명한 설명적 개념의 논리로 환원될 수 없다는 점을 주장한다. 그는 논리적 이성주의자들이 말하는 명확한 개념이란 있을 수 없고 언어의 의미는 그 언어 공동체 내에서의 게임이며, 그 게임의 의미도 명확하지 않다고 주장함으로써 언어가 고정적인 의미를 가질 수 있는 가능성을 부인하였다. 게임의 의미가 논리적 분석에 의해서 분명하게 드러날 수 없듯이 언어 역시 논리적인 분석의 대상이 될 만큼 확실한 의미를 가지고 있는 것이 아니다. 언어를 구성하는 단어의 의미는 항상 얼마만큼의 모호함을 가지고 있다. 예컨대, '게임'이라는 개념의 경우 그것에 의해서 분류되는 모든 구성요소에 동시에, 모조리 그리고 거기에만 유일하게 적용할 수 있는 특성의 묶음이란 존재하지 않는다. 그보다는 오히려 이전에 관찰되지 않았던 어떤 활동에 직면하여 우리는 그것이 '게임'이라는 용어로 부르도록 배웠던 많은 활동에 아주 가깝도록 '가족유사성(family resemblance)'를 지녔기 때문에 그것을 적용한다.

이로써 언어와 관련하여 하나의 확실한 의미를 기대했던 것이 허사임이 증명되었다. 비트겐슈타인에 따르면 낱말의 의미는 그것이 사용될 수 있는 모든 가능성의 총합이다. 우리는 수많은 목적으로 언어를 사용한다. 그는 "만약 당신이 어떤 낱말의 의미를 정말 이해하고자 한다면 사전적인 정의를 묻지 말고, 고려 중인 특정한 언설의 영역에서 그 낱말이 실제적으로 어떻게 사용되고 있는가를 천착해야 한다"고 말한다. 우리는 철학을 논의할 때와 정치학을 논의할 때 다른 방식의 언어를 사용한다. 이런 점을 드러내기 위해서 그는 '언어 게임'이라는 말을 쓴다. 게임은 원래 규칙에 의해 지배되는 사회적 행위이다. 우리는 해당 세계의 규칙에 따라 삶의 다양한 영역에서 윤리적 언설, 미학적 언설, 사실을 진술하는 언설, 종교적인 언설 등의 언어 게임을 하고 있다. 모든 언어 게임은 다른 언어 게임에 상대적이다. 개별적인 언어 게임은 오직 그 안에서만 이해될 수 있다. 여기서 우리가 성공적으로 언어를 사용했는지 그렇지 않은지를 평가할 수 있는 비언어적 아르키메데스적 기점은 존재하지 않는다.

언어가 실재를 있는 그대로 표상해 준다는 전통적인 철학의 가정은 현대언어학의 새로운 관점에 의해서 또 한 번 여지없이 무너져 내리고 있다. 현대언어학의 주요 교훈은 기호는 그 자체로서는 아무런 의미를 갖지 못하고, 특정 언어에서 벌어지는 대조와 차이의 그물망 속에서 갖는 차별적 지위 때문에 의미를 갖게 된다는 것이다. 이 말은 언어가 그것이 포함되어 있는 텍스트의 영역 외부에 있는 그 어떤 세계도 지시하지 않는다는 것을 의미한다. 언어를 기호들의 지시체계가 아니라 하나의 자율적인 체계로 정립한 소쉬르(1916)는 문장의 의미는 문장의 실체 안에서 발견되지 않고 문장의 구조에서 발견된다고 주장한다. 그는 개념으로서의 기의(記意; signified, signifié)와 소리로서의 기표(記表; signifier, signifi-ant)를 구분하고 그들의 관계를 임의적인 것으로 본다. 그 임의성은 기표와 기의의 관계뿐만 아니라, 한 기의와 다른 기의와의 관계, 기표와 기표와의 관계에도 들어오며, 이들 관계 모두는 차이의 원리에 의해서 규정된다. 예컨대, '사과'의 의미는 빨갛고 달고 둥근 성질로써 구분되는 것이 아니라 배나 오렌지나 수박이나 토마토나 그 밖의 다른 모든 것이 아닌 바의 어떤 것이다. '사랑'의 의미는 그 자체로서 정의될 수 있는 것이 아니라 오히려 미움, 증오, 좋아함, 호감, 이끌림 등과 같은 개념의 관계 속에서, 그것들이 나타내고 있지 않은 바의 어떤 것이다. 여기서 언어의 지시적인 기능은 크게 손상을 입는다.

소쉬르가 이런 언어관을 피력했을 때 그는 언어의 공시적인 차이를 강조하였을 뿐 통시적인 차원은 무시하였다. 그러나 근래에 데리다(/1973)는 그런 일반 언어학에 신랄한 비판을 가한다. 데리다는 소쉬르의 입장을 플라톤 이후 서구철학을 지배해 온 로고스 중심주의라고 보고 '차연(différance)'이라는 용어를 도입하여 그것을 해체한다. 그는 이 용어의 의미를 이렇게 해설한다.

> '다르다(différer)'는 동사는 그 자체로부터 다른 것처럼 보인다. 한편으로, 그것은 구분, 불평등, 혹은 변별가능성을 지칭한다. 다른 한편으로, 그것은 연기의 개입(interposition of delay), 즉 공간화(spacing)와 시간화(temporalizing)의 간격으로서 현재 거부되고 있는 것을 '나중에까지' 미루는 것을 말한다(p.129).

이처럼 데리다는 언어에 공간적 개념인 '차이'와 시간적 개념인 '연기'의 의미를 동시에 포함시킴으로써 언어가 본질적으로 가지고 있는 비결정적이고 비종결적인 특성을 강조한다.

데리다가 소쉬르의 언어적 차이에 대한 개념을 이처럼 '차연'으로 확장함으로써 우리는 언어의 평면적, 정태적 구조보다는 발생적, 동태적 측면에 주목하지 않으면 안 되게 되었다. 이제 언어적 기호는 지칭하는 것이 사물이건 개념이건 간에 부재하는 것으로서의 현재를 표상한다. 그러니까 기호는 연기된 현재라고 할 수 있다. 그 사물 자체와의 만남이 이루어지는 순간까지 기호의 운동은 연기되어야 한다. 즉 그것은 현재로서는 있지 않고 아쉬움으로만 남아 있는 최종적인 것에 비추어 항상 잠정적인 것이라고 할 수 있다. 좀더 구체적으로 말한다면 한 발화의 의미는 얼마든지 있을 수 있는 다른 의미와의 변별적 차이에 의해서 생성될 뿐만 아니라, 다른 한편으로 이 의미는 초월적인 대상의 의미로는 존재할 수 없기 때문에 끊임없이 지연되게 마련이다.

이런 맥락에서 데리다는 현전의 형이상학을 언어라고 하는 기호와의 관계 속에서 해체하고자 시도한다. 그 동안 서구의 철학은 개념의 일의성을 이상으로 여겨 왔고, 비록 개념이 다의적이라고 하더라도 그것이 유한하여 개념의 논리인 이성에 의해 제어될 수 있다고 보았다. 그러나 데리다의 '산종(dissémination)'의 개념은 그런 고정된 의미를 부인한다. 여기서 '산종'은 기호로 나타난 단어가 처음 사용된 맥락으로부터 떨어져나가 곳곳에 흩어지고 새로운 의미작용을 만드는 현상을 가리킨다. 기호의 의미는 이처럼 그 위치를 바꾸면서 사후에 보충적으로 재형성된다. 언어의 의미가 유동적인 것이기 때문에, 그것이 고정된 자기동일성을 갖는 것으로 보았던 언어관과 그런 전제 아래 이루어졌던 모든 형이상학은 허구적인 것이다.

모든 텍스트의 의미는 시간상으로 영원히 지연된다. 여기에 어떤 확정된 의미가 있을 수 없는 것이다. 그래서 데리다는 언어에 대한 해석의 자유와 그에 따른 자유로운 놀이를 기대하고 있다. 그는 여기에 어떤 제약도 개재할 수 없는 것으로 본다. 예컨대, 그는 발생적 과정에 작용할 수 있는 주체의 역할과 구조의 위계에 대한 어떤 시사도 하지 않는다. 이것은 바둑놀이에 비유될 수 있을지도 모른다. 바둑놀이는 구조의 놀이이며, 동시에 생성의 놀이이다. 어떤 순간에도 바둑판 위에 놓인 알 하나가 자기 스스로 내재적인 의미를 향유할 수 있는 것이 아니다. 그 알은 언제나 다른 알과의 관계에서 작용하고, 소쉬르가 말하는 언어처럼 어떤 구조 내에서 요소적 기능을 할 뿐이다. 바둑이 진행되면서 그 구조는 교란되며, 다시 정돈되는 진행을 보인다.

언어가 세계를 비춰 주는 거울이라고 보는 전통적인 철학의 근거는 철학분야 자체의 반성에 의해서도 점차 설 자리를 잃어가고 있다. 최근에 반정초주의적 입장을 대표하는 로티(R. Rorty)는《철학과 자연의 거울(1979)》이라는 저서에서 이렇게 선언한다.

> 우리는 시각적인 것, 특별히 거울로 비추기와 같은 것을 비유로 드러내는 언어를 송두리째 제거해야만 한다. 그렇게 하려면 언어를 단순히 내적인 표상(inner representation)들을 외형화하지 않은 것으로 이해해야 하며, 더 나아가 표상이 전혀 아닌 것으로 이해할 필요가 있다. 우리는 사유의 영역에서 그렇게 했듯이 문장에 대해서도 대응의 개념을 버려야 하며, 문장을 세계와 더불어 있는 것이 아니라 다른 문장들과 더불어 있는 것으로 보아야 한다(pp.371-372).

철학 내부의 반성은 앞에서의 언어학의 진전과 궤를 같이 하고 있다. 로티는 언어가 역사적이거나 문화적인 우연성의 복합물로서 변화하는 것이기 때문에 실재를 여과없이 있는 그대로 반영할 수 없다고 본다. 세계는 언제나 언어와 그것에 의한 서술방식을 통해서 포착된다는 점은 인정된다. 그러나 포착된 세계는 결코 '세계 그 자체'일 수는 없다는 것이 로티의 입장이다. 언어를 통하여 포착된 세계는 어떠한 것도 절대적이거나 보편적이거나 필연적인 것일 수 없다. 마찬가지의 취지가 파트남(1981/1987)에 의해서도 견지되고 있다. 그는 우리가 사용하는 말들이 항상 마음으로부터 독립하여 객관적 실재에 부합하고 상응한다는 지칭이론을 '마술적 지시이론(pp.13-16)'이라고 비판한다. 그에 따르면 말과 외적 대상의 관계는 어떤 필연적 연관성도 없고 오직 우연적이고 인습적인 것에 불과한 것이다.

여기서 논리실증주의자들이 언어의 분석에 의해서 인식의 문제를 해결하려고 시도했던 것이 얼마나 허황된 목표였는지가 분명해진 셈이다. 언어는 독특한 문제를 가지고 있음이 점차 밝혀지고 있다. 우리는 한 단어가 무엇을 의미하는지를 결코 정확하게 알지 못한다. 실제로 우리는 그것을 정확하게 규정할 수 없다. 우리가 사용하는 언어의 의미는 문장에 있어서 그 언어의 연결, 그 문장이 말하여지는 전후 맥락, 그리고 우리가 일일이 열거할 수 없는 수많은 부수적인 상황에 따라 달라진다. 되풀이 또는 반복될 수 있는 언어의 내재적, 구조적 잠재력은 문맥의 유동성을 초래한다. 하나의 텍스트 또는 텍스트의 부분은 그 저자를 떠나 다른 시간에 다른 장소에서 인용될 수 있다. 여기서 저자는 더 이상 작품 뒤의 유일한 목소리, 언어의 유일한 주인, 생산의 유일한 기원이 아니다. 텍스트는 저자의 손에서 떠날 때 이미 독자성을 갖는다. 그 후 그것의 의미는 고정될 수 없고, 단지 독자들과의 끊임없는 대화 속에서 시간을 통해 변형될 뿐이다. 사실 이러한 재인지는 무한한 수의 시간과 장소에서 발생할 수 있다. 반복된 자료는 낡은 문맥으로부터 단절되어 무수한 수의 새로운 문맥으로 고쳐질 수도 있다. 데리다의 지적대로 이런 문맥들의 놀이에는 그 어떤 제한도 없다고 말할 수 있다.

1.3. 논점의 정리

앞에서 검토했듯이 정초주의적 인식론이 자리할 곳은 더 이상 없어 보인다. 정초주의 인식론에는 통용될 수 없는 전제와 탁상공론이라고 지탄받을 만한 안이한 해결이 포함되어 있다. 약 2000년에 걸쳐 철학에서 가정되어 왔던 인식론적인 전제들이 무너지면서 드러나는 한 가지 두드러진 현상은 무정부적 상대주의나 지적 허무주의라는 절망감이다. 한마디로 정초주의와 가장 먼 거리에 있는 듯한 이런 극단적인 반응은 사실상 미묘한 방식으로 정초주의적 기대와 밀접하게 연결되어 있는 것이다. 왜냐하면 그것은 정초주의가 있어야 한다는, 아직 포기되지 않은 신념의 좌절에서 비롯된 징후이기 때문이다.

정초주의의 붕괴에 대한 극단적인 냉소주의의 한 예는 데리다에게서 발견된다. 그는 '초월적인 신', '플라톤적인 형식', '절대적 지식', '결정적인 의미작용'을 가정하는 현전의 형이상학을 해체시키기 위하여 앞서 지적했듯이 '차연'이나 '산종'이라는 말을 즐겨 사용한다. 그가 말했듯이 차연은 "잘 다듬어진 형식이 안주할 수 있는 장소가 아니다(1972/1994, p.63)." 산종은 기의가 영원히 유보된 채 기표만이 끝없이 사방 팔방으로 흩어지는 현상을 말한 것으로서, 비유적으로 말한다면 마치 무정란이 파종되는 것과 같다. 이와 같이 기존의 형이상학을 해체하면서도 그는 어떤 선택적 대안도 제시하지 않는다.

절대적 권위나 체계성이 모두 해체될 때 남는 것은 결국 극단의 상대성이다. 이 때문에 이런 논의들은 적어도 철학 내부에서 부정적이고 무책임한 논의처럼 보이고 있는 형편이다. 이제 해체의 철학은 어떤 진리의 결정 가능성도 부인하고 있다. 여기에는 인식의 어떤 질서도 틈입할 여지가 없다. 그들의 해체가 흔히 회의주의, 심지어 허무주의적인 인상을 주는 것은 바로 이런 태도에서 연유하는지도 모른다. 최근에《포스트모더니즘과 철학(1995)》이라는 주제를 다룬 저서의 머리말에서 김혜숙이 "포스트모더니즘의 사상은 진리라고 말해지는 기존 질서에 대한 강한 반동적 입장을 구성하지만 그 반항적 힘을 모아 새로운 대안을 창조해 내려는 의지도 없고, 또 그럴 수 있는 내적인 논리도 갖고 있지 않다(p.17)"고 평한 것은 이런 맥락에서이다.

이런 인상은 최근에 역사적 인식론에서도 나타난다. 스스로의 입장을 '무정부적 지식이론(anarchistic theory of knowledge)'으로 자처하고 있는 파이어아벤트는《반방법(1975)》에서 이렇게 말한다.

> 나는 현재 다다이즘(Dadaism)이라는 용어를 사용하는 편을 좋아한다. … 다다이스트는 어떤 진지한 작업에 대해서도 결코 감명을 받지 않으며, 사람들이 미소를 잃고 무엇인가 중요한 것을 말하고자 하는 태도나 표정을 지을 때에는 늘 의심스러운 마음을 품는다. 다다이스트는 우리들이 사물들을 가볍게 받아들이기 시작하고, 우리들의 이야기로부터 수세기에 걸쳐서 축적되어 온 심오한 그러나 악취 풍기는 의미들('진리의 탐구', '정의의 수호', '열정적 관심' 등)을 제거할 때에만, 살만한 가치가 있는 삶이 생겨난다는 것을 확신하고 있다. 다다이스트는 변화나 실험활동이 문제되지 않는 영역(예컨대, 언어의 기본적인 기능)에 있어서까지도, 즐거운 실험을 시작할 준비가 되어 있다(p.21).

과학의 역사성을 떠나서 오직 합리적인 절차만을 강조하는 경향을 경계하는 데서 연구의 출발점을 잡고 있는 파이어아벤트는 과학의 역사적 사례들에 비추어 볼 때 지금까지 제시되어 온 방법론적 규칙들, 특히 감각을 중시하는 경험주의와 이성을 중시하는 합리주의를 근간으로 하는 방법론이 하나같이 성공적이지 못함을 강력하게 주장하고 있다. 그런 사실을 토대로 그는 고정된 의미의 보편적인 규칙 자체를 부인할 뿐만 아니라 더 나아가 방법적 규칙의 무정부성을 선언하고 있는 것이다.

> 과학은 고정적이고 보편적인 규칙들에 따라서 수행될 수 있고, 또한 그렇게 진행되어야 한다는 생각은 비현실적이고 해롭다. 왜냐하면 그것은 과학의

> 발전을 고무하거나 야기하는 인간의 재능과 환경에 대해서 지나치게 단순한 견해를 가지기 때문이다. … 경험주의는, 감각경험은 순수한 사고보다도 세계에 대한 더 좋은 거울이라는 것을 당연하게 여긴다. 논증에 대한 찬사는, 이성(**Reason**)의 술책이 우리의 검토되지 않은 정서의 작용보다 더 좋은 결과를 가져온다는 것을 당연하게 여긴다. 그런 가정들은 완벽히 그럴듯해 보이고 심지어 진실일 수도 있을 것이다. 그러나 우리는 아직 그들을 가끔 검증해 보아야 한다. 그것을 검증한다는 것은 그러한 가정과 연관된 방법론을 사용하기를 중단하고 과학을 다른 방법으로 시행해 보고 또 그 결과 어떤 일이 일어나는지를 살펴보는 것을 의미한다. 앞의 장에서 보고된 사례연구들은 그러한 검증들이 항시 일어났으며, 그들은 어떤 규칙의 보편적 타당성을 보이지 않는다는 것을 말해준다. 모든 방법론들은 자체의 한계를 가지며, 이제 생존하는 오직 하나의 '규칙'이 있다면, 그것은 '어떤 것도 좋다(anything goes)'는 것이다(pp.295-296).

이런 태도는 기존의 경직된 방법론에 대한 강력한 저항의 표출로 보인다. 실상 방법론은 아직 정착된 것이 아니고 항상 얼마만큼의 문제를 포함하고 있기 때문에 과학자들이 기존의 특정한 인식론이나 방법론의 규칙에 속박될 필요는 없을 것이다. 그런 방법적 개방성을 위해서 어떤 것이나 자기 나름으로 효과적이라고 생각하는 것을 탐색해 보는 것은 좋은 일이다. 그러나 만약 이런 입장이 방법을 잘 알지 못하면서 누구나 자신의 변덕이나 성향에 따르면 족하다는 것으로 해석된다면 큰 일이다. 파이어아벤트가 과학이 본질적으로 무정부적인 작업이라고 자신의 입장을 천명할 때 우리는 그로부터 그런 인상을 지울 수 없다.

이런 와중에 우리에게 필요한 것은 인식의 무정부상태와 인식론의 무정부상태를 분명히 구분하는 것이다. 길게 볼 때 학문의 발전은 여태까지 항상 진행되었다. 그 사실까지를 의심할 필요는 없다. 그 역사를 놓고 볼 때 학문이 무정부적인 활동의 소산이라고 보기는 어렵다. 그 이면에는 모종의 질서와 지식의 우열을 판정하는 절차와 기준이 작용했다고 보아야 한다. 다만 그것을 설명하는 인식론에는 의심의 여지가 많다. 정초주의가 부정된 현재로서 서로 경쟁하는 이론들의 우열을 판가름하는 어떤 보편적인 기준도 찾을 수 없다는 사태는 사실인지도 모른다. 그렇다고 우리는 인식론 자체의 탐구를 부인할 수는 없다. 어느 분야이건 문제는 있기 마련이고 인식론 역시 예외일 수 없다.

인식론은 인식의 문제에 최종적인 결론을 얻기보다는 그것을 해결하기 위해 앞으로 지향하는 분야이다. 우리가 인식론의 역사를 살피면서 얻은 결론이 있다면, 인식론 역시 항상 문제가 있고 만족스러운 것은 아니라고 할지라도 그 동안 꾸준하게 발전을 거듭해 왔다는 것이다. 최근에 등장한 반정초주의는 일견 인식론의 종말과 같은 인상을 주지만 큰 안목으로 볼 때 이것은 다른 하나의 발전을 위한 계기로 해석될 수도 있다. 정초주의의 해체는 그 동안 너무 쉽게 인식의 문제를 다루어 온 인식론을 해독하는 유용한 치료제이지만, 그것이 인식활동에 숨어 있는 질서 자체에 대한 모독으로 나아간다면 그것 역시 하나의 허점을 가진다고 말할 수 있다.

우리는 학문과 지식이 진보한 역사를 알고 있고, 또 그것을 누구나 믿고 있다. 다만 파이어아벤트가 주장하려는 것은 이전의 인식론이나 방법론이 그 진보를 제대로 설명하지 못하고 있다는 것이다. 실은 그가 "어떤 것도 좋다"라고 말했을 때 그가 주장하고자 했던 진의는 방법의 다원주의였다. 여러 가지 역사적인 사례를 분석해 보면서 과학이 우리가 금과옥조시해 온 경험론이나 합리론의 규범에 따르지 않은 방식으로 발전해 왔다는 사실을 알게 된 그는 "어떤 것도 좋다"는 원리가 진보의 역사를 왜곡하지 않는 유일한 원리라고 본 것이다. 만약 기존의 인식론적인 틀이나 규칙이 역사적으로 실재했던 학문 자체를 이해하는 데 속박이 된다면, 우리는 다른 대안을 찾아야 할 것이다.

그렇다면 어떤 인식론적인 대안을 택할 수 있는가? 이와 관련하여 우리는 하나의 흥미있는 경향을 보게 된다. 그것은 이제까지의 인식론에 대해 해석학을 그 대안으로 선택하려는 입장이다. 예컨대, 로티(1979)와 번스타인(R. Bernstein, 1983)은 근대철학의 기초가 되어 왔고 그 중심부에 서 있는 인식론과 최근의 해석학적 전통을 대비하고 전자를 포기하고 후자에로의 전향을 추천하고 있다. 그들에 의하면 인식론은 지식이 어떻게 가능한가를 기술하는 것이고, 해석학은 이해 및 해석이 어떻게 가능한가를 기술하는 것이다. 그들에게는 해석학이 단순히 인식론의 계승자 이상의 의미를 갖는다. 다만 인식론의 몰락으로 남겨진 공백을 대체한다는 것과는 다른 의미에서 그들은 정초주의의 붕괴 이후 새롭게 해석학적 지위를 인정하고 있다.

해석학이 등장하게 된 역사적 사실에 비추어 이런 입장에는 매우 흥미로운 점이 있다. 금세기 초만 하더라도 해석학은 인간과 사회에 대한 연구를 자연과학적인 설명모델로 환원시키려는 실증주의적 방법론과 치열하게 맞서야 했다. 19세기의 해석학은 실증주의와 귀납주의의 성장, 그리고 자연과학만이 진정한 지식의 기준과 모델을 제공한다고 주장하는 지적인 제국주의에 대항하는 반발로 전개되었다. 딜타이(W. Dilthey, 1927)가 "자연은 설명하고 문화는 이해한다"는 점을 표방하면서 자연과학과 정신과학의 방법론적인 분할을 꾀했을 때, 오직 자연과학만이 우리에게 '객관적인 지식'을 제공할 수 있다는 믿음을 극복하고 거기에 정신과학도 덧붙여 편입시키려는 의도가 있었던 것이다.

이처럼 대부분의 해석학적인 노력이 인문과학을 자연과학적 지식의 형태와 분리시키고 그 방법론을 논하고 있는 데 비해서 로티와 번스타인은 자연과학과 사회과학, 혹은 과학과 인문학, 그리고 어떤 창조적인 분야들 사이에도 하등의 중요한 차이가 없다는 점을 강조한다. 해석학이 이렇게 주목을 받는 이유 중의 하나는 자연과학은 기실 자연에 대한 사고의 체계이고, 따라서 좀더 넓게 보면 자연과학 자체가 하나의 문화현상에 속한다는 근본적인 인식상의 전환에 있는 듯하다. 자연과 자연과학은 다르다. 후자는 전자에 대한 새로운 해석을 궁리해 낸다. 각 시대마다 정상과학이 참된 발견을 하였다고 주장한다. 그러나 자연현상과는 달리 자연과학은 항상 얼마만큼의 오류를 포함하고 있다.

이런 방식에 의해서 우리는 자연과학이 곧바로 객관적이고 정확한 지식을 제공할 수 있다는 믿음을 극복하고, 그것이 산출하는 지식은 마치 텍스트나 예술작품의 의미가 그러하듯이, 결코 완결되지 않고 무한한 과정의 한 단계라는 해석에 도달할 수 있게 되었다. 이런 사실이 점차 분명하게 드러나는 데에는 역사적 인식론의 역할이 컸다. 자연과학을 역사적으로 검토하는 가운데 하나 분명해지는 것은 지식이 역사적인 생명과 한계를 갖는다는 사실이었다. 자연과학적 지식 역시 언제나 진부하게 느껴지는 시기가 오고, 그 다음에 더 새로운 이론과 어휘가 그것에 대한 대안으로 제시된다. 해석학의 직접적인 영향을 받은 것 같지는 않지만 이 때문에 역사적 인식론자들은 이성만을 강조하는 전통이론을 교정하기 위해서 사실상 해석학적 과제를 수행해야만 하였다.

여기서 해석학적 과제란 과학적 탐구에서 드러나는 합리성의 유형을 과학이 실제로 실행되고 있는 방식의 빛 아래에서 해석하고 명백히 해명하려는 시도를 말한다. 오늘날 해석학이 자연과학과 사회과학의 분과들에서 실증주의적인 경향들을 비판하고 그것들에 대한 좀더 철저한 이해를 위한 대안을 마련하고 있다는 점은 충분히 인정된다. 자연과학도 해석의 대상임에는 틀림없다. 그러나 해석학이 인식론을 대체할 수 있는 역량을 구비하고 있다고 하는 입장에는 의문의 여지가 많다. 이것은 기본적으로 서로 대립되어 왔던 기존의 방법론 가운데 하나를 배제하고 다른 것을 선택하는 방식의 해법으로 아직도 기존의 방법적 전통의 틀 안에서 머물러 있다고 보아야 할 것이다.

우리가 제안하려는 교육적 인식론은 그런 전통적인 인식론 혹은 방법론의 한계를 벗어나 새로운 인식론적 틀을 얻어내려고 한다. 그러니까 교육적 인식론은 기존의 방법론 가운데 한 가지를 선택하는 작업이 아니라 전혀 새로운 해결방안을 찾는 작업인 것이다. 그것은 과학을 포함하는 모든 학문을 수도계의 특수한 경우로 보면서 이 분야에서의 지식의 발견과 그 발전의 검증절차를 우리 자신의 자기형성, 즉 교육과 관련하여 설명하고자 한다. 우리는 이제 그 해결의 발단, 새로운 체계의 구축, 그리고 교육 안에 포함된 인식론적 내재율을 검토하게 될 것이다.

그러나 그 이전 단계에서 반드시 해소되어야 할 것이 있다. 그것은 그 동안 인식론과 관련하여 제기된 각종의 불필요한 대립이다.

이와 관련하여 우리는 이하에서 흔히 '객관주의 대 주관주의', 혹은 '절대주의 대 상대주의'로 대립되었던 것을 폭넓게 정리하고자 한다. 이런 분류는 불필요하며, 우리는 그들을 넘어설 필요가 있다. 여기에 추가하여 이제까지 철학적 인식론이나 해석학이 간과했고 교육적 인식론이 내세울 중요한 차원을 등장시키기 위해서 '공적 지식과 인격적 지식', '사고와 언어', 그리고 '인식주체의 개선과 형태변화'라는 주제가 검토되어야 한다. 그리고 나서야 비로소 우리는 한 이론이 다른 이론보다 우월하다는 것을 판단할 때 그것이 어떻게 그 논의에 참여하는 학자들의 인간적 성숙과 관련되는지를 이해할 수 있게 될 것이다.

1.3.1. 객관주의와 주관주의

인식의 객관성과 주관성에 관한 논의는 그 동안 결론이 나지 않은 끊임없는 인식론적 과제였다. 번스타인(1983)은 이 주제를 다루면서 '객관주의'를 합리성이나 인식, 진리, 실재, 선, 옳음 등의 본성을 결정하는 데 궁극적으로 호소할 수 있는 영원하고 초역사적인 기반이 존재하며 또한 존재해야 한다는 기본적인 확신으로 규정하였다. 이에 따르면, 우리는 인식의 확고한 토대를 확보한 다음에야 그 위에 보편과학의 건물을 세울 수 있게 될 것으로 보인다. 인식론은 처음부터 객관주의에 대한 신념으로부터 연유되었다. 고대 희랍사람들은 우리의 사고와 독립된 실재의 존재를 믿고 우리의 사고가 그 독립된 실재와 얼마나 대응하느냐의 여부에 의해서 사고의 타당성이 결정될 것으로 보았다. 그렇지 않다면, 그것은 진리가 될 수 없고 단지 환상일 뿐이라고 생각했다.

객관주의는 세계가 인간의 마음으로부터 독립되어 있다는 점을 강조한다. 설사 당신이 사망하는 순간에도, 더 나아가 인간 전체가 지구상에서 소멸한다고 하더라도 지구 자체가 존재할 것은 의심의 여지가 없는 것이다. 그리고 이처럼 우리의 경험과 독립된 실재를 정확하고 유일하게 드러낼 수 있는 지식을 얻으려는 것이 객관주의자들의 희망이다. 그들은 우리의 주관적인 추측을 극복하고 과학적 가설이나 이론들을 평가하고 정당화할 수 있는 영원한 기준이나 절차가 있을 수 있는 것처럼 빈번히 주장한다. 여기서 '객관적'이란 단어는 지식이 누군가의 변덕과는 독립적으로 정당화될 수 있어야 한다는 조건을 의미한다. 이 기준에 의하면 어떤 정당화가 그 누구에게나 검사되고 이해될 수 있으면, 그것은 객관적이라고 할 수 있을 것이다.

객관주의적 사고는 그 자체가 단순하고 또 명백성을 보장해 주는 듯한 요소가 있기 때문에 지금까지도 철학에서 그 명맥을 잃지 않고 있다. 예컨대, 과학철학자인 쉐플러(I. Scheffler, 1967)의 언명은 이런 객관주의자의 희망을 잘 대변하고 있다.

> 과학적 지식의 기본적인 특징은 객관성(합리성)에 있으며, 이 객관성의 이상은 독립적이고 불편부당한 기준에 의해서 모든 과학적 진술을 테스트하고, 인식의 영역에서 개인의 권위를 인정하지 않음으로써 성취될 수 있다(p.1).

객관주의자들이 지식을 분석할 때 강조하는 것은 개인의 태도나 믿음 혹은 그의 주관적인 상태와 독립하여 존재하는 측면에 우선권을 부여한다는 점이다. 그들은 지식을 개인의 마음이나 머리 속에 존재하는 것이 아니라 그 외부에 존재하는 것으로 간주하기 때문에 인식주체의 개입을 가능한 한 소멸시키고자 한다. 《객관적 지식(1972)》이라는 저서를 낸 바 있는 포퍼(K. Popper)는 예컨대 그의 입장을 이렇게 피력한다.

> 나의 첫번째 주제는 지식과 사고에 대한 두 가지 다른 의미를 포함하고 있다. (1) **주관적인 의미에서의 지식과 사고**: 이는 마음이나 의식의 상태 혹은 행동하거나 행위하려고 하는 경향성으로 이루어져 있다. (2) **객관적인 의미에서의 지식과 사고**: 이는 문제와 이론과 그 이론에 대한 논증으로 구성되어 있다. 객관적인 의미에서의 지식은 어느 누가 안다고 하는 주장과는 전적으

> 로 독립하여 존재한다. 이것은 어느 누구의 신념과도 무관하며 동의하거나 주장하거나 행동하려고 하는 경향과도 무관하다. 객관적인 의미에서의 지식은 **인식하는 사람이 없는 지식, 곧 인식의 주체가 없는 지식이다**(pp.108-109).

포퍼가 내세우는 '객관적 지식'은 인식의 주체가 없는 지식을 의미한다. 이로써 그는 그것이 마치 사적이거나 자의적이지 않다는 것을 보증이라도 받은 것 같은 인상을 준다. 그러나 상황을 잘 검토해 보면, 대체로 그 주장은 그렇게 명백하지도 않고 또한 결정적이지도 않다. 객관적 지식이라는 개념의 문제는 지식이 그것을 맨 처음 제안한 사람의 주관적 산물임을 은폐한다는 사실이다. 모든 형태의 지식은 그것을 산출한 사람의 창작품이다. 그리고 그것에 대한 우리의 진리의 감정도 바로 그 창작이라는 행위에서 기인하는 것이다. 그런데 객관주의자들은 자신들의 내면에서 일어나고 있는 진리의 체험을 마치 외부의 것인 양 투사하고 있다. 그러니까 객관주의는 위장된 주관주의의 한 형태라고 할 수 있다.

그들이 주장하는 객관주의라는 것도 기실은 실재에 대한 하나의 주관적인 추리의 산물이고 그 이론 자체도 객관적인 검증을 필요로 한다. 그런데 객관주의자들은 객관을 말하면서도 그것이 무엇인지를 밝히지 않는다. 이런 이유에서 오우크쇼트(M. Oakeshott, 1933)는 일찍이 지식의 객관성만을 주장한다거나 혹은 객관적 검증의 절차만을 처방하는 것은 지식에 대한 인식주체의 책임을 은연중에 회피하는 것으로 보았다. 실재론을 하나의 가설이라고 부른 라우든(L. Laudan, 1984/1994)도 같은 맥락에서 이 점을 예리하게 지적하고 있다. 그는 "어떤 실재론적 옹호자도 과학적 이론을 평가할 때 실재론자 자신이 최소한도로 주장하고 있는 엄격한 경험적 요구를 실재론이 충족시키고 있다는 것을 밝히지 못했다(p.212)"고 주장한다. 주관주의자들은 처음부터 주관의 상대성을 인정한다. 그러나 객관주의자들은 진리의 근거가 외부에 있다고 생각하기 때문에 쉽게 그 상대성을 인정하려고 하지 않는다. 따라서 일반적으로 주관주의보다는 객관주의에 오히려 자의적인 독단의 요소가 더 많다.

지식이 일단 언어로 발표되면 그것은 형식상 그것을 창안한 사람과는 독립되어 있다고 볼 수 있다. 그러나 어느 누구에게도 이해되지 못한 상태에 있는 한 그것은 하나의 물리적인 사실에 불과하다. 그 객관성은 누군가에 의해서 책임있게 입증되어야 할 것이다. 이 때 우리는 또 다시 그 객관성의 문제점에 봉착한다. 그것은 누구인가에 의해서 이해되어야 할 것이다. 또 그것은 누구인가에 의해서 평가되어야 할 것이다. 그렇다면 그것을 누가 할 것인가? 우리는 그 누구를 현실적으로 선택해야 하고 그 누구의 주관성을 인정해야만 한다. 객관적인 것은 개인에 따라 해석이 다를 것이다. 이렇게 보면 하나의 객관적인 지식이 있는 것이 아니라 그것에 대한 다수의 주관적인 지식이 있을 뿐이다. 이런 문제는 인식의 문제를 더욱 복잡하게 만든다. 그러나 그런 복잡한 문제를 객관이라는 이름으로 호도하거나 단순화시키려는 것은 성공할 수 없다.

이처럼 객관주의에는 세계규정의 주관적 책임을 회피하거나 혹은 특정한 주관을 은연중에 절대시하려는 음모가 포함되어 있다. 그렇다면 그 대안은 주관주의에 있는가? 그리고 그 때 주관주의란 어떤 것인가? 이에 대한 해답을 구할 때 우리는 인식론에서 제기된 주관·객관의 순진한 이분법을 지양해야만 한다. 인식에 있어서 주관성을 강조할 때 우리는 우리 내면의 밖에 실재가 없다는 것을 주장하려는 것이 아니다. 우리는 그런 실재가 있음을 인정하며, 그것들과 우리의 상호작용도 인정해야만 한다. 문제는 그것이 무엇이건 간에 우리에게 인식될 때, 그 인식내용에서 주관의 요소를 배제할 수 없다는 것이다.

이 점에서 객관적 세계에 대한 인식은 주관과 분리될 수 없다. 세계는 그 자체가 고정된 것이 아니라 우리 자신과 상호 의존적이다. 인간이 경험하는 세계는 우리 내부와 외부의 상호작용에 의해서 형성된다. 그 주객의 상호작용에 의해서 새로운 인식이 출현하는 것이다. 그렇기 때문에 우리의 인식이 순전히 주관의 산물이라는 말은 도저히 성립될 수 없다. 우리의 환경은 독립적인 실재가 아니며 우리들 자신의 활동을 반영하고 있는 것이다. 환경 없이 우리가 존재할 수 없듯이 우리 없이 환경이 존재할 수 없다. 양자는 서로를 발생시킬 뿐만 아니라, 그것을 통해서 규정한다. 이 때문에 세계는 결국 우리 자신의 변화과정의 구조와 분리하여 규정될 수 없다.

유기체인 우리 자신과 우리를 둘러싼 객관적인 환경은 불가분의 복잡한 변증법적 관계를 갖는다. 물리적·사회적 환경은 유기체에 영향을 주고 또한 유기체는 환경에 영향을 준다. 뿐만 아니라 유기체가 변하면 그에게 있어서 환경은 새로운 의미를 갖는다. 세계는 우리 자신의 변형에 따라 서로 다르게 나타난다. 말하자면 세계는 독립적인 실체가 아니며 필연성을 가지고 있지도 않다. 이 때문에 우리와 독립된 객관적 세계를 직접 접촉할 수 있다는 인식론적인 가정은 엄청난 환상으로 보여진다. 적어도 인식의 영역에 관한 한 우리 자신과 독립된 세계란 없다. 인식주체와 객관은 인식활동에 상호 의존적으로 작용하며, 우리의 인식은 유동하는 우리 자신과 세계의 특별한 관계양상으로 파악되어야 한다.

앞서 쉐플러와 포퍼의 주장처럼 우리는 흔히 자연과학은 객관적인 지식을 보장하는 것으로 알고 있다. 자연과학의 대상으로서 자연은 분명히 우리의 의지와는 별개로 운동하고 있다고 말할 수 있다(물론 이것도 라우든의 말대로 하나의 가설이지만). 그 점에서 주관과 객관의 구분은 필요하다. 그러나 보다 확실한 것은 자연과학에서 객관적인 사실로 주장되는 것은 숙명적으로 그 주장자의 주관적 산물이라는 점은 의심의 여지가 없다는 사실이다. 자연과학 분야에서도 이제 주관적인 것과 객관적 것의 경계는 그렇게 분명한 것이 아닌 것으로 밝혀지고 있다. 이 점은 양자역학의 선봉자인 보어(N. Bohr)의 말에 의해서 잘 지적되었다.

> 미래적 사건에 대한 예언은 관측자나 관측수단과의 관계 없이는 진술될 수 없습니다. 이러한 한에 있어서 모든 물리학적인 사실은 객관적인 특징과 주관적인 특징을 같이 지니고 있다고 말할 수 있습니다. 전세기에 있어서 자연과학의 객관적 세계는 우리가 잘 아는 바와 같이 이상적인 한계 개념이기는

> 하였지만 실재는 아니었습니다. 미래에 있어서도 실재와의 모든 대결에서 객관적인 측면과 주관적인 측면을 구별하는 것, 즉 이 두 측면 사이에 어떤 절단면을 설정하는 것은 필요하리라고 생각합니다. 그러나 그 절단면의 위치 선정은 관측방식에 달려 있으며, 어느 정도까지는 임의적으로 선택할 수가 있습니다(Heisenberg, 1969/1982, pp.119-120).

물리학에서 첨단의 연구영역으로 알려진 양자역학에서조차도 관찰되어야 할 현상을 교란하지 않고는 그것을 관찰할 수 없다는 사실을 인정하고, 관찰수단에 작용하는 양자효과를 스스로 관찰되어야 할 현상 안에 도입하는 불확정성의 개념이 도입되기에 이르렀다. 이 말은 거꾸로 보면 우리가 관찰한 내용은 결국 그런 불확정성이 내포된 것일 수밖에 없다는 것을 의미한다.

객관주의자들은 지식과 그것이 표상하는 세계의 대응성에 진리의 기준을 두고 있지만 그것은 매우 비현실적인 희망사항에 불과하다. 그것이 어느 정도로 상응하고 있는지를 판정하기 위해서 우리 자신 바깥으로 나갈 수 없다는 데 크나큰 애로가 있다. 객관주의자들은 객관적인 관찰에 기대를 걸어 왔지만, 관찰이라는 것도 필연적으로 관찰자와 대상의 상호작용에서 일어날 뿐만 아니라 그로부터 얻어진 자료조차도 결국 우리의 주관에 의해서 해석되어야 한다. 후자의 경우는 관찰의 이론의 존성이라는 주제로 앞(1.2.5.)에서 비교적 자세하게 다룬 바 있다.

이런 점은 인문과학적 대상을 이해함에 있어서도 예외가 아니라는 것은 말할 필요조차 없다. 딜타이가 정신과학의 방법론을 제안하면서 우리가 말하는 경험이 주체 및 객체 이전의 영역 안에서 함께 결합되어 주어진 것이라는 점을 인정하고, 체험이라는 개념을 도입할 때부터 이미 우리의 역사나 문화는 '이해적 객체'라는 의미를 갖게 되었다. 역사학에 있어서 주체와 대상은 서로 독립적으로 존재하지 않는다. 객관적인 역사적 사실이 있다고 가정하자. 그 객관적인 역사를 알려고 하는 것이 역사학이다. 그러나 역사는 그것을 탐구하는 역사학자 자신의 주관성을 통과하지 않고는 알려질 수 없다. 관찰되고 있는 대상은 관찰됨의 조건과 관찰자의 조건에 의해서 복잡하고 미묘하게 변한다. 즉 역사학자는 자신의 이해로부터 독립할 수 없다. 또한 그 역사적 지식은 그 자체가 역사적 사건이 된다. 우리는 결코 과거를 그 자체로 연구할 수는 없다. 따라서 역사에 있어서 객관적 의미 운운하는 것은 더 이상 통용될 수 없다.

이제까지 말해 왔던 '객관적 지식'이라는 것도 결국 전형적인 문화적 산물의 한 형태라는 사실을 우리는 알아야 한다. 그것을 해석함에 있어서 절대적 합의점이나 객관성이 있을 수 있는가? 우리는 다양한 언어적 형태를 통해서 지식을 경험한다. 우리는 흔히 그 언어적 형태를 하나의 객관적인 지식으로 보고 그것을 있는 그대로 이해할 수 있을 것으로 생각한다. 그러나 데리다의 이론을 빌어 우리가 검토했듯이 그 의미는 고정된 것이 아니다. 그 경험은 해석의 매개를 거친 것이기 때문에 그것의 근원적인 것에 우리가 직접 접할 수 없다. 우리는 그 순수한 원전(text)에 도달할 수 없다. 이 점 역시 우리가 아르키메데스적 기점의 불가능성과 더불어 받아들여야 할 부분이다.

우리는 모종의 절차에 의해 사회적으로 수용된 '공적 지식'이 있는 것으로 가정하는 경향이 있다. 흔히 공적인 지식은 텍스트의 형식으로 존재하며, 그것들의 의미는 개인이 어떻게 점유하느냐 하는 문제와는 전적으로 무관하게 고유하고 고정된 것처럼 생각한다. 그러나 원전들의 의미는 그것을 해석하는 사람의 사고범주를 떠나서는 실현될 수 없다. 텍스트는 오직 그것을 접수하는 해석상의 다양한 방식들에 의해서만 존재이유를 가지며, 해석의 다양한 범주는 한 사회를 구성하는 개개인이 가진 지식들의 그물망을 통해서 나온다.

이런 관점을 가장 잘 대변하고 있는 것의 하나가 구성주의이다. 이에 따르면, 우리가 흔히 말하는 세계가 비록 모든 경험에 앞서 존재한다고 할지라도, 세계에 직접 접근하는 것은 가능하지 않다. 따라서 지식을 독립적으로 존재하는 세계의 속성, 구조 혹은 사건으로 보는 것은 환상이다. 이런 일련의 전통을 이어 받아 최근에 《급진적 구성주의(1995)》을 표방하고 있는 글래서스펠트(E. Glasersfeld)는 인지의 기능은 존재적 실재의 표상이나 발견에 있지 않고 경험계의 조직에 봉사하는 데 있는 것으로 본다. 지식이란 소지자의 머리 속에 있는 것이며, 그것과 세계의 관련성은 직접 알 도리가 없다. 인지란 주어진 것을 받아들이는 방식의 하나이고, 우리는 경험을 토대로 단지 그런 방식만을 가지고 있다. 이처럼 우리가 가진 지식은 어디까지나 대상세계에 대한 경험요소들이 조직적인 관계를 맺고 있는 하나의 형태이다.

잠시 그 취지를 상기시키면, 이 이론은 인지는 대상을 표상함으로써 발생하는 것이 아니라 주관과 대상 사이의 열린 만남을 통해서 창발적으로 발생하는 것으로 본다. 따라서 자연의 거울로서의 지식이라는 개념은 더 이상 유지될 수 없다. 그것은 우리가 구조적 결합의 살아 있는 역사를 거치면서 우리 자신을 변화시키고 대상도 변화시킨다는 관점에서 재정립되어야 한다. 그렇다면 외재적 실재와 관련을 짓지 않고 우리의 지식을 어떻게 정의할 수 있는가? 구성주의자들은 지식은 그 내부의 요소들의 상관관계에서 의미가 발생하는 것으로 본다. 이처럼 지식은 순수한 주관의 산물도 아니고 그렇다고 해서 순수한 객관의 산물도 아니다. 그것은 정확히 주체와 객체의 상호작용의 형태이다. 그것은 개인의 활동과 대상의 반응이 상호작용함으로써 구성된다. 이 말에서 우리는 대상을 모사한 것이 지식이라는 오래된 통념을 벗어나야 한다. 인지는 그 대상을 우리의 밖에 있는 세계로 하건 혹은 공적 지식의 경우처럼 이미 만들어진 것으로 하건 간에 인식주체의 주관적인 구성활동을 요구한다.

또한 지식의 옳고 그름에 대한 판단이나 상이한 이론 중에 하나를 선택하는 것 역시 주관의 개입이 없이는 불가능하다. 이 점은 과학적인 지식도 예외가 되지 않는다. 특정한 과학지식이 정말 옳은 것인지 그른 것인지를 아는 일은 기계장치나 컴퓨터만으로 되지 않는다. 지식의 타당성이나 상대적 우열을 판가름함에 있어서 인식주체가 배제된 객관적인 기준이나 형식적인 절차를 상정하는 것은 처음부터 잘못된 주장이다. 그렇다고 해서 이론선택이 아무런 기준도 없이 자의적으로 이루어진다는 것도 받아들이기 어렵다. 주관적인 확실성은 흔히 편견과 결부되어 해석된다. 특정한 편견을 가지고 있는 사람은 그것을 진리라고 생각하고 있다. 우리는 지식을 개인의 자의와 변덕에 맡겨 정당화하는 길을 택해야 하는가? 만약 어떤 언명이든지 그것을 주장하는 사람의 참됨에 대한 확신에 의해서만 정당화된다면 학문은 무정부상태에 빠질 것이다.

포스트모더니즘은 인식론이 가정해 왔던 절대적인 의미의 엄밀성을 가진 주체를 부인하고 있다. 그들이 이에 대한 반발로 내세우는 주체의 죽음이라는 주장은 이런 무정부적 상황을 더 부추기고 있는 듯하다. 만약 그들이 인식의 주체성 자체를 부인하는 방향으로 발전한다면 그것은 다른 하나의 오류로 치닫고 있는 것이다. 이와 관련하여 앞(1.2.2.)에서 주관적인 가치판단 자체를 배제하는 방법론은 그 자체의 모순을 갖는다는 점이 지적되었다. 그렇다면 우리는 어떤 다른 대안을 찾아야 할 것인가? 그 해법은 주관성의 상대적 위계를 인정하는 것이다. 절대적인 주체에 대한 환멸이 그 상대적 권위조차 부인하는 근거가 될 수는 없다. 우리의 주관적 판단에는 얼마만큼의 맹목과 편견, 그 유한성과 오류가 포함되어 있다. 그럼에도 불구하고 개인 혹은 집단 사이에는 그 오류의 면에서 다소의 편차가 있다. 그 편차 사이에 교육적인 교섭의 가능성이 있다. 여기에 교육적 인식론의 특별한 해법이 있다. 우리가 주목해야 할 점은 그 가치판단의 준거 자체의 쇄신 가능성에 지식의 상대적 우열을 판별해 낼 수 있는 가능성이 있다는 점이다.

1.3.2. 절대주의와 상대주의

인식론의 역사에는 언제나 절대주의와 상대주의의 대립이 있어 왔다. 고전적인 인식론을 소개할 때 살펴보았듯이 절대주의의 이상은 상대주의를 지양하는 방식으로 발전하였다. 일찍이 플라톤이 상대주의를 공격했던 것도 바로 그런 이유에서였다. 상대주의는 고대 희랍철학자인 프로타고라스의 "인간은 만물의 척도이다"라는 격언에서부터 발단하였다. 그 전통을 이어받은 상대주의자들은 한 이론이 다른 이론보다 우월하다는 것을 판단할 수 있는 보편적이고 초시간적인 기준이 있다는 것을 인정하지 않는다. 어느 지식이 더 좋은 것으로 판단되는가 하는 문제는 전적으로 개인이나 공동체의 소관사항으로 생각한다. 그 후 인식론의 목표는 이와 같은 인식론적 상대주의를 불식하고 보편적인 지식을 절대적으로 검증할 수 있는 논리를 찾는 것이었다.

그런데 이제 절대주의가 통하던 시대는 지나갔다. 하나의 세계로 모든 것을 환원시키려는 절대성과 독단주의를 배격할 수 있을 정도로 우리 삶의 세계는 다원화되었다. 또한 각 영역마다 발전의 수준에는 비결정적이거나 불확정적인 면이 있다. 여기서 비결정성은 문자 그대로 고정 불변한 어느 상태로 유지되지 않는다는 의미이다. 따라서 고정불변의 절대적인 질서를 추구했던 철학적 형이상학에 대한 비판적 반작용이 점차 고조되고 있는 것은 자연스러운 시대의 추세라고 보아야 할 것이다.

우리는 절대주의를 지향했던 이전의 인식론이 성립하기 어렵다는 사실을 정초주의의 붕괴라는 주제로 다룬 바 있다. 절대적으로 확실한 지식은 낡은 우상으로 판명되었다. 완전성은 학문적으로 성공하는 데 필요한 조건에 속하지 않는다. 전적으로 완벽하고, 절대적인 지식에 대한 요청은 신의 계시와 마찬가지로 무리하게 시도된 철학적 가설이다. 이론은 결코 결정적이고 절대적인 것이 될 수 없다. 설령 오류가 없는 이론이 있다고 하더라도 그것을 식별해 낼 완벽한 인간이 현재로서는 없다. 또한 그런 완벽성을 보장하는 방법도 존재하지 않는다. 모든 과학적 언명은 영원히 잠정적인 것이다. 자연과학을 포함하는 모든 학문은 항상 오류가 있는 사람들에 의해서 만들어진 것이다. 그렇다면 우리는 정초주의적 인식론자들이 그처럼 두려워했던 상대주의, 즉 하나의 문제에 대한 신념은 다른 신념과 똑같이 훌륭하다는 견해로 회귀하여야 하는

가?

우리 주변에는 이런 질문에 봉착하여 정초주의적 이념으로 되돌아 가는 사람이 많다. 오직 하나의 진리가 있다고 생각하는 것이 그 진리에 의존해서 삶을 영위하는 사람에게 유리하다. 그들의 주장이나 지식을 수락하는 사람의 입장에서도 절대적인 확신이 듣기에 편안하고 더 큰 설득력을 갖는다. 정초주의자들이 상대주의를 두려워하는 이유의 하나는 절대주의적 신화와 객관주의라는 이름으로 향유해 왔던 계급적 이해관계에 대한 위협 때문이라는 진단도 있다. 객관주의라는 이름으로 특권적 권위를 인정받고 있는 과학의 편파성에 관해 파이어아벤트(1978)는 이렇게 역공한다.

> 상대주의가 가끔 공격받는 이유는 그것에 대한 결함을 발견했기보다는 그것을 두려워하기 때문이다. 마치 계몽주의 사상이 한때 성직자들과 신학자들의 존재를 위협했듯이 상대주의가 사회 안에서의 지식인들의 역할을 위협하기 때문이다. 그리고 지식인들에 의해서 교육받고, 착취당하고, 억압당한 일반인들은 오래 전부터 상대주의를 문화적(사회적) 붕괴와 동일시하도록 배워 왔다(pp.79-80).

위의 언급에서 매우 중요한 시사는 절대주의의 특권적 지위를 강화하는 수단으로 교육을 지목하고 있다는 점이다. 파이어아벤트가 말하는 교육은 한마디로 학교를 지칭하며, 그것은 인식론적으로 볼 때 정초주의, 특히 그 가운데에도 실증주의가 지배하던 시대의 산물이다. 학교는 이제까지 교육이라는 이름으로 절대주의적인 인식론을 유지 · 강화하는 산실의 역할을 담당해 왔다. 이 부분은 학교태와 교육을 구분하고 후자에 의해서 인식의 문제를 해결하려는 우리의 입장(장상호, 2000)에서 항상 유념해야 할 사항이다.

아무튼 우리는 학교라는 기관을 통해서 진리라는 것들을 배워 왔다. 우선 우리는 스스로 틀린 것을 배워 왔다는 사실을 받아들이기 어렵다.

또한 가르치는 사람의 입장에서도 그가 가르치는 것이 틀릴지도 모른다는 생각을 하고 싶지 않다. 그렇기 때문에 파이어아벤트의 말대로 학교는 아직도 정초주의의 지지세력이 되고 있다. 이에 따라 정초주의의 붕괴는 학교를 믿어 왔던 많은 사람들에게 허무주의로 해석되기도 한다. 절대적으로 확실한 것이 아니라면 그것을 지식이라고 할 수 있는가? 또한 그런 것을 가르치고 배우는 것이 진정 가치있는 일이라고 할 수 있는가? 이런 질문의 이면에는 종종 냉소주의나 무기력이 도사리고 있다.

그러나 정초주의의 붕괴에 따른 우리들의 비관적인 반응과는 상관없이 역사적 인식론이 보여주는 것은 학문의 역사에서 나타난 지식들이 당대에는 절대적인 의미를 가지고 있었지만 사실은 상대적인 것에 불과하다는 것이었다. 다음과 같은 라우든(1984/1994)의 언명은 냉정하게 느껴진다.

> 경험론자와 합리론자들도 확실하고 오류 불가능한 지식을 증명하는 방법에 대해서는 의견의 불일치를 보였지만, 과학이 그런 지식의 산출을 목표로 해야 한다는 점에 대해서는 모두가 동의했다. 과학에 대한 이런 관점은 19세기 초까지만 해도 일반적인 것이었다. 그러나 19세기 말에 가서 이러한 논증적이고 오류 불가능한 지식에 대한 이상은 막을 내렸다. 대부분의 과학자들은 과학이 기껏해야 고도의 개연성을 가진 지식의 상태를 목표로 할 수 있을 뿐이라고 생각하게 되었다. 확실성, 오류 불가능성, 해체 불가능성은 20세기 과학자들의 중심적인 목표에서는 모습을 감추었다(p.135).

최근의 과학철학은 초기의 논리적 분석이 가지고 있는 비역사적 절대화의 경향이 다분히 가공적인 것임을 자각하기 시작하였다. 과거의 과학사에 대한 재검토는 모든 지식들이 당대에는 절대시되었지만, 긴 역사적인 안목에서 볼 때 항상 상대화되었다는 사실을 외면하기 어렵게 하고 있다. 역사적으로 볼 때 절대적 오류와 절대적 진리는 존재하지 않았다. 각 시대마다 진리와 오류의 갈등으로 점철되어 있지만, 기실 그것들은 정도의 차이에 불과한 것으로 판명되었다. 학자들이 절대적인 진리라고 생각한 것들을 자세하게 검토해 보면 당대 상황에서 최선의 것을 구체화시킨 것에 불과하다. 그들은 이후에 그릇된 것으로 판명된 것을 절대화시키는 경향을 보여 왔다. 우리가 지금 지니고 있는 모든 지식은 발전하고 있으며, 그 발전은 절대적 오류와 절대적 진리 사이에서 진행되고 있다.

이런 사실이 점차 분명해지자 도처에서 다채로운 상대주의가 만연하고 있는 실정이다. 그 가운데 문화적 상대주의(cultural relativism)는 사회학적 개념으로서 상이한 문화의 사고방식과 행동방식의 차이를 다루고 있다. 그런 차이에서 우리 문화(혹은 지배자의 문화)가 '최선의 것'이고, 이와는 다른 방식의 문화(혹은 피지배자의 문화)는 우리 것보다는 못하다거나 혹은 심지어 열등한 것이라는 태도가 있을 수 있다. 이처럼 토착문화의 맥락을 고려하지 않은 자민족중심주의(ethnocentrism)를 해독시키기 위해서 등장한 것이 바로 "모든 문화는 그 사회의 맥락에서 이해되어야 한다"는 입장이다. 이것은 어떤 문화요소나 문화특성이든 간에 그 문화의 맥락에서는 의미가 있고 그들 나름대로의 가치를 가지고 있다는 문화적 상대주의로까지 발전하였다.

근래에 인식론적 상대주의를 표방하고 있는 학자들은 문화적 상대주의와 자신들의 입장을 구분하고자 한다. 파이어아벤트는 자신이 주장하는 상대주의가 정치적 상대주의나 사회학적 혹은 문화인류학적인 것이 아님을 분명하게 한다. 독재사회는 그 자체의 절대성을 부각시키기 위해서 법률, 법원, 감옥, 그리고 효과적인 경찰력을 동원하여 상대주의를 제압한다. 민주주의는 각각의 개인의 견해를 평등하게 관용한다. 그렇다고 해서 파이어아벤트가 모든 견해를 진리로 받아들이는 것은 아니다. 그는 다만 역사적인 시점에 따라 합리성의 개념이 다르다는 점에 주목하고자 한다. 다른 한편으로 파트남(1981)은 이런 입장을 취한 파이어아벤트를 전체적 상대주의자들로 규정하고 그들과 구분되는 이른바 '내재적 상대주의(internal relativism)'를 표방하고 있다.

다양한 종류의 상대주의가 오늘날 성행하는 것은 아직까지 이 분야에 논의의 일관성이나 개념적 통일성이 결여되어 있음을 말해 준다. 여기서 이들 상대주의의 공통점이 무엇이고, 또 그들은 어떤 점에서 대비되는지에 대한 검토가 필요하다. 나는 이하에서 이에 따른 논의를 정리하고 인식론적인 논의에서 서로 동일시되어서는 안 될 두 가지 종류의 상대성을 구분하고자 한다. 우리가 제안하려는 교육적 인식론은 그 가운데 특별한 의미의 상대성, 즉 종적 상대성의 해결방안을 시사하고 있다.

요즘 대두되고 있는 상대주의는 기본적으로 정초주의가 상정했던 것과는 다른 특징을 가지고 있다. 그것은 한마디로 세계의 구분을 전체적 구조로 파악하려는 새로운 세계관 혹은 지식에 대한 이론이다. 그것을 우리는 앞(1.2.4.)에서 인식론적 전체주의 혹은 구성주의와 관련하여 살펴본 바 있다. 세계 혹은 그것을 이루는 '대상'은 모종의 통일된 개념적인 구조나 도식과 관련하여 존재한다. 이질적인 세계구성은 그 체계 내에서만 의미를 갖는다. 이 때문에 세계를 바라보는 시각과 생각하는 방식에 따라 다양한 세계, 다양한 진리가 가능하게 된다. 적어도 그 세계 내부의 관점에서 볼 때 그들은 각각 그들 나름의 정당성을 가지고 있다. 이 점을 인정한다면 환원이 불가능한 총체적인 세계들은 그 세계 내적인 관점에서 상대적으로 이해될 필요가 있다.

모든 상대주의는 이 점에서 이해를 같이 한다. 다만 이 사이에 무정부적 상대주의와 모종의 위계를 의식하는 상대주의의 차이가 있어 보인다. 극단적인 상대주의는 "진리란 없다. 모든 것이 허용된다"고 말한다. 이들은 각각의 세계 혹은 체계는 최소한 그 내부의 관점에서는 정당화가 되어 있다는 점을 중시하기 때문이다. '문화적 상대주의'는 출현배경이나 취지로 볼 때 이 부류에 속한다고 볼 수 있다. 그러나 이런 상대주의의 문제점은 그 주장 자체가 모순적이라는 점이다. 어느 입장도 다른 입장보다 더 옳거나 더 정당할 수 없다는 주장은 그 주장 자체를 하나의 주장으로 성립할 수 없게 한다. 이 점은 다음의 파트남(1981/1987)

의 글이 잘 대변하고 있다.

> 상대주의는 어떠한 생각일지라도 그것이 생각이라면 실재론적인 의미에서건 비실재론적인 의미에서건 무엇에 **관한** 생각이라는 점을 부인함으로써 그 종말을 맞지 않을 수 없다. 왜냐하면 상대주의는 누구의 생각이 무엇에 관한 생각인지를 구별할 수 없기 때문이다. 요컨대 상대주의자는 어떠한 종류의 것이든 일정한 종류의 객관적인 '옳음'이 존재한다는 것이 인간의 사유 자체에 이미 전제되어 있다는 사실을 간과한다(pp.147-148).

상대주의를 표방하는 다수의 학자들은 이 때문에 이러한 무정부적 입장과 자신의 입장을 구분하려고 한다. 그들은 절대주의에 대한 상대주의를 표방하되 지식의 상대적인 위계를 시인한다. 그렇지 않으면, 그들의 생각이 기존의 절대주의보다 더 나은 것이라는 믿음조차 포기해야 할 것이다. 쿤의 경우를 들어보자. 그에 의하면 한 이론이 다른 이론과 비교되어 더 나은가 그렇지 못한가 하는 것은 관련된 공동체에 대해 상대적이고, 이러한 기준은 공동체의 문화적 · 역사적 배경에 따라 특징적으로 변한다. 그러나 쿤은 이 부분을 두고 그가 무정부적 상대주의자라는 범주에서 비난받고 있는 것을 부당하게 생각한다. 그는 이렇게 항변한다.

> 뒤에 나온 이론은 그것들이 적용되는 판이한 상황에서 문제를 푸는 데 이전의 이론보다 더 낫다. 이러한 견해는 상대주의자의 입장이 아니며, 내가 과학의 발전을 철석같이 믿는 사람이라는 것을 나타내 준다(Kuhn, 1970, p.206).

쿤은 각 이론 내부의 입장에서는 자신의 것이 타당하다는 나름의 합리성이 있다는 사실을 인정할 것을 요구한다. 다만 합리성은 역사적으로 점차 변화하고 서로 상이한 합리성이 충돌하는 경우가 많으며, 이 경우 비합리적인 해결의 방법이 불가피하다는 것이다. 심지어 스스로 무정부주의자를 자처한 파이어아벤트의 경우도 이 점에서는 마찬가지이다. 그는 자신의 입장을 철학적 상대주의와 구분하면서 다음과 같이 변호한다.

> **철학적 상대주의**는 모든 전통들, 이론들, 관념들이 동일하게 진이거나 위이라고 믿는 교조이다. 혹은 더 급진적인 공식으로 표현하면, 전통 위에 존재하는 진리가치들의 분포는 어느 것이나 수락될 수 있다고 보는 교조이다. 이런 형태의 상대주의는 이 저서의 어느 곳에서도 옹호되지 않았다. 예컨대, 아리스토텔레스가 아인슈타인만큼 훌륭하다는 주장은 하지 않았다. 다만 나는 '아리스토텔레스가 진이다'는 것이 특정한 전통을 전제하는 판단이라는 것을 주장하였다. 그것은 그 기저의 전통이 변화할 때 역시 변화할 **가능성이 있는** 상대적인 판단이다(Feyerabend, 1978, p.83).

포스트모더니즘을 대표하고 있는 학자들의 경우도 데리다를 예외로 한다면 자신의 입장을 무정부적 상대주의에 포함시키는 것을 경계한다. 예컨대, 번스타인이 우리가 데카르트적 불안에서 해방될 때에만 인식론에서의 객관주의를 극복할 수 있다고 했을 때, 이것은 단순히 절대적 진리개념에 대한 해독을 의미한다. 반정초주의의 기수인 로티(1982)도 "동일한 주제에 대한 모순된 의견들을 모두 진리롭다고 보는 상대주의는 대학 신입생에게서나 발견되는 유치한 생각(pp.166-167)"이라고 말하면서 무정부적 상대주의를 일축한다.

그렇다면 우리는 모든 상대주의를 위계가 있는 상대주의로 해석해도 되는가? 나는 그렇게 생각하지 않는다. 이 세계나 그것에 대한 지식의 다원성 속에는 서로 위계를 따질 수 없는 독립된 영역들이 있다. 이 때문에 나는 구분되어야 할 두 가지 종류의 상대성을 인정할 것을 제안한다(장상호, 1997a). 하나는 문화적 상대주의자들이 표방하고 싶어하는 것이고, 다른 하나는 문화적 상대주의와 거리를 두고 싶어하는 부류가 택하고자 하는 것이다. 이를 위해서 나는 두 가지 서로 혼동되어서는 안

될 상대성을 구분한다. 하나는 서로 이질적인 다양한 세계들의 독립성을 인정하는 의미의 횡적 상대주의이다. 다른 하나는 발전하는 하나의 세계가 절대적 수준의 지식은 가정하지 않더라도 그 내부에 상대적인 수준차이는 있다는 점을 인정하는 종적 상대주의이다. 전자는 세계의 다원성을 인정한다는 점에서 공존의 논리가 적용될 수 있음에 비해서, 후자는 서로 갈등하는 수준이기 때문에 위계상의 차이의 논리가 적용될 수 있다.

횡적 상대성은 서로 환원될 수 없는 세계들의 다양성과 관련되어 있다. 말하자면 이것은 세계 자체의 종류가 다른 것에서 기인한다. 문화인류학에서 말하는 상이한 문화양식, 오우크쇼트(1933)의 상이한 '경험의 형식들(modes of experience)', 슈츠(A. Schutz, 1973)의 '다수의 실재들(multiple realities)' 등은 서로 독자성이 인정되어야 할 것들에 속한다. 최근에 리오타르(J. Lyotard)가 《포스트모던의 조건(1979)》에서 강조한 다원주의도 이에 해당한다. 그는 지금 우리가 당면하고 있는 시대는 '거대 이야기(grand récit)'가 효력을 상실한 삶이라고 주장한다. 포스트모던한 사회에서의 지식은 과학적 지식만을 가리키는 것이 아니라, 행할 줄 아는 앎, 생활할 줄 아는 앎, 경청할 줄 아는 앎 등으로 세분된다. 이처럼 이 시대는 다양하고 이질적인 담론들이 무한히 번창하는 사회로 묘사된다. 과학, 예술, 문학 등과 마찬가지로 다양한 게임규칙과 언어놀이들이 풍성하게 변양한다. 이런 작은 규모의 다양한 담론들 사이에는 불가공약성이 있어서 어떤 것을 다른 것의 관점에서 평가할 수 없다. 말하자면 리오타르가 말하는 자율적인 다원성은 그 이질성이 미덕으로 받아들여져야 하는 것이다. 이런 이질성을 합의라는 취지를 내세워 침해하는 것은 문화적 제국주의로 비난받아야 한다.

파이어아벤트(1978)는 과학적 지식에 위계가 있음을 인정했지만 그가 주장하는 것 가운데에는 이와 같은 횡적 상대성에 대한 관심을 표명하는 부분도 있다. 그는 과학의 엄청난 힘이 인간의 사고와 문화의 다양성을 짓밟을 수 있다는 위험성을 알고 그것을 경고하고 있으며, 과학이 다른 지식의 형식들보다 더 우월하다는 주장을 거부한다. 그는 서양의 근대화 이후 자연과학이 모든 방면에서 배타적 우위성을 독점하는 현상을 우려하고, 자연과학이 신화나 점성술 혹은 다른 이데올로기에 비해 우월하다는 근거는 없다고 주장한다. 그는 특히 서구의 사람들이 과학의 산물을 타지역의 사람들에게 그들의 의지에 반하여 강매하는 상황에 분개한다. 현대인에게 깊숙이 내면화되어 있는 과학만능주의에 그가 이처럼 경고를 보내는 것에는 서로 종류가 다른 영역끼리의 우열다툼을 벗어나 인간적 삶의 다양성을 살려나가려는 취지가 있다.

횡적 상대성의 경우는 마치 다양한 게임의 종류처럼 고유한 평가기준을 존중해 주어야 한다. 우리의 삶이 하나의 세계에 속하는 것이 아니라 서로 다른 양식들을 갖는다는 것을 깨닫고 그 다원성을 수용하는 것은 다양한 경험을 수용한다는 점에서 현명한 생활태도이다. 그런 태도는 같은 세계에 속하지만 인식대상이 다른 상이한 분과학문의 경우에도 적용된다. 세계는 복합적이며, 다면적이다. 하나의 산을 바라보되 각도나 보는 지점은 다양할 수 있다. 물리학자와 생물학자는 모두 자연과학자라고 할 수 있지만 서로 다른 현상을 연구한다. 양자 모두는 서로 다른 현상을 연구하기 때문에 그들의 작업에서 서로 모순된 지식이 생길 수 없다. 그들은 모두가 그 자체로서 타당한 진실의 다른 측면을 탐구하고 있다. 이 때문에 이 중 어떤 것이 다른 쪽보다 더 '옳다'거나 혹은 '그르다'는 판결을 내릴 수 없다. 이들은 동등하게 정당화된다.

이에 비해서 종적 상대성은 동일한 세계에 속하면서 다만 발전의 정도가 다른 상대성이다. 근원적이고 절대적인 의미의 지식은 현실적으로 존재할 수 없다. 모든 대답은 잠정적이며 점진적인 것이다. 그 점에서 모든 지식은 절대적인 것이 아니고 상대적이라고 말할 수 있다. 그러나 그 상대성은 횡적 상대성과는 달리 위계가 있는 상대성이다. 상대적인 지식들은 비록 절대성을 인정할 수 없다고 하더라도 그에 있어서 차이가 있을 수 있다. 이런 경우 그 차이를 무시하고 모두 똑같은 정도의 가치를 두는 것은 관용할 수 없다. 그것은 발전을 부정하는 무책임한 상대주의에 속한다. 종적 상대성에 해당하는 차이는 각각의 우열을 따져 그 중 열등한 것이 우등한 것으로 대체되는 발전의 운동을 이어가야 한다. 말하자면 여기에서는 변형과 경험의 재구성이라는 개념이 중요한 것이다.

앞서의 예로 되돌아가 보자. 우리는 물리학과 생물학의 횡적 상대성을 인정했다. 그러나 물리학이나 생물학 내부의 서로 경합하는 두 이론간에는 횡적 상대주의가 갖는 관용과 병존의 정신이 허용되지 않는다. 가령 동일한 현상을 연구하는 두 물리학자가 있다. 그리고 그 현상에 대한 각각의 설명체계가 상반된다고 하자. 그럴 때 각각의 것을 모두 타당한 것으로 인정하고 동등한 수준의 가치를 부여할 수 있는가? 그럴 수는 없다. 이 경우는 우열의 판정이 이루어져야 하고, 많은 경우 그 중 하나가 다른 것에 의해 지양되지 않으면 안 된다. 즉 같은 현상에 대한 다른 관점간에는 날카로운 긴장관계가 발생한다. 그리고 우열의 판정을 받아야 하기 때문에 판정의 공정성이 문제된다. 이런 상황에서 가장 바람직한 결말은 열등한 것이 우등한 것에 승복하고 그것에 일치해 나가는 것이다.

지식의 발전은 양립할 수 없는 대안들의 증가에 의해서 이루어진다. 지식은 장기적으로 볼 때 개인에게 있어서나 혹은 학문의 전체에 있어서나 축적의 과정(cumulative process)보다는 변형(transformation)의 형태로 성장하고 발전하는 것으로 판명되었다. 과학의 한 지식체계를 형성하는 데 있어서 한동안 개별적인 발견과 발명의 축적이 이루어질 수 있다. 그러나 다음 단계의 지식은 그것을 토대로 발전하는 것이 아니라 그것을 파기하고 다른 지식체계를 형성하는 재건작업의 형태로 생성된다. 기원후 2세기의 톨레미와 그보다 1500년 뒤의 갈릴레오는 모두 천문학 혹은 물리학의 족보에 속한다. 적어도 역사적으로 그들은 동일한 세계에 대해 서로 다른 이론적 구성을 시도한 학자들이기 때문에 서로 공립할 수는 없었다. 따라서 이 분야는 그 중 하나를 부정하고 다른 것을 긍정하는 방식으로 발전하였다. 마찬가지로 플로지스톤 이론이 라부아지에의 이론으로 대치되고, 뉴턴의 역학이 아인슈타인의 이론에 의해 대치되는 과정을 밟았다.

이런 과정은 인문과학의 경우에도 마찬가지이다. 가령 우리가 검토한 고전적 인식론의 경우에도 독자는 동일한 사실을 발견할 수 있었을 것이다. 예컨대, 데카르트의 합리론과 영국의 경험론에 문제가 생겼다. 그것들을 좀더 높은 수준에서 종합한 것이 칸트의 선험적 인식론이다. 그 종합은 단지 두 가지 상이한 이론을 물리적으로 합한 것이 아니었음은 물론이다. 그것은 전혀 새로운 지적 체계 속에서 용해되었다. 그러니까 양적인 것이 아니라 질적인 것, 그리고 축적이 아니라 변형이라는 말을 여기에 적용할 수 있다. 그런데 인식론은 거기에서 멈추지 않았다. 왜냐하면 칸트의 이론에도 문제가 발생하였기 때문이다. 가령 칸트가 상정한 초시간적이며 불가변적인 사유의 범주들은 오늘날 오류로 드러나고 있다. 뿐만 아니라 그 후에 모색된 제반 인식론이 가정하고 있는 정초주의도 무너져 내리고 있다는 것이 우리가 논의한 방향이었다.

자연과학이건 인문과학이건 학문은 꾸준하게 발전을 거듭해 왔다. 그렇다면 그 변화를 설명하거나 종적 상대성의 우열을 판정하는 방법은 무엇인가? 이것이 우리가 봉착한 새로운 인식론적 문제이다. 20세기 후반에도 원자론과 반원자론, 파동론과 입자론, 다윈주의와 라마르크주의, 균일론과 변동론 등 서로 대립된 주장들이 등장하였다. 그런 주장은 너무도 다양해서 혼란스러울 정도이다. 과거 몇 세기에 가능했던 업적을 수십 년에 성취하는 과학적 발전의 가속력은 이전과 이후의 단절의 실상을 더욱 날카롭게 하고 있다. 그 모두를 관용할 수는 없다. 그렇다면 서로 모순되는 혹은 양립하기 어려운 지식들 가운데 어느 것을 선택할 것인가? 그 중 어떤 것이 다른 것보다 더 개선된 것이라는 주장을 할 때 그것을 합리화할 방안은 무엇인가?

이 문제를 해결함에 있어서 제기되는 난점은 크게 두 가지로 요약할 수 있다. 하나는 서로 대립되는 주장들의 이론적 불연속성이다. 물리학에서 선행이론이 그것보다 더 포괄적인 후행이론으로 환원된다는 말은 전자의 것이 있는 그대로 후자의 연역체계로 편입된다는 것을 의미하지 않는다. 만약 지식의 구조성을 인정한다면 그것의 변화 역시 총체적으로 이루어지기 때문에 그들간에 어떤 논리적인 일관성도 찾을 수 없다. 쿤이 주장한 패러다임들의 '불가공약성(incommensurability)'의 문제는 여기서 파생된 것이다. 이 용어의 문제와 결부하여 쿤(1970)은 이렇게 지적한다.

> 새로운 패러다임들이 옛 것들로부터 탄생된 것이므로, 그것들은 보통 전통적 패러다임이 이전에 사용해 왔던 개념적이며 조작적인 용어와 장치의 많은 부분을 포함한다. 그러나 차용한 요소들을 새로운 패러다임이 전통적 방식으로 사용하는 것은 아니다. 새로운 패러다임 내에서 옛 용어, 개념, 실험은 서로서로 새로운 관계를 맺게 된다. 그 필연적인 결과는, 표현이 적절하지 않을지도 모르겠으나, 두 경쟁적 학파들간의 오해라고 불러야 할 것이다(p.149).

서로 경합하는 이론의 우열에 대한 판단이 어려운 두 번째 이유는 그 이론 내부의 입장에서 볼 때 각각의 이론은 나름의 합리성을 가지고 있다는 데서 찾아 볼 수 있다. 각 단계의 발전은 그 나름의 지식체계 내에서 합리성을 띠고 있다. 하나의 지식이 형성되는 데에는 그것을 구성하는 최소한의 요소들의 충족이 필요할 것이다. 일정기간 각 이론은 서로 논리적으로 모순되지 않는 누적적인 요소의 첨가에 의해서 논리적인 정합성을 유지하고 있다. 그들이 말하는 인식대상 혹은 사실은 앞(1.2.3.)에서 살펴보았듯이 그런 이론체계와 무관하지 않다. 뿐만 아니라 서로 다른 패러다임에 속한 과학자들은 무엇이 중요한 문제이고 해답인지에 대해 서로 다른 견해를 가지고 있다. 말하자면 경합하는 이론들은 서로간에 옳고 그름을 판단하는 기준을 자신의 것으로 적용하려고 한다. 그들의 주장을 각자의 패러다임의 평가기준에 맡긴다면 그 가운데 어느 것이 더 발전된 것인지를 판별할 방도가 없다.

이런 난점을 전제하는 좀더 세련된 인식론이 아쉬운 때가 되었다. 후

(1.4.4.)에 더 자세한 설명의 기회가 있겠지만 이런 난점을 제기한 쿤도 모종의 해결을 시사하기도 한다. 그는 예컨대 형태변화, 개종, 혹은 설득과 같은 급진적이고 비합리적인 방법을 생각하고 있다. 이에 비해서 다른 학자들은 좀더 연속적이고 합리적인 방안이 있다고 주장한다. 예컨대, '내재적 상대주의'를 표방하는 파트남(1981)의 경우 상이한 문화와 역사적 시기에 따라 합리성의 개념이 달라진다는 쿤의 주장에 동의하지 않는다. 그는 각 세계의 내재성을 주장하면서 그 내부의 '합리적 수용가능성'을 주장한다. 그러나 그는 이 중심적인 개념이 어떻게 하나의 기준으로 적용되고 작용할 수 있는지를 명확하게 밝히지 않음으로써 우리에게 어려움과 당혹함을 준다.

교육적 인식론은 이런 문제를 교육의 논리에 의해서 해소하려고 한다. 그것은 기본적으로 서로 대립되는 이론들의 교육적 교류를 전제한다. 쿤은 통약불가성을 들어 비교불가능성을 내세웠지만 그것은 결과상의 대립에 불과하다. 사실은 대립되는 이론들간에는 많은 경우 발생적 연속성이 있으며, 그 과정을 거침으로써 서로 하나의 통약가능성에 접근할 수 있다. 말하자면 교육을 통해서 후진적인 것이 선진적인 것에 승복하게 된다는 것이다. 이 변화는 지식체계는 물론 합리성에 대한 기준 자체의 변화를 포함한다. 말하자면 서로 경합하는 이론을 내세우는 당사자들이 서로간의 불평등한 위치를 인정하고 그 차이를 제거하기 위해 교육의 과정을 거치고, 그 중 한편이 다른 편으로 변화함으로써 그들의 선진성과 후진성을 확인하는 것이다. 그러나 자세한 사항에 들어가면 교육적 인식론 역시 이제까지 이루어져 왔던 인식론적 체계 전체의 변화를 필요로 한다.

1.3.3. 공적 지식과 인격적 지식

우리가 지적한 전통적인 인식론의 위기는 그것이 과거에서부터 현재에 이르기까지 진행되고 있는 학문의 실제를 외면하는 가공의 산물이라는 데서 비롯하였다. 이러한 사실은 과학에서 상당한 업적을 남긴 바 있는 폴라니(M. Polanyi)에게도 심각한 문제로 느껴졌다. 그 결과 나온 산물이 《인격적 지식(1958)》이라는 유명한 저서이다. 그러나 혁신적인 생각 이후에는 언제나 그에 대한 반발이 등장하기 마련이다. 그 저서가 나오고 10년 후에 그에 대한 대응으로 자이만(J. Ziman)은 《공적 지식(1968)》을 내어놓았다. 이 상이한 관점은 많은 사람들의 주목을 받은 바 있다. 따라서 새로운 인식론을 모색하는 마당에서 이 두 가지 대비에 따른 인식론적인 논점이 정리될 필요가 있다.

폴라니가 인격적 지식이라는 말을 들고 나온 것은 한마디로 경험주의, 객관주의, 논리실증주의, 행동주의에 내포된 문제점을 드러내고 지식에 관해 새로운 관점을 제시하기 위함이었다. 그는 그 취지를 이렇게 밝힌다.

> 객관주의는 우리가 알 수 있고 증명할 수 있는 것만을 치켜세우고 우리가 알 수는 있으나 증명할 수 없는 모든 것들을 모호한 발언으로 은폐함으로써 진리에 대한 우리의 개념을 통째로 거짓으로 만들었다. 사실은 후자의 지식이 우리가 증명할 수 있는 모든 것의 저변에 깔려 있어서 그 증명을 최종적으로 보증해 주는 것임에도 불구하고 말이다(1958, p.286).

객관주의자들이 증명할 수 있는 것만을 중시한다는 것은 가령 눈에 보이는 증거를 인식의 최종근거로 삼는다는 점이다. 그리고 그 객관주의 속에는 지식을 오직 명제의 수준에 국한시켜 분석하는 일도 포함된다. 지식은 언어의 형식에 의해서 객관화된 것이다. 그렇다면 우리가 지식을 획득하고 그것을 객관적으로 검증한다는 것은 언술된 지식을 내면화하고 그것을 재생하는 능력을 증거로 삼는 절차를 의미한다. 사실상 그런 의미의 객관주의가 학교교육을 주도하고 있는 실정이다. 폴라니는 이처럼 명백한 것만을 추구하는 상황이 인식활동의 중요한 부분을 은폐하고 있을 뿐만 아니라 인식론적인 문제를 어렵게 하고 있는 것으로 보았다.

폴라니가 객관주의의 대안으로 새롭게 모색하는 인식론은 증명이 쉽지 않은 사실들을 개념화하고 그것을 중심으로 실제적인 문제의 해법을 구하는 것이었다. 그것이 바로 인격적 지식이다. 이 개념의 특징은 지식의 암묵적 차원을 강조한다는 점에 있다. 그에게 있어서 지식은 우리의 마음 속에 살아 있는 개념조직이다. 우리는 그 틀을 통해서 세상을 바라보고 그것을 사실로 경험한다. 이 때문에 지식은 문자화되기 이전에 우리의 내면상태로 취급되어야만 한다. 그는 《암묵적 차원(1967)》이라는 저서에서 "우리는 말할 수 있는 것보다 더 많은 것을 알고 있다"는 사실을 들어 이 점을 인식론의 전면에 부각시킨다.

인격적 지식은 객관론자들이 간과해 왔던, 지식에 대한 헌신에 주목한다. 세상 사람들은 그들이 가진 인격적 지식을 토대로 삶을 영위하고 있다. 이 때문에 지식은 객관주의자들이 생각하듯이 단지 거기에 있는 것이 아니라, 그것을 소유하고 있는 우리 존재의 일부로서 항상 얼마만큼의 책임을 동반한다. 인격적 지식을 다른 말로 한다면, 그것은 점유자의 서명이 쓰여 있는 지식이라고 할 수 있다. 그것은 비록 눈에 쉽게 뜨이거나 그 세부항목을 문자로 드러낼 수는 없지만 인식의 변화, 차이, 그리고 합의의 문제를 다룸에 있어서 기점이 되어야 할 것이다. 폴라니는 이런 방식으로 과학적 지식에서 객관성을 전문가 집단의 상호주관성으로 바꾸고 학문공동체에 속한 개별 과학자들의 상호조정적인 과정에 주목하려고 하였다.

자이만의 《공적 지식(1968)》의 개념은 이에 대한 대응으로 보인다. 그는 많은 부분 폴라니의 견해를 존중하고 있다는 점에서 통상적인 객관주의의 범주에 들지는 않는다. 그러나 폴라니에 대한 자이만의 우려는 과학적 지식을 개인적인 차원으로 환원시키는 것이 아닌가 하는 것이다. 이 때문에 그는 공적 지식이라는 개념을 통해서 과학적 지식이 결국 사회적 산물임을 다시 한 번 강조하려고 한다. 개별적인 학자들의 노력은 간과할 수 없다. 그렇더라도 최소한 과학적 지식이라면 그들간의 신속한 정보교환을 통해서 합의가 전제되어야 한다는 것이다. 만약 개별적인 학자들이 상호간의 비판과 교류를 거부한다면 학문은 분파주의에 빠질 우려도 있다. 이 때문에 학문공동체 내에서의 합의가 무엇보다 중요하다.

그 양편의 주장은 모두 그들 나름의 의미가 있다. 그렇지만 과학적 지식의 사회적 합의를 강조하는 자이만의 입장은 그것에 이르는 과정의 문제를 간과하고 바람직한 결과에 치중하고 있다는 점에서 인식론의 후퇴나 반동이라는 비판을 면하기 어렵다. 특히 교육이라는 과정을 통해서 인식론적 해결을 모색하는 우리의 입장에서 보면, 지식의 결과적 측면에 치중하고 있는 쪽과 과정적 측면을 존중하고 있는 쪽 가운데 어느 것을 취사선택 해야 할지 분명해 보인다. 특정한 분과학문의 학자들은 매우 빈번하게 그리고 많은 문제에서 의견의 불일치를 보여 왔다. 과학사는 합의의 역사 못지않게 끊임없는 논쟁의 역사이기도 하다. 그리고 교육적 인식론의 핵심은 과학에서 대립되는 의견들의 논쟁을 해결하고 그들 가운데 더 나은 것을 선택하는 기준이 바로 교육의 내재율에 있다는 것이다. 만약 자이만의 주장대로 지식에 대한 논점을 그 결과상의 합의에 둔다면 교육이라는 과정상의 특징을 살려내기가 어렵게 된다.

지식은 너무도 다면적인 것이기 때문에 분야에 따라서 어떤 측면은 무시하고 다른 부분만을 강조하는 것은 어쩌면 불가피한 일인지도 모른다. 그러나 그 간과하고 있는 측면이 다른 측면에서 볼 때는 참으로 위험스러운 결과를 가져올 수도 있다. 교육은 가정되어 있는 공적 지식을 개인이 자신의 것으로 수용하고 확인하는 과정에 해당한다. 이 점에서 지식의 정당화를 공적인 '기준'에 의거해서 고정된 것으로 보려는 현대의 객관주의나 실증주의 혹은 지식을 당대의 주류로 파악하려는 과학사가들의 입장과 교육을 중시하는 입장에는 상당한 시각의 차이가 있다. 이 점을 우리는 예의 주시할 필요가 있다.

과학사를 연구하는 학자들은 역사적으로 당대의 대표적인 학풍이나 학자에 주목하기 때문에 각 시대에 살고 있었던 개별적인 사람들을 간과한다. 이 때문에 각 시대의 사람들이 마치 서로 공유하는 지식을 가지고 생활했던 것 같은 인상을 준다. 희랍시대의 사람은 모두 아리스토텔레스처럼 생각하고 현대인은 모두 아인슈타인처럼 생각하기라도 하는 듯이 그들의 논의는 사태에 대한 엄청난 생략을 포함하고 있다. 이는 과학사의 단위나 시간이 넓고 크다는 점에서 어느 정도 수긍할 만한 점도 있다. 그러나 사태를 정확하게 본다면 현대에 사는 각 개인은 동질적이지 않으며, 그들은 인식의 수준에서 아리스토텔레스와 아인슈타인의 차이 이상의 다양성을 보이고 있다. 또한 우리는 누구나 예외없이 일생에서 그 많은 단계를 발생적으로 체험하면서 생활하고 있다. 교육은 바로 이처럼 동시대를 사는 사람들의 차이를 전제로 성립한다.

사회적인 합의를 강조하는 입장은 세부적인 문제를 단순한 논법에 의해서 해결하려는 경향이 있다. 그들도 물론 한 시대에 다양한 사고방식이 존재함을 알고 있다. 그러나 현대는 전문화 시대이고 문제풀이는 분야마다 전문가들의 권위에 의존하여 진행되고 있다. 마찬가지의 논법이 학문적 지식의 경우에도 적용된다. 고차원의 지식에 관한 한 그것에 대한 진리의 판정은 전문가의 소관으로 치부된다. 가령 과학자가 아닌 사람들은 과학적 판단들을 과학자들에게 위임한다. 학자라는 전문가의 손에 의해서 지식은 창조되고 있고 우리는 그들의 지식을 객관적인 사실로 받아들이는 경향이 있다. 이런 전문적인 분업과 신임은 우리의 사회에 널리 제도화되어 있다.

사회는 학자들의 지식을 공인된 것으로 보고 그것을 구성원들에게 내면화하도록 요구한다. 여기서 언어의 상부구조, 즉 지식이 담기는 공적 · 결과적 · 표현적 측면에 집착하고 그것을 떠받치고 있는 내면의 체험과정과 그것을 토대로 지식을 검증하는 과정이 생략된다. 실증주의의 본산이라고 할 수 있는 공립학교가 특히 그 전면에서 중요한 기능을 한다. 학교는 교과서에 자이만이 강조하는 공적 지식을 담아 넣고 그것을 학생들에게 주입시키는 데 열을 올리고 있다. 합의라는 결과가 모든 수단을 합리화한다. 내면화, 사회화, 조건화 혹은 훈련, 그 어느 것도 통한다. 학생들은 학자들이 만들어 놓은 지식을 무턱대고 모방하고 그것으로부터 보상을 받는다.

그 결과 학자들의 견해에 대해서 충분한 이해나 내부적인 공감이 없이 무조건 그것에 동조하는 허수아비들이 증가한다. 남의 것을 단지 모방만 하면서 박식을 자랑하는 학자들이 양산된다. 또 학생들은 그들의 모방을 다시 모방한다. 그런 과정에서 폴라니의 인격적 지식론이 강조하는 헌신과 책임의 의미는 주목받지 못하고 퇴색하고 만다. 공적 지식에 무조건 동조하는 사람은 학문의 발전에 고유한 발언권을 행사할 수 없다. 그들의 지식은 동일한 것, 즉 공적 지식의 복사판에 불과하기 때문이다.

그러나 막상 공적 지식의 내용을 구체적으로 따지고 들면 그것 역시 하나의 가설이며, 또한 그 가설이 현실에 부합하지도 않는다. 따라서 공적 지식이 있다는 것을 전제로 하는 합의의 제도라는 것도 매우 막연하게 된다. 첫째, 종적 상대성의 문제를 다룰 때 지적했듯이 학문공동체 내에도 서로 갈등하는 이설이 있고 그 합의과정이 용이하지 않다. 그런 상황에서 합의를 전제하는 지식은 다분히 가공적인 것이다. 둘째, 어떤 종류의 공적인 지식이라도 최종적인 판정은 그 판정에 참여하는 과학자의 인격적 지식에 의해서 이루어진다. 따라서 인격적 지식이 공적 지식보다 더 근원적이다. 셋째, 어떤 것이 공적 지식으로 지목되건 간에 그것은 결코 완결된 형태의 것이 될 수 없다. 그것에는 얼마만큼의 오류가 있고 개선의 여지가 있다. 그럼에도 불구하고 공적 지식을 전파하는 학교기관에서 그것을 절대시하는 경향은 위험하기 짝이 없는 독단이다.

공적 지식이 존재하는 근거가 모호한 것과 마찬가지로 일반인을 그것에 일치시키려는 제도나 방법 역시 너무도 피상적이다. 앞서 그 일치에 목적을 둔 다양한 방법들이 거론되었지만 그것들은 지식의 진정한 획득 방법이 아니다. 공적 지식의 단편을 암기한 것, 그것을 모방한 것, 강요나 보상에 의해서 동조한 것은 점유자의 이해를 동반하지 않는 한 무의미한 것이다. 점유자의 내적 공감을 얻지 못한다면 지식은 여전히 그 점유자에게 소외된 지식인 것이다. 그러나 실증주의적이고 객관적인 평가 방법은 소외와 공감의 차이를 구분하지 않는다. 이로써 객관주의는 처음부터 끝까지 일반인을 지식으로부터 소외시키는 역할을 하고 있다.

동화되지 않은 지식은 주어진 상황적 요구에 의한 기계적인 반응에 불과하다. 이와 달리 인격적 지식은 실제로 삶에 작용하는 체험구조로 정착된 지식이다. 이것은 외부적 압력에 눌려 은폐되어 있지만 사적으로 가장 강력한 작용을 한다. 기호나 언술의 형태로 존재하는 객관적 지식이나 혹은 공적 지식은 그것들을 대하는 개별적인 사람들의 해석을 기다리고 있다. 나는 나의 체험으로 기호와 언술의 의미를 해석해 들어간다. 인격적 지식이라고 하는 것은 바로 그런 나 자신의 해석체계이다. 그러니까 지식이 바로 인격의 일부이다. 원래의 내용과 나의 해석이 전혀 다른 것일 수 있다. 그러니까 일치가 이루어졌다는 것은 많은 경우 헛된 확신이라고 할 수 있다. 정확하게 말한다면, 기실 여기에는 저자 단독의 인격적 지식과 그것을 다양한 수준에서 해석하는 많은 독자들의 인격적 지식들이 작용하고 있다. 이처럼 살아 있는 인격적 지식의 차이를 인정하고 그들간의 절충에 근거해야만 지식의 검증은 그 확실성을 보장받을 수 있다.

어떤 시대에나 사회를 구성하는 개체는 유치한 사고를 가지고 출생하며 거기에서 점차 우월한 사고를 획득하는 과정을 거친다. 그들이 동시대에 공존하는 한 하나의 시대를 하나의 사상으로 규정할 수 없다. 흔히 사람들이 생각하는 공적 지식은 그 저자의 인격적 지식을 반영하는 것이다. 설사 내가 세상에 있는 도서관의 모든 서적을 소유하고 있다 하더라도 그것은 저자의 지식일 뿐 당장 나의 지식이 되는 것은 아니다. 그것들은 단지 나의 지식이 될 수 있는 가능성만을 지니고 있을 뿐이다. 이런 편차가 있음에도 불구하고 하나의 통일된 공적 지식을 가정하는 것은 일종의 가공이며 그 가공을 마치 실재인 양 고착시킬 위험이 있다.

그 오류를 시정할 책임은 우리 모두에게 있다. 우리 각자는 자신이 가진 인격적 지식을 진리판정의 기준으로 삼는다. 판정의 권리를 공적 지식의 경우처럼 타인에게 양도하지 않는 한 그것 이외의 다른 어떤 기준도 현실적인 것이 못된다. 만약 내가 진리판정의 권한을 위임하지 않는 책임있는 인식주체가 되고자 한다면 나는 공적인 지식을 무조건 믿어서는 안 된다. 그것은 다시 내 판단의 검열을 받아야 한다. 따라서 학자라는 전문가의 권위를 무조건 따르는 사람은 그런 오류의 시정에 참여할 자격이 없다. 전문화라는 현대의 기형적인 삶에 저항감을 느끼는 사람은 항상 자기 자신의 인격적인 지식을 얻는 데 게을러서는 안 된다. 만약 우리의 역사와 전통 속에 어떤 '진리주장'이 있다면 그것을 단순히 주어진 사물이나 절대적인 것으로 간주하지 말고 그러한 주장을 자신의 사고와 논증에 의해서 정당화해야 할 것이다.

남의 지식에 놀아나는 것은 마치 자신이 찧어야 할 곡식을 남겨두고 남의 방아만 찧어주는 우를 범하는 것이다. 지식의 공적인 검증에 참여한다고 할 때 그것은 나의 지식이 너의 것과 다르다는 전제 위에서 진행되어야 한다. 또한 그 참여의 자격은 남의 권위를 무조건 믿고 따를 것이 아니라 스스로 자신의 지식을 형성하고 그 체험에 근거할 수 있는 사람에게 있다. 만약 대가들이 진리를 보았다면 우리는 그것을 스스로 재생할 수 있어야 할 것이고, 그것이 진리로서 재생되려면 우리 자신이 그것을 수용할 수 있을 정도로 변해야 한다. 이런 과정은 특정한 지식에의 결과적인 일치만을 목표로 삼는 사회화, 행동통제, 기능주의의 논리와 구분되는 새로운 교육의 개념과 교육적 실천이 보장될 때 비로소 가능하게 된다.

1.3.4. 지식과 언어

우리는 이제 지식과 언어의 관계를 알아보려고 한다. 이 두 항에 대한 정초주의자들의 입장은 이미 살펴보았듯이 부정되었다. 지식은 실재를 하등의 왜곡이나 여과를 거치지 않고 투명하게 비춰주는 거울이라는 식의 전제 위에 성립하는 인식론은 더 이상 유지될 수 없다. 지식은 객관적 실재에 대한 그림이 아니다. 그것은 경험을 조직하는 하나의 특수한 방식이다. 실재에 관한 판단이나 관념도 우리의 경험에 의해 여과되기 때문에 지식과 독립된 대상과 그 지식 사이의 관계를 따지려는 것은 헛된 욕심이다. 실재와 언어와의 관계도 마찬가지이다. 한때나마 우리는 언어가 자연을 직접 비춰주는 거울이 될 수 있다고 보았다. 그러나 지식이나 언어가 진짜의 세계를 있는 그대로 표상(representation)한다는 생각은 애초부터 잘못된 것으로 판명되었다. 말 속에 단어를 구성하는 음성, 그리고 글을 구성하는 문자적인 특징과 실재의 관계는 그야말로 임의적인 것이다. 언어의 의미는 실재와의 관계에서 나오는 것이 아니라 그것을 구성하는 요소들의 차이와 관계에 의해서 결정된다.

그렇다면 지식과 언어의 관계는 어떤 것인가? 언어와 사고의 밀접한 관계는 오랫동안 다양한 학문들의 주된 관심이 되어 왔다. 이에 대해서는 학문분야에 따라 서로 다른 결론을 내리고 있다. 우리는 철학, 언어학, 그리고 심리학의 경우를 들고 우리가 교육적 인식론을 도입함에 있어서 그들이 어떤 것들을 간과해 왔는지를 살펴보고자 한다. 왜냐하면 교육적 인식론은 여타의 분야, 특히 철학적 인식론이 교육과 관련하여 쉽게 가정해 버렸거나 이미 해결된 것으로 간주한 부분을 드러내고 보충하는 방식으로 고유한 공헌의 가능성을 살려나가야 할 입장에 있기 때문이다.

전통적으로 철학은 사고와 언어가 밀접한 관계를 갖는 것으로 취급하여 왔다. 아리스토텔레스가 인간을 '로고스(logos)를 갖는 존재'라고 했을 때 로고스는 언어능력과 이성능력이라는 이중적인 의미를 갖는다. 이성은 언어를 배제하고 경험세계를 사유할 수는 없으며 그 사유내용을 표명하거나 전달할 수 없다. 이런 사고방식은 오늘날의 분석철학에 이르기까지 철학의 주류를 이루고 있다. 철학자들 가운데에는 실제로 논리적 사고와 언어의 사용을 거의 같은 것으로 보거나 서로 혼동하는 경향조차 있다. 분석철학은 스스로가 주장했듯이 지식이 형성되는 과정은 취급하지 않고 오직 언어로 구체화된 결과만을 다룬다. 그들은 언어에 대한 논리적인 분석이 모종의 정당화의 맥락을 마련해 줄 것으로 가정한다.

지식과 언어가 어떻게 구분되고 어떻게 관련되는가 하는 문제에 들어가면 철학은 그 주제가 철학 밖의 소관사항이라고 쉽게 책임을 회피한다. 다만 현대 철학에 이르러서 겨우 언어가 세계의 표상이 될 수 없다는 점이 다소 드러나고 있을 뿐이다. 그리고 언어가 우연적인 것, 즉 역사와 경험적인 과정을 통해 형성된다는 점을 시인하고 있다는 점에서 다소의 진전이 있다고 하더라도, 그것이 어떻게 형성되며 어떻게 지식과 관련되는지에 대해서는 아직도 분명한 입장이 보이지 않는다. 언어를 삶의 형식과 연관지으려고 했던 비트겐슈타인(1953)도 개인적인 언어사용자가 어떻게 해서 언어 게임의 유능한 놀이꾼이 되는지에 대해서는 별로 설명하지 않는다. 그는 성인들의 언어 게임을 아동들이 보면서 배운다는 정도로 이 문제를 쉽게 해결하려고 한다.

언어의 기의를 결정하는 중요한 변수로 생각되는 우리의 인식체계, 즉 지식에 대한 논의를 언어학에서도 역시 찾아보기 어렵다. 구조주의 언어학을 창도한 소쉬르는 언어를 하나의 관습체계로 정의한다. 기호와 기의의 관계는 필연적인 것이 아니고 사회화의 소산이다. 그러나 그 사회화가 어떻게 이루어지는지에 관해서는 관심을 갖지 않았다. 다만 그의 언어학은 그런 사회화가 완벽하게 이루어진 상태를 전제하고 성립되었을 뿐이다. 그 후 그의 구조주의 사상이 다양한 영역에 구조의 개념을 적용하고 있다. 그러나 그것이 진정 개념의 영역인지 혹은 언어의 영역인지가 분명하지 않는 경우가 많다.

지식과 언어의 관계를 비교적 분명한 주제로 연구하고 있는 영역은 심리학이다. 특히 발달연구는 지식과 언어의 분명한 경계를 짓고 그들의 관계에 먼저 관심을 보였다. 말과 사고가 계통발생의 측면에서 어떻게 관련되느냐 하는 문제를 다룬 심리학적 결론은 그것들이 서로 다른 뿌리에서 유래한다는 것이다. 이 분야의 권위자인 비고츠키(L. Vygotsky, /1985)는 이렇게 결론을 짓는다.

> 사고와 말에 대한 발생적 연구를 통해 밝혀진 가장 중요한 사실은 이들의 관계가 많은 변화를 겪는다는 점이다. 사고의 진전과 말의 진전은 병행적인 것이 아니다. 이 둘의 성장곡선은 교차하고 또 재교차한다. 둘은 평행적으로 달리기도 하고, 어떤 때는 병합되기도 하지만, 항상 다시 떨어져 나간다. 이 사실은 계통발생과 개체발생에 모두 적용된다(p.33).

언어발달과 인지발달이 서로 관련되어 있고 서로가 다른 것의 토대가 된다고 하더라도 같은 과정을 통해서 형성된다고는 볼 수 없다. 아동들은 언어를 사용하기 전에 대상, 행위, 관계의 특정 범주들에 대한 그들 나름의 지식을 조직화한다. 다른 한편으로 그들은 말하기의 능력을 매우 어린 나이에서부터 아주 빠르게 숙달한다. 말은 능숙하게 잘 하지만 개념형성에 있어서 결정적인 미숙함이 있을 수 있고, 벙어리의 경우처럼 그 반대의 경우도 가능하다.

그러나 이처럼 다른 발생적 뿌리에서 나온 사고와 언어가 서로 어떻게 영향을 주고받느냐 하는 문제에 가서는 발달심리학자들간에도 다소 견해의 차이가 있다. 비고츠키는 사고와 말이 상호독립적인 계열을 따르다가 어느 시기에 서로 만나 사고는 언어적으로 되고 언어는 이성적으로 된다고 주장한다. 그에 따르면, 분리되어 있던 사고와 말의 발달곡선이 2세 전후에 결합하여 새로운 형태의 행동을 공동으로 주도한다. 사고와 언어가 이처럼 병합되는 단계를 거치면 언어가 개념을 충만하게 하는 도구로서의 기능을 한다. 이 때 비고츠키가 말하는 언어의 기능은 단순히 의사소통의 기능만을 의미하지 않는다. 그것은 신호기능, 의미기능, 지적 기능, 명령기능, 지시기능, 상징기능, 사회적 기능, 교육적 기능 등 다양하다. 그러나 이런 견해에 모두가 동조하는 것은 아니다. 예컨대, 피아제(1923)는 아동들의 발달과정에 관한 그의 오랜 관찰을 토대로 언어가 논리적 사고의 원천이 될 수 없고 오히려 반대로 사고에 의해서 구조화된다고 주장한다. 그는 소통의 수단으로서 언어의 중요성을 부인하지 않는다. 그러나 언어가 구조로서의 지식을 곧바로 전달할 수 있다는 점에 대해서는 의문을 제시하고 있다. 피아제에 따르면, 지식은 인식자 자신의 활동을 통해서만 구성될 수 있는 것으로서 그것을 언어가 대신해 줄 수 있는 방도는 없는 것이다.

이런 견해차이의 근본 이유는 발달의 주된 동인을 아동 자신의 활동에서 찾느냐 혹은 사회적 상호작용에서 찾느냐 하는 점에 있다. 그러나 발달심리학의 연구에서 우리가 알 수 있는 것은 지식과 언어의 관계가 철학자나 언어학자가 가정하는 것처럼 그렇게 간단하게 해결될 수 있는 성질의 것이 아니라는 사실이다. 우선 지식과 언어는 동일한 것이 아니라는 사실이 분명해졌다. 어떤 지식의 상태에 들어가 있다는 것과 그런 상태에 있는 사람의 글이나 말을 듣는 것과는 천지차이가 있다. 그런 차이에도 불구하고 그들간에 모종의 우연적인 관계는 있을 수 있다. 그러나 그 관계가 일면적인 것은 아닐 것이다. 비고츠키가 강조하듯이 언어가 지식을 확장할 수도 있고, 다른 한편으로 피아제가 강조하듯이 언어가 사고에 의존할 수도 있을 것이다. 그렇다면 교육적 인식론에서는 그들의 관계를 어떻게 보아야 하는가?

교육과 관련하여 오랫동안 논의의 대상이 되어 왔던 것은 언어적 소통이 교육을 대치할 수 있는가 하는 문제이다. 개개인이 가지고 있는 지식은 다양한 양태로 외부로 나타난다. 그것은 실증주의자들이 가정하는 것처럼 모종의 인과적 법칙에 의해서 다양한 반응으로 나타날 수 있을 것이다. 이 반응에는 인위적인 요소가 배제되어 있다. 그러나 대부분의 지식은 이른바 기호나 상징과 같은 인위적인 표현매체를 통해서 의도적으로 표현된다. 언어는 현재 즉각적인 상황의 제약을 받지 않고 부재한 것을 대표하는 능력을 가지고 있다. 그렇다면 우리는 언어를 통해서 한 사람이 알고 있는 지식을 다른 사람에게 전달할 수도 있을 것이다. 흔히 일상생활이나 학교에서 이루어지는 각종의 코멘트, 기술, 설명, 강의 등이 대개 그런 전제 아래 이루어진다. 이런 관례에 따른다면 언어적 소통과 교육은 서로 분리될 이유가 없어 보인다.

그러나 이런 상식의 이면에는 많은 허점이 있다. 우리가 언어에 의해서 지식을 소통하거나 전달한다고 할 때 적어도 두 가지 조건이 만족되어야 한다. 첫째 조건은 모든 지식을 말로 표현할 수 있어야 한다는 것이다. 이와 관련하여 우리는 폴라니의 인격적 지식의 개념을 떠올릴 필요가 있다. 그는 "우리는 언어로 표현할 수 있는 것 이상을 안다"는 말로써 지식에는 언어로 표현할 수 없는 암묵적인 측면이 있음을 밝혔다. 언어와 직접적인 상관이 없는 사고의 광대한 영역이 있다. 따라서 사고와 언어의 융합은 아동에서뿐만 아니라 성인에 있어서도 제한된 영역에서만 존재하는 현상이라고 보아야 할 것이다. 둘째, 완전한 소통이 이루어지려면 동일한 언어에 대한 동일한 개념체계의 대응이라는 전제를 충족시켜야 한다. 그러나 대부분의 사태는 그 전제를 만족시키기 어렵다. 교육의 상황은 그 중에서도 가장 전형적인 것이다. 만약 서로가 말을 동일하게 해석하고 이해할 수 있는 공감대를 형성하고 있다면 그들간에 별도로 교육적인 교류를 할 이유가 없는 것이다.

여기서 분명해지는 것은 교육은 언어적 소통 자체가 아니고 그것을 가능하게 하는 하나의 과정에 해당한다는 사실이다. 언어는 후천적인 경험을 통해서 습득된다. 개인은 단어의 의미를 개인적 경험을 통해서 구성해야 한다. 이런 주관적인 의미들은 사회적 상호작용의 과정에서 수정되고, 다듬어지고, 적응된다는 것은 의심의 여지가 없다. 여기에는 시행착오, 사회화, 교육 등 무수한 과정이 포함될 것이다. 우리가 주목해야 할 것은 오로지 언어에 의해서 그 언어가 대표하는 경험과의 연관성이 구성되는 것은 아니라는 사실이다.

언어습득의 경로에는 일상적인 언어를 습득하는 경로와 학문과 같은 수도계적 언어를 습득하는 경로 두 가지가 있다. 일상적인 언어는 특정한 삶을 공유하는 사람들끼리의 의사소통을 위한 것이다. 한국어, 일본어, 아랍어는 각각 그들 사회의 특수한 공동체적 경험을 대표한다. 그 언어를 잘 사용하기 위해서는 해당 공동체의 삶에 익숙해야 한다. 개인은 그 곳에서 태어나 대중적인 삶에 일치해 나가는 과정에서 그들의 경험을 공유할 수 있는 언어를 습득한다. 사회가 안정되어 있을수록 그 삶과 삶을 반영하는 언어 역시 비교적 지속적이며 항상적이다. 그러나 그 언어공동체 밖에 있는 사람이 그 삶과 언어에 익숙하기 위해서는 엄청난 시간과 노력이 필요하다. 한국인인 내가 아랍인이 말하는 것을 이해하기 위해서는 반드시 아랍어를 배워야 한다. 그리고 아랍어를 아는 것은 바로 아랍인이 보는 것을 내가 볼 수 있다는 의미이다. 그것이 얼마나 어렵고, 긴 시간이 걸리는지는 누구나 수긍하는 일이다.

그러나 학문과 같은 수도계적 세계는 직접적인 경험의 세계와는 너무도 거리가 멀리 떨어져 있다. 따라서 거기에서 사용되는 말의 의미는 위와 같은 사회화의 과정이 아니라 교육과 같은 좀더 특수한 과정을 거쳐야 이해될 수 있다. 수학적 기호에 의한 표현은 그것에 해당하는 정신적인 조작이 없이는 한낱 의미없는 흔적에 불과하다. 이 때문에 그것에 대한 이해는 조작의 습득을 전제한다. 마찬가지로 물리학자가 말하는 것을 이해하기 위해서는 먼저 물리학의 언어를 공부해야 한다. 물리학의 언어를 습득하기 위해서는 물리학자가 그 언어로 지칭하는 것을 동일하게 보는 과정이 선행되어야 한다. 그렇지 않고는 그 언어의 의미는 공허하다.

그런데 학문적 언어의 경우 특수한 문제를 가지고 있다. 그것은 학문의 종적 상대성에서 비롯한다. 학문적 언어의 의미가 그것을 사용하는 사람들 사이에 합의되어 있다고 생각하는 것은 큰 착각이다. 학문의 발전단계에서 이전의 이론과 이후의 이론간에는 균열이 있고, 따라서 그 개념 자체의 맥락적 의미가 전혀 다른 것으로 변한다. 그럼에도 불구하고 많은 경우 이들은 동일한 어휘들을 사용한다. 이 때 새로운 것을 이전의 낡은 방식으로 해석한다면 사고의 지체와 더불어 의미상의 큰 착오가 일어난다. 학문적인 말은 실재에 대한 상이한 수준의 체험을 통해서 서로 불연속적인 의미로 변전해 왔으며, 개념이나 용어의 의미는 종적 발전과정에서 엄청난 의미상의 차이를 겪어 왔다.

종적 상대성과 관련하여 논의한 바 있는 패러다임의 불가공약성이라는 문제에 대한 파이어아벤트(1963)의 설명을 예로 들어보자. 가령 갈릴레오 물리학은 뉴턴 물리학으로 환원될 수 없다. 갈릴레오 물리학의 기본법칙 중의 하나는 낙하물체의 수직적 가속도는 지구표면과의 수직적 거리에 상관없이 일정하다는 것이다. 그러나 이 법칙은 뉴턴 물리학의 법칙으로부터 연역될 수 없다. 뉴턴 물리학에서는 두 물체들 사이의 만유인력 그리고 상호간의 가속도는 거리가 가까움에 따라 증가한다. 갈릴레오 법칙은 오직 '낙하거리/지구반경'이 0(제로)인 경우에 한해서만 뉴턴의 법칙으로부터 유도될 수 있었다. 그러나 자유낙하의 경우에, 이 반경은 결코 제로와 같을 수 없다. 선행의 이론은 이후의 이론으로부터 도출되지 않는다는 이러한 사례는 뉴턴 역학과 아인슈타인의 일반상대성이론과의 관계에서도 마찬가지이다. 뉴턴 역학으로부터 상대성이론으로의 전이는 시공간적 개념의 의미에 있어서의 변화를 포함한다. '고전적 길이'와 '상대적 길이'는 불가공약적인 개념이며 뉴턴 역학은 일반상대성이론으로 환원되지 않는다. 그런 환원불가성은 또한 고전역학과 양자역학 사이에도 나타난다.

높은 수준에로의 이론 교체는 두 이론들에서 등장하는 기술적 용어들의 의미변화를 포함한다. 후속이론은 기존에 사용되어 온 기술적인 어휘들을 재해석한다. 이들은 서로 같은 용어를 쓰고 있지만 그것이 대표하는 개념의 의미는 전혀 다른 것이다. 이런 사례는 개인에게도 적용될 수 있다. 어린이들이 성인들의 용어를 쓴다거나 혹은 일반인이 저명한 학자들의 용어를 쓴다는 사실이 반드시 그가 그 용어가 함축하고 있는 사고내용을 이해하고 있다는 지표가 되지는 못한다. 이것은 이전의 이론을 주장하는 사람 혹은 후진이 이후의 이론을 주장하는 사람 혹은 선진과의 오해 없는 대화에 참여하려면 전자가 후자의 이론을 이해하는 교육적 과정을 거쳐야 한다는 것을 의미한다. 만약 이것을 거치지 않고 단지 대화만을 한다면, 혹은 흔히 생각하듯이 교육적 과정을 오직 대화의 과정으로 대치한다면 엄청난 혼란이 야기된다.

언어에 의한 소통은 그 자체가 많은 불확정성과 한계를 가지고 있다. 이런 문제점은 다음의 글래서스펠트(1995)의 글에 잘 반영되어 있다.

> 모든 경우에 있어서 말하는 사람은 다소간 그의 머리 속에 세부적인 개념적 구조의 재표상(re-presentation)을 지니고 있다. 그들이 언급하는 단어들과 그들이 형성하는 문장들은 적어도 그 순간에 말하는 사람이 말하고자 하는 이야기에 부합해 보인다. 그러나 가장 단순한 사건의 경우에도 서로 다른 사람들의 경험은 동일할 수 없다. 단어를 감각동작적인 경험 및 그런 경험으로부터 추상된 개념들과 연합시키는 과정은 하나의 주관적인 사건이다. 따라서 소통은 고정된 의미의 곧바른 교환이 아니다(p.129).

위의 인용문에서 글래서스펠트는 흔히 영어에서 쓰는 'representation'이라는 말 대신 're-presentation'이라는 표현을 쓰고 있다. 여기서 강조하려는 것은 하나의 문장 혹은 하나의 텍스트가 독자적으로 객관적인 의미를 가지는 것이 아니라는 사실이다. 그것은 그것을 접하는 사람들의 지식체계에 의한 여과과정을 거쳐 의미를 갖게 된다. 우리는 앞(1.3.2.)에서 검토한 지식의 종적 상대성에 비추어 학문계에서의 소통이나 대화가 일상적인 대화보다도 훨씬 복잡하고 특수하다는 것을 알 수 있다. 인간이 지니는 일체의 지식은 모두 구성이라고 하는 활동의 산물이다. 학자들은 그들의 인격적 지식을 언어의 형식으로 표현할 수 있을 것이다. 그러나 그 표현형태 속에는 학자의 개인적인 지식이 더 이상 존재하지 않는다. 그것을 대하는 다른 사람들은 전적으로 자신의 구성방식에 의하여 그것을 해석하며, 따라서 언어적 표현을 토대로 원저자의 지식이 그들에게 그대로 전달되거나 습득되었다고 판단하는 것은 큰 착각이다. 구성의 방식과 대상이 다르다면 비록 동일한 언어를 사용한다고 하더라도 전적으로 다른 내용이 화자와 청자, 저자와 독자 안에서 구성되고 있는 것이다. 이런 번역과정에서 '원본'이라고 하는 것은 사라진다. 따라서 표현된 형태로서의 지식과 그것에 의미를 부여하는 체험적 지식을 동일시하는 것은 심각한 문제를 야기한다.

그 예상된 결과는 데리다(1967b)가 말하는 '散種'이 될 것이다. 데리다는 언어적 기호를 이미 부재하는 것에 대한 흔적으로 보며, 그 흔적은 모두 흔적에 대한 흔적으로 무한히 이어지는 흔적임을 강조한다. 따라서 여기에 '본원적인 흔적'이란 존재하지 않는다. 이것은 체험적 근거를 떠난 말놀이에 해당한다. 기의에서 해방된 기표는 자유롭다. 음성언어라는 기표를 문자로 옮길 경우 그 문자는 기표의 기표가 된다. 그리고 그 문자를 영상언어로 옮기게 되면 또 다른 기표의 기표의 기표가 된다. 이런 식으로 나아가면 기표의 놀이는 무한정 생산될 수 있다. 데리다는 이런 자유로운 기표의 말놀이를 등장시키기 위해서 우리로 하여금 원전을 읽을 수 있도록 권유하는 해석가들과는 반대로 때로는 원전을 읽지 못하도록 유도하기도 한다.

글쓰기와 글읽기에 관심을 가지고 있고 또 그 부분을 부각시키려는 언어학자, 기호학자, 비평가 등은 이처럼 언어의 기의보다는 기표에 더 큰 특권을 부여하기 위해 노력한다. '주체의 죽음'에 대응하는 말로서 '저자의 죽음'이 부각된다. 텍스트는 저자에서 출발하나 거기서 멈출 수 없다. 하나의 텍스트는 그것이 오독(誤讀)을 허락하고 부추기는 정도만큼 문학적이라는 말도 있다. 그들은 말과 글에 대한 자유로운 해석을 부추긴다. 그 주동인물의 하나가 데리다라고 할 수 있다. 그는 텍스트를 차이들의 놀이로, 그리고 지시물이 없는 언어 자체의 놀이로 환원시키고자 한다. 텍스트는 중심을 정하거나 종결할 수 없는 철저히 파괴적인 기표들의 자유로운 놀이를 통해 기의를 무한히 연기시킨다. 여기에는 언제나 무수한 차이들의 파괴적인 놀이만 있어 보인다.

그러나 우리는 문학과 학문은 차이가 있다는 점을 분명하게 인식해야 한다. 학문계에서의 지식을 나타내는 언어는 문학적 작품과 다르다. 따라서 학문적인 글쓰기와 글읽기는 데리다가 말하는 것과 같은 그런 놀이가 아무런 방향도 없이 일어날 수 있는 것이 아니다. 학문계는 그 대상세계에 대한 학문적인 체험을 개선하는 세계이다. 여기에서 우리의 글쓰기와 글읽기는 선택적인 의지에 의해서 제약된다. 학문적인 체험을 표현한 텍스트를 둘러싸고 있는 문맥의 범위는 언제나 확장적이다. 이제까지 학문계는 구성원의 체험을 기반으로 더 나은 글읽기와 더 나은 글쓰기를 지향해 왔다. 이것들은 역사적으로 이전의 것들을 토대로 항상 확장하는 경로를 밟아 왔다. 이 세계에서 선진의 글과 후진의 글에는 데리다가 말하는 놀이 이상의 진지함이 스며 있다. 다만 문제는 그들간에는 경험의 내용에서 엄청난 차이가 있다는 사실이다. 이것은 바로 기의의 계층이 존재함을 의미한다. 따라서 선진이 후진의 텍스트를 읽는 것과 후진이 선진의 텍스트를 읽는 것은 같은 것이 아니다.

종전의 언어적 정초성을 해체시키면서 등장시킨 주제에 대하여 데리다는 서로 다른 수준의 품위들을 공약화하는 단계와 절차를 생략하고 논의하기 때문에 인식론적인 단절이나 인식활동의 무정부성을 방조할 우려가 있다. 따라서 잘못된 해석과 산종된 의미들의 유희만을 강조한 데리다 식의 글쓰기와 글읽기는 교육의 경우 당연히 경계의 대상이 되어야 한다. 선진과 후진은 지금의 상태 그대로는 통약불가능하다. 서로 통약불가능한 상태에서 대화는 생산적인 결과를 가져오기 어렵다. 선진과 후진이 공약화되기 이전의 대화는 무의미할 수도 있는 것이다.

교육적 인식론은 그와 같은 무정부적 상황이 교육의 과정에 의해 극복된다는 사실을 밝히고자 한다. 의미있는 대화가 성립하기 위해서는 양자가 공분모를 갖도록 조정되어야 하며, 교육은 후진의 편에서 선진의 편으로 공약화하는 것을 원칙으로 삼는다. 그것은 교육을 단지 언어적 소통으로 환원시키지 않고, 그 언어적 소통이 이루어지게 하는 체험을 구축시키는 활동으로 정립할 때 가능하게 된다. 우리는 교육을 통해서 수도계의 발전과정에서 출현한 텍스트를 위계의 순서에 맞게 선별하고, 이전의 텍스트에 나타난 기표와 이후의 텍스트에 나타난 기표가 요구하는 우리 자신의 변모와 그들이 나타내고자 하는 기의의 차이를 확인하면서 동시에 학문적 지식의 발전을 확인할 수 있다.

언어는 그 자체만을 볼 때는 지적인 이해수준에 대한 잘못된 지표가 된다. 언어사용자들은 가끔 그들의 사고수준을 훨씬 넘어서는 말을 충분한 이해도 없이 단순히 모방하여 사용한다. 교육은 이 점을 경계한다. 사람들은 상징이나 기호가 없이 인격적 지식을 가질 수 있지만 인격적 지식이 없이는 상징과 기호를 가질 수 없다. 이와 같은 기호와 작용의 분리는 기호의 물질적인 측면과 의미적인 측면의 구분으로 개념화될 수 있다. 인격적 측면이 물질적 측면에 의미를 제공하기 때문에 인격적 지식이 없는 상징과 기호는 무의미하다. 그런데 철학적 인식론자들, 특히 그 중에서도 분석철학자들은 지식을 언어적 특징으로 환원시키고자 시도했었다. 혹은 반대로 데리다의 경우처럼 일부는 그것의 신뢰성을 남김없이 해체하는 데에만 열을 올리고 있다. 그러나 기호에 의미를 주고 또 그것을 해석하는 근본적인 의거처는 체험구조이다. 체험의 공유에 의해서 그것을 표현하고 그것을 해석하는 사람간에 '올바른' 소통이 가능해진다. 교육적 인식론은 이 점을 중시한다.

1.3.5. 인식주체의 변형과 실재의 상관성

플라톤 이래 서양철학은 항구적이며 불변적인 것만이 참된 지식이라는 생각 속에서 그러한 지식을 획득하고 검증하는 확실한 절차나 방법을 찾는 데 주력하였다. 이성의 힘 역시 그 자체가 설명되어야 할 주제임에도 불구하고, 합리주의자들은 그것이 인간의 선천적인 특징이라고 가정했다. 칸트도 그 전통의 연장선상에서 불변의 진리를 검증하는 합의점으로 선험적 범주를 들었다. 그것은 누구에게나 선천적으로 주어진 공통된 인식의 형식인 것이다. 후설의 구성은 칸트의 경우처럼 선험적으로 주어진 것이 아니라 부단히 구성되는 것이다. 그러나 그의 현상학이 추구하려는 것은 노에시스-노에마의 상관관계의 경험적 구조가 아니라, 불변적이며 초시간적인 본질 구조이다.

그러나 이와 같은 인간주체의 선험적 공통성 혹은 실재의 항구불변성에 대한 정초주의적 가정은 더 이상 통할 수 없게 되었다. 철학자들이 가정했던 영원불멸하는 존재가 있는지도 모른다. 그러나 그러한 전제는 거추장스러울 뿐만 아니라 인식론에서 반드시 요청되는 것도 아니다. 실재는 그것을 구성하는 우리 경험의 수준과 역사와 무관하게 이해될 수 없다. 여기서 보편적인 것이 있다면 그것은 우리가 무엇을 인식한다고 할 때 모종의 개념적 범주라는 여과장치를 거친다는 것이다. 역사의 발전과 더불어 인간의 사고구조도 변화한다. 또한 한 개인의 일생에 있어서도 그 점은 마찬가지이다. 그 내용은 고정될 수 없기 때문에 그것이 무엇일지는 선험적으로 규정되거나 주어질 수 있는 것이 아니라 우리의 이론적 체험과 관련되어 있다.

철학자들이 논의했던 실재는 한때 하나의 형태로 나타났다가 다른 때에 다른 것으로 형태를 바꾸는 것에 지나지 않았다. 우리는 실재를 어떤 개념에 의해서 파악한다. 그러나 개념이 발전함에 따라 이전의 실재가 허상화되고 다른 실재가 드러난다. 실재에 대한 우리의 해석은 이처럼 항상 수정되거나 대체되어야만 한다. 이뿐만 아니라 모든 사회적 제도, 문화적 유물들 역시 인간이 역사를 통해서 형성해 온 실재이다. 이 사실을 최초로 직시한 철학자가 헤겔이다. 헤겔은 칸트의 선험적 자아를 '정신'으로 바꾸고, 칸트가 상정한 선험적 범주는 정신이 발전과정에서 택할 수 있는 수십 가지의 개념범주 가운데 하나에 불과한 것으로 취급하였다.

헤겔의 지적대로 칸트가 초시간적이며 불가변적인 것으로 상정한 범주는 당대의 특수한 자연과학적 지식을 반영한 것에 불과한 것임이 드러나고 있다. 칸트는 공간과 시간이라는 직관형식과 인과성이라는 범주를 선천적이며 절대적인 것으로 상정하였다. 이는 분명히 뉴턴의 이론을 인식론적으로 받아들이는 데 불가피했을 것이다. 이 점에서 칸트의 이론은 완전히 옳은 것이었다. 그러나 그 범주가 모든 과학이론에 있어서 똑같이 작용하는 것은 아니다. 칸트가 말하였던 공간의 직관형식은 다분히 유클리트 공간을 의미했다. 이후에 비유클리트 기하학이 발전했으며 이 체제에서는 이전의 공간 개념이 맞지 않는다. 그는 인과관계의 범주를 중시했지만 오늘날의 물리학은 인과관계로 침투할 수 없는 미시영역이 있음을 드러내고 있다. 따라서 칸트가 인식의 정초로 삼았던 직관형식이나 선험적 범주는 그가 생각했듯이 선천적인 것도 고정적인 것도 아니다.

이론과 관찰을 대조시킨 종전의 관점을 공격하는 최근의 과학철학자들은 개념을 바꾸는 것이 곧 경험을 바꾸는 것이라는 칸트식의 논점에 새로운 요소를 첨가하고 있다. 그것은 지식의 발전을 개념범주의 변화로 파악하는 것이다. 칸트는 결국 당대의 뉴턴 물리학을 수용할 수 있는 선험적 범주를 가정했다. 그러나 그것은 고정되거나 주어진 것이 아니라 과학사의 한 가지 사례에 불과한 것이다. 상대성이론과 양자이론에 의해서 발견된 사실은 그런 범주의 적용으로 포착할 수 없다. 이처럼 우리의 인식구조는 고정된 것이 아니고 그것이 포착하려는 실재 역시 고정된 것이 아님이 현실적으로 밝혀지고 있다. 학문적 지식 자체가 역사적으로 끊임없는 정립과 해체의 과정을 지속해 왔다. 그것을 적나라하게 밝혀준 것이 쿤의 패러다임이라는 개념이다. 패러다임이 변할 때마다 해당되는 실재나 사실도 변하였다.

그러나 인식의 구조는 역사적으로만 변하는 것은 아니다. 동일한 시대에 사는 개인들 역시 그들의 일생에 걸쳐서 쿤의 패러다임의 변화와 같은 인식의 변화가 일어난다. 이 문제는 일찍이 피아제(1923, 1967)에 의해서 다루어진 주제이다. 피아제는 칸트가 분류했던 범주의 구성에 흥미를 가졌다. 피아제는 세계가 우리의 인지구조를 통해서 이해된다는 점에 있어서 칸트에 동의하지만 그 구조가 선험적으로 주어진 것이라는 점에는 동조할 수 없었다. 인지구조를 인식주체와 환경의 상호작용을 통해서 형성된 것으로 본 피아제는 칸트가 중시했던 시간, 공간, 인과관계 등의 개념이 유년기를 통해 점차 구성된다는 것을 밝혀 내는 데 성공하였다.

피아제는 그의 연구를 통해서 각 단계의 아동들은 미지의 사항을 상이한 인지구조에 따라 동화한다는 사실을 입증하였다. 지식을 이와 같은 적응의 고급 형태로 간주하는 그의 주저《아동 안에서의 실재의 구성(1937)》은 아주 어린아이들조차도 그들의 정신을 조직함으로써 그들의 세계를 조직하는 경향이 있음을 잘 보여준다. 그 사실은 다음과 같은 카미(C. Kamii, 1973)의 말에 매우 간결하게 지적되어 있다.

> 우리가 각 사태에 가지고 오는 이런 지식은 피아제가 말하는 소위 '구조들'이다. 지식은 항상 모든 연령수준에서 어떤 방식으로 구조화되거나 조직되어 있다. 갓난아이의 지식은 그가 오직 신체적 행위와 감각들과 관련하여서만 실재를 '알(know)' 수 있기 때문에 그의 행위유형과 관련하여 조직되어 있다. 그러나 2세 무렵에는 지식의 조직이 사고 안에 존재하기 시작하며, 해가 지남에 따라 아동은 점차 좀더 풍부하고 정교한 구조들을 구성한다. 우리는 실재를 오직 우리가 이미 만들어 낸 구조들에 동화시킴으로써만 이해할 수 있기 때문에, 우리가 동일한 객관적 환경 안에 물리적으로 존재하고 있을 경우라도 4세 된 어린이의 환경은 우리들의 것과 매우 다르다. 환언하면, 우리와 환경의 상호작용의 본질은 우리의 인지적 구조에 의해서 결정된다(p.218).

최근에까지 이 문제를 추궁하고 있는 카미는 유아들의 인지활동과 관련하여 이런 흥미있는 사례를 제시한다.

> 예를 들어, 똑같은 모빌이라 하더라도 6개월, 2세, 5세, 10세 유아에게 똑같은 물체로 인식되지 않는다. 영아들은 침대 위에 매달려 있는 모빌의 각 부분의 공간적 연합에 대한 생각을 갖지 못한다. 즉 그들은 모빌 가지의 하나하나가 다른 가지와 관련하여 정교하게 균형이 잡혀 있다는 사실을 인식하지 못한다(Kamii & DeVries, /1992, p.35).

유아들에 대한 이러한 연구는 성인인 우리 자신의 세계인식을 이해하는 데에도 매우 중요한 시사를 준다. 그것은 우리가 이제까지 논의해 왔던 주제와 일치한다. 즉 우리는 있는 바 그대로의 사태를 볼 수는 없다. 우리는 우리가 이미 만들어 놓은 지식에 그것을 동화시킴으로써만 이해할 수 있다. 이 점은 인식론적으로 볼 때 칸트가 발견한 최대의 성과이다. 그러나 피아제를 거치고 최근의 구성주의에 이르는 일련의 연구는 우리 자신이 서로 다르게 세계를 구성한다는 점을 더욱 분명하게 드러내고 있다. 우리의 인지 조직형태가 대상 혹은 세계와 그 상황에 부여한 지식과 밀접한 관련을 가지고 있다는 점은 모빌에 대한 어린이들의 인식에 국한되지 않는다. 그것은 최고의 지식을 생산하고 있는 과학자들에게도 예외가 아니다. 서로 패러다임을 달리하는 과학자들은 기실 서로 다른 실재를 대하고 있는 것이다.

위의 논의를 통해서 분명해지는 사실은 우리가 경험하는 실재의 존재성은 계통발생적으로나 개체발생적으로나 우리 자신의 변화와 더불어 끊임없이 혁신되고 있다는 점이다. 이 사실은 특히 쿤과 피아제의 연구에 의해서 더욱 분명히 드러나고 있다. 이들은 거의 동일한 논리를 서로 다른 규모의 것에 적용하고 있다.[8] 전자가 세대의 차이를 다루고 있음에 비해서 후자는 한 개인의 성장단계를 다루고 있다. 그 차이에 따라 그 시대 혹은 그 개인이 접하는 존재의 양태가 다른 것으로 드러난다. 그러나 쿤과 피아제 사이에는 한 가지 중요한 인식의 차이가 드러나고 있다. 그것은 상이한 지식체계 혹은 실재에 대한 인식의 연속성에 관한 판단이다.

지식의 종적 상대성이라는 주제를 다루면서 이미 살펴보았듯이 쿤은 결과로서의 형태만을 가지고 역사적으로 전후하는 패러다임의 불연속성을 강조하였다. 통약불가능성은 말 그대로 서로 다른 용어의 의미를 가지고 있기 때문에 논리적으로 비교불가능하다는 뜻으로 인식되고 있다. 이에 비해서 피아제는 한 개인의 발달단계를 다루고 있기 때문에 연속성을 인정한다. 그렇다면 이 문제는 어떻게 정리될 수 있는가? 이 문제는 종적 상대성에서 위계가 다른 지식의 관계가 연속적이냐 불연속적이냐 하는 문제와 연관하여 모종의 결론이 필요하다.

그러나 이에 대한 해답은 연속성과 불연속성을 어디에서 찾느냐에 따라 달라질 수 있다. 자체의 구조면에서 보면 그들은 질적인 변화를 의미

---

8) 쿤(1970)은 과학혁명론의 착상이 피아제의 이론에서 나왔음을 밝히고 있다.

하기 때문에 논리적으로 불연속적이라고 할 수 있다. 이 부분에서는 쿤이 전적으로 맞다. 그러나 그것은 어디까지나 유형상의 차이를 나타낼 뿐 발생적 계열의 면에서 보면 불가분의 연속성을 갖는다고 말할 수 있다. 상위의 지식은 내용상의 차이에도 불구하고 하위의 지식을 토대로 그것을 거쳐서 연속적으로 발전한다. 이 점이 피아제가 발견한 새로운 측면이다. 쿤은 그의 패러다임 논의에서 구조적 불연속성을 지나치게 강조한 나머지 발생적 연속성을 간과하는 맹점을 보인다. 그는 철학자들을 상대하면서 부지불식간에 철학의 논리에 빠져들었다고 볼 수 있다.

쿤이 만약 개인 내의 패러다임의 혁명에 주목할 수 있었다면 그의 학설은 좀더 연속성을 강조하게 되었을 것이다. 한 개인의 개념형성의 과정이 인류가 개념을 형성해 온 과정과 일치하는지 여부는 아직도 분명하지 않다.[9] 그러나 지식의 발전에는 새로운 비약과 그 과정에 연속이 있다는 점은 의심의 여지가 없어 보인다. 또한 이후의 논의와 관련하여 매우 중요한 부분은 논리적인 통약불가성이 곧 비교불가성을 의미하지는 않는다는 것이다. 패러다임간에는 개념적인 일관성이 없기 때문에 논리적인 비교는 불가능하다고 말할 수 있다. 그러나 모든 비교를 논리적인 것에 국한시켜서는 안 된다. 여기에는 여러 가지 비교가 가능하겠지만, 그 한 가지로 우리는 두 패러다임을 그것들이 포괄하고 있는 인지적 경험내용의 풍부성에 비추어 비교할 수 있다. 그리고 그것을 기준으로 한 단계에서 다른 단계에로의 성장과 변화를 자연스럽게 유도할 수도 있다.

피아제도 어떤 인터뷰에서 그의 발생적 인식론에서 점진적 접근에 의한 증명을 시사한 바 있다.

---

9) 이와 관련하여 근래의 연구(Piaget & Garcia, 1983)는 현대의 아동이 보이는 개체적 발달과정과 과학의 역사가 보여준 지적 발전에는 내용상 놀라운 유사성이 있다는 증거를 보여주기도 한다. 그러나 그 사실은 우리의 논의에 직접적인 관련이 없다.

> 인식론을 객관적이고 과학적으로 연구하기 위해서 우리는 그것의 고급한 형식 안의 한 상태로서 대문자 K를 지닌 지식을 택해서는 안 된다고 나는 믿습니다. 대신 우리는 그 형성의 과정을 택해야 합니다. 어떻게 우리가 그 수준에 상대적으로 또한 그 인식주체의 입장에서 그 정도가 덜 성숙된 지식에서 더 위대한 지식으로 통과하는가 하는 것 말입니다. 그런 지식의 변형, 지식의 진보적 적응에 관한 연구를 나는 '발생적 인식론'이라고 합니다 (Bringuier, 1980, p.7).

피아제는 자신의 생물학적 배경을 토대로 인간의 지적 구조의 변형을 동화와 조절을 포함하는 적응(adaptation)의 기제로 설명하였다. 그것이 바로 그가 표방하는 '발생적 인식론(1937, 1970b)'이다. 피아제를 기점으로 해서 발전하고 있는 구성주의자들의 관점에서 보면 지식은 인간이 환경에 적응해 나가는 하나의 자연스러운 현상이다. 그들에게 있어서 개체발생이란 개체가 자기 조직을 잃지 않은 채 겪는 구조변형의 역사이다. 이 역사가 시작될 때 각 생물이 가진 첫 구조는 그 뒤 벌어질 상호작용의 조건이 됨과 동시에 상호작용이 유발될 수 있는 구조변형의 폭을 정한다. 개체의 구조변천은 매 단계에서 일어난다. 이것은 주위환경의 영향으로부터 유발된 것일 수도 있고 개체가 지닌 역동성의 결과일 수도 있다.

그러나 피아제는 어떻게 이런 과정을 통해서 인식주체가 진리체험을 할 수 있는지에 대해서까지 다루지는 않았다. 또한 어떻게 그런 과정의 재생을 통해 타인에게 지식을 인정받게 되는지에 관해서도 별다른 언급이 없었다. 교육적 인식론은 실재에 대한 인식의 차이와 그들간의 발생적 연속성을 전제로 인식의 우열을 판단할 수 있는 가능성을 모색한다. 교육적 인식론은 발생적 인식론과는 달리 인식주체의 실천적 노력과 자각의 측면을 더 한층 부각시킨다. 우리가 특정한 대상세계를 연구하는 이유는 세계에 대한 적응을 위해서만은 아니다. 또한 지식은 피아제의 주장처럼 자연발생적인 것이 아니라 우리 스스로의 수련에 의해서 획득되는 것이다. 이 점에서 우리는 발생적 인식론의 관점과는 궤를 달리한다.

우리는 끊임없이 좀더 나은 방향의 실재와 접촉하기 위한 자기쇄신의 활동을 감행한다. 실재는 궁극적으로 알 수 없는 무엇이며, 그것은 현실적으로 그때 그때 우리의 탐구에 의해서 밝혀질 뿐이다. 따라서 실재는 지금 우리의 판단을 일단 보류하고 더 나은 이해에 도달하기 위한 자기쇄신이 없이는 쉽게 이해될 수 없다. 교육은 이런 실존적 상황에서 하나의 실재에 대한 문제제기와 잠정적인 인식이 연쇄적으로 쇄신되는 과정을 돕는 활동이라고 할 수 있다. 이 때문에 교육이 일어나기 전후의 경험의 차이가 확증된다. 우리는 교육을 통해서 향상된 자신을 보고 그 안에서 과거를 회상한다. 이 때 그 전후의 실재에 대한 인식의 차이에서 자신의 향상을 확인한다.

우리가 실재를 더 여실하게 파악하려고 우리 자신의 변형을 꾀하는데 성공했을 때 그것이 새롭게 열리는 듯한 기분 혹은 가려졌던 것이 드러나는 느낌을 가질 수 있다. 그 때 그 실재는 이전의 것과는 다른 양상으로 보인다. 이는 비유컨대, 산의 높은 곳에 오를수록 그 곳에서 내려다 볼 수 있는 시야가 넓어지는 이치와 같다. 또한 지금의 실재에 대한 인식은 다시 미래를 예견하는 맥락을 구성하며 그것은 다시 향상의 길을 모색한다. 이처럼 실재에 대한 우리의 이해가 깊어지면 질수록 실재의 수준도 변한다. 한때 실재로 보였던 것이 비실재인 것으로 전환되는 경우는 교육의 경우에서는 매우 자연스럽게 일어난다. 교육적 인식론은 이 경우 교육은 무엇이며, 그것이 어떻게 서로 공립할 수 없는 인식체계 가운데 '더 실감나는 실재(a more realistic reality)'를 구별하게 하는지를 밝힌다.

이와 같은 접근방법은 다른 한편으로 한때의 인식을 기준으로 실재를 확정하려는 철학적 형이상학과 대조된다. 철학적 인식론의 오류는 실재라고 하는 것이 주어진 것이 아니라 우리 자신의 변화와 관련되어 있다는 점을 간과한 데서 비롯하였다. 정초주의적 인식론은 대체적으로 인간의 앎과 학습의 결과를 어떤 안정된 체계로 정착시키거나 고정시키는 데 관심을 보여왔다. 이 점은《학습의 과정으로서 창의력》을 주제로 삼은 퍼어슨(van Peursen, 1981)에 의해서 '형이상학적 도피주의(metaphysical escapism)'로 매도된 바 있다. 그의 말을 직접 들어보자.

> 하나의 예가 형이상학적 도피주의이다. 그 안에서는 실재의 모든 체계가 고정된 법칙에 의해서 지배되는 실질적 실체로 생각된다. 그것이 도피적인 까닭은 의미적(상징적)이고 구조적(문법적)인 학습의 개방성과 변화를 회피하려고 노력하기 때문이다. 그것이 형이상학적인 까닭은 경험적인 문화와 역사적인 변화의 영역 밖에서 고정성을 추구하기 때문이다. 그것은 절대적 존재(Being), 영원한 법칙의 결정, 그리고 실체 속의 사건들의 고정화에 관해서 말한다(p.173).

형이상학적 도피주의는 철학적 인식론의 주된 맹점이기도 하지만, 놀라운 것은 형이상학을 비난하는 분석철학의 경우에도 이것이 나타난다는 점이다. 분석철학자들은 학자들이 얻어낸 지식이 어떻게 발생하는지에 관해서는 일부러 거리감을 두고 다만 결과만을 정당화하려고 하였다. 그것은 두 가지 점에서 문제시될 수 있다. 하나는 지식을 획득하고 소지한 사람의 참여를 무시하고 대신 그 자리에 자신들의 주관만을 내세우고 있다는 점이다. 둘째, 지식은 그것이 습득되는 과정과 무관하게 그것의 정당성이 판단되기 어렵다는 점이다. 발견의 맥락과 정당화의 맥락은 분리된 것이 아니라 서로 연관되어 있다.

교육에서 말하는 인식주체는 현존의 철학자들이 가끔 가정해 왔던 주체와는 다르다. 그것은 동일성을 유지하는 불변의 실체도 아니고, 외부의 영향으로부터 오염되지 않은 순수한 자아도 아니며, 지식을 최종적인 진리의 형태로 파악하고 평가할 수 있는 전지전능한 특권적인 존재도 아니다. 교육에서 말하는 주체는 항상 어느 정도의 인지적인 결함을 가지고 있으면서도 어느 정도의 향상을 꾀해 나가는 존재이다. 그는 많은 경우에 타인이 거쳐간 인지발달의 경로를 반복해서 따른다. 이 점에서 그는 창조자라기보다는 재창조자의 범주에 든다고 말할 수 있다. 그러나 한 가지 분명한 것은 교육적 주체로서 세상에 대한 지식을 갖는다고 할 때 우리는 그것에 대한 검증의 책임을 우리 자신의 자율성에 의존한다는 사실이다.

유한한 존재로서의 인간은 실재에 대해서 서로 다른 관념을 가질 수 있다. 우리는 각각의 입장과 시점에서 실재를 확인한다. 그 부분만큼 이른바 상대주의자들의 주장은 옳다. 우리는 나에게 참인 것을 참인 것으로 판정한다. 그러나 시점과 입장을 달리해서 볼 때 실재에 대한 우리의 판단은 갈등할 수 있고 서로간의 교육적 교류가 필요한 상황이 바로 이때이다. 우리들 가운데 누군가가 다른 사람보다 더 높은 수준의 실재에 도달할 수 있으며, 두 가지 상이한 지식체계를 서로 공유하면서 그것들을 비교함으로써 그 우위를 판정할 수 있다. 이처럼 한편에서 다른 편으로의 변화가 인식상의 우열에 관련된 문제를 해결하는 하나의 조건이 되며, 그 과정이 바로 교육에 해당한다.

1.4. 교육적 인식론의 전조

교육적 인식론은 분명 《학문과 교육》의 시리즈 가운데 《중권(장상호, 2005)》에서 제안한 '교육본위론'의 연장선상에서 정립된다. 그 교육관이 새로운 것만큼 교육적 인식론은 이전의 어떤 학자들에 의해서도 체계적으로 전개된 바 없는 생소한 것이다. 그러나 이 세상에 전적으로 새로운 것이란 있을 수 없다. 역사적으로 누군가가 혹은 어떤 집단이 총체적인 것은 아니더라도 유사한 발언을 했을 가능성은 얼마든지 있다. 만약 그런 것이 있다면, 우리는 교육적 인식론을 논하기 전에 그들을 과도적 거점으로 이용하여 그 전모를 이해하는 수단으로 삼을 수도 있을 것이다. 우리는 다행히도 그 거점들로 사용할 만한 이전의 논의를 가지고 있다. 나는 그 논의들을 독자들에게 먼저 소개하고 그것을 거점으로 점차 내가 제안하는 교육적 인식론에 진입하는 순서를 밟아 볼까 한다.

징검다리로 쓸 이론들은 철학에서 대충 교화의 철학자로 알려진 사람들의 생각이다. 여기서 말하는 교화는 독일어의 'Bildung'과 영어의 'edification'에 해당하는 말로서 우리가 《중권》에서 모색한 새로운 교육과 잘 어울린다. 그 기본취지는 대충 인간의 정신은 완벽하게 주어져 있지 않고, 따라서 그것은 재형성(re-form)되어야 한다는 데 있다. 여기에는 스스로 미성숙한 상태에서 자기개혁을 꾀하는 것과 미성숙한 상태에 있는 타인의 자기개혁을 도와준다는 취지 모두가 포함되어 있다. 교화의 철학자들은 이런 개념을 가지고 오래 전부터 인식론적인 문제를 해결하는 방안을 시사하였다.

전통적인 인식론에서는 거의 이단으로 생각되었던 가느다란 지류가 확장되어 이제는 정초주의의 붕괴에 따른 인식론의 무질서를 해결할 수 있는 단서로 감지되고 있다. 이들은 물론 교육학자들이 아니고 철학자들이다. 이 때문에 그들은 교육적 인식론의 범주에 분류되지 못하고 각각 변증법적 전통, 해석학적 전통, 프래그머티즘, 그리고 신과학철학이라는 이질적인 범주들로 다양하게 산재되어 소개된다. 그럼에도 불구하고 그들이 전통적인 인식론을 부인하고 그 대안을 모색할 때 교육의 전체 양상 가운데 일부 측면에서 그 출구를 삼고 있는 것은 분명해 보인다. 이들은 개념의 소박함에도 불구하고 우리의 교육적 인식론에 가장 가깝게 접근하고 있다.

교화철학의 연원에 대해서는 긴 논의가 필요하지만 여기서는 가다머(H. Gadamer, /1982)의 언급으로 대신하고자 한다. 그는 교화의 개념을 철학과 인식의 문제에 도입한 최초의 인물로 헤겔을 든다.

> 도야(Bildung)는 교양(culture)의 관념과 밀접히 관계되어 있고, 주로 인간이 자신의 자연적 재능과 능력을 발달시키는 고유한 의미의 인간적인 방법을 지칭한다. 칸트(Kant)와 헤겔(Hegel) 사이에 헤르더(Herder)가 그 개념의 형

식을 완성시켰다. 칸트는 아직 이런 맥락에서 도야라는 단어를 쓰지 않았다. 그는 행위주체에 의해서 행사되는 자유로운 행위라는 의미가 있는 능력의 '계발'(혹은 '자연적 재능')에 관해서 언급한다. 따라서 도야라는 말을 사용하지 않고 다만 자신의 재능을 녹슬지 않게 하는 것을 자신에 대한 의무사항의 하나로 보았다. 그러나 헤겔은 자기 자신에 대한 의무라는 칸트의 개념을 인계받을 때, 자신을 교육하거나 개발하는 것으로서 Sichbilden과 Bildung을 이미 언급하고 있다(p.11).

따라서 본 절은 헤겔에서 시작하여 그의 개념을 전승하고 있는 인물들의 논점과 주장에서 우리가 교육적 인식론을 이해하고 정립함에 있어서 주목해야 할 측면들을 더듬어 나갈 것이다. 서로 직접적인 영향권 안에서 형성되거나 교류된 학설들이 아니기 때문에 그들의 입장이 모든 면에서 동질적인 것은 아니지만 적어도 다음의 몇 가지 점에서 이들은 놀라울 만큼 교육적인 인식론과 맥락의 공유지대를 가지고 있다.

첫째, 그들은 인식에 있어서 유한성을 인정한다. 우리의 인식에는 언제나 얼마만큼 오류가 있다. 절대적인 지식의 획득이라는 이상은 인식주체로서의 우리에게 공허한 것이다. 설사 그런 것이 있다고 하더라도 그것을 식별할 절대적인 방법은 있을 수 없다. 그럼에도 불구하고 우리의 유한성은 바로 발전의 가능성을 함축하고 있기 때문에 그 발전을 성실하게 설명하는 방법적 절차나 인식론이 모색되어야 한다.

둘째, 그들은 진리의 가치나 지식을 평가하는 작업이 우리 자신의 교화와 더불어 해명되어야 할 것으로 본다. 이 점에서 주관과 객관은 애초부터 독립시켜 논의될 성질의 것이 못된다. 진리는 우리가 현재 놓여 있는 상태를 고정시켜 놓고 파악할 수 없다. 지금 처한 인식의 한계를 극복하기 위해 자신을 수련하고 상승시키는 모종의 실천적인 노력을 통해서만 우리는 진리의 존재나 지식의 위계를 판단할 수 있게 된다. 그 실천적 노력의 이전과 이후의 인식체계간에 개입하는 경험의 차이가 그런 판단을 가능하게 한다.

셋째, 그들은 인간성을 고양시키는 실천적 노력이 외부적인 강요나 과학적인 기술을 동원하는 인위적 방식과 구분되는 방식으로 이루어져야 할 것을 처방한다. 그들에게 인간은 단지 수단의 개념을 넘어서 있으며, 그 개발 역시 자신에 대한 의무의 맥락 속에 있다. 한마디로 그들이 말하는 교화는 인간이 주체로서 내부의 형성과정과 개발에 참여하여 좀 더 고상한 존재로 성장하는 것을 지칭한다. 이런 개념은 과학적인 인간관이나 학교중심의 제도교육과 구분된다.

교육적 인식론이 교화의 철학자가 택하고 있는 모든 입장에 무조건 찬동하는 것은 아니다. 여기서 소개되는 철학자들이 교화라는 말을 쓰고 있지만, 그 개념 역시 체계적인 이론적 수준에서 정립된 것이 아니다. 사실 이들의 관심은 교화라는 사실 자체의 해명에 있다기보다는 어떤 하나의 주제를 설명하는 데 일부분으로 그것을 편입시키는 쪽에 가깝다. 우리는 다만 그 부분만을 주목하고 그것들을 우리의 맥락에서 재조명하는 식으로 검토할 작정이다. 그러나 그 작업은 최소한 그들의 논의에서 사용하는 특정한 개념의 맥락을 존중하는 범위 안에서 이루어져야 하기 때문에 독자는 그들이 사용하는 개념의 난삽함을 견디어 내야 한다.

이론적인 관점이 갖추어야 할 가장 중요한 조건의 하나는 최소한 내부의 개념적 정합성을 획득하는 것이다. 그 점에서 교육적 인식론은 이전의 유사한 학설을 이것저것 소개하는 것으로 완료될 작업이 아니다. 그러나 이전의 모든 것을 일거에 무시하고 전혀 새로운 개념체계를 구성한다는 것도 무리한 일이고 가능하지 않다. 낙엽이 쌓인 토양 위에서 새 싹은 성장한다. 마찬가지로 우리가 새롭게 정립해 나아가야 할 교육적 인식론도 그 맥락을 구성함에 있어서 이미 알려진 제반 단서들을 어느 정도 활용할 수 있어야 한다. 본 절은 그 점에서 독자와 새로운 인식론을 제안하려는 필자 사이에 어느 정도의 공감대를 형성할 수 있는 개념적 조절과 절충이 이루어지는 공간이라고 생각하면 될 것이다.

1.4.1. 변증법적 전통

헤겔(G.W.F. Hegel)

헤겔은 가다머의 지적대로 정신적인 도야와 진리체험을 연관시킨 최초의 인식론자이다. 헤겔 사상의 위대한 점은 인간정신을 '인간의 자기생산'의 하나로 파악하고 있다는 점이다. 그에 의해서 정신적 발전은 우리 자신에 의한 자신에 대한 '도야'의 결과라는 사실이 철학에서 최초로 도입되었다. 인간은 도야라는 노동을 통해서 정신이라는 보편성을 성취한다. 자기형성은 개인이 정신의 일반적 존재에까지 자신을 만들어 올리는 것이다. 그는 이른바 절대정신이 유한자의 도야와 체험에 근거하여 자신을 실현하고 정당화하는 과정을 설명한다. 그의 통찰의 놀라움은 그 정신이 단계적으로 발전한다고 본 것이다. 그는 단계를 가정하였을 뿐만 아니라 어떻게 각 단계들로부터 후속단계가 출현하는가를 변증법에 의해서 설명하려고 하였다. 각 단계의 상이한 측면들 간에는 긴장과 모순이 발생하고, 정신의 작업인 그것들에 대한 해결은 보다 높은 수준과 보다 충분한 본질의 드러남을 향해 진행한다.

헤겔의 사상은 기본적으로 칸트로부터 시작되는 독일 관념론을 완성시킨 것으로 볼 수 있다(강대석, 1988). 인식에 있어서 인식주체의 능동성을 인정한 칸트는 자신의 범주들이 세계에 관한 인간의 모든 사유에 포함되어 있다고 가정했다. 헤겔은 칸트의 이러한 신념을 받아들였을 뿐만 아니라 그것을 확대하고 넘어섰다. 그는 통각이 선험적으로 고정되어 있다는 칸트의 주장에 문제가 있음을 지적한다. 인식은 칸트의 경우처럼 무정형적인 것에 어떤 형식을 부여하는 것이 아니라 현재의 상태로부터 자신을 해방시키는 것이다. 즉 개념이 역사적으로 운동을 하면서 자기를 통찰하는 것이다. 이런 관점에서 헤겔은 칸트가 금지시킨 이성의 기능을 부활시킬 방안을 강구하고 비로소 개념 자체의 발전이라는 문제를 정식으로 다룰 수 있게 되었다.

헤겔은 인간의 본성이 불변적이라는 점을 부정한다. 이런 시각에서 헤겔은 그것이 인간의 상호교환과 역사를 통해서 어떻게 발전하는지 보여주고자 시도한다. 그는 인간 본성을 역사적 관점에서 바라본다. 역사는 늘 하나의 과정이지 결코 정적인 것이 아니다. 그의 《역사철학 강의(1928)》는 그 역사가 발생한 방식 속에 발전이 있다는 점을 보여준다. 그에게 있어서 우리들은 언제나 인간의 자유 실현을 향해 나아가고 있는 존재이다. 그것은 점차 자유를 의식해 나가는 과정이자 우리 자신을 인식해 나가는 과정이다. 그리고 그것에 대한 이해는 인식주체가 그 이해를 창안했던 사람들과 살면서 교육받게 될 때에만 명백해지는 것으로 되어 있다.

여기서 우리가 주목해야 할 개념은 절대정신이다. 헤겔은 모든 인류의 사회문화적 업적 속에는 자신을 전개해 나가는 절대정신이 있다고 믿었다. 그 업적들은 기본적으로 변화의 과정에 참여하는 사회적 존재들의 것이다. 실재를 아는 것은 정신이 그 자신을 드러내는 과정을 이해하는 것이며, 그 과정을 이해하는 것은 그 속에 있는 모든 단계들의 위치를 이해하는 것이다. 각 단계들로부터 어떻게 그 후속이 출현하게 되는가를 이해하는 것은 그 모든 단계들의 정신이 실제로 변화하는 모습을 이해하는 것이다. 환언하면, 그 과정의 어떤 부분 혹은 단계를 충분히 이해하는 것은, 어떻게 그것이 그 과정에서 필연적으로 그 위치를 차지하게 되었는가를 이해하는 것이다. 의식과 이성의 수준에서 정신은 기본적으로 사회적이며 진보적인 존재자의 활동들 속에서 명백해진다.

헤겔의 입장은 의식의 경험에 관한 《정신현상학(1808)》에 더욱 포괄적인 방식으로 반영되어 있다. 그는 자아의 자기향상의 과정을 설명함에 있어서 '도야(Bildung)'라는 용어를 정식으로 도입하고 있다. 우리에게 가능한 존재양태는 그것이 실현된 후에야 밝혀진다. 예컨대, 역사적인 것으로서의 자연적 의식은 경험을 통해서 다른 형태로 바뀐다. 이것이 바로 의식의 자기완성적 도야의 과정인 것이다. 이 경험과정이 끝나 실존하는 절대지를 획득한 때에서야 비로소 의식은 그것이 주체의 발생과정이라는 사실을 분명히 알게 된다. 이런 놀라운 도식은 우리 자신의 변화를 인식론의 요소로 추가시킨 최초의 학자로 헤겔을 거론해야 할 충분한 이유가 된다.

《정신현상학(1808)》에서 헤겔은 인간정신 전체의 역사를 절대정신이 자신을 단계별로 드러내는 과정으로 본다. 그는 모든 단계에서, 정신이 한편으로 그 자신에게 그렇게 나타나는 바의 것과 다른 한편으로 사람들의 정신 속에 실재하는 바를 구별한다. 그의 표현을 빌린다면 전자는 대자적(對自的)인 것이며, 후자는 즉자적(卽自的)인 것이다. 헤겔은 각 단계에서의 정신의 진전을 대자적인 것이 즉자적인 것과 일치하는 조건을 향해 각 단계를 지나가는 운동으로 파악한다. 정신이 그 자신을 드러내는 모든 단계에서 그것의 상이한 측면들간에 긴장과 모순이 발생하고, 그들에 대한 해결은 보다 높은 수준과 본질의 보다 충분한 드러냄을 향해 진행된다. 이것이 그가 말하는 절대정신의 변증법적인 진보이다.

인식에 관한 이런 설명의 교묘한 점은 정신이 스스로에게 타자가 되어 자기 자신을 소외시키고 이 타자 속에서 다시 자기 자신을 발견하는 것으로 구성되어 있다는 점이다. 그러니까 인식의 발전은 하나의 동일자 안에 유한자와 절대자가 포함되는 주체가 있고, 그 주체는 유한자를 통해서 점차 자신의 절대자를 인식해 나가는 것으로 되어 있다. 즉 절대자도 역사 속에서 유한자의 변화를 통해서 자기동일성을 보유하면서 점차 발전하게 된다. 이 때문에 정신이 절대자를 인식하기 위해서는 유한자의 인식에서부터 출발해야 한다. 절대정신은 자신이 구성한 것을 객관화한다. 이것이 바로 자기로부터의 소외이다. 그리고 그 타자 속에서 정신은 자기 자신 곁에 머무르며 타자가 자기 자신과 동일하게 있음을 점차 깨달아 나가는 과정을 거친다. 말하자면 정신의 발전은 정신이 소외로부터 자기 자신을 복귀해 나가는 과정으로 설명된다.

절대자와 그것을 이해하려는 유한자의 상호작용은 우리에게 잘 알려진 '정(thesis)' - '반(antithesis)' - '합(synthesis)' 의 변증법적 운동에 의해서 매개된다. 최초의 정립은 무매개성의 정립이다. 여기서는 인식작용과 대상이 동일성 속의 하나이다. 그러나 주체가 자신의 대상성 혹은 타자 속으로 되돌아가는 반성을 함으로써 자신의 규정과 대립된 주체로서 정립한다. 이것이 바로 반정립이다. 그러나 이러한 반정립 작용은 이미 매개가 시작됨을 알리고 있다. 주체는 이제 자신과 대립하고 있는 대상 혹은 타자에서 또 다른 자신을 재발견하고 다시 지양된 자기에 이른다. 이것이 바로 종합이다. 이런 이중의 부정을 통해서 회복된 정립은 이미 이전의 정립과는 다른 고양된 형태를 띤다. 이것이 자아의 자기완성으로 가는 운동의 양태이다. 그의 변증법에서 실재는 모순을 통해서 자기를 전개해 나가며 정신이 마침내 자기의식이 될 때까지 더 높은 단계로 고양된다.

이렇게 모순을 존재계 자체의 질서를 기술하는 데 긍정적인 요소로 도입함으로써 헤겔은 이전까지의 형식논리를 극복하면서 발전이라는 현상을 설명할 수 있게 되었다. 절대정신은 자신의 진리를 유한자인 우리에게 변증법적으로 계시한다. 또한 한 단계 한 단계마다 정립으로부터 반정립으로 그리고 종합으로 나아가면서 그것은 우리의 유한한 정신에 진리를 전개해 나가는 하나의 과정 자체이다. 거꾸로 우리는 그 절대자의 교묘한 꾀임에 빠져서 이렇게 전개되는 진리를 그 나름으로 발전되고 전개되는 우리의 앎 속에서 파악한다. 점차 증가하는 이러한 자기통찰의 과정은 인식주관 내지 인식작용의 주체와 대상의 차이 속에서 수행된다. 헤겔은 의식이 점차 자신을 더 잘 통찰하게 되는 일련의 발생적 이행과정을 감성적 확신 → 지각 → 오성 → 이성 등과 같은 여러 단계로 나누어 서술하고 있다.

이처럼 절대자의 자기인식은 유한자를 통해서만 가능한 것이다. 여기서 헤겔이 시사하는 중요한 대목은 낮은 단계의 인지수준에서 높은 수준의 것을 이해할 수 없다는 명제를 성립시키고 있다는 점이다. 예컨대, 그는 오성적인 단계의 인식에서 내적인 모순을 체험하지 아니하고 이성적인 것을 이해할 수 없음을 분명히 하고 있다. 이는 각 인지발전단계의 합리적인 소통이 사실상 어려움을 의미한다. 우리의 교육론에서 선진과 후진의 소통이 이루어지려면 그들간의 모순이 어떤 방식으로든 지양되어야 한다. 선진의 인식과 후진의 인식은 평면적으로 볼 때 모순된다. 이는 형식논리학의 모순율과 변증법이 양립할 수 없다는 뜻이 아니다. 엄밀하게 말한다면 후진에게 모순인 것이 선진에게는 모순이 아니라는 것이 헤겔의 변증법이 가정하는 탁월한 측면이다. 선진이 되면 이전에는 대립적인 것들이 종합되고 통일된다. 여기서 '좀더 높은 단계의 정신'과 '좀더 낮은 단계의 정신' 간의 갈등과 화해, 그리고 그들의 상대적 우열의 입증이라는 전혀 새로운 인식론적 주제가 성립한다.

헤겔에 있어서 진리란 무엇인가? 이 질문에 대한 해답에 있어서도 우리는 정초주의적 인식론에서 도저히 찾아보기 어려운 매우 중요한 시사를 받게 된다. 이는 서로 다른 사유의 규정들이 번갈아 가며 그때 그때 타당성이 있는 것으로 나타나는 방식이다. 각 단계는 그 단계 내에서는 진리이다. 헤겔은 진리를 구체화시키는 이런 사유의 규정들을 '계기들(Momente)'이라고 불렀다. 예컨대, '자연적 의식'은 자기 자신에 대한 직접적인 확신 속에서 자신이 절대적 형식을 가진 것으로 생각한다. 그러나 각 단계는 그 형식과 인식된 내용 사이의 모순된 내용들을 발견하고 조만간 다음 단계에로 진전하면서 자신의 비진리성을 통찰하기에 이른다. 이 때문에 헤겔은 '참'인 것으로서의 전체에는 '오류'도 함께 속한다고 분명히 확신하고 있다. 그래서 처음에는 참인 것으로 보였던 것이 새로운 진리가 등장하면서 오류로 밝혀지고 소멸되는 끊임없는 과정이 진행되는 것이다. 이런 과정을 헤겔은《정신현상학》서문에서 '박커스 축제에서의 도취경(bacchantischer Taumel)'이라는 말로 표현하고 있다. 그러니까 유한자로서의 우리의 인식은 언제나 절대지에 도달하는 도상에 있는 것이다. 따라서 우리는 진리를 발견했다는 말 대신 진리를 추구한다고 말하는 것이 옳을 것이다.

키에르케고르(S. Kierkegaard)

서양철학사에서 키에르케고르는 실존적 변증법이라고 하는 또 하나의 독보적인 전통을 만들어 내었다. 그의 사상은 원래 당대에 풍미하던 그릇된 기독교 사회에 대한 반성 혹은 반발의 결과이다. 당대의 유럽인들은 모두 자신들이 그리스도인이라고 부르고 있지만 키에르케고르의 판단으로는 그리스도교와는 전혀 무관한 범주 속에서 살고 있는 것처럼 보였다. 그가 보기에 당시의 사람들은 그리스도교의 가르침을 자신들의 내면에 실현하기보다는 교리의 언어적 외양만을 흉내내는 것으로 보였다. 참된 기독교인은 예수의 말을 무책임하게 지껄이는 사람이 아니라 그 말 속에 포함된 뜻에 따라 살 수 있는 사람이라는 것은 말할 필요가 없다. 기독교인의 과제는 어떻게 하면 그리스도교의 가르침을 내면으로 점유(appropriation)할 수 있는가에 있다. 이를 위해서 키에르케고르는 교화적 철학이라는 것을 표방하기에 이른다.

이 아이디어는 헤겔의 철학을 비판하고 극복하는 방식으로 형성되었다. 키에르케고르는 정신의 발전이라는 면에서 기본적으로 헤겔과 같은 노선에 서 있다. 그는 모순되고 대립적인 것이 종합으로 나아가는 변증법적 운동성을 헤겔로부터 배웠다. 그러나 헤겔 철학은 그가 문제시하고 있었던 기독교적 문제의 해법이 아니라 오히려 그 문제를 조장하고 있다는 판단을 내렸다. 헤겔 철학에서 내세우는 체계적인 사고나 범논리적인 '순수사유'는 인간 실존의 현실을 외면하고 그것을 추상화하고 객관화하는 경향이 있으며, 그런 사변철학이 당대의 사람들에게 사고와 존재 사이의 차이를 망각하게 만들었다고 키에르케고르는 당대를 진단하였다. 이 때문에 사람들은 기독교 교리에 대한 지식과 기독교적인 삶의 영위를 혼동하는 경향이 생기고 실존과 추상 사이에 있는 질적인 대립의 소실, 더 나아가 실존하는 인간의 본질적인 존재양식까지 잃어버리게 되었다는 것이다. 진리는 논의될 것이 아니라 실천되어야 한다. 그런데 당대의 사람들은 구체적인 경험과 실존하는 주체로서의 자신을 망각하고 있는 것처럼 보였다.

이런 불만을 토대로 키에르케고르는 헤겔식의 사유의 실험을 지양하려고 하였다. 그것은 크게 두 가지 점에서 이루어진다. 하나는 그가 말하는 주체가 구체적인 실존이라는 점이다. 키에르케고르는 헤겔의 절대정신에 대한 논의를 개별적 자아에 적용하였다.[10] 이는 이성적인 힘을 가진 정신 일반이라는 헤겔의 추상성과 대비되는 개념이다. 보편적인 것을 대상으로 삼는 헤겔식의 사고에서는 구체적인 존재로서의 실존은 그 논의로부터 떨어져 나가고 만다. 키에르케고르의 입장에서 본다면 헤겔의 철학은 단독적 실존을 역사적 세계의 보편자 안으로 평준화시키는 격이었다. 말하자면 단독자를 보편성에 희생시켜 버린 것이다. 키에르케고르는 이런 추상성을 떠나 구체적인 현실 속에서 개별정신이 자신의 새로운 가능성을 열정적으로 추구하는 실존에 그의 논의를 국한시킨다. 그는 인간존재의 보편성을 부정하지는 않지만, 다만 그것이 단독자인 너와 나와 그 사람에 의해서만 실현될 수 있는 것으로 여겼다. 키에르케고르의 변증법이 헤겔의 것을 비켜간 또 하나의 방향은 실존의 면모가 항상 유한성과 비완결성을 지닌다는 강조이다. 헤겔은 완전한 존재인 신을 가정함으로써 그의 체계를 완결시키려고 하였다. 그러나 키에르케고르에 있어서 구체적으로 실존하는 개인에게 완결은 불가능하다. 그에게 부각되는 실존은 항상 무한한 것과 유한한 것, 영원한 것과 시간적인 것 사이에 태어나서 현실성에 안주하지 않고 무한하고 영원한 것을 부단하게 추구하는 운명에 처해 있는 것으로 재조정된다.

흔히 변증법적 신학이라고도 칭하는 키에르케고르의 철학은 주로 절대적 진리를 점유할 수 없는 유한자로서의 인간이 어떻게 절대자인 신의 길로 나아갈 수 있느냐 하는 문제를 다루고 있다. 절대적이고 객관적인 것은 설사 그것이 있다고 하더라도 유한자의 것이 될 수 없다. 유한자로서 우리에게 보다 중요한 과제는 상대적인 것을 우리 속에 점차 실

---

10) 키에르케고르는, 예컨대 실존의 양태로서의 자신의 생애를 헤겔의 삼중형식으로 구성하기도 하였다. 즉 정립(어린애 같이 순진한 신앙)과 모순(하느님에 대한 반역), 화해(하느님 및 자기 아버지와의)가 그것이다(Lowrie, /1995, pp.49-50).

현시켜 나가는 것이라고 본 키에르케고르는 그 나름의 독특한 변증법을 가정했다. 그것은 헤겔식의 거창한 구상이 아니라 소크라테스의 대화와 같은 소규모의 맥락에서 전개된다. 개인의 자유와 책임이야말로 키에르케고르의 가장 열렬한 확신이었다. 그가 말하는 생성의 운동 역시 논리적인 필연성보다는 실존의 결단과 선택 그리고 성실성에 의존한다. 그에게 있어서 시간은 실존이 의지의 자유를 행사하면서 가능성을 실현해 나가는 과정이다. 또한 시간 안에 있다는 것은 이것이냐 저것이냐 하는 선택에 봉착하는 것을 의미한다. 과거는 실현태이고 미래는 그것의 가능성이다. 실존은 그 중간인 현재 속에서 그의 가능성을 실현해 나간다. 그렇다면 진리는 어떻게 공유될 수 있는가? 이 문제와 관련하여 키에르케고르는 일정한 위치에 도달한 사람이 그렇지 못한 사람을 끌어올리기 위해서는 어떤 방법을 써야 하는지에 대한 고민을 해결해야만 하였다.

키에르케고르는 진리의 개인적인 점유를 극도로 강조하였다. 우리는 진리를 객관적으로, 즉 무심하게 생각해 가지고는 만족할 수 없다. 그는 우리에게 진리의 실존적 실현을 촉구했다. 진리는 객관적인 표현물로써가 아니라 그것을 우리의 내면에 점유함으로써만 확인될 수 있다. 객관적인 지식은 나에게 점유되고 확인되어야 할 하나의 가설이거나 유사가설에 불과하다. 키에르케고르는 객관적 지식은 자기 자신을 계시하는 것 이외의 어떤 것도 아니고, 그것을 확인하기 위해서는 스스로 발견하는 일이 필요하다고 본다. 그것을 주체성 속으로 받아들이고 점유할 때 비로소 그 실체성이 확인된다. 이 점에서 실존과 관계되지 않은 모든 지식은 우연한 것이고 실존과 관계되는 지식만이 본질적이다. 키에르케고르에 있어서 지식은 표현체의 단순한 소유가 아니라 자기 자신과 융합한 것이다. 한 개인이 지식을 갖는다는 것은 자기에게 하나의 지식을 주입시키는 것이 아니라 그가 자기 계시에 이르는 것이다. 널리 인용되는 키에르케고르의 언명, 즉 '주관성은 진리이다(Kierkegaard, /1941, p. 181)' 라는 말은 이 취지를 드러낸 것이다.

진리는 내적인 체험이므로 논증이나 객관적인 증명이 불가능하다. 따라서 실존하는 단독자의 과제는 그의 주체적 사고를 통하여 자신의 실존에서 자기 자신을 이해하고 진리를 실현하는 일이 된다. 우리는 진리가 우리 안에서 생명이 될 때에만 그것을 진리로서 승인할 수 있다. 이때 그 진리란 무엇인가? 키에르케고르는 여기서 레싱(G.E. Lessing: 1729~1781)의 말을 끌어들여 이에 대한 그의 입장을 밝혔다.

> 만일 하느님께서 바로 오른손에 모든 진리를 숨겨 가지시고, 그 왼손에는 진리를 향한 끝없는 갈망을 — 그것이 비록 나를 언제나 그리고 영원히 미혹한다는 조건부로 — 숨겨 가지시고 나에게 그 중의 하나를 선택하라고 말씀하신다면, 나는 겸허하게 그의 왼손을 향해 무릎 꿇고 부르짖겠노라. 신이여 이것을 나에게 주옵소서. 순수한 진리 그 자체는 오로지 당신의 것이기 때문입니다(Kierkegaard, /1941, p.92에서 재인용).

여기서 그가 밝히려고 한 것은 절대적인 진리는 인간으로서 성취하기 어렵다는 것이다. 우리가 무한성에 도달할 가능성은 없다. 그 대신 그것에의 접근은 가능하다. 그리하여 인간적인 의미의 진리는 그 끝에서 완결적으로 주어지는 것이 아니라 그것에 접근하는 경험에서 주어진다. 불확실성 속에서도 그런 방향을 지향하면서 끊임없이 자신의 실존을 한 걸음씩 쇄신해 나가는 열정과 도전이 중요한 것이다. 유한자로서 인간에게 가능한 진리는 영원한 진리에 이르는 길에서 그때 그때 체험된다. 그 과정에는 질적인 차이가 있는 몇 가지 단계들이 있다. 각각의 단계는 서로 그들 나름의 다른 삶을 추구하지만 지양되어야 할 요소를 갖는다. 따라서 각각의 단계마다 다음 단계에로의 질적인 비약이 요청된다. 비약의 이후에는 이전의 단계가 이후의 단계에 자리를 물려준다.

키에르케고르는 인생에 있어서 거쳐야 할 단계로 심미적 실존, 윤리적 실존, 그리고 종교적 실존을 구체적으로 상정하였다(엄태동, 1998; 표재명, 1992; Taylor, 1975). 그 단계별 도약은 이전의 단계가 절대적 지위를 상실하고 이후의 단계에 대한 주체의 선택과 결단과 의지에 의해서 촉발된다. 심미적인 단계의 사람은 즉각적인 현재와 환경에 매몰되어 쾌락을 추구하면서 사회적 관습과 압력을 맹목적으로 추종한다. 여기서 결단의 부재라는 것이 문제가 되어 어쩔 수 없이 절망으로 이끌려 간다. 이 때 그는 윤리적인 삶을 자신의 가능성으로 선택하여 그 가능성을 실현하려고 애쓴다. 그러나 이 단계의 사람은 개별자와 보편자의 괴리라는 실존적 한계에 의해서 절망하게 되고, 그것은 종교적 실존을 새로운 가능성으로 추구함으로써 해소된다. 종교적인 실존은 윤리적인 삶의 자세로서는 진입할 수 없다. 여기에는 신의 요구에 의해서 사랑하는 아들을 그에게 바치는 것과 같은 결단이 요망된다. 그러나 이 단계에도 신과 인간 사이에 존재하는 절대적인 차이를 넘어설 수 없는 모순에 봉착하게 된다. 그 차이가 결코 해소될 수 없다는 것을 깨달음으로써 실존은 신앙을 열정적으로 추구하는 삶을 보여준다.

이처럼 키에르케고르는 한 개인이 일생동안 그가 처한 단계에서 상대적인 의미의 진리를 체험할 수 있는 길을 암시한다. 더 나아가 그는 서로 처한 단계와 수준이 다른 개체들 사이에 어떻게 진리가 전달될 수 있는가 하는 문제에 관심을 가졌다. 여기서 인식론적으로 주목할 만한 것은 그가 각 단계는 그 나름의 합리성을 가진 것으로 상정하고 있다는 점이다. 이런 전제 아래 그는 상이한 단계에 있는 사람들간에 어떻게 소통이 가능할 수 있는가 하는 문제를 제기한다. 그는 상이한 실존의 단계 사이에는 있는 그대로의 직접적인 소통이 불가능하다는 결론을 얻는다. 우선 실존 자체가 언어로 진술될 수 있는 것이 아니다. 뿐만 아니라 그들의 기준이 다르기 때문에 갈등이 불가피하며, 설사 소통의 시도가 이루어진다고 하더라도 그 결과는 오해와 왜곡이 될 것이다. 키에르케고르는 각 단계의 교양은 직접 전달할 수 있는 것이 아니라고 보았다. 대신 그는 낮은 단계의 것을 좀더 높은 단계로 전향시키는 교화의 방법을 대안으로 제시한다. 교화의 한 조건은 강요를 허용하지 않는 것이다. 가치있는 실존은 자신의 결단과 선택에 의해서만 보장되기 때문이다.

상위의 실존단계에 있는 자가 자신의 실존을 언어로 직접 전달하는 것은 불가능하다. 또한 키에르케고르는 헤겔의 관점을 받아들여 실존의 발전단계 가운데 어떤 것이라도 생략하는 것은 불가능하다고 보았다. 거쳐야 할 단계를 생략하고 억지로 높은 단계를 강요하는 것은 그 단계의 가치를 제대로 감식할 수 없게 할 위험성이 있다. 그렇다면 이런 인식론적인 난제를 해결하는 교화의 조건을 어떻게 충족할 수 있는가? 이에 대한 해답으로 그는 '간접전달'을 제안한다. 이것은 상대가 전달하려는 실존의 양태를 점진적으로 내부에서 점유하도록 돕는 활동이다.[11] 그러기 위해서 전달자는 상대의 단계에까지 하강하지 않으면 안 된다. 그는 이렇게 말한다.

> 어떤 사람을 일정한 위치에까지 이끌어내는 일에 진정한 성공을 거두기 위해서는, 우선 그가 있는 곳에서 '그를' 찾아내려고 애쓰고, 거기서부터 시작해야만 한다(/1980, p.5).

그곳에 이르러 전달자는 상대의 실존양태를 흔들어 놓고, 은연중에 차선인 다음 단계의 가능성을 보여 주고, 그 실현을 촉구하고 유발시키는 일련의 활동을 해야만 한다.

키에르케고르는 치밀한 변증법적인 도식과 간접전달의 신념에 따라 스스로 저작생활을 한 것으로 알려지고 있다(Taylor, 1975). 그는 일생을 통해서 자신 속에 있는 균열의 금을 발견하고 그것을 인생의 보다 심오한 단계로 진입하는 데 불가피한 것으로 보았다. 그러나 그는 저술가로서 자신의 비밀을 직접 폭로하지 않고 그것을 말하는 교묘한 방법을 발견하였다. 그는 한동안 가명으로 그의 작품을 발표하였다. 키에르케고르에게는 독자가 인생에 있어서 양자택일적인 딜레마를 해결하도록

11) 이를 상대편의 것으로 보면 키에르케고르가 말하는 '복제(reduplication)'에 해당한다. 이는 지식을 단순히 언어적으로 수용하고 있다가 상황에 따라 입으로 되뇌이는 것이 아니라 그에 맞게 실존하는 것을 지칭한다(Taylor, 1975, p.49, p.54, p.318).

촉구한 이런 형식이 소크라테스의 산파술과 같은 효과를 가져올 것으로 생각하였다. 《이것이냐 저것이냐(1843a)》나 《두려움과 떨림(1843b)》이라는 그의 저서들이 여기에 해당하는 것이다.[12] 전자는 심미적 실존양식과 윤리적 실존양식으로 삶을 영위하고 예찬하는 두 인물의 대조를 보이고 있으며, 후자는 윤리적 생활을 하는 인물이 신적인 존재 앞에서 느끼는 갈등의 상황이 주제로 다루어지고 있다. 이러한 대립적인 존재양태와 인생관에 관해서 키에르케고르는 자신의 견해를 밝히지 않는다. 어느 한편에 편향되지 않게 양자택일적 상황을 설정해 놓고 그 선택은 독자들이 주체적으로 결단해야 할 사항으로 남겨 놓은 것이다. 이런 저작활동의 의도는《나의 저작의 관점(/1980)》에서 잘 표명되었다.

> 이른바 심미적인 대중들이, 그리스도교에 이바지하기 위한 위장이고 속임수에 불과한 나의 심미적인 저서들을 읽는 어간에 의식적이건 무의식적이건간에 흥미를 느꼈거나 느끼게 된다고 해도, 그것이 나와는 전혀 무관한 일이라는 것은 자명한 사실이다. 왜냐하면 나는 종교적인 저술가이기 때문이다. 가령 어떤 독자가 개개의 심미적인 저서를 완전히 이해하고 비판적인 입장에서 칭찬을 한다 해도, 그렇다고 해서 그가 저술가로서의 나의 전체 저술활동 속에 담겨진 종교적인 전체성을 이해하지 못하는 한, 결국 그는 전체적으로 나를 오해할 것이다(p.10).

스스로 자신이 종교적 단계에 이르렀다고 생각한 키에르케고르는 그가 이미 극복하고 지나간 단계에 있는 독자에게 그 실존의 양태를 글로 묘사하고 그 중 어떤 것을 선택하도록 하였다. 이런 키에르케고르의 교육적 시도는 참으로 놀라운 착상이다. 적어도 그에게는 이런 글쓰기의 방식이 말만 앞세우고 그와 걸맞지 않는 삶을 영위하는 당시의 사람들

12) 키에르케고르는 이 두 저서를 자신의 저술에서 '심미적 저술'에 속하는 것으로 분류한다. 그렇다고 해서 이들이 모두 심미적인 단계만을 다루는 것은 아니다.

을 순차적으로 신에게 안내할 수 있을 것으로 생각되었다. 그는 기독교의 정신이 불과 몇 시간의 설교로 이해될 수 없다는 것을 강조한다.

> 참다운 그리스도교의 자기부정을 이해하기 위해서는 두려움과 떨림이, 침묵의 고독이, 그리고 오랜 시간의 흐름이 필요하다(/1980, pp.12-13).

실제로 그의 익명적 작품활동이 당대의 사람들에게 얼마나 주체적인 점유화를 가져오게 하였는지는 알 수 없다. 그러나 그의 이론과 삶 자체가 우리가 제안하려는 교육적 인식론의 중요한 특징을 지적하고 있다는 점에서 그는 분명 상당한 예견력을 가진 학자임이 틀림없다.

1.4.2. 해석학적 전통

하이데거(M. Heidegger)

우리는 앞에서 최근에 인식론에서 해석학으로의 전환이 이루어지고 있다는 사실을 지적했다. 그런 가능성의 전단에는 하이데거와 가다머라는 거물들의 인도가 있다. 이들은 후설의 현상학이 내포한 정초주의적 요소에서 문제를 끌어내고 그것을 해소하고 발전시키는 방식을 취한다. 후설이 현상학적 방법으로 제안한 본질적 환원이 구체적인 현상에서 보편적인 본질을 발견하는 길을 터놓은 이래 상이한 철학분야와 개별과학에 풍성한 결과를 가져 왔다. 그러나 확실한 명증성을 추구하는 그의 의도에는 너무 극단적인 주장이 포함되어 있다. 그의 현상학적 환원은 종종 선입견으로부터 완전히 해방된 태도로 해석된다. 현상학의 방법론은 무전제를 목표로 하는 철저한 인식을 가정한다. 연구를 위해 선택한 경험에 대해 자신이 알고 있는 모든 이해, 믿음, 편견, 가정, 전제, 이론 등을 배제한다는 의미로 후설은 '괄호치기'라는 말을 사용하였다. 그러나 진정 우리의 인식활동에서 실제로 그런 해방이 가능한가? 하이데거나 가다머는 그 전제가 현실적으로 불가능하다고 본다. 우리는 무엇을 인식한다고 할 때 선이해, 추측, 가정을 가지고 있다. 문제는 그것을 부정하거나 무시하는 것이 아니라 그것을 드러내고 그 정체를 밝히며 개선하는 것이다.

먼저 하이데거의 입장부터 정리해 보기로 하자. 데카르트와 칸트의 정초주의를 더욱 철저하게 완성시키려고 했던 후설의 시도는 하이데거에 의해서 재검토되었다. 하이데거는 당시까지의 형이상학, 더욱 직접적으로는 스승인 후설이 발견해 낸 범주적 직관, 아포리오리가 지닌 근원적인 의미, 그리고 지향성에 대한 착안을 현상학적으로 비판하면서 그것을 전혀 새로운 이론적 토대, 즉 '기초적 존재론(1927)'으로 심화시키는 작업을 하였다. 인식의 문제에 있어서 후설이 선험적 주관성(transcendental subjectivity)으로서의 의식의 기능에 큰 비중을 두었던 반면에 하이데거는 세계 안에 있는 구체적인 역사적 존재를 인식의 중대한 매체로 보았다. 존재를 그것의 역사성과 시간성 안에서 파악하고자 하였던 그의 입장에 따르면, 우리는 과거를 회상하고 미래에 기투함으로써만 현재의 자신을 이해할 수 있게 된다.

하이데거는 지나간 철학사 전체의 전통적인 사고에 도전하였다. 그는 형이상학을 존재 또는 존재의 진리에 대한 학문으로 새롭게 정의하고, 전통적인 형이상학은 올바른 것이 못된다고 부정한다. 그는 이제까지의 존재론이 존재자(Seiendes)에 관한 것이었을 뿐 존재(Sein) 자체에 대한 해명을 하지는 않았다고 본다. 그는 이처럼 지금까지 전혀 의문시되지 않은 채 자명하게 전제된 존재의 의미를 문제삼으면서, 근원적이고 본래적인 존재 의미라는 토대 위에서 존재자들의 존재 혹은 본질을 새롭게 추구하는 것을 그의 과제로 삼았다. 이에 따라 그는 새롭고 근원적이며 존재와 실존에 좀더 접근하는 사고를 확립하고자 시도하였다. 그에 의하면 종전의 형이상학은 존재가 눈앞에 지속적으로 현존하는 것으로 보고, 인간의 존재도 눈앞에 존재하는 존재자와 동일한 방식으로 된다고 보았다. 그러나 이럴 경우 인간뿐만 아니라 그의 인식대상인 세계도 그 본래적인 성격을 은폐하게 된다.

하이데거에게 있어서 형이상학을 극복하는 것은 형이상학에 의해서 사고되지 않은 것, 은폐된 채로 남아 있는 존재를 밝혀내는 것이다. 그가 표방하는 기초존재론의 독특한 점은 존재이해를 그가 만들어 낸 이른바 '현존재(Da-sein)'의 개념과 연관짓고 있다는 점이다. 그는 우리에게 올바른 인식의 기술이 중요한 것이 아니라 인식을 통한 현존재의 자기해명이 중요하다고 보는 점에서 이미 스승인 후설의 범위를 떠나고 있다. 그는 키에르케고르가 관심을 가졌던 프로테스탄트적 기독교에서 순전히 세속적인 결론을 끌어내고, 그것의 기초 위에 '현존재의 체계'를 건립하는 방식을 택한다. 그는 현존재가 존재하지 않으면 세계도 없다는 독특한 입장에서 출발하여 현존재가 무엇인지를 먼저 해석해야 할 것으로 보았다.

말하자면 존재가 무엇인지 알려고 한다면 우리는 그 요소의 하나로서 존재이해를 내포하고 있는 인간의 실존이 무엇인지를 분석하는 데서 출발해야 한다는 것이다. 인간존재인 현존재의 사실성을 중시하는 그의 분석은 '의식'으로부터 출발하지 않으며, 자기 자신을 확신하면서 인식의 토대를 부여하고 절대적 반성에까지 이르는 인식주체도 더 이상 가정하지 않는다. 그가 말하는 현존재는 자신의 존재를 막연하게나마 이해하면서 자신의 고유한 존재를 문제시 삼는 특별한 존재자이다. 그 존재는 주변 세계의 작용영역과 역사적 지평 속에서 자신의 존재와 타자의 현존재 그리고 사물들에 대해 언제나 어떤 태도를 취하는 유일무이한 존재자로 부각된다. 이제 현존재는 한정되지 않은 존재를 자신의 본질로서 경험하고 생겨난 자신의 의미를 발견한다.

이런 의미의 현존재는 데카르트로부터 유래해서 후설에 이르는 순수하고 절대적이며 선험적인 자아와 대비된다. 후설에서의 자아는 모든 인식의 토대가 되는 완결된 자아이지만, 하이데거가 말하는 현존재는 취약성과 제한을 가진 유한한 존재방식이다. 인간은 이제 '세계-내-존재(In-der-Welt-sein)'로서 항상 다른 인간, 다른 존재자들과의 관계 속에서만 존재한다. 인간에게는 자신과 존재자 전체의 고유한 존재가 개시되어 있다. 그가 인간을 현존재라고 부른 것은 바로 이 사실에 주목한 것이다. 세계에 대한 이해는 존재자에 대한 현존재의 구체적인 관계 안에서 수행된다. 현존재에게는 우선 자신의 존재가 문제시된다. 또한 현존재와 세계는 서로 공속관계에 있기 때문에 현존재의 자기실현과 세계이해는 서로 내밀한 관계를 갖는다. 현존재는 자기실현을 위해서 그리고 현존재의 자기실현을 통해서 세계에 대한 이해를 건립해 나아가게 된다.

그러니까 하이데거의 맥락에서 인식론은 특별한 의미의 존재자인 현존재의 자기이해라는 과제로 귀착된다. 지식은 세계-내-존재로서 현존재의 존재양식이다. 그에게 있어서 이해와 해석은 후설의 주장처럼 단순히 미리 주어진 그 무엇에 대한 무전제적인 파악이 아니라 그 안에 현존재의 자기이해라는 과정이 필연적으로 개입되어 있다. 현존재는 이해하며, 세계를 열어 밝혀 나가야 하며, 그 존재양태에 따라 존재의 전체인 세계도 달리 나타난다. 말하자면 현존재는 자신이 세계를 건립하는 위치에 있다. 인간은 현존재로서 비록 불명료하게나마 언제나 존재자들의 고유한 존재를 이미 이해하고 있다. 존재의 의미는 오직 현존재의 자기이해라는 선행하는 이해 안에서부터 해석될 수 있다.

이로써 전통적인 인식론이 가정했던 대상 그 자체 또는 순수한 사실(factum brutum)은 사라진다. 인간은 결코 세계가 없는 주관으로서 자유로운 공간에 떠돌아다니는 것이 아니고, 이미 언제나 세계 속에서 그리고 그러한 세계 속의 특수한 상황 내에서 어떤 특수한 심신상태에 놓여 있다. 어떤 사실에 대한 단순한 대상파악이라고 할지라도 거기에는 선소유(Vorhabe), 선견(Forsicht), 선취(Forgriff)가 있다. 이것들은 하나의 대상을 구성하기 위한 전제들을 나타낸다. 따라서 대상 그 자체 또는 순수한 사실은 있을 수 없다. 이런 사실의 이러한 단순한 확증, 즉 하나의 규정성은 이론 의존적이며, 다양한 선취에 의해서 인도된다. 그리고 이런 가능성들은 다른 한편으로 이미 과거 속에 미래가 기투된 방식에 의해서 일정한 제약을 받고 있다. 이처럼 현존재는 그것이 만나는 지평인 현재가 유한하기 때문에 언제나 유한할 수밖에 없다.

하이데거의 기초존재론에서 주목할 점은 진리에 대한 그의 독특한 개념이다. 그에게 있어서 진리는 현존재의 실존 속에 있는 존재이해에 철저히 의존하고 있다. 이런 관점은 전통적인 인식론에서 추구해 왔던 '진리'의 개념에 비해 일대 변혁이라는 점을 주목할 필요가 있다. 논리실증주의자들은 실재와 인식내용, 혹은 언어의 일치에 관심을 두었다. 또한 후설의 현상학은 지향된 존재자 자체의 자기부여와 작용지향성 자체의 충족이라는 관점에서 대응이라는 개념범위를 벗어나지 않았다. 그러나 하이데거는 대응이라는 잔재를 말끔하게 씻어내 버리고 진리, 존재, 존재자, 그리고 인간이라는 특수한 존재자인 실존의 양태를 긴밀하게 결부시킨다. 사실상 그의 논점은 다음의 인용구에 압축해서 잘 드러나고 있다.

> 참임이란 밝힘을 의미한다. 그로써 우리는 발견함의 양태는 물론 열어 밝힘의 양태를, 다시 말해 현존재적이지 않은 존재자의 밝힘과 우리 자신이 그것인 존재자의 밝힘을 포괄하고 있는 셈이다. 우리는 **참임**을 이렇게 전적으로 형식적인 의미에서 **밝힘**으로 파악한다. 이 때의 밝힘이란 아직 특정한 존재자와 그것의 존재양식에 알맞게 재단되지 못하고 있다. **밝힘으로서의 참임**은 **현존재** 자체의, 다시 말해 그의 **실존의 존재방식**으로 귀결된다. … 오직 현존재가 실존하면서 **본질적으로** 이미 진리 가운데 존재하기 때문에 그 자체 오류를 범할 수 있으며, 그래서 존재자의 은닉, 위장, 폐쇄가 있게 되는 것이다 (Heidegger, 1927/1994, pp.310-311).

하이데거의 용어에 익숙하지 않은 독자는 위의 인용구가 난해하기 짝이 없을 것이다. 그러나 그의 이론적 입장을 정확하게 이해하기 위해서는 바로 그 용어에 충실하고 그것에 익숙해지는 길 이외에 다른 방도가 없다. 여기서 존재는 존재자의 있음에 근거를 제공하는 비은폐성(aletheia)으로 본다. 그런데 이러한 존재는 존재자로 나타날 뿐 그 자체가 고스란히 나타나지 않는다. 존재자의 범주에는 '현존재적이지 않은 존재자'와 '우리 자신이 그것인 존재자', 즉 현존재가 있다. 그런데 존재의 밝힘은 결국 후자인 우리들에 의해서 밝혀져야 한다. 그 취지가 위의 글에서는 "**밝힘으로서의 참임은 현존재** 자체의, 다시 말해 그의 **실존의 존재방식**으로 귀결된다"는 말로 표명되어 있다.

이처럼 진리, 즉 존재의 밝음을 주관적으로 확인해야 하는 요소를 수용하는 태도는 키에르케고르에 의해서 정립되었다. 하이데거는 우리의 주관적 판단을 배제한 진리의 규정이 불가능하다고 본다는 점에서 키에르케고르의 노선을 따른다. 진리를 해명하기 위해서 아무리 '객관적인 절차'를 거친다고 하더라도 최종적인 판단을 내리는 것은 인간이다. 하이데거는 존재가 비은폐성으로 자신을 부단하게 알린다고 보고 존재의 밝힘이 우리에게서 이루어질 때에 한에서만 존재가 인간에게 양도된다고 본다. 진리, 말하자면 밝힘과 밝혀져 있음은 현존재가 실존할 때에만, 그리고 그런 한에서만 존재한다.

세계에 대한 이해의 과제는 바로 존재의 비은폐성이 그대로 드러나게 하는 것이다. 이해는 어떤 형식으로나 그리고 언제나 우리에게 주어져 있다. 우리는 언제나 습관적으로 이해된 세계 속에서 살고 있다. 그러나 그것은 우리 자신의 선이해에 구속되어 있다. 그 선이해의 폐쇄성에서 해방되기 위해서는 현존재가 지금 있는 상태로 남아 있어서는 안 된다. 또한 단순히 연구의 절차와 기법을 강조한다고 해서 인식이 발전할 수 있는 것은 아니다. 더욱 중요한 것은 현존재가 자신이 가진 선이해의 한계를 벗어나려고 노력해야 한다는 것이다. 이처럼 존재는 그 자체가 아무리 밝힘으로 나타난다고 하더라도 역시 현존재의 시숙형식(時熟形式; Zeitgungs-form)과 더불어 발견된다.

하이데거는 진리가 후설이 주장한 것처럼, 그것을 구성하는 일련의 철저한 방법론적인 원칙을 통해서 이루어지는 것이 아니라 현존재의 존재구조를 개시함으로써 비로소 드러날 수 있음을 강조한다. 이 진리관의 또 하나의 특징은 절대적인 의미의 진리를 부정한다는 점이다. 그는 '그 자체로서의 진리들'이나 '영원한 진리들'은 있을 수 없고, 진리들은 그것들이 진리인 한에서 현존재에 상대적이라고 말한다. 말하자면 그 자체로서의 진리는 있을 수 없으며, 진리는 현존재가 있음으로써만 의미를 갖게 된다는 것이다. 이 후자의 측면은 진리의 필연성을 강조한 헤겔의 것과 대립된다. 헤겔에 있어서 진리는 자연적 의식이 마지막의 절대지에 도달함으로써 이루어진다. 그러나 하이데거는 그런 명명백백한 최종적인 진리를 부인한다. 그에 따르면, 진리의 본질은 '내밀한 것(Verborgenheit)'이 밝게 폭로되는 것을 의미한다. 이것은 헤겔적인 절대적 주체가 체계적 진리를 이루는 사유규정들의 완전한 운동에서 자신을 재발견할 가능성과는 크게 대조된다.

역사를 통관하는 헤겔의 절대자와 달리 현존재는 능력뿐만 아니라 그의 생이 유지되는 기간에 있어서도 유한하다. 그럼에도 불구하고 그는 세계에 대한 규정과 존재가 제공하는 밝음을 양도받아야 할 위치에 있다. 그것은 어떻게 가능한가? 이에 대한 하이데거의 일반적인 해답은 우리가 일상적이고 비본래적인 삶의 방식에서 벗어나 일련의 실존적 양태를 통해서 자기 본래성을 회복하고, 그로 인해서 존재 망각이나 은폐로부터 스스로 벗어나는 것이다. 그로부터 얻는 존재 개시성과 비은폐성이 바로 우리에게 실현가능한 실존적 진리이다.

인식론으로 볼 때 우리의 과제는 사실상 존재의 밝음 속에 있으면서도 우리 자신의 오류 때문에 은닉, 위장, 폐쇄되어 있는 '참존재'를 발견하는 것을 의미한다. 이처럼 진리는 숨겨져 있기 때문에 '밝혀져야' 한다. 이와 관련하여 하이데거는 그의 주저인 《존재와 시간(1953)》에서 본래적 실존과 비본래적 실존의 상을 그려 놓았다. 전자는 현존재가 자기에게 가장 독특한 존재가능성으로 일깨워져 있는 상태임에 비해서, 후자는 여론에 지배되고 있는 상태이다. 이런 본래성과 비본래성 사이에는 연속적인 통로가 없기 때문에 인간은 비본래성의 상태로부터 단연코 이탈함으로써 비로소 자기 현존재의 본래성이라는 상태로 비약해야만 한다.

하이데거는 자신의 존재를 문제로 삼는 독특한 존재자인 인간이 자신의 비본래적인 삶과 비본래적인 세계를 비판하고, 본래적인 자신의 삶과 그것이 이루어지는 본래적인 세계를 어떻게 실현하느냐 하는 과제를 부각시킨다. 현존재가 진정한 '자기(Selbst)'를 실현한다는 것은 달리 말해 그가 진정한 세계 안에 거주한다는 것을 의미한다. 자신의 實相에 준해서 사는 사람, 즉 본래적으로 실존하는 인간에게는 세계도 본래적으로 드러난다. 그러나 대부분의 경우 현존재는 일상적인 세계가 제시하는 가능성들을 맹목적으로 추구함으로써 자신의 본래적인 존재와 다른 존재자들의 존재를 망각한다.

그러나 하이데거는 이 부분에서 인간은 단순한 유적 존재가 아니라는 키에르케고르의 실존개념을 이어받는다. '실존한다(exist)'는 것은 단순히 존재한다(to be)는 것을 의미하지 않고, '…의 밖에 선다(ex-stasis)'는 것을 의미한다. 그리고 그것은 '…에서 떨어져 있다'는 의미에서가 아니라, 개인이 개인으로서 밖에 서는 환경과 밀접하게 관련되어 있다는 의미에서이다. 그는 인간의 본성은 탈존에 있다고 본다. 인간은 결코 자기 자신을 사물들 중의 고정된 한 사물, 즉 자체동일성을 갖는 실재로서 파악할 수 없다. 왜냐하면 그는 끊임없이 자신을 초탈하여 세계를 향하며, 그에게 주어진 상황을 초월하여 새로운 의미의 지평으로 나아가고 있는 존재자이기 때문이다. 요컨대 인간실존은 끝없는 초월의 행위이다.

실존은 이처럼 언제나 자기 자신을 넘어서 있기 때문에 사람 자신이 되거나 혹은 사람이 아니거나 할 가능성을 지니고 있다. 즉 우리는 우리의 안에 있어서는 안 되고 밖에 있어야 한다는 것이다. 진리는 패쇄적인 이해의 지평으로부터 해방되는 것이고, 그 해방은 실존의 변화를 수반한다는 것을 의미한다. 존재에 대한 이해는 다른 무엇이 되는 것이 아니라 자기 자신이 되는 것이다. 또한 이해는 단순히 인간의 머리 안에서 일어나는 것이 아니라 실존 전체의 변화 속에서 일어나는 것이다. 어떤 세계에 대한 진정한 이해는 그 세계 안에 거주하는 것을 말한다. 그것은 우리가 그것에 사로잡히고 그 사로잡는 힘에 의해 변화되는 것이다. 이처럼 인식대상과 실존의 변화를 동반하지 않는 이해는 항상 그 사태의 피상에만 머무는 이해이다. 이것의 단초는 이미 키에르케고르의 '점유(appropriation)'의 개념에서 찾아진다.

비본래적인 존재방식에서 세계는 얄팍하고 산만한 세계이지만, 본래적인 존재방식에서는 깊이있고 통일적인 의미를 갖는 세계이다. 이 때문에 진리를 찾고자 하는 사람은 일상적인 현존재의 '비본래적인' 이해를 극복할 수 있어야 한다. 인식의 진리, 즉 하이데거의 표현을 빌리면 존재자의 '폭로된 존재'는 폭로하는 존재로서의 인식하는 사람의 진리에 근거한다. 그러자면 우리는 일상적인 현존재를 부단하게 채찍질하는 실존적 거듭남의 상황을 감내해야 한다. 이런 현존재 자신의 비은폐성과 더불어 비로소 진리의 근원적인 현상이 나타나게 된다.

하이데거(1927/1994)는 정신의 변화와 교양의 과정을 서양의 형이상학이 최초로 탄생하는 지점인 플라톤의 동굴의 신화에서 묘사된 과정과 결부시킨다. 그것은 한마디로 우리의 개념체계에서 교육의 과정에 해당하는 것이다.

> 비유의 내용은 더더욱 우연이 아니다. 그것이 플라톤이《국가》제7권의 첫머리에서 해석하고 있는 동굴의 비유이다. 원반으로서의 땅 위에서 하늘에 덮힌 채 살아가고 있는 인간 현존재가 동굴 속의 삶으로 비유되고 있다. 모든 봄은 빛을 필요로 하지만 이 빛은 우선 보이지 않는다. 현존재가 빛 속으로 들어온다 함은 진리 일반에 대한 이해를 획득함을 뜻한다(p.404).

존재는 마치 태양처럼 언제나 빛나고 있다. 다만 문제는 우리 자신이 어둠 속에 있기 때문에 그것을 못보고 있는 것이다. 따라서 현존재인 우리가 그 밝음 속으로 다가가는 변화를 감행해야 한다. 이 경우 인간은 실존적으로 존재한다고 말할 수 있다. 그의 본질은 결정되어 있지 않다. 다만 시간적으로 규정되며, 그 규정의 문제가 항상 자신의 부담으로 남는다. 하이데거는 자신의 인간실존의 존재론을 구성하기 위해 주관성의 시간적 구조를 수용했다. 그는 현존재의 종국적인 본성이 자신의 존재에 대한 배려(sorge)라는 이유에서 현존재의 구조를 배려의 구조로서 특징화한다. 현존재는 현재 속에 위치하고 있고 과거로부터 현재에로 내던져(geworfen)졌으며 스스로를 미래에로 기투하고 있는 자기 자신의 존재를 위해 배려하고 있다. 이러한 배려의 구조를 통해 현존재의 존재는 시간성의 세 가지 순간들에로 확산된다.

현존재의 존재는 결코 특수한 순간 내에 한정될 수 없다. 하이데거는 전통적으로 존재는 주로 현재의 양태 밑에서 이해되어 왔다고 주장하고 그것을 바로 잡기 위해서 인간을 시간의 시숙형식의 형식적 구조로부터 이해한다. 그는 이제까지 가정되어 왔던 시간의 영원성을 희생시킨다. 실존은 여러 가지 방향에서 탈자적으로 초월하고, 그렇게 함으로써 시간을 그 양태와 함께 창조하는 가능성을 갖고 있다. 그는 통속적 시간과 구분되는 근원적 시간의 분석으로서 '소급', '순간', '도래'로서의 과거, 현재, 미래의 탈자적 계기를 강조한다. 본래적인 자기를 대면하고 실현하는 본래적인 시간성에는 죽음, 기분, 불안, 기투, 결단 등과 같은 요소들이 포함된다. 존재에 대한 우리의 경험은 근본적으로 제한되어 있다. 그럼에도 불구하고 우리는 우리의 '세계-내-존재'를 당연하게 받아들이지 않는다. 우리는 그것의 궁극적인 의미를 묻고, 최종적인 근거를 추적한다.

이와 같은 하이데거의 접근은 이전의 존재론과 현격한 차이를 가져온다. 우선 이전의 형이상학은 존재가 이론적 고찰의 대상으로 존재자에게 직접 나타난다고 생각했을 뿐만 아니라 존재의 의미가 언제나 현재적인 것으로 전제되어 있었다. 이제 그의 존재론에는 현존재가 거기에 개입되고 그것의 존재양태에 따라 존재의 전체인 세계에 대한 규정도 달라지는 것으로 되어 있다. 또한 거기에는 지속적인 현재가 있는 것이 아니라 본래적인 자기를 실현시키는 또 다른 차원의 실존적 시간이 개재되어 있다. 현존재의 궁극적인 시간성인 죽음을 선구하는 결단은 현존재가 자신을 장래의 가능성에로 기투하면서 현재를 새로운 빛 아래 새롭게 창조적으로 형성하도록 한다. 말하자면 현존재는 가능성이라는 관점에서 이미 결정되어 있는 것을 다시 결단하고 주어진 현실성을 재해석할 수 있는 자유를 갖는다. 이와 같은 방식으로 하이데거는 전통 형이상학적인 존재의미에 의해서 그 동안 은폐되어 왔던 근원적인 존재의 의미를 새롭게 드러내는 사람으로 스스로를 자임하였다.

가다머(Hans-Georg Gadamer)

하이데거의 수제자 격인 가다머는 스승의 현존재 분석론과 헤겔의 변증법을 그 나름으로 수용하여 《철학적 해석학(1976)》이라는 새로운 영역을 구축하기에 이른다. 각 시대마다 달리 열리는 존재자에 대한 이해를 문제시한 후기 하이데거의 관심을 이어받아 가다머는 세계에 대한 이해에는 전통으로부터 전승된 선입견(prejudice)과 선판단(prejudgment)이 개입한다는 점을 강조한다. 뿐만 아니라 그는 경험에 의한 발전이라는 헤겔의 변증법을 해석학에 도입하되 인간이 유한한 역사적 존재라는 점을 인정한다는 점에서 헤겔과 일정한 거리를 둔다. 그는 우리의 역사에 대한 인식 혹은 텍스트에 대한 이해가 결코 완전하거나 무제약적인 것이 될 수 없고, 다만 스스로의 노력을 통해 그것들을 수용하기 위해 우리 자신을 변모시키는 것을 자신의 해석학적 과제로 삼았다.

흔히 이성주의자들은 자아의 자율성에 대한 주장 때문에 선입견은 합리적인 자기결정을 저해하는 계몽화되지 않은 정신의 잔재로만 생각해 왔다. 가다머의 공헌은 우리로 하여금 그런 생각에서 벗어나게 한 것이다. 그는 프랑스나 영국의 계몽주의에 의해서 밀려난 선입견의 개념을 복원시키고자 하였다. 데카르트의 전통을 이어받은 후설은 근원적인 인식을 얻기 위해서 우리는 모든 선입견을 괄호에 넣고 극복하지 않으면 안 될 것으로 보았다. 그들을 괄호에 넣어야만 투명하고 순수한 자기반성이 가능하다. 그러나 가다머는 그런 의미의 무역사적인 이성에 대한 관념도 특정한 시대의 잘못된 선입관으로 보고 그것을 시정하려고 한다. 예컨대, 그는 주저인 《진리와 방법(/1982)》에서 인식활동에서 선입견을 배제하려는 관점을 '선입견에 반대하는 선입견(p.240)'이라는 말로서 논박한다.

인식은 백지상태에서 일어날 수 없다. 그 점에서 가다머는 해석에 있어서 '선입견'의 불가피성을 인정하도록 주장한다. 그의 요점은 선입견 또는 선판단이 모든 이해의 선행조건들이라는 것이다. 우리가 그것을 분명하게 인식하든 그렇지 않든 간에, 존재하고 있는 것은 언제나 전승의 영향을 받고 있으며, 심지어는 우리가 그것으로부터 자유롭다고 생각하고 있을 때조차도 그렇다. 그는 이해의 전 구조에 대한 하이데거의 해명에 입각하여 '이해의 지평(horizon of understanding)'을 구성하는 '선입견'의 개념으로 그것을 확장시키면서, 계몽주의의 이성중심관에 의해서 부정적 함의를 갖게 된 선입견의 명예를 회복시키려고 노력했다.

계몽주의와 그것에서 파생된 자연과학은 인식에 있어서 선입견의 작용을 거부하고, 오로지 일정한 규칙체계와 방법론적인 원리들을 찾아감으로써 객관적 지식을 추구한다는 취지를 표명해 왔다. 또한 딜타이(1924)를 포함하는 정신과학적 방법론자들 역시 해석의 타당성을 독자가 저자의 의도에 부합하는 데서 찾고 그것을 가능하게 하는 절차나 준칙을 발견하려고 노력했다. 그러나 가다머는 그러한 방법과 진리의 개념을 분리시키고, 객관적 방법론이 정신과학에 침투하지 못하도록 지속적인 전투를 벌이고 있다. 이 점에서 그는 하이데거의 취지와 같은 대열에 있다고 해야 할 것이다. 《진리와 방법(1960)》이라는 저서의 제명에서 '진리'는 하이데거가 말하는 의미의 탈은폐성의 맥락과 일치하고, '방법'은 데카르트 이래로 인식론자들이 주장해 온 방법을 의미한다.

가다머의 공헌은 방법의 맹점을 비판하고 진리를 실현할 새로운 가능성을 제시한 데 있다. 그는 하이데거의 전통을 이어받아 진리탐구를 모종의 기계적인 절차로 환원시키려는 실증주의적 시도를 비판하고 우리들 자신의 수련과 변화를 더 중시한다. 그에 의하면 방법은 진리를 보장하는 수단이 아니다. 반대로 진리는 방법적인 인간을 피해간다. 그는 객관적 방법이나 기술에 대한 집착은 학문정신에 정면으로 배치된다고 주장한다. 진리를 발견함에 있어서 오히려 중요한 것은 우리 자신의 변화이다. 자신을 변화시키지 않고 맹목적으로 방법, 기술, 절차만을 따르는 것으로 새로운 지식을 얻을 수가 없다. 문제는 방법이 가져오는 자료들을 제대로 해석할 수 있는 우리 자신의 자질이다. 우리에게는 세계를 다시 볼 수 있는 능력이 필요하고 그것은 수련을 통해서 얻어질 수 있는 것이다.

전통적 인식론은 도덕과 정치에 비해 이론을 최우선시하는 전통에 뿌리를 두고 있다. 예컨대, 아리스토텔레스는 실천적 지식을 기술적 지식뿐만 아니라 학문적인 지식과 대조시키고 있다. 그러나 가다머는 그것을 역전시키고자 한다. 그의 해석학 모형은 아리스토텔레스의 분류기준에 비추어 보면 윤리학과 정치학이라는 실천철학의 전통에 그 기원을 두고 있다. 그에 의하면, 이해는 사물을 단순히 정관하는 것에 그치는 것이 아니고 오히려 프로네시스(phronesis)의 한 형태로 인정된다. 우리는 이해를 하기 위해서 자신을 발전시키는 실천을 해야 하고, 거기서 얻어진 판단과 추론의 유형이 지식을 구성한다.

해석은 항상 시간의 제약을 받는다. 철학적 해석학은 역사를 해석함에 있어서 시간을 초월하는 어떤 절대적인 주체도 인정하지 않는다. 가끔 여기에 헤겔의 절대이성의 이념이 등장하는데, 그것은 이성이 역사적 제약 속에서만 스스로를 실현할 수 있다는 사실을 간과하는 오류를 범하고 있는 것이다. 아무리 역사를 과학적으로 연구한다고 하더라도 탐구주제의 선택, 새로운 문제의 제기, 그리고 새로운 지식에 대한 관심의 환기에 있어서 선입견이 작용하기 마련이다. 그것을 부인하려는 것이 진리를 탐구하는 데 장애가 된다. 오히려 그것들의 개입을 인정하고 그것을 수정 혹은 발전시키는 것이 더 진실된 태도이다.

현존재를 해석할 때 하이데거는 현재를 과거와 미래의 접점으로 보는 방식을 취하였다. 그러나 객관적 지식을 소망하는 역사주의는 현재와 과거 사이의 간극을 강조하여, 그 당시에만 허용되는 개념에서 과거의 사건을 재인식하자는 방법론적인 전제를 택했다. 가다머는 하이데거의 관점을 택하여 그러한 거리를 연속적인 것으로 보면서 계몽주의에 의해서 배척된 역사 속의 전통과 권위를 복권시킨다. 전통은 단절되기보다는 그 연속성을 유지해야 한다. 또한 권위 역시 그 가치를 인정해야 한다. 물론 맹목적인 복종을 요구하는 권위는 비난받아 마땅하지만 그런 범주의 것은 이미 진정한 의미의 권위라고 할 수 없다. 우리 모두는 권위가 있는 사람들의 영향권에 있음으로써 발전할 수 있으며, 그 권위는 단순히 복종하는 것이 아니라 그것과의 대화를 통해서 그 가치가 끊임없이 재확인되는 것이다.

이런 새로운 이론적 맥락에서 가다머는 이해를 한 개인의 주관적인 행위의 결과라기보다는 과거와 현재가 끊임없이 융해되는 전통 안에 자기 스스로를 정립시키는 과정으로 보게 된다. 대응설을 믿는 객관주의자들의 주장처럼 텍스트를 원저자의 의도대로 따르는 것이 이해의 목적이 아니다. 해석적 이해의 과제는 텍스트에 구현되어 있는 선판단과 해석자 자신의 것을 대면시켜서 양자를 초월하는 새로운 의미를 출현시키는 가능성을 찾는 것이다. 따라서 방법론적 해석학에서처럼 원래의 독자를 객관화시켜 그와 해석자를 대치시켜 놓을 필요는 없다. 과거란 불변의 위대성이 아니고 그 의미가 다음 세대의 해석을 통해서 비로소 획득되는 것이기 때문에 해석자는 자기 자신을 자신의 전통 속에 정립시킴으로써, 오히려 자신의 고유한 선입견을 활용할 수 있다. 이런 방식에 의해서 우리는 하나의 텍스트라도 그것을 상이한 상황에서 다르게 해석함으로써 객관적 지식만을 목적으로 삼는 경우와는 다른 모종의 생산성을 얻어낼 수도 있다.

이제 해석자의 문제는 전통의 일부 안에 스스로를 놓아두는 것이 아니라 자기 자신의 지평이 다른 지평과 통합될 수 있도록 자기 자신의 지평을 확장시키는 데 있다는 쪽으로 전환된다. 지평은 움직이는 사람에게는 변한다. 고립되지 않은 여러 지평들은 우리 인식의 범위를 확장한다. 이를 가다머는 '지평의 융합(fusion of horizons)'이라고 한다. 그럼에도 불구하고 지평은 역시 일종의 선입견이다. 그렇다면 어떤 선입견이 정당한 것인가? 선입견들은 어떻게 자신의 한계를 넘어서서 새롭고 더 포괄적인 지평으로 나아갈 수 있는가? 오해를 유발시키는 잘못된 선입견과 이해를 가능하게 하는 진정한 선입견은 어떻게 구분할 수 있는가? 여기서 그는 선입견끼리의 충돌과 변증법적 발전을 도입한다. 가다머가 말하는 지평의 융합은 단순한 합의가 아니라 서로 다른 입장이 보다 고차적이고 명료화된 관점으로 종합되는 것과 같은 헤겔적인 의미의 합의개념이다. 헤겔은 인식작용에 있어서 역사성의 요소를 상당히 적극적으로 인정했다. 경험은 변증법적인 것으로 부정의 과정을 통해서 전개된다. 새로운 경험은 이전의 경험을 전도시키고 그것을 지양할 뿐만 아니라 이전에 잘못 간주되어 온 것에 대한 자각과 새로운 통찰 모두를 포함하는 보다 높은 단계의 지식을 얻는 것을 의미한다.

이 점에서 가다머가 말하는 해석학도 교육적 인식론의 일단을 가정하고 있다. 그가 말했던 '지평의 융합'이라는 것도 무엇인가 이질적이고 친숙하지 않은 것과의 만남 속에서 경험과 지식을 풍부히 하는 것이다. 이처럼 이해의 과정은 배움, 혹은 도야(Bildung)의 과정이다. 그 속에서 지식의 보고는 더욱 풍성해지고, 낯선 것은 친밀해지며, 이질적인 것은 우리의 일부가 될 때까지 흡수된다. 가다머는 해석학의 전 역사 속에는 '도야'의 개념이 포함되어 있음을 상기시키면서, 헤겔의 도야의 개념이 역사에 반영되어 있는 소외된 실재를 점유하는 중요한 매개적 과정이 될 수 있음을 암시한다. 이처럼 도야를 통한 인식의 발전을 인정하는 가운데 가다머는 '경험의 진리가치(the truth-value of experience)'라는 의미심장한 개념을 찾아낸다.

> 경험은 인간의 유한성의 경험이다. 참으로 경험이 많은 사람은 이것을 깨닫고 있는 사람, 즉 그는 시간의 주재자도 또한 미래의 주재자도 아니라는 것을 아는 사람이다. 경험이 많은 사람은 모든 예언의 한계성과 모든 계획의 불확실성을 안다. 그의 안에는 경험의 진리가치가 실현되어 있다. 만약 이것이

경험이 많은 사람이 새로운 경험들에 대해서 새로운 개방성을 얻는 경험의 과정의 매 단계의 특징이라면 이것은 완전한 경험의 관념에게도 분명히 해당될 것이다(/1982, p.320).

진정한 경험은 그 안에 있는 사람에게 한계의식을 준다. 무엇을 경험한다는 것은 결코 하나의 종착점에 도달하는 것을 의미하지 않는다. 그것은 불완전하지만 한 단계 더 높은 지식에 도달하는 것을 의미한다. 이것이 가다머가 말하는 경험의 진리가치이다. 경험은 항상 부정성(negativity)을 포함한다. 숨겨져 있던 것이 경험을 통해서 새로운 것으로 드러난다. 그것이 진리로 향하는 길이다. 이처럼 가다머는 진리가 경험의 과정에서 드러난다는 점을 들어 헤겔적인 이행을 보여주고 있지만, 다른 한편으로 헤겔이 경험을 종결하고 완성하는 이른바 절대지를 상정한 것은 경계한다. 그는 경험의 변증법은 항상 새로운 것과의 관계를 포함하여야 할 것으로 보면서 이렇게 주장한다.

다시 말해서, 경험의 변증법은 경험의 고유한 완성을 폐쇄적이고 궁극적인 지에서 갖는 것이 아니라 경험을 위한 개방성 속에서 갖는 것이다. 이런 개방성을 통해 경험은 그 자체가 자유롭게 놀이하는 것이다(/1982, p.319).

이 놀이에는 최종적인 종합에 이른다는 헤겔적 관념이 허용될 수 없다. 진리와 역사성을 강력하게 연결시키면서 해석과 이해들의 간극을 변증법적으로 극복한다는 점에서 가다머는 헤겔과 밀접한 관계를 맺고 있어 보인다. 하지만 그는 헤겔이 취했던 역사를 관류하는 절대적이며 이성적인 로고스, 변증법적인 필연성, 혹은 절대적 의미의 인식을 부인한다. 그는 또한 유한자가 반드시 절대적인 일점에 귀일한다는 보장이 없다는 점에서 그들간의 필연적인 관계를 부정한다. 헤겔의 주장은 오늘날의 기준으로 볼 때는 우연적인 것이었음을 부인하기 어렵다. 인간 경험의 유한성을 강조하고 이해와 해석의 완결을 거부한다는 입장에서 가다머는 차라리 헤겔이 말하는 '악무한'을 택하고자 한다. 인식에 참여하는 사람은 아는 것이 없다는 무지에 대한 자각과 다른 사람의 견해들도 진리일 수 있다는 개방성을 인정할 수 있어야 한다. 이런 모든 선입견에 대한 계속적인 시험과 탐색이 가다머가 선택한 도야의 개념에 해당한다.

자연 및 정신을 추리의 논리적 형식 속에 완결시키려는 헤겔의 구조는 더 이상 우리들이 접근할 수 없는 세계를 전제한다. 가다머는 그런 형식론적인 정신적 발전의 종결을 부정하고 대신 변증법적 이해를 일종의 대화의 과정으로 전환시킨다. 지평의 융합은 다른 말로 하면, "어떤 것이 나의 것이나 저자의 것만이 아니라 모두의 것으로 표현되는 대화의 풍족한 실현이다(/1982, p.350)." 지평의 융합은 일정한 규칙을 따르는 대화의 통로를 통해서 가능해진다. 첫째, 진정한 대화는 참여자가 유한한 존재로서 자신의 오류가능성을 인정해야 한다. 둘째, 대화자는 상대자의 진정한 입장이 무엇인지를 포착하려고 노력해야 한다. 이런 내규를 따르는 대화를 통해서 참여자는 더 나은 이해에 도달할 수 있다. 여기에는 물음과 대답의 변증법이 작용한다.

텍스트를 이해하는 것은 물음을 이해하는 것이다. 이와 동시에 텍스트는 해석자에게 물음을 제시함으로써 해석의 대상이 된다. 이러한 물음과 대답의 논리 가운데 텍스트는 그 자체로서 역사적 가능성을 드러내 준다. 이처럼 해석에 참여한 선입견 가운데 특수하고 제한된 성격을 지닌 선입견들을 소멸시킬 뿐만 아니라 진정한 이해를 유발시키는 선입견들이 그 자체로 명석하게 드러나도록 함으로써 우리의 지평은 점차 확장하고 발전할 수 있게 될 것이다. 성공적인 대화는 모든 대화의 참여자들이 최초에 가지고 있던 입장들의 변형을 담고 있다. 가다머가 말하는 진정한 이해의 결과는 서로 다른 대화의 참여자들이 애초의 입장을 넘어서 새로운 통합체나 의견의 일치에 도달하는 것이다. 그것은 누구에게나 한 단계 더 높은 수준의 지식이다. 이로써 그는 지식의 과학주의가 가정하는 절대적 지식과 그에 따른 한계를 벗어날 수 있었다. 결론적으로 가다머가 그의 해석학에 상호간의 개방적인 대화와 이해를 강조하면서 노린 것은 바로 교육적 교류이다.

1.4.3. 프래그머티즘[13)]

듀이(J. Dewey)

학문적 생애에서 많은 부분 헤겔의 영향을 받은 듀이의 사상에는 항상 발전이라는 점이 전제되어 있다. 그러나 그 과정에는 헤겔이 주장했듯이 절대적인 종착점이 있는 것은 아니다. 듀이는 인간의 역사가 절대정신의 자기실현이 아니라 그저 인간의 역사이기를 원했다. 그래서 그는 헤겔의 절대적 관념론으로부터 생물학적으로 지향된 자연주의적 철학으로 전회하면서 새로운 의미의 경험이라는 개념을 구축하였다. 자연이나 경험 등의 어휘를 이용함으로써 경험을 초월한 원리에 기초할 것을 고집하는 형이상학의 이론에 의문을 제기하고 또한 그것을 극복하는 길이 열린 것이다. 듀이의 이론 속에서 반성적 사고라는 개념이 관념론을 탈피하는 도구가 되며, 그것은 다시 교육과 결부된다.

듀이(1922, 1929a, 1929b, 1948)는 당시의 시대사조에 역행하여 시간을 초월해서 고정되고 불변하고 영원한 것을 추구하는 철학의 전통에 반기를 들고 그것을 비판하는 데 지칠 줄 모르는 에너지를 보였다. 당시까지만 해도 구라파의 형이상학자들은 실재를 고정된 것으로 보면서 오류의 여지가 없는 이성의 능력에 의존하여 그 확실성을 규정하는 방식을 택해 왔다. 듀이는 그런 철학의 해결방식에 문제가 있다고 본다. 인간의 탐구과정을 무시하고 그 결과를 절대시하여 분석하고 논의하는 방

---

13) 나는 여기서 흔히 쓰는 '실용주의' 라는 번역을 피한다. 왜냐하면 여기서 소개하는 듀이와 로티의 입장은 실용이라는 말로 이해되어서는 안 되기 때문이다. 차츰 분명해 지겠지만 여기서 말하는 프래그머티즘은 오히려 인식에서의 실천을 강조하고 있다.

식은 모든 것이 한눈에 완벽한 것처럼 보이지만, 거기에는 오히려 미숙한 판단, 결론에로의 비약, 단순을 극도로 사랑하는 경향, 증거를 마음대로 개조하는 것, 불확실한 것보다는 친숙한 것을 취하는 경향, 경험영역을 벗어나서 확실한 지식을 추구하는 것 등이 자리잡을 수 있는 것이다.

듀이의 눈에는 당시의 철학이 시대의 변화에 적절히 대응하지 못하는 것으로 보였다. 존재하지도 않는 것을 가정하던 시대는 지나가고 있었다. 그런 시대적 상황에 역행해서 당시까지도 그런 것을 가정하고 있는 형이상학과 인식론의 나태함을 그는 더 이상 용납할 수 없었다. 형이상학이란 것이 현실 속에서 찾아보기 어렵고 아무에게도 필요하지 않게 되었다. 대신 철학은 보다 적극적으로 생활에서 봉착하는 문제에 새로운 변화를 촉진하는 비판적인 세력이 되어야 한다. 이것을 확신하고《철학의 재건(1948)》을 선언하기에 이른 듀이는 성급하게 완전한 체계를 만들려 하기보다는 항상 그 확실성을 향해서 나아가는 과정에 초점을 맞춘다.

> 철학의 제반 학설들이 거의 모든 것에 대해서 일치하지 않지만 한 가지 가정에는 일치하고 있다. 그것은 그들의 독특한 관심이 시간적으로나 혹은 공간적으로 불변한 것, 궁극적인 것 — 그 존재하는(is) 것 — 을 추구하는 것이다. 도덕적인 기준과 원칙에서뿐만 아니라 자연과학에서도 한 가지 사태의 발견이 진전되고 있다. 그 발견은 자연과학이 자체의 발전과정에서 고정이라는 가정을 포기하고, 실제로 '보편적(universal)' 인 것이 있다면 그것은 과정(process)이라는 것을 어쩔 수 없이 인정하게 되었다는 것이다(p.xiii).

듀이는 자연 속에 포함되어 있는 가능성이 우리 자신의 실험적 활동에 의해 질서있게 나타나도록 하는 방식을 택할 것을 권장한다. 이 경우 철학자들이 말하는 이성보다는 우리의 자연적 속성에 근접한 지능이라는 것이 더 실천적인 것으로 등장한다. 우리의 지능을 뛰어 넘는 문제사태에 당면하고 실험을 통해서 검증해 나가는 방법에 의해서 이전에는 불확실하게 보였던 여러 대상에 대해서 보다 안정된 결론에 도달할 수 있다. 그러나 여기서의 안정성은 불변하는 것에 대한 절대적 확실성의 도달을 의미하는 것이 아니라 부단한 변화를 통제하는 잠정적인 장치를 의미한다.

'지식과 행위의 상관관계에 관한 연구'라는 부제가 달린 《확실성의 탐구(1929b)》에서 듀이는 당대의 최첨단의 지식인 하이젠베르크(W. Heisenberg)의 '불확실성 원리'를 받아들이면서 이런 결론을 얻고 있다.

> 철학적 이론에서의 앎은 실천에서 고립된 어떤 것이 아니고, 특별히 지도되는 활동의 한 사례에 속한다. 불변적인 실재를 정신 속에 확실히 소유하는 데서 얻어내려는 확실성의 탐구는 이제 변화하는 제 사건의 과정을 능동적으로 지배하는 데서 얻으려는 안전성의 탐구(search for security)로 전환되어야 한다. 방법에 대한 다른 하나의 명칭으로 보아야 할 작동하는 지능(intelligence in operation)이 가장 승산이 있는 가치를 가진 것으로 되고 있다(p.204).

듀이가 원하는 철학의 방향은 불변의 것이 아닌 과정, 그리고 확실성이 아닌 안전성이다. 그렇다면 전통철학의 한계를 극복할 수 있는 실천적 과정은 어디에서 찾을 것인가? 그에 대한 듀이의 해답은 놀랍게도 교육에 있었다. 그렇다면 그 교육은 무엇인가? 그것은 세상 사람들이 말하듯이 학교에서 일어나는 사태를 의미하는가? 그렇지 않다. 그는 당대에 일어나고 있는 학교사태를 그가 생각하는 새로운 교육관에 의해서 대치하고자 한다. 이런 그의 관점은 초기 작품인 《민주주의와 교육(1916)》과 후기 작품인 《경험과 교육(1963)》에서 일관되게 주장되고 있다. 이는 이제까지의 철학적 관심으로부터 벗어나서 인식의 문제를 해결하려는 교육적 인식론의 입장과 기본적으로 궤를 같이 한다. 교육에 의한 과정적 실천이 없이 지식은 형성되기 어렵고, 또 그것을 정당하게 평가할 수 없다는 것이 우리의 주된 주장이다. 이것은 특히 최근에 지식의 발견적 맥락과 정당화의 맥락을 분리시키려는 분석철학자들의 오류를 시정하려는 대안이다. 교육적 인식론은 철학이 배척하였던 발견의 맥락을 포함시킴은 물론 그것을 정당화의 맥락과 연관시키는 작업의 일환인 것이다. 따라서 우리는 듀이의 입장이 무엇이었는지에 관해서 그 윤곽이나마 검토할 필요가 있다.

우리는 교화의 철학자라는 범주에서 인식론적인 문제를 다루고 있다. 그러나 듀이는 교화라는 말 대신 정식으로 '교육'이라는 말을 쓰고 있다. 그리고 그는 놀라운 결론을 내리고 있다.

> 만약 우리가 교육을 자연과 동료 인간에 대한 지적이고 정의적인 성향의 형성과정으로 본다면, 철학은 **교육의 일반이론**(the general theory of education)이라고까지 정의될 수 있다. 철학이 단지 상징적인 것 — 혹은 언어적인 것 —, 소수를 위한 감상적인 탐닉, 임의적인 도그마에 머무르지 않으려면 그것의 과거경험의 결산과 가치의 프로그램은 행위 속에서 효과를 보아야 한다. 대중적인 선동, 선전, 입법적 그리고 행정적 행위가 철학이 바람직한 것으로 보는 성향의 변화를 가져오는 데 효과적이다. 그러나 그 변화는 그들이 오직 교육적인 정도, 즉 그들이 정신적 · 도덕적 태도를 수정하는 정도에 달려 있다(1916, pp.383-384).

철학의 효과는 바람직한 성향의 변화라는 관점에서 평가받아야 하고, 그 바람직한 성향의 변화는 그것이 교육적인 것이어야만 한다. 그런 의미에서 철학은 교육의 일반이론이라고 할 수 있다. 그렇다면 철학에 대한 검증의 성격을 가진 교육은 최소한 그것이 치유하려는 전통적인 철학의 안이함에서 벗어나야만 할 것이다. 우리는 앞에서 듀이가 전통철학에 대해 실재에 대한 고정적 관점, 오류를 범할 여지가 없는 확실성에 대한 전제, 탐구과정을 생략한 결론에의 비약 등을 문제시하고 있다는 점을 지적하였다. 그렇다면 최소한 그것을 치유하려는 교육에서는 그런 관점이 용인되어서는 안 된다. 대신 교육은 불확실성 속에서 안전성을 추구하는 과정이 되어야 한다.

듀이는 인간의 모든 지식과 가치가 어떤 궁극적인 기준에 의해서가 아니라 우리 각자가 당면한 실제의 경험과 문제를 해결하는 데서 확인된다고 생각한다. 이 때문에 적어도 듀이에게 있어서 교육은 최종적인 도착점에 의해서 정의된다거나 혹은 그 도착점에 의해서 가치평가 되어서는 안 된다. 그렇다면 그것이 성취시킬 구체적인 결과나 내용을 전제하지 않고 교육이 규정될 수 있어야 할 것이다. 그 해결방식이 이른바 '경험의 계속적인 재구성' 혹은 '성장(growth)'이라고 하는 개념이다. 듀이는 교육이 우리의 경험과 관련되어 있다고 보고, 그 가운데 어떤 것이 '교육적인 경험(educational experience)'에 해당하는지를 밝혀 나간다. 경험은 시작과 발전과 종결이 있는 하나의 구체적인 과정으로 이루어진 활동양식으로서, 성장은 경험의 종결이 또 다른 시작으로 연결되는 계속적인 단계로 이루어진다. 그리고 듀이는 그런 경험의 계속성을 보장하는 것을 교육적인 경험으로 규정한다.

후기의 작품이라고 할 수 있는 《경험과 교육(1963)》에서 듀이는 이 점을 분명히 밝히고 있다. 그의 말을 인용해 보자.

> 모든 것은 경험의 질성(quality)에 의해 결정된다. 어떤 경험이든 그것의 질은 두 가지 측면이 있다. (그 하나는) 동의할 만함 혹은 동의할 만하지 않음이라는 직접적인 측면이고, (다른 하나는) 이후의 경험에 주는 영향의 측면이다. 전자는 판단하기가 쉽고 분명하다. 그러나 한 경험의 효과는 액면가 그대로 생기지 않는다. 그것이 교육자가 설정해야 할 하나의 문제인 것이다. 한편으로 학생을 거부하지 않으면서 다른 한편으로 바람직한 미래의 경험들을 촉진하기 때문에 당장 즐기는 것보다 그의 활동들을 지속시키는 경험을 마련해 주는 것이 교육자의 과제이다(p.27).

여기서 우리가 주목할 만한 것은 교육적 경험은 당사자가 당장 동의하고 즐길 만한 경험이 아니라는 점에 대한 강조이다. 이것은 통상 듀이가 아동의 충동에 아부한다는 식의 오해를 불식시킨다. 교육적인 경험은 계속적인 성장을 보장하기 때문에 우리가 열중하게 되는 것이다. 그것은 우리의 입장에서 본다면 현품에 머무는 경험이 아니라 차상품에 진입하는 상구의 경험이다. 위의 언명에서 또 하나 주목할 점이 있다. 그것은 '경험의 효과'라는 말에 대한 해석이다. 흔히 효과라는 말은 실용주의적이고 외재적인 의미로 해석된다. 그러나 위에서 말하는 효과는 계속적인 성장을 지속시키는 것, 즉 또 다른 교육을 유발하는 것으로 규정되고 있다. 이 점은 각 품위는 수도계적인 위계를 떠나 동등한 정도의 교육적 가치를 갖는다는 우리의 입장과 일맥상통한다.

이런 해결은 지금까지 우리가 전통적인 학교상황에서 보는 것과는 다른 의미의 교육에 의존하고 있다는 것은 말할 필요도 없다. 그러니까 그의 교육관은 이전의 것과 연속성을 갖는 것이 아니다. 이 점을 먼저 밝혀두는 것이 우리의 논의에서 중요하다. 이런 특성을 반영하는 표현이 흔히 '새 교육(new education)' 혹은 '진보적 교육(progressive education)'이라고 하는 것이다. 즉 듀이는 교육에 대한 이전의 개념을 부정하고 새로운 개념을 도입하는 방도로 철학의 문제를 해결하고 더 나아가 그것의 효과를 검증하려고 한다는 점을 유념해야 한다. 이 때문에 《경험과 교육(1963)》의 마지막 문단에서 그는 자신이 제안하는 교육의 개념에 별도의 수식어가 필요하지 않는다는 점을 다음과 같이 밝히고 있다.

> 기본적인 문제는 앞에 수식사가 붙지 않는 교육의 본질에 관련되어 있다. 우리가 원하고 필요로 하는 것은 순수하고, 단순한 교육 그 자체이다. 우리가 교육이란 무엇이고 그 교육이 단지 하나의 명칭이나 슬로건이 아니라 하나의 실재가 되기 위해서 어떤 조건들이 만족되어야 하느냐 하는 것을 발견하는 일에 헌신할 수 있다면, 우리는 좀더 확실하고 빠른 진보를 할 수 있을 것이

다(pp.90-91).

듀이는 교육에 대한 그 나름의 새로운 개념을 부각시키기 위해서 이론적인 의미도 없이 단지 명칭이나 슬로건 수준에서 다루어 온 교육을 편의상 '전통적'이라는 칭호로 거론한다. 그러나 실상 그것은 교육의 본질에서 이탈한 것이다. 그런 비본질적인 교육의 개념을 듀이는 다음과 같이 구분해 낸다.

> 전통적 방식은 본질적으로 위로부터, 혹은 밖으로부터 무엇을 부과하는 것을 특징으로 한다. 이는 이제 겨우 조금씩 성숙해 가면서 성장하고 있는 사람들에게 성인의 기준과 내용과 방법을 부과하는 것이다. 그 사이의 간격은 매우 크기 때문에 배우고 행동하도록 요구되는 내용과 방법들이 아동들로서는 감당하기에 생소한 것이다. 그것들은 어린 학습자가 지니고 있는 경험으로써는 도저히 도달할 수 없는 수준의 것이다. 그래서 결과적으로 억지로 부과할 수밖에 없다. 비록 훌륭한 교사는 이러한 거친 모양을 덜 보이기 위해서 기술적인 방법을 써서 억지로 부과하는 것이 안 되도록 노력하지만, 그런 경우에도 사태는 별로 다를 바 없다(Dewey, 1963, p.19).

듀이가 말하는 경험은 객관성을 보장하는 감각적 내용의 보충이라는 실증주의적 의미가 아니다. 그것은 차라리 부정성을 강조하는 헤겔의 변증법적인 의미의 경험에 더욱 가깝다. 자연과학에서 확립된 경험개념은 절차 및 결과의 반복가능성에 바탕을 둔다. 그러나 듀이의 경험개념은 어떤 의미에서는 반복될 수 없고 기존의 것을 부정하여 앞으로 나아가는 변형의 의미가 더 많다. 경험의 과정은 주체가 문제사태에 직면하여 목표를 설정하고, 목표의 실현을 위해서 매진하는 과정이다. 경험의 발단은 이전의 경험을 토대로 이루어지며, 그것은 좀더 나은 경험체계로 나아간다. 경험은 일련의 순환과 단계를 거치는 계속적인 과정이다.

교육은 경험의 재구성 과정으로서 그것이 이루어지는 시점은 언제나 현재이다. 교육은 학습자가 현재 자신의 수준에서 당장 해결하기 어려운 문제에서 출발한다. 문제는 절대적인 것이 아니고 항상 그것을 가진 사람과의 관계에서만 규정될 수 있다. '갑'에게는 문제이지만 '을'에게는 문제가 되지 않는 경우가 있다. 또한 '갑'에게 한 때 문제이던 것이 그것이 해결되면 그것은 더 이상 문제가 되지 않는다. 이처럼 듀이는 현재의 내적 성향과 환경의 상호작용을 항상 중시했다. 삶의 과정은 방해를 받고 회복을 하는 그런 과정의 반복이다. 그는 사상의 형성이 습관에 달려 있다고 생각한다. 의식적 인식작용의 과제는 근원적으로 자명하게 작용하는 습관의 방해에서 비로소 파생한다고 본다. 의식이 돌발하기 위해서는 행동의 원만한 수행을 중단시키는 방해나 저해가 있어야 된다. 유기체로서 인간은 주변의 환경과 상호작용하면서 이전의 습관체계로는 해결하기 어려운 문제에 봉착하며, 그것에 대한 유기체적 반응은 소망이나 흥미, 관심 등이다. 인간은 그 문제상황을 극복하는 과정에 의해서 성장한다.

습관이 작용하는 과정에 무엇인가 장애가 있다면 그것은 해결되어야 한다. 그러나 여기에 어떤 절대적인 방법이란 있을 수 없다. 이런 취지에서 듀이는 과거의 철학에서 궁극적 진리를 포착하는 능력으로 취급해 왔던 '이성(reason)'의 능력을 포기하고 대신 불완전하지만 관찰, 실험, 반성적 사고를 통해서 항상 발전하고 있는 능력으로서 '지력(intellect)'과 그것이 작동하는 '사고(thinking)'라는 개념을 상정해서 새로운 해결을 모색했다. 듀이에게 있어서 지력은 습관과 우연성으로 묶인 과거의 유대로부터 인간을 해방시키는 힘이다. 새로운 목표를 투사하고 그것을 실현시키는 능력을 가지고 있으나 그것은 항상 소망과 서로 보완적인 작용을 한다. 한편으로 지력이 탐구를 통해 문제사태를 해결할 수 있는 최선의 예기적 상태에 대한 잠정적 모습을 그려주고, 다른 한편으로 소망이 그 과정을 실제로 점유해 나가는 데 필요한 힘을 실어주는 과정에서 우리의 지식은 점차 높은 수준의 것으로 발전하는 것이다.

경험의 어느 지점에서 주체는 마침내 자신이 부조화와 혼란을 극복하고 한 단계 고양된 세계에 이른 것을 자각하는 종결단계에 이르게 된다.

이것이 듀이가 《경험으로서의 예술(1934)》에서 말하는 '하나의 경험(an experience)'에 해당한다. 그것은 경험을 통합하고 다른 제반 경험들과 구분되는 하나의 보편적인 특질을 갖고 있다. 거기에는 하나의 지배적인 초점과 하나의 분명한 지평이 있다. 경험의 시간적인 리듬의 최종적 국면은 심미적 전체성, 통정성, 완수성이라는 것에 의해 지배된다. 문제사태가 해결되었다는 것은 주체가 이미 이전의 상태에 고정되어 있지 않다는 것이 전제된다. 개인과 그 당시에 환경을 구성하는 것의 관계는 서로 분리시킬 수 없다. 개인 자신의 변화는 환경 자체의 변화를 불가피하게 수반한다. 그가 봉착했던 문제사태가 이제 문제사태의 속성을 잃었다는 사실 하나만으로도 그의 환경은 이전의 환경이 아니다. 개인이 한 사태에서 문제로 보았던 상황이 다음 사태로 옮겨감에 따라 해결의 상황으로 변하면서 그의 세계나 환경도 아울러 확장되기에 이른다. 요약하면, 하나의 경험을 갖게 되었다는 것은 환경과의 상호작용에서 유발된 불일치와 대립을 이전보다 확장된 경험체계 안에 포섭함으로써 환경과 더욱 조화로운 관계를 회복하게 되었다는 것을 의미한다.

듀이(1916)는 특유의 경험이론을 근간으로 한 교육론을 전개하면서 바람직한 목적을 미리 규정해 놓고 어린 아동들을 이에 일치시키려는 전통적인 교육의 목적의식에 심각한 의문을 제기하고 통렬한 비판을 가한다. 이는 한마디로 아동들의 현존하는 상황을 무시하는 처사로서 일시에 그 목적을 달성하려고 하는 것은 그들을 목표로부터 소외시키는 결과를 가져 온다. 듀이는 이를 시정하기 위해 아동의 현상황에서는 해결이 불가능한 그러나 해결이 초미의 관심사로 등장하고 있는 좀더 현실적인 문제에서부터 교육이 시작되어야 한다는 처방을 주문하였다. 이것이 그가 말하는 경험의 계속성이라는 원리이다. 인간성의 궁극적인 기점을 부인하는 듀이에게 있어서 그것을 개발하는 교육은 절대적인 시작이나 마지막이 있을 수 없다.

이 때문에 듀이는 놀랍게도 교육에 있어서 '움직이는 표적(a moving target)'의 개념을 적용하는 기발함을 보인다. 교육에서 고정된 목표는 있을 수 없고 다만 진전의 상황에 따라 현재의 단계보다 한발 앞선 것이 그것을 대신해야 한다. 이것이 그가 말하는 '가시목표(end-in-view)'이다. 우선 이것은 주체 자신의 현재능력과 실현 가능한 여건을 고려하여 스스로 설정한 목표이기 때문에 주체에게 가장 큰 관심과 흥미를 불러일으킨다. 이처럼 아동의 현존 수준에서부터 시작하여 점차 다층의 가시목표를 순차적으로 해결해 나가면서 경험이 부단히 상승해 나가는 과정이 듀이가 말하는 성장이며, 그 성장을 촉진하는 것이 교육인 것이다. 이러한 교육의 연속성이 유지되는 한 우리는 성장하고 발전하고 있는 것이다.

경험이 성장을 계속해 나감에 있어서 시작과 끝, 수단과 목표가 연쇄적으로 반복된다. 우리는 가시적 목표를 설정해 놓고 그것을 달성한다. 그리고 나서 다시 그것을 수단으로 다음의 목표를 설정한다. 이렇게 보면 교육에서 어떤 것이 오로지 목표이고 어떤 것은 오로지 수단이라는 이분법적인 도식은 불필요하다. 한때 혹은 한 맥락에서 목표였던 것이 다른 때 다른 맥락에서는 수단이 될 수도 있다. 이 때문에 듀이가 성장이라는 과정을 설명할 때 수단이 되지 않은 목표를 찾아보기 어렵다. 하나의 목표는 그것이 실현된 후에는 다음의 목표를 위한 수단이라는 방식으로 연결된다. 성장한다는 것은 이처럼 바람직한 것을 예기하고 확인해 나가는 것이고, 그 과정 자체를 교육으로 보면 교육의 과정과 목적은 하나로 통합된다. "교육의 과정은 그 자체 이외의 다른 목적을 갖지 않는다(1916, p.59)"는 듀이의 놀라운 언명은 바로 이런 맥락에서 나온 것이다. 그러니까 교육의 참된 목적은 한번 더 교육을 하기 위한 것이다.

형이상학을 부인하는 듀이의 입장에서 볼 때 바람직한 것은 선험적으로 규정되어 있는 것이 아니다. 경험의 맥락과 관계없이 일반적으로 적용될 수 있는 초경험적이고 항구적인 가치의 존재는 있을 수 없다. 그렇다면 그에게 있어서 가치는 어떻게 규정되고 형성되는 것인가? 듀이(1929b, 1939)는 기존의 가치에 관한 논의가 봉착하고 있는 난제를 극복하기 위해 새로운 가치론을 정립하기에 이른다. 그 해법의 요지는 가치는 결국 각자의 탐구에 의해서 확인되어 나아가야 한다는 것이다. 우리는 어떤 것을 소망하게 되고(desired) 그것이 진정 소망스러운 것(desirable)인가를 확인하기 위해 사고를 끝까지 밀고 나가서 그 결과를 확인해 나갈 수 있다. 여기서 주목할 점은 가치는 예상과 결과를 동반하는 부단한 경험에 의해서 세련되고 발전한다는 점이다. 과거에 바라던 것이 지금은 더 이상 만족의 기준이 되지 못하고, 또한 지금 바라고 있는 것이 일단 성취된 후에는 더 높은 수준의 것에 비추어 만족스럽지 못한 것으로 드러날 것이다. 이처럼 새로움과 조우하는 경험에서는 기준 자체가 점차적으로 발전한다. 이와 같은 방식으로 원천적인 충동과 저수준의 만족은 그 실제의 결과에 대한 비판적 검토를 통해서 점차 수정되면서 향상된다. 이로써 듀이에게 있어서 가치의 원천은 경험에 비추어 재구성된 소망과 흥미에 있다. 위의 논의를 통해서 적어도 형이상학과 관련하여 듀이가 철학에서 취한 독특한 입장이 대충이나마 소개된 셈이다. 이런 입장은 인식론적인 측면에 있어서도 엄청난 함의를 가지고 있다. 그 중 네 가지만 지적해 두자.

첫째, 처음부터 듀이는 정초주의자들이 상정했던 아르키메데스적 기점에 기반한 논거를 포기하는 것을 자신의 철학이 해결해야 할 중요한 과제로 삼고 있다. 그가 볼 때 유럽의 철학적 전통은 실천적 활동에 관계되는 제 가치의 절대적이고 확실하며 또한 불변하는 실재성을 논증하는 데 있다. 그런데 듀이는 존재가 무엇이고 세계의 본질이 무엇인가를 궁극적으로 해명하고자 하는 전통적인 형이상학을 일단 거부한다. 그는 지금까지 철학자들이 만들어 놓았던 온갖 궁극적인 개념들, 예컨대 합리성, 객관성, 방법, 진리 등과 그에 대한 전통적인 논의를 포기해야 할 필요성을 강조했다. 대신 그가 내놓은 것은 그런 것들을 알아갈 때 봉착하게 되는 현재의 한계에 대한 새로운 의식과 그 한계 내에서 어떤 방법이 가능한가에 대한 처방이다.

둘째, 듀이는 과학이 '실재와의 일치'를 향해 가는 여행이라는 관념을 포기하라고 제안한다. 우리가 앞에서 길게 논의했듯이 실재와의 대응의 개념은 이제 더 이상 지속될 수 없게 되었다. 그 점을 오래 전부터 간파한 그는 과학적 탐구가 모사가 아니라 적응(adapting)과 대처(coping)임을 보여주고자 했다. 말하자면 그는 인식의 문제를 환경과의 상호작용에서 부단히 제기되는 문제들을 해결하기 위한 시도, 우리가 지금 가진 것보다 더 바람직한 것을 가져다 줄 수 있도록 우리 자신의 신념과 욕구와 행위를 변경시키는 과제의 일환으로 전환하고자 하였다. 지식의 획득은 곧 문제를 해결하는 것을 의미한다. 또한 우리들의 언어라는 것도 사물의 본래적인 성질을 표상하는 것이 아니라 사물들에 대처하기 위한 도구에 불과한 것이다.

셋째, 그는 철학에서 역사적으로 천대받고 경원해 왔던 '경험'이라는 말에 새로운 의미를 부여한다. 경험이라는 것은 그 자체 안에 결함을 포함하고 있다. 그러나 그것은 단순히 관람자적인 명상과 정관에 머무르는 것이 아니라 행위(doing)을 통해서 자기개선을 지향하는 특징을 가지고 있다. 그 방법의 심장부에는 주어진 것의 정당화와 논증 대신 실험과 발견이 자리하고 있다. 듀이에게 있어서 과학은 항상 부분적이고 불완전한 것이다. 이 때문에 그는 "과학은 하나의 **추구**(pursuit)라고 할 수 있으며, 어떤 불변하는 것을 소유하는 것이 아니다(1948, p.xvii)"라고 선언한다. 이 말은 비단 과학에만 국한되는 것이 아니고 우리가 말하는 모든 수도계적인 경험에 적용된다.

넷째, 듀이는 철학에서의 정초주의에 반대했을 뿐만 아니라 그로부터 야기될 수 있는 문제를 교육으로 해결하려고 했다는 점에서 교육적 인식론에 이르는 중요한 징검다리의 역할을 하고 있다. 우리가 인식론의 문제를 교육의 논리에 의해서 해결한다고 할 때 그 교육관은 종전의 인식론을 따르는 방식이 되어서는 안 될 것이다. 듀이의 '새 교육'은 바로 전통적인 철학의 관념을 따르고 있는 전통적인 교육에 대한 대응으로 제시되고 있다. 이 점에서 그는 이제까지의 교육관을 불식하고 새로운 교육관의 토대 위에 인식론적인 문제를 해결하려는 우리의 입장과 일치한다. 이 때문에 우리는 교육적 인식론을 제안함에 있어서 듀이의 기본 발상을 어떤 선행된 이론보다도 중요한 지주로 활용하게 될 것이다.

듀이는 공적이고 절대적인 의미의 지식보다는 아동이 현재 가지고 있는 제반 능력을 점진적으로 실현시키는 것을 강조하였다. 우리는 그런 실현을 통해서 지식을 검증하고 확인해 나가야 한다. 그에게 있어서 모든 경험이 교육과 동일시될 수 있는 것은 아니다. 경험 가운데는 교육적인 것과 비교육적인 것이 있을 수 있다. 그것을 구분하는 기준은 어떤 경험이 다음에 오는 경험의 성장을 돕느냐 혹은 저지하거나 왜곡하느냐 하는 것이다. 이 가운데 교육적인 경험은 전자에 한정된다. 이 말은 서로 수준이 다른 지식이 있다고 할 때 그것의 점유자간에 교육적 관계가 유지될 수 있느냐 없느냐 하는 것이 우열의 판정에 중요한 기준이 될 수 있다는 것을 함축한다. 우리가 제안하려는 교육적 인식론은 바로 그런 교육의 원리를 인식론에 확대하여 적용하려고 한다.

로티(R. Rorty)

한때 미국의 철학계를 주도했던 논리실증주의와 일상 언어철학은 근래에 로티에 의해서 비판적인 재검토의 과정을 거치고 있다. 미국 철학회의 회장을 지냈으면서도 오늘날 영미 철학의 철저한 파괴자로 알려진 그는, 데카르트에서 현대에 이르는 정초주의적 인식론 전체에 대해 비판의 포화를 가하는 선단의 대열에 서 있다. 그의 입장은 프랑스의 후기구조주의에서 유행하는 해체적 전략과 유사성을 보여주고 있다. 더 나아가 그는 미국의 프래그머티즘의 맥락과 독일의 철학적 해석학의 관점을 적절히 수용하면서 이전의 것과는 다른 철학의 역할과 지위를 모색하는 면모도 보인다.

듀이는 철학자들이 자기 취향에 따라 마음대로 형이상학적 확실성을 추구하는 것에 염증을 느꼈다. 그는 아리스토텔레스 이래 철학자들이 추구해 온 논증가능하고 자명한 확실성을 포기하는 대신 불확실성을 가정하면서 교육이라는 실천을 통해서 철학을 재건하는 문제에 부심하였다. 로티는 미국의 지적 전통인 프래그머티즘을 선도한 인물들의 선견지명에 대해서 이렇게 경탄한다.

> 내 견해에 의하면, 제임스와 듀이는 분석철학이 거쳤던 변증법적 여정의 종착지에 미리 가서 기다렸을 뿐만 아니라, 예컨대 푸코(1929~1983)나 들뢰즈가 지금 여행하고 있는 길의 끝에 서서 기다리고 있다(1982/1996, p.29).

그러나 듀이가 철학의 재건을 의도했던 데 비해서 로티는 한걸음 더 나아가 모든 체계적인 철학 자체의 종언을 선언한다. 대신 그는 그 자리를 '실천적 지식'의 영역과 '교화'의 개념으로 채워 넣고자 한다.

로티는 자신의 입장을 반표상주의(anti-representationalism)로 천명하면서 서양의 철학이 가정했던 것, 즉 인식대상은 자연이 저기에 있듯이 따로 있고 지식은 그 대상과의 대응관계에서 파악할 수 있다는 인식론적인 사고의 틀을 근본적으로 허물어 뜨린다. 모종의 '객관적 진리'가 있다는 신념, 그리고 '언어에 대한 논리적 분석'을 통해서 우리가 객관적인 실재의 모습을 알 수 있다는 모든 언어철학적 입장도 그 곳에서 기인한다. 대표적인 저서 《철학과 자연의 거울(1979)》에서 그는 정신적인 표상에 특별한 인식론적인 지위를 부여할 이유가 없으며, 그것은 하나의 형이상학적 허구에서 비롯한다고 주장한다. 그가 쓰는 '자연의 거울'이라는 메타포는 지식을 현실에 대한 정확한 묘사로 보는 인식론적인 태도를 일컫는다. 그에 따르면, 우리의 사고든 언어든 그것이 어떤 실재를 반영한다는 생각은 잘못된 것이며, 그것을 전제한 진리의 대응설은 더 이상 통할 수 없는 신화에 불과하다.

> 진리란 저 바깥에 존재하는 것일 수 없다. 그것은 인간의 정신과 독립적으로 존재하는 것일 수 없다. 문장들이 인간의 정신과 독립적으로 저 바깥에 존재할 수는 없기 때문이다. 세계는 저 바깥에 존재한다고 하더라도, 세계에 대한 서술은 그럴 수 없다. 세계에 대한 서술들만이 진일 수도 있고, 위일 수도 있다. 인간의 서술활동을 통하지 않은 채 세계 그 자체가 진이거나 위일 수는

없다(pp.4-5).

진리의 문제는 인간 밖에 존재하는 세계에 대한 신념과 서술에 해당하지만, 그 서술의 타당성을 알아보기 위해서 우리는 우리의 밖으로 나아갈 수 없는 입장에 처해 있다. 만약 진리와 실재의 대응을 알 수 없다면 우리에게는 인식의 타당성을 알아보는 다른 해결이 전혀 없는 것인가? 이 질문에 대해서 로티는 절망적인 입장을 부정한다. 그 순서는 먼저 이전의 불가능한 진리의 개념을 포기하고 새로운 방식으로 우리의 신념을 검증하는 길을 모색하는 것이다. 이에 대한 로티의 해법은 한마디로 미국의 프래그머티즘의 전통과 가다머가 해석학에서 추구한 교화와 연결되어 있다.

로티는 먼저 언어 사회의 사회적 실행에서 세상에 잘 대처해 나가는 것이 바로 '진리'라는 인식론적인 행동주의(epistemological behaviorism)를 택한다. 지식의 정당화는 언어와 그 의미를 전제로 하며, 이제 정당화 과정의 핵심은 '사회적 실천(social practices)'을 통한 인정으로 전환된다. 또한 이전의 객관성에 대한 개념은 '강제가 없는 합의'라는 개념으로, 객관성에 대한 욕구는 공동체의 '연대성(solidarity)'에 대한 욕구로 대체된다. 그리고 진리에 관해서 유용한 것을 말할 수 있는 어휘는 이론의 어휘가 아니라 실천의 어휘라는 점이 강조된다. 지식과 그 정당화에 대해서 로티가 주장하는 것의 핵심은, 서로 다른 인식체계를 가진 사람들이 만나서 대화를 통해 합의에 이르자는 데 있다. 여기서 서로에 대한 이해를 통해서 일종의 연대적 집단을 형성할 수 있는 새로운 길이 그에 의해서 열린다.

로티는 객관적이며 절대적이고 영원한 진리를 찾으려는 '데카르트적인 불안'은 그 목표 자체가 공허하고 쓸모없는 것이라고 본다. 지식은 대상세계나 실재, 자연을 액면 그대로 비춰주는 거울이 아니다. 그것을 알려는 인식의 주관은 결코 투명할 수 없다. 이전의 인식론에서 가정했던 참된 자아란 존재하지 않는다. 지식들의 정초를 제공하는 특권화된 지식도 인정할 수 없다. 우리는 오직 세계에 대한 나름대로의 이야기 짓기를 할 수 있을 뿐이다. 여기에 어떤 초역사적이고 초인간적인 진리가 있을 수 없는 것이다. 그럼에도 불구하고 진리탐구라는 것이 전혀 무의미한 것은 아니다. 모든 사람들이 동의할 수 있는 절대적인 의미의 진리는 인정하지 못한다고 하더라도, 어느 순간이든 현재의 상태에 안주하지 않고 그것을 계속해서 쇄신해 나간다는 의미에서의 진리는 수용할 수 있다. 이 때문에 로티는 진리를 영어의 대문자(Truth)와 소문자(truth)로 표기하고, 그가 제안하는 교화로서의 철학은 오직 후자의 것을 추구하는 데 있다고 주장한다.

> 교화하는 철학자들은 '전지전능의 진리(all of Truth)'를 얻기보다는 소규모의 진리(truth)를 위해서 끊임없이 분투하기를 선택한 레싱[14]과 견해를 같이 한다. 교화하는 철학자에게는 플라톤이 상정한 절대적인 진리라는 개념 자체가 어처구니가 없는 것이기 때문에 전지전능의 진리가 현시된다는 생각 자체가 어리석은 것이다(1979, p.377).

여기서 로티는 자기의 입장이 상대주의라는 것을 서슴없이 공표한다. 세계는 언제나 언어의 서술방식을 통해서 서술되지만 그 언어는 절대적 표상체제가 아니다. 시대나 사회마다 그 뜻이 달라지는 상대성이나 역사성을 지니는 것으로서의 '합리성'이라는 말도 그 범주에서 벗어나지 않는다. 그렇다면 서로 모순되고 경합하는 다양한 담론들 사이의 우열을 판가름해 주는 방법은 무엇인가? 우선 그림과 그것이 그리고자 하는 원본의 대조를 전제하는 이전의 대응설적 비교법은 불가능하다. 이런 조건에서 더 나은 인식을 판별하는 방법은 오히려 서로 다른 여러 가지 그림들을 비교함으로써 이루어질 수밖에 없다. 그 단위는 개인의 것일 수도 있고 혹은 문화의 것일 수도 있다. 문제는 세계에 관한 서로 다른

14) 이 레싱의 언명은 키에르케고르가 역시 인용했음을 앞에서 지적한 바 있다.

그림을 어떻게 확보하고 그것을 판별하느냐에 있다.

로티는 그 해답을 '교화(edification)'에서 찾는다. 그가 말하는 '교화'는 우리가 검토해 왔던 교화철학자들의 관점에서 벗어나지 않는다. 교화는 인식자 자신의 변화를 꾀하는 활동을 의미한다. 교화는 우리가 자신의 담론체계를 절대적인 것으로 생각하지 않고 자신의 것과는 다른 것을 배워서 스스로 개선해 나가거나 개선하도록 돕는 활동을 말한다. 그것은 자신일 수도 있고 타인일 수도 있다. 그는 특별히 이것을 흔히 말해 왔던 '교육'이라는 말과 '도야(Bildung)'라는 말이 지칭하는 것의 중간 정도의 인간적 변화를 상정하면서 쓴다는 점을 강조한다.

> 'Education'은 약간 평면적인 것으로 들리고, 'Bildung'은 너무 생소하게 보인다. 이 때문에 나는 새롭고, 더욱 훌륭하고, 더욱 흥미있고, 더욱 성과있는 말의 방식을 발견하는 계획을 나타내는 데 'edification'이라는 말을 사용하겠다(1979, p.360).

듀이는 '새 교육'이라는 말로 교육에 대한 그의 관점을 학교에서 일상적으로 이루어지는 관행과 구분했다. 로티도 그처럼 학교에서 이루어지는 것을 지칭하는 관행적인 교육의 개념을 회피한다. 여기서 그는 다시 교화철학의 원형인 'Bildung'의 개념을 상기시킨다. 이런 그의 입장 표명은 지식체계의 확실성을 보장해 주는 불변적 토대를 찾아 왔던 기존의 학교교육과는 그 성격이 전혀 다른 것이다. 불변적 확실성이 보장된 지식은 없다. 실재와의 직접적인 대응을 보장하는 언어체계란 있을 수 없다. 또한 절대적 인식을 보장하는 어떤 순수한 자아나 특권적 주체도 없다. 이런 상황에서 철학이 할 수 있는 것은 각각의 담론체계가 절대성을 주장하기보다는 서로가 상대적인 입장에서 배우고 스스로를 개선해 나갈 수 있는 길을 모색하는 것이다.

로티가 말하는 교화의 특별한 점은 언어와 자아의 성장을 밀접하게 관련시킨다는 데 있다. 그는 인식에서 언어의 중요성을 인정하고 우리의 경험이 언어의 기능이나 함수이며, 우리는 결코 언어 바깥으로 나갈 수 없다는 입장을 취한다. 따라서 언어화할 수 없는 지식은 로티에게 존재할 수 없다. 그러나 그가 말하는 언어는 종전처럼 표상이나 표현의 매개물이 아니라 단지 우연적인 산물에 불과하다. 이런 언어의 우연성과 더불어 자아에 대한 종전의 관념도 해체되었다. 인식론에서 전제하는 절대적 의미의 인식주체는 없고, 다만 우리는 자기 형성의 노력을 통해서 우리 스스로의 약점을 개선해 나갈 수 있을 뿐이다. 이렇게 볼 때 우리에게 중요한 것은 이제 '진리의 소유'가 아니라 '자아의 발전'이다. 그렇다면 인식론이 나아갈 길은 이 두 가지를 동시에 결부시켜 우리 자신을 끊임없이 개선해 나가는 것이다.

모든 경험이 언어의 함수라면, 우리가 자기 자신을 창조해 나가기 위해서는 참신한 언어를 창조해 나가야 할 것이다. 끊임없이 예술작품을 창조해 나가는 시인처럼 우리는 참신한 언어의 창안과 교체를 통하여 자아를 부단하게 창조하여 나가야 한다. 신념과 욕구의 그물을 움직이는 힘은 설득에 있고, 그것은 메타포에 의해서 효과적으로 달성된다. 자아를 확장한다는 것은 자신이 좋아하는 메타포의 범위를 확장하는 것이다. 이것이 바로 로티가 그 나름으로 쓰고 있는 교화의 개념이다. 자신의 어휘로 자신의 모습을 창조적으로 만들어 나감으로써 외부에서 강요된 독단적인 '진리'에 맞서 자유로운 삶을 개척해 나가고자 하는 사람들을 그는 '아이러니스트'라고 부른다. 아이러니스트는 자신의 가장 핵심적인 신념과 욕구의 우연성을 겸허하게 인정한다. 그는 언어의 우연성을 믿기 때문에 자신들을 기술하는 용어가 변화한다는 것을 인식하고 최종의 어휘에 대한 의심을 잠시도 멈추지 않는다. 그는 자신의 사적인 자율성을 획득함으로써 자신에 대한 타자의 기술로부터 해방되어 자유롭게 자신들을 새롭게 기술할 줄 안다.

교화의 철학은 현존하는 언어 게임, 사회적 관행, 혹은 자아영상을 영속화시키려는 시도를 역사적 관점에서 해체시키고자 한다. 로티는 이와 같은 철학을 지향해간 전형적인 철학자로 키에르케고르, 하이데거, 듀이, 비트겐슈타인을 든다. 그들의 특징은 기존의 통상적인 담론체계로는 자신들의 새로운 아이디어를 내세울 수 없다는 것을 알고 협소한 담론을 극복하는 새로운 담론체계를 구축하였다. 이들은 학문적 생활의 초기에는 정초적인 토대를 발견하려고 노력했으나, 후기에 이르러 그런 시도가 그릇된 것임을 우리들에게 경고하는 태도를 취했다. 그럼으로써 철학은 얼마만큼 이전의 것을 초월할 수 있게 된 것이다. 그렇다면 그 초월은 발전을 내포한 개념인가? 그 발전은 어떻게 알 수 있는가? 이 문제에 대한 해답은 바로 교화의 과정 자체에 들어 있다. 여러 체계들간의 우열은 어떤 것이 더 많은 교화적 가치를 내포하고 있느냐에 의해서 결정될 수 있다. 말하자면 두 가지 지식 가운데 우리가 새로운 것을 더 많이 배울 수 있는 것이 그렇지 않은 것보다 우월한 지식이다.

로티는 이처럼 언어를 실재의 표상이 아니라 교화를 위한 도구로 취급할 것을 주창한다. 그는 '진리'의 문제 혹은 존재론적인 논쟁은 논증을 통해서 해결되는 것이 아니라 오히려 언어사용의 변화를 통해서 이루어지는 실천적 문제라는 화용론적 관점을 택한다. 화용론자로서 그는 서로 대조되는 어휘와 문화를 가지고 놀이하는 과정에서 우리는 새롭고 더 나은 언어와 행위양식을 산출한다고 생각한다. 로티는 이성적 합의가 혁명적인 새로운 내용의 담론을 수용할 수 있는 가능성에 대해서 의문을 제기한다. 이성적인 합의라거나 혹은 적합한 담론유형이라는 것이 통상적인 사회적 관행의 범위 내에서 규정되고, 이 때문에 그것은 혁명적인 전환을 배제하거나 혹은 질식시킬 가능성이 많다는 것이다. 여기서 그는 서로 공약가능성에 토대를 둔 '통상적 담론(normal discourse)'과 합의의 가능성이 비교적 적은 '비통상적 담론(abnormal discourse)'을 구분한다.[15] 이 분류에 따라 낯익은 공약가능성보다는 비통상적인

15) 이런 구분은 쿤이 《과학혁명의 구조(1970)》에서 말하는 '정상과학(normal science)'와 '혁명과학(revolutionary science)'에 속한 학자군들의 언어간에는 불가공약성이 있다는 점을 유의한 것이다. 쿤의 논의는 곧 다음 절에서

탐구에 중점을 두는 입장이 적극적으로 수용된다. 그는 모든 사람들이 공유할 수 있는 언어의 존재를 인정하지 않는다. 우리는 새롭게 창안해 낸 낯선 어휘로 우리 자신의 낯익은 환경들을 재해석함으로써 우리 자신의 낡은 자아를 새롭게 하는 것이다.

비통상적 언어를 사용해서 통상적인 언어로는 볼 수 없었던 새로운 현실에 도달할 수 있을 것을 기대하는 로티는 비통상적 담론에 속하는 메타포의 역할을 강조한다. 논리적 언어의 협소한 고착성에 활력을 가져다 주기 위해서는 논리적인 언어가 도달할 수 없는 범위에 새로운 시야를 열어놓을 수 있어야 한다. 이 점에서 은유는 고정된 관습에서 벗어나서 새로운 의미를 창출할 뿐만 아니라 인간의 사고를 확장시키는 데 기여하는 적극적인 언어가 될 수 있다는 것이다. 메타포는 자아의 창조를 위한 언어적 실험과 유사한 것이다. "세계는 대안적인 메타포들 가운데 무엇을 선택해야 하는지에 대한 어떠한 준거도 제공하지 않는다. 우리는 언어를 초월하여 있는 것, 즉 사실이라 불리는 것이 아니라, 하나의 언어나 메타포를 그것과는 다른 언어나 메타포와 비교할 수 있을 뿐이다(Rorty, 1989, p.20)." 로티는 비통상적인 담론에서 무엇인가 세상에 대한 다른 면을 보게 해 주는 개안의 경지를 얻고, 그 이전과 이후의 대비에 의해서 인식의 우열을 판가름할 수 있다고 보았다.

요컨대, 현실적인 진리는 소문자의 것이며, 우리는 그것을 우리 자신의 변화에 의해서 입증할 수 있다. 그 점에서 로티(1989)은 오늘날의 시대가 신화, 철학, 종교, 과학의 시대를 지나 서로가 타인을 설득하면서 새로운 세계를 입증하는 데 동참해야 할 문예의 시대에 접어들고 있다고 주장한다. 여기에 하나의 도덕적 규범이 필요하다. 그것은 자아창조가 타인에게 해를 끼치면서 이루어져서는 안 된다. 이것은 최소한의 공적인 도덕(public morality)이다. 이것을 지키는 범위 내에서 개인들은 사적인 도덕(private morality)을 향유할 수 있어야 한다. 여기서는 개인들

다루어질 것이다.

에게 무제약적인 자아창조의 자유가 주어져야 하며, 어떠한 형태의 이데올로기도 강요되어서는 안 된다. 대화를 통한 강제되지 않은 합의야말로 인류의 연대성(solidarity)을 이루는 길이요, 그것이 바로 앞서 말한 소문자의 '진리'를 얻어내는 과정이다.

로티는 이런 새로운 구도에 따라 우리가 얻게 되는 공동체의 모습을 '철학적 정초'를 제공할 수 없는 자유주의 사회로 그려내고 있다. 여기서 타당한 인식은 도그마나 이념으로 제시되는 것이 아니라 자유롭게 열려 있는 대화를 통해서 얻게 된다. 이것은 문화의 영역에서도 적용될 수 있다. 자신의 오류가능성을 인정하는 자문화중심주의에 입각해서 실천적인 대화를 지속해 나감으로써 현실의 구체적인 문제들에 대한 해결책을 제시할 수 있다고 본다. 로티 자신이 옹호하는 자유주의적 전통의 이념도 사실은 문제가 될 수 있다. 물론 그는 상이한 문화들의 조우는 예전보다는 더 크고 새로운 문화를 창조할 기회가 될 것으로 기대한다. 이 점에서 그는 결코 폐쇄적인 자문화중심주의자는 아니다. 다만 그는 그 이념을 뒤집어 놓을 대안을 그 자신 아직 가지고 있지 않다는 점을 들어 그의 이런 입장을 변호하고 있는 것이다.

1.4.4. 신과학철학

앞에서 우리는 주로 인문분야에서 드러난 교화에 의한 인식론적 해법을 다루었다. 이로 인해서 독자는 교육적 인식론의 적용범위가 특정한 분야에 한정되는 것이 아니냐 하는 의구심을 가졌을지도 모른다. 그러나 그렇지 않다. 그 동안 과학에서 엄격한 방법적 절차와 형식을 처방하던 논리실증주의적 과학철학이 퇴조하면서 그 대안으로 가장 두드러지게 나타나고 있는 것들이 놀랍게도 대부분 교육적 인식론의 방향을 지향하고 있다. 이것은 우리의 관점이 우연 이상의 흐름 속에서 전개되고 있음을 강력하게 방증한다. 주로 포퍼를 기점으로 이루어진 그런 경향을 쿤, 파이어아벤트, 라카토스, 툴민, 라우든, 폴라니 등의 예를 들어

간략히 살펴보기로 한다.

포퍼(K.R. Popper)

전통적인 논리실증주의는 논리적으로나 경험적으로 입증가능할 때에만 그것이 참임을 알 수 있다고 주장한다(Ayer, 1936). 각각의 명제는 개별적으로 그 진위가 구별되고 그것들의 논리적인 연관관계를 따져서 그 전체에 대한 진위의 판단을 내릴 수 있는 것으로 주장되었다. 그러나 이런 원자주의적 발상은 과학적 설명이라는 문제를 도외시한다는 약점이 있다. 그것을 보완하고 과학의 형식성을 부여하기 위해서 전통적 과학철학자들이 고안해 낸 것이 '가설연역적 체계'이다(Nagel, 1961). 이것은 기본적으로 연역법과 귀납법을 합한 것이다. 연역법은 일련의 전제가 참임을 전제하고 결론을 정당화시키는 것으로서, 그 형식적 엄밀성이 우리의 신뢰감을 주는 요인이 되지만 새로운 지식을 만드는 것에는 부적절한 것으로 판명되었다. 다른 한편으로 귀납법은 구체적인 사실을 토대로 일반적인 언명을 세워 나간다는 점에서 이 점을 보완해 준다. 이 두 가지를 합하면 우리는 일단의 가설적 체계를 근거로 결론을 얻고 관찰을 근거로 그 결론을 검증할 수 있다는 가능성을 기대할 수 있게 된다.

그러나 논리실증주의에 토대를 둔 이런 과학적 지식의 기준은 포퍼(1959, 1963)에 의해서 더욱 완화되기에 이르렀다. 이러한 논리의 가장 널리 알려진 약점은 과학이 근거하고 있는 귀납적 추리의 전제가 참이라고 하더라도 결론이 필연적으로 참이 되는 것은 아니라는 점이다. 여기에는 언제나 예외적 사실과 사건이 간과될 가능성이 있고, 그 결론은 우연적인 범위를 벗어날 수 없게 된다. 이 때문에 포퍼는 과학자들이 자신의 관찰이 충분한 것인지를 절대로 알 수 없다고 주장하면서 오직 관찰에 의존하여 이론을 확증할 수 있다는 실증주의자들의 주장을 과감히 부인했다. 그 대안으로 나온 것이 이른바 '반증주의(falsificationism)'와 그것에 토대를 둔 '비판적 합리주의(critical rationalism)'이다.

포퍼는 관찰이 이론을 전제하고 있다는 것을 인정한다. 뿐만 아니라 그는 이론을 확증할 방법이 있다는 실증주의적 주장도 미련없이 버린다. 대신 그는 어떤 사실에 대해 가설적인 추측을 대담하게 상정하고 그것을 부정할 수 있는 증거가 나타나지 않는 한 그 이론의 가치를 잠정적으로 인정할 수 있다고 주장함으로써 이전의 실증주의적 입장을 완화시킨다. 말하자면 그에게 있어서 과학적 발전은 어떤 것을 확정지어 나가는 것이 아니라 오류를 제거해 나가는 과정이다. 오류가 있는 것은 도태되고 오류가 덜한 것이 출현하고 번창한다. 포퍼는 그런 과정을 다음과 같은 방식으로 도식화한다(1972, p.144).

$$P_1 \rightarrow TT \rightarrow EE \rightarrow P_2$$

모든 과학은 문제(problem: P_1)에서 봉착하여, 그 문제를 해결하는 잠정적인 이론(tentative theory: TT)을 제안하게 된다. 그러나 그것이 오류임이 밝혀지면 오류가 제거(error-elimination: EE)되고 그 이론은 다른 반증이 이루어지지 않는 한 잠정적으로 수용한다. 그러나 문제로부터 자유로운 이론은 있을 수 없기 때문에 다시 다른 수준의 문제(P_2)가 등장한다. 그러나 그 문제는 이전의 것보다는 오류의 정도가 적은 것이다. 이런 오류제거의 과정을 밟으면서 과학적 지식이 발전한다는 것이다. 이런 검증에서는 어떤 이론에 대해서도 절대적인 참이 부여될 수 없다. 다만 추측과 반박을 가장 잘 견디어 낸다든가 혹은 이전의 이론과 비교해서 더 나은 이론이라는 말을 할 수 있을 뿐이다. 이처럼 포퍼는 과학적 지식과 비과학적 지식의 경계를 반증가능성에서 찾았다. 예컨대, 아인슈타인의 상대성이론은 그것이 반증가능한 방식으로 규정되어 있기 때문에 그것을 더욱 심화시킬 수 있는 여지를 가지고 있다. 이에 비해 점성학은 그것이 불가능하다.

포퍼는 경험적 지식체계는 확증될 수는 없으나 반증될 수는 있고, 일정기간 반증에 견뎌내는 이론은 과학적인 이론으로 간주될 수 있다고 주장한다. 이로써 과학이 절대적인 진리를 획득할 가능성은 의문의 대상이 되고 궁극의 이론이라는 개념 전체가 허무한 공상에 불과한 것으로 된 것이다. 이 말은 과학적 지식을 진리성에 의해서 구분하는 것은 잘못이라는 뜻도 된다. 오히려 진리성에 대한 주장 자체가 학문적 지식의 범주에 포함되는지 의문을 갖게 하는 이유가 되는 것이다. 이 문제에 있어서 포퍼는 매우 특이한 주장을 내세웠다.

> 나 자신과 같은 반증주의자는 평범한 진리들을 이야기하는 것보다는 흥미 있는 문제를 해결하기 위해, 비록 곧 거짓으로 밝혀진다고 할지라도 대담한 추측을 제기함으로써 그 문제를 해결하기 위한 노력을 더 좋아한다는 것을 거리낌없이 받아들인다. 우리들이 이것을 더 좋아하는 이유는 우리가 오류를 통해서 배울 수 있는 방법이 이 방법뿐이라고 믿기 때문이다. 그리고 우리들의 추측이 거짓임을 발견함으로써 우리는 진리에 대해 더 많은 것을 배울 수 있고, 진리에 더 가까이 나아갈 수 있다(1959, p.231).

그러나 포퍼(1963)는 기본적으로 진리의 대응설을 아직까지 믿고 있는 과도기적인 인물로 평가받을 수 있다. 그의 반증도 결국 세계와 우리 자신의 생각간의 대응관계를 밝혀 이루어지는 것이다. 다만 그가 진전한 것은 진리 자체보다는 그 근사치의 정도(degree of verisimilitude)에 기대를 건다는 점이다. 예를 들면 뉴턴의 이론과 갈릴레오의 이론이 모두 거짓으로 판명되었지만 뉴턴의 이론이 갈릴레오의 이론보다 진리에 가까이 갔다는 말을 할 수 있다는 것이다. 그의 근사치 개념은 다음의 인용문에 잘 표명되어 있다.

> 두 이론 T1과 T2의 진리-내용(the truth-content)과 허위-내용(the falsity-content)을 비교할 수 있다고 가정한다면, 다음의 조건이 성립할 경우에만 T2가 T1보다 진리에 더 근사하거나 사실에 대응한다고 말할 수 있다.
>
> (a) T2의 허위-내용이 아닌 진리-내용이 T1의 그것보다 더 많다.
>
> (b) T1의 진리-내용이 아닌 허위-내용이 T2의 그것보다 더 많다(pp.233-

234).

위의 도식에서 주목할 점은 어떤 과학이론에 대해서도 절대적인 확실성을 부여할 수는 없다는 사실이다. 다만 우리는 현재 받아들이고 있는 과학이론이 이전의 이론과 비교해서 더 나은 이론이라고 말할 수 있을 뿐이다. 이런 진리관의 채택은 학문의 정적인 측면보다는 동적인 측면을 주목한다는 점에서 진일보했다고 볼 수 있다. 한 이론에 대해 그것이 진리인가 아닌가를 따지기보다는 여러 이론을 두고 어느 것이 더 적은 오류를 가지고 있느냐를 따지는 것이다. 대상세계에 대한 두 주관적인 경험의 대비, 즉 한때 진리로 보였던 것이 그 이후에 진리로 보이지 않는 내용상의 차이를 통해 진리에 접근하는 경험을 하게 된다.

이런 논리에 의해서 포퍼는 한편으로 논리실증주의자들이 택했던 경직성을 극복하면서, 다른 한편으로 이제까지 과학에서 이상으로 삼았던 합리성을 보존할 수 있는 길을 모색하였다. 그는 이전의 귀납주의에 기초한 과학관을 거부하고 과학자가 대담하게 이론과 가설을 추측하기를 권장한다. 그리고 그것들은 절대적인 확실성을 보장받을 수는 없지만 그것들을 반증하려는 끊임없는 비판을 견뎌내는 범위 내에서 그 합리성을 인정받을 수 있다. 비판에서 벗어날 수 있는 지식은 존재하지 않는다. 우리는 그것의 목적을 비판하고, 그 목적에 도달하기 위해 사용된 방법의 적합성을 비판하고, 동일한 목적을 획득할 수 있는 대안적이고 더 우수한 방법에 그것을 대비시킴으로써 모든 지식의 영역을 확장해 나갈 수 있다. 이것이 그가 내세우는 비판적 합리주의이다. 이런 관점은 과학자들이 저마다 자신의 주장을 옳다고 주장하는 것이 의외로 사이비 과학에 해당함을 폭로한다는 점에서 탐구의 정신에도 부합한다. 그러나 이런 정도의 완화된 과학철학도 이후의 학자들에 의해서 다시 비판의 대상이 된다. 즉 반증의 이론이 반증되기에 이른 것이다.

쿤(T.S. Kuhn)

쿤에 대한 논의는 앞에서 군데군데 소개되었다. 따라서 여기서는 포퍼가 애써 정립하려는 새로운 합리성을 그가 부인하는 이유와 그가 제시하고 있는 대안만을 간략하게 첨부하고자 한다. 여기서 주목할 점은 그 대안이 포퍼의 것보다 파격적으로 교육적 인식론에 접근하고 있다는 것이다. 그의 장점은 과학을 하나의 형식이나 논리로 보지 않고, 있는 그대로의 역사적 사실로 규정하는 것이다. 그의 관찰에 의하면 과학의 위기와 과학적 혁명의 시기에 발생하는 논쟁유형은 연역논리나 증명의 규칙에 호소해서는 해결될 수 없고, 관찰이나 반증에 직접 호소해서도 해결될 수 없다. 이 점이 바로 쿤이 이전까지 합리성의 이름으로 추구해 왔던 과학철학의 논의에 결정적인 타격을 주고 있는 국면이다.

그가 말하는 패러다임은 한 시기의 과학자들이 규범적으로 택하고 있는 문제의 형식과 문제해결의 방식이다. 이런 이유로 각 패러다임의 옹호자는 서로 다른 방법적인 기준에 동의하거나 다른 인식의 가치를 갖는다고 주장한다. 말하자면 학문의 발전단계에서 서로 경합하는 이론체계는 그들 나름의 합리성을 견지하고 있다. 그런데 문제는 그들간에 서로 공유하는 공통언어가 없다는 데 있다. 이처럼 서로 합의하는 합리성의 표준이나 언어가 없기 때문에 그 제안자들이 자신의 패러다임을 계속 견지하는 한 그들의 논쟁은 전혀 결말이 날 전망이 없다.

더구나 서로 다른 패러다임의 소유자는 그야말로 그들이 구성한 세계 속에 살고 있기 때문에 그의 말대로 "다른 세계에서 실천하면서 두 과학자 집단은 그들이 똑같은 지점에서 똑같은 방향을 바라본다고 할지라도 다른 것을 바라본다. 이는 다시 강조하지만 그들이 그들의 마음에 드는 것을 볼 수 있다는 것을 말하는 것이 아니다. 그들은 모두 그 세계를 보고 있다. 그리고 그들이 보는 것은 변하지 않았다. 그러나 그들은 어떤 영역들에서 서로 다른 것을 바라보며, 그들은 서로 다른 관계 속에서 그들을 보는 것이다(1970, p.150)." 이 문제를 우리는 관찰의 이론의존성이라는 주제로 앞(1.2.5.)에서 충분히 검토한 바 있다.

이전의 정초주의적인 관점에서 보면 이 두 가지를 지적하는 것이 위계가 없는 상대주의를 지지하고 있는 것으로 비칠 것이다. 그러나 쿤은 각각의 패러다임이 그 나름의 합리성을 주장한다는 것을 인정하면서도 그 어느 것도 맞다는 식의 상대주의에 동조하지는 않는다. 그는 기본적으로 과학의 발전을 믿는다. 다만 그 방법이 포퍼의 주장처럼 논리나 귀납만으로는 설명되지 않는다는 점을 강조하는 것이다. 그렇다면 그의 대안은 무엇인가? 쿤이 그 대안으로 내어놓은 해답은 과학자 스스로의 변화이다. 이 경우 어느 편이 다른 편의 입장을 이해하고 자신의 입장을 포기할 수 있을 정도의 변화가 있어야만 한다. 누군가에게 나 자신의 견해가 우월하다는 것을 입증하기 위해서는 그에게 나의 것을 믿게 설득하고 그의 것을 포기하도록 노력해야 한다. 이 때 그가 쓴 강력한 말이 '개종(conversion)'이다. 여기서 개종은 한두 가지의 인지적 요소의 추가가 아니라 경험 전체의 전환에 초점이 있다.

> 패러다임이 변화할 때, 그것과 함께 세계 자체도 변화한다. … 패러다임의 변화는 과학자들로 하여금 그들의 연구활동이 관여하고 있는 세계를 달리 보도록 만든다. … 혁명 이전에는 과학자들의 세계에서 '오리'였던 것이 혁명 이후에는 '토끼'가 된다. … 혁명이 발발할 때에는 정상과학의 전통도 변화하며, 따라서 과학자들은 그들이 자신들의 환경을 지각하는 방식을 '재교육' 받아야만 한다. 이전과 유사한 상황에서 그들은 새로운 형태를 보는 법을 배워야만 한다(1970, pp.111-112).

여기서 말하는 재교육은 한마디로 과학자 개개인이 하나의 패러다임에 쏟던 믿음을 버리고 대안적인 패러다임으로 옮기게 되는 총체적인 변화를 의미한다. 그 근거는 어디에 있는가? 후속이론과 패러다임이 경쟁이론과 패러다임을 누르고 채택될 수 있는 강력한 근거의 하나는 전자가 선행이론에서 무엇이 '참'이고 무엇이 '거짓'인가를 설명할 수 있음에 있다. 다시 말해서, 후속이론과 패러다임이 더욱 풍부한 내용을 가지고 있는 동시에 선행이론에서 타당한 것으로 여전히 간주되고 있는 바를 설명해 낼 수 있다는 것이다. 문제는 설득되어야 할 상대가 그 후행이론이 무엇인지를 아직 모르고 있다는 데서 비롯하기 때문에 그 상황의 해법은 그로 하여금 후행이론을 이해하고 그 가치를 정당하게 평가할 수 있도록 돕는 것이다.

그러나 대안적 패러다임이 무엇인지를 아직 알 수 없는 상황에서 그 변화를 유도해 내기란 그렇게 쉽지 않다. 그들에게는 아직 이것저것을 비교해서 그 중에 어떤 것을 선택할 처지가 되어 있지 않기 때문이다. 여기에 미묘한 악순환, 즉 대안적인 후보를 알지 못하기 때문에 변화할 수 없고, 변화하지 않기 때문에 대안적 후보를 알 수 없는 악순환이 반복된다.

> 일단 하나의 과학이론이 패러다임의 위치를 차지하게 되면, 그 이론은 그 지위를 차지할 만한 다른 후보이론이 나타날 경우에 한해서 쓸모없는 것이 된다. 과학발전에 관한 역사적 고찰에 의해 드러난 과정 그 어느 것도 자연과의 직접 비교에 의해 반증하는 방법론적 틀을 닮은 적이 없다. … 하나의 패러다임을 거부하는 결단은 언제나 그와 동시에 다른 것을 수용하는 결단이 되며, 그 결정까지로 이끌어 가는 판단은 패러다임과 자연의 비교 그리고 패러다임 서로간의 비교 두 가지를 포함한다(Kuhn, 1970, p.77).

예컨대, 지동설은 그것을 이해할 수 있을 뿐만 아니라 그로 인해서 천동설이 잘못되었다는 것을 인식함으로써만 수용될 수 있다. 그러나 천동설의 지지자들은 곧바로 지동설을 받아들일 만한 태세가 되어 있지 않았기 때문에 패러다임 붕괴에 대한 최초의 인식과 새로운 패러다임의 출현 사이에는 상당한 시간차이가 벌어진다. 이는 과학자 스스로 특정한 패러다임을 상구하고 하화하는 데 필요한 시간으로 해석되어야 할 것이다. 그 후에야 비로소 학문공동체는 교육을 통해서 새로운 패러다임이 예전에는 알려지지 않았던 현상을 전적으로 다룰 수 있다는 것을 알게 되고 그것을 통해서 올바른 선택을 할 수 있게 된다.

쿤의 이런 입장은 과학자의 의무를 객관적인 증명에 호소하는 것으로 믿어 왔던 사람들에게 충격을 주었다. 쿤은 과학자가 단지 그가 발견한 자료를 제시하는 것으로 그쳐서는 그의 이론을 입증하기 어렵고 강단에 올라서야 하고, 열정적인 몸짓으로 다른 과학자를 설득시켜 나가야만 한다는 사실을 부각시키고 있다. 그러나 그가 말하는 설득과 개종이 종교인이나 광신자들이 사람들을 끌어모으기 위해 흔히 쓰는 교조화나 설교와는 어떤 차이가 있는지가 분명하지 않다. 대부분 이런 방법들은 과거에 비합리적인 것들로 생각되어 왔기 때문에 혹자들은 쿤의 처방을 이전의 합리적인 방법과 대조하여 비합리적인 방법으로 분류하기도 한다. 그러나 만약 우리가 합리성의 개념을 사태에 알맞은 실행이라는 개념으로 받아들인다면 인식론에 있어서도 이제 합리성의 개념을 재조정할 단계에 들어서고 있다.

역사적으로 과학의 발전은 이루어졌고 또한 더 나은 이론으로의 합의와 선택이 이루어져 왔다. 과학공동체가 자신의 합리성을 고집하는 이상 그들간의 합의는 도달하기 어려울 것이다. 그 중 하나가 자신의 합리성을 포기하고 더 나은 합리성으로 수렴할 수 있어야 한다. 그렇다면 어떻게 그런 인식론적인 합의에 도달하게 되었는가? 하나를 버리고 다른 것을 선택하는 과정에서 지켜야 할 규칙은 무엇인가? 그 과정은 어떻게 설명되어야 하는가? 이런 질문들에 대한 해명이 앞으로 인식론이 해결해야 할 과제로 남아 있다. 쿤은 이런 질문들에 대해서 자세한 설명을 하지 않는다. 그러나 그가 처방하는 이런 비합리성을 아무렇게나 주관적으로 내리는 판단 혹은 신비주의적인 해결, 혹은 온갖 종류의 강요를 의미하는 것으로 보는 것은 잘못인 듯하다.

쿤은 그가 쓴 개종이라는 말이 주는 오해의 가능성을 없애기 위해서 "패러다임으로부터 패러다임으로의 충성의 이행은 강제될 수 없는 개종 경험(conversion experience that cannot be forced)이다(1970, p.151)"라고 못박는다. 이는 결국 변하는 사람, 그리고 새로운 패러다임에 대한 충성은 오직 그 당사자 자신의 선택에 따라야 한다는 것을 의미한다. 이 말은 또한 그런 선택을 가능하게 하는 과학자 자신들의 변화에 하나의 방법적 지침을 요구하는 것이기도 하다. 변화에 의한 선택의 기회를 준다고 할 때 그 변화하는 과정도 힘에 의한 강제가 아닌 방식으로 진행되어야 할 것은 말할 필요도 없다. 우리가 찾고자 하는 교육적 인식론도 그런 조건을 만족시키는 방식으로 교육을 개념화함으로써만 성립될 수 있을 것이다.

파이어아벤트(P. Feyerabend)

쿤과 같은 대열에서 파이어아벤트도 《반방법(1975)》을 통해서 지난날의 과학관 혹은 인식론 전반에 큰 충격을 주는 데 동참하고 있다. 파이어아벤트 역시 역사적인 사실을 토대로 과학에서 표방하는 객관적인 검증이라는 것이 종전의 실증주의적 과학철학자들이 만들어 낸 가공에 불과하다는 점을 부각시킨다. 더 나아가 그는 경직된 실증주의적 과학관을 한걸음 완화시킨 포퍼의 반증이론에 대해서도 과학의 발전사례에 부적합하다는 점을 들어 비판을 가한다. 그는 포퍼의 반증원리에 따라 반박할 사례가 나올 때마다 그 이론을 포기한다면 과학이 오늘날처럼 발전하지는 못했을 것이라는 주장을 편다. 자신의 이론이 반박될 사례가 나오더라도 그것이 이전의 이론보다는 부적합하지 않다는 신념이 있으면 그것을 포기하지 않는 것이 과학의 발전에 더 합당하다는 것이다.

'어느 것도 좋다' 는 과격한 말로 대표되는 파이어아벤트의 입장은 일견 모든 지적 기준을 완전히 포기하는, 그래서 과학적 진보에 관한 생각마저도 완전히 포기하는 회의주의를 연상시킨다. 이에 따르면 아무 것도 입증할 수 없으며, 아무 것도 거절할 수 없으며, 심지어 어떤 의사소통도 불가능할 것 같다. 그러나 우리는 앞(1.3.)서 이 문구를 그가 방법론적 다원성을 표방한 것으로 해석하였다. 사실을 잘 살펴보면 그 역시 흔히 말하는 경험론 혹은 합리론을 대체할 대안을 가지고 있다. 그것이 우리의 교육적 인식론과 일맥상통한다.

역사상 당대를 지배하는 이론과 소수의 천재적인 인물에 의해서 제안된 새로운 이론의 대결에서 불리한 쪽은 거의 후자였다. 왜냐하면 전자는 일반의 지지를 받는 기존의 엄청난 체계와 그것에 부합하는 사실들을 확보하고 있기 때문이다. 그러나 후자가 증명하고자 하는 사실들이 관찰에 의해서 증명되기 위해서는 오랫동안 새로운 관심과 인식의 변화가 필요하다. 사실에 대한 규정상의 열세에도 불구하고 새로운 이론을 유지하기 위해서 혁명적인 과학자는 통상 당대의 합리성을 초월하는 비상한 방법을 동원해야 한다. 그 점에서 그는 합리적 방법 대신 '비합리적 방법'이 더 중요하다고 역설한다.

> 새로운 관찰이 수긍되기 위해서는 논증이 아닌 다른 방법이 동원되어야 한다는 것이 명백하다. 여기에는 선전, 감정, 임시변통적인 가설, 그리고 모든 종류의 선입견과 같은 비합리적인 수단이 동원되어야 한다. 그 신념을 건전한 '지식'으로 바꾸는 보조과학들, 제반 사실들, 논증들을 발견할 때까지 맹목적이기만 한 신념을 붙잡아 놓기 위해서는 우리는 '비합리적인 수단'을 필요로 한다(Feyerabend, 1975, pp.153-154).

위에서 한 가지 분명한 것은 파이어아벤트가 방법을 부인하지 않는다는 사실이다. 그는 우수하고 탁월한 신형의 이론이 그 우수성을 인정받을 수 있는 모종의 방안을 처방하고 있다. 그의 처방은 합리적인 방법을 초월해야 한다는 것이다. 서로 대립하는 지식들의 장점을 평가할 수 있는 비역사적인 절대적 기준이 없기 때문에 정치적인 의사결정과정이 개입하게 되고, 결국 이론선택의 문제에는 단순히 주관적인 취미나 선전이 중요한 역할을 하는 것으로 본다. 그는 이런 맥락에서 코페르니쿠스의 태양중심설이 타당한 이론으로 승인된 역사적 사건을 설명한다. 지구중심설이 지배적인 시대에 코페르니쿠스의 지동설은 아직 충분히 성숙하지 못하였다. 그럼에도 불구하고 그와 같이 잠재적으로 가치있는 가설들이 충분히 검증되기 전에 사멸되지 않도록 하는 사전조처가 필요하다고 본다.

그에 의하면 갈릴레오의 주장이 지구중심설보다 더 발전된 것임이 입증되었다면 그것은 당대의 합리성에 부합했거나 혹은 확증의 정도가 높은 자료를 제공해서가 아니라 그의 선전술이 뛰어났기 때문이라는 것이다. 갈릴레오는 아주 설득력 있는 문장을 구사해서 그의 성공을 선전하고 실패를 은폐할 수 있었다고 한다. 말하자면 그가 입증에 성공할 수 있었던 것은 객관적인 자료보다는 그것을 대중에게 설득력 있게 납득시킬 수 있었던 탁월한 능력에 있었다는 것이다. 이런 방식으로 그는 이론 선택이 객관적인 기준에 의해서 이루어진다는 전통적인 경험론의 가정을 부정하고 선전의 문제에 불과하다는 결론을 얻는다. 그리고 그는 그것을 토대로 우리가 오늘날 숭상하는 과학이 신화나 마술보다 우월한 지식체계라는 믿음이 또 하나의 신화일 수 있음을 주장한다.

쿤의 '개종'이라는 말이 그러했듯이 파이어아벤트도 선전, 정치적 결정, 감정, 임시변통적인 가설, 그리고 모든 종류의 선입견과 같은 비합리적인 수단 등의 강력한 말을 서슴없이 구사한다. 그런 발언의 의도는 달콤한 말과 논리에 의존하여 안주하고 있는 이전의 철학적 인식론에 큰 충격을 주기 위한 방편으로 보인다. 그러나 그런 용어를 쓰면서도 그는 슬며시 하나의 단서를 삽입한다. 그것은 설득이나 선전이 결코 강제적인 것이 되어서는 안 된다는 것이다. 그는 현존하는 학교교육에 대해서도 다음과 같은 매우 의미있는 당부를 잊지 않는다.

> 우리는 과학자들이 당대의 우연한 지식을 마치 '사실'이나 '유일한 참된 방법'인 것처럼 가르치지 못하도록 막아야 하며, 그들에게 교육을 넘겨주어서는 안 된다. 과학에 동의하고 과학의 법칙에 따라 살아가려는 결정은 주체적인 검토와 선택의 결과라야만 한다(1975, pp.218).

이런 발언의 내용을 보면 그가 말하는 비합리가 합리를 빙자한 폭력보다 사실상 더 인간적임을 알 수 있다. 파이어아벤트는 스스로 '다다이즘', '무정부적 입장', '비합리적 방법', 혹은 '어느 것도 좋다' 라는 말의 범주에 자신의 입장을 넣음으로써 과격한 인상을 주는 것은 사실이다. 그러나 그 주장의 내용을 잘 살펴보면 그것은 이전의 방법론이 은폐하고 있는 허구성을 폭로하기 위한 방편이라는 것을 알 수 있게 된다. 물론 그의 주장은 많은 부분에서 아직 조잡하고 오해의 소지가 많기는 하지만, 기본적인 취지에 우리가 공감하려고 노력한다면 그는 결국 교육적 인식론에 해결의 큰 기대를 걸고 있음이 분명해진다.

라카토스(I. Lakatos)

라카토스의 인식론적인 입장은 쿤과 파아어아벤트의 비판의 대상이 된 포퍼의 반증주의를 좀더 세련된 형식으로 재건하는 데 특징이 있다. 그는 쿤이 도달한 결론을 비합리주의라고 규정짓고 방법의 면에서 새로운 합리성을 찾고자 한다. 그는 쿤의 주장과 같이 이론이 지지자의 신심과 입김에 의존해서 평가된다면 과학이론의 변화는 '군중의 심리'에 불과하고 본질적으로 '시위효과'로 전락할 위험이 있다고 경고하면서, "쿤의 입장은 분명히 오늘날 종교적인 광기마저 서린 정치적 신조('학생 혁명운동가들')를 자기도 모르는 사이에 변호한다"고 비판한다.[16]

그렇다고 해서 라카토스가 쿤의 반대편인 포퍼의 반증주의로 되돌아가는 것은 아니다. 포퍼의 입장 역시 라카토스에 의해서 지나치게 소박하다는 평을 받기에 이른다. 포퍼의 반증주의의 약점은 이론은 결정적으로 반증되기 어렵다는 데 있다. 어떤 이론이 예측된 결과를 얻지 못하는 것에는 그 이론 자체만이 아니라 여러 가지 이유에 원인이 있을 수 있다. 가령 초기조건에 대한 부정확한 기술이나 혹은 복합적인 테스트 상황에 그 이유가 있는 경우에 결과는 예측과 다르게 나올 것이고, 이것이 포퍼가 말하는 반증의 자료가 되어 그 이론 자체가 거부될 위험이 있다. 실례를 들면, 코페르니쿠스가 생존했던 그 당시의 지식을 이용한 결

16) 이런 비판에는 다소 오해의 요소가 있다는 점은 앞에서 지적된 바 있다.

과 화성과 금성의 외견상의 크기가 거의 변하지 않았다는 잘못된 관찰이 나왔기 때문에 코페르니쿠스의 이론은 반증된 것으로 여겨졌다. 그러나 100년 뒤에 광학의 새로운 발전으로 인하여 그 반증은 무효화되었던 것이다. 따라서 이 때 코페르니쿠스가 그 반증에 굴복하여 그의 이론을 폐기했더라면 그것이 우리에게 알려지거나 높이 평가받기 어려웠을 것이다. 이 점에서 그가 반증에 쉽게 굴복하지 않은 것은 우리로서는 다행스러운 일이었다.

파이어아벤트가 잘 지적했듯이 역사상으로 볼 때 이론은 이미 알려진 수많은 변칙사례들이 있음에도 불구하고 그보다 나은 이론이 나타나기 전에는 결코 반증된 것으로 간주되지 않았다. 역사에는 이론과 관찰이 모순된 경우 관찰언명이 폐기되고 그것과 모순된 이론이 유지된 사례가 얼마든지 있다. 그래서 라카토스는 한편으로 이 점을 인정하면서 다른 편으로 경쟁관계에 있는 이론들의 상대적인 우열을 평가할 수 있는 보편적인 기준을 확보하려고 한다. 이를 위해서 반증주의를 '소박한 반증주의'와 '세련된 반증주의'로 구분하고 후자의 길을 찾는다. '소박한 반증주의'는 포퍼의 주장처럼 하나의 이론이 반증에 의해서 결정적으로 폐기되어야 할 것으로 본다. 그러나 만약 그런 식의 반증이 이론선택의 준칙이었다면 오늘날의 과학은 성립할 수 없다.

이런 사실을 감안하여 라카토스는 하나의 이론을 두고 그것이 반증된 것이냐 혹은 아니냐에 의해서 쉽게 평가하는 것을 피한다. 대신 그는 이론의 출현을 전후한 일련의 발생적 과정을 살핌으로써 그것이 얼마나 발전적인 것이냐를 합리적으로 판별할 수 있을 것으로 보고, '이론들의 시리즈'라는 개념을 그의 방법론에 도입한다. 이것은 기본적으로 그 시리즈가 새로운 사실들을 산출해야 한다는 기준으로서, 이는 하나의 품위를 절대성보다는 상대적인 위계의 관점에서 평가하는 우리의 관점과 전적으로 일치한다. 이를 두고 그는 세련된 반증주의라는 말을 적용한다.

> 세련된 반증주의자는 이론들을 평가하는 방식의 문제를 이론들의 시리즈를 평가하는 방식의 문제로 바꾼다. 고립된 이론이 아니라 오직 이론들의 시리즈가 과학적이라거나 혹은 과학적이 아니라고 말해질 수 있다. 다시 말하면 하나의 고립된 이론에 '과학적'이라는 용어를 적용하는 것은 범주착오이다(1970, p.119).

이런 기준에 의해서 오늘날 타당성이 의심받게 되었지만, 그럼에도 불구하고 역사상 실존했던 각종 이론들이 일정부분 과학적 지식의 범주로 인정받는 길이 열리게 된다. 예컨대, 뉴턴의 이론이 아인슈타인의 이론에 의해서 반박되었다고 하더라도 그것은 과학적 이론의 한 부류에 넣을 수 있게 된다. 그리고 아인슈타인의 이론이 다른 이론에 의해서 반박된다고 하더라도 그것이 뉴턴의 것을 폐기할 정도의 진리성이 있다는 점을 인정할 수 있을 것이다. 이처럼 진리성은 상대적으로 규정될 수 있다.

라카토스의 방법론에서 우리가 주목할 특징은 평가의 단위가 하나의 이론이 아니라 '연구 프로그램(research program)'이라고 하는 이론들의 계기라는 점이다. 우리는 특정한 순간에 있어서 연구 프로그램이 처한 상태를 판단하는 것이 아니라 그것의 역사를 경쟁하는 프로그램의 역사와 비교해서 판단한다. 다시 말하자면 우리들의 방법론적 평가의 대상이 되는 것은 어떤 특정한 순간에 있는 이론의 형태가 아니라 장기간에 걸친 이론의 진화이다. 라카토스는 이론이 몇 가지 성공적인 새로운 사실을 계속해서 예측하는 한 진보적인 것으로 보고 있다. 그 규칙은 요컨대 이런 것이다.

> 세련된 반증주의자에게는, 한 이론이 이전의 (혹은 경쟁관계에 있는) 이론보다 반증되지 않은 여분의 경험적 내용(corroborated excess empirical content)을 더 많이 가질 때에만, 즉 이 이론이 이전의 이론이 예상하지 못했던 새로운 사실들의 발견에 이바지할 때에만, 그 이론은 '수락될 수 있거나' 혹은 '과학적인' 것이다(1970, p.116).

이런 기본취지는 다음과 같이 형식화된다. 즉 라카토스는 평가를 위한 기본적인 단위를 개별적인 이론보다는 '연구 프로그램'으로 규정하고 Tn과 Tn-1의 비교가 가능한 기준을 제안하였다. 그에 의하면 다음과 같은 조건들이 충족된다면 진보적(progressive)이다. (1) Tn은 Tn-1의 이전의 성공을 설명한다. (2) Tn은 Tn-1보다 더 큰 경험적 내용을 갖는다. 그리고 (3) Tn의 잉여내용의 일부는 확증된다. 이 조건이 만족되지 않으면 문제-변이는 퇴행적(degenerating)이다. 말하자면 한 연구 프로그램이 전진적인가 퇴행적인가 하는 것은 적어도 그것이 이전의 것에 비해서 새로운 현상의 발견을 유도하는 데 성공하는가 아니면 실패하는가에 의해 결정된다.

이제 과학적 검증에서 불가결한 것은 그것에 소요되는 경험의 시간이다. 우리는 스스로 성장하면서 더 많은 경험을 하게 되고 이전과 이후의 차이에서 우리의 성장을 인정할 수 있게 된다. 이런 라카토스의 해결은 듀이의 성장의 개념을 연상시킨다. 이런 판단이 적용될 수 있는 역사적인 사례를 지적하기는 그렇게 어렵지 않다. 예컨대, 톨레미의 천문학이 결국 코페르니쿠스 이론에 의해 밀려난 것은 바로 그런 과정에 의해서 가능하게 된 것이다. 상대성이론은 뉴턴의 이론을 반증한 현상을 설명할 수 있었을 뿐만 아니라 그와 함께 뉴턴의 이론이 성공적으로 설명한 영역까지 포섭할 수 있었다. 또한 아인슈타인은 뉴턴이 생각하지 못한 새로운 현상을 예측하고 그것을 입증할 수 있는 자료를 얻어냈다. 이 점에서 아인슈타인의 이론은 뉴턴의 것보다 진보적이라고 판정할 수 있다.

라우든(L. Laudan)

과학철학자 가운데 또 다른 의미에서 듀이를 연상하게 하는 학자가 있다. 그가 바로 라우든이다. 그는《과학과 가치(1984/1994)》에서 서로 논쟁하고 있는 과학적 지식들간에는 결국 가치론적인 문제가 개입되어 있음을 주목하고 있다. 그는 그럼에도 불구하고 자연과학에서 이론의 불일치가 정리되는 데 적용할 수 있는 가치기준에 대한 논의가 아직 불충분하다고 지적한다. 분명히 과학사는 다양한 견해들이 등장하고 변화하지만 그들이 모종의 절차를 밟아 대체되고 동의가 이루어져 왔음을 보여주고 있다. 그러나 그 흐름의 복판에서 어떻게 합의가 이루어지는지에 대한 규칙과 이론이 부족하다는 것이다.

> 최근의 모델들은 과학자들이 의견의 불일치를 보게 되는 다양한 이유를 제시하고 있지만, 과학자들이 도대체 어떻게 해서 논증을 끝내고 자신들의 의견의 불일치를 합리적으로 해결할 수 있는지에 관해서는 전혀 설명하지 못하고 있다(/1994, p.17).

의견의 합의에는 가치론적인 문제가 개입되어 있다는 것이 라우든의 새로운 관점이다. 가치론적 문제는 과학자들이 서로 다른 인식적 목표나 목적을 가지고 있는 상황을 말한다. 서로 다른 수준에 있는 지식을 지지하는 사람들은 각각의 인식적 목표와 목적을 가지고 있기 마련이며, 이 때문에 자신의 입장을 고수하고 있는 한 서로 합의에 도달한다는 것은 불가능하다. 따라서 그들간에 가치의 문제에 있어서 점진적으로 합의가 이루어지는 과정을 포함시킴으로써만 과학의 진보를 설명하는 방안이 나올 수 있다는 것이다.

> 과학사는 과학공동체의 지배적인 목표가 시대에 따라 때로는 깊이있고 의미심장하게 변해 왔음을 반복적으로 보여준다. 과학이 어떻게 이루어지는지 이해하기를 원한다면, 탐구자 공동체로 하여금 그들의 기본적인 목적과 목표를 바꾸게끔 하는 추론과정을 이해하는 것이 매우 중요하다(/1994, p.84).

궁극적으로 라우든이 찾고자 하는 것은 경쟁하고 있는 전통이나 패러다임의 최초의 불일치 상태에서 더 나은 것에 대한 합의 상태로 나아가게 되는 방법을 보여줄 수 있는 모델이다. 여기서 중요시되는 것은 더 나은 이론이라는 것이 언제나 이미 가치판단을 전제하고 있고, 가치판단은 결국 강요되지 않은 선택이라는 사실이다. 여기서 그는 강제되지 않은 입장의 전환을 강조한다.

> 대부분의 과학의 논쟁에서 실패한 쪽의 지지자들이 궁극적으로 그리고 종종 열광적으로 승리한 쪽의 관점을 수용하고 있으며, 심지어 목적까지도 받아들이는 경우가 있다. 그들의 '입장전환'이 강제된 것이라고 생각하기는 힘들다(/1994, p.55).

중요한 인식적 방향의 전환은 이론의 발전에 절대적으로 필수적인 것이었다. 그러나 쿤은 하나의 세계관이나 패러다임에서 다른 세계관이나 패러다임으로의 이행을 설명할 때 가치기준도 변화한다는 사실과 그 가치전환을 조정하고 합리화하는 과학의 특성을 간과했다고 라우든은 지적한다. 인식의 전환에서는 언제나 가치관의 전환이라는 것이 결정적인 역할을 한 것이다. 우리가 인식의 문제를 다룰 때 고려해야 할 것은 어떻게 그 가치의 전환이 이루어지게 하느냐에 달려 있다.

가치는 그 속성상 강요될 수 없다. 그렇다면 강요되지 않은 입장의 전환은 어떻게 이루어지는가? 이에 대한 해답은 그의 《진보와 그 문제(1977)》에서 시사되었다. 그것은 과학적 합리성에 관한 우리들의 '선호된 직관'의 변화로 설명된다.

> 과학적 평가에 관한 어떤 이론의 적합성의 정도는 그것이 얼마나 많은 PI(선호된 직관들)을 정당화할 수 있는가에 비례한다. 어떤 합리성의 모델이 우리의 깊은 직관을 더 많이 구성할수록, 그것이 우리가 생각하는 합리성에 대한 건전한 설명이라는 우리의 확신이 더해 갈 것이다(p.161).

선호된 직관들이 '합리성'의 근거가 되었고 그 합리성에 대한 견해가 과학의 발전과 더불어 세련되어 왔다는 것이 라우든의 설명이다. 예컨대, 1800년에 아리스토텔레스의 역학을 거부하고 뉴턴의 역학을 받아들일 때, 1890년에 빛이 파동이라는 견해를 거부할 때, 그리고 1925년에 일반상대성이론을 받아들일 때 항상 새로운 합리성이 등장하였다. 이는 곧 라우든이 말하는 '선호된 직관'의 역사적인 구현의 과정이라고 설명될 수 있다.

이런 새로운 해결방식들은 자세한 점에서는 다른 면을 가지고 있지만 다음의 몇 가지 점에서 일치를 보인다. 첫째, 서로 대립하는 이론들간의 선택지가 있어야 한다는 점이다. 아리스토텔레스의 이론과 뉴턴의 이론, 혹은 뉴턴의 이론과 아인슈타인의 상대성이론이 있어야 한다. 둘째, 그들의 우위의 평가는 그들에 대한 평가자의 이해를 전제한다는 것이다. 만약 아인슈타인의 이론을 이해하지 못한 상태에서 그것을 평가하는 것은 부당하다. 셋째, 그 평가자에게 자신의 경험을 토대로 어떤 것이 다른 것보다 경험내용이나 문제해결의 면에서 더 낫다는 판단기준의 변화가 있어야 한다는 것이다. 이 특징은 모두 이전의 정초주의자들이 간과한 교육의 측면들이다.

쿤은 패러다임의 변화를 전이의 과정을 생략하고 결과만을 대비시킴으로써 과정의 점진적인 진전을 무시하고 지나치게 급진적인 것으로 보는 경향이 있다. 이런 문제는 라우든(/1994)에 의해서도 지적되었다. 그는 쿤의 관점을 의식하면서 "점진적인 변화의 연속을 단절된 기적적인 변형으로 확대시켜 버리는 이런 관점은 역사가가 피해야 할 어리석은 관점이다(p.128)"라고 비판한다. 그는 하나의 패러다임이나 세계관에서 다른 패러다임이나 세계관으로의 이행은 쿤이 분석하듯이 그것의 요소를 이루는 모든 수준에서의 전체적인 변화를 요구하지 않는 단계적인 과정임을 중시한다. 여기서 모든 수준은 각 단계에서의 존재론, 방법론, 그리고 가치론의 동질성을 의미한다. 라우든은 세 가지 가운데 한 부분의 변화가 일어날 수 있으며, 불균형을 극복하는 과정에서 더 나은 합의에로 점진적인 이행이 이루어질 것으로 본다.

한 단계의 이 세 가지 요소들은 결과상 동질성을 갖게 되지만 변화의 과정에서 그들이 동시에 공변하는 것은 아니고, 그 중 어느 것이 다른 것보다 먼저 순차적으로 변화할 수 있다는 것이다. 예를 들어 과학자들은 특정한 이론에 대해서 의견의 불일치를 보이면서도 이론평가의 적절한 규칙에 대해서는 일치를 보일 수 있다. 그들은 이론과 규칙 모두에 대해 의견의 불일치를 보이면서도 동일한 인식의 가치를 받아들일 수 있다. 또는 동일한 이론과 규칙을 받아들이면서도 그들이 지지하는 인식의 가치에 관해서는 의견의 불일치를 보일 수 있다. 그는 역사적 사례로서 창조론적 생물학에서 진화론으로, 물질의 본질에 관한 에너지론의 견해에서 원자론적 견해로, 지질학의 변동론에서 균일론으로, 빛의 입자설에서 파동설로의 변화를 든다. 이 모든 사례 속에서 쿤과 같이 '불가공약적인 선택'이나 '개종경험,' 혹은 푸코와 같이 갑작스러운 '사상의 단절' 같은 것을 말할 수 있는 근거는 없다는 것이다.

과학자들은 교육학적으로 볼 때 그들의 탐구에서 얻은 최근의 것을 최상의 것으로 기대한다. 이 때 인식의 상대성의 문제가 제기된다. 다른 입장을 가진 과학자들은 서로 다른 목표를 갖는다. 이렇게 평면적으로 볼 때 인식론의 문제는 풀릴 가능성이 전혀 보이지 않는다. 그러나 무정부적인 자포자기에는 중요한 결함이 있다. 그것은 우리가 말하는 종적 상대성의 가능성이 있음을 간과하고 있다. 탐구에 적용되는 유일하게 '올바른' 목표란 있을 수 없다. 과학적 진보는 바로 새롭게 추구될 목표의 변화를 의미한다. 과학자들은 그들이 현재 어느 단계에 있느냐에 따라서 서로 다른 것을 목표로 삼는다. 현실적으로 이룰 수 없는 목표에 집착하는 것은 비합리적이다. 이는 듀이의 '가시목표'의 개념에서 충분히 설명되었다. 라우든이 찾고자 하는 불일치의 해소방안도 바로 그런 점진성을 전제한 것이다. 우리가 어떤 목표를 합리적으로 선택하려면 목표로 설정된 상태가 성취될 수 있다는 신념에 대한 충분한 근거를 미리 제공해야 한다.

툴민(S. Toulmin)

툴민은 경직된 논리실증주의를 극복하려는 과정에서 나타난 포퍼와 쿤의 대립과는 별개로 새로운 과학철학을 정립하여 왔다. 이 점에서 그는 또 다른 독특한 위치를 차지하고 있다. 과학에서 사실과 이론간에는 상관관계가 있다는 사실을 먼저 깨달은 그는《예견과 이해(1961)》에서 학문의 발전을 일종의 진화적 관점에서 파악하고자 한다. 진화의 개념에는 지식이 단지 세계를 묘사하는 것이 아니라는 우리의 논의가 전제되어 있다. 우리의 지식은 사실과 이론의 부단한 적응적 상호작용과 그에 따른 이론의 구조적 변화가 포함되어 있다. 그렇다면 우리가 한 지식에서 다른 지식으로 진화되었다는 사실은 어떻게 판별할 수 있는가?

> 진화적 생물학에서 한 종의 '생존가치(survival-value)'는 환경과 그에 앞선 조상들과의 상관관계를 갖는 것으로 파악된다. 그리고 '과학적 장점(scientific merit)'에 관한 문제는 결국 이와 유사한 것으로 드러날 것이다. 이는 하나의 새로운 과학적 착상이 그것이 도입되는 조건들 속에서 어떻게 다양한 방식으로 선조들이나 경쟁이론보다 '더 잘 적응(better adapted)'할 수 있느냐를 보는 문제이다(pp.16-17).

툴민은 학문계에서 하나의 이론이 타당하냐 그렇지 않느냐를 판단하는 절대적인 기준은 없다고 본다. 그 판단은 그것과 비교할 수 있는 다른 하나의 대립적인 이론이 있음으로써만 가능한 것이다. 예컨대, 뉴턴의 이론이 갖는 타당성은 같은 것을 주장하는 다른 대립된 이론과의 비교에 의해서만 이루어질 수 있다. 그리고 그 해답은 절대적인 것이 아니라 언제나 상대적인 것이다. 뉴턴의 이론은 이전에 있었던 이론과 이후에 등장한 이론 가운데 어느 맥락 속에 넣느냐에 따라 평가가 달라진다.

> 우리가 우리들 자신의 안경을 분명하게 볼 수 있는 방법은 오직 한 가지가 있을 뿐이다. 그것은 안경을 벗는 것이다. 안경에 초점을 맞춰 보는 것과 그것을 통해 다른 것을 보는 것을 동시에 하기는 불가능하다. 과학의 기본적인 개념의 경우도 이와 유사한 문제를 가지고 있다. 우리는 우리가 그것들을 벗어버리고 볼 때 세상이 어떻게 보일 것인가를 잊어버리고 그들을 통해서 세

> 상을 본다. 말하자면 그들에 대한 믿음과 헌신이 우리로 하여금 다른 가능성을 보지 못하게 한다. 그러나 생각의 성장과 발달에 대한 적절한 감각은 우리가 그들을 뒤집어 생각하도록 준비되어 있는 경우에만 나타나게 될 것이다. 그들에 대한 우리의 신뢰를 정당화하는 것은 오직 우리가 다른 가능성 있는 것들과의 경쟁에서 그들의 가치를 증명했기 때문이다. 그 정당화는 또한 그런 범위 내에서만 가능하다. 만약 이전의 사람들이 결코 우리와 다른 용어로 사고하지 않았었다면 우리들 자신은 단지 하나의 전통적 습관만을 유지할 것이다. 우리가 그들을 당연하게 받아들이는 대신 우리들 자신이 가진 관념의 장점을 이해할 수 있는 것은 다른 가능성들을 그들의 용어로 바라보고, 또 그들이 어떤 이유로 실패했는지를 인정하는 자질을 갖추었을 때에 이루어진다(pp.101-102).

우리가 안경을 쓰고 있을 때 안경의 효과가 어떤 것인지를 알 수 없다. 그 효과를 알 수 있는 방법은 안경을 벗고 세상을 바라보고 그 이전과 이후의 상황에서 어떻게 세상이 달리 보이는지를 비교하는 것이다. 어떤 특정한 이론의 효과를 판별할 경우에도 마찬가지이다. 하나의 이론에 고착되어 있다면 오로지 그런 관점에서만 세상을 보기 때문에 그것의 효과를 잘 평가할 수 없다. 따라서 툴민은 이론을 평가하는 조건으로서 적어도 두 가지 이상의 가능성 있는 것들간의 비교를 내세운다.

툴민의 이런 관점은 쿤이 과학의 혁명을 논하기 이전에 제안되었다. 그렇다면 툴민은 그 후 쿤의 관점을 어떻게 수용하고 평가하는가? 진화란 물론 지식의 구조적 변화를 의미한다. 그 점에서 툴민과 쿤의 견해는 같다. 그러나 툴민은 쿤이 서로 패러다임이 다른 진영의 과학자들이 성취한 마지막의 결과들만을 비교함으로써 과학의 실제 진화과정보다 더 심각하고 훨씬 납득이 안 되는 불연속이 존재한다는 극단적 결론에 치우치고 말았다고 본다. 두 이론 혹은 패러다임의 통약불가성과 그들간의 발생적 연속성은 별개의 문제이다. 전자만을 강조하는 논리적 접근으로는 인간의 성장과 단계적 발달을 설명할 수 없다.

경험적으로 그 중 한 패러다임이 다른 패러다임에 진입하는 통로의 구실을 할 수 있다. 개념적인 불일치는 학문활동에서 매우 자주 일어나고, 아무리 소규모의 상구과정이라도 그런 개념적 불일치의 극복은 빈번히 일어난다. 거기에는 분명한 어떤 경험을 근거로 자발적으로 이전의 것을 파기하고 이후의 것을 택하는 심경의 변화가 일어난 것으로 보아야 한다. 말하자면 거기에는 언제나 납득할 만한 이유가 있었던 것이다. 그렇다면 쿤이 말하는 '종교적인 개종'이라는 말은 사람들이 그 자연적 과정을 지나치게 부자연스럽게 해석하도록 하는 요인이 될 우려가 있다. 이 점을 툴민(1970)은 이렇게 지적한다.

> 아무튼 천문학자로 성공한 수많은 물리학자들이 1890년부터 1930년에 걸친 기간을 메웠으며, 이 학자들은 뉴턴식의 사고체계로부터 아인슈타인식의 사고체계로 가는 변화를 겪으며 살았다. … 그들 중 많은 학자들은 그 사건 이후 그들이 **왜** 자신의 입장을 고전적 입장에서 상대론적 입장으로 바꾸었는지를 말할 수 있었다. 여기서 내가 '왜'라고 의미하는 것은 '무슨 이유 때문에(for what reasons)'라는 것이다. 그렇지만 쿤의 말을 액면 그대로 받아들인다면 그와 같은 입장의 변경은 오직 '개종(conversion)'의 결과로 생겼을 것이다(pp.43-44).

위의 인용에서 툴민이 지적하려는 것은 과학적 발전은 쿤이 말하는 '개종'보다는 '이유있는 설복'에 의해서 이루어졌다는 것이다. 후자의 설명은 우리의 입장에서는 긴 기간에 걸쳐 진행된 교육의 과정으로 해석될 수 있는 부분이다. 툴민이 모델로 삼고 있는 생물적 진화는 시간적으로 매우 느리게 이루어지는 과정이다. 그러나 오늘날의 학문적 발전은 이전과는 다른 속도로 다소나마 빠르게 진행된다. 그렇다면 그것은 진화적 설명만으로 부족하다. 이론의 검증은 상이한 가능성을 비교함으로써 가능하다고 했으나, 그것들이 어떻게 습득되고 또 습득하게 할 수 있는지에 대한 문제에 있어서 툴민은 모호함을 보인다. 그러나 우리로서 놀라운 것은 각종 자연과학적 발전의 에피소드나 사례를 진화적 사실로 부각시키는 곳에서 그는 그 해결점을 교육의 사례에서 찾는다는 점이다. 따라서 그가 말하는 학문의 진화는 우리가 말하는 '교육적 진화'의 한 사례로 해석될 수 있다. 구체적인 사례는 교육적 인식론이 적용될 수 있는 사례를 다루는 곳(4.3.2.)에서 별도로 논의될 것이다.

폴라니(M. Polanyi)

툴민과 마찬가지로 폴라니 역시 철학자들에 의해서 이루어진 지식 혹은 과학에 대한 관념을 일거에 청산하고, 새로운 지식에 대한 개념과 그 지식의 검증원리를 제안한 예외적인 인물이다. 스스로 물리화학의 분야에서 화려한 경력을 남긴 폴라니는, 철학자들이 묘사하는 인식론이 과학자들이 하고 있는 양태와 상당히 어긋나고 있음을 깨닫고 데카르트에서 칸트에 이르는 인식론적 전통을 벗어나는 길을 모색하였다. 그것이 이른바 그의 '탈비판철학(post-critical philosophy)'이다. 그 동안 철학은 비판철학의 논지 속에서 명시적으로 말하거나 비판하거나 논증할 수 없는 것들은 모두 지식의 장애물로 간주하였다. 그리고 가능한 한 기계적인 절차에 의해서 객관성을 보장할 수 있다는 신념에 의존하였다. 그러나 그는 철학자들의 그와 같은 객관성에 대한 지나친 신뢰를 비판하고 인식주체인 과학자들 스스로의 인격적인 변화와 체험에 의해서 지식이 검증되는 과정을 새롭게 부각시키는 데 지대한 공헌을 하였다.

폴라니는 근대과학의 성립과 더불어 등장한 객관주의적 지식론의 한계를 지적하고 그의 대안을 제시함에 있어서 《인격적 지식(Personal Knowledge, 1958)》이라는 새로운 개념을 도입하였다. 물리학자로서의 자신의 체험에서 나온 이 개념은 이전의 철학적 인식론이 거의 주목하지 않았던 것들에 눈을 돌린다. 그가 말하는 인격적 지식은 그것을 가진 개인의 신체 내에 있다. 그가 강조하는 암묵적 차원은 신체를 거점으로 확장되는 것이다. 인격적 지식은 외재하는 실재를 우리의 신체 속에 그리고 그 신체의 능력을 확대하는 도구들로 편입하는 것을 의미한다. 이런 과정을 '체득(interiorization)'이라고 말한다. 그렇다고 해서 지식은 신체적인 것이라고 보아서는 안 된다. 그가 주장하는 것은 데카르트식으로 신체와 정신을 구분하려는 것이 아니다. 다만 그의 인격적 지식은 우리의 신체 내부에 뿌리박고 있는 것이다. 그는 이 개념에 의해서 먼저 주체의 작용으로부터 독립되어 있는 어떠한 객관적 지식도 있을 수 없다고 선언한다. 뿐만 아니라 지식의 검증에 있어서도 객관적인 절차만으로 되지 않는다고 주장한다.

그가 제안한 지식론의 특징은 지식의 암묵적인 차원을 강조했다는 점이다. 이제까지의 인식론은 사고와 언어를 구분하고 후자에 객관성을 부여하려는 경향을 보여왔다. 그리고 그것의 명시적인 측면만을 주목하고 그 타당성을 객관적인 절차에 의해서 정당화시키는 방식을 모색해왔다. 그러나 그에 의하면, 지식은 수학적 기호나 언어로 완전히 형식화될 수 없다. 그의 입장은 "우리는 말할 수 있는 것 이상을 알고 있으며, 말할 수 없는 것에 대한 우리의 앎에 의존하지 않고는 아무 것도 말할 수 없다(1958, p.x)"는 말로 잘 대변되고 있다. 그는 우리의 의식에 의해서 주목을 받고 또 말로 표현되는 지식은 사실은 말로 표현할 수 없는 암묵적 차원에 근거하고 있음을 주장한다. 여기에는 우리의 의식에서 확인되지는 않지만 분명히 그런 상태에 이르기까지의 모든 결과적 세부사항들이 포함되어 있다. 결국 앎은 인식되어야 할 대상의 세부사항들이 통합되어 한꺼번에 그 전체를 會得하는 활동이다. 말하자면 인식대상에 대한 여러 가지 특수한 세목들이 통합되어 하나의 의식적인 지식에 이른다.

폴라니의 이론이 갖는 독창성은 과학의 활동에서 지식에 대한 가치판단이나 선택은 최종적으로 과학자의 개인적인 판단에 의존한다고 본 점이다. 흔히 객관주의자들은 실험도구나 인간적인 편견을 제거하기 위한 자동화된 기록장치가 진리를 판별하는 최종의 근거가 될 것으로 보아왔다. 그러나 그 어떤 객관적인 자료라고 할지라도 그것에 대한 판독은 과학자 스스로의 안목에 의존한다. 이 때문에 그는 지식의 타당성을 인식주체 스스로가 확인하는 절차를 처방한다. 그 어느 과학자들도 궁극적 실재를 이해할 수는 없다. 다만 그들은 그곳에 도달하기까지의 위계가 있는 상대적인 지식들을 역사를 통해서 발전시켜 온 것이다. 그렇다면 과학에서의 입증은 그들의 상대적 위계를 증명하는 것에 해당하고, 우리에게 남은 것은 그 증명의 과정에 스스로 참여하면서 좀더 진리다운 상위의 인식으로 나아가는 흐름과 운동을 감지하는 것이다. 여기서 폴라니는 '발견적 열정(heuristic passion)'과 '설득적 열정(persuasive passion)'을 강조한다. 우선 더 나은 지식을 습득하려는 사람은 체득될 때까지 발견의 과정을 밟아야 한다. 그 다음에 자신의 지식을 그보다 수준이 낮은 상태에 있는 사람에게 입증할 책임이 있다.

지식은 결국 그것을 소유한 사람 자신에 의해서 최종적으로 진위가 확인된다. 내가 높은 수준의 지식을 감별할 수 있기 위해서는 그것을 나의 것으로 체득해야만 한다. 여기서 바로 발견적 열정이 작용한다. 지식의 발전은 오직 암묵적 차원의 확장에 의해서 이루어지는 것이다. 일정 부분의 암묵적 차원이 발전되고 그 결과 명시적 차원이 등장한다. 그것이 바로 새로운 실재의 발견에 해당한다. 서로 무관하게 보였던 세부사항들이 상호관련을 맺고 각각의 것으로 환원할 수 없는 새로운 의미를 갖게 된다. 그러나 그것은 더 높은 실재에 대한 이해의 한 단계에 불과하다. 좀더 상위의 실재를 탐색하기 위해서는 그것에 필요한 보조적 차원을 보충하고 확대해야만 한다. 이와 같은 방식으로 우리는 점차 그 대상이 가지고 있는 다양한 수준의 실재에 대한 이해를 높여 나갈 수 있다. 발견적 노력에 의해서 보다 높은 수준의 지식을 획득하는 순간 그것은 이전의 것보다 더 나은 것으로 인식주체에게 자각된다. 여기에는 다소간의 흥분이 동반된다.

이렇게 습득되고 증명된 인격적 지식은 개인의 소신이며 그 속에는 책임과 헌신이 포함되어 있다. 각 품위의 지식은 그것의 소유자에게 당분간 '진리'로 보인다. 그럴 수밖에 없는 것은, 스스로 자기의 주장이 진리가 아니라고 믿으면서 어떤 것을 주장한다면 그 주장은 불성실한 것일 수밖에 없기 때문이다. 폴라니는 그런 상황을 마치 이서를 하지 않고 증명서를 발급하는 것에 비유한 바 있다. 그와 같은 무책임한 지식은 그 개인의 지식이라고 할 수 없다. 그러나 그런 확신은 단지 한 개인의 주관에 그쳐서는 안 된다. 과학적 지식은 결코 자의적인 것 혹은 각자의 주관적인 선호에 좌우되는 것이 아니다. 지식은 비단 나의 것일 뿐만 아니라 너의 것, 그리고 우리 모두의 것으로 끊임없이 확장되고, 확인되고, 공환되어야 할 성질의 것이다. 폴라니는 이 점을 강조하기 위해서 '보편적 타당성(universal validity)' 이라는 개념을 도입한다. 자신이 발견한 새로운 해답, 지식, 실재는 단지 그 발견자에게만이 아니라 다른 모든 사람들에게도 타당한 것으로 받아들여질 것이라는 기대가 과학자들에게 있다. 그렇다면 우리가 택할 수 있는 보편적 타당성을 입증하는 방법은 무엇인가?

폴라니가 말하는 인격적 지식의 경우 이 방법이 전과 같은 실증주의적 방식으로 이루어지기 어렵다. 다양한 도구를 사용한 엄밀한 실험에 의해서 객관적인 자료를 제공한다고 하더라도 제대로 해석할 수 없는 사람에게는 그것이 입증의 자료가 될 수 없다. 실재에 대한 이해의 면에서 수준의 차이가 있는 전문가와 초보자간에는 해석상의 큰 간극이 있다. 이 때문에 그들간의 논리적인 입증이나 관찰상의 합의를 애초부터 기대하기가 어렵다. 그들간에는 관찰, 언어적 표현, 혹은 논증이 필요한 것이 아니라 서로 떨어져 있는 암묵적 지식의 간극을 보충하는 과정이 필요하다. 그러자면 인식자 자신이 높은 수준의 지식을 감별할 수 있었던 발견의 과정을 상대에게 체험하게 하는 설득의 헌신과 책임이 개입되지 않으면 안 된다.

> 설득적 열정은 발견적 열정에 뒤따르는 것으로서 발견적 열정처럼 역시 논리적 간극에 봉착하여 드러난다. 발견자가 스스로 새로운 실재관에 헌신하는 정도만큼 그는 아직도 옛날 식으로 생각하는 타인들과 격리되어 있다. 그의 설득적 열정은 이제 모든 사람을 그가 사물을 보는 방식으로 전향시킴으로써 그러한 논리적인 간극을 넘을 수 있도록 박차를 가한다. 이는 발견적 열정이

> 발견을 향해 나아가고자 하는 자신 앞에 놓여 있던 간극을 넘도록 그에게 박차를 가하는 것과 마찬가지 현상이다(1958, p.150).

이런 폴라니의 주장은 주로 명시적인 지식을 객관적으로 정당화하려는 철학자들의 방식과는 판이하게 다르다. 입증의 방법은 자신이 그 지식을 습득함으로써 얻을 수 있었던 확신을 상대방도 갖도록 하는 것이다. 그것이 이른바 설득이라는 절차이다. 아무리 높은 수준의 지식을 발견했다고 하더라도 상대편이 그것을 감식할 만한 지식을 갖추고 있지 못하다면 그에게서 높은 것으로 평가받을 수 없다. 따라서 과학자들은 새롭게 창출해 낸 지식의 보편성을 인정받기 위해서 여타의 사람들에게 그 지식을 습득시키려고 하며, 설득이 성공할 때 그 지식은 당분간이나마 보편성을 가진 것으로 간주될 수 있다. 이런 부분은 동양의 모든 수도계에서 인정되고 있는 국면이다. 이 부분은 '깨닫는다' 라거나 '깨닫게 한다' 는 말로 나타낼 수 있는 것으로서, 우리의 교육관에서는 '자증' 과 '타증' 에 해당한다. 폴라니는 이런 동양적 전통을 인식론에 도입한 예외적인 학자에 속한다는 점에서 특별히 주목할 만하다.

과학자가 자신이 발견한 수준의 지식을 상대에게 설득한다고 할 때 그 설득은 말에 의해서 이루어지는 것이 아니다. 폴라니의 입장에서 그것은 단지 언어적 전달이 아니라 자신의 발견적 체험을 상대방에게 재현하는 일이 된다. 그에 의하면, 방법의 규칙은 명확히 정의 혹은 정식화할 수 없으므로 그것을 구체화하는 실행사례에 의해서 전해질 수밖에 없다. 기법을 실행하는 사례를 통해서 배우는 것은 전통을 받아들이는 것이고, 또 그 전통의 대표자가 되는 것이다. 여기서 선진과 후진의 도제관계가 필수적이다. 스승은 학문하는 생활을 보이고, 제자는 한동안 스승의 권위를 인정하고 학문의 본질과 탐구의 기법을 관찰하고 체득해야 한다. 그 과정을 통해서 제자는 학문을 결과로서가 아니라 삶의 양상으로 체험할 수 있어야 한다. 뿐만 아니라 새로운 세대로서 제자는 자신의 자립성을 확보하고 기존의 전통과 긴장성을 가질 수 있는 새롭고 독창적인 전통의 수립에 참여할 수 있어야 한다. 이런 조건은 아무런 믿음이나 소신도 없이 타자의 지식을 단지 편의에 따라 무책임하게 지껄이는 우리 주변의 많은 학자들을 지식인의 영역에서 배제한다는 점에서 큰 의의가 있다. "남들은 이러이러하게 주장하지만 나는 그 문제에 대해서 이렇게 생각한다"는 말에서만 비로소 우리는 그의 지식과 품위를 이해할 수 있다. 단지 이름난 학자들의 말을 인용하는 것은 아직 그의 인격적 지식에 결함이 있음을 나타내는 것이다.

제 2 장

기초개념의 재건

인식론은 인식에 대한 지식이다. 지식은 그 대상을 구성하는 하나의 체계이다. 따라서 아무리 저급의 인식론이라도 그것이 하나의 이론인 이상 대충이나마 지식의 성질, 지식의 형성 문제, 그리고 지식의 타당성 규정에 관한 논의를 포함하고 있으며, 그런 것들이 서로 연관관계를 가지고 하나의 짜임새를 갖추고 있다. 우리가 검토한 바 있는 제반 인식론들, 예컨대 합리론, 경험론, 칸트의 인식론, 현상학, 분석철학들도 인식론적 요소들에 대한 모종의 관점을 택하고 있기 때문에 그 이론 내부에는 요소들간의 정합성이 유지되고 있다. 어떤 인식론적 논의든 간에 그것은 그것들이 만들어 내는 이론적 맥락 내에서 의미를 갖는다.

다른 분야의 경우처럼 인식론도 불완전한 것이고 발전의 여지가 항상 있는 분야이다. 만약 그것이 완전한 것이라면 인식론은 더 이상 필요없는 영역이 될 것이다. 그러나 그 불완전성이 반드시 미완성을 의미하지는 않는다. 모든 인식론은 그 나름의 완성된 체계의 형태를 취하고 있다. 그렇다면 인식론의 개선 혹은 발전이란 무엇을 말하는가? 그것은 하나의 완성된 체계가 무너지고 그 위에 새로운 체계가 형성되는 총체적인 변화를 의미한다. 예컨대, 칸트(I. Kant)의 인식론을 말할 때 흔히 그것이 경험론과 합리론을 종합한 것이라고 하지만 그 종합은 물리적인 합산을 의미하지 않는다. 칸트는 합리론과 경험론의 체계 내부에 여전히 많은 문제들이 있음을 발견하고 그 문제들을 극복할 수 있는 방식으로 전혀 새로운 인식론의 체계를 구성한 것이다. 칸트가 종합한 것 속에서는 경험론이나 합리론의 어떤 요소도 그 원래의 형태로 보존된 것이 없다. 어쩌면 그 두 인식론이 전혀 다른 양태의 것으로 탈바꿈했다고 말하는 것이 옳을 것이다.

제반 인식론간에는 부분적인 차이가 있는 것이 아니라 모종의 총체적인 단절이 있다. 서로 다른 인식론들간에는 지식의 정의, 형성과정, 그리고 평가기준의 면에서 어떠한 공통성도 발견하기 어렵다. 다만 그 중 어떤 것이 다른 것의 오류를 지적하고 그 오류를 지양하고 있다는 점에서 분명히 그들간에는 위계와 발전이 있다고 말할 수는 있다. 후행된 이론은 선행하는 이론이 제기하는 문제를 해결하는 방향으로 새로운 개념체계를 모색하고 구축해 왔다고 볼 수 있다. 이 점이 인식론의 역사가 보여준 발전의 양상이다.

나는 이제 교육적 인식론을 제안할 것이다. 이것은 기존의 어떤 인식론을 단지 부분적으로 보완하기보다는 근본적으로 수정하고 개정하기 위한 작업이다. 우리가 앞의 논의에서 자세하게 살펴보았듯이 전통적인 인식론적 개념들은 그 자체의 역사적 발전과정에 말썽이 많다. 그런 개념들을 수용하면서 새로운 인식론을 건립한다는 것은 불가능하다. 우리가 교육적 인식론으로 인식론의 수준을 높인다는 것은 그 전반의 틀 자체를 바꾸어 나가려는 시도라고 보아야 한다. 그것은 서로 분리될 수 없는 제반 문제들, 즉 지식은 무엇을 의미하는가, 그것은 어떻게 형성되는 것인가, 그리고 지식의 타당성과 발전은 어떤 근거에 의해서 판단할 수 있는가 등에 대한 관념과 해명의 전반적인 변화를 요청한다.

우리는 앞(1.4.)에서 많은 학자들의 이론을 개별적으로 소개하면서 '교육적 인식론의 전조'를 다루었다. 그러나 그 전조와 교육적 인식론 자체는 동일한 것일 수 없다. 전자는 후자를 유도해 내는 안내자의 역할을 할 뿐 그것들 전체를 모아놓고 그것이 교육적 인식론이라고는 할 수 없는 것이다. 그들은 많은 공통점을 가지고 있지만 그들간에도 간과할 수 없는 이견이 있다. 따라서 여기서는 그 차이와 다양성 가운데 어떤 것들을 취사선택하고, 또 그들이 빠뜨리거나 단순하게 취급한 부분들을 새로운 관점으로 보충하여 하나의 통일된 인식론적 체계를 구성하는 작업을 수행할 것이다. 이것은 그 개별적인 것들을 넘어서서 하나의 다른 인식론적 차원에 진입하려는 시도이다. 이 종합의 양태는 내가 《학문과 교육〔중〕(장상호, 2000)》에서 재개념화한 교육본위론과 내적 연관성을 가지고 있다. 만약 이 시도가 어느 정도 성공하여 전통적인 인식론에서 제기된 제반 문제들을 해결할 수 있게 된다면 그것 자체가 자율적인 교육학의 출범과 더불어 얻어낸 부수적인 성과의 하나로 치부할 수 있을 것이다.

2.1. 품위로서의 지식

2.1.1. 체험의 특수한 구조

교육적 인식론이 전통적 인식론이 봉착한 문제를 뛰어넘기 위해서는 먼저 지식과 관련된 문제부터 새롭게 바라볼 필요가 있다. 이제까지 철학자들은 주로 보편적이고, 비역사적인 지식의 형태나 결과에 관심을 가져 왔다. 그들은 지식을 그 주창자로부터 따로 떼내어 박제로 만들고 그것의 의미를 분석하고자 한다. 더 나아가 인간을 지성 · 정서 · 신체 · 의지 등으로 분리시키고 지식은 지성의 측면만을 가진 것으로 생각해 왔다. 서양철학에서의 합리성은 욕구나 정서가 완전히 배제된 순수한 형태의 것으로 알려져 왔다. 이성은 실재에 대한 참된 인식을 얻을 수 있는 기관이라는 영예를 누려 온 반면에, 충동이나 욕망은 온갖 불완전과 오류의 원천으로 배척받았다.

교육적 인식론은 지식의 규정방식에서 은폐되거나 간과된 측면을 살려내고, 새로운 토대 위에 인식의 문제를 재정립해 나가지 않으면 안 된다. 이제까지 인식론에서 다루어 왔던 지식에 대한 개념은 지식의 발전적 형성이라는 교육의 입장에서 볼 때 거의 의미가 없는 가공적인 수준의 것이었다고 해도 과언이 아니다. 여기서 가공적이라는 말은 교육에서 다루어야 할 지식의 세부적인 특성이 인식론자 자신들의 학문적 관심에 부합하지 않는다는 이유 때문에 배제됨으로써 그 생명력을 잃어버렸다는 뜻이다. 교육의 경우 살아 있는 개체가 자신의 지식을 획득하고 그것을 타인과 공유하는 과정을 다루기 때문에 그들의 관심에서 배제되어 버린 좀더 미세한 부분을 드러내고 살려내야만 그 참된 의미를 갖게 된다.

지식과 관련하여 우리가 먼저 청산하여야 할 관점은 지식이 실재에 대한 그림이라는 것이다. 이것이 갖는 문제는 객관주의와 주관주의를 다루는 곳(1.3.1.)에서 충분히 논의되었다. 우리는 흔히 우리와 독립된 대상과 그것을 바라보는 보편적인 정신으로서의 지식을 분리시킨다. 그러나 지식은 객관적인 사실과 우리들 자신간의 상호작용에 의해서 구성되어 나아가야 할 어떤 것이다. 그런데 철학자들은 바로 그 점을 간과함으로써 스스로 인식론적인 문제를 일으킨 면이 없지 않다. 이 점은 교화적 과정에 의해서 인식의 문제를 해결하려는 학자들 가운데 하이데거, 듀이, 그리고 폴라니에 의해 특별히 강조되었다. 그 가운데 듀이(J. Dewey, 1948)의 말을 들어보자.

> 우리는 아직도 지식에 대해 그림을 생산해 내는 화가의 입장에서 생각하기보다는 만들어 놓은 그림을 바라보는 방관자의 상으로 생각하는 경향이 있다. 이로부터 전문적인 철학자들에게 익숙한 모든 인식론의 문제들이 야기되고, 그것이 특히 현대철학을 일상적인 사람들의 이해범위에서 멀어지게 했으며, 또 과학의 성과와 과정에서 그들을 격리해 놓는 결과를 가져 왔다. 왜냐하면 이들 문제들은 모두 한쪽에서 바라보는 정신이 있고, 또 다른 한쪽에 바라보고 주목해야 할 먼 이역의 대상이 있다는 가정에서 발생하는 것들이기 때문이다. 이들 문제들은 정신과 세계, 주관과 객체, 그렇게 격리되고 독립된 두 가지 항이 어떻게 참된 지식이 가능하도록 상호관계를 맺을 수 있느냐에 의문을 제기한다. 만약 인식을 언제나 능동적이고 조작적인 것으로 생각하

> 며, 가설의 인도를 받는 실험이나 어떤 가능성에 대한 상상의 인도를 받는 발명에 비유해서 생각한다면, 철학은 혼미에 빠져 있는 모든 인식론적인 난제들로부터 해방될 것이다(pp.122-123).

전통적 인식론의 문제는 이미 거기에 실재하고 있는 대상을 포착한다는 관점에서 앎에 접근하는 데서 비롯한다. 실상 지식은 그처럼 외재하는 객관적 실재에 대한 주관적인 반영이나 그림이 결코 아니다. 뿐만 아니라 그런 식으로 타당성을 검증받을 수 있는 성질의 것도 아니다. 우리는 객관적 실재를 직접 이해할 수 없고, 다만 그것과의 상호작용을 통해서 형성된 우리 자신의 체험적 조직을 통해 이해할 수 있을 뿐이다. 이는 마치 거미가 오랜 진화의 과정에서 그의 먹이를 포착하는 거미줄을 구성하는 방식에 비유될 수 있다. 먹이로서 곤충과 그것을 잡아내는 거미줄에는 어떤 일대일의 대응관계도 없다. 사실인즉 거기에는 긴 세월에 걸친 거미와 곤충의 교섭관계가 있었고, 그 상호작용의 한 양태로서 거미줄이 있다. 거미의 입장에서 곤충은 결국 거미줄의 구조에 의해서 규정된다. 마찬가지로 지식은 실재의 진정한 반영이라기보다는 진리탐구자로서의 우리 자신이 세계와의 관계 속에서 그 세계를 인지적으로 경험하는 방식의 체계라고 할 수 있다.

그런 의미에서 세계는 바로 우리의 인지적 체험 안에 있는 요소들과 그들의 관계에 의해서 규정된다고도 볼 수 있다. 이처럼 구조의 차원에서 세계와 지식을 이해하는 방식은 최근에 이르러서야 비트겐슈타인(Wittgenstein, 1953)의 '언어 게임(language game)', 슈츠(Schutz, 1973)의 '다수의 실재들(multiple realities)', 카스타네다(Castaneda, 1968)의 '대안적 실재들(alternate realities)', 피아제(Piaget, /1980)의 '도식(schemes)', 오우크쇼트(Oakeshott, 1933)의 '경험의 양상(mode of experience)', 듀이(Dewey, 1916)의 '경험의 재구성(restructuring of experience)', 바슈라르(Bachelard, 1934)의 '문제틀(problematics)', 쇤(Schön, 1983)의 '행위 속의 이론(theories-in-action)', 쿤(Kuhn, 1970)

의 '패러다임(paradigm)', 고프만(Goffman, 1974)의 '프레임(frame)', 메지로(Mezirow, 1991)의 '의미조망(meaning perspective)'이라는 개념들에 반영되기 시작했다. 이들은 실재와의 대응보다는 그것들과 부단하게 접하고 있는 우리 자신의 체험적 조직형태로 관심을 전환시킨다는 점에서 참으로 획기적인 발전을 반영하고 있다.

앞서의 개념들은 모두 복수의 세계를 상정한다는 점에서 예외가 없다. 우리가 접하는 세계가 오직 하나의 세계가 아니라 여럿인 것은 우리 내부에 서로 다른 세계를 인식하는 특별한 체험조직이 있다는 사실과 관련되어 있다. 이 때문에 서로 다른 종류의 지식을 동일시하는 것은 범주착오와 논점이탈의 오류로 치닫는다. 이 주제는 지식의 상대성을 논하는 곳(1.3.2.)에서 횡적 상대성의 개념으로 다루어야 할 성질의 것으로 설명된 바 있다. 이질적인 세계간에는 경계가 있으며, 그 경계를 전환하는 데에는 비약이 필요하다. 이런 관점에 비추어 학문적 지식 역시 그 세계 내에서 생산하는 지식으로서 여타 분야의 지식과 구분될 수 있어야 한다.

그렇다면 다양한 지식의 형태 가운데 학문적 지식은 어떤 성질의 것인가? 그것은 우선 대상세계의 실재를 이론적으로 만들어 내는 특정한 정신적 유형이라고 말할 수 있다. 자연과학은 자연을 대상으로, 사회과학은 사회를 대상으로, 예술학은 예술을 대상으로 특수한 지식을 생산해 왔다. 이것은 우선 그 대상세계가 아니라는 사실을 유념하는 것이 중요하다. 더 나아가 그것과 일대일의 관계를 갖는 것도 아니다. 다만 우리는 이론을 만들어 넓은 세계 속에 던져놓고 그것에 의해서 포착되는 것을 보고 그 대상세계를 사념의 수준에서 이해할 수 있을 뿐이다. 그것을 더욱 분명하고 확실하게 포착하고 설명하기 위해서 우리는 그물눈을 보다 정교하고 촘촘하게 수정하고 발전시켜 나갈 과제를 갖는다. 그리고 우리는 그 발전의 척도를 가늠하는 모종의 규칙을 알고 있어야 한다.

영토에 대한 지도를 소유하는 것과 영토 자체를 소유하는 것이 천양지차가 있는 것과 마찬가지로 인식대상과 그것에 대한 우리의 인식도 확실히 구분된다. 자연과학적 체험과 자연적 상태는 다르다. 자연과학적 이론은 자연을 이해하기 위해 발명된 관념체계이다. 우리는 무거운 물체에 대해서 생각할 때 그 무거움을 느끼는 것은 아니다. '1g을 들어올리는 것'과 '1,000kg을 들어올리는 것'을 생각하는 것은 우리에게 똑같은 정도의 인지적 부하량으로 다가온다. 그러나 실제로 각각의 무게를 들어올리는 경험의 차이는 참으로 크다. 따라서 인력법칙의 공식과 이 법칙이 현실에 적용될 수 있다는 개연성에 대한 진술은 엄밀히 구별되어야 한다. 법칙 자체는 인력작용을 하는 물체의 존재에 대해서 알려주는 바가 전혀 없고, 단지 '인력작용을 하는 물체'를 어떻게 이해할 것인가를 결정할 수 있는 인식의 규칙을 제공해 줄 뿐이다. 마찬가지 방식으로 우리는 사회학적 지식과 사회적 적응능력, 예술학적 지식과 예술창조 능력을 구분할 수 있다. 특정한 사회의 구성원으로서 그에 잘 적응한다는 것과 그것을 인지체계로 이해하는 일은 동일한 범주에 속하지 않는다. 또한 피아니스트가 훌륭하게 연주하는 것과 예술비평가나 예술학자가 그것에 대해서 학문적인 지식을 가지고 있는 것, 그리고 역사를 체험하는 것과 역사학적 체험을 하는 것 역시 동일한 것이 아니다.

모든 인식활동이 학문적 실천이고 모든 인식내용이 학문적 지식인 것도 아니다. 학문은 일상적 체험과 전혀 다른 것이다. 이와 관련하여 우리는 상식과 학문적 지식을 대비할 수 있다. 사회구성원으로서의 인식구조와 사회과학자로서의 인식구조에는 엄청난 차이가 있다. 일상적인 경험만으로는 물이 산소와 수소로 이루어져 있다는 사실을 절대로 이해할 수 없을 것이다. 학문적인 체험은 사회의 정상적인 사람이 생각하고 발견한 것에 안주하는 것이 아니라 익숙한 사물로부터 지금까지 아무도 발견하지 못했던 사실을 새롭게 발견하는 것이다. 이 때문에 오늘날 학문적 지식은 상식에 의존하는 일반인에게는 거의 환상적인 것으로 보이는 것이다. 이미 널리 알려진 뉴턴의 중력이론을 보자. 어떻게 하나의 물체가 엄청난 거리가 있는 공간에서 다른 물체를 끌어당길 수 있단 말인가? 상식인의 입장에서 아인슈타인의 상대성이론은 이보다 더 황당하다. 빛이 어떻게 공간 속에서 휠 수가 있단 말인가? 우리가 자연현상의 보다 근본적인 법칙을 더 많이 발견할수록, 그 법칙들은 점점 우리의 일상적 인식으로 이해하기 어려운 가공적인 것처럼 보인다. 그러나 이런 괴이하고 환상적인 생각이 결국 상식보다 더 실재적인 것으로 드러났다. 오히려 상식이 더 허구적인 환상인 것이다. 이 때문에 일상적 경험의 영역에서 학문적 체험으로의 전환은 체험의 영역에 있어서 비약적인 태도전환을 요구한다.[1)]

학문적 지식은 상식과 즉각적인 감각내용을 초월한다. 대상세계는 구체적 실재성에 있어서 우리에게 의미를 부여한다. 그러나 학문은 그들로부터 추상적인 관념을 형성하여 그 대상의 일반적인 측면만을 보존한다. 이 점에서 학문적 지식은 듀이가 말하는 이차적 경험에 해당한다. 그에게 있어서 하나의 경험은 일차적 경험에서 이차적 경험에 이르는 전 과정을 의미한다. 일차적 경험은 일상생활 속에서 직접적으로 대하는 조야하고 거친 경험을 말한다. 태양, 대지, 식물, 동물 등과 같은 대상은 일차적 경험의 소산이다. 이차적 경험은 거대한 덩어리째 그대로의 일차적 경험의 내용이 한 차례의 반성과정을 통해 좀더 고차원의 내용으로 승화된 것을 의미한다. 이런 것들은 마치 거미줄의 경우가 그러하듯이 관련된 대상들의 전체 체계에 포함되어 있는 모든 것에 의해서 그 의미가 확보된다는 특징을 갖는다.

이 특징과 관련하여 통상 잘못 생각하고 있는 부분에 대한 해명이 동시에 이루어져야 한다. 그 생각은 학문적인 사실들을 지구, 나폴레옹, 셰익스피어의《햄릿》등과 같은 개별적인 사건들로 보는 것이다. 그러나 그것은 큰 오해이다. 지구는 천문학적 사실의 특수한 예에 불과하며, 나폴레옹은 역사상의 한 인물에 불과하며,《햄릿》은 문학작품의 하나에 불과하다. 학문에서 얻고자 하는 것은 그 구체적이고 시 · 공간적인 것

---

1) 그 비약적 체험의 전환은 현상학적 방법에서 자연적 태도와 현상학적 태도의 차이로 나타났다.

들을 천문적 사실, 역사적 사실, 그리고 문학작품이라는 보편적인 사실로 정치시키는 것이다. 예컨대, 뉴턴은 사과가 떨어지는 것을 보고 만유인력을 발견했다고 한다. 하지만 그런 광경이라면 그 이전에도 무수한 사람들이 목격하였지만, 그들은 그것이 지구의 인력 때문이라는 사실을 알아차리지 못했다. 그 때문에 적어도 뉴턴 이전까지는 중력이라는 사실은 아직 발견되지 않았다고 볼 수 있다. 중력이란 지식은 바로 사과가 떨어지는 특수한 사건에 대한 정보가 아니라 그것을 설명하는 우리 내부의 체계인 것이다. 그 체계로서 이해되는 것은 이제 단순히 사과가 아니라 물리적 사실이다. 마찬가지로 한편으로 많은 사람들이 암석을 바라보았지만 그것으로부터 지구의 역사를 읽는 사람은 고고학자들이다.

우리가 말하려는 학문적 지식은 실제로 존재하는 어떤 사물에 대한 정보가 아니라 그 사물이 '무엇으로' 이해되느냐 하는 것을 문제삼는다. 이를 위해서는 개별적인 것에서 일반적인 법칙에 이르는 일반화에로의 이행이 필요하다. 표면적인 복잡성을 서술하는 데서 그것을 더욱 단순하게 근원적으로 설명하는 인지체계를 구성할 수 있어야 한다. 시 · 공간에 있는 제반 사건들은 보다 단순한 사실의 특수한 사례로 환원된다. 여기에는 14세기에 오컴(W. Ockahm)이 제안했던 원리, 즉 "보다 적은 것으로 이루어질 수 있는 것이 보다 많은 것으로 이루어졌다면, 그것은 헛된 것이다"라는 원리가 적용된다. 이처럼 학자들의 과제는 표면적으로 보이는 일회적인 특수성과 복잡성을 더욱 근원적인 사실의 일부로 설명하는 인지체제를 창출해 내는 데에 있다.

"소크라테스는 죽는다"라는 개별적인 것에서 "사람은 죽는다"라는 보다 일반적인 것으로의 이행과정은 오래 전부터 인정되었다. 그러나 그런 일반화에는 또한 더 일반적인 이해의 구조가 전제된다는 것을 인정하게 된 것은 비교적 최근에 이르러서이다. 이제 우리는 "사람은 죽는다"라는 일반명제의 집합만을 가지고 학문적 지식이라고 할 수 없게 되었다. 어떤 개념, 문장, 문단이 그것과 대응하는 실재를 가지고 있다고 생각하던 시절에는 그 의미가 독자적인 근거를 가진 것으로 간주되었다. 그러나 우리가 그 신화를 거부한 이상 개념 혹은 관념의 의미를 대응이 아닌 다른 곳에서 찾아야 한다. 관념들은 서로 독립해서 고립된 의미를 가질 수 없다. 그들의 개별적인 의미는 그것을 포함하는 좀더 포괄적인 인식체계와의 관련 속에서만 확정될 수 있다. 이런 관점의 변화는 정초주의를 붕괴시키는 원인이 되었음을 우리는 인식론적 전체주의(1.2.4.)와 관련하여 살펴본 바 있다.

우리가 어떤 사실에 대한 지식이라고 할 때는 그것이 체계성을 가지고 있다는 전제를 받아들여야 한다. 학문적 지식은 그 사실을 이해 가능한 것으로 환원시키는 인지체계이다. 어떤 인식의 대상, 'X'가 밝혀진다는 것은 그 내부의 구조가 밝혀지는 것을 의미한다. 지식은 어떤 대상 혹은 주제에 대한 총체적인 관념 혹은 체험구조를 지칭한다. 모든 주제는 그것에 포함된 요소와 그들의 관계에 의해서만 우리에게 의미를 갖게 된다. 이런 총체성과 체계성이 결여되어 있다면 그 대상의 본질은 적어도 학문적으로는 아직 밝혀진 것이 아니다. 말하자면 학문적 지식은 그 구성요소와 그것에 의미를 주는 관계양상을 포함하는 일종의 세계관인 것이다.

어떤 주제 혹은 대상세계와 관련하여 하나의 통일성 있는 관점을 이룬 것이 바로 학문적 지식이라고 할 때, 그 지식은 그것을 구성하는 개개의 요소로 환원될 수 없는 전체이다. 우리들의 지식은 그것을 구성하는 부분의 총체 이상의 것이다. 그러므로 전체는 원자적인 구성요소로부터 형성될 수 있는 것이 아니라 모든 부분 이전에 존재하는 것이다. 형태지각이 좋은 비유가 될 수 있다. 하나의 신체는 구성요소의 단순한 산술적 합이 아니다. 어떤 화가가 다양한 모델로부터 멋대로 손, 발, 얼굴, 몸통 등의 부위를 따로 그려 놓고 아무렇게나 연결시켰다면 그 결과는 사람이라기보다는 괴물에 가까울 것이다. 우리의 지각은 분리되고 고립되어 있는 단순한 감각들의 집합이 아니다. 우리가 무엇을 지각할 때는 그것의 전체의 형태를 본다. 마찬가지로 우리는 우리가 가진 단순한 정보나 그것의 세부항목들만을 가지고 어떤 대상에 대한 지식을 가지고 있다고 말할 수 없다. 그 대상에 대한 이해는 정보의 단순한 합계 이상으로 새로운 유형과 구조를 발견함으로써만 가능하다.

지식은 내부적으로 조직화된 하나의 전체구조이기 때문에 그 안의 어떤 의미있는 개념도 서로 분리해서 존재할 수 없다. 각각의 개념은 개념들의 전체 체계에 의해서만 서로 의미있는 것으로 지탱된다. 중요한 개념의 의미를 알려면 그 개념이 포함된 명제의 의미를 알아야 하고, 그 명제의 의미를 알려면 그것이 소속된 관념체계 전체를 알아야 한다. 전체의 아이디어 가운데 하나의 개념은 여타의 다양한 개념과 관련되면서 서로의 의미를 확정짓는다. 예컨대, 다윈(C. Darwin)이 진화현상을 설명하기 위해서 쓴 '종(species)'의 개념은 다양성, 속(genus), 선택, 생존, 적응, 최적상태, 생물체, 잡종 등과 관련하여 그 의미가 규정된다. 또한 애덤 스미스(A. Smith)가 경제현상을 설명하기 위해서 도입한 '富(wealth)'의 개념은 노동, 자본, 토지, 임금, 이윤, 지대, 공동체, 가격, 교환, 생산성과 비생산성, 화폐 따위의 관계에서 그 의미가 생성된다. 이런 전체적인 맥락이 확정되지 않는 한 그 개념의 의미는 아직 모호하다. 고립되고 단편적인 이야기들을 집성하여 역사학을 만들 수는 없다. 그것이 하나의 체계 속에 묶였을 때 그 의미가 확보된다. 유대, 페르시아, 바빌로니아, 이집트, 희랍 및 로마에서 발생한 사건을 하나의 연대기 속에 모두 통합하는 일은 초인적인 박식함을 필요로 한다. 마찬가지로 각종의 잡다한 신문기사가 현대사를 말하는 것이 아니다. 그것은 단지 주어진 자료로서 그것이 의미를 갖기 위해서는 역사가들이 보통사람들을 당혹하게 하는 많은 질문을 던지고, 스스로 그 해답을 얻어내는 엄청난 사고와 통찰의 여과를 거쳐야 한다.

여기서 우리는 학문의 세계 내에서도 서로 환원될 수 없는 분과학문적 지식의 경계를 인정하지 않을 수 없게 된다. 각각의 분과학문은 그 영역에 할당되는 한정된 대상세계를 포착하기에 알맞은 독자적인 이론, 개념도식, 범주틀과 해석의 원리로 조직되어 있다. 예컨대, 물리학적 지식과 생물학적 지식은 그것을 구성하는 요소들의 단순한 합으로 구분되는 것이 아니다. 이들은 서로 다른 대상을 포착하는 인지의 망이기 때문에 그 중 어느 하나를 다른 것으로 환원할 수 없다. 그들은 단순히 세계를 향한 감각의 기술만은 아니다. 분과학문은 세계에 대해서 사고하는 방법이며 개념적 조직이다. 여기서 조직은 우선 하나하나의 개별적 인지요소들의 집합이 아니라는 것에 유의해야 한다. 각각의 요소는 다른 것과의 관계에 의해서 의미를 갖는다. 따라서 하나를 이해하기 위해서는 그 전체를 이해해야 한다. 이 때문에 학문적 지식의 최소단위인 하나의 개념 속에는 그것을 요소로 하는 전체 이론이 그 배경을 이루고 있다고 말할 수 있다. 그러니까 하나의 개념을 올바로 이해하기 위해서는 그것을 포함하는 전체 이론을 이해해야 하는 것이다. 이 점에서 핸슨(N. Hanson, 1961/1995)이 열거하는 다음과 같은 실례는 인지적 망으로서의 분과학문적 지식의 의미를 참으로 실감나게 한다.

> 이것은 물리학에서의 '압력', '온도', '부피', '도체', '부도체', '전하', '방전', '파장', '진폭', '진동수', '탄성', '팽창', '강도', '응집변형(strain)'; 생물학에서의 '섭취', '소화', '동화', '배설', '호흡'; 의학에서의 '부상', '독약', '한계치'; 시계학에서의 '기어열(gear-train)', '탈진장치', '추', '평형기'과 마찬가지이다. 이러한 개념들 중의 하나를 철저하게 이해한다는 것은 그것들이 속하는 학문의 개념 패턴을 이해하는 것이다(p.104).

이처럼 지식은 특정한 사실들을 만들어 내는 개념들의 연합체라고 할 수 있다. 한 인식대상에 대한 지식은 그것에 대한 조직화된 인식체험이다. 분과학문적 지식은 그들 나름의 특수한 조직적 특성을 갖는다. 여기서 우리가 분명하게 밝혀두어야 할 것은 그 소속을 알 수 없는 개념이나 단편적인 일반명제는 일단 우리가 말하고자 하는 지식의 영역에서 제외된다는 점이다. 단편적인 정보들을 기억했다가 그것을 특수하게 재생해 내는 컴퓨터의 능력 혹은 백과사전적 박학은 지식의 범주에 들지 않는다. 마찬가지로 오늘날 정보의 폭발적인 증대는 곧바로 지식의 증대를 의미하지 않는다.

학문의 진보를 특수한 사실들에 대한 정보의 누적으로 보는 것은 잘못이다. 해석되지 않은 구체적 정보들을 아무리 수집하고 분류한다고 하더라도 그로부터 학문적 지식이 도출되는 것은 아니다. 지식은 질서와 체계를 함축하며, 그 질서가 배제된 혹은 그 질서와 연관되지 않은 단순한 정보내용은 더 이상 지식으로 간주될 수 없다. 그 이유는 단순하다. 하나의 정보내용을 그것이 속한 전체 문맥에서 떼어냈을 경우 그 의미는 확정될 수 없다. 우리가 주장하려는 지식은 인식대상의 관련요소들을 구체적으로 내포하는 사고의 내용이 되어야 한다. 그 요소 상호간의 관련성이 포함되지 않은 단편적인 정보내용은 그 대상을 구체적으로 인식한 것이 못 된다. 품위로서의 학문적인 지식은 그 자체가 단순한 정보의 집적과 구분되는 것이다. 이것은 사실을 기술하는 단편적인 정보가 아니라 그런 것들의 이해를 가능하게 하는 총체적인 인지구조를 의미한다. 지식을 형성한다는 것은 그런 정보들 속을 관통하는 실재를 포착하는 대담한 관념들의 체계를 형성하는 것을 의미하고, 새로운 지식을 획득한다는 말은 새롭고 전반적인 인지구조의 변화를 경험한다는 것을 지칭한다. 그러나 우리 주변에는 아직도 지식이라는 말을 정보의 의미로 사용하고 있는 사람들이 너무도 많다.

2.1.2. 지식의 발전과 위계

앞의 논의는 품위의 횡적 상대성에서 학문적 지식이 차지하는 특징, 더 나아가서 분과학문적 지식의 독립성을 검토하는 데 할애되었다. 이제 학문적 지식의 다른 하나의 속성인 종적 상대성에 관해서 살필 차례가 되었다. 학문적인 지식의 한 가지 특징은 자체의 지식을 최종적인 것으로 규정하지 않는다는 것이다. 학문적인 탐구는 절대적인 시작도 절대적인 끝도 없는 자기교정의 과정이다. 그런 목적을 가진 세계가 자기지식에 대해서 더 이상의 비판적 검토를 거부한다면 자기모순에 빠진다. 학문적 지식은 그 내부에 어느 정도의 오류가능성을 인정하며, 지속적인 침투에 개방적이며, 자체의 수정을 요구한다. 학문적 지식은 역사를 통해서 정지되어 본 적이 없다. 변혁의 정신에 따라 끝없이 개선의 과정을 거쳐 온 역사가 학문계의 자랑이다.

> 과학의 목적은 영구히 오래 간직할 수 있는 제품을 만드는 것이 아니고, 최종의 완성상태에 도달하는 것도 아니다. 그것의 목적은 단순히 변화를 가져오는 일이다. 과학적 정신은 끊임없는 진보, 연속적인 변화였다. 그의 정의로부터 과학적 지식은 축적되고 개선된다. 그것은 항상 확장되고 결코 패배하지 않는다. 과학이 승리해도 안정되고 풍요롭고 평화스러운 시대를 축하하는 일은 없다. 과학이 축하하는 것은 위대한 발견, 무지의 정복, 세계관이 뒤집어지는 혁명적인 새로운 시대의 도래이다(Ziman, /1994, p.165).

학문적 지식은 이런 자기교정을 목표로 삼는다는 점에서 여타의 인식체계, 이를테면 상식, 이데올로기, 교조와 구분된다(장상호, 1997a). 역사상으로 볼 때 지금의 비학문적 지식이 과거의 학문적인 지식보다 절대적 수준만으로 볼 때는 좀더 타당할 수도 있다. 그것들을 구분하는 중요한 기준은 어느 세계에 소속하느냐는 것이다. 상식은 일반적인 사회생활을 가능하게 하는 기능, 이데올로기는 특정 집단의 이해에 공헌하는 기능, 교조는 종교적 기능을 하며 진리추구 자체에 그 목적이 있지 않다는 점에서 학문적인 지식과 구분된다. 그리고 그것들은 습득하는 방법에 있어서 서로 다른 면모를 갖는다. 비학문적 지식들에서는 그것을 습득하는 방법은 이차적인 관심이다. 그러나 학문의 경우는 지식 그 자체의 추구를 목적으로 삼는 내재성을 유지하는 경우에 한해서 그 고유한 성격을 유지할 수 있다. 즉 그것은 진리를 계속 추구할 개방성을 가지고 있다는 점에서 다른 비학문적 지식과 구별될 수 있다.

위의 인용에서 '최종의 완성상태'라는 것이 문제가 되었다. 우리가 구조를 말할 때 지식은 어떻든 완성된 것이라는 조건을 요구한다. 그러나 그것은 어디까지나 잠정적인 것이며, 최종의 것일 수는 없다. 지식이 이미 탐구가 끝난 것, 확립된 것, 그리고 완전한 것이기 때문에 더 이상 문제시할 필요가 없다고 본다면 그 학문은 이미 종료된 학문이고 더 나아가 죽은 학문이다.[2] 아이러니컬하게도 불완전한 것이 학문활동에 활력을 부여한다. 학문적 지식은 이전의 지식이 해결하지 못한 문제를 해결하고 이 세계나 우주의 어떤 측면을 좀더 적합한 방법으로 설명하기 위해 인간이 자유롭게 창조해 낸 사변적이고 가설적인 추측이라고 할 수 있다. 지식은 우리의 탐구의 결과로서 항상 얼마만큼의 오류, 미진한 부분, 불확실성을 내포하고 있고 개선의 여지가 있다. 의미는 객관적이고 영원한 관념이 아니라, 오히려 앞에서 살펴보았듯이 관계성 속에서 발생하는 그 무엇이다. 그릇된 관계성은 왜곡되고 불완전한 의미를 생산할 것이다. 실재에 대한 현재의 이해는 항상 불완전하고, 논리적으로 모순이며, 신비주의적이다. 광대하고 신비로운 세계는 우리에게 많은 메시지를 보내고 있지만, 우리는 그것을 발견하는 범위 내에서 그것을 규정해 나간다. 여기에 개선의 여지가 있기 때문에 우리는 비판적으로 사고하고 탐구하는 활동을 별도로 하게 된다. 이런 미진한 점이 없다면 학문에서 탐구의 의미는 소멸된다.

학문적인 지식에는 과거와 현재, 그리고 현재와 미래로 연결되는 개방된 쇄신의 길이 열려 있다. 보편적이고 필연적이며 선천적으로 주어진, 따라서 수정의 여지가 없는 지식은 존재할 수 없다. 학문계에서는 한순간도 지식이 완벽하게 균형잡혀 있었던 적이 없다. 역사의 흐름 속에서 그런 의미의 지식을 발견했다고 선언한 학자가 없었던 것은 아니나, 그는 자신의 생애 내에서 그 생각이 환상이었음을 자각하거나 혹은 타인들에 의해서 부정되거나 수정되는 날을 맞이해야만 하였다. 그러한 수정은 차후의 지식을 만드는 디딤돌의 역할을 하면서 그 효력을 상실

2) 이 점에서 그 내용을 의심의 여지가 없이 '정답'으로 규정하는 교과서적인 지식은 이미 죽은 학문에 속한다고 말할 수 있다.

하며, 지금의 지식은 최선의 것이지 마지막의 것은 아니라는 점에서 더 나은 미래의 지식을 예견한다. 학문계에서는 어떤 개념이라도 그것이 발전한 발생적 배경이 있기 때문에 그것의 재생적 추적이 없이는 충분히 이해할 수 없다. 그리고 그 개념은 항상 얼마만큼의 애매성과 문제점을 가지고 있기 때문에 그것이 장차 어떤 의미로 발전될지는 지금으로서 당장 예측하기 어렵다. 말하자면 어떤 개념이건 탐구의 방향만이 예시될 뿐 그것의 충분한 의미는 미래 속에 감추어져 있다. 이처럼 학문적 지식은 그 자체로서 보존할 가치가 있지만, 또한 그것은 정지된 상태에 변함없이 머무르기보다는 더 나은 지식으로 향하는 도정의 역할을 할 수 있다.

그렇다면 더 나은 지식을 향해 간다는 말은 무엇인가? 경험주의자들은 그것을 단순히 반응이나 지적 단편들이 점차 추가되고 누적되는 것으로 보았다. 그러나 지식의 발전을 단지 음식을 한 계단씩 차곡차곡 쌓아가는 찬합의 경우처럼 하나의 탄탄한 지식 위에 또 하나의 탄탄한 지식이 쌓아지는 것으로 생각하면 큰 오산이다. 지식은 그처럼 평탄하게 발전하지 않는다. 지식을 개선한다는 것은 한두 가지의 타당한 정보를 추가시키는 것이 아니다. 왜냐하면 지식은 구조이고, 그 구조 내의 요소의 의미는 여타의 요소와의 관계에서 나오기 때문이다. 따라서 지식의 개선은 바로 구조 전체를 개선하는 일과 같다. 일찍이 오우크쇼트(M. Oakeshott, 1933)가 다음과 같은 발언을 할 때 그는 이 점을 우리에게 예고하려 했던 것이다.

> 그 체계를 하나의 전체로 수정하는 것은 각각의 요소가 새로운 특성을 갖도록 원인을 부여하는 일과 같다. 그 구성요소의 어떤 것을 수정하는 것은 그 체계를 하나의 전체로 수정하는 것과 같다. 따라서 경험 내에서 주어진 관념의 세계는 좀더 세계다움의 성질을 갖는 관념의 세계로 변형된다(p.30).

구조의 한 요소에서의 변화는 불가피하게 다른 요소의 변화를 동반한다. 어떤 과학적 개념의 의미는 그것이 들어 있는 이론적 맥락에 의존한다. 따라서 전자의 의미는 후자가 변형되면 근본적으로 변화한다. 지식을 구조로 보는 피아제(J. Piaget, /1971b)는 이 때문에 지식의 성장을 좀더 나은 '균형화(equilibriation)'의 과정으로 규정한다.

> 내가 균형화에 대해서 말할 때 그것은 인지적 기능이 얻어낼 수 있는 하나의 명확한 상태라는 의미가 전혀 아니다. 획득된 균형화는 제한되어 있으며, 또한 제약되어 있으며, 좀더 나은 균형을 향해서 그 자체를 초월하려는 하나의 경향이 있다. … 그래서, 간단히 말하자면, 좀더 나은 균형화를 향한 부단한 탐구가 있다(p.18).

우리가 지식이 구조라는 것을 시인하면 자연스럽게 지식의 발전이 바로 구조의 변형임을 이해하게 된다. 지식을 구성하는 하나하나의 개념, 명제, 법칙들의 진리성을 따지는 것은 무의미하다. 왜냐하면 그 맥락적 의미는 그것이 소속한 전체 이론체계가 나타나기 전에는 아직 분명하지 않기 때문이다. 지식의 발전은 이전의 구조와 전적으로 다른 관념의 세계를 재창조하는 것이다. 한 개인에게 있어서 그것은 하나의 신념체계가 와해되고 다른 하나의 신념체계가 구성되는 것을 의미한다. 이는 논리적으로 볼 때 쿤의 지적처럼 불가공약적 비연속적인 단계가 개입함을 의미한다. 그러나 다른 한편으로 각 단계는 피아제의 지적처럼 발생적 연속성을 갖는다는 점도 주목해야 한다. 이 두 가지 특징이 품위로서 학문적 지식이 갖는 오묘한 특징이다. 그러나 교육소재로서 그것의 가치는 전자보다는 후자에서 오히려 비롯한다고 말할 수 있다.

과학에서 뒤따르는 이론들은 항상 앞선 단계를 토대로 발전하였다. 그리고 과학공동체는 발전이 이루어지는 순간 이전의 것을 폐기하고 새로운 것의 인식적 가치만을 인정하는 관례를 유지해 왔다. 말하자면 과학적 지식의 지위는 최후의 것만을 승인하는 방식으로 진행되어 온 것이다. 그러나 이런 방식으로 이전에 신봉하던 이론을 배척하고 새로운 이론만을 지식으로 인정하게 된다면, 긴 역사적 안목에서 볼 때 과학적 지식은 항상 특정한 시대의 현재와 미래에 국한되어 정의될 수밖에 없다. 그러나 과학사가의 입장에서는 그것이 지금의 시점에서 옳다고 판단되느냐의 여부와는 상관없이 과학사에 등재된 지식은 과학적 지식으로 규정할 필요성이 생긴다. 쿤(T. Kuhn, 1970)이 "시대에 뒤진 이론들이 폐기되어 버렸다는 이유로 인해서 원칙적으로 비과학적인 것은 아니다(p.3)"라는 발언을 한 이면에는 바로 이런 심대한 의미가 포함되어 있다.

그러나 이미 오류로 판명난 지식을 과학적 지식으로 인정하는 데에는 상당한 정당화가 필요하다. 이를 위해서 우리는 지식의 상대적 위계를 이미 예비적으로 논의한 바 있다. 정초주의자들이 싫어하는 상대주의에는 진리의 영원성을 거부하는 것도 포함되어 있다. 불변의 진리개념은 헤겔(G. Hegel)의 변증법에서는 사라져 버린다. 변증법적인 이념에 따르면 유한자에 있어서는 모든 것이 과도적인 것이며, 그 중에는 진리도 포함된다. 절대정신으로 향하는 경험은 무한히 계속되며, 매 단계마다 하나의 전체에서 다른 전체에로의 이행이 이루어진다. 한 단계의 것이 긍정되는가 하면 그것이 부정되고, 다음 단계로의 이행이 진행된다. 이 말은 오류도 그것이 부정되기 이전에는 진리로 간주된다는 의미이다. 이처럼 하나의 부정에서 다른 긍정에 이르는 단계마다 유한자인 우리는 그 단계에 알맞는 진리체험을 하게 된다. 더욱 정확하게는 절대적 진리에로 접근하는 경험을 할 수 있다. 각 단계의 상대적인 가치에 대한 이러한 인정은 키에르케고르(S. Kierkeggaard)의 실존적 변증법에 이르러 더욱 분명히 드러났다.

학문적인 지식은 누구도 고칠 수 없는 절대진리의 체계라기보다는 누구든지 비판을 통해서 넘어설 수 있는 잠정적인 후보진리의 체계에 불과하다. 이 점은 다행히도 해석학의 전통에 비교적 잘 반영되어 있다. 그들에 있어서 모든 지식은 그것이 자연과학적인 것이건 인문과학적인 것이건 각각의 전통에서 얻어낸 '선입견'이다. 말하자면 그것은 항상 역사적 제약을 받고 있다는 점을 간과해서는 안 된다. 학문의 특징은 그것을 절대적인 것이나 완성된 것으로 보는 것이 아니라 항상 수정되어야 할 것으로 보는 것이다. 이 말은 지식의 가치가 절대성에 있지 않고 발전을 보장하는 상대성에 있음을 인정한 것이다.

이제 불변적이고 초월적인 진리를 고수하려는 입장은 더 이상 유지될 수 없는 낡은 것이다. 듀이는 《확실성의 탐구(1929b)》의 말미에서 이렇게 말한다.

> 고정된 실재, 가치, 이념의 옹호권을 버린 철학은 새로운 독자적 길을 걸을 것이다. … 절대적이고 불변하는 실재와 가치의 추구를 단념한다는 것은 하나의 희생처럼 생각될 것이다. 그러나 그런 단념은 일층 위대한 생명력을 가지는 소명에 발을 들여놓는 조건이다(p.311).

그의 주장대로 확실성은 도달하기보다는 추구하는 데에 큰 의미가 있다. 우리는 절대적 확실성에 대한 가공적인 환상에 젖어 있기보다는 더 현실적이고, 또 학문의 발전을 보장하는 방식으로 지식을 재정의할 필요가 있다. 금세기의 지식이 다음 세기에는 미신이 될 수도 있다. 이 점은 과학사가 말해주는 확실한 사실인 듯하다. 그렇다면 새로운 과학철학의 경우에도 쿤의 경우처럼 각 단계가 갖는 지식의 상대적인 가치를 인정해야만 한다는 주장은 너무도 당연한 귀결이다.

이제 학문적 지식은 전적으로 틀리거나 전적으로 맞다는 식으로 평가될 수 없다. 어떤 지식이거나 그 안에는 얼마만큼의 틀린 것과 얼마만큼의 맞는 것이 있다. 우리가 발전이라고 할 수 있는 것은 그 틀린 것을 줄이고 맞는 것을 늘리는 방식으로 지식을 재구성해 나가는 것이다. 지난 동안의 학문의 행진은 재고될 필요가 있는 잘못된 논의들과 오개념으로 점철되어 있다. 그러나 각각은 그 이전의 것에 비해서 얼마만큼의 진리성을 내포하고 있었음을 간과해서는 안 된다. 이전의 지식은 설사 그것이 이후에 오류로 판명되었다고 하더라도 종종 새로운 지식을 구성하는 계기가 되었다. 이 말은 학문적 지식을 소재로 하는 교육에 있어서 매우 중요한 시사점을 내포한다.

과학적 지식은 언제나 최종적인 형태로서가 아니라 그것을 통해서 개척해야 할 신천지의 길을 안내하는 표지의 역할을 하였다는 점에서 항상 발전의 디딤돌로서의 가치를 인정받아야 한다. 이 말은 참된 지식 혹은 학문공동체에서 인정하는 최근의 지식만이 교육의 소재가 될 수 있다는 오래된 신화를 우리가 과감히 벗어나야 함을 말해 준다. 각 시대는 그 시대에 알맞는 지식을 교육의 소재로 삼았다. 오늘날의 경우도 장래의 다른 시대에는 오류로 판명될 지식을 학교에서 배우고 가르치고 있다. 교육의 입장에서 학문적 지식이 갖추어야 할 조건은 그것들이 경험의 연속성을 보장할 수 있어야 한다는 것이다. 학문적인 지식의 교육적인 가치는 마치 높은 곳을 오르는 사람에게 사다리의 가치처럼 한 단계 더 나은 지식을 창조하고 발전시키는 토대나 도구가 될 수 있는 정도에 비추어 평가될 수 있다. 한 단계의 지식을 버린다는 것은 그것을 이미 통달한 사람의 입장에서 보는 것이고, 아직 그것조차도 습득하지 못한 사람들에게는 항상 얼마만큼의 교육적 가치를 지니고 있다. 이 때문에 학문적 지식의 교육적 가치는 그것을 탐구하는 사람의 현재의 품위를 기준으로 늘 새롭게 규정되어야만 한다.

2.1.3. 개인적 구인

위의 논의에서 자연스럽게 도출되는 결론은, 교육의 경우 지식은 그것을 소지했거나 탐구하려는 개개인의 입장에서 규정되어야 한다는 것이다. 이 말은 다시 개인을 떠나 누구에게나 보편적인 것으로 지식을 규정하려는 이전의 인식론적 이념이 무리한 것임을 말해 준다. 후자에 의해 야기된 문제를 전자의 관점에서 새롭게 해결하려는 것이 바로 교육적 인식론의 기본적인 취지이다. 어떤 지식은 비교적 많은 사람에 의해서 보편성을 지닌 것으로 판명될 수 있다. 혹은 앞서의 논의를 따르면 적어도 하나의 지식이 그 분야의 발전에서 어떤 위치에 있는지에 관한 일반적인 주장이 있을 수 있다. 그러나 그 주장의 타당성은 그 주장 자체에 있는 것이 아니고, 그 주장을 받아들이거나 거부할 가능성이 있는 개개인의 승인을 통해서만 입증될 수 있다.

이 세상에는 무수한 지식들이 있다. 그러나 품위로서의 지식은 그것을 점유한 사람을 떠나서는 존재할 수 없다. 지식은 오직 자기의 것으로 점유될 때만이 살아 있다. 아무도 없는 장소에서 혹은 그것을 감식할 생각조차 하지 않는 사람들 사이에서, 구체적인 개인과 관계를 맺지 못한 채 남아 있는 지식은 무의미하다. 적당한 이름을 붙여서 도서관에 진열시킨 전시물로서의 지식의 가치는 그것을 읽고 소화해 내는 독자가 나타날 때까지 증명된 것이 아니다. 교육에서 문제되는 것은 우리 각자가 지식을 구성하고 그 실재를 체험하는 것이다. 말하자면 교육은 그 특성상 바로 개인들간에 지식의 보편성을 인정하기 어려운 간극이 전제되는 상황이다. 아무리 근사한 지식이 개인 외부에 자료로서 주어져 있다 하더라도 그 개인에게 이해되지 않는 한 그것은 그의 지식이라고 할 수 없다. 이 점에서 아인슈타인의 지식과 그것을 공부할 학생의 지식이 엄격하게 구분될 필요가 있다. 만약 아인슈타인의 지식이 바로 학생의 지식이라면 교육이라는 과정이 별도로 필요할 이유가 없을 것이다.

이런 맥락에서 페트리(H. Petrie, 1981)는 지식을 개인적인 구인(personal construct)이라는 관점에서 파악한다.

> 이런 일반적인 틀 속에서 우리는 지식이 개인적 구인이라는 견해에 대한 인식론적 해석에 있어서 강한 것과 약한 것을 구분할 수 있다. 약한 의미에서 개방적인 교육자는 지식이 한 학생의 정당화 도식 속으로 점유될 때까지 그 지식을 그가 점유한 것이 아니라고 말한다. 그 이전에 지식은 어떤 의미에서 '거기에' 있는 것이다. 그 학습자에 관한 한 그것은 쓸모없는 의미인 것이다. 다른 한편으로 이 주제에 대한 강한 인식론적 입장은 개별적인 인식자의 밖에서 찾는 객관적인 정당화의 관념 자체가 참으로 의미없는 것이라고 주장한다. 예컨대, 물리학에서 어떤 정당화도 찾을 수 없다. 그런 정당화는 결국 따지고 보면 그 분야에서 어떤 지명된 '전문가들(experts)'의 개별적인 정당화

> 에 불과한 것으로 판명된다. 따라서 모든 정당화와 그에 따른 모든 지식들은 기본적으로 개인적인 구인으로 볼 수 있다(p.38).

위에서 페트리는 지식이 누구에 의해서 정당화되는가 하는 문제를 제기한다. 그가 특별히 쓰고 있는 정당화는 개인적으로 이해된 것 혹은 개인에 의해서 설명될 수 있는 것을 의미한다. 그 정당화는 엄격하게 말하면 개별적인 것이다. 먼저 그는 교사의 지식과 학생의 지식을 구분하고 그들이 서로 치환될 수 없다는 약한 의미와 지식은 각각 개별적인 정당화를 요구한다는 강한 의미를 든다. 아무리 전문가에게 정당화된 지식이 있다고 하더라도 내가 그것을 확인하지 않는 한 그것은 어디까지나 그 전문가의 것일 뿐이다. 기존의 인식론은 지식이 바로 그런 특수한 과제를 가지고 있음에도 불구하고 우리들 사이에 마치 합의된 지식이 있는 것으로 착각하게 하였다. 교육에서는 나에 의해서 정당화되거나 점유되지 않은 타인의 지식은 적어도 나에게 있어서 소외되거나 죽은 지식에 불과한 것이다.

이처럼 지식을 개인적인 구인으로 파악할 때 문제가 되는 것은 그 구조적 특성을 개개의 점유자의 입장에서 다루어야 한다는 것이다. 닥워스(E. Duckworth)는 《굉장한 착상의 점유(1973)》라는 글에서 그런 미세한 점을 이렇게 밝히고 있다.

> 지식이라는 말을 쓸 때 나는 어떤 사람의 지식을 단순히 언어로 요약한 것을 의미하지 않는다. 나는 교과서와 강의로 되돌아 가는 것을 촉구하지 않는다. 나에게 있어서 그것은 한 개인의 사고, 행위, 연결, 예언, 그리고 감정을 의미한다. 이 가운데 어떤 것은 그들의 원천으로서 그가 읽고 들은 것을 포함할 것이다. 그러나 그는 그것들을 그 자신의 힘으로 한군데로 모으는 일을 수행하였다. 그리고 지식은 그가 그것들을 한군데로 모으는 새로운 방식들을 얻어내도록 하였다(pp.275-276).

일단의 지식이 언어나 상징의 형태로 구조화되어 있다는 것과 그것을 한 개인이 구조적으로 구성한다는 것에는 엄청난 차이가 있다. 한 사람에게 구조성을 가진 지식이 다른 사람에게는 구조로서 파악되지 않을 수도 있다. 따라서 닥워스는 교과서에서 진술한 일단의 지식들이 개인의 구인으로 내면화되는 데 따르는 특별한 조건을 언급하고 있다. 아무리 교과서적 지식이 체계성을 가지고 있다고 하더라도 만약 학생들이 구조로서 그 지식을 파악하지 않는 한 그것은 품위로서의 지식이라고 할 수 없다. 이 때문에 그는 교과서적인 지식이 한 개인의 사고와 행위, 그리고 감정으로 통합되어야만 비로소 그 지식이 학생들에게 하나의 '굉장한 착상'의 의미를 가질 수 있음을 지적하고 있다.

이 말은 품위로서의 지식은 그것을 점유한 사람의 인식체계의 맥락 속에서 재해석되어야 한다는 것을 의미한다. 어떤 인지요소라도 그것이 소속된 맥락을 떠나 객관적이고 단일한 의미를 가질 수 없다. 이 말은 우리는 하나의 인지요소만을 상대로 그것이 옳은 것인지 틀린 것인지 혹은 그것이 어느 정도의 품위를 반영하고 있는지를 판단할 수 없다는 것을 의미한다. 왜냐하면 그것이 어떤 맥락에 있느냐에 따라 그 의미는 전혀 다를 수 있기 때문이다. 한 개인에게 있어서 "아이디어의 성장과정의 큰 부분은 논쟁의 변화하는 구조와 관련이 있다. 하나의 맥락에서 의미를 갖는 아이디어가 다른 맥락에서는 다른 의미 혹은 다른 공략을 갖는다. 이 점은 한 사람의 사고의 성장을 이해함에 있어서 그리고 서로 다른 사람들을 비교함에 있어서 공히 적용된다(Gruber, 1973, p.97)."

예를 들어보자. "사람은 죽는다"라는 말은 그것을 점유한 사람이 어떻게 동화하느냐에 따라 전혀 다른 의미와 수준을 반영한다. 이 진술은 다음과 같은 상이한 전제하에 논리적으로 도출될 수 있다. '갑'은 "사람은 개다, 개는 죽는다, 고로 사람은 죽는다"라는 사고계열을 따를 수 있다. 이에 비해 '을'은 "사람은 동물이다, 동물은 죽는다, 고로 사람은 죽는다"라는 논리를 적용할 수 있다. 이 때 양자의 사람에 대한 개념은 다르다. 따라서 그 명제의 의미 역시 그들에게 각각 다르다고 할 수 있다. 또한 '죽음'에 대한 개념 역시 양자간에 차이가 있을 수 있다. '갑'은 그것을 '움직이지 않는 상태'로 보는 반면, '을'은 '심장이 멎은 상태'로 볼 수 있다. 이런 점유자가 가진 개별적인 의미맥락을 구분함이 없이 단지 "사람은 죽는다"를 보편적으로 의미지우거나 혹은 그것의 옳고 그름에 대한 판단을 내리는 것은 잘못이다. 마찬가지로 "지구는 돈다"는 생각 역시 그 의미는 어린이와 어른에 따라, 그리고 뉴턴과 아인슈타인이라는 개별적인 물리학자에 따라 다른 의미를 지닌다.

개인간의 학문적 지식의 수준차이는 낱낱의 개념에 대한 분리된 이해가 아니라 그것을 포함하는 전체 생각의 틀에서 나타난다. 이 때문에 지식에 대한 올바른 평가는 개별적인 인지요소에 대한 합산 이상의 판단을 요구한다. 그러나 지식을 단편적인 정보의 합산으로 보는 통념이나 더 나아가 인지적인 요소의 의미는 그것을 소지한 개인과는 무관하게 규정될 수 있다는 넓은 의미의 구조주의는 그런 품위상의 중요한 차이를 간과한다. 실증주의의 지배 아래 있는 오늘날의 학교는 개념을 배우거나 그것을 평가하는 방법에 있어서 지식의 단편성을 면하지 못하고 있다. 한 개념의 추론적 내용을 이해시키기보다는 개별적인 개념의 정의를 이론적 맥락과 분리시켜 주입시키고 그 주입된 내용의 기억력을 평가한다. 이 때문에 초등학생이 가진 '압력', '섭취', '부상'의 개념과 일선의 교사나 일류의 과학자가 가진 '압력', '섭취', '부상'의 개념간의 엄청난 차이를 구분하거나 식별하지 못한다. 높은 수준의 지적인 요소가 낮은 수준의 지식을 가진 사람에게는 낮은 수준의 것으로 동화된다. 교사의 개념은 학생의 인지체계와의 관계에서 그 의미가 변형된다. 혹은 학생들은 강요에 의해서 교사의 것들을 단편적이고 기계적으로 암기하고 그것들을 시험에서 단순히 재생해 내는 적응방식을 취하게 될 것이다. 그럼에도 불구하고 학교는 그런 것들이 갖는 구조적 수준의 차이를 식별해 내지 못하고 학생들의 단순한 암기를 마치 교사나 아인슈타인의 성취와 동일한 것으로 과대하게 평가하는 관례를 반복하고 있다.

지식을 개인적 구인으로 볼 때 우리가 간과해서는 안 될 다른 하나의 유의점은 지식을 언어로 표현된 형식과 구분하는 것이다. 흔히 철학자들은 지식과 언어를 결부시키고 언어화된 지식이 갖는 보편성에 큰 기대를 건다. 학문에서 그 대상에 대한 이론적 체험은 구조의 형식을 갖는다. 그것이 명제의 형식으로 정리되어 표현될 때 철학자들은 비로소 지식의 소득을 얻은 것으로 간주한다. 그러나 문자로 쓰인 것으로서의 물리적 지식과 그것을 이해한 유기체적 지식은 구분될 필요가 있다. 그것을 동일시하면 의미있는 교육적 활동에 대한 논의도 불가능하다. 그런데 이제까지 철학자들은 인식의 문제를 다룸에 있어서 그것을 제대로 판별하지 못하였다.

폴라니는《암묵적 차원(1967)》에서 지식의 또 다른 측면을 주목하였다. 그것은 우리가 말할 수 있는 것보다 더 많이 알고 있다는 것이다. 지식은 문자화되기 이전에 우리 내면에 이미 존재하고 있다. 우리가 말하는 지식은 우리의 마음 속에 있는 것이다. 실증주의적 시각을 가지고 있는 사람은 마음이라는 실체가 가시적인 접근이 가능하지 않다는 이유를 들어 존재성 자체를 부인할지도 모른다. 그러나 우리는 속마음을 말이나 행동으로 드러내지 않을 때 이미 마음과 그것의 나타냄의 차이를 주관적으로 느낄 수 있다. 마음 속의 지식은 설사 표현되지 않더라도 혹은 의도적으로 숨기거나 혹은 그 반대의 형식으로 표현된다고 하더라도 분명히 존재한다고 말할 수 있다. 우리가 말하는 개인적 구인으로서의 지식은 바로 거짓말하지 않는 우리의 체내에 용해된 그 내부의 지식을 말한다. 암묵적 지식이 우리 눈에 쉽게 식별될 수 없다는 것이 그것의 실재를 부인하는 이유가 될 수 없다. 실증주의자들이 우려하는 암묵적 지식의 모호성은 그것을 소재로 하는 교육을 통해서 습득함으로써 비로소 우리에게 직접적인 체험으로 확실한 위치를 차지하게 된다.

많은 부분 우리는 우리가 의식할 수 없는 암묵적인 지식을 가지고 있다. 학문적 지식은 명시적인 것으로 환원해 버릴 수 없는 암묵적 요소를 가지고 있다. 과학자들이 지니고 있는 지식도 예외가 아니다. 토목공이 그의 기술 뒤에 숨어 있는 것이 무엇인가를 완전히 묘사할 수 없는 것과 같이 과학자도 그가 습득한 방법과 기술을 명확하게 설명할 수 없다. 지식을 통일된 전체로 경험할 때에 우리는 그것에 대해서 의식하지 않는다. 다만 그 인식에 문제가 있을 때 그것이 의식된다. 이 점에서 의식은 단기기억의 일종일 뿐이며, 기록을 유지하는 데에는 적합하지 않은 수준 낮은 시스템에 불과하다고 말할 수 있다. 실제로 학문이 작용하는 모습을 이해하는 데는 과학자들의 이런 암묵지가 명제와 규칙들로 정식화될 수 있는 것보다 더욱 확실하고 중요하다.

우리는 지식을 말이나 기호로 나타낼 수 있다. 그러나 그런 명시적 지식은 암묵적 지식과 분리될 수 없다. 언어의 형식으로 된 지식은 고정된 의미를 갖는 것이 아니다. 텍스트의 의미는 언제나 원저자를 넘어서 있다. 언표된 명제나 흔히 말하는 공적 지식, 혹은 텍스트는 자기동일적이고 불변적인 의미를 갖는 것이 아니다. 해석학적 관점에서는 그것은 언제나 해석의 대상이다. 그것에 대해서 우리가 어떤 공유된 해석을 가지고 있다고 가정하는 것은 참으로 잘못된 것이다. 의미는 외부적 형태 안에 있다기보다는 우리들 자신 안에 있기 때문이다. 문자화된 것의 의미는 해석하는 사람에 달려 있다. 저자의 품위를 반영하는 책은 그것을 읽는 독자들에게 서로 다르게 해석된다. 데리다와 같은 해체주의의 관점에서 본다면 텍스트는 이처럼 단지 해석하는 사람의 편에서는 유희의 대상에 불과하다.

우리가 텍스트를 이해할 때 그에 담겨진 내용의 불변적인 재현으로 이해하지 않는다. 하나의 객관적인 언명에 대한 개개인의 해석은 다르다. 그것은 그것을 대하는 사람의 개별적인 선이해 혹은 인지구조에 따라 서로 다르게 동화된다. 그만큼 그것은 개별적인 품위의 다양성을 말해주는 것이다. 교육에서 중요시해야 할 지식은 객관화된 지식에 대한 주관적인 해석들이다. 언술화된 지식은 언제나 그리고 오직 독자의 개인적인 전망과 해석의 범위 안에서 생명력을 갖는다. 따라서 우리가 고려해야 할 것은 객관적 언명이 아니라 바로 그 살아 있는 품위라는 결론에 도달하게 된다. 여기에는 정당한 이해, 곡해, 오해를 모두 포함한다.

그러나 그런 평가 역시 어디까지나 해석자의 밖에 있는 기준에 따른 것으로서, 그 다양한 해석은 서로 다른 것인 동시에 각각 해석자의 입장에서는 나름대로 타당한 것이다. 교육은 바로 그 부분을 주목하면서 진행된다.

개인적 구인으로서의 지식은 한 개인이 내부에 점유한 생생하고 구체적인 체험이며, 그것의 일부는 언어로 표현될 수 있다. 그러나 그 표현이 체험을 대변할 수는 없다. 또한 표현을 통해서 곧바로 암묵적인 내용을 추정 혹은 추리해 낼 수 있는 공식도 없다. 말하자면 그것이 안쪽에 있다는 것의 불명료함을 바깥쪽의 것이 보상해 주는 것은 아니다. 이 점에서 문자의 형태로 나타난 지식을 능숙하게 복사해서 재생해 내는 것과 그것을 내부에 동화시키는 것은 큰 차이가 있다. 후자는 인격의 한 부분으로 통일되고 조화된 것이기 때문에 그것은 살아 있는 생물체의 일부로서 다양한 상황에서 역동적 기능을 보인다. 우리가 유관한 사태에 직면하여 남의 지시나 도움이 없이 독립적으로 판단하고 문제를 처리할 수 있는 것은 바로 품위로서의 지식이 갖는 이러한 작용 때문이다.

그 작용과 사용의 융통성과 관련하여 암송된 지식과 동화된 지식간에는 이런 차이가 있다. '12×12=144'를 오직 암송하도록 훈련받은 아동은 '12×13=?'이라는 문제에 해답할 방도가 없다. 왜냐하면 어떻게 숫자가 다양한 사태에서 융통성 있게 기능하는가에 대한 마음 속의 작용 상태가 없기 때문이다. 이 질문은 12를 한 번 더 더하라는 것이기 때문에 그 답은 156이라는 추리는 그들의 경험 밖에 있다. 그러나 그 산수지식을 조작적인 수준에서 동화한 아동은 그 질문에 쉽게 대답할 수 있다. 어린아이도 높은 수준의 지식을 흉내내어 말할 수는 있지만 그 지식에 합당한 생활은 하지 못한다. 그러나 그 지식을 동화한 사람에게는 삶에서 말이나 생각마저 없어지고 지식의 활동만이 있게 된다. 교육적 인식론에서 살아 있는 지식을 말할 때 그것은 이처럼 주체적으로 파악하고 바로 자기 자신이 지식이 되어 그것을 자유자재로 쓸 수 있는 것을 지칭한다.

이런 구분이 새삼스러운 것은 아니고 오래 전부터 관심있는 학자들에 의해서 주목의 대상이 되어 왔다. 암기, 반복 훈련, 단순한 사실의 기억은 비활성화된 무기력한 지식이다. 인식주체가 정당하게 이해하거나 해석할 수 없는 것은 적어도 그에게 있어서 소외된 지식 혹은 죽은 지식이다. 젊은이들의 사고구조를 활성화시키려는 교육에서는 그런 지식을 가장 경계해야 한다. 이 점은 화이트헤드(A. Whitehead, 1929)의 언명에서 너무도 간명하게 잘 지적되었다.

> 아동을 사고의 활동으로 훈련시킴에 있어서 우리가 알아야 할 모든 것 중에 가장 중요한 것은 이른바 '비활성적 아이디어(inert ideas)'이다. 그것은 사용되거나 검증되거나 새로운 조합으로 연결됨이 없이 단지 마음 속으로 수락되는 아이디어이다. … 비활성적 아이디어를 동반하는 교육은 단지 무용할 뿐만 아니라 무엇보다도 유해하다(p.1).

위의 언명은 상당히 높은 수준으로 가정되는 최근의 지식을 빠짐없이 아동에게 수동적으로 주입하고 아동 스스로의 지식이 성장할 가능성을 고갈시키는 이른바 '학교교육'의 낭비적인 관행에 대한 안타까운 심정을 드러낸 것이다. 비활성적 아이디어가 무용하다는 의미는 그것이 단지 쓸모가 없다는 식의 실용적인 의미에서가 아니다. 그것은 명목상의 의미만 있을 뿐 그것이 있음을 나타내는 작용의 부재함을 지적한 것이다. 그런 지식은 아동에게 소화될 수 없을 뿐만 아니라 그 습득과정이 너무도 메마른 것이기 때문에 그 소지자에게 마땅히 증명되어야 할 지식의 내재적 가치를 손상시킨다. 그런 소화되지 않은 지식의 축적이 교육의 이름으로 진행되는 것을 이제는 더 이상 용납해서는 안 된다.

교육적 인식론에서 말하는 지식은 이미 개인적인 정당화의 과정을 거친 마음의 상태이다. 가령 어떤 원리들에 대한 이해는 구체적인 세부사항들에 적용될 수 있을 정도로 확고하게 자리잡아야 한다. 그리고 그 원리들은 우리 내면에서 작용하는 형태로 존재해야 한다. 화이트헤드는 이어서 우리가 말하는 품위로서의 지식을 비활성적 아이디어와 대비한다.

> 내가 원리들이라고 말할 때 나는 언어적 공식화를 생각하고 있는 것이 아니다. 당신 안에 충분히 스며든 하나의 원리는 형식적인 진술보다는 차라리 하나의 정신적 습관이다. 그것은 마음이 적절한 자극에 대해서 실례가 되는 상황의 형태로 반응하는 방식이 된다(Whitehead, 1929, p.1).

이처럼 개발된 정신적 상태로서의 지식은 활동 속에 직접 작동하고 작용한다.

이런 대비는 듀이가 한동안 철학에서 높게 평가되어 왔던 주지적, 명상적, 수동적, 방관적 지식을 나태하고 무력한 지식으로 지탄할 때에도 주목의 대상이 된 바 있다. 듀이에게 있어서 하나의 관념이 의미하는 바는 그것이 당신으로부터 어떤 유형의 행위를 요구하는가를 고려하는 것이다. 어떤 것에 대한 지식을 가지고 있다는 것은 필요할 때 그 지식을 작동할 수 있다는 것을 의미한다. 예컨대, "이것은 딱딱하다"는 생각은 "만약 당신이 그 사물을 할퀴면 당신은 결코 성공할 수 없을 것이다"로 번역될 수 있다. 듀이(1929b)는 '작용하는 개념'이라는 부제를 가진 논의에서 다음과 같은 브리지만(P. Bridgman)[3)]의 유명한 말을 인용한다.

> 어떤 대상의 길이를 알려면 어떤 물리적 작용을 수행하여야 한다. 따라서 길이의 개념이 고정되는 것은 길이를 측정하는 일이 고정된 때이다. 즉 길이의 개념은 길이가 결정되는 일련의 활동을 의미하는 이외에 아무 것도 아니다. 일반적으로 어떤 개념이든 일련의 (측정)활동을 의미한다. 개념이란 개념에 대응되는 일련의 제 조작들과 같은 것이다(p.111).

---

3) '조작적 정의'에 관한 상세한 것은 브리지만(1958)을 참조하기 바란다. 또한 여기서 인용되고 있는 이 개념의 교육적인 의미와 흔히 커리큘럼 전문가들에 의해서 논의되는 '조작적 정의에 의한 목표진술'의 취지가 어떻게 어긋나고 상반되는가를 주목하는 것도 의미가 있을 것이다.

여기서 듀이가 말하는 작용하는 지식에 그것 이외의 목적을 수행하기 위한 도구라는 실용주의적 선입견과 편견을 적용시키는 것은 잘못이다. 그러나 그 관념은 단지 정적인 상태로서가 아니라 역동적으로 작용하고 성과를 얻어낼 수 있어야 한다. 말하자면 그것이 생활 속에서 작용함을 입증할 수 있어야 한다. 이는 수영할 수 있는 사람은 물에 빠진 상황에서 수영을 하게 된다는 식의 지식의 활성을 지적하고 있다. 지식을 가진 사람은 그것을 필요로 하는 구체적인 상황에서 그것을 융통성 있게 적용할 수 있어야 한다. 이것은 지식의 가치를 효용에 둔다는 의미가 아니라 살아 있는 지식의 요건을 지적하는 것에 불과하다. 이것은 수영을 할 수 있는 사람이 물에 빠졌을 때 그 곳을 헤엄쳐 나올 수 있는 것과 같은 이치에서이다. 그렇지 못할 때 그 지식은 죽은 것이거나 삶에 방해가 되는 지식이라고 할 수 있고, 정의상 그것은 일단 수락하기 어려운 이상한 지식이 될 것이다. 듀이(1929b)는 바로 그런 유의 지식을 그의 논의에서 배제하고자 하였다. "관념은 우리가 살고 있는 세계를 어떤 방법으로 재조정 또는 재건하는 행위를 갖게 하지 않으면 가치가 없다(p.138)."

거의 같은 맥락에서 오랫동안 지능의 발달을 연구한 피아제(1969)는 지식의 소묘적 측면(figurative aspect)과 작동적 측면(operative aspect)을 나눈다. 여기서 전자는 감각기관이 수동적으로 외부의 자극을 수용하는 상태를 말하며, 후자는 이러한 자료들을 토대로 각 인식의 주체가 적극적으로 구성의 활동을 통하여 자신의 인지도식에 동화하거나 인지도식을 조정하는 과정에서 형성되는 지식을 말한다.

> 초보적인 감각동작적 행위에서 구체적인 것을 거쳐 형식적 조작에 이르는 지능의 자발적인 발달은 변형이나 변환의 체계를 점진적으로 구축하는 특징을 갖는다. 우리는 이런 지식의 측면을 '작동적(operative)'이라고 칭할 것이다. 이 용어는 그 최초의 행위와 더불어 (엄격한 의미에서) 고유한 작동적 구조들을 포함한다. 그러나 알려진 실재들은 오직 '변형'으로만 구성되지 않고 마찬가지로 '상태(states)'로 구성되어 있다. 왜냐하면 모든 변형은 예외없이

> 하나의 상태에서 시작하여 다른 상태를 얻기 때문이다. 각 상태는 변형의 결과이거나 시작점을 구성한다. 우리는 상태들을 취급하거나 혹은 움직임과 변형을 단순히 상태의 연속으로 번역하는 지식의 도구를 '소묘적(figurative)' 이라는 말로 지칭할 것이다. 예컨대, 지각, 모방, 정신적 이미지에 의해서 구성된 특수한 종류의 내면화된 모방은 이런 범주에 든다(pp.33-34).

피아제가 말하는 소묘적인 것은 지식의 순간적인 상태로서 마치 영사필름의 각 프레임에 해당한다고 볼 수 있다. 실재를 복사하는 것이 지식이라는 전통적인 철학적 관점은 이 부분을 중시한다. 분석철학자들이 주어진 명제에 집착할 때에도 바로 이 측면만을 생각하고 있다. 그러나 실상 그것은 정신적 작용의 측면에서 볼 때 마치 똑같은 모양으로 늘 벽에 걸려 있는 그림의 경우처럼 무력한 것이다. 그것에 역동성을 부여하고 생명을 불어넣는 것이 작동적인 측면이다. 하나의 예를 들어보자. 덧셈의 수학적 작동은 가령 6=3+3=2+4=5+1 등과 같이 여러 형태로 나타날 수 있다. 이 때 각각의 표현상태는 소묘적인 것이고 그것이 마음속에서 작동하는 부분은 따로 있다. 전자는 단지 모방이 가능하지만 수학적 조작의 수행을 보장하지 않는다. 이 가운데 교육에서 유의해야 할 것은 살아 있는 작동적 측면이다. 구조로서의 지식의 특징은 그것이 항상 변형의 체계라는 데 있다. 이것은 모방이 아니라 스스로 수학적 구조를 재발견하거나 재구성함으로써만 가능하다.

이상의 구분에서 주체에게 의미있는 지식은 작동적 측면임은 말할 필요가 없다. 소묘적인 지식은 정적 상태로서 발전하지 않는다. 그러나 작동적 지식은 우리 내부의 일정한 작동상태를 반영하는 것으로서 계속 발전한다. 이런 부분은 다음의 피아제(1964)의 발언에 잘 반영되어 있다.

> 지식의 발달을 이해하기 위해서, 우리는 나에게 핵심적인 것으로 보이는 한 착상으로부터 출발해야 한다. 그것은 작동(operation)이라는 착상이다. 지

> 식은 실재의 복사물이 아니다. 한 사물을 안다는 것, 하나의 사태를 안다는 것은 단순히 그것을 보고 그것으로부터 정신적 복사물이나 이미지를 만드는 것이 아니다. 하나의 대상을 안다는 것은 그것에 행위를 하는 것이다. 안다는 것은 그 대상을 수정하고 변형시키는 것이고, 이런 변형의 과정을 이해하고, 결과적으로 그 대상이 구성되는 방식을 이해하는 것이다. 작동은 따라서 지식의 핵심이다. 그것은 지식의 대상을 수정하는 내면화된 행위이다(p.177).

하나의 개념을 가졌다는 것은 주어진 상황에서 그 개념에 상응하는 제반 활동을 즉각적으로 수행할 수 있어야 한다는 말이다. 지식이 구조인 이상 그리고 그것이 살아 있는 우리 내면의 상태인 이상, 그것의 향상은 변형의 개념으로 파악되어야 한다. 살아 있다는 의미에서의 지식의 한 요소의 변화는 그것과 관계되는 다른 요소, 그리고 전체의 변화를 동반한다. 이것이 화이트헤드가 말하는 '활성적 지식', 듀이가 말하는 '작용하는 개념', 그리고 피아제가 말하는 '작동적 지식'인 것이다. 이것은 교육적 인식론에서 우리가 정의하려는 살아 있는 지식에 해당한다. 그것은 철학자들이 통상 가정하거나 규정해 왔던 객관적, 보편적 지식의 범주와 극명하게 대비되는 개념으로서 고정되어 있는 것이 아니라 우리 내부에서 역동적으로 움직이며 작용하는 지식을 의미한다.[4)]

2.1.4. 유기적 통합

지식을 살아 있는 개인적인 구인의 상태로 규정할 때 우리는 다시 철

---

4) 여기에서 한 가지 우려되는 것은 우리의 이러한 개념화를 지식을 단지 심리적인 특성으로 환원하려는 것이 아닌가 하는 노파심을 갖는 독자가 있을 수 있다는 것이다. 그러나 차츰 밝혀지겠지만 이런 유의 개념화는 오직 교육적 인식론의 맥락에서만 올바르게 이해될 수 있는 고유한 개념이라는 점을 미리 밝혀둔다. 내가 도입한 '품위'라는 개념은 심리학의 사전에서는 찾아볼 수 없다.

학자들이 지식을 규정하는 방식에서 은폐된 또 하나의 중요한 특징을 인정해야 한다. 철학자들은 흔히 육체가 없는 사고, 정서로부터 초연한 냉정한 지성을 상정한다. 그러나 이런 지식은 또 다른 의미에서 '죽은 지식'이다. 그것은 우리 자신의 신체나 정서와 분리되어 있다. 그러나 우리가 가지고 있는 지식은 그렇게 순수하게 유리되어 있지 않다. 유기체로서의 인간은 모든 요소가 그 전체의 유지에 공헌하도록 기능한다. 지식은 신체나 정서와 같은 것은 아니라고 할지라도 그것들과 분리해서 존재할 수 없다. 우리가 말하는 산 지식은 지(知)-정(情)-체(體)의 유기체적 체제 속에 있는 첫 항으로서 '지'를 의미한다. 이런 의미의 지식은 철학자들이 말하는 유리된 지식과 전혀 다르다. 그것들의 차이는 우리의 몸통에 붙어 있는 '팔'과 몸통에서 떨어져 나간 '팔'에 비유할 수 있을 것이다. 살아 있는 유기체의 그릇에 포함되지 않고, 또 점유자의 책임과 열정이 포함되지 않은 지식은 살아 있는 유기체의 지식이라고 볼 수 없다. 또한 형성의 측면에서 볼 때 감정이나 신체는 지식을 추구하고 통합하고 감상하는 데 필수적인 요인이 된다. 그렇기 때문에 사고한다는 것을 그 사람이 살아 숨쉬는 신체, 동기, 흥미, 매력 등과 무관한 것으로 본 철학적 인식론은 공허한 악순환을 거듭한다.

학문적 지식의 유기체적 상관성, 즉 신체와 감정의 관계를 무시할 때 학문 자체가 건조해질 뿐만 아니라 그것을 소재로 하는 교육은 더욱 무의미한 주지주의로 타락한다. 그런 주지주의는 철학적 인식론에서 파생된 잘못된 지식관에서 비롯한 것이다. 물과 고기는 설사 판이하게 다르다고 하더라도 후자는 전자가 없으면 생존을 유지하기 어렵다. 마찬가지로 학문적 지식은 적어도 개념적으로는 신체상태나 감정과 구분될 수 있을지는 몰라도 실제로 분리된 상태로서의 지식은 이미 그 생명력을 잃은 것이다. 우리가 말하는 살아 있는 지식은 이처럼 신체 혹은 감정과 결합되어 있는 상태를 지칭한다. 학문적 지식은 비단 인지적인 것뿐만 아니라 그것과 관련되는 열정과 헌신, 상상과 직관 등 의지적이고 정서적인 것, 더 나아가 신체적인 반응에 이르기까지 전인격적인 요소를 포함하고 있다. 이 때문에 학문을 소재로 하는 교육을 지금처럼 막연하게 '주지주의'로 분류하는 것은 잘못이다. 학문을 오직 지적인 영역으로 보는 것은 학문을 제대로 이해한 것이 아니다. 모든 종류의 발달은 전인격의 한 요소로서 보아야 하기 때문에 결국 길게 보면 서로 분리될 수 있는 것이 아니다. 학문은 인간의 모든 부면과 불가분의 관계를 가지고 진행된다.

이 때문에 학문적 체험을 일부러라도 '지-정-체'와 같은 연결된 방식으로 표기하고 이해하는 것이 필요할지도 모른다. 이런 관점은 앞서 교육적 인식론의 전조를 밝히면서 거론된 제반 이론에 반영되어 있다. 키에르케고르가 지식의 점유화를 강조할 때, 하이데거가 이해를 현존재의 존재양태로 규정할 때, 듀이가 지능과 감정의 조화를 논의할 때, 그리고 폴라니가 인격적 지식에 열정의 요소를 가미할 때, 그들이 말하는 학문적 지식은 지적인 것을 추상화한 것 이상의 의미를 지니고 있다.

살아 있는 지식은 우선 그것을 담지하는 신체가 필요하다는 것은 말할 필요가 없다. 신체를 떠난 지식은, 혹은 그런 방식으로 지식의 문제를 다루는 논의는 그만큼 가공적이고 추상적인 것이다. 그런데 철학에서는 신체와 정신은 전혀 별개의 것이며 독립적인 토대를 가지고 있다는 이원론이 지배적인 위치를 차지하고 있다. 일찍이 라일(G. Ryle, 1949)은 이러한 이원론을 비웃기 위해 '기계 속의 유령(ghost in the machine)'이라는 신조어를 만들었다. 이런 이원론은 에너지 보존법칙에 위배된다는 점을 지적한 라일은 의식은 뇌 속에서 나타나는 물질의 복잡한 헝크러짐(meandering)을 통해서만 이해할 수 있다고 주장한다. 정신과 신체는 다른 범주에 속하지만 어느 것이 더 근원적인 것인가 하는 문제를 떠나서 적어도 유기체 내에서 그들간의 상호작용이 인정되어야 할 것이다.

메를로-퐁티(M. Merleau-Ponty, 1964)는 후설로부터 많은 영향을 받았으나, 그는 인간주체가 후설이 강조하듯이 순수한 사고나 이성으로 존재하는 것이 아니라 주로 육체성(Leiblichkeit)으로 존재한다고 말한다.

그가 말하는 '세계에서의 존재'는 몸과 세계 혹은 세계와 몸이 서로 구조를 교환하는 것을 뜻한다. 몸은 근본적으로 세계를 지금 우리가 지각하는 세계로 만들어 제공한다. 몸은 될 수 있는 대로 자기가 친숙하게 거주할 수 있는 방향으로 세계를 바꾼다. 그러나 그것이 불가능할 경우에는 세계가 요구하는 대로 몸이 자신의 구조를 바꾼다. 몸이 이렇게 세계와 하나가 되도록 구조화하는 능력을 메를로-퐁티는 '몸의 도식'이라는 말로 드러낸다. 세계 쪽에서 보면, 우리가 그 속에 거주해 살고 있는 이 지각된 세계는 우리의 몸이 그렇게 지각되도록 한 토대 위에서 성립된다. 몸에는 이처럼 우리가 생각하는 온갖 정신적인 활동이 배어 있기 때문에 데카르트(R. Descartes)가 생각하는 방식의 단순한 기계적인 물질일 수 없다. 그 때 몸은 방식만 다를 뿐 흔히 우리가 말하는 정신적인 기능을 함께 수행하는 몸이다. 그 점에서 그의 존재론에서의 의미는 안과 밖, 주관과 객관, 그리고 정신적인 것과 물질적인 것을 포섭하는 것으로 밝혀진다.

교육적 인식론에서의 지식은 신체의 윤곽으로 제한된 개별적인 인간 속에 있는 것을 일컫는다. 이 말은 이미 지식이 신체와 불가분의 관계를 갖는다는 것을 의미한다. 품위는 육신 자체는 아니지만 육신이 유지되는 조건에서만 그 참된 본성을 유지할 수 있다. 또한 그 육체를 기준으로 우리는 너의 품위와 나의 품위를 구분할 수 있다. 폴라니(1958)가 말하는 '인격적 지식'은 신체를 중심으로 확장하는 형태로 되어 있다. 근래에 구성주의 이론을 주도하고 있는 바렐라 등(Varela, Thompson, & Roth, 1991)은 관조적인 인식에 대비되는 것으로서 인식이 몸 안에 살아 있는 경험의 구조에 있다는 의미에서 체득(embodiment)이라는 개념을 도입한다. 체득되었다는 것은 몸과 마음이 함께 반성하는 것을 의미한다. 이러한 주장이 의미하는 바는 반성은 단지 경험에 관한 것이 아니라 그 자체가 경험의 한 형태라는 것이다. 품위로서의 지식도 비록 몸 자체는 아니더라도 몸 안에 존재하는 지식인 것이다. 그 체득을 가능하게 하는 것이 바로 교육에 해당한다.

지식을 내면적 상태로 규정할 때 요청되는 것은 그것을 여타의 전인적인 상태의 일부로 보아야 한다는 것이다. 그것은 바로 앞에서 말한 신체적인 것뿐만 아니라 정서적인 것 혹은 의지적인 것의 지원을 받아야 한다. 지식과 신체를 분리시키는 것과 마찬가지로 지식과 정서의 관계를 분리시키는 것이 철학적 인식론의 취약점이다. 학문이 오직 인지의 발달에만 관심을 가지고 있다는 생각은 잘못된 것이다. 인지와 정서는 독립적으로 논의될 수 있지만 이들이 별개로 존재하는 것은 아니다. 실제로 후자 없이는 전자가 존재할 수 없다. 감정은 인식내용에 뿌리깊게 영향을 주고 있다. 감정이 부대되지 않은 지식은 생명력이 없다. 모든 관념은 그것이 참조하고 있는 실재에 대한 다소의 정서적 태도를 내포한다. 한 개인의 욕구와 호기심에서부터 대상에 대해 특정한 방향의 사고가 나아가는 것이다. 또한 새롭게 얻은 지식은 우리가 그 대상에 대해서 가질 수 있는 최선의 신념으로서 그만큼 각자에게 가치가 있는 것으로 여겨진다. 이 때문에 정서적 요소가 우리 밖에 있는 다른 인지내용을 평가하는 기준으로 항상 작용한다. 이것이 우리가 수도계적 품위로서 학문적 지식을 추구하는 이유가 된다.

우리 안의 지적인 것과 정의적인 것은 서로가 다른 것을 더욱 확장하고 심화시키는 작용을 한다. 그럼에도 불구하고 철학에서는 그런 가능성을 인정하려고 하지 않았다. 철학적 인식론자들은 흔히 감정을 타당한 인식을 왜곡하거나 혹은 타당한 지식을 획득하는 데 장애물이 된다고 간주하고, 인식활동에서 당연히 제거되어야 할 것으로 본다. 감정이 제거된 상태를 철학에서는 오히려 불편부당한 지성으로 미화하기도 한다. 그러나 우리의 입장에서 볼 때 그런 지식은 그것을 소지한 사람의 무기력을 합리화시킨 것에 불과하다. 듀이(1948)는 철학에서 그런 낡은 지식을 고원하고 자족적인 이성이라는 개념으로 비호하고 있는 사람들을 비판하면서 우리의 입장을 이렇게 대변하고 있다.

그들은 실은 전통적인 주지주의 철학을 유지하고 있으면서도 자기들은 공

> 정하고 철저하고 이해관계를 떠난 사고, 즉 어떤 자족적이고 충족적인 것을 안다고 생각하고 있다. 그러나 실은 역사에서 실재했던 주지주의, 지식에 대한 방관자적인 관점은 순전히 지성인이 그들이 헌신하고 있는 사고의 소명이 가진 현실적이고, 사회적인 무력함을 스스로 자위하기 위하여 쌓아 올린 보상적인 설교에 불과하다. 여러 상황적 조건에 의해서 그리고 용기의 결핍으로 그들의 지식을 사태의 진전을 결정하는 요인으로 이용하지 못하면서도, 지식이란 변천과 실용의 것으로 격하될 수 없는 아주 고상한 것이라는 데서 그 이유와 구실을 찾으려고 했다. 그들은 앎을 도덕적으로 무책임한 심미주의로 변형시켜 놓았다(p.117).

합리적인 인식은 의지 충동과 감정 그리고 기분의 토대로부터 분리될 수 없다. 이런 정서적 요소는 인식 자체의 근거 속에 들어가 있기 때문에 단순히 인식의 장애로서 배제될 성질의 것이 아니다. 이런 주장은 우리가 교육적 인식론을 예견한 철학자들로 거론한 모든 학자들에 의해서 공유되고 있다. 헤겔은 이성과 열정을 이원적으로 구분한 근대철학에 도전하면서 "열정이 없는 이성은 공허하고, 이성이 없는 열정은 맹목적이다"라는 유명한 말로써 인간생활을 합리적인 측면과 정의적인 측면의 유기적 조화로 본 희랍적 진리관을 회복시키고자 하였다. 키에르케고르 역시 이성적인 면을 강조하는 통상적인 방식을 벗어나서 의지적 또는 정서적인 측면을 중시한다. 그에게 있어서, 예컨대 결단 혹은 열정이 배제된 지식은 마치 몸통으로부터 분리된 팔과 같이 생명력을 잃은 것이다.

듀이가 말하는 경험론의 맥락에서도 지력과 욕망은 서로 긴밀한 관계를 갖는다. 욕망은 현재에 없는 미지의 영역을 개척해 나가는 데 있어서 원동력이 되는 반면, 지력은 그 욕망이 지향해야 할 방향과 과정을 안내해 주는 기능을 한다. 그는 문제해결에 있어서 지능의 역할을 강조하면서도 그 지능은 단지 과학적으로 사고하는 것 이상의 태도를 동반하는 것으로 보고 있다. 듀이는 《사고의 방법(1933)》이라는 저서에서 그 기법 못지않게 개방성(open-mindedness), 몰입성(whole-heartedness), 그리고 책임성(responsibility)이라는 태도를 강조한다. 이것들은 경험의 범위에 들어오는 어떤 주제에 대해 사고하도록 하는 최소한의 준비태세에 해당한다. 이런 제반 태도는 지식 자체는 아닐지언정 지식의 형성과 유지에 불가분의 요소가 된다. 마찬가지로 폴라니는 그가 말하는 존재수준의 간극에는 항상 열정이 있다고 주장하면서 '인격적 지식'의 조건으로 위로 상승하려는 '발견적 열정'과 이전의 상태로 아직 남아 있는 후진을 끌어올리려는 '설득적 열정'을 들었다. 그에게 있어서 마음에 들지 않는 지식을 가지고 있거나 혹은 그것을 가르치는 것은 자신을 속이고 남을 속이는 것과 같은 것이다.

서양에서 'philosophy'라는 말 자체는 애지(愛知), 즉 지식을 사랑한다는 말이다. 사랑하는 마음이 없는 지식은 거꾸로 말하면 지식이 아니라는 시사를 얻게 된다. 이처럼 유기체적인 지식은 감정과 분리되지 않는다. 사실 우리가 학문을 하려는 것은 가치있는 지식을 나의 것으로 점유하고 나 스스로를 그만큼 가치있는 존재로 확인하기 위함이다. 사실상 학문의 아버지라고 하는 소크라테스(Socrates)가 그의 일생을 통해서 강조했던 것이 '정신적 열망'이었다. 우리는 플라톤(Platon)의 《향연(/1987)》에서 철학자들 사이에도 완전한 것에 대한 욕망과 추구, 즉 에로스에 대한 찬양이 있다는 것을 찾아볼 수 있다. 그것은 무지한 사람 혹은 지혜가 있는 사람이 아니라 그 중간쯤에 있는 사람에게 있다. 우리가 지식을 창조하기 위해서는 그것에 대한 열망과 애착을 가지고 있어야 한다. 살아 있는 지식은 우리들 자신의 존재의 일부이다. 그것이 가치로운 것만큼 나의 존재의 수준은 높은 것이고, 그것이 무가치하다면 그만큼 나의 존재의 수준도 낮은 것이다. 그것이 위협을 받는다면 나 자신이 그만큼 위협에 처한 것이다.

인식은 특정한 경험을 말하며, 경험은 통과 · 여행 · 부정 · 시련의 극복 · 확언임과 동시에 희생시키는 것 등을 포함한다. 그 부분을 은폐하거나 억압하고 학문이나 교육의 활동을 설명하는 것은 살을 제외한 뼈만을 다루는 것과 같다. 이성적인 철학이 고전적인 희랍의 비극에 있는 디오니소스적인 요소를 파괴해 버린 것을 비판한 철학자로 알려지고 있는 니체(F. Nietzsche)는 일찍이 《비극의 탄생(1873)》에서 창조성을 솟구쳐 오르는 것과 같은 생명력이라고 하는 디오니소스적인 것과 형식과 합리적 질서라고 하는 아폴론적인 것이 작용하는 두 개의 균형이라고 강조한 바 있다. 우리가 깊은 인식의 층과 만날 때에는 항상 이런 아폴론적인 측면과 디오니소스적인 측면이 있다. 인간의 세계와 자신에 대한 이해의 작업에는 다양한 감정적인 요소가 있으며, 그것들은 우리들의 삶에서 배제할 수 없는 사실이다.

우리는 불가피하게 지금 우리가 가진 지식에 대해서 애착을 갖기 마련이고 그만큼 우리는 그것을 향유하고 그것에 비추어 다른 지식들을 평가한다. 아무리 어리석은 사람이라도 자신이 생각하는 것은 옳다고 느낀다. 지식은 두려움이 있더라도 손해를 감수하면서까지 그것을 표명하지 않을 수 없는 신념이라고 말할 수 있다. 진실로 진리로서의 지식을 가지고 있다면 우리는 그것을 가진 자신에게 가치로움을 느낄 수 있어야 하고, 그것을 지키기 위해서 다소간의 희생조차 감수할 수 있어야 한다. 진리가 단지 진리라는 이유로 생존력을 가지고 있을 것으로 생각하는 것은 헛된 낭만이다. 역사적으로 훗날 진리로 판명된 견해들이 당시에는 그것을 주장한 사람에게 많은 박해나 억압을 가져다 주었음을 우리는 알고 있다. 그럼에도 불구하고 그것이 은폐되지 않고 오늘날까지 지켜질 수 있었던 것은 그런 역경에도 불구하고 자신이 가진 지식에 대한 사랑을 포기하지 않은 사람들이 있었기 때문이다. 진정 자신의 지식을 소중히 여기는 사람이 있다면 아무리 사악한 주위상황의 유혹이라도 그를 어지럽히지 못한다.

지식의 고급화는 평가기준의 상승을 의미하고, 평가기준의 상승은 바로 정서적인 성숙을 의미한다. 오늘날 과학자들이 지식을 획득하는 기계가 아니라는 말은 이미 진부한 이야기가 되어 버렸다. 과학자들은 냉철한 이성이나 계산에 의존하는 만큼이나 감정과 직관에 따라 움직인다. 허다한 것들 가운데 하나의 인지적 해석을 택하는 데에는 의지적 결정, 감식, 영감, 유쾌함, 혹은 다른 정서적 반응이 동반된다. 현재의 지식은 적어도 그 분야에서 우리에게 참됨과 거짓됨을 평가하고 판단하는 기준이 된다. 또한 그것의 부정 역시 당연히 다양한 정서적 반응을 동반한다. 감정적 애착은 사고과정의 한 부분을 차지한다. 또한 그것은 사고의 성장의 한 부분을 이룬다. 철학적 논의에서 일반적으로 알려진 것과는 다르게 지식과 관련하여 충성과 공포, 새로움과 옛 것의 긴장, 조롱이나 비난에 대한 우려 등이 관념의 역사에서 예외없이 중요한 힘으로 작용했다. 과학자들은 지식의 한계에 봉착했을 때 열망과 공포감을 느낀다. 이 때문에 과학자들은 자신이 가진 것에 대한 신뢰감을 잃게 되었을 때 더 나은 것을 탐구하는 일을 계속한다. 이로써 더 나은 지식을 깨달았을 때 그것은 가장 큰 지적 흥분을 유발한다.

지식은 자기 자신의 것으로 만들어서 생생하게 내 속에서 가치있는 것으로 체험되어야만 한다. 그것이야말로 살아 있는 지식을 중요한 것이라고 인정하는 내재적 근거이다. 어떤 질문에 대한 해답은 적어도 그 해답을 하는 자에게는 진리이다. 누가 스스로 틀렸다고 생각하면서 자신의 지식을 남에게 주장할 수 있겠는가? 우리가 진리를 추구하는 것은 그것의 바람직성을 나의 것으로 체험하기 위함이다. 그 구조의 활동과 발달을 위한 힘 혹은 에너지가 바로 내재적 동기화이다(Deci & Ryan, 1985). 진리를 오직 감정에 호소하여 획득할 수는 없다. 그러나 감동이 없이는 어떤 진리도 부화하지 않는다. 자신의 지식에 대해서 자긍심과 애착을 갖지 않는다면 그것은 수도계적인 품위라고 말할 수 없다. 인격적 지식은 자신의 자존심의 대변자이다. 그것이 존중받을 때 자아의 가치가 상승되며, 반대로 그것이 손상을 입을 때 자아의 상실감을 느낀다.

살아 있는 지식은 다른 사람의 인정을 받으려는 지식이 아니라 자신에게 정말 소중하게 느껴지는 지식이다. 이런 학문적 지식의 특징은 그렇지 못한 것들을 지식의 영역에서 배제하여야 할 근거를 제공한다. 한 개인이 스스로 가치를 느낄 수 없는 지식은 이미 수도계적인 품위로서의 내규와 조건을 벗어난 것이다. 지식의 소지자가 어떤 것을 자신의 지식이라고 하면서 그것을 공포할 용의가 없는 경우가 있다. 마음 속에 정말 할 말이 있지만 그것을 표출하지 못할 때 그것은 자신의 지식을 억제하고 있는 것이다. 이런 상황에서 두 가지의 측면이 동시에 고려의 대상이 될 수 있다. 하나는 모종의 숨겨진 지식이 있다는 것이고, 다른 하나는 그것이 비학문적인 차원에서 위협받고 있다는 것이다. 여기에는 진리의 추구보다는 사회적 강제와 그로 인한 두려움이 작용하고 있다. 옛날에도 선비는 자기 뜻을 굽히지 않기 때문에 그들의 몸을 위태롭게 할 수는 있지만 그의 뜻을 뺏을 수 없는 것으로 되어 있다. 그들은 홀로 거처하더라도 그릇된 짓을 하지 않는다는 생활철학을 지켰다.

이와는 반대로 자신의 생각이 틀렸다고 생각하면서 그것을 주장하는 사람이 있다고 가정하자. 또한 자신이 현재 가지고 있는 지식에 대해서 불쾌함, 원망, 적의를 가지고 있으면서도 혹은 그것에 대한 하등의 열정이나 가치감정을 가지고 있지 않은 상태에서 오직 그것이 수행하는 기능 때문에 그것을 소지하고 있는 사람을 가정하자. 그렇다면 그 지식은 기계적인 컴퓨터에 의해서 항상 대치될 수 있는 성질의 것이다. 어떤 사람은 자신의 속마음과는 달리 오직 외부적인 요구를 좇아 부화뇌동한다. 이를 두고 우리는 '곡학아세(曲學阿世)한다'는 말을 쓴다. 자신의 뜻이 담기지 않고 말로만 배운 지식은 실행과 일치하지 않는다. 자신은 그와 같이 실행하지 않으면서 다만 타인에게는 그것이 바람직한 것이라고 주장하는 것이다. 이처럼 공감적인 체험의 누적을 통해서 확인하지 않은 것들을 다른 이유에서 숭상하고 있다면 그것은 여기서 논의하는 품위로서의 지식의 범주에 들지 않는다. 지식이 그 점유자에게 가치있는 것으로 느껴지지 않고 단지 다른 것을 위한 기능으로서 혹은 남들에게 보이기 위해서 있는 것이라면 그것은 우리에게 있어서 이미 논의할 가치조차 없다.

2.1.5. 증득과 지득의 차이

지금까지 우리는 철학자들이 간과하여 왔고, 또 교육적 인식론에서 중시하고자 하는 지식의 측면을 논의해 왔다. 교육적 인식론에서 주목하는 지식은 인격의 한 부분을 이루고 있는 마음의 상태이다. 그것은 체험의 수준에서 분명한 구조적 의미를 확보하고 있다. 또한 그것은 신체, 감정과 같은 우리 내부의 다른 요인과 더불어 유기체의 일부로 용해되어 있다. 그러나 그런 조건을 갖춘 지식은 그 결과의 형태뿐만 아니라 특정한 형성과정과 무관하지 않다는 점을 유의해야 한다. 우리는 결론 삼아 마지막으로 우리가 여기서 지식으로 삼는 것과 그 결과와 형성과정에서 전혀 다른 성격을 띠는 지식을 구분하고 후자를 우리의 논의에서 배제하고자 한다. 나는 이 두 종류의 지식을 각각 '증득(證得)된 지식'과 '지득(知得)된 지식'이라는 이름으로 구분해 보겠다.

우리가 품위로 생각하는 증득된 지식은 마음으로부터의 자발적인 승인을 거쳐 획득된다. 이에 비해서 지득은 주체적인 선별과 승인보다는 대개 외부적 보상, 압력, 강요에 의해서 내면화된 지식을 말한다. 이런 일에는 특히 학교가 중심적인 세력이 되었다. 학교는 일률적인 교과서의 내용을 절대적인 진리로 간주하고 학생들이 그것을 무조건 내면화하기를 요구한다. 여기에 개인차가 고려되지 않는다. 이 때문에 대부분의 학생들은 그 내용을 충분히 소화해서 이해할 수 있는 조건과 시간의 여유를 가질 수가 없다. 이런 상황에서 학생들에게 주어진 가장 효과적인 적응방법은 교과서의 내용을 무조건 외워 머리 속에 집어넣는 것이다.

그 결과는 그것들이 소속한 전체의 맥락과 구조를 추적할 수 없는 단편적인 정보의 형태로 남는다. 학생들은 암기한 단어를 한 자도 놓치지 않고 재생해 낼 수 있다. 그러나 누차 강조했지만 이런 단편적인 정보는 결코 지식이 될 수 없다. 물론 교과서의 저자들도 그 내용에 구조적인 특성을 살리려고 노력할 것이다. 그러나 우리가 유의해야 할 점은 지식이 단편적인 것이냐 혹은 하나의 전체로서 통합된 것이냐를 평가하는 준거는 교과서의 내용에 있는 것이 아니라 그것을 받아들이는 사람의 체험구조에 있다는 것이다. 교과서나 교사에게 아무리 체계적인 지식이라고 하더라도 그것들이 학생의 내부에서 의미상의 연결없이 존재한다면 그것은 정보 이상의 의미를 가질 수 없다.

대학의 경우, 교과내용은 대개 하나의 주제에 대한 서로 모순되는 이론들을 다룬다. 예컨대, 대학교수들이 여러 학파를 소개하고 학생들은 그것을 노트에 적고 시험에 대비한다. 이 경우 학생들은 그것들을 종합하기보다는 또 하나의 기억해야 할 사상으로 추가하는 일을 할 뿐이다. 여기서 학생들의 두뇌는 마치 서로 관련성이 없는 잡다한 정보의 무더기를 서로 다른 파일에 저장하고 있는 컴퓨터와 같은 양태를 띠게 된다. 서로 모순된 이론이 동일한 사람의 머리 속에서 아무런 갈등이 없이 남아 있다는 것은 그것들이 하나의 인지체계로 작용하고 있지 않다는 것을 의미한다. 각각은 그 주창자의 머리 속에서는 체계성을 가지고 있었을지 모른다. 그러나 그것을 받아들이는 학생들에게 있어서는 그 내용들이 유기체적으로 동화되지 않은 채 남아 있기 때문에 그것들은 단편적인 정보의 범주를 벗어나기 어렵다.

그러나 인간은 컴퓨터가 아니다. 따라서 낱낱의 정보들을 파일처럼 칸막이 형식으로 보관한다는 것은 유기체로서 자연스러운 것이 아니다. 어떤 것을 이해했다는 것은 그가 이미 알고 있는 것과 새로운 자료를 관련지을 수 있다는 것을 의미한다. 그 속성상 맥락을 추적할 수 없는 단편적인 정보를 외부로부터 강요받을 때 우리는 그것들을 패러독스나 갈등으로 체험하고 그것들을 하나로 통합하려고 할 것이다. 여기에 불일치나 갈등에 대한 불만 혹은 좌절과 그것에서 탈피하려는 열정 등이 작용하기 마련이고, 그로써 하나의 통합을 향한 노력이 진행될 것이다. 그 결과 우리는 서로 연관된 지적 체험구조로 새로운 유형의 대상을 보고, 느끼고, 파악하기에 이른다. 이처럼 인지, 감정, 신체, 의지가 통정된 삶 전체의 연관성으로 출발할 때 어떤 대상에 대한 진정한 이해가 가능해지고 그것에 대한 개인적인 열정과 책임감을 느끼게 된다.

그러나 학교의 사태는 통상 그런 자발적인 과정에 필요한 충분한 시간과 활동을 허용하지 않는다. 그리고 설사 그런 노력이 학생 편에서 이루어진다고 하더라도 그로 인해서 학교나 교사로부터 좋은 평가가 보장되는 것은 아니다. 학생이 구성하는 지식은 흔히 극히 주관적인 것이고 위험한 것으로 간주된다. 따라서 학생들은 가능한 한 그들이 기억하고 있는 내용과 그들의 감정을 분리시킨다. 어떤 지식이 흥미있고, 매력이 있고, 바람직하다는 판단이나 생각은 사치이다. 그것을 규정해 주는 것은 외부적인 전문가나 당국이다. 다만 중요한 것은 자신의 감정과는 달리 그들의 기준에 일치하고 그들의 인정을 받는 것이다. 그들이 요구하는 것이 바람직한 것이고 그들의 요구에 응하는 것이 인정을 받는 길이다. 이처럼 외부적인 권위에 의해서 지식이 인정받는 경우에 학생들은 오히려 자기 자신의 자연스러운 사고방식 자체를 지식으로 부르기를 두려워한다. 이 조건에서 그들의 체험구조는 열등한 상태 그대로 억압되고 거의 원시적인 수준에 남아 있음을 어렵지 않게 발견할 수 있다.

이런 잘못된 상황은 학교기관에 침투해 들어온 실증주의적 지식의 평가방식에 의해서 강화되고 있다. 우리는 앞(1.1.5.)에서 실증주의적 인식론의 특징을 살펴본 바 있다. 이들은 지식이 객관적인 검증의 형태로 존재할 것으로 생각한다. 그들에 따르면 지식은 세계의 그림이고 그 그림의 타당성은 그림과 세계의 대응성에 의해서 판명될 수 있거나 이미 타인들에 의해서 판명된 것이다. 그리고 그런 객관적인 지식은 언어라는 용기에 의해서 그대로 담겨질 수 있다. 그 기준에 따라 학교에서는 지식은 교과서나 참고서적의 내용을 당분간 머리 속에 저장해 놓은 것으로 간주되며, 학생들은 그것들을 그대로 재생함으로써 높은 평가를 받을 수 있다.

실증주의자들은 지식이 언어 속에 있다고 생각한다. 그것은 언어적 표현력과 지적 능력을 혼동하는 결과를 가져왔다. 충분한 이해와 내면의 동의가 없이 단지 남의 말이나 글의 물리적인 특성만을 흉내내는 것은 지식이 아니다. 이 점에서 언어는 품위로서의 지식의 지표로서는 기만적인 것이다. 그럼에도 불구하고 실증주의 혹은 분석철학은 그것을 변별하지 않기 때문에 학생들이 사실상 생각하고 있는 것 이상으로 세계에 대한 것을 알고 있는 것으로 믿게 한다. 이런 종류의 말장난과 피상적인 것에 지식의 자격을 주고 논의한다면 인식의 문제는 해결되기는 커녕 오히려 온갖 혼란에 빠지게 된다. 아무리 수많은 책을 읽고 문장을 암기하더라도 그것이 삶 속에 작용하지 않는 한 그것은 앵무새 놀음에 불과하다. 단지 타인으로부터 피상적으로 인정을 받기 위한 지식은 결코 성장하지 않는다. 체험이 없이 언어만을 갖춘 사람은 그에게 결핍된 것을 타자에게 채워줄 수 없다. 여기에는 단지 언어의 유희가 있을 뿐이다.

실증주의적 평가가 갖는 다른 하나의 태생적 결함은 지식을 요소의 단순한 합으로 규정하고 그것이 가지는 구조적 조건을 간과하거나 은폐해 버린다는 데 있다. 실증주의자들이 말하는 지식은 옳은 반응과 단편을 하나씩 누적시킨 것이다. 이런 정의를 따르면 특정한 자극이나 정보를 암송했다가 필요에 따라 재생시키는 것이 지식을 옳게 습득한 것이다. 그 때문에 그들의 평가방식은 컴퓨터를 천재로 삼는 방식으로 이루어진다. 그러나 그런 식의 지적 내용은 백과사전이나 컴퓨터로 대체할 수 있는 것에 불과하며 지식의 범주에 들어갈 수 없다는 사실이 앞에서 강조되었다. 단순히 지적인 요소보다는 그들 서로가 그것을 점유한 사람의 전반적인 인지구조와 어떤 상호관계를 갖고 의미를 갖는가에 더 많은 관심을 두어야 한다.

같은 인지요소라도 그것이 다른 것과 조합하는 방식에 따라 전혀 다른 의미를 갖는다. 하나의 인지요소는 그것이 소속해야 할 구조의 지원을 받지 못한다면 원래의 특성이 상실된다. 이 점에서 지식에 대한 분석적 방법은 지식의 속성을 이해하는 데 도움이 되지 못한다. 지식은 구조이기 때문에 요소들이 상호작용하는 양상이 중요하다는 것을 시인하고 있는 사람조차도 흔히 범하는 오류가 있다. 그것은 모든 인지적 요소의 의미가 자신이 가진 구조의 형태로 해석되리라고 가정하는 것이다. 이 경우 그는 자신이 원하는 인지 요소를 상대방이 수락하도록 요구한 다음, 상대가 그 인지요소를 정확하게 재생하는 경우 그가 자신의 전체적인 지식체계를 수락했을 것으로 잘못된 판단을 내리는 것이다.

천재의 기억과 일반 사람들의 기억은 크게 다르지 않다. 다만 그 내용이 다르게 조직되어 있을 뿐이다. 실제로 지식의 차이를 가져오는 것은 조직의 상태에 있다. 천재의 지식이 일반인의 지식의 형태로 받아들여지는 경우 그것은 일반인의 지식으로 후퇴하는 것이다. 한 개인의 지식이 성장한다거나 발전한다고 할 때 그것은 기억의 내용이 증가하는 것을 의미하는 것이 아니라 그것들이 조직되는 형태의 변화를 의미한다. 기억은 구조에 후속한다. 한 개인이 발전할 때 이전의 단계에서의 기억은 새로운 단계에서 전적으로 재구성된다(Piaget & Inhelder, 1968). 말하자면 우리는 과거의 인지요소를 현재의 체험함수로 재구성한다. 따라서 우리가 지식의 수준을 평가할 때 특수한 내용을 기억하고 있는지에 주목할 것이 아니라 그것이 한 개인의 내부에서 어떻게 조직되고 의미를 갖게 되느냐에 더 많은 관심을 가져야 한다.

한 개인이 어떤 대상에 대해서 가지고 있는 사고방식 자체가 살아 있는 지식이다. 이론은 분명히 하나의 구조이다. 이렇게 말한다면 아마도 어떤 독자는 학자들처럼 이론을 가지지 않은 유아나 일반사람은 지식을 가지고 있지 않는 것으로 보아야 하는지 반문할 수도 있을 것이다. 그렇지는 않다. 여기서의 지식은 학자들이 말하는 연역적 체계를 갖춘 엄밀한 의미의 인지구조를 의미하지 않는다. 설사 연역적 체계를 갖추지는 않았다고 하더라도 유아나 일반사람들 역시 그들 주변의 사실들을 단순히 요소들의 집합으로 보는 것이 아니라 모종의 '관점'을 가지고 본다. 따라서 모든 인지활동은 그것이 학자들의 정교한 이론의 형태이건 혹은 소박한 관점이건 구조로부터 벗어날 수 없다.

일찍이 피아제(1923)는 어린이들의 경우에도 세상을 그들 나름의 일반적인 도식에 의해서 수용한다는 흥미있는 사실에 주목하여 그들의 소박한 세계관과 이론을 '임상적으로' 추적해서 평가하려고 하였다. 그러나 이런 평가방법은 복잡성과 전문성을 이유로 아직까지 학교에서 널리 수용되지 못하고 있는 실정이다. 이 때문에 학교 안에서 진정 가르치고 배워야 할 지식이 무엇이며, 그것의 수준을 가리는 절차로서의 교육이 무엇인지에 대한 문제에 있어서 지금까지 하등의 진전이 이루어지지 못하고 있다. 말하자면 잘못된 인식론이 학교의 실천에 작용하고, 그로 인해서 인식에 대하여 지식교육 자체가 가지고 있는 선별과 정화작용이 제대로 이루어질 수 없게 된 것이다. 이런 악순환을 해결하는 하나의 방법과 기점은 지식에 대한 인식 자체에 어느 정도 엄밀한 제한을 가하는 것이다.

우리가 제안하려는 교육적 인식론은 이제까지의 전통적인 인식론이 봉착하고 있는 문제를 해결하려는 것이 아니라 그것을 극복하려는 것이다. 그 점은 지식에 대한 새로운 규정에서부터 시작되어야 한다. 우리는 이전의 인식론에서 중요시했던 지식에 의문을 제기하고 그들이 간과한 것을 지식의 새로운 요건으로 편입시키려고 한다. 이 점에서 지득된 지식과 증득된 지식의 구별은 불가피하다. 교육적 인식론을 통해서 우리가 심각하게 고려하고 검증하려는 지식의 범주는 지득된 형태가 아니라 증득된 형태에 국한된다. 사실상 지득된 지식은 인식론적으로 심각하게 논의될 가치조차 없는 것으로서, 다음과 같은 이유에서 우리의 이론적 논의에서 제외된다.

첫째, 지득된 내용은 엄밀한 의미에서 인식대상을 제대로 이해한 것이 아니다. 학문적 지식은 대상에 대한 이해를 의미하며 이것은 그 지식을 구성하는 요소의 관계가 정립된 경우를 뜻한다. 그들은 상호간에 침투되어 하나의 의미를 구성한다. 부분적인 지식은 그것을 소유한 여타의 지식과의 관계 속에서만 의미를 갖는다. 이 학자 혹은 저 학자들의 이야기를 단편적으로 기억한 것은 지식이라고 볼 수 없다. 단순히 한 분야의 용어들을 암기하고 횡설수설한다고 해서 그 분야의 지식을 가지고 있다고 생각해서는 안 된다. 그저 많은 정보를 가지고 있는 사람은 학문의 세계에서는 쓸모없고 따분한 사람이다. 많은 정보를 가지고 있지만 그것을 종합하지 못하는 사람은 정보의 홍수 속에 밀려나고 말 것이다. 그런 방식으로 각종의 시험에서 높은 점수를 받을 수는 있을지언정 결코 급변하는 학문의 세계에는 적응할 수 없다. 한 개인은 동일한 순간에 동일한 대상에 대해서 상반된 지식을 가질 수 없다. 그것들이 하나로 통합되어 구조적 의미가 이해된 상태만이 그의 지식이라고 말할 수 있다.

둘째, 지식은 그 자체로서 즐길 만한 힘을 가지고 있을 때 비로소 살아 있는 지식의 자격을 갖는다. 우리가 지식이 바람직하다고 할 때 그것은 지식의 점유자에게 입증된 것이어야 한다. 그것을 나의 것으로 점유하고 누리는 즐거움을 잃어버릴 때 적어도 나에게 있어서 그 지식은 무의미한 지식이다. 외부적 강요에 의해서 지득된 지식은 그 자체로서 즐길 수 있는 인간적인 가치를 추구한다는 수도계의 취지와는 먼 거리에 있다. 그것은 오직 효용의 관점에서 지식을 평가하기 때문에 내재적인 추구의 의미가 없다. 남의 것을 억지로 받아들인 지식은 우리의 신체나 정서로부터 독립되어 있고, 상구에 대한 무한한 갈망과 열정을 잃어버린 상태에 있다. 증득된 지식은 그런 갈망과 열정을 포함하며 탐구 자체가 하나의 보상임에 비해서, 지득된 지식은 외재적 조건을 위한 수단에 불과하기 때문에 그런 보상이나 위협이 없는 한 유지되기가 어렵다.

셋째, 지득된 내용은 살아 있는 지식으로서 작용력을 상실하고 있다. 앞에서 지식의 정태성과 역동성이라는 범주에서 살펴보았듯이 증득된 지식은 항상 우리 자신의 일부로서 유기체적으로 작용하고 있다. 이에 비해 지득된 지식은 당사자에게 소외된 형태로 마치 컴퓨터의 파일처럼 저장된 것에 불과하기 때문에 반복적이고 맹목적인 기능 이상의 것을 기대하기 어렵다. 남의 것을 모방한 지식은 물리적으로 통제된 것이기 때문에 주입될 당시의 특수한 맥락에서만 재생될 수 있을 뿐, 그 맥락을 떠나거나 달라진 상황에서는 제대로 기능할 수 없다.

넷째, 지득자에게는 그 창조력을 기대하기 어렵다. 언어적 형식으로 나타난 지식을 단순히 모방한 사람과 그것을 이해한 사람의 차이는 참으로 크다. 이는 마치 선율을 기계적으로 재생해 내는 녹음기와 자기가 연주하는 선율에 도취되어 있는 음악가의 차이와 같은 것이다. 지득과 증득은 결과에 있어서 동일할지 모르나 그 성질이 전혀 다르다고 말할 수 있다. 후자는 더 나은 지식을 얻기 위한 과정에 있기 때문에 언제나 발전의 여지가 있다. 이에 비해 전자는 그것이 의존하고 있는 외재적 조건이 변하지 않는 한 변화되기 어렵다. 새로운 경험이 주어질 때 지득자는 그 지식들을 단순히 반복할 수 있을 뿐 새로운 지식을 만들어낼 수는 없다.

다섯째, 지득자는 인식의 논의에서 고유한 공헌을 할 수 있는 책임있는 구성원이 될 자격이 없다. 그들은 내적인 공감이 없이 단순히 다른 사람들의 승인이나 칭찬을 얻기 위해서 타인의 것을 모방하거나 타인의 권위에 의존하고 있는 잉여의 인구, 더욱 정확하게는 괴뢰에 해당한다. 그들은 어떤 주장을 지지하는 사람의 명단에 숫자를 추가할 수 있을 것이다. 그러나 그 다수라는 것은 실제적 근거가 오직 그들이 따르고 모방한 몇 사람에 종속되어 있다. 따라서 그들에게서 지식의 독창적인 발전과 그것의 검증에 독자적인 공헌을 할 수 있기를 기대할 수 없을 것이다.

2.2. 진리의 재정의

2.2.1. 기존의 제반 진리이론

'진리'라는 말은 그 자체가 많은 경우 수사적인 개념으로서 매우 넓은 의미로 쓰이고 있다. 따라서 우리의 인식론에서는 그 의미를 한정시켜 살려내는 길을 모색하지 않으면 안 된다. 우리는 이제까지 학문의 내재성을 나타내는 하나의 가치론적 지표로서 학문이 진리를 추구한다는 생각을 고수해 왔다. 분과학문마다 인식의 대상은 다를 수 있다. 그럼에도 불구하고 자연과학이건, 사회과학이건, 또 인문과학이건 모든 학문은 진리의 탐구를 목표로 한다고 말한다. 이제까지의 인식론적 논의들도 그 의미를 학문이 추구하는 이념의 것으로 국한시켜 왔다는 점에서는 우리의 입장과 다르지 않다. 다만 모든 분야가 그러하듯이 각 인식론마다 특이한 진리기준을 내세우고 있고 그 각각이 수정되고 보완될 대상이 되고 있다. 본 절의 논의에서 우리는 그간에 인식론에서 제안된 대표적인 진리이론들, 즉 대응설 · 정합설 · 합의설 · 실용설의 내용을 비판적으로 검토하고, 우리 나름으로 그들과 구별되는 방식으로 진리의 개념을 수정해서 다시 정의하는 순서를 밟을 것이다.

역사가 가장 깊고 또한 상식과 가장 어울리기 때문에 오랫동안 인식론의 안방을 차지해 온 대응설은 인식의 대상과 인식내용의 일치를 진리의 기준으로 삼는다. 데카르트 이래의 대부분의 인식론자들은 진리에 이르는 길이 지성과 사실의 일치에 있을 것으로 여겨 왔다. 여기서 말하는 사실은 우리의 인식과 독립된 객관적인 실체이고, 지식은 그 객관세계에 대한 표상이나 그림에 해당한다. 그러므로 명제의 진리 여부는 사실을 통해 확증될 수 있는 것으로 생각되었다. 실증주의자들은 이런 간단한 도식을 따라 진리는 중립적인 관찰과 인위적인 조작으로 간단히 판명될 수 있는 것으로 치부하였다.

객관적 실재에 대한 정확한 묘사가 진리의 지표라는 이런 오래된 생각은 이제 더 이상 유지되기 어렵게 되었다. 앞 절에서 지식은 객관적인 세계와 우리들의 상호작용의 한 가지 양태라는 점이 수용되었다. 따라서 교육적 인식론은 진리를 실재와 그것에 대한 표상의 직접적인 관계로 보는 전통적인 인식론을 극복해야만 한다. 실재는 우리의 인식작용의 여과를 거쳐서만 우리에게 경험되며, 그 직접적인 접촉을 가정하는 진리의 개념은 인식작용 자체를 간과하는 것으로서 참으로 순진한 생각에 불과한 것이다. 우리는 우리의 인식과는 별개로 있는 실재의 존재성 자체를 부인하는 것은 아니다. 다만 우리의 인식은 그 실재를 재현하고 있지 않으며, 또 그 재현을 검증할 방법도 없다는 것이다. 우리는 이 문제를 현전의 형이상학의 붕괴와 관찰의 이론의존성의 문제로 다루었다.

적어도 실증주의적인 원자주의를 벗어난 사람이라면 지식은 세계를 단순히 기술하는 것이 아니라 그것을 이해하는 하나의 체계라는 것을 인정할 것이다. 개념, 명제, 그리고 그 전체의 의미는 그들의 산술적인 합으로 볼 수 없는 전체를 구성하고 서로가 상대의 맥락을 구성하면서 유대를 형성하고 있다. 따라서 거기에는 인식대상과의 대응의 원리 이전에 그들 내부의 상응의 원리가 또한 고려되어야 한다(Quine, 1961). 인식대상은 요소의 단순한 집합이 아니다. 오히려 그 대상의 독특한 사실성은 구조에 의해서 특징이 드러난다. 그러니까 만약 대응이라면 대상의 구조와 인식의 구조가 일치하는 정도로 보아야 한다. 더 정확하게 말한다면 대상의 구조는 인식의 구조에 의해서 파악된다는 것이다. 그러니까 실제적으로 한순간에서의 대상과 그 인식은 언제나 일치한다.

이런 관점에서 보면 진리의 정합설은 대응설에 앞서 있다. 정합설은 지식체계 내의 내적인 통일을 진리의 기준으로 삼는다. 오우크쇼트(1933)가 말하는 경험의 정합성(coherence)은 바로 이런 기준을 잘 반영하고 있다. 그는 "적게 경험한다는 것은 일관성이 없이 경험하는 것을 의미한다. 부분적으로 안다는 것은 당장 전체보다는 적은 것을 안다는 것을 의미하고 그것을 불완전하게 안다는 것을 의미한다(p.34)"고 주장한다. 어떤 것을 경험한다는 것은 그것에 대한 통일성을 고양시키는 것이다. 따라서 그는 통일성이 결여된 인식 혹은 종합성에 미치지 못하는 경험의 형태는 진리라고 말할 수 없다고 주장한다. 그는 이런 관점에서 정합성을 성취한 정도에 따라 진리와 오류를 이렇게 규정한다.

> 논파하는 것은 하나의 경험의 형태가 완전한 종합성에 미치지 못하는 오류 혹은 과실의 원칙을 나타내는 것이다. 그것은 오류 가운데서 절반의 진리(the half-truth in the error)와 절반의 진리 가운데서 오류(the error in the half-truth)를 동시에 발견하는 것이다(p.4).

우리가 여러 차례 강조했듯이 지식은 구조이다. 어떤 개념이든지 간에 그것은 언제나 상대적이기 마련이다. 어떠한 개념도 전체적인 맥락을 떠나서는 아무런 의미도 갖지 못한다. 우리는 어떤 지식이건 간에 그것이 지식의 자격을 가질 수 있으려면 체계성을 가져야 할 것으로 논의해 왔다. 그러니까 어떤 지식이건 간에 내적인 정합성을 가져야 한다는 것은 지식이 갖추어야 할 최소한의 요구조건이 된다. 우리는 실증주의적인 대응설이 가진 문제로서 그것이 지식의 총체성을 소홀히 한다는 점을 지적했다. 콰인(W. Quine, 1969)이 잘 지적했듯이 우리가 세계를 대면하는 방식은 하나 하나의 개별적인 명제를 통해서가 아니라 이것들이 모여서 이루는 하나의 총체적인 구조물을 통해서 이루어진다. 그렇다면 우리가 지식을 평가한다고 할 때 그 대상은 당연히 그것을 구성하는 낱낱의 명제가 아니라 그것들이 이루는 전체의 체계가 되어야 한다.

그러나 정합설은 지식이 갖추어야 할 최소한의 조건에 관한 규정일 뿐 그 지식체계가 얼마나 진리에 접근하고 있느냐에 대해서는 더 이상의 세부적인 언급을 하지 않는다. 역사상 우리에게 알려진 이론들은 대부분 내부의 일관성을 유지하고 있다. 이 점에서 역사상 각 패러다임에는 큰 차이가 없다. 오히려 자연과학에서 정합설이 적용되는 상황은 항상 기존의 학설이 유리하였다. 새로운 가설은 이미 수용된 이론에 일치해야 한다는 정합성의 조건은 보다 나은 이론을 지향하기보다는 낡은 이론을 유지하는 것이기 때문에 비합리적이다. 기존의 것과 일치하는 새로운 이론은 그것을 개선하려는 입장에서는 똑같이 불만스러운 이론이 또 하나 첨가되는 셈이다. 이는 사태를 개선한다는 의미의 진리의 기준이 될 수 없다. 잘 확립된 이론에 모순되는 가설은 다른 방법에 의해서 얻을 수 없는 증거를 얻게 하는 계기를 마련한다. 그런데 만약 이제까지 정합설을 적용했다면 오늘날의 물리학적인 발전은 기대할 수 없었을 것이다. 코페르니쿠스적인 전환이 물리학에서 일어날 당시의 역사로 돌아가 보면 초기에 지동설이 천동설보다 오히려 더 불리한 입장에 있었다는 것은 너무도 잘 알려진 사실이다. 지동설은 그 구조를 정리할 만큼 안정된 증거를 가지고 있지 않았다. 따라서 당시의 일부 학자들은 그 타당성을 기존하는 천동설과의 정합성에 비추어 평가하는 경향이 있었으며, 지동설은 그 점에서 진리의 반열에 들기 어려운 상황에 처했다.

우리는 지식의 정합성의 기준을 넘어서서 그것의 상대적인 우열을 가릴 수 있는 또 하나의 기준을 찾을 필요가 있다. 그런 기준을 찾지 않고 자연과학의 발전을 설명할 길은 없어 보인다. 무릇 개념은 정의상 불변성에 대한 언설이다. 그럼에도 불구하고 모든 개념은 늘 변천해 왔다. 실재는 결코 우리가 그것에 대해서 내리는 개략적인 판단으로부터 독립해서 주어지지 않는다. 이 때문에 그것은 끊임없이 더 나은 체계를 향해 발전해 왔다. 역사의 시련을 받으면서 변천하지 않은 지식이나 학문은 찾아보기 어렵다. 이 점에서 데카르트나 후설이 학문의 전형으로 염두에 둔 수학이나 논리학도 예외일 수는 없다. 수학을 포함하는 모든 학문은 완전한 명증으로부터 완전한 명증으로의 진행이 아니다. 그것은 불완전한 명증으로부터 더욱 완전한 명증으로의 진행이다.

논리적인 정합성은 진리를 탐구하는 학자가 학문활동에서 매 단계마다 가지고 있다. 여기서 문제는 아무리 정합적인 지식이라고 하더라도 그것이 최종의 것이 아니라 완전한 지식의 체계로 향하는 하나의 단계에 불과하다는 것이다. 우리에게 남겨진 문제는 우리가 명증에 도달할 수 있느냐가 아니라 다양한 수준의 명증들이 어떻게 상대적으로 평가될 수 있느냐 하는 것이다. 그러니까 진리에 대한 정합성의 평가기준은 아직도 우리에게 명백한 것이 아니다. 명증이란 연구자가 한 단계의 지적인 진전이 있을 때마다 자신이 성취한 정합성에 대해서 느끼는 감정일 수도 있다. 이 때 연구자의 학문적인 체험수준이 항상 문제가 된다. 우리가 얻고자 하는 것은 이렇게 일관성 있게 명증적인 것들이 서로 경합할 때 그들의 우선 순위를 가릴 기준이다.

후에 더 자세한 논의가 있겠지만 우리는 절대적인 진리라는 개념을 부인한다. 만약 진리를 절대적 기준에 의해서 평가해야 한다면 역사상 어느 누구도 진리를 체험했다고 볼 수 없다. 오늘날 천동설은 더 이상 유지되기 어렵게 되었다. 그렇다면 그것을 주장한 톨레미는 진리체험을 하지 못한 것인가? 만약 그가 진리를 체험했다면 그는 그것을 헛되게 체험했다고 말해야 되는가? 혹시 절대적인 진리에 도달한 상태보다는 그것에 접근하고 있다는 진전 자체를 더욱 중요하게 본다면 천동설은 그 이전의 어떤 학설에 비추어 진전한 것이 아닌가? 다시 그 후에 등장한 지동설이 천동설보다 발전했다고 보는 것은 결코 전자가 절대적인 진리에 도달해서가 아니다. 우리는 상대적으로 이들을 대비해서 평가할 수 있을 뿐이다. 그리고 그 사실에서 우리는 진리에 대한 모종의 확신을 얻는다. 그렇다면 그 진전을 평가하는 기준은 무엇인가? 이 문제가 아직도 해결되어야 할 과제로 남아 있다.

진리에 대한 규정에 있어서 중요한 위치를 차지하고 있는 또 하나의 강력한 이론은 합의설이다. 여기에서 지식은 집단의 동의에 의해서 선택된다는 점이 강조된다. 그 집단은 넓게는 사회구성원에서부터 좁게는 학문공동체에 이르기까지 다양하지만, 주장의 핵심은 어디까지나 다수의 견해에 기준을 둔다는 데 있다. 많은 경우에 사람들은 동의를 타당성의 준거로 삼고자 한다. 그 집단의 범위는 전문가 집단으로 더욱 좁아질 수도 있다. 이론의 타당성에 대한 검증은 주어진 학문공동체의 구성원에 의해서 정당한 것으로 인정된 표준에 따른다. 예컨대, 어떤 현상이 예언(따라서 하나의 이론)을 확증하는 것이냐 아니냐 하는 문제는 사회적으로 수립된 해석의 표준에 의존한다. 그 구체적인 사례는 자이만(J. Ziman, 1968)의 공적 지식에 대한 논의(1.3.3.)에서 드러났다. 그는 과학적 지식의 범위를 확정짓는 강력한 조건으로 합의를 강조하였다는 것을 독자는 기억할 것이다.

이런 합의의 개념은 해석학의 경우에 다양한 형태로 나타난다. 해석학이 자연과학에 대비된 정신과학의 방법론으로 등장할 때, 정신적 산물에 대한 해석의 객관성과 타당성의 기준으로 그것을 표현하거나 창작한 사람과의 체험적인 일치 혹은 재생을 요구했다. 또한 사회과학의 방법으로서 개념분석을 따르는 윈치(P. Winch, 1958)는 한 사회의 구성원이 가지고 있는 개념에 일치할 때 그 사회에 대한 이해라는 목적이 달성된 것으로 보았다. 그에게 있어서 올바른 이해란 '제 2 의 사회화'를 의미한다. 이런 사회화와는 달리 좀더 세련된 종류의 일치를 모색하는 경향이 가다머(H. Gadamer, 1960)의 철학적 해석학이나 하버마스(J. Habermas, 1979)의 보편적 화용론에서 나타난다. 다만 그들간에는 '참된 합의'가 무엇인지에 대한 부분에서 다소의 견해차이가 있을 뿐이다.

가다머는 정신과학적 객관주의를 벗어나 있고 또한 완전한 일치를 기대하지는 않는다고 하더라도, 역사적 사실과 해석자의 대화적 소통을 가능하게 하는 공감대의 형성을 모색하고 있다. 이에 비해서 하버마스는 사회문제의 본질이 '왜곡된 대화관계'에서 일어나는 것으로 보고, 그 사회적 갈등과 대립이 어떻게 비판적 자기성찰을 동반하는 대화를 통해서 합리적으로 해소되고 조정될 수 있는가 하는 문제를 다룬다.

그러나 이런 복합적인 의미를 가진 합의의 개념에서 우리가 검토해야 할 것은 우선 합의가 무엇을 위한 것인가 하는 문제이다. 우리는 특정한 사회구성원이 신념체계나 언어적 개념에 적응하는 것은 그 나름으로 중요한 것이지만 그것이 바로 학문의 목적은 아니라는 점을 이미 밝혔다. 해석하려는 세계의 신념체계에 들어간다는 것은 학문의 전단계로서는 필요하지만 그 상태로서 곧 학자적인 임무를 수행한 것은 아니다. 사회적 갈등이나 문제를 합리적인 대화에 의해서 해소하는 일도 중요하다. 그러나 이 역시 학문의 목적과 일치하는 것은 아니다. 그 일치하려는 특수한 목적으로서 진리는 이와는 다른 범주에서 논의해야 할 사항이다.

만약 일치가 진리탐구라는 것과 관련이 있다면 학문적인 체험의 결과로서 얻은 지식의 타당성을 어떻게 상호주관적으로 확인할 수 있는가 하는 것이 일단 더 깊이 있게 추궁해 볼 만한 문제로 떠오른다. 앞서의 논의 가운데 자이만과 가다머의 경우 관심은 여기에 있었다. 진리는 어차피 그것을 추구하는 사람들의 합의에 의해서 확인되어야 할 부분이다. 여기서 중요한 것은 지식의 검증에 참여하는 사람들 상호간에 합의를 본다는 것은 우선 불일치를 전제한다는 점이다. 이와 같이 관심을 줄여 놓고 볼 때 우리가 더욱 자세하게 검토해야 할 것이 있다. 하나는 그런 합의가 이루어지는 방향이고, 다른 하나는 합의의 방법이다.

여기에서 한 가지 분명한 준칙은 참여자들의 평등과 다수성에 호소하여 진리를 입증할 수는 없다는 사실이다. 대중에 기준을 두는 사회적 합의는 일상성을 초월하려는 수도계적인 기준이 될 수 없다. 익명의 무책임한 다수가 진리를 대표할 수는 없다. 이런 진리관은 예외없이 당대에 자기들이 가지고 있는 모종의 정상적인 담론을 영속화시키는 자기기만에 빠졌다. 역사적으로 보더라도 어떤 주장에 찬성하는 사람이 많다는 것이 진리의 증명에 도움이 되지는 않았다. 더욱 좁게는 그 집단이 과학공동체일 경우도 그 정도에는 차이가 있을지언정 문제가 없는 것은 아니다. 그 절차에서 집단의 동의는 결국 현존하는 지식과의 일치에 의해서 보장되기 때문에, 그런 규약을 따른다면 혁신적이고 새로운 지식은 불리한 입장에 놓일 수밖에 없다.

진리는 군중의 흥정에 의해서 결정될 일이 아니다. 군중은 개인을 뉘우칠 줄 모르게 하고, 책임질 줄 모르게 만들고, 혹은 적어도 책임을 분산시킴으로써 개인의 책임감을 약화시킨다. 그렇기 때문에 소크라테스가 독배를 마시고 많은 학자들이 희생의 재물이 된 역사의 사례가 많다. 키에르케고르(1859/1980)가 우리 모두가 외톨이로서 진리의 증인이 되어야만 한다고 주장한 것은 이런 연유에서이다. 그는 "만약 그들이 진리를 투표로 결정한다면 그 때에는 비진리가 존재한다(p.131)"라고 주장한다. 그리고 "진리의 전달자는 오로지 외톨이뿐이다. 그리고 진리는 오로지 외톨이에게만 전달될 수 있다(p.138)"고도 말한다.

익명의 무책임한 다수가 진리를 대표할 수는 없다. 군중에의 호소는 정치적인 해결이다. 진리는 그것을 주장하는 사람 수의 다과, 즉 군중에 의해서 결정될 수 없다. 과학의 과정을 살피면 진리의 합의설은 사실과 전혀 부합하지 않는다는 것을 금방 알 수 있다. 과학의 중요한 발견과 결론은 이미 알려진 어떤 것과 일치되기를 거부하는 소수의 학자들에 의해서 이루어져 왔다. 이들은 이미 알려진 것에 동화되기보다는 사람들이 알고 있다고 생각하는 것에 수정을 가함으로써 학문의 진전에 공헌하였다. 각종의 수도계에서 품위의 위계는 피라미드형으로서 높은 품위일수록 소유자가 적어진다. 학문의 경우도 예외가 아니다. 이런 사실은 기존의 합의설에 더 많은 조건의 부여와 수정을 요구한다.

진리문제에 있어서 중요한 것은 합의 자체가 아니라 합의의 방향이다. 우리의 기준으로 볼 때 그것은 낮은 수준의 품위에서 높은 수준의 품위로 가는 흐름과 운동이 중요하다. 이 점은 과학사에서 근거를 찾아볼 수 있다. 과학은 합의가 아니라, '불안정성'을 추구하면서 발전하였다. 그 핵심은 합의에 도달하는 것이 아니라 이전의 '정상과학'이 연역된 토대를 약화시키는 데 있다. 그 후에 혁명과학이 그것을 대체한다. 옳은 지식에 대한 표준 자체도 탐구의 과정에서 자기수정의 과정을 거치며, 이 때 학문적 탐구가 지향하는 목표의 개념과 연결되어 있다. 이런 사실은 가다머(1960)의 해석학적 합의설에도 그대로 반영되어 있다. 그는 과거의 인간 속에 들어가는 것이 진리가 될 수 없다는 점을 강조하였다. 현존하는 우리는 역사를 현재의 상태에서 탐구하며, 과거의 역사 그 자체로서 연구할 수는 없다. 우리는 여기에서 항상 현재를 설명하기 위한 빛을 찾으며, 이를 위해 우리의 주장을 개선하고 의미를 확대하는 일을 하고 있다. 중요한 것은 역사를 바라봄에 있어서 당시의 행위자들이 모르고 있던 역사에 관한 통찰을 얻는 데 있다.

우리가 합의설을 받아들일 때 따져야 할 다른 부대조건은 합의의 방법이다. 그것은 우리의 기준에 비추어 한마디로 소수의 선진에 대한 다수의 자발적인 합의과정이 되어야 할 것이다. 만약 이런 방법적 조건을 달지 않는다면 가치를 추구하는 학문의 명분은 찾아보기 어려울 뿐만 아니라 학문적 지식은 상식이나 교조 그리고 지배적인 이데올로기에 그 자리를 내어주어야 한다. 이렇기 때문에 사회적 문제해결에서 합의를 강조한 하버마스(1979)의 경우조차도 합의의 방법에 있어서 매우 까다로운 조건을 부여하였다. 하버마스(1977)의 비판적 해석학은 가다머의 철학적 해석학이 권위에 큰 비중을 둔다는 점에서 그 보수성을 우려했다. 그는 언어가 체계적으로 왜곡된 의사소통으로서 이데올로기의 매체가 된다는 사실에 주목한다. 그에 의하면 우리가 별다른 반성을 하지 않고 받아들이는 일치와 합의는 대부분 의사소통 속에 내재되어 있는 제도적 강제와 체계적인 왜곡에 의한 기만적인 합의일 수 있다. 따라서 그러한 강제와 왜곡을 비판적인 반성을 통하여 제거하기 위해서는 전혀 왜곡되지 않은 의사소통과 이상적인 대화의 형식이 필요한 것으로 본다. 그의 의사소통 이론에서 진리의 이념은 지배로부터 자유로운 의사소통을 통해서 산출되는 참된 합의를 기반으로 한다. 그는 왜곡된 의사소통에서 일탈한 이상적인 대화상황의 내적 구조를 형성하는 화용적 조건들과 규칙들을 재구성했다.

합의설은 보다 높은 수준으로 자발적으로 동의한다는 점에서 부분적으로 진리와 연관되어 있다. 우선 천동설의 주창자인 톨레미와 지동설의 주창자인 코페르니쿠스를 예로 들어 생각해 보자. 코페르니쿠스가 톨레미의 이론에 일치할 경우와 그 반대의 경우를 생각할 때 똑같이 진리의 체험을 할 수 있겠는가? 만약 그것이 일방적인 것이라면 그 방향은 어느 쪽이며 그 근거는 무엇인가? 이 경우 우리는 톨레미가 코페르니쿠스에 합의할 때에 더욱 진리를 체험했으리라는 느낌을 갖는다. 그 이유는, 최종적인 결과는 이해에서 찾아야겠지만, 톨레미 편에서 그 이해를 가능하게 하는 학문적인 수준의 성숙이 없이 그 이해의 수준을 평가하는 것은 불가능하다고 보기 때문이다. 기독교적인 체계에서 천동설이 지동설에 비추어 다수의 의견이었고 사회적인 강제력이 더 있었다. 그럼에도 불구하고 긴 역사의 안목에서 후자가 전자를 이겨냈다. 이는 학문에서 강제가 진리의 규명에 무관하거나 별 효과를 가져오지 않는 요인임을 간접적으로 증명한다. 교육적 인식론은 이 점을 더 분명하게 규정해 나갈 수 있어야 한다.

마지막으로 가장 강력한 대중적 지지를 얻고 있는 진리의 실용설을 검토해 보기로 하자. 도구주의(instrumentalism)나 실용주의(pragmatism)의 관점에서는 과학적 이론을 어떤 다른 것에 대한 도구나 기구로 본다. 전통적인 인식론에 환멸을 느낀 듀이(1922)는 '진리를 추구하는 지식' 으로부터 '인간에게 유익한 지식' 으로, '소묘성' 으로부터 '문제해결 가능성' 으로 관심을 전환시켰다. 말하자면 그는 지식의 가치를 모종의 구체적인 성과와 결부시키고자 하였다. 그 성과는 예측과 통제의 수단에서 넓게는 여타의 세계에 대한 공헌 등 다양하다. 신실용주의자로 자처하고 있는 로티(R. Rorty, 1982/1996)는 이렇게 말한다.

> 진리의 추구란 단지 행복추구의 한 종류에 불과한 것으로 생각한다. 왜냐하면 그것은 바로 인간존재들이 원하는 것을 가져다 줄 신념의 추구이기 때문이다(p.10).

실용주의자들의 입장에서 볼 때 자연법칙은 해당 영역에서 자연과 교제할 때의 실용적인 처방에 불과하다. 학문적 지식을 그 효과에 의해서 평가할 수도 있다. 이 효과라는 말은 학문 밖의 다양한 세계의 가치기준을 포용하고 있기 때문에 대중들에게 이 진리설은 가장 이해하기 쉽고 또한 설득력을 갖는 것도 사실이다.

근래에 등장한 구성주의도 근본적으로 도구설의 지지세력이 되고 있다. 앞에서 살펴보았듯이 구성주의자들에게 있어서 인식활동이란 객체들과 아무 관계도 없다. 그들에게 있어서 지식은 환경과 인간의 상호작용에 의해서 얻어진 특수한 적응양식들이며, 따라서 그들은 결국 그 기능의 적응성에 의해서 평가될 수 있다고 본다. 우리가 환경에 적응하고 있다는 것은 유기체인 우리의 작용방식과 환경의 작용방식이 서로 어울리는 최적의 형태로 구조적인 접속이 이루어지고 있음을 말한다. 이 때문에 "더 잘 적응한 것이 살아 남는다"는 말 대신 보다 직접적으로 "적응한 것이 살아 남아 있을 뿐이다"는 말이 선호된다. 이런 이유에서 글래서스펠트(E. Glasersfeld, 1995)는 실재에 대한 정확한 재현이라는 의미의 '진리' 개념을 포기하고, 그것을 이른바 '생존능력(viability)' 이라는 개념으로 대치할 것을 제안한다.

> 급진적 구성주의는 주저함이 없이 도구주의라고 말할 수 있다. 그것은 (독립된 실재의 참된 표상으로서) '진리(truth)' 의 개념을 주체의 경험계 내에서의 '생존능력' 의 개념으로 대치한다. 결과적으로 그것은 모든 형이상학적 공약들을 거부하고 우리가 알게 되는 세계, 우리가 살아 있는 주체로서 구성하는 세계에 관해서만 사고하는 하나의 가능한 사고의 모델 이상의 것을 주장하지 않는다(p.22).

이처럼 효용설에 비추어 볼 때 인지현상도 세계에 대한 우리의 독특한 적응방식 가운데 하나에 불과하다. 그러나 이런 기준은 학문의 고유한 가치에 대한 정당한 이해의 과제를 연기하거나 그것이 가져오는 결과상의 효과성만을 부각시키는 문제를 가지고 있다. 물론 학문적 지식은 내재적 가치와 더불어 외재적 가치를 가질 수 있다. 따라서 그만큼 이런 관점이 전적으로 그르다고 말할 수는 없다. 실용이라는 척도는 그 실용을 목표로 삼는 응용학문의 경우에 더욱 적절할 것이다. 그러나 이 경우 응용의 척도는 진리의 기준이 아니라 바로 응용되는 세계의 다양한 가치들로 연결될 것이다.

적용되는 세계가 다양한 것만큼 효과의 개념도 확장된다. 효용성의 기준은 이미 알려져 있는 영역 내의 합목적성에 관계되는 것으로서 그 척도를 학문 외적인 세계의 수단으로 규정해야 한다. 따라서 그 기준은 외재적일 뿐만 아니라 외적 세계의 선택에 따라서 전혀 다른 평가를 내릴 수도 있다. 각 세계들마다 학문적 지식을 자신들의 가치를 실현시키는 도구로 삼을 것이다. 그 의미는 참으로 분야마다 다르기 때문에 다른 가치판단을 가진 사람들은 저마다의 의미로 자신에게 유리한 판단의 기준을 갖고 있을 것이다. 그러나 좀더 깊이 들어가서 학문적 지식의 가치가 가져오는 성과나 효과를 어떤 세계에 비추어 보느냐 하는 문제에 들어갈 때 이런 방식의 규정이 얼마나 모호한 것인가를 알게 된다. 외재적 가치들은 많은 경우 모순과 갈등을 포함한다. 가령, 경제적으로 긍정적이고 만족스러운 성과를 가져오는 것이 문화적으로 치명적으로 나쁜 성과로 평가될 수 있다. 또한 도덕적으로 보더라도 지식은 항상 선용되거나 악용될 수 있다. 학문은 질병의 치료에도 효과가 있고 인간을 대량으로 살상하는 데에도 탁월한 효과를 발휘한다. 결과에 의해서 지식을 평가하려는 실용주의자들은 그 모순된 것들 모두를 진리의 척도로 사용할 것이다. 그러나 이는 곧 그들의 개념이 사실상 아무 것도 한정시켜 말해 주는 것이 없을 정도로 무의미하다는 것을 말해 준다.

구성주의자들은 진리개념을 포기하고 일종의 생물학적 메타포를 빌어 지식이 살아 남아 있다는 것을 강조한다. 생물학자의 관점에서 볼 때 유기체는 주어진 환경 속에서 생존하는 한, 생존가능성을 갖는다. 급진적 구성주의의 관점에서 볼 때, 어떤 개념이나 모형, 이론은 활동의 목적에 비추어 적합하다면 생존가능성을 갖는다고 할 수 있다. 그 활동의 목적은 문제의 해결일 수도 있고, 그 밖에 시간의 절약, 경제성, 편리성, 일관성, 우아함, 내재적 만족 중 어느 것이 될 수도 있다. 그러나 살아 남아 있다는 것은 그 모든 것의 복합적인 결과물이며 사후의 정당화 수단에 불과하다. 살아 있는 것에는 학문계 본래의 목적과는 다른 무수한 이유들이 포함될 수 있다. 그리고 우리는 각각의 상황에 특수한 적응성을 모두 열거할 수도 없다. 그 효과의 종류는 무한대이다. 뿐만 아니라 이 기준이 경우에 따라 학문발전을 간접적으로 지원했다고는 하지만 종국적으로 고유한 형태로서의 학문계의 발전에 반드시 기여한다는 보장을 할 수 없다. 그처럼 다양한 기준을 적용할 때 학문은 기준을 상실하고 외재적 목표의 수단으로서만 의미를 가질 위험에 빠진다. 이런 상황에서는 과학적 이론이 참이냐 혹은 거짓이냐 하는 질문은 그들에게는 무의미하다. 다만 그 이론이 여타의 것을 위해서 효율적이냐 그렇지 않느냐의 여부만이 문제가 된다.

우리의 과제는 학문 자체의 내재성에 비추어 진리를 규정할 수 있는 가능성을 찾는 것이다. 진리의 규정은 오직 학문 내적인 특성과 필연성에 기초를 두어야 한다. 진리이기 때문에 쓸모가 있다는 것과 쓸모있기 때문에 진리라는 것은 구분되어야 한다. 지식을 효용성의 차원에서 보는 도구주의나 실용주의의 설명은 역사상 학자들이 학문을 추구했던 원래의 동기와 의미를 퇴색시킨다. 물론 타당한 지식은 다방면에 유용할 수 있다. 그러나 그것은 결과상의 문제이고 그 결과가 나오기까지 학자들이 학문활동에 몰입하고 분투해 왔던 과정을 충분히 설명하지 못한다. 과학에서의 중요한 발견과 발전은 거의 정치적인 권력, 금전적인 이익이나 사회적 명예 등을 추구하는 것과 무관하였다. 그것은 학자들이 세계에 대한 호기심에서 자신과 싸움한 결과였다. 다시 말하면, 효용은 다만 진리탐구에 후속하는 것에 불과했다.

지식의 가치를 단지 효용에서만 찾는 것은 잘못이다. 지식을 오직 어떤 다른 것을 위한 수단으로만 추구하는 사람은 스스로 참된 것으로 믿고 있지만, 자신의 이익을 위해 또는 사회적으로 처신하거나 보신하기 위해서 그것을 발표하기를 주저하거나 혹은 상황에 따라 겉을 꾸며 언동을 다르게 할 것이다(Broad & Wade, 1983). 이것은 자기 자신을 기만하는 것으로서 지식 고유의 기능이 아니다. 품위로서의 학문적 지식은 기능성과 효율성을 초월하는 평가의 대상이다. 이것은 학문계 밖에서 생활하는 일반인들이 생각하는 효과 이상의 자기수련적 요소를 항상 갖추고 있다. 학자들은 그것을 위해서 학문 외적인 가치나 대중들이 말하는 가치를 거절하고 외면하였다. 교육적 인식론은 지식의 형성과정과 그것의 효용성은 별개일 수 있으며, 따라서 단지 후자에 의해서 전자를 평가하는 방식을 피하고자 한다.

그러나 도구주의 혹은 실용주의에는 다른 한편으로 외재적인 목표만이 있다고 보아서는 안 될 측면도 있음을 간과해서는 안 된다. 이 점은 교육적 인식론이 그들을 수용함에 있어서 매우 중요한 의미를 갖는다. 그들이 논의하는 가치에는 우리가 주장하려는 품위의 내재적 가치로 해석할 만한 국면도 역시 포함하고 있다. 그런 부분은 실용주의자들이 어떤 활동의 수단을 그 자체에 적용하는 경우를 논하는 방식에서 드물게나마 두드러지게 나타난다. 만약 어떤 활동이 그 자체를 위한 수단이라면 그런 측면은 분명 그 활동 자체에서만 찾을 수 있기 때문에 그것은 곧바로 우리가 말하는 '내재적 가치'의 범주에 포함시킬 수 있다. 더 나아가 우리가 앞에서 지적한 효용이라는 범주의 모호함에 따르는 문제도 해결될 수 있다. 말하자면 이런 국면은 겉으로만 외재적인 의미를 품고 있을 뿐 사실상 그 활동에서만 유래하는 내재적 가치를 지칭하는 것으로 수용해도 별 무리가 없다.

이런 부분은 실용주의 학자들의 논조에서 그때 그때 문맥에 따라 나타나지만, 특히 듀이(1916)가 성장의 개념을 도입할 때 뚜렷해진다. 그는 성장에서 목적의 궁극성을 인정하지 않으며, 모든 목적은 목적인 동시에 그것이 달성되는 순간 다음 목적을 위한 수단이 된다는 점을 강조한다. 이렇게 보면, 성장에서의 목적과 수단이란 성장의 계열에서 동일한 것이 상이한 지평에서 가늠되는 양면일 뿐이다. 일련의 성장의 과정을 그것이 달성되지 않은 단계에서 예견한다면 목적이 될 것이고, 그것이 실현된 단계에서 그 자체를 보면 그것은 다음 단계로 진전하기 위한 수단이 된다. 우리가 말하는 수도계적인 품위라는 것도 바로 그런 의미의 가치를 가지고 있다. 각 품위는 그것을 달성하려고 할 때 목표의 가치를 가지며, 그것이 달성되는 순간 다음의 단계로의 진전을 위한 수단의 역할을 한다고 볼 수 있다. 따라서 이런 특수한 의미의 실용주의적인 관점은 이하의 논의에서 우리가 도입하려는 새로운 의미의 진리관과 조화를 이룬다.

2.2.2. 추구의 대상으로서의 진리

우리는 현존하는 진리설 가운데 네 가지를 검토하였다. 대응설은 실재와 관념의 분리라는 문제를 가지고 있다. 그런 의미의 지식은 애초부터 가정할 수 없다. 정합설은 지식이 구조라는 점에 비추어 최소한의 요건으로 받아들일 수는 있으나 지식의 수준을 밝혀주지는 못한다. 합의설은 합의의 방향과 방법이 문제가 되었다. 마지막으로 실용설은 기본적으로 틀린 것이라고 할 수는 없지만 학문의 외재성을 강조하는 편이기 때문에 학문적 지식 고유의 가치판단을 중시하는 입장에서는 혼돈에 빠지기 쉽다는 점이 밝혀졌다. 그렇다면 교육적 인식론이 택할 진리규정은 어떤 것이 되어야 하는가? 그것은 한마디로 이전의 진리관을 지양하여 좀더 현실적이고 고차원의 진리관으로 끌어 올려놓는 것이다.

교육적 인식론이 택하고자 하는 진리관은 무엇보다도 지식의 구체적인 역사적 발생사건에 부합해야 한다. 이 기준에 의해서 우리가 먼저 배제해야 할 기준은 절대주의적 혹은 정초주의적 진리관이다. 정초주의의 기본적인 특징은 진리의 절대성을 주장한다는 데 있다. 그것은 진리의 문제를 이항대립식으로 보고, 진리로 인정될 수 있는 것과 진리로 인정될 수 없는 것에 엄격한 경계선을 긋는다. 모든 지식은 오류이거나 진리 가운데 어느 것에 속한다. 절대주의자들은 자신들이 절대적인 진리를 확보할 수 있으리라는 기대를 하고 있으며, 그래야만 학문의 목적이 달성될 수 있다고 생각한다. 그들은 만약 학문활동에 오류가 있을 수도 있다는 점을 인정한다면 그것은 참으로 공허한 활동이 될 것이라고 주장한다.

그러나 그것은 한마디로 실현될 수 없는 기대로 보아야 할 것이다. 불변하는 것으로서의 진리는 절대주의자들이 스스로의 최면으로 만들어 놓은 사상누각이다. 그들이 말했던 진리는 사실은 영원성의 개념에 안주하고 싶은 그들의 경향성을 반영한 것에 불과하다. 그들은 단지 그들에게 자명한 것들을 따로 떼내어 놓고 그것을 원래부터 불변하는 영원한 것인 양 치장해 왔을 뿐이다. 그러나 그런 절대적인 진리에의 희망이나 신성화된 찬양은 참으로 위험하다. 거기에는 논자들 자신의 한정된 경험을 절대화하려는 독단이 반영되어 있고, 그것 이외의 어떤 유의 변화나 개선도 거부하는 경향이 숨어 있다.

절대적 의미의 지식, 혹은 '정답'은 현실적으로 존재하거나 실현될 수 없다. 그것을 가정한 진리의 개념은 독단이다. 역사 속의 학문적 지식을 보면 당장 그것의 비현실성이 드러난다. 학문의 역사를 관통하면서 드러난 분명한 사실은 한동안 진리로 입증되었던 것은 거의 예외없이 후에 얼마간의 오류가 있는 것으로 판명되었다는 것이다. 우리는 이 사실을 받아들이는 방식으로 진리를 다시 규정할 필요가 있다. 우리의 인식대상은 항상 우리에게 새로운 사고방식을 요구하고 우리는 그것에 적응해야 한다. 말하자면 과학의 발전은 끊임없이 확대되는 경험적 사실에 우리 사고를 적응시키는 과정으로서 그 종점을 현재로서는 도저히 알 길이 없다.

학문적인 활동은 항상 도상에 있으며 우리는 그 근원을 밝혀주는 아르키메데스적인 기점을 가정하지 않는 진리의 개념을 찾아내야 한다.

절대주의자들의 오만하고 과대한 생각과는 달리 많은 학자들이 학문하는 목적을 절대적인 진리에 도달하는 것이 아니라 그것에로 향해 나감에 두어 왔다. 우리가 최종적으로 도달할 대문자의 진리를 미리 규정하는 것은 자가당착이다. 대신 우리는 그 곳으로 향하는 과정에서 소문자의 진리들을 체험하는 것에 만족할 줄 알아야 한다. 그것은 우리가 소속한 각 단계의 발전을 나타내는 이정표로서 그때 그때마다 당분간 진리의 몫을 하지만 그것이 극복되었을 때 허구로 드러난다.

이 점에서 우리는 진리를 우리의 궁극적인 소유의 대상으로 보기보다는 지향의 개념으로 파악할 필요가 있다. 모든 지적 행위의 궁극적인 목표로 받아들여지고 있는 진리는 하나의 규제이념이다. 우리는 굳이 인식론에서 영원한 진리를 요구할 필요가 없다. 왜냐하면 '진리탐구'라는 우리들의 학문활동은 진리를 추구하는 과정에 큰 비중이 있기 때문이다. 이 말은 그것이 실현된 어떤 상태를 지칭하는 것이 아니라 그 방향을 지칭한다는 것을 의미한다. 모든 학문은 진리의 탐구를 목표로 한다. 최종적인 진리는 아직 밝혀진 것도 실현된 것도 아니다. 우리는 그 목표가 어딘가에 있다는 것만을 알 뿐, 그것이 구체적으로 어떠한 모습을 하고 있는지는 알 수 없다. 그것은 정확하게 말해서 실현되는 과정에 있다. 진리에 대한 탐구는 오로지 그 정확한 모습을 알 수 없는, 그러나 분명히 있을 수밖에 없는 실재와의 대결을 인도자로 삼고 끊임없이 전진하는 것이다. 이 때 우리는 최소한 그 방향으로 가고 있다는 느낌이나 확인을 필요로 하며, 그것이 우리의 지적인 행위를 규제한다.

진리를 움직임의 방향으로 규정함으로써 우리는 양극단의 절대주의와 회의주의 모두를 벗어날 수 있다. 진리의 탐구는 아직 그 정상에 한번도 등정한 일이 없는 높은 산을 어둠 속에서 오르는 데에 비유할 수 있다. 우리는 가장 높은 산이 정확히 얼마나 높은지는 알 수 없지만 그 곳에 오르는 일을 진행시킬 수 있고, 또 언젠가는 정상에 오를 수도 있다는 것을 매 단계에서 점검할 수 있다. 어둠 속에서 우리가 가고자 하는 목적지가 어디에 있는지는 모르지만, 그 목적지가 어딘가에 있다는 것을 믿고 끈질기게 전진하며 가끔 장애물에 부딪혀 충격을 받는다. 그리고 충격이 이끄는 바에 따라서 우리의 방향을 새로이 설정한다.

이런 방식으로 우리는 최종적으로 도달할 종점에 관해서는 알 도리가 없지만 그 곳으로 향하는 방향은 감지할 수 있다. 그 방향은 우리가 되도록 오류에서 빠져 나와 더 나은 인식체계로 전향하는 과정이 될 것이다. 여하한 판단도 나중에 가서는 수정될 소지를 가지고 있으며 언제나 그 자신의 차례에 가서는 지양된다. 이런 사실은 우리가 역사를 통해서 체험한 것이며, 확실한 증거를 가지고 있다. 이제 그것을 어떻게 인식론에 도입하느냐만 남아 있다. 적어도 추세로 볼 때 이러한 인식론의 방향전환이 칸트의 인식론에서 헤겔에 이르는 경로 그리고 최근의 과학철학자들의 과학사에 대한 현실을 근거로 서서히 수용되고 있다는 것은 퍽 다행한 일이다.

진리를 판정함에 있어서 아리스토텔레스적인 형식논리에서 말하는 배중률을 진리의 판정에 적용하는 것은 부적절하다. 배중률은 모순율에서 파생된 것으로서, 하나의 사물은 있거나 그렇지 않으면 없으며 그 중간이나 혹은 제 3 의 가능성은 없다는 것을 말한다. 그러나 우리의 지식은 진리이거나 허위인 것 중 어느 하나에 속하는 것은 아니다. 가장 현실적인 것은 역시 진리와 거짓을 오직 정도상의 차이로 보는 것이다. 지식들 간에는 허위에 있어서뿐만 아니라 진리에 있어서도 다양한 정도 차이가 존재한다. 따라서 진리판단에 있어서 배중률의 변증화가 불가피하다. 모든 단계의 지식은 얼마만큼 진리와 오류를 가지고 있다. 완전히 잘못된 오류도 없듯이 완전히 참된 진리도 없다. 발전하는 세계로서 학문계는 완전한 종착점에 도달한 것이 아니다.

학문은 어떤 정지하는 지점에 이르기 위해서가 아니라 보다 풍부한 내용으로 채워진 고차원적인 지평으로 한걸음 한걸음 접근하는 것이다. 이는 완전한 진리가 이 세계에서 밝혀지지 않았다는 것을 의미한다. 그러니까 모든 지식은 완전한 오류와 완전한 진리의 중간영역에 있다고 말할 수 있다. 이 세상의 모든 지식에는 얼마만큼의 옳음이 있고 얼마만큼의 그름이 있으며, 다만 그 진리성은 상대적으로 평가될 수밖에 없다. 즉 우리는 이 지식이 참이거나 오류라고 하지 않고 이것에 비해 저것이 더 참이라거나 혹은 저것이 이것에 비해 더 오류라는 말을 할 수 있을 뿐이다.

헤겔은《정신현상학(1808)》에서 진리는 인식에 대한 재인식의 과정을 거쳐서 최종의 것에 이르리라는 이념을 드러냈다. 비록 헤겔은 최종의 것을 기대했다는 점에서 그 나름의 시대적 한계를 지닌 인물이기는 하지만, 그것에 이르는 중간의 단계를 규정하고 있다는 점에서 지향으로서의 진리의 개념에 부합한다. 변증법적 사고는 논리학, 수학적 방법론, 실험적 수단 등에서 타당하다고 인식되는 진리의 개념을 포기하고 진리를 운동의 형태로 규정하려고 하였다. 헤겔은 물론 절대적 진리를 인정했지만 그의 개념도식에서 그것은 오직 절대자의 것에 속한다. 변증법의 탁월한 점은 유한자인 우리가 최종적인 지식이라거나 절대적인 지식을 알지 못하고도 학문의 발전을 평가하는 방법을 함축하고 있다는 것이다. 정신현상의 한 가지로서 학문에 적용될 수 있는 헤겔의 논리는 정립, 반정립, 종합이라는 논리였다. 여기에는 인식론적으로 우리가 주목해야 할 특징이 있다. 그것은 중간적인 진리를 허용하는 것이다. 영원한 현상으로서 지식체계는 있을 수 없다는 것이다. 헤겔은 대신 진리가 매 단계에서 체험될 수 있음을 암시했다.

이런 변증법은 기본적으로 완결될 수 없는 발전에 대한 철저한 긍정 위에 기초한 상대적인 진리관에 부합한다. 변증법적인 논리에 의하면, 진리와 오류는 결코 절대적인 대립이 아니다. 절대자가 최종적인 자기 인식에 도달하는 지점을 가정한 헤겔의 변증법은 키에르케고르에 의해서 유한자인 인간에게 가능한 것이 아니라고 비판되었다. 유한자인 인간은 그 과정의 체험만이 허용된다. 독자들은 키에르케고르(/1941)가 그의 진리관을 밝히는 데 인용한 레싱(G. Lessing: 1729~1781)의 글귀를 기억할 것이다. 그것을 상기한다는 의미에서 다시 초대해 보자.

> 만약 하느님께서 바로 오른손에 모든 진리를 숨겨 가지시고, 그 왼손에는 진리를 향한 끝없는 갈망을 — 그것이 비록 나를 언제나 그리고 영원히 미혹한다는 조건부로 — 숨겨 가지시고 나에게 그 중의 하나를 선택하라고 말씀하신다면, 나는 겸허하게 그의 왼손을 향해 무릎 꿇고 부르짖겠노라. 신이여 이것을 나에게 주옵소서, 순수한 진리 그 자체는 오로지 당신의 것이기 때문입니다(p.92).

최종적인 지식 대신 지향점과 그것에 대한 우리의 갈망으로 충분하다. 인식에 있어서 이러한 한계개념은 엄격성을 앞세운 과학철학에서도 포퍼를 시발점으로 인정되기 시작했다. 독자도 기억하다시피 포퍼(K. Popper, 1963)가 '반증주의'를 택할 때 그는 진리의 발견보다는 오류의 점진적인 제거라는 겸손한 자세를 취하였다. 그가 《객관적 지식(1972)》이라는 저서에서 쿤의 역사적 상대주의에 대항하여 제시한 개념은 '근사치(verisimilitude)'이었다. 그는 지식이 결코 완벽한 형태로 실현될 수 없고 다만 어떤 곳을 향해서 접근하고 있을 뿐이라는 것을 시인하고 있다. 말하자면 그도 역시 우리가 말하는 규제이념으로서 진리의 개념을 택한 것이다.

우리는 우리가 가진 하나의 진술에 대해서 절대성을 적용할 것이 아니라 단지 그것이 다른 진술에 비해서 좀더 진리롭다고 말하는 편을 택함으로써 그 거룩함에 대한 겸손의 태도를 갖는 편이 더 옳을 것이다. 그래서 제반 진술들이 진리이냐 혹은 허위냐 하는 문제에 봉착하여 지나치게 정확성을 따져서 까다롭고 꼼꼼하게 해결하려고 하는 것 자체가 잘못이다.[5] 그런 능력과 기준을 가지고 있지 않은 우리로서 진리이냐 혹은 허위이냐를 양단논법으로 따지는 것 자체가 불경스러운 일이다. 과학자들이나 일반시민, 학교의 교사와 학생들간에 그런 불경한 일이 벌어지고 있는 것을 우리는 흔히 볼 수 있다. 어떤 명제의 진위가 절대

5) 이를 '정확한 오류'라고 부른다면 더 재미있을 것이다.

적으로 규명될 수 없다는 상대주의적 입장을 선언하고 있는 굿맨(N. Goodman, 1978)은 그것을 피하기 위해서 이렇게 말한다.

> 과학적 법칙들에 대한 그런 불경한 견해는 가끔 그들이 암묵적으로 단지 진리에 접근(approximation)하는 진술에 불과하다는 근거에 의해서 저항을 받는다. 가령 'v = p·t' 라는 공식에서 '=' 은 '같다' 는 것으로 읽히기보다는 '대충 같다' 로 읽혀야 할 것이다. 따라서 진리의 거룩함과 탁월함은 보존된다. 그러나 우리가 그런 정도의 법칙에 대해서 진리에 대한 접근(an approximation to truth)이라고 해야 할지 혹은 참된 접근(a true approximations)이라고 할지는 그렇게 중요한 문제는 아니다. 중요한 것은 접근들이 진리들 혹은 더욱 정확한 진리들이라고 간주되는 것보다 더 낫다는 점이다(p.121).

이 발언에는 키에르케고르의 겸손과 포퍼의 근사치의 개념이 적절하고 조화롭게 반영되어 있어 보인다. 진리를 사물이 존재하는 방식에 대한 최종적인 계시로 생각하는 것은 그 자체가 분명히 오류의 편에 가깝다. 우리에게는 최종적인 근원을 제시할 아르키메데스의 기점이 없기 때문에 진리의 척도는 하나로 존재할 수 없다. 우리는 주어진 현실 속에서 차선의 우회로를 택할 수밖에 없다. 그 우회의 길은 어떤 관념의 진리성을 절대적으로 규정하는 것을 포기하고 상대적으로 규정하는 것이다. 진리와 허위라는 이분법은 다분히 인식론적인 논의를 단순화시키기 위한 방편에 불과하다. 사실은 그 사이에는 거의 무한대의 상대적 수준이 있는 체계라고 할 수 있다.

진리는 시간 가운데서 언제나 도상에 있고 운동 속에 있다. 그러니까 그것은 그 경로를 거쳐야 하는 우리에게 특이한 경험을 제공한다. 이를 '진리의 체험' 이라고 해 두자. 소규모의 진리에 대한 우리 자신의 이런 주관적인 경험은 볼노오(O. Bollnow)의 《진리의 양면성(1975)》의 개념에서 찾아 볼 수 있다. 전통적인 의미의 정초주의적인 인식론과 구분하여 '인식의 철학(/1993)' 이라는 노선을 추구하고 있는 그는 절대적 진리란 존재할 수도 없고, 또 그것을 해명할 절대적 기준도 없다는 점을 지적한다.

> 확고부동한 기반을 찾고자 하는 우리의 희망은 실현불가능한 것임이 명백하다. 우리가 확고부동한 기반을 찾고자 할수록 한층 더 심오한 심연이 나타나, 우리는 결국 전진할 수 없는 심연이 훨씬 더 깊어지게 된다는 사실을 알게 된다(p.48).

그는 진리가 우리의 경험이 더욱 풍부하게 진행되는 운동과 관련하여 규정되기를 제안하면서 진리는 서로 모순되는 지양불가능한 양면적 긴장 속에서 존재한다고 주장한다. 이것이 볼노오(/1994)가 말하는 이른바 '진리의 양면'으로서, 철학적 논의에서 낙관주의와 염세주의의 대비로서 자주 등장했음을 이렇게 지적한다.

> 이와 같이 두 가지 입장, 즉 낙천주의적 세계관과 염세주의적 세계관이 서로 대립하여 있을 수 있다. 요약하자면 후자는 인간을 파멸시키는 잔인한 진리에 대한 확신이며, 전자는 위로하고 담지하는 진리에 대한 확신이다. 이 양자는 서로가 모순된다. 사람은 이 양자 사이에서 어느 한 방식으로든 스스로 결단하지 않으면 안 된다. 이 양자의 '진리' 중 어떤 것이 참 진리인가? 진리의 두 측면 중 어느 것이 옳은 측면인가?(p.133)

이렇게 질문을 제기해 놓고 볼노오는 자신의 해답을 그 양자의 긴장에서 찾는다. 한편으로는 사람의 살을 베어내는 듯한 냉혹하고 잔인한 진리와 다른 한편으로는 위로하고 담지하는 진리, 다시 말하면 의미를 실현하는 세계의 진리가 존재한다. 이처럼 진리의 얼굴은 영원히 불안정한 것이다. 만일 우리가 최종적인 의미를 갖는 것으로서의 진리에 안주하면 그 진리는 비진리로 변종되어 버린다. 또한 혼란 속에서 어떤 의미도 주지 않는 진리 역시 무의미하다. 이러한 양면적인 얼굴로서의 지양될 수 없는 모순은 살아 있는 진리가 우리에게 현상할 수 있는 유일한 형식이며, 이에 반해 모순을 여러 가지 측면에 따라서 결정하거나 혹은 그러한 모순을 적당히 화해시키고자 하는 모든 시도는 필연적으로 이미 비진리로 떨어지고 마는 것이다. 그래서 타락하지 않은 진리는 그것이 가진 모순을 끊임없이 지속시켜 나가야만 하는 숙명을 떠맡는다.

이런 볼노오의 관점이 갖는 새로움은 그것을 체험하는 인간의 편에서서 진리를 규정하고 있다는 점이다. 볼노오는 선이해와 새로운 것의 경험이 서로가 물고 물리는 순환관계에 있음을 부각시키고 있으며 그런 맥락에서 진리의 위치를 찾는다. 이는 진리를 체험하는 방식을 절묘하게 지적한 것으로 본다. 진리는 인지적 체험의 부단한 진전의 운동과 같은 형태로 체험된다. 그것은 한편으로 안주로서 체험되며, 다른 한편으로 그 안주의 올가미를 박차고 나오는 불신과 초탈의 것으로 체험된다. 우리의 진리탐구는 언제나 그 중간지대에 놓여 있다. 우리는 한편으로 모든 회의를 추구하고 인간정신의 모든 진술을 진지성에 의해서 묻고자 하고, 다른 한편으로 현상의 풍부성에 몰두하여 그러한 현상을 이해하려고 한다. 이 양면성은 인간의 삶 속에 있기 때문에 어느 것도 버릴 수 없다.

진리의 탐구과정에서 자신의 지식에 대한 회의와 풍부성에 대한 몰두가 서로 교차하는 가운데 우리는 진리를 체험하며, 우리에게 상대적으로 더욱 많은 경험을 주는 관념들을 선별해 나갈 수 있다. 우리는 우리가 처한 각 단계에서 더 많은 풍부성을 가진 경험을 선택하면서 진리를 추구해 나가는 것이다. 그 풍부성은 인간 자신이 성장하는 가운데 힘찬 욕구와 능력을 개발하여 새로운 가능성을 산출하는 생산에 관계하는 것이므로 새로운 명제로 될 수도 있고, 이념으로 될 수도 있다.

이런 입장은 문제가 되고 있는 대응설적인 진리의 개념을 극복하고 있다는 점에서 구성주의적 입장과 거의 같은 맥락에 넣을 수 있다. 우리는 사실을 직접 만날 수는 없다. 우리는 우리의 인지내용이 외부적인 실재를 직접적으로 표상한다는 의미의 지식을 거부하였다. 인지내용은 언제나 구성된 것이며, 그것은 실재의 직접적인 그림이 아니다. 이처럼 순진한 실재론을 거부할 때 우리는 그것이 진리의 문제를 해결하는 데 동원했던 방식까지도 거부하는 셈이다. 실재론은 인지내용이 실재와 얼마나 일치하느냐에 의해서 그것의 진위를 판가름할 수 있다고 했다. 그러나 우리가 선행된 실재를 직접 대면할 수 없다면, 어떻게 우리는 진리를 확인할 수 있는가?

이렇게 생각해 보자. 우리 밖의 사실은 우리의 인식내용에 대해 계속 압력을 넣거나 저항한다. 그러나 우리는 그 자체를 직접 대면하거나 기술할 수는 없고, 우리의 내면상태에 따라 일정한 방식으로 경험할 수 있을 뿐이다. 압력과 저항에 대처하기 위해 기존의 인식내용을 바꾸는 가운데 이전보다 더 풍부한 느낌을 주는 지식에 접하게 된다. 즉 하나의 실재에 대하여 두 가지 이상의 선택적인 경험의 거점을 확보하게 되는 것이다. 이런 방식으로 인식체계와 세계 사이의 일대일 비교나 대응을 통해 진리를 검증하려는 비현실적인 접근을 포기하고, 대신 그 세계에 대한 우리 자신의 서로 다른 인식들을 비교함으로써 새롭게 문제를 타개할 수 있다. 다시 말하면, 우리는 실재에 대하여 선택의 여지가 있는 대안적 지식을 확보함으로써 그들이 주는 경험의 풍부성에 비추어 지식들의 상대적인 우열을 판단할 수 있게 된다.

그것은 이런 비유에 의해서 설명될 수 있을지 모르겠다. 건물의 밖으로 나갈 수 없는 어떤 사람이 있다고 치자. 그는 오직 창을 통해서 외부를 바라볼 수 있을 뿐이다. 그러니까 그가 바라보는 세계는 창문의 유리를 통해서 여과된 세계이다. 목하 우리의 인식론적인 문제는 그 창문이 진정 실재의 진상을 그대로 보여주는가의 여부를 어떻게 검증할 수 있느냐에 있다. 건물 안에만 갇혀 있는 그로서는 외부의 세계와 유리창의 관계를 직접 알아 볼 도리가 없다. 이 한계를 벗어나는 가용한 방법은 그 유리창들을 여러 가지로 바꾸어 보는 것이다. 그리고 실재와 유리창의 비교(이것은 불가능하다)보다는 유리창과 유리창들의 비교에 의해서 그 중 어떤 것이 다른 것보다 더 좋다는 평가를 할 수 있는 기준을 찾는 것이다. 다른 하나의 비유를 들어보자. 여기에 금강산을 직접 오르지는 못하고 그것을 바라보는 두 개의 망원경을 가지고 있는 사람을 가정하자. 그는 금강산에 직접 가보지는 못하지만, 그렇다고 그가 그것을 바라보는 두 개의 망원경 사이의 우열을 판정하는 방법이 없는 것은 아니다. 그것은 멀리서 두 망원경으로 금강산을 번갈아 바라봄으로써 가능하게 된다. 그들의 대비에 의해서 그 중 어떤 것이 그에게 이전에 보이지 않거나 혹은 의문시되었던 것 혹은 체험하지 못한 것을 해결해 준다면, 즉 더 새로운 경험내용을 보여준다면 그것이 그렇지 않은 것에 비해서 더 훌륭한 망원경이라는 판정을 내릴 수 있다.

특정한 지식의 품위 자체는 얼마만큼의 오류와 진리성을 가진 것으로서 현재의 품위는 형식논리로 볼 때 진리의 한쪽만을 나타내고 있다. 그렇기 때문에 그것과 다른 품위의 대비가 없이는 그 부분성을 충분하게 드러낼 수가 없다. 평가는 항상 비교를 하는 작업이다. 좀더 조작적인 수준에서 질문을 던진다면, "이 지식은 타당한 것이냐 혹은 타당한 것이 아니냐?"라거나 혹은 "이 지식은 진인가 혹은 위인가?"라는 형식은 해답의 작업을 불가능하게 한다. 보다 현실적인 질문은 어떤 주어진 지식들을 놓고 "이 지식은 다른 가능한 대안과 비교하여 더 타당한 것인가?"라는 형식으로 제기되어야 한다. 하나의 지식체계에 대한 반박이나 비평은 단독으로 그 내부에서 발견되기가 어렵다. 그것은 마치 명료한 빛 아래에서 밝음을 판단하기 어렵고 깜깜한 밤에 어둠을 판단하기 어려운 것과 같다. 밝음과 어둠에 대한 판단은 밝음과 어둠의 어느 한편에서 판단하기보다는 밝음과 어둠이 교차하는 이른 새벽이나 해질 무렵에 가능하다. 마찬가지로 진리의 진정한 체험은 오류에서 진리로 전환되는 과정에서 비로소 이루어진다.

그러니까 한 체계의 진위는 그 자체의 분석에 의해서가 아니라 그것과 대비적인 또 하나의 방안과 대조함으로써 발견된다. 역사적으로 볼 때 각 시대의 지식은 당분간이나마 정합설적인 맥락에서 진리의 위치를 향유할 수 있었다. 그러나 그것은 항상 부정의 요소에 의해서 다음 단계의 것으로 발전하였다. 어떤 지식체계 T1이 성립되고, 그것을 부정할 만한 모순이 일어나고, 그 다음에 그 모순을 지양하는 새로운 지식체계 T2가 형성된다는 것이 변증법으로 설명할 수 있는 학문의 발전이다. 이 때 비교되는 지식체계는 시점 T1에서의 것과 시점 T2의 것이다. 우리는 그 두 가지 인식체계의 비교에서 실재에 대해 더 풍부한 정보내용을 주는 것이 무엇인지를 판가름할 수 있는 공간을 확보하고 그 우열을 판가름할 수 있게 된다. 이런 개념은 툴민(S. Toulmin, 1961)의 안경을 썼을 때와 그렇지 않았을 경우의 대비와, 라카토스(I. Lakatos, 1970)의 연구 프로그램의 대비의 개념에 잘 반영되어 있음을 앞에서 살펴본 바 있다.

진리는 완결되고 폐쇄된 체계의 미화가 아니라 오히려 그것을 해체하고 새로운 명증성의 토대 위에 더 나은 지식을 찾아가는 과정 그 자체이다. 따라서 우리에게 있어서 중요한 것은 참된 것으로서의 진리 자체가 아니라, 참인 것으로 확증하는 발생적 작용과 과정이다. 진리는 직접 획득되는 것이 아니라 허위와 오류를 매개로 해서 드러나는 것이다. 이러한 의미에서 허위나 오류는 진리추구에 불가결한 요소이다. 한 이론을 반박할 수 있는 증거는 그 이론과 대립하는 대안적 이론의 도움을 얻어서야 비로소 발견할 수 있다. 이런 점을 고려하면서 파이어아벤트(P. Feyerabend, 1975)는 반박에 의해서 전통적 이론의 신용이 이미 떨어졌을 때에만 이것을 대신할 다른 이론이 등장한다는 포퍼의 관점은 그 순서가 바뀌었다고 비판한다. 그에 따르면, 하나의 이론이 잘못 되어서 부정되는 법은 없고, 그것보다 더 나은 이론이 출현하여 그것과 대비됨으로써 비로소 부정된다는 것이다. 그는 이를 '후향운동(backward movement)' 이라는 특수한 말로 지칭한다(p.171).

방법적 체계에 있어서 그때 그때의 진리의 타당성은 진리의 기초가 되는 공리의 타당성에 의존한다는 것이 정합설의 취지이다. 그러나 매 단계의 진리를 어떻게 규정하느냐에 따라 정합설은 전혀 다르게 해석된다. 그것을 매 단계에서 성취한 최종적인 결과로 본다면 엄청난 지적인 혼란이 일어난다. 진리를 발생적 운동과 이념으로 파악하려는 우리의 인식론적 입장은 그런 혼란을 거부한다. 왜냐하면 지식의 발전과정은 주기적으로 끊임없이 일어나기 때문이다. 한 단계의 수준이 형성되면 그것은 다시 부정을 거쳐 또 한 단계의 수준에 이르러야 한다. 이처럼 진리를 단계의 상승적인 과정으로 정의한다면, 그것은 각 단계의 수직적인 위계를 인정하기 때문에 가장 활력있고 보편적인 기준이 될 수 있다. 한 단계의 지식을 이전의 낮은 단계의 것과 비교하면 진리성이 두드러지게 부각된다. 반면에 그 인식내용을 그 후에 획득한 높은 수준의 것과 대비하면 오류성이 두드러지게 부각된다.

모든 지식의 타당성은 항상 진리로 향하는 도상에서 검증받는다. 더 높은 수준의 진리성을 가진 이론들이 제안되고 그것들이 앞서의 것과 비교하여 더 높은 수준의 것임이 입증된다. 그리고 이런 과정이 계속된다. 이처럼 끝없이 더 새롭고 심원하고 일반적인 문제들을 발견해 나가면서, 우리는 언제나 잠정적인 해답들을 계속 갱신하고 더욱 더 엄격한 검사에 회부한다. 이것이 교육적 인식론이 택할 진리에 대한 새로운 개념이다. 이 진리의 개념은 크게 두 가지 특징에 의해서 이전의 것과 대조된다. 하나는 최종의 진리를 가정하지 않고 다만 재해석이 등장할 때마다 인식주체가 갖는 경험을 중시한다는 것이다. 진리란 있는 그대로가 아니라 허위의 신념에서 진리에로 옮겨가는 방향에서 생겨난다. 이 점에서 진리의 문제는 특정한 결과로서 해결되기 어렵다. 다른 하나의 특징은 어떤 수준의 지식이건 그것은 진리탐구의 길과 그 과정상의 이정표가 되기 때문에 그것을 오류로 치부해 버릴 수는 없는 것이다. 모든 지식은 얼마만큼의 진리와 오류를 가지고 있다. 따라서 그보다 높은 지식을 가진 사람에게는 오류일지 모르나 그보다 수준이 낮은 지식을 가진 사람에게 그것은 진리 이상의 의미를 지니고 있다. 각 개인이 기존의 지식에서 얼마만큼의 진리를 발견하고 얼마만큼의 오류를 제거하는 것이 바로 교육이다. 이 때문에 학문의 역사에서 나타난 모든 수준의 지식이 교육의 소재가 될 수 있으며, 이 점에서 전적으로 교육의 소재가 될 수 없는 지식은 사실상 없다.

2.2.3. 인식주체의 변형에 의한 진리의 확인

진리는 그에 대한 우리의 경험과 무관하게 규정될 수 없다. 우리가 학문을 하는 것은 이 세상에 진리가 없어서가 아니다. 진리는 아마도 우리가 이를 자각하건 자각하지 않건 간에 존재할지도 모른다. 인간은 원시인들이건 현대인이건 진리가 있는 곳에서 살아 왔고 살고 있다고 보아야 한다. 그러나 경험함이 없는 진리는 우리에게 없는 것이나 다름없다. 설사 진리를 특정한 인식주체와 무관하게 외부적으로 규명해 버리는 수단이 있다고 하더라도, 중요한 것은 그것을 그 주체의 입장에서 확인하는 일이다. 그것을 확인하기 위해서는 자각에 의존하지 않으면 안 된다.

객관적인 진리라는 개념에서 진리의 주관적 체험에 대한 관심의 전환은 데카르트와 후설의 계열, 그리고 키에르케고르와 하이데거의 계열을 거치는 동안 점차 확보되어 나왔다. 이들은 인식하는 자의 관점과 단절된 진리가 존재한다는 객관주의적인 지식관을 부인한다. 데카르트는 명석하고 판명한 생각을 진리의 기준으로 삼았다. 그는 《방법서설(/1983)》에서 "아주 명석하게 그리고 아주 판명하게 마음 속에 품어 생각하는 것은 모두 참되다는 것을 일반적인 규칙으로 인정할 수 있다고 판단하였다(pp.30-31)"라고 언명한다. 후설은 순수내면성의 세계를 절대적 진리의 근원적 가능근거로 보려고 하였다. 그러나 키에르케고르와 하이데거는 그 절대적인 주체성의 인간적인 제한을 인정함으로써 데카르트와 후설의 견해를 보충하였다. 말하자면 전자는 후자의 절대성을 부인하는 범위 내에서 진리확인의 주관적 요소를 수용하고자 한 것이다.

진리가 우리와 외부세계의 대응성의 문제가 아니라 세계법칙을 알아가는 우리 자신의 체험적 변화의 문제로 바뀌고 있는 전환점에서 특히 중요한 역할을 한 사람이 키에르케고르이다. 그 주제가 '주체성이 진리임'을 확인하는 것으로 되어 있는 《후서(/1941)》에서 키에르케고르는 "진리는 내면성이다. 객관적 진리란 존재하지 않는다. 그 진리는 개인적인 점유화(personal appropriation)에 있다(p.71)"고 선언한다. 그의 말대로 진리는 우리가 체험해야 할 가치이다. 그것이 객관적인 것으로 존재한다고 하더라도 우리에게 인식되고 확인되지 않는 한 그 가치는 우리에게 실현된 것이 아니다. 그는 '당사자적 진리(truth for me)'라는 개념으로 실존하는 단독자가 그의 주체적 사고를 통하여 자신의 실존에서 스스로를 이해하고 진리를 실현하는 일을 하나의 과제로 제시한다.

이 입장은 진리를 수도계적 가치의 하나로 보려는 우리의 관점과 같은 맥락에 있다. 진실로 진리가 인간사에서 빼놓을 수 없는 가치라면 그것은 우리들 각자의 삶에서 진실로 체험되지 않으면 안 된다. 그러한 체험으로부터 얻어진 기준만이 진리의 기준이다. 그런데 진리가 주관성이라는 키에르케고르의 주장은 진리체험이 단지 임의적인 것으로 그 취지가 잘못 해석되는 경우가 많다. 그를 가장 폭넓게 연구한 바 있는 테일러(M. Taylor, 1975)는 키에르케고르의 입장을 종전의 객관적 진리의 개념이 지니고 있는 무의미성에 대한 해독이라는 입장에서 해명한다.

> 진리가 객관적으로 추구된다고 할 때 관심은 그 '무엇'이나 혹은 탐구의 대상에 있다. 그 목적은 하나의 지식, 즉 사고(관념)와 탐구를 수행하는 특수한 인식자와는 독립된 존재(대상)간의 대응성을 획득하는 데 있다. 주관성이나 흥미는 이런 의도를 오직 방해할 뿐이다.
>
> 키에르케고르는 그런 진리에 대한 접근을 비판한다. 우선, 객관적 진리의 이념에는 직접적으로 하나의 모순이 내재되어 있다. 진리에 대한 객관적 접근은 주관성이 될 수 있는 한 배제될 것을 요구한다. 그런 이상은 대상이 정확하게 알려질 수 있도록 완전히 제거될 것처럼 보인다. 그러나 이는 생각하는 사람 자신의 제거됨을 의미하고, 따라서 인지과정의 종말을 의미한다(pp.39-40).

위의 해석은 키에르케고르의 입장을 목하 우리의 인식론적인 맥락에 정확하게 위치시켜 놓고 있다. 인식활동은 대상의 있음을 확인하는 것이다. 그리고 대상에 대한 사고를 한다는 것은 주관의 개입을 의미한다.

따라서 그 주관을 배제하여 객관성을 확보한다는 것은 사고 자체의 부재를 의미하기 때문에 당장 모순을 포함한다. 우리는 그런 모순되고 부정직한 태도를 버려야만 하며, 이런 입장은 근래에 대응설이 해체되는 논리와 전적으로 부합한다.

키에르케고르가 주관적 판단의 절대성을 부인하고 있다는 사실도 우리의 논점과 일치한다. 그는 이런 입장을 레싱의 말을 끌어들여 분명히 밝혔다. 여기서 그가 밝히려고 한 것은 절대적인 진리는 인간으로서 성취하기 어렵다는 것이다. 그 대신 그것에의 접근은 가능하다. 그리하여 인간적인 의미의 진리는 그 끝에서 완결적으로 주어지는 것이 아니라 그것에 접근하는 과정의 경험에서 주어진다. 그것은 우리의 사고의 발전에서 찾아진다. 즉 하나의 사고가 다른 사고의 바탕이 되고 그들의 대비가 곧 진리의 체험이 되는 것이다. 절대적인 의미의 사고란 있을 수 없다. 우리는 사고를 발전시키면서 우리들 자신의 가능성의 실현과 더불어 사후적으로 그 효과를 확인해 나간다. 이 점도 테일러(1975)에 의해서 다시 이렇게 재해석된다.

> 따라서 진리는 이제 그 시작이 절대적으로 확인될 수 없는 하나의 접근(Approximeren)이 된다(p.41).

키에르케고르에 있어서 진리는 즉 우리가 부단히 정진하는 정열인 것이다.

교육적 인식론은 주관적 판단을 배제하고는 진리의 규정이 실제로 불가능하다는 입장을 택한다. 기존의 어떤 객관적 기준에 일치하느냐 않느냐에 따라 인식의 가치를 평가하는 것은 부당하다. 진리는 어떻든 간에 인식주체의 체험적인 내증에 의해서 확인되어야 한다. 그것은 내적인 체험이므로 논증이나 객관적인 증명이 불가능하다. 객관적 기준이라는 것이 있을지도 의문일 뿐만 아니라, 설사 있다고 하더라도 그것은 결국 우리의 해석에 의해서 결정된다. 진리는 외부에 있는 것이 아니다.

우리는 내면에서 일어나고 있는 진리를 마치 외부의 것인 양 느끼는 것이다. 그렇다면 진리를 경험하는 것이 중요한 과제인데 그것은 어떻게 이루어지는가? 이에 대한 해답을 우리는 최근에 밝혀진 인식론적 관점에서 얻어낼 수 있다.

우리는 실재가 우리의 구성적 작업과 불가분의 관련을 가지고 규정될 수밖에 없다는 입장을 취해 왔다. 진리의 대응설은 매우 중요한 한 가지 사실을 간과한다. 그것은 진리의 출현이 인식자 자신의 정화와 변화를 필연적으로 요구한다는 것이다. 우리의 인지가 실재와 직접적으로 접촉할 수 있다는 기대를 포기한 이상 그 기대를 전제한 타당성 검증의 원리 역시 더 이상 현실적인 것이 못된다. 그 하나의 대안은 개선을 꾀하기 이전의 인식과 개선을 꾀한 이후의 인식을 대비하는 것이다. 전통적인 인식론은 이 사실에 충분한 주의를 기울이지 않았다. 그런 맥락에서 앞에서의 질문에 대한 우리의 해답은 경험의 흐름 내에서 여러 겹의 실재를 구성하고 그것들간의 비교우위를 확인하는 데서 찾을 수 있다.

이런 검증원리는 혹자에게 이전의 것과 어떤 차이가 있는가 하는 의구심을 자아낼 수도 있다. 그러나 그 차이는 참으로 크다. 지금까지 어떤 특정대상에 대한 이론은 각각 그에 대응하는 실재의 자료를 얻고 그들간의 대응성을 따져 자신들의 이론을 합리화하는 것으로 보아 왔다. 그러나 우리의 관점에서 볼 때 기실 그 자료는 어떻든 이미 그 이론에 의해서 여과된 것들이다. 그렇기 때문에 그 진리성은 그 이론이 몸담고 있는 패러다임 내에서는 거부되기가 어려웠다. 그러나 우리는 우리가 갖고 있는 이론적 대안 가운데 어떤 것이 더 많은 경험내용을 가지고 있느냐를 비교하는 방식을 취하고 있다. 또한 거기에서 우열의 판단이 결정되면, 거기에 그치는 것이 아니라 그로부터 선택된 이론은 또 다른 경합하는 이론과의 비교에 의해서 재평가받도록 되어 있다.

추구로서의 진리의 체험은 품위의 개선에 의해서만 가능하다. 진리를 체험하기 위해서는 서로 양립할 수 없는 하나 이상의 대조되는 이론을 습득해야만 한다. 즉 진리의 체험은 자신의 변화가 없이는 이루어질 수 없다. 품위의 개선은 교육에 의해서 가능하다. 이 점에서 진리의 입증은 그 입증에 참여하는 사람들의 교육적 노력을 전제한다. 여기에는 지금까지의 안전성에 대한 포기와 새롭게 거듭나려는 결단과 응분의 고통이 동반된다. 진리에는 볼노오의 지적대로 모든 기만을 폭로하는 혹독한 냉혹함이 있다. 이런 진리의 고통을 외면하고 값싼 환상에 빠져서는 안 된다. 이러한 유혹에 저항하며 진리를 진지하게 받아들이기 위해서는 용기와 자기 자신에 대한 냉혹함이 필요하다. 진리는 우리의 추측을 항시 수정하도록 하고 우리가 지금까지 편안하게 느끼고 있던 환상을 잔인할 정도로 파괴한다. 그것을 우리에게 강요하는 것은 사회적인 것이 아니라 바로 우리가 대면하고 있는 사실의 저항이다. 사실은 우리로 하여금 그것에 언제나 새롭게 접근하도록 요구한다.

그것이 우리가 앞서 지적한 수도계의 특징이고 하나의 수도계로서의 학문이 위치할 곳이다. 수도계에서 품위 혹은 지식에 대한 평가는 '진리' 혹은 '허위'라는 두 가지 범주에서 단번에 이루어지는 것이 아니라 각 단계에서 계속적으로 대안들이 나올 때마다 평가가 계속된다. 이 때문에 진리는 말을 통해서 직접적으로 전달될 수 없고, 만약 전달이라는 말을 쓴다면 전달받는 사람이 점진적으로 변화의 과정을 거쳐야만 한다. 말하자면 모든 사람들이 자신의 변형을 거치면서 그들 나름의 진리를 체험하게 되는 것이다. 교육은 언제나 그 과정 중에 있는 우리 자신을 변경하고 형성하는 경로의 하나로 존재한다. 교육은 진리의 절대적 궁극성을 부정한다. 다만 지식의 상대적 우열을 인정하고 한 편에서 다른 편으로 이동하는 활동에 큰 의미를 부여한다.

이런 우리의 입장은 교화의 철학들을 검토하면서 이미 충분히 시사되었다. 비록 그들에게서 교육에 대한 체계적인 관념을 찾아볼 수는 없었다고 하더라도 그들은 한 가지 점에서 일관된 합의를 보여주었다. 그것은 인식론은 우리 자신의 변형을 포함해야 한다는 것이다. 따라서 여기서는 그 중 몇 가지 이론만을 더 자세하게 살펴보기로 한다.

헤겔에 따르면 진리는 실체의 진리일 뿐만 아니라 인식 주관에 의해 제공된다. 그에 의하면 어떠한 진리도 그것이 특정한 시대에 몸담고 있는 주체에 의해 창조되고 이해된 것에 있어서만 진리라는 사실로 인정받아야 한다. 인식 주관과 독립된 물질적 또는 정신적 실체로서의 진리에 대해 논하는 것은 이미 시대착오적인 것이다. 진리는 살아 있고 성장하며 그리고 변화한다. 곧 진리는 인간 정신의 역사 속에서 모든 철학들을 통하여 수많은 세기를 거쳐 변증법적으로 전개된 바와 같은 그러한 인간정신이다. 말하자면 진리는 그것을 추구하는 인식주체가 기나긴 여정 속에서 변화해 온 과정의 각 단계마다 입증된다. 학문의 전 역사가 각 단계의 발전을 통과했듯이 개인의 정신적 발전 역시 그것과 평행관계가 있다는 이념이 헤겔이 밝히고자 한 점이다.

경험의 재구성이라는 관점에서 헤겔의 노선을 추구한 듀이는《철학의 재건(1948)》에서 이전의 철학자들이 써 왔던 고정적인 진리라는 개념을 이렇게 비판한다.

> 옛 개념은 실제적으로 진리를 권위적인 독단과 동일시하는 일을 하였다. 주로 서열을 존중하고, 성장은 고통스러운 것으로, 변화를 불안한 것으로 아는 사회는 그 사회가 의존해야 할 일단의 고정되고 우월한 진리들을 불가피하게 찾는다. 그 사회를 뒤돌아보며 이미 존재하고 있는 것으로부터 진리의 원천과 승인을 찾는다. 그 사회는 그 어떤 선행한, 이전의(prior), 원래의(original), 선험적인(a priori) 것으로 후퇴하여 의존하면서 확신을 얻으려고 한다. 종국적인 것을 향하여, 결과를 향하여 앞을 내다본다는 생각은 불안과 공포를 일으킨다. 그런 생각은 이미 존재해 있는 고정적 진리(fixed Truth)라는 관념에 근거한 안도감을 동요시킨다. 그 생각은 탐색과 불요불굴한 관찰과 신중한 가설형성과 철저한 검증의 책임이라는 무거운 짐을 내려놓는다(p.159).

듀이는 불안감 때문에 고정된 과거의 어느 것으로 뒤돌아 가는 진리의 개념을 이제 그 반대의 방향으로 바꾸어 놓는다. 그에 있어서 진리는 퇴행적인 것이 아니라 진보적인 것이다. 진리는 탐구의 과정에서 우리를 옳은 방향으로 진실하게 인도해 주는 능력을 가지고 있다. 미래의 보다 나은 행로의 방향을 확인시켜 주는 기준으로서 진리가 더욱 중요하다. 그에게 있어서 진리는 탐구의 어느 단계에서나 경험이 재구성되면서 확인된다. 이 때문에 그는 진리의 본질을 어떤 상태를 나타내는 형용사나 명사형이 아니라 우리가 어떤 것에 관해서 실감하는 동적 과정을 수식하는 부사로서의 역할에서 찾고자 한다. 즉 "우리를 진실하게 인도해 주는 것은 진실하다. 부사인 '진실하게(truly)'가 형용사인 '진실한(true)' 혹은 명사인 '진리(truth)'보다 더 근본적이다(p.148)"고 하였는데, 이렇게 듀이가 진리의 의미를 고정된 것이 아니라 우리의 경험이 지향하는 발전방향으로, 우리가 체험할 수 있는 지표로 전환시키려고 할 때 흔히 그의 사상과 결부하여 연상되는 실용주의적인 의미는 사라진다. 여기서 더욱 참된 것은 개인적인 만족이 아니라 새로운 경험에 대한 참된 반응이다. 사실 그는 이런 특수한 맥락에서 진리를 어떤 외재적인 것에 대한 효용성의 관점에서 보는 사람들을 이렇게 비판한다.

> 진리를 효용성으로 정의할 때 흔히 순수하게 개인적인 목적을 위한 유용성, 특수한 개인이 마음에 두고 있는 어떤 이익을 위한 효용성을 의미하는 것으로 생각한다. 이렇게 진리를 사적인 야심과 호사함의 하찮은 도구로 만들어 버리는 진리에 대한 개념은 혐오스러운 것이다. 그러니 이런 개념이 정신이 바로 선 사람에게서 나온 것이라고 말하는 평론가들을 이해할 수 없다. 사실인즉, 효용성으로서의 진리는 관념이나 이론이 주장하는 바로 그 경험의 재구성에 봉사하는 것을 의미한다(p.157).

앞에서 진리의 실용설이 갖는 문제를 지적할 때 실용에 대한 의미에 있어서 내재적인 의미로 해석할 여지가 있음을 지적한 바 있다. 듀이의 이 발언은 바로 그 대목에 해당한다. 듀이는 진리의 쓰임새를 말하면서 그 쓰임새가 경험의 재구성을 위한 수단의 의미라는 점을 밝히고 있다. 여기서 경험의 재구성은 경험 자체의 발전적 변형을 의미하고, 그것은 학문의 입장에서 볼 때에는 그것 자체를 위한 내재적인 목적으로 해석될 수 있다.

다른 한편으로 하이데거와 가다머도 그들의 해석학에서 종전의 진리 개념을 경험의 발전과 관련하여 재정의하는 방식을 취했다. 하이데거의 비은폐에로의 방향전환은 기념비적인 것으로서 존재자에 대한 방법적인 지식의 획득이라는 종전의 차원보다는 더욱 근원적인 경험의 차원을 열어 놓았다. 인식하는 자의 관점과 단절된 진리가 존재한다는 것은 환상이다. 우리는 객관 세계를 직접적으로 대면할 방도가 없다. 그런 것을 전제한 진리규명은 이미 현실적인 것이 못된다. 그 객관 세계에 대한 이해는 불가불 그것에 대한 인간적인 체험에 의존하고 있으며, 이제 그 체험의 수준이 바로 진리의 개념을 해명하는 데 중요한 열쇠로 등장한 것이다. 그것이 바로 '알레테이아(aletheia)'라는 개념이다. 이것은 그 전까지는 은폐되어 있던 세계, 삶, 텍스트 등의 어떤 측면을 드러내어 밝히는 것을 말한다. 진리란 이제 은폐된 것의 드러남으로 정의된다.

이 발상은 한마디로 플라톤의 동굴의 비유에 나오는 밝음의 개념을 복권시킨 것이다. 플라톤 철학의 주요 가르침은 이런 것이다. 즉 지혜는 이 세상 너머에 있다. 구체적인 대상과 사건으로 이루어진 세계, 우리가 너무 익숙해져서 감각의 노예가 되어버린 세계, 그 너머의 것을 보는 데서 비로소 지혜가 생겨난다. 좀더 높은 본질, 또는 이데아의 세계가 있다. 이것은 우리들이 지각하는 사물 속에 부분적으로 들어 있기도 하지만, 그보다도 내적 진리추구과정을 통해서 이데아의 본질을 인식할 수 있다. 이것은 플라톤이 《국가(/1997)》에서 암시했던 것처럼 인식자 자신이 존재의 밝음 쪽으로 이동함으로써 체험할 수 있다. 말하자면 동굴로부터 빛으로 기어오르는 일이 더 진리에 가까운 것이다. 알레테이아는 직관적인 진실파악의 순간 또는 내적 베일을 벗기는 순간이다. 이것은 감각적 지각의 모든 형태를 초월하는 이성을 행사함으로써 영혼이 새겨지는 그런 순간이다. 소크라테스의 가르침의 취지도 바로 이런 진리가 그의 제자들 마음 속에 자리잡도록 하는 데 있었다.

실재 세계의 어떤 사태에 대응하는 명제로 보는 실증주의적인 진리 개념과 대조를 이루는 하이데거의 진리개념은 가다머에 의해서 지평의 융합으로서의 진리의 가능성으로 더욱 발전되었다. 가다머(/1976)는 지평의 융합을 강조한다. 그가 말하는 "지평은 어떤 지점으로부터 보일 수 있는 모든 것을 포함하는 시야의 범위이다(p.269)." 지평은 움직이고 있는 사람에게는 변화한다. 그는 이해는 기본적으로 우리 자신의 변화에 있음을 강조한다. 인식활동에 있어서 서로의 발전적 변화에 대한 필요성을 지적하면서 가다머는 또한 헤겔의 공적을 인정했다. 그는 경험의 진리는 항상 새로운 경험과의 연관을 포함한다고 보고, 그런 범위 안에서 해석학과 변증법을 연결시키려고 하였다. 이 융합은 원저자나 원전의 지평과 그들에 대한 역사적인 해석자들의 지평과의 융합이다. 그 어느 것이건 개별적인 지평들은 항상 부분적이기 마련이다. 우리의 역사를 정지시킨다거나 한 문화적 현상의 최초의 의미를 복원해 낸다든가 하는 일들은 모두가 불가능하다. 따라서 진리는 과거 '그 자체'에 대한 객관적인 전망이라기보다는 차라리 과거와 현재를 매개하는 것이고, 원전을 현재의 상황에 적용하는 것이다. 그리고 이해는 항상 더 나은 새로운 인식을 생산하는 과정이다.

가다머(/1976)는 하이데거의 취지를 이어받아 재인식(recognition)의 중요성을 강조한다.

> 우리는 재인식을 단지 우리가 이미 알고 있는 어떤 것, 즉 우리가 친숙한 것을 그대로 다시 인식하는 것이라고 본다면 그것의 가장 깊은 의미가 무엇인지를 이해하지 못한다. 재인식의 즐거움은 차라리 이미 알려진 것 이상의 뭔가를 알게 되는 데 있다. 재인식에서는 우리가 알고 있는 것이 마치 조명을 통하는 것처럼 그것을 조건화시키고 있는 모든 우연성과 다양한 상황들로부터 벗어나서 새롭게 출현하고 그 본질이 파악된다(p.102).

무언가 그 세계 혹은 대상의 본질이 요구하는 바에 따라 충실하고도 새롭게 인식되는 경험이 진리에 부합한다. 여기서 가다머는 변증법적으로 확보된 더 넓은 이해공간이라는 생각과 은폐된 것의 드러냄이라는 하이데거의 진리개념을 조화롭게 연관시키고 있다. 타자와의 변증법적 교섭이 새로운 것에 대한 경험으로서의 진리를 향한 운동을 촉진한다. 진리를 체험하는 것은 나와 너를 모두 새롭게 만드는 변화를 통해서만 가능하다. 그는 이처럼 '지평의 융합'을 통해서 이전에 우리가 가졌던 각자의 주관성을 극복하고 진리를 체험할 수 있을 것으로 보았다.

모든 정신현상과 마찬가지로 지식은 단편적인 정보들의 가산적 총화가 아니다. 우리는 지식을 하나의 구조로 파악하였고, 지식의 변화는 바로 그런 구조의 변화를 의미한다. 정합설의 맥락에서 설명한다면 그것은 하나의 정합성에서 다른 하나의 정합성에로의 진전을 의미한다. 진리의 체험은 오류로부터 벗어나는 정신의 형태변화와 동시적 사건이다. 그것은 참된 것으로 보였던 것이 거짓으로, 절대적인 것으로 보였던 것이 상대적인 것으로, 영원한 것으로 보였던 것이 잠정적인 것으로 역전되는 과정이다. 실존론적으로 볼 때 진리를 경험한다는 것은 본래적인 자기존재의 고양된 순간에서만 가능하다.

여기서 우리가 주목해야 할 대목은 진리의 검증은 그 검증에 참여하는 사람의 몫이라는 점이다. 어떤 관념의 진리성은 그 관념을 구성하는 인식주체의 자각에 의해서 확인된다. 인간의 사고체계가 수준상의 진보를 이루는 가운데 상이한 두 시점에서의 인식내용을 서로 대비하여 비교할 수 있는 일이 가능하게 된다. 이런 체험의 흐름은 우리 안에서 그 외경심에서 터져 나오는 '오!'라는 부르짖음이나 '아하!'라는 외침으로 경험된다. 이 경험을 일찍이 윌리엄 제임스(W. James, 1907)는 놀랍게도 '되돌아 보는 빛(backward light)'이라는 개념으로 표현한 바 있다.

> 우리는 우리가 오늘 얻을 수 있는 진리기준에 따라 살아가고 내일에는 그것을 허위라고 부를 태세를 갖추어야 한다. 톨레미의 천문학, 유클리트 공간, 아리스토텔레스적 논리, 스콜라적 형이상학은 수세기 동안 당분간의 방편이 되었다. 그러나 인간의 경험은 그런 한계를 넘어서서 이들을 오직 상대적으로 참되거나 혹은 그런 경험의 울타리 내에서 참된 것으로 부른다. '절대적으

> 로 보면', 그들은 허위이다. 왜냐하면 우리는 이들의 한계가 우연적인 것이며, 현재의 학자들에게서 그랬듯이 과거의 이론가들에 의해서도 극복될 수 있었을 것을 알고 있기 때문이다.
>
> 새로운 경험이 과거의 시제를 사용하여 회고적인 판단들에 이를 때, 판단들이 나타낸 것은 어떤 과거의 사상가들도 설령 그 곳에 도달할 수 없었다고 하더라도 참된 것이었다. 한 덴마크의 사상가[6)]가 말했듯이 우리는 앞으로 나아가면서 살아간다. 그러나 우리가 이해하는 것은 되돌아 보는 방식으로 진행된다. 현재는 세계의 이전의 과정에 대해서 되돌아 보는 빛을 던진다. 그것들은 그들 안에 있는 행위자들에게 진리과정이었을 것이다. 그러나 그것들은 그 이야기의 내용을 나중에 깨달은 사람에게는 그렇지 않다(pp.26-27).

진리는 절대적인 것이 아니라 우리의 성숙과 더불어 상대적으로 확인된다. 제임스가 말하는 '되돌아 보는 빛'은 이전에 진리로 생각되었던 것이 허위로 회고되는 것을 의미한다. 같은 맥락에서 폴라니(1959)는 인식상의 전환을 다음과 같이 적절히 표현한 바 있다.

> 우리는 어떤 것을 이해하거나 의미했을 때, 즉 우리의 이해를 재구성하거나 그것이 지칭하는 사실들과 더불어 하나의 진술에 봉착했을 때, 우리는 그 손안에 있는 것에 대해서 더 나은 지적인 통제를 찾는 암묵적인 힘을 행사한다. 우리는 다소간 문제가 있다고 느끼던 상태에서 그것보다는 좀더 만족스러운 상태로 옮겨가게 된다. 그리고 이것이야말로 우리가 어떠한 지식을 참된 것이라고 판결하게 되는 경로에 해당한다(p.26).

우리의 개념으로 말한다면 진리체험은 각각의 수준에서 그 품위상의 상승과 더불어 이루어진다. 각각의 품위는 다소간 결핍과 풍요, 과거와 미래, 절망과 희망을 동시에 갖는 양면성을 지니고 있다. 개인은 한동안 그가 가진 품위가 허용하는 현상의 풍부성에 몰두하여 세상에 대한 그

6) 이것은 추측컨대 키에르케고르를 지칭한 것으로 보인다.

의 이해를 궁극적인 것으로 규정한다. 그러나 진리의 길은 그것을 허용하지 않는다. 그것은 완전한 것이 아니기 때문에 상구활동을 요청한다. 한 품위는 다음의 품위에 비추어 항상 결함을 지니고 있다. 상구활동이 성공적으로 이루어졌을 때 그 경험적 조직의 양태에 따라 이전의 품위와 이후의 품위간에는 세계에 대한 이해의 폭이나 깊이에 차이가 일어난다. 인식주체로서 우리는 그 차이를 단서로 자신의 인식상의 성숙과 발전을 스스로 감지하고 깨닫게 된다. 그것은 결코 절대적인 의미의 진리는 아니지만 그 곳으로 향하고 있다는 추구의 의미로서의 소문자의 진리에 대한 체험이다. 이처럼 각 품위는 교육의 진행과정에서 아래의 품위와의 비교에 의해서 항상 그 정당성이 입증된다. 이 부분이 곧 우리가 말하는 진리의 '자증'에 해당한다. 이에 대한 '타증'은 그 자증의 내용과 과정을 타인을 통해서 재생하는 것이다.

2.2.4. 내재적 가치기준의 성숙

인식체계의 성숙은 불가피하게 감정과 태도 그리고 가치관의 변화를 동반한다. 이 점에서 교육적 인식론은 학문계를 단지 지성과 관련짓는 철학적 인식론과는 다른 궤를 달린다. 철학자들은 감정을 지성의 방해요소로 가정해 왔다. 그러나 그것은 편협한 관점이다. 물론 지식을 오직 감정에 호소하여 획득할 수는 없다. 그러나 또한 감정이 없이는 어떠한 진리도 부화되지 않는다. 감정의 요소를 배제한 학문론은 후자의 중요한 사실을 간과하고 있다. 지식의 발전에는 감정이 크게 작용하며, 그것은 불가결한 요소가 된다. 오류의 자각에 따른 갈등과 좌절감, 모순과의 조우, 더 나은 길을 모색하는 열정, 동기화와 가치의식, 그리고 해답을 얻었을 때의 순간적인 감동, 흥분, 희열 등의 감정과 정조들이 우리 자신의 발전방향을 향도하고 학문활동을 추진하는 중요한 동력의 기능을 한다.

자연과학과 같은 가장 엄격한 학문에 있어서도 감동이나 감정이 없이 진리가 태동한 경우는 드물다. 자신의 발견에 흥분하지 않은 천재적인 학자가 있었는가? 카프라(J. Capra, /1989)가 심리학자 랭(R. Laing)과 인터뷰하면서 감지한 다음과 같은 감정적인 반응은 일류급 학자들에게서 늘 발견된다.

> 요점을 강조할 때면 으레 열변을 토했고, 말을 하면서도 혐오, 질책, 경멸 어린 냉소, 매력, 미학적 즐거움, 아련하고 미묘한 모든 감정들이 그의 얼굴과 몸짓으로 남김없이 연출되었다(p.133).

경험의 과정 자체가 이전의 지식체계로는 설명할 수 없는 새로운 측면을 가지고 있기 때문에 실패와 좌절의 위험을 감수하면서까지 그것을 해명하려는 강한 열망과 애착을 가지고 있어야 한다. 다른 한편으로 지적인 반성은 맹목적으로 발산할 위험이 있는 욕구나 충동에 올바른 방향을 제시해 준다.

우리가 목하 논의하고 있는 진리체험도 감정과 유리될 수 없다. 학문은 마치 감정과 유리된 것이며, 감정이 포함된 학문은 자의적인 것으로 보는 경향이 있다. 그러나 이제까지 역사 속에 실재했던 학자들의 생애 속에는 진리로 인한 희열을 배제할 수 없었다. 사실상 우리가 말하는 가치는 감정을 배제하고 정의할 수 없다. 새로운 것을 발견하고 새로운 이론을 구성했을 때 학자들은 이루 형언할 수 없는 희열을 느끼며, 바로 그것 때문에 학문을 지속한다고까지 말할 수 있다. 따라서 감정은 그것 자체만으로는 진리의 기준이 될 수 없다고 하더라도 진리를 체험하는 중요한 요소가 된다. 그리고 그것은 원초적인 것이라기보다는 후천적으로 연마된 감정이다.

예견적인 것을 드러내는 작업이 그 결과를 얻음으로써 진리는 확인된다. 기대된 결과의 확인은 우리에게 우선 만족감을 준다. 그러나 그런 결과와 만족은 어떤 다른 것을 위한 수단이라는 의미를 떠나 그 자체의 내재성을 갖는다. 진리탐구는 용도보다는 전인적 인격완성과 관련되어 있고 지식은 바로 그런 맥락의 인간적인 요소라고 볼 때 그것에 대한 추구의 의미가 한층 더 분명해진다. 이 점은 앞에서 이미 지적한 바 있다. 진리에 대한 충족감을 실용주의적인 필요의 충족만으로 보아서는 안 된다. 우리는 지식의 실용적 가치를 부인하는 것은 아니다. 그러나 여기서 강조하려는 것은 학문적 탐구의 목적은 다른 것으로 환원되어서는 안 될 고유한 가치를 가지고 있다는 것이다.

듀이가 진리를 만족으로 보았을 때 그것은 인식의 문제를 스스로 해결한 결과 느끼는 만족이며, 그 유용성은 바로 경험의 재구성에 공헌한 것을 의미한다. 여기에는 어떠한 외재적 조건이나 다른 기준도 개재되어 있지 않다. 듀이(1934)는 하나의 경험이 완성되는 순간 고양된 충만감과 희열감을 인정하면서, "전체적으로 통합된 경험의 내재적 가치에 매료되고 그로부터 보상받지 못한다면 어떤 사상가도 자신의 일에 전력을 다할 수 없다(p.44)"고까지 주장한다. 인식의 과정에서 작용하는 이런 감정적인 요소는 교육적인 인식론에 의해서 복권될 필요가 있다. 듀이는 인간 자신이 성장하는 가운데 계속 새로운 욕구, 흥미, 관심, 능력을 개발하여 인간적 가능성을 부단하게 생산해 내는 것으로 진리를 규정하고자 하였다. 여기서 즐거움이라는 말은 그와 관련하여 흔히 오해되는 자연적인 행복 또는 쾌락과 대조된다. 실존적 결핍을 메우는 과정의 결과로서 오는 이런 강렬한 행복과 만족은 결핍을 메우려는 노력이 없이 단지 주어진 것에서 만족을 느낄 뿐인 '즐김'과는 근본적으로 다른 것이다. 우리는 듀이(1934)를 이해할 때 그 점을 놓친다.

> 쾌락은 우연한 접촉이나 자극에 의해서도 생길 수 있으며, 그러한 쾌락도 고통으로 가득 찬 세계에서는 무시될 수 없는 것이다. 그러나 행복과 기쁨은 그와 다른 종류의 어떤 것이다. 그것은 존재의 상황과 전존재를 조화시킴으로써 마침내 존재의 심연에 이르게 되었을 때 오는 것이다(p.23).

진리를 경험한다는 말을 심리적인 현상으로 파악해서는 안 된다. '만족스럽다', '기분이 좋다', 혹은 여타의 심리적인 조건을 묘사하는 방식에서 우리는 그런 속단을 내리기 쉽다. 그러나 우리가 심리적인 사실이라고 할 때 마음 속에서 일어나는 모든 것을 지칭하는 것은 아니다. 기존의 형이상학을 비판하면서 새롭게 정립된 듀이의 가치론은 두 가지로 요약될 수 있다(Tiles, 1992). 그에게 있어서 첫째, 가치는 이미 있는 것에 대한 단순한 발견이 아니라 새롭게 구성되는 어떤 것이다. 그것은 하늘에서 떨어진 것이 아니다. 둘째, 가치는 절대적인 것으로 미리 처방될 수 있는 것이 아니라 문제사태의 발생과 탐구의 과정을 통해서 확인되고 발전한다. 그것은 개인들의 일시적인 변덕 이상의 방향성을 갖는다. 이것은 스스로 새롭게 태어나는 아픔과 노력을 동반하는 방향감각의 성숙을 의미한다.

우리가 결국 성장한다는 것은 많은 경험을 통해서 가치기준을 더욱 엄격하게 고급화시키는 것을 의미한다. 한때 대단하게 보였던 것이 별 것이 아닌 것으로 보인다거나 혹은 이전에 합리적인 것으로 판단되었던 것이 이제 비합리적인 것으로 추락하는 것이다. 학문에서는 그런 가치관의 변화가 전제되지 않고는 어떤 지식이 다른 것보다 더 낫다는 평가를 할 수 없다.

진리라고 하는 것도 학문에서 경험하는 주관적 경험의 질을 나타낸다. 진리체험은 점차 더 높은 수준의 지식을 탐색하면서 끊임없는 변화를 체험하는 것과 같다. 여기서 우리는 자연적 과정에서 허용하지 않는 일종의 환희와 같은 유쾌한 감정을 느낄 수 있다. 이는 내재적 동기의 연구분야에서 밝혀진 '흐름(flow)'이란 경험의 한 유형에 비유될 수도 있다. 근래에 칙첸미할리(M. Csikszentmihaly & C. Csikszentmihaly, 1988)는 화가가 그림 그리기에 몰입하고 그 일을 끝내자마자 곧 다시 시작하는 흥미있는 현상을 추궁해 나가는 과정에서 사람들은 점차 더 복잡한 도전이 기다리고 있는 일에는 그 자체에 가치와 매력을 느낀다는 사실을 밝혀내었다. 그처럼 경험이 점차 성장하는 과정을 포함하는 영역에는 사람들이 돈과 명예를 떠나서 그 활동 자체에 몰입하는 경향이 있다는 것이다. 이런 경향은 비단 과학자들뿐만 아니라 요가하는 사람, 아마추어 체육인, 장기를 두는 장인, 암벽을 타는 등산가, 무용가, 화가, 작곡가 등 다양한 분야의 종사자들에서 공통적으로 발견될 수 있었다. 이는 그 흐름의 경험이 우리가 말하는 수도계적 가치의 추구와 관련된 것임을 강력히 시사한다.

수도계적 가치의 하나로서 진리체험을 논할 때 간과해서는 안 될 사실은 그것이 바로 지식을 판단하는 기준 자체의 향상을 포함한다는 사실이다. 진리가치에 대한 표준은 문제를 풀어나가는 탐구의 연속적 과정에서 재평가되고 개선된다. 문제가 발생하면 그것을 해결할 수 있는 기준이 소망되고, 그것을 통해 해결이 이루어지면 그것이 실제로 소망스러운 것이었음이 확인된다. 따라서 이제 문제가 일어나기 이전에 적용된 가치기준은 더 이상 유효하지 않고 그 문제를 풀어낸 지식을 토대로 하는 가치기준이 유효하게 된다. 여기에 어떤 최종적인 것이나 고정된 것이 있을 수 없다. 그러니까 우리의 관점에 따르면 학문의 세계에서의 각 품위는 적어도 그것을 가진 사람에게는 학문적 지식을 판단하는 기준이 된다.

이런 사실은 듀이의 논의에서도 중심적인 주제가 되었다. 그에게 있어서 가치는 고정된 것이 아니다. 그는 궁극적인 의미의 진리를 포기하고 완성되고 성숙하며, 세련되는 지속적인 과정을 중시한다. 그런 경험의 질적인 변화가 그가 말한 성장의 개념이다. 이렇게 보면, 진리는 성장의 매 단계마다 새롭게 갱신되는 것이다. 듀이(1948)가 말했듯이 "옛 진리는 그것이 새 진리의 탐색에 도움이 되는 데에 주된 가치가 있다(p.34)." 이처럼 진리의 기준도 그리고 가치관도 끊임없이 변한다. 또한 그것은 주어진 것이 아니라 우리들 자신에 의해서 구성되고 확인되어야 할 것이다. 발전이라고 할 때 그것은 단순히 변하는 것이 아니라 바람직한 변화를 의미한다. 우리는 무지와 오류를 토대로 무엇을 바랄 수 있다. 그러나 경험을 해 가는 가운데 우리는 그것에 대해서 진정 바람직한 것이 무엇인지를 새롭게 발견하게 된다. 한 곳에 계속 머물러 있는 고정된 흥미, 소망, 관심 혹은 바람직함은 인간의 정신을 향상시키는 발전적 가치와는 무관하다. 이 말은 각 품위의 변화는 흥미, 소망, 관심, 호기심 등의 정의적인 요인들의 변화를 동반함을 의미한다.

이런 관심과 호기심과 바람직성에 대한 판단기준의 변화는 성인뿐만 아니라 어린이들에게서도 마찬가지로 발견된다. 비고츠키(L. Vygotsky, 1978)가 근접발달 영역을 놀이와 관련시켜 논의하는 자리에서 했던 다음의 언급은 너무도 당연하지만 아직 우리의 이론적인 주목을 받지 못하고 있는 이런 사실을 정확하게 묘사하고 있다.

> 우리는 가끔 아동의 발달을 그의 지적인 기능의 발달로 기술한다. 개개의 아동이 높거나 낮은 수준의 지적 발달의 특징을 가지고 한 단계에서 다른 단계로 움직이는 하나의 이론가로서 우리 앞에 등장한다. 그러나 그 아동의 필요나 그가 행위하도록 하는 데 효과적인 유인가를 무시한다면 우리는 그의 한 단계에서 다음 단계에로의 진전을 결코 이해할 수 없을 것이다. 왜냐하면 각각의 진전은 동기, 경향성, 그리고 유인가에 있어서 두드러진 변화와 관련되어 있기 때문이다. 영아의 흥미를 사로잡았던 것들이 아장아장 걸어다니는 아이에게는 더 이상 관심을 끌 수 없게 된다(p.92).

흥미나 호기심이라는 것은 결코 우연적이고 고립된 특성이 아니다. 현존하는 품위로 이해할 수 없는 경험이 생동하여 사물을 변화시키며, 이 사물의 변화가 다른 사물들과 수많은 관련을 맺게 될 때 필연적으로 나타나는 결과가 호기심이다. 호기심이라는 것은 이런 관련을 좀더 두드러지게 파악하려는 경향을 가리키는 것에 불과하다. 우리는 한때 어떤 대상에 대해서 호기심을 가지고 있다가 그 호기심을 만족시킬 만한 인지구조를 얻게 되는 순간부터 그것에 대한 호기심을 잃는다. 위에서 비고츠키는 호기심이 아동의 발달단계마다 전환됨을 지적하고 있다. 이처럼 학문이 품위의 위계를 타고 오름에 따라 인식대상에 대한 호기심과 그로부터 얻어진 지식에 대한 만족과 평가기준도 아울러 발전한다.

이 점을 과학의 역사에서 주목한 것이 바로 라우든(L. Laudan, 1977,

1984)이었다는 것을 앞에서 이미 검토한 바 있다. 그는 과학사에서 서로 논쟁하거나 대립하는 학설이 하나의 합의나 일치에 이르지 못하는 이유 중의 하나가 서로 선호하는 평가기준의 차이에 있음을 주목하였다. 우리의 관점에서 이 문제를 본다면 그것은 발전의 수준이 다른 선진과 후진이 서로 자신의 목표와 평가기준을 상대에게 적용하는 사태인 것이다. 그 결과는 갈등이고 대립이다. 그러나 만약 논쟁하는 학자들이 이러한 사태의 원인을 이해하고, 덜 세련된 기준에서 더 세련된 기준으로의 이행을 시도한다면 그들은 좀더 용이하게 하나의 일치에 도달할 수 있을 것이다. 그러나 가치관의 변화는 듀이의 주장대로 점진적으로 이루어진다는 점이 매우 중요하다. 따라서 가치관의 변화도 단계의 존중이라는 원칙에 부응해야 한다.

우리는 이제까지 교육적 인식론이 택한 새로운 진리의 개념을 검토하였다. 그것을 결론 삼아 요약의 형식으로 정리해 보자.

첫째, 진리는 철학의 어원적 의미가 지혜(sophia)에 대한 사랑(philos)인 것처럼 추구의 대상이다. 진리의 탐구는 언제나 중간자의 것이다. 플라톤의 대화편인 《향연(/1987)》에서는 지식을 완전히 소유한 상태도 아니고, 그렇다고 해서 완전히 무지상태도 아닌 그런 상황에서 지식을 사랑하는 상태로서 에로스를 찬양한다. 에로스는 원래 풍요의 신 포로스와 결핍의 여신 페니아 사이에 태어난 자식으로서 진리를 출산하려는 사람의 욕망을 나타내는 개념이 되었다. 진리를 추구하는 사람의 관심은 지금 자신이 가지고 있는 지식이 얼마나 높은 수준의 것이냐에 있지 않다. 아무리 훌륭한 지식을 가지고 있다고 하더라도 그것에 자족하거나 혹은 퇴행하는 사람은 진리를 추구하는 사람이 아니다. 또한 아무리 하찮은 지식을 가지고 있다고 할지라도 그것의 오류가능성을 우려하고 더 나은 것을 찾아 나서는 사람이 바로 앞서의 사람보다 진리의 기준에 더 충실하게 생활하는 사람이다.

둘째, 진리는 그것을 추구하는 사람에 의해서 상대적으로 체험될 수 있다. 절대적 진리는 우리가 부단히 획득하고자 하지만 언제나 그 실현이 좌절되는 단순한 이념 또는 근사치의 의미가 있는 이상으로 계속 존재할 뿐이다. 그러나 우리는 최종적인 진리를 알거나 소유하지 못한다 하더라도 본래적인 자기존재가 고조된 순간에 일시적으로 진리로 향하는 강한 느낌을 가질 수 있다. 그것은 실재를 구성하는 두 가지 지식들의 차이를 대비하여 더욱 풍부한 경험내용을 선택하는 방식으로 이루어진다. 진리의 규명은 인식주체가 시차를 두고 새로운 인식내용을 획득함으로써 이전의 인식내용에 대한 회고와 새롭게 얻어낸 인식내용을 비교할 수 있을 때 가능해진다. 그러니까 현재 가지고 있는 신념체계에 대한 확신은 그것 자체만으로 나오는 것이 아니라 항상 이전의 신념체계와의 대비에서 나온다.

셋째, 학문적인 지식은 언제나 발전의 도상에 있다. 따라서 우리가 최종적인 진리를 발견하기보다는 그것에 접근하는 과정적 경험을 중시한다면, 그리고 그런 활동에서 진리를 찾는 보람을 얻는다면 학문은 유한한 역사적 존재로서 우리에게 언제나 그리고 어느 수준에서나 보람을 줄 수 있는 세계이다. 진리체험은 일회에 그치지 않고 지식의 성장과정에서 매 단계마다 반복된다. 그것은 상구가 끝난 곳에서 계속 시작한다. 그런 반전의 역사가 바로 학문적 탐구의 역사이기도 하다. 이 때문에 진리는 고정된 결과에 의해서 판단할 성질의 것이 아니다. 계통발생적으로 희랍의 시대에서 지금에 이르기까지, 그리고 개체발생적으로 출생에서 죽음에 이르기까지 그것은 반복해서 체험될 수 있다. 물론 그것이 어느 수준에서 이루어지느냐 하는 차이는 항상 있지만 그 추구로서의 경험 자체는 동일하다. 이것이 근원적인 진리에 도달하려는 희망으로 독단의 수렁에 빠지는 위험을 벗어나는 일이다. 우리에게 중요한 것은 계속 추구하면서 그 과정적 경험을 가치로운 것으로 파악하는 것이다.

넷째, 다양한 개체들의 삶의 조건과 능력이 다르기 때문에 다양한 인식이 병존할 수밖에 없다. 진리추구에 있어서 선진과 후진의 차이는 언제나 있기 마련이다. 선진과 후진은 진리를 체험하는 품위가 서로 다르다. 선진은 후진이 진리체험을 할 수 있는 품위를 이미 극복하고 그보다 몇 단계 앞서 있다. 후진의 품위는 선진에게 이제 오류인 것으로 판명되었고 그 근원성을 상실한 것이기 때문에 선진은 후진의 품위가 갖는 진리체험의 근거지움을 부인한다. 뿐만 아니라 그들 사이에는 가치기준의 세련성에 있어서 차이가 있기 때문에 '참되다' 또는 '허위이다'는 판단 이외에 '흥미롭다' 또는 '진부하다', '바람직하다' 또는 '바람직하지 않다', '쉽다' 또는 '어렵다', '길다' 또는 '짧다'라는 평가에서 차이가 있다. 이 때문에 선진과 후진이 지식내용의 보편성에 진리의 기준을 둘 때 서로 그 기준을 두고 갈등할 수 있다.

다섯째, 진리체험은 최소한 자신에게 진실한 것이어야 한다. 그것은 어디까지나 한 사람에 국한된 진리일 수도 있다. 그러나 한 사람은 언제나 부당하다. 그 때문에 그 진리를 타인과 공유할 수 있는 길을 모색해야 한다.[7] 한 사람의 주관성은 어디까지나 순수주관적인 영역에 머물기 때문에 다른 이들에게도 타당한 상호주관적인 동의를 얻을 수 없는 한 관념의 객관성을 인정받기가 어렵다. 우리의 진리체험은 우리의 주관과 우리 밖에 존재하는 객관세계의 일치에서가 아니라 서로 수준이 다른 여러 주관이 낮은 편에서 높은 편으로의 혼연일치가 가능한 조건에 의해서 이루어진다. 이것이 바로 진리탐구에 있어서 선진과 후진이 가치의 공감대를 이루고 향유할 수 있는 하나의 방법이다. 진리와 허위는 차이의 검증에 의해서 판명되며, 서로 다른 품위의 수준에 있는 선진과 후진은 그들이 가진 진리체험의 불균형과 불일치의 거리를 좁히는 방식에 의해서 그들의 품위차이를 해소하고 확인할 수 있다.

마지막으로 가치공감은 선진과 후진의 교육적인 상호작용에 의해서 이루어질 수 있다. 진리를 가진 사람만이 무엇이 진리인지를 알 수 있

---

7) 이것이 대충 폴라니(1958)가 말하는 '공환성(conviviality)'의 개념과 로티(1989)의 '연대성(solidarity)' 개념에 해당한다. 이에 관해서는 후(2.3.5.)에 더 언급할 기회가 있을 것이다.

다. 학문의 세계에서 중요한 것은 바로 진리추구의 체험을 구성원의 내부에 장치하는 것이다. 경험의 가치를 아직 알지 못하고 있는 사람에게 그 결과를 제시하는 것은 아무 의미가 없다. 그보다는 그것을 얻는 과정을 유도하는 것이 상대에게 더욱 의미가 있다. 품위의 차이는 바로 선진과 후진의 교육적 상호작용이 가능한 영역이다. 품위를 재구성하는 것이 성장이고, 교육은 그 성장을 계속하는 것이다. 후진은 성장하는 가운데 새로운 가능성을 창출함으로써 언제나 새롭게 태어나게 하는 힘으로서의 진리를 체험할 수 있어야 한다. 이것이 바로 상구에 의한 진리의 자증에 해당한다. 선진은 후진에게 계속적인 성장의 욕구를 창출하고, 그것이 사실상 그에게 바람직한 것으로 귀결될 수 있도록 다양한 수단을 강구해야 한다. 이 부분은 바로 하화에 의한 진리의 타증에 해당한다. 이에 대한 논의는 이하에서 계속될 것이다.

2.3. 증득의 조건

2.3.1. 교육적 증득

개념이나 명제가 그 발전을 설명할 수 없다. 결과적 산물만으로는 학문적인 지식을 여타의 인식체계인 교조, 상식, 이데올로기와 구분하기 어렵다. 우리가 추구하는 지식의 가치는 종국적으로 그것을 소지한 사람의 자발적인 점유에 의해서 타당성이 확인되지 않으면 안 된다. 만약 어떤 지식이 가치있는 것이라면 우선 그것을 가진 사람이 가치로운 것으로 느낄 수 있어야 한다. 그러자면 다시 그것은 그에게 가치있는 것으로 습득되어야 한다. 그렇지 않으면 그에게 있어서는 그 가치가 입증된 것이 아니다. 누차 강조했지만 지식에 대한 판단은 진이냐 위냐의 선택이 아니라 더 나은 것에 대한 선택이며, 더욱 중요하게는 그런 선택을 해야만 하겠다는 사실의 인정이다. 교육적 인식론은 증명되어야 할 진리와 그것을 진리로 받아들일 사람들 사이의 간격을 좁히고 그것을 매개하는 과도적 절차를 중시한다. 즉 교육적 인식론은 지식의 형성과정을 진리검증의 불가피한 요건으로 본다.

객관을 강조하는 경험주의적 인식론의 문제는 대부분 이런 주관적 판단의 형성과정을 간과함으로써 생겼다. 우리들은 흔히 진리의 객관적인 검증절차를 기대한다. 그러나 그 기대가 허망한 것임을 이미 누차에 걸쳐서 지적한 바 있다. 우선 그 객관이라고 하는 것도 사실은 어떤 자의적인 주관일 수밖에 없다. 객관주의자들이 범하는 오류는 어떤 것의 진리를 타인에게 입증하려고 할 때, 그 타인이 거쳐오고 지금 그가 처한 지식의 수준을 전혀 고려하지 않는다는 것이다. 객관주의자들은 흔히 언제나 같은 결과를 반복할 수 있는 조건으로서 특정한 실험조건을 상정하고 관찰에 의해서 이론의 타당성을 입증하는 데 누구나 참여할 수 있다는 절차를 처방한다. 그러나 검증에 참여하는 사람들이 누구나 동일한 인식의 수준을 가진 것으로 가정하는 것은 자가당착이다. 왜냐하면 우리가 입증하고자 하는 것은 바로 우리들 사이에 있을 수 있는 인식수준의 차이이기 때문이다. 만약 어떤 지식을 평가함에 있어서 평가하는 사람이나 평가받는 사람의 학문적인 수준이 동일한 것이라면 그들간의 품위차이를 입증할 이유가 없을 것이다.

검증하려는 이론에 대하여 수준이 서로 다른 사람들의 상호이해가 선행되지 않고는 증거에 대한 해석은 서로 달라진다. 우리는 관찰과 이론의 상관관계를 주목하였다. 관찰내용은 어떤 이론을 가지고 있느냐에 따라 다르게 해석된다. 아무리 많은 증거를 수집하고 있다고 하더라도 그 증거를 올바로 해석할 수 있는 능력이 있을 때에야 그것이 증거의 의미를 갖는다. 따라서 증거를 제시하기 이전에 그것을 해석하는 이론에 대한 상호간의 이해가 먼저 조율되어야 한다. 뿐만 아니라 그것은 판단기준의 합의라는 과제를 선결요건으로 하기 때문에 판단할 입장에 있는 사람들끼리 그들의 평가기준 자체를 상대화시키는 것이 도움이 된다. 여기서 우리가 생략할 수 없는 절차는 후진의 지식수준이 선진의 것으로 일치해 나가는 과정이다. 후진은 선진의 지식을 획득하는 과정을 거쳐야만 선진의 지식을 올바르게 평가할 수 있다.

인식론의 다른 하나의 주류를 이루는 합리론 역시 같은 문제를 가지고 있다. 합리론은 경험론과는 달리 지식이 세계에 대한 묘사가 아님을 알고 있다. 그런 이유로 이 인식론은 객관적 세계와 지식의 대응 여부보다는 지식의 정합성에서 진리판정의 기준을 찾는다. 그러나 이런 절차가 내포한 문제는 어떤 수준의 것이든 지식은 그 나름의 정합성과 체계성을 지니고 있다는 것이다. 우리가 어떤 신념체계의 합리성을 검증할 때 적용하는 기준은 현실적으로 우리 자신이 지금 가지고 있는 지식이다. 우리 각자는 모두 특정한 인식대상에 대해서 나름대로의 지식체계를 가지고 그것에 상응하는 수준에서 그 대상을 인식하며 그것을 당분간 최선의 합리성의 기준으로 간주한다. 즉 지식의 합리성은 우리가 가지고 있는 현재의 각 지식체계 내에서 규정된다.

서로 우열을 놓고 경쟁하는 신념체계들은 합리성의 기준이 다르다는 점이 전제되어야 한다. 그런데 만약 다양한 수준에서의 합리성이 있는 그대로 각자의 동등함을 주장한다면 그 수준들간에 온갖 갈등 · 모순 · 충돌 · 오해 · 대립이 일어날 것이다. 이는 진리를 추구하고 증명하는 집단의 구성원이 취할 태도가 아니다. 그런 불행한 충돌과 대립에서 빠져나오는 길은 우리가 서로 진리를 추구하지만 그 과정상의 수준에 있어 높낮이가 있다는 지식의 상대성을 가정하는 것이다. 품위의 차이가 있는 개체간에는 후진의 합리성이 선진의 것으로 전환되는 과정이 필요하다. 선진의 눈에 후진은 경험상 낡은 표준에 의존하고 있어 보이지만, 후진은 경험의 부족으로 인하여 선진의 개선된 표준을 감식하지 못한다. 그들이 있는 상태에 그대로 머물러 있는 한 그들의 갈등과 불화는 불가피하다. 불화상태에서 무조건 서로의 공감과 사랑을 요구하는 것은 화해를 이끄는 방법이 못 된다. 후진이 선진을 사랑으로 인식하는 것은 그것에 대한 적의가 없어질 때 가능할 것이다. 따라서 보다 근본적인 해결방식은 후진의 품위를 좀더 높은 수준의 품위로 끌어올려 선진이 가지고 있는 합리성의 기준을 받아들이도록 돕는 것이다.

교육적 인식론은 인식주체와 무관하게 진리를 규정할 수 있다는 생각을 거부한다. 진리와 오류는 한 관찰자에 의해서 확정된 지식영역 안에만 존재한다. 각 개인이 가진 진리의 준거는 현재 그가 가지고 있는 지식체계이다. 사람들은 경험적으로나 실험적으로 확인되는 한계들 안에서 진실이거나 혹은 진실인 것처럼 보일 때 진리라고 믿는다. 그러나 이런 한계들은 진리를 소유하기보다는 추구하는 사람에게는 언제나 극복되어야만 할 믿음이다. 진리는 그 자신의 척도인 것과 마찬가지로 오류의 척도이다. 그것은 한편으로 선행하는 것을 판단하고, 다른 한편으로는 현재 속에 나타나는 과거의 지식이 가진 타당성을 박탈한다. 그러나 그런 판단기준이 내일에도 적용될 수 있을지는 의문이다. 우리는 우리의 성장과정에서 이처럼 판단기준 자체의 변화를 체험한다. 우리가 말하는 진리의 체험은 그 기준을 좀더 세련되게 재구성하는 과정과 관련된다. 우리의 새로운 개념에는 진리의 소유가 아니라 진리의 추구라는 것이 중요하며, 그 추구는 바로 지식의 발전적 변화로 정의되었다.

역사적으로 새롭게 제안된 이론이 그것의 도전을 받은 선행 이론보다 더 나은 것이라는 증거를 쉽게 제시하거나 혹은 증거가 있다고 하더라도 그것을 타인에게 납득시키는 일은 그렇게 쉽지 않았다. 새롭게 등장하는 이론은 우선 이전의 이론이 문제점을 가지고 있다는 점을 알고 있다. 그러나 이전의 이론을 고집하는 사람들에게는 그것이 문제로 인식되지 않는다. 또한 새로운 이론은 이전의 이론과는 다른 방식으로 세상을 개념화하여 그것에 대한 증거를 수집한다. 그러나 그 증거가 제시된다고 하더라도 만약 그런 개념을 이해하지 못한 사람들에게는 그것이 증거의 의미를 가질 수 없다. 따라서 인식론에서 남은 과제는 제시되는 증거를 새로운 증거로 볼 수 있는 안목을 갖도록 하는 절차를 필요요건으로 삽입하는 것이다.

우리의 인식론에서 진리의 체험은 이처럼 지식을 어떻게 형성시키느냐 하는 것과 불가분의 관계를 갖는다. 이제 진리규명에 있어서 무엇을 아느냐 하는 질문보다는 그것을 어떻게 아느냐 하는 질문이 더 중요하게 되었다. 플라톤이 《국가론(/1997)》에서 든 동굴의 비유는 이 점을 잘 드러내 주고 있다. 동굴 속에서 그림자 이외의 뭔가 다른 것을 본 일이 없는 사람에게는 진리가 제대로 분별되기 어렵다. 정지된 상태에서는 그가 보는 것만이 옳다고 믿는다. 동굴 안에 묶여 있는 사람이 그림자만이 진실할 것이라고 믿는 것은 불가피하다. 그러나 어둠에서 빛으로 그리고 빛에서 어둠으로 옮길 때 그는 이전의 생각이 틀렸음을 안다. 어두운 위치를 떠나서 빛을 따라가면서 태양을 본 사람은 그가 보는 것들이 이전에 보았던 그림자보다 더 진실한 것이라는 사실을 스스로 깨달을 수 있게 된다. 그리고 그는 이전의 어두운 굴속에서 자신이 옳다고 느끼고 있는 동료들을 딱하게 느끼고 다시 동굴 속으로 들어가 그들에게 동일한 체험을 권고하게 된다. 왜냐하면 그는 자신처럼 그 동굴을 떠나서 밖을 보지 않는 한 그들의 생각이 그른 것임을 확인시킬 길이 달리 없다고 믿기 때문이다. 이것은 바로 교육에 의한 사람의 변화가 진리의 입증에 있어서 불가결한 것임을 압축해서 시사한다.

교육적 인식론에서 해결해야 할 중요한 문제는 그 변화에 대한 조건이다. 진리의 내재적 가치가 누구에게나 실현되는 것은 결코 아니다. 그것은 진리를 창출하고 재생하는 일에 자발적으로 참여함으로써만 확인할 수 있다. 지식의 절대성이 사라진 지금 그 가치는 비교에 의해서 감별될 수 있다. 어떤 이론의 가치는 그 이론 자체 안에 빠져 있을 때는 정확하게 감별될 수 없다. 그 가치는 대안적인 이론의 습득과 그것과의 대비에 의해서 비로소 드러난다. 이것이 우리가 말하는 인식주체의 바람직한 변화이다. 우리는 현존의 지식에 안주하는 것이 아니라 더욱 노력해서 더 나은 지식을 가짐으로써 자신에게 잠재된 지식을 확인할 수 있다. 그런 지식은 타인과도 공유될 수 있을 것이다. 그러나 그 우월한 지식은 역시 그것을 몸 안에 체득함으로써만 자신의 것으로 점유될 수 있는 것이기 때문에 공여할 수 있는 것이 아니다. 다만 타인들이 지금보다 더 우월할 수 있도록 도와주는 과정이 추가적으로 필요하다.

지식의 고급화는 그것에 대한 감식능력의 향상이 없이는 불가능하다. 낮은 단계의 인지수준에서 높은 수준의 것을 이해할 수 없다. 그러나 그 변화를 강요에 의존할 경우 진리탐구의 기본취지가 손상되며, 그렇다고 해서 자연적 성장을 기다리는 경우 시간낭비가 심하다. 우리는 그 중간의 것을 보장하는 절차로서 상구(上求)와 하화(下化)의 과정, 즉 교육을 상정했다(장상호, 2005). 교육은 서로 품위가 다른 사람들끼리 특정한 방식으로 경험을 교류하여 품위를 상승해 나가는 주기적인 과정이다. 서로 수준이 다른 지식을 가진 사람들이 후진 편에서 선진 편으로의 개선을 위해서 서로 돕고 도움을 받는 교육적 관계는 교육활동을 통해서 새로운 의미의 인간적인 연대성을 형성한다. 상구와 하화라는 이질적인 활동에 위계가 있을 수 없으며, 선진과 후진은 이를 통해서 서로의 수도계적인 위계의 대립과 갈등을 해소할 수 있게 된다. 이런 교육적인 협동관계는 수도계 내의 선진과 후진 모두에게 교육이라는 놀이를 가능하게 할 뿐만 아니라 더 나아가서 수도계의 입증과 진화를 촉진한다.

우리에게 바람직한 것이 무엇인지는 스스로 자신의 변신을 꾀하는 가운데, 다시 말하면 자신이 차별적인 상태가 되어 보는 가운데 선별적으로 찾아진다. 우리에게 어떤 변화가 온다고 해서 그것이 곧바로 바람직하다는 보장은 없다. 이렇게도 되어 보고 저렇게도 되어 보는 가운데 진실로 자신이 바람직한 것으로 보아야 할 것이 나타난다. 이 과제는 어느 면에서 진리의 추구가 불확실한 시행착오를 내포하고 있음을 함축한다. 우리에게는 여러 가지 형태변화를 가져올 만한 시도를 해 보고 그 결과 바람직한 것을 선택하는 과정이 필요하다. 그 변화 자체가 이중의 지식체계를 비교할 수 있는 근거를 마련하며, 그것을 대비하고 비교하는 가운데 상대적으로 진리가 체험된다. 절대적인 진리는 불가능하다고 하더라도 진리로 향하는 길이 돌이킬 수 없는 수준을 포함한다는 것은 분명하게 실감할 수 있다. 교육의 한편인 상구계는 자신의 품위를 향상시키고 그 품위의 바람직함을 입증하는 절차적 구조를 가지고 있으며, 그런 절차적 활동에 참여하면 활동의 끝마무리에 바람직한 자신의 변화를 체험한다. 그런 체험을 우리는 진리를 자증한다는 말로 표현했다. 상구자인 나는 상구에 의해서 나의 신념체계가 이전의 것보다는 진리성을 더 지니고 있다는 것을 체험하고 그 사실을 내면으로부터 수락한다.

그러나 자증은 수준의 차이에 대한 주관적인 판단에 속한다. 그 진리체험은 나의 것이다. 새롭게 얻은 지식은 적어도 나에게 있어서 타당성을 가지고 있다고 보아야 한다. 그러나 이것은 나 자신의 주관성에 의존하는 것이다. 주관성의 약점은 바로 유아지론(solipsism)의 함정이다. 아무리 내가 진리를 체험했다고 하더라도 그것이 타인에게 수락되지 않는 한 아직 자신의 한계 내에 갇혀 있는 한정되고 불안정한 진리체험에 불과하다. 나의 것이 타인의 것으로 옮겨가지 않는 한 그것이 확실한 것이 될 수 없다. 이 때문에 나의 진리체험의 보편성을 확인하기 위해서는 그것을 주장하는 내가 타인의 동의, 즉 이른바 상호주관성(intersubjectivity)을 확보할 수 있어야 한다. 말하자면 나와는 다른 인식주체, 즉 타인이 나의 주장에 대해서 공감할 수 있도록 유도하는 것이다. 이처럼 타자를 통해서 그것이 입증될 때 그것은 우연 이상으로 확실한 것이 된다. 나만이 아는 것 혹은 나만이 체험한 진리에 대해서 나는 의심할 수 있다. 그러나 타자도 나와 동일한 경험을 한다면 그것은 우연 이상으로 더욱 확실한 것이 될 것이다.

이 때문에 우리는 자증을 통해서 내가 가진 지식의 타당성과 정당성을 확인하는 데 그치지 않고, 타인을 통해 그것이 다른 사람들에게도 마찬가지의 타당성과 정당성을 갖는 것으로 확인받고 싶어한다. 이것이 바로 타증에 해당한다. 그런 절차를 내장한 것이 교육의 다른 편인 하화이다. 하화는 타인을 나의 품위에 일치시키는 또 하나의 특별한 과정이다. 그러나 타증이 합의에 의한 진리규정이라는 객관주의의 발상에 동조하는 의미로 이해되어서는 안 된다. 탐구자 사이의 일치가 결코 진리를 보장하는 것은 아니다. 사실은 불일치가 진리체험의 요건이다. 우리가 말하는 타증은 후진이 선진의 품위에 일치하는 것을 의미하는 것이 아니라 그런 방향의 사유의 운동이 보장하는 진리체험이다. 선진은 타인들이 그들의 견해를 포기하고 나의 견해를 받아들이지 않는다는 이유로 당장 그들을 구제불능의 사악한 존재로 다루어서는 안 된다. 나의 상태에 공감할 수 있는 유사성을 상대에게 처음부터 기대하는 것은 순진한 일이다. 만약 나의 지식이 타인의 것보다 수준이 높은 것이라면, 당연히 나는 나의 지식에 공감할 수 있는 수준에 이르기까지 상대편의 상구를 촉구하고 돕는 일을 해야만 한다.

학문은 혼자 하는 행위가 아니다. 자신이 향유하는 학문적인 체험을 타인과 더불어 향유하려면 최소한 상대가 그것을 교육적으로 자기화하도록 촉진해야 한다. 나의 지식은 남들의 인정을 통해서 그 진리다움이 입증된다. 그러나 남들에게 자신의 지적 우위를 인정받고자 한다면 우선 그들이 내 지식을 옳게 이해하고 평가할 수 있는 능력을 갖도록 도와야 한다. 나에 의해 체험되는 진리가 타자에 의해서도 체험될 수 있을 때, 비로소 진리의 보편성이 성립한다. 즉 우리는 타증으로서 우리가 증명하려고 하는 것이 단지 한 개인의 특수한 주관상태를 의미한다는 반론을 봉쇄할 수 있다. 또한 이로써 우리는 보다 확대된 상호주관성과 삶의 공동기반의 영역을 발견할 수 있을 뿐만 아니라 그것의 안정성과 연대성의 영역을 확장해 나갈 수 있게 된다.

교육은 그 결과보다는 과정의 내재율에 의해서 정당화될 수 있어야 된다. 그래야만 고유한 의미에서 교육에 의한 가치의 입증이라는 말이 성립될 수 있다. 이처럼 나 자신과 타인이 학문의 진리를 공유하고 체험하는 데 있어서 교육이 지켜내야 할 그 자체의 내재율이 무엇인지는 후속하는 제 3 장의 논의에서 점차 더 자세하게 밝혀질 것이다. 이 논의에서 주목해야 할 대목은 그 자체의 과정적 속성이다. 먼저 교육은 어떤 품위의 결과를 가져오기 위해서 동원되는 모든 수단을 총칭하는 것은 아니라는 점에서 한정적인 의미를 갖는다. 예컨대, 사람을 변화시키는 방법은 행동수정, 조건화, 교조화, 사회화, 문화화, 개종, 선전, 강제, 세뇌, 협박, 회유 등 허다하다. 그 모든 것이 진리의 입증에 제멋대로 동원되는 것을 허락한다면 그 논의는 이미 수도계로서의 학문계나 교육계의 영역을 벗어난 것으로 보아야 할 것이다.

우리는 흔히 어떤 상태나 목표점을 임의로 혹은 객관적으로 정하고 그 결과를 얻어내는 모든 수단을 동원한다. 앞에서 지적한 온갖 행동통제의 수단들이 바로 그런 과정에 속한다. 세속계의 운용은 상당한 정도로는 이런 방식에 의존하고 있다. 여기서는 힘을 과시하거나 자신들에게 동의하는 사람들의 수나 집단압력을 동원하거나, 외재적 보상에 의해서 조건화하거나, 권위에 호소하는 방법이 허용될 수 있다. 그러나 수도계는 우리 스스로가 좋아서 추구하는 세계이기 때문에 강제에 의해서 그의 일원이 되는 경우는 가정하기 어렵다. 이 세계의 참여자들이 만약 스스로의 선호에 의해서 이 길을 걷지 않고 어떤 자의적이고 조작적인 세력에 의해서 강요된다면 원래의 성격은 이미 변질되었다고도 볼 수 있다. 수도계적인 가치의 전수에 있어서 강요는 금물이다. 만약 특정한 지식에 대한 나의 자증을 다시 확인하기 위해서 타인(들)으로부터 협력을 얻어내려고 하면서 나의 지식에 일치하도록 무조건 타인(들)을 강요한다면 바로 그 사실에 의해서 우리는 그(들)를 협력자로서 인정할 수 없게 된다.

바람직한 것을 강제하는 것은 개념적으로나 사실적으로 반교육적인 처사이다. 학문적인 지식이 가치있는 것이라면 그것을 습득하는 과정을 통해서 가치있는 것으로 입증되어야 한다. 명령, 처벌, 강요, 보상, 불안에 근거하여 진리를 증명할 수 없다. 그들은 그것에 복종하고 일치하는 사람의 인간성을 자유롭게 하기보다는 위축시키고 억압한다. 지성과 자유의 계발은 어떤 형태이든 강요와 공포가 있는 곳에서는 불가능하다. 남을 강제로 복종시키는 권력관계로 변할 때 그것은 이미 교육의 영역을 벗어난 것이다. 만약 교조화, 선전, 종교적인 개종, 조건화와 같은 강요적인 수단이나 혹은 최종적인 결과만을 내면화시키는 데 관심을 갖는 사회화나 문화화와 같은 전환과정을 거친다면 결과상의 효과는 클지 모른다. 그러나 그들은 이전에 가진 고정관념을 다른 하나의 고정관념으로 대체시킨 것에 불과하기 때문에 그들로부터 지식에 대한 자발적인 헌신은 기대할 수 없다. 또한 얻어진 것을 기초로 독립된 판단을 내리고, 그것을 자유로이 사용할 것을 기대할 수도 없다.

외부적인 위협에 따라 적응된 지식과 탐구과정을 통해서 마음으로부터 수락한 지식은 결과의 형태에 있어서는 동일할지 몰라도 우리 내면에서 전혀 다른 방식으로 존재한다. 지식을 획득하고 확인함에 있어서 경계해야 할 점은 외관만의 모방이다. 눈물을 흘리게 하는 것은 슬픔을 통해서도 가능하지만 최루의 물질을 통해서도 가능하다. 내적인 감흥이 없는 지식의 단순한 모방은 후자의 경우에 비유될 수 있다. 이처럼 외부로부터 요구사항에 호응하면서 비자발적으로 내면화된 지식과 유기체적인 성장을 위한 자발적인 선택과 발전의 기제를 통해서 얻어낸 지식간에는 큰 차이가 있다(Deci & Ryan, 1985). 후자는 통합적으로 융통성 있게 항상 발전을 지향하는 하나의 잠정적 기능을 하는 반면, 전자는 고착성, 비융통성, 단편화로 특징지워진다. 후자는 내외적인 성장의 조건에 의해서 유지되는 반면, 전자는 그 내면화에 동원된 조건(예컨대, 외부적 보상, 벌 등)의 존재 여부에 의해서 유지된다. 계속적인 부정을 통해서 발전을 해 나가야 할 학문의 세계에서 바람직한 지식의 형태는 후자임은 말할 필요도 없다.

교육은 품위의 내재적 가치를 추구한다는 점에서 여타의 권위주의적인 행동변화의 방법과 구별된다. 가치의 형성과 관련하여 하나 분명한 사실은 외재적 보상을 가지고 내재적 가치를 형성시키거나 입증할 수 없다는 사실이다. 자신의 경험적 공감과는 동떨어진 신념체계를 단지 타인의 인정을 받기 위해서, 타인을 기쁘게 하기 위해서, 시험에 통과하기 위해서, 혹은 고통을 피하기 위해서 달성했을 때 그 품위의 가치는 더 이상 인정받기 어려울 것이다. 우리는 그것을 그의 품위라고 하지 않는다. 품위는 외재적 보상보다는 내재적 가치에의 호소에 의해서 습득될 때 비로소 내재적 의미를 갖게 된다.

품위로서의 학문적 지식 역시 그 자체를 몸에 지니는 것만으로 보상을 가질 수 있는 것이다. 이것이 학문계가 추구하는 진리가 내재적 가치를 갖는다는 하나의 조건이 된다. 남이 먹는 것을 관망해서는 배가 부르거나 음식의 맛을 알 수 없다. 그것을 먹어 보아야 한다. 마찬가지로 우리는 지식을 우리의 내부에서 재생산함으로써만 그것의 내재적 가치를 느낄 수 있다. 학문의 세계에서는 가치있는 지식을 몸에서 생산하고 지니는 일이 중요하다. 우리가 진정으로 진리의 추구에 참여하는 것은 누가 누구에게 인정받거나 과시하려는 것이 아니라 우리가 진리추구와 관련하여 주어진 은총을 실현하고 증명하려는 데 있다. 이 점에서 학문의 세계에서는 명제의 진위를 밝히는 증명서를 발급받는 것보다는 그것을 획득하고 내부에서 증득하는 것이 우선시된다. 즉 학문을 통해서 일차적으로 자신의 인간된 가치를 고양하는 것 자체가 중요하다. 지식의 추구 자체가 보상의 의미를 갖는다. 교육은 학문계에서 진리를 그런 방식으로 실현하고 확인하는 절차를 내장하고 있다.

오늘날 학문적인 지식을 도구화하려는 풍조가 팽배해 있다. 이는 교육이 제자리를 지킴으로써만 극복될 수 있을 것이다. 지식의 도구주의자들은 그것의 내재적 가치를 감식할 겨를도 없이 최후의 지적인 체계를 많은 사람들에게 기계적으로 내면화하여 활용하는 데에만 관심을 가질 수 있다. 그런 행동변화의 전략은 우리가 말하는 교육의 과정과 근본적으로 구분된다. 그러나 기능적 인력양성의 효용을 도모하는 것과 도야와 수양을 토대로 하는 내재적 가치의 추구가 반드시 대립적인 선택일 수는 없다. 교육은 그 내재적 가치를 얻는 방식으로 지식을 습득하고, 그 지식은 다시 다양한 영역에서 기능적 효과를 창출해 낼 수 있다. 그러나 그 역은 성립하지 않는다. 만약 이런 교육적인 접근이 행동통제의 어떤 방책보다 장기적으로 효과적인 것이라면 서로의 공조는 더없이 바람직한 전략이 될 수 있다.

2.3.2. 언어적 실천의 한계

교육의 과정에 의해서 지식의 존재와 위계를 입증한다고 할 때, 그 교육의 의미는 가능한 한 여타의 것과 구별되는 방식으로 규정되어야만 한다. 그런 특성을 갖지 못하는 한 교육에 의한 인식론적인 문제의 타결이라는 우리의 과제는 과장되거나 모호한 것이 되고 말 것이다. 우리는 앞서 교육적 인식론의 전조로서 헤겔의 변증법을 기점으로 하여 전개되는 일련의 교화철학의 예를 들었다. 이 때 교화 혹은 도야라는 것은 단지 인간을 하나의 수단이 아니라 그 자체의 목적으로 본다는 점에서 우리의 교육의 개념과 맥락을 같이한다. 그러나 그 때 교화가 주로 어떤 실천을 요구하고 동반하는가 하는 점에 있어서 우리가 말하려는 교육적 실천과 다소의 거리가 있음을 여기서 밝히고자 한다. 그 구분은 더욱 구체적으로 말한다면 우리가 우리 자신을 도야함에 있어서 언어적 소통과 대화를 얼마나 신뢰하고 있느냐에 있다. 우리는 이 절에서 언어에 신뢰를 두는 일부 교화철학자들의 입장을 검토하고 그것이 갖는 한계를 논급하게 될 것이다.

헤겔의 변증법은 오랫동안 철학자들의 사고를 지배해 왔던 아리스토텔레스적인 형식논리를 극복하고 인식론에 인식주체 자신의 변화를 중요한 변수로 도입하고 있다는 점에서 획기적인 것으로 평가될 수 있다. 형식논리에 의해서는 학문의 발전이 설명될 수 없다. 실상을 밝히려면 한 단계의 지식체계가 어떻게 해체되고 그것을 토대로 새로운 지식체계로 전환되는가를 설명할 수 있어야 한다. 이 앞과 뒤의 두 체계는 하나의 논리체계로 통합될 수 없다. 또한 이들은 하나의 문제에 대한 서로 다른 대안적인 해결이기 때문에 갈등과 충돌을 면하기 어렵다. 변증법은 그런 논리적 갈등과 충돌을 해결할 수 있는 가능성으로 '지양'이라는 매개과정을 상정한다. 이로써 모순 이전의 정립과 모순이 지양된 정립에서 후자가 진화된 형태라는 것이 개념적으로 용인받을 수 있게 된다. 이런 방식으로 변증법은 인식의 추구라는 것이 갖는 탈한계적인 성격을 잘 드러내 주고 있다.

그러나 구체적으로 그 과정에 개재하는 것, 즉 현존의 지식을 탈피하는 실천이 어떤 것이냐 하는 문제에 들어가면 변증법의 내용은 매우 빈약하다는 점을 인정하지 않을 수 없다. 헤겔의 변증법은 단지 변화와 발전의 도식적인 형식을 보여줄 뿐이다. 헤겔이 발전을 정, 반, 합의 3단계로 나눈 것은 일단 발전이라는 것이 논리적으로 모순의 지양이라는 점에서 극히 올바른 길을 열어 놓았다. 그리고 발전이 일정한 과정의 반복에 의해서 이루어진다고 본 것도 교육적 인식론의 맥락과 같은 궤도에 있다. 다만 우리가 논리적인 분석에 그치지 아니하고 발전을 가져오게 하는 실제적인 실천을 생각할 때, 그것이 도대체 무엇일지에 대해서는 헤겔의 변증법에서 더 이상의 구체적인 해답을 구하기 어렵다.

헤겔의 전통을 이어받은 교화론자들 가운데 일부는 진리에 대한 동의를 얻거나 혹은 인식의 불일치를 해소하는 수단으로 대화나 논쟁에 큰 기대를 걸어 왔다. 이런 해결방식은 사실상 철학 자체의 기원과 역사까지 소급된다. 역사적으로 서양의 철학은 희랍적 기원에서부터 타자와의 대화를 통해서 한층 높은 고차적 진리에 도달할 수 있다는 전통을 세워 왔다. 소크라테스는 일찍이 대화를 핵심적인 교육의 방법론으로 삼고 있었으며, 그의 제자 플라톤 역시 대화를 중시하였다. 이들은 대화가 승리를 지향하는 금력, 폭력, 혈통의 지배원리를 떠나서 진리를 세우고 확인하는 원리로 적용될 수 있는 방안을 제안하기도 하였다. 이를테면 플라톤이 그의 작품에서 소크라테스의 입을 통해 제안한 변증술(dialektike)은 이와 같은 논쟁규칙의 형식화 작업에 뿌리를 두고 있다. 이런 실천적인 의미의 변증법은 주로 개방적이고 창조적인 언어사용을 권장한다.

소크라테스의 대화에서는 대화의 참여자들이 도달하게 되는 입장이 최초에 각자가 갖고 있었던 입장에서 진일보한 것으로 묘사된다. 이에 대한 일반적 해석은 이렇다. 대화에 참여하는 사람들 각각은 일정한 견해와 가정들을 가지고 시작하지만, 서로 대립되는 견해나 가정들과 부딪히면서 자신의 것들을 재검토하고 발전시키게 된다. 이런 방식에 의해 사실을 차츰차츰 해명해 가면서 사전에 분명하지 않았던 전제들을 분명하게 하고, 또한 그 때까지 애매하던 이해를 명백하게 함으로써 때로는 찬성 또는 반대가 되어 보기도 하고 보충하고 수정할 수 있다는 것이다. 대화의 말미에 이르면, 모든 참여자들이 애초에 취했던 입장들은 자신들이 보더라도 그릇된 것이 되며, 보다 풍부하고 포괄적인 견해에 통합된다는 것이 대화를 강조하는 전통적 입장의 해석이다. 이처럼 실천으로서의 변증법은 대화가 상대의 입장을 바꾸어 놓을 수 있다는 전제를 받아들이고 있다.

물론 변증법을 따르는 교화론자 가운데에는 언어 자체가 갖는 한계를 너무도 심각하게 생각한 나머지 그것을 극복하고자 노력한 면이 있기도 하다. 예컨대, 헤겔과는 일면 대립하면서 다른 한편으로 변증법의 논리를 그의 사상에 적용하려고 했던 키에르케고르는 당대에 정신보다는 문장을 숭상하고 체험의 산 내용을 희생시켜 문자공부만을 일삼는 것을 문제시했다. 그는 뜻도 모르는 문법규칙을 암송시키는 것은 시간의 낭비라고 보고 대신 변증법을 인간의 실존적인 운동에 적용하였다(엄태동, 1998; 표재명, 1994). 참되게 존재한다는 것은 자신을 승화시키는 것이며 그 과정에서 모순을 체험하는 것은 불가피하다. 세계를 그 깊이에 있어서 이해한다는 것은 오직 모순을 이해하는 것이라는 입장을 택한 그는 한 개인의 실존적인 운동을 심미적 단계, 윤리적 단계, 그리고 종교적 단계로 나눈다. 키에르케고르는 이들 단계 사이에 모순과 역설이 있음을 지적하고 각각의 단계간에 있는 실존의 모순을 말로 표현하고 전달할 수 있는 가능성을 두고 고심하였다.

키에르케고르는 한 사람이 다른 사람에게 자기가 터득한 진리를 어떻게 전달할 수 있을까 하는 문제를 다루면서 직접적인 대화에 의해서 그런 모순이 지양될 수 있을 가능성에 부정적인 입장을 견지했다. 대신 그는 객관적 지식의 직접적인 전달이 아닌 주체성 · 내면성과 같은 진리를 전달하는 방법으로써 '가면쓰기'와 '간접전달'이라고 하는 주목할 만한 방법을 도입하였다. 그와 같은 방법은 일면 그가 생각하고 있는 고유한 의미에서의 교육을 의미한다. 그것은 전달할 내용과 대상만을 의식해서 이루어지는 강의의 형태가 아니라, 전달하는 자가 전달받는 자의 능력을 내부로부터 유도해 내는 과정과 결부되어 있다. 전달하는 자는 전달받는 자가 스스로 자신의 진리를 터득하도록 이끌어야 한다. 뿐만 아니라 전달자는 자신의 자연적인 의지를 거슬리면서까지 자신을 감추는 가면을 쓰는 아이러니를 감수한다. 이런 교육의 개념은 우리의 하화의 과정과 동일한 구조를 가지고 있어 보인다.

이처럼 키에르케고르는 언어적 전달의 맹점을 말하고 있지만, 간접전달이라는 것도 알고 보면 역시 언어에 의존하고 있다.[8] 이런 기법은 그의 익명의 작품활동에서 그대로 적용되었다. 그는 실존의 이질적인 단계를 나타내는 삶의 양태를 갈등과 모순의 언어로 진술하고 독자를 그 삶의 양태 가운데 어떤 것으로 유도하려고 하였다. 이런 방식은 어떤 삶이 옳다는 식의 직접적인 방식보다는 독자가 그 저서의 주인공의 생활과의 공감이나 갈등을 통해서 좀더 자신을 반성해 볼 수 있는 기회를 가질 수 있게 하는 것이다. 그러나 키에르케고르 역시 인식주체의 변화를 꾀함에 있어서 주로 글에 의존하고 있다는 점에서 한계를 갖는다. 독자가 그의 작품을 읽고 그가 예상했듯이 자신의 실존양태를 변화시킬 수 있을 정도의 공감을 할 수 있을 것 같지는 않다. 그가 헤겔의 사변을 비난했듯이 문학작품은 그야말로 책 속에 있는 가공적 이야기에 불과하다. 독자가 그것에 완전히 공감하기도 느끼기도 어렵거니와, 설사 그렇다고 하더라도 그것은 우리가 갈등을 느끼고 실존의 양태를 선택하는 실제의 상황과는 너무도 거리가 있다.

언어에 대한 의존의 양상은 하이데거에게서도 엿보인다. 하이데거가 그의 기초존재론의 맥락에서 다루는 언어는 특정한 언어, 가령 독일어나 한국어가 아니라 언어 자체이다. 그는 몸짓이나 침묵은 말할 것도 없고 하늘의 천둥, 번개도 신들의 눈짓으로 해석되어야 할 언어에 포함시킴으로써 언어의 외연이 우리가 통상 생각하는 것보다 훨씬 확장된다.

---

8) 이러한 점에서 그는 스스로 스승이 되지 못함의 한계를 인정하고 있다 (Kierkegaard, 1859).

그는 언어가 존재를 개시하는 수단으로 본다. 이 때문에 그에 따르면 우리가 언어를 우리에게 나타내는 것이 아니라 언어가 우리에게 스스로 나타나서 우리를 통해서 말한다는 식의 결론을 얻는다. 우리가 언어를 통해서 물려받은 세계는 선대 인류의 모든 상호주관적인 의사소통으로부터 우리에게 남겨진 문화적·역사적 의미로 가득 차 있다. 이러한 맥락에서 그는 우리의 개인적인 현존재를 공동체적으로 타자와 함께 하는 존재, 즉 역사와 전통으로 정의한다.

이런 그의 입장에는 존재가 언어를 통해서 형성된다는 신비주의적인 사유가 개재되어 있다(한국하이데거학회 편, 1998). 심지어 하이데거는 언어에 신성을 부여하려는 경향조차 보인다. 그의 유명한 말, 즉 '언어는 존재의 집'이라는 것은 바로 여기서 유래한다. 그러나 그가 언어를 어떻게 정의하든 간에 언어에 의해서 우리가 이해한 바를 함께 나눌 수 있다고 본다는 점에서 그는 철학의 전통 안에 있다. 하이데거(1972/1994)는 말함이란 어떤 특정한 존재자에 관해 말하는 행위이며, 이러한 말함의 과정에서 말하는 자는 대상에 대해 특정한 관점에서 말하면서 대화의 상대자와 더불어 자기가 이해한 바를 함께 나눌 수 있을 것으로 보았다.

> 함께 나눔이란 한 주체에서 다른 주체에로 낱말이나, 더 나아가 표상들을 넘겨준다는 것을 의미하지 않는다. 마치 상이한 주체들이 갖고 있는 심리적 사건들의 교환교류인 것처럼 말이다. 한 현존재가 자신을 밖으로 말하면서 다른 현존재와 자신을 함께 나눈다 함은, 이 현존재가 어떤 것을 발언하는 중에 그것을 제시하면서 다른 현존재와 발언되고 있는 존재자에 대한 동일한 이해하는 관계를 함께 나눈다는 말이다. 함께 나눔 속에서 그리고 함께 나눔을 통해 한 현존재는 다른 현존재, 말하자면 듣는 사람과 발언의 관련사항이자 말의 지시사항에 대한 동일한 존재관계 속으로 들어가게 된다. 함께 나눔들은 풍부하게 집적된 문장들이 아니라, 오히려 한 사람이 다른 한 사람과 동일한 방식으로 밝혀져 있는 존재자에 대한 동일한 근본관계 속으로 들어가게 해 주는 가능성들로서 파악되어야 한다(p.302).

여기서 우리가 주목해야 할 부분은 대화에 의한 이해의 교환은 언어 자체만으로 가능하지 않고 그것이 나타내는 존재자에 대한 동일한 존재관계 속으로 들어가야 한다는 조건이다. 이 말은 존재자에 관한 발언이 가능하기 위해서는 그 존재자가 이미 밝혀져 있어야 한다는 것이다. 이런 그의 발언은 현존재의 양태를 떠나 지식을 규정하려고 했던 이전의 형이상학을 부정하는 그의 기초존재론의 입장에 비추어 매우 중요한 시사를 담고 있다. 그의 말대로 우리는 대화만으로 세계에 대한 지식을 직접적으로 공유할 수는 없으며, 언어적 대화에 의해서 의미가 공유되기 위해서는 그 양자가 세계와의 존재관계 속에 있어야 한다. 그러나 다른 한편으로 그는 언어 자체가 역사적 전통과 진리를 대변하고 있다는 점을 강조하여 언어적 대화를 진리규명의 주된 매개과정으로 보고 있다는 점을 부인할 수는 없다.

하이데거는 언어가 존재자를 현시하기도 하지만 동시에 존재자를 은폐하고 왜곡할 가능성도 지니고 있다는 사실을 주목한다. 이와 관련하여 그는 실존적 담론에서 본래적인 형식인 대화(Sagen)와 비본래적인 형식인 '잡담(Gerede)'을 구분한다. 그는 전자를 존재의 목소리에 귀기울이면서 진정으로 거기에 화동할 수 있기 위하여 침묵함으로써 우리의 언설을 책임지고자 하는 능력과 동일시한다. 예컨대, 詩는 존재를 그대로 드러낸다는 점에서 언어에 의한 존재의 세움이다. 다른 한편으로 잡담은 거기에 책임지는 주체가 없기 때문에 다른 현존재의 주장에 대해 전적으로 무의미한 독선적인 수다에 불과한 것이다. 그가 《존재와 시간(1927)》에서 비본래적 실존방식으로 본 세인들이 나누는 잡담은 존재상실의 가능성으로 퇴락한 부류에 속한다.

그러나 하이데거의 신비주의적 언어관과 그것에 따르는 결론은 모호할 뿐만 아니라 상당부분 위험하기까지 하다. 언어는 하이데거가 시사한 것처럼 운명이 아니며, 그것은 우리에게서 말해지고, 또 우리는 언제나 언어에 대해서 비판적으로 문제를 제기할 수 있다. 그의 특이한 이론적 입장이 없는 것은 아니지만 언어가 진리를 현시한다는 그의 생각은 잘못하면 언어만능에 빠질 우려가 있다. 그럼에도 불구하고 그를 스승으로 삼은 가다머 역시 철학적 해석학을 발전시킴에 있어서 기본적으로 '언어가 존재의 집'이라는 하이데거의 입장을 충실하게 전승하고 있다. 가다머가 인식의 변화를 시도할 때 그 논증의 방향은 주로 언어와 이해의 연관성에 근거하고 있다. 그는 지식과 진술의 대상이 이미 언어의 세계지평 안에 둘러 싸여 있다고 가정하고 그것들이 걸어오는 말을 이해하는 것으로서 '지평의 융합'을 논급한다.

가다머는 하이데거와는 달리 헤겔의 변증법을 수용하고 있다. 그는 한편으로 헤겔이 상정한 절대지라는 정점을 거부하고, 다른 한편으로 변증법적 발전의 구체적인 방식을 희랍시대의 변증법적 대화로 회귀하여 고유한 인식론적 해법을 찾는다. 헤겔의 관점에 따라 이해가 곧 학습경험임을 인정하는 가다머는 그 학습경험이 주로 대화를 통해서 이루어질 것으로 논의한다. 여기서 그는 보다 더 나은 이해 혹은 지평의 융합을 이루는 데 있어서 대화가 갖추어야 할 구조나 조건들에 특별한 관심을 보인다. 그 특징은 대화의 참여자가 서로 오류가능성을 인정할 것을 요구하며 대화상대자가 서로 상대로부터 배울 것이 있다는 개방적인 자세로 임해야 한다는 것이다. 가다머(1960/1982)의 말을 들어보자.

> 대화 속에서 하나의 이해에 도달하게 되는 것은 대화의 쌍방이 그것에 대해서 준비가 되어 있고, 또 그들에게 낯선 것이나 자신들의 견해와 다른 것들도 타당성이 있으면 받아들일 자세가 되어 있다는 것을 전제로 한다. 만약 이런 전제가 서로간에 이루어진다면, 그리고 각자가 자신의 논점을 유지하면서 동시에 그에 대한 반론을 저울질한다면, 종국적으로 서로 감지할 수 있는 정도는 아니지만 자의적이지 않는 상호간의 입장의 번역을 통해서 하나의 공통의 언어와 공통의 판단을 성취할 수 있다(p.348).

가다머에 있어서 우리 자신의 지평이 확장되고 풍부해지도록 매개하는 것은 역시 언어이다. 그는 이처럼 언어를 통한 대화에 큰 기대를 건다. 그에게 있어서 대화란 두 사람이 서로 이해하는 과정이다. 따라서 모든 진정한 의미의 대화가 갖는 특징은 각자가 타인에게 자신을 개방하고, 그의 견해를 고려할 만한 가치가 있는 것으로 진정으로 수락하고 그가 말하는 것을 이해할 정도로까지 타인의 내면으로 침투하는 것이다. 그렇게 함으로써 그들은 대화의 주제에 대해서 서로 동의할 수 있게 된다는 것이다. 이런 방식으로 그의 철학적 해석학은 전승된 과거와 현재의 대화를 모색한다. 이 때 권위의 무게는 아무래도 전통에 주어진다.[9)]

교화철학자들은 인식에 있어서 교화의 요소를 인정하면서도 기본적으로 언어적 실천을 교화의 수단으로 강조하였다. 말하자면 그들은 철학에서의 인식론적인 문제를 새롭게 해결하려고 하면서도 그 방법에 있어서는 역시 오래된 철학적 방법에 의존하고 있다. 철학은 출범에서부터 언어와 불가분의 관계를 맺어 왔고, 그 전통으로부터 벗어나지 못하고 있다. 그렇다면 최근에 철학 자체를 부인하면서 자아의 재창조와 인식의 문제를 결부시킨 로티는 교화의 수단을 어디에서 찾는가? 놀라운 것은 그 역시 바로 언어적 실행에서 그 해답을 찾는다는 사실이다. 언어가 실재를 비춰주는 거울이라는 철학적 정초주의를 부인한다는 점에 있어서 물론 그는 전통적인 인식론과 입장을 달리한다. 그러나 그는 언어가 의사소통의 매개물, 사회적 교섭의 도구, 한 사람을 다른 사람과 묶어주

---

9) 비판적 해석학을 표방하는 아펠(1972)과 하버마스(1970)는 여기에 전통이라는 구속이 자리할 수 있을지도 모른다는 혐의를 둔다. 하버마스는 언어가 지배라든가 사회적 권위의 매개자이기 때문에 그 점을 간과하면 비합리적이며 정당하지 못한 합의를 나을 수도 있다고 본다. 그 점에서 가다머는 의사소통상에서 사회적으로 결정되는 여러 가지 왜곡들을 폭로하거나 비판할 만한 수단을 결여하고 있다고 주장한다. 그래서 그들은 그런 가능성을 봉쇄하는 '이상적인 대화상황'을 제시하고 있다. 이처럼 철학적 해석학과 비판적 해석학은 서로 대립하는 경향을 보이지만, 우리의 입장에서 볼 때 결과적으로 그들은 언어를 중시하는 철학의 전통 속에 있다.

는 방식임을 인정한다.

로티(1989)는 인식의 문제가 우리 자신의 교화, 즉 자아의 재창조와 불가분의 관계를 가지고 있다고 본다. 이 점에서 그는 교육적 인식론의 맥락 안에 있다. 그런데 그는 자아의 도야란 언어의 변화가 없이 불가능하다는 입장을 견지한다. 그에게 있어서 도야란 새롭게 창안해 낸 낯선 어휘로 우리 자신의 낯익은 환경들을 재해석하는 것이다. 그리고 그런 언어의 개조와 창안이 바로 마음을 창안하는 방식이다. 사고를 반영하는 것이 언어이고 사고를 변화시킴으로써 언어의 의미도 변한다는 것이다. 그에게 남은 것은 언어를 어떻게 변화시키느냐 하는 것인데, 그것은 메타포의 사용과 비통상적인 담론이라는 실행을 통해서 이루어지는 것으로 되어 있다. 메타포는 낡은 용어를 낯선 방식으로 사용한다. 그러나 그런 용법은 이미 친숙한 방식으로 사용 중인 다른 낡은 낱말들을 배경으로 해야만 가능하다. 따라서 낡은 메타포들을 끊임없이 죽여가면서 새로운 메타포를 창안해 낸다. 이처럼 우리가 말하는 방식을 바꿈으로써 우리가 행하기를 원하는 방식을 바꾸고, 또 우리 자신에 대해 생각하는 바를 바꿀 수 있다는 것이다. 또한 그는 이른바 비통상적 담론을 통해 언어를 개조함으로써 통상적인 담론에서 찾아 볼 수 없는 새로운 세계에 접할 수 있는 길이 있다고 믿는다.

이제까지 우리는 인식론의 문제를 교화에 의해서 해결하려고 하면서 교화의 수단을 언어적 실천에 두는 일련의 입장을 비교적 자세하게 점검하였다. 그러나 교육적 인식론은 교화 자체에는 그들과 입장을 같이 하면서도 주로 언어에 의존하는 그들의 방법에는 동조하기 어렵다. 교육적 상황에서 언어를 통해 품위를 전달하거나 동의할 수 있으리라는 기대는 너무도 안이한 해결인 듯하다. 언어를 통해서 품위를 변화시키는 방식에는 근본적인 한계가 있다. 새로운 품위를 얻고 그것에 합당한 새로운 언어를 배우고 소통하는 것은 자연스러운 일이다. 그러나 새로운 언어를 통해서 새로운 지식을 형성할 수 있다는 생각은 교육의 입장에서 보면 선결문제 요구의 오류에 해당한다고 볼 수 있다.

문자가 없는 학문활동은 상상하기 어렵다. 학문이 언어의 정신에서 생겨난 것은 결코 아니라고 하더라도 언어는 학문에 있어서 불가결한 도구이다. 어떻든 언어는 단순히 학문의 전달매체에 불과한 것이 아니라 학문의 기저이기도 한 것이다. 그리고 언어는 지식을 수용하기 위한 전제조건일 뿐만 아니라 그것을 생산하기 위한 전제조건이다. 언어가 아닌 침묵으로 학문이 이루어질 수는 결코 없을 것이다. 지식 자체가 문자의 형식으로 표현된다. 우리와 옛날 사람의 만남은 그들이 문자로 남겨 놓은 흔적을 통해서 이루어진다는 사실을 부인할 수 없다. 그러나 언어적 수단에 대한 과잉기대, 과잉사용은 그에 대한 신뢰를 잃게 하는 원인이다. 그렇기 때문에 언어적 수단이 무절제하게 소모되는 경우가 많다.

오늘날 우리가 살고 있는 시점을 흔히 정보의 시대 혹은 텍스트의 시대로 부른다. 이제 말과 기호는 온갖 전자매체를 타고 우리 앞에 나타난다. 컴퓨터를 통한 인터넷의 접속으로 세계 전체의 정보가 교환되고 있다. 우리는 이제 누구나 스위치 하나만 켜면 모든 정보나 지식을 공유할 수 있으리라는 부푼 기대를 가지고 있다. 그러나 이 말이 얼마나 중요한 의미상의 차이와 문제점들을 은폐하거나 외면하고 있는지를 알아야 한다. 우선 언어 자체의 속성상 고정된 의미를 가질 수 없다는 점은 근래에 포스트모더니즘에 의해서 적나라하게 지적되고 있다. 데리다(J. Derrida, 1967a, 1967b)의 견해에 따르면 언어는 흔적과 그 흔적의 운동으로서의 차연의 숙명을 벗어나기 어렵다. 어떤 단어의 의미는 차이에 의해서 이루어지며 그것은 체제의 변화와 더불어 그 의미가 끊임없이 연기된다. 그런데 우리가 개별적으로 언어를 사용할 때, 그것은 그것을 접하는 사람마다의 간섭을 받으며 그 원전의 맥락적 의미공간을 떠난다. 이를 비유해서 데리다는 씨알이 없는 쭉정이의 씨가 무한대로 퍼져나가는 현상이라 하기도 하고, 혹은 정자가 없는 정액의 무한정한 방출로도 비유했다. 그가 말하는 이른바 散種은 결국 언어가 탄생했을 언어 이전의 상황이 아니며 오히려 그 상황과 단절된다. 혹은 두 사람의 대화에는 상호간의 첨가와 보충에 의한 굴절이 있을 뿐이다. 언제나 그렇듯이 첨가와 보충은 미완결적인 것이고, 그것을 메우려는 임무는 충분히 수행될 수 없다. 이것이 바로 우리가 진입하고 있는 정보시대의 과장된 허실이다.

말에 의해서 지식을 전달한다고 말할 때 언어사용자는 은연중에 하나의 단어와 더불어 그가 연상하는 개념이나 지식이 다른 사람들이 연상하는 것들과 유사할 것이라고 생각한다. 그런 평행성의 가정은 통상 소통이라고 일컫는 것의 토대가 되고 있다. 흔히 철학자, 언어학자, 사회학자는 언어를 다룰 때 그런 가정을 향유해 왔다. 대개 그들은 언어를 개인의 의식과 독립된 실체로 보거나 혹은 그것을 사용하거나 구사하는 사람들간에 체험의 공유가 있는 것처럼 가정한다. 또한 전통적인 소통이론은 오직 그 매체에 관심을 가지며 메시지를 발신하고 수신하는 사람은 일단 체험의 측면에서 공유된 기반이 있는 것으로 가정해 버린다.

그러나 많은 경우 우리는 공유된 체험의 기반이 없는 상태에서 언어적 소통을 하며, 또한 그런 상태에서는 정확한 의미의 소통이란 불가능하다. 이에 대해서 최근에 구성주의의 기치를 내세우고 있는 글래서스펠트(1995)의 시각이 중요한 시사를 준다. 그는 우리가 흔히 '의미를 공유한다'는 말을 할 때 그것이 동일한 사물을 여러 사람이 공유한다는 말과 전적으로 다르다는 점을 이렇게 지적한다.

> '공유된 의미'라는 표현은 약간 오도할 가능성이 있다. '공유한다'는 단어의 모호성을 깨닫는 것이 이 점을 분명하게 밝혀 줄 것이다. 자동차를 공유한다는 것과 포도주를 공유한다는 것은 전혀 다른 것이다. 전자의 경우, 두 사람 혹은 그 이상의 개인들이 한 대의 차 그리고 같은 차를 사용하고 있다. 그러나 후자의 경우 한 사람이 마신 포도주를 다른 사람이 마실 수는 없다. 하나의 의미를 공유한다는 말은 두 번째의 사례와 약간이나마 비슷하며 첫번째의 사례와는 전혀 다르다. 우리는 우리의 경험을 타인과 공유할 수 없다. 우리는 다만 그것에 대해서 그들에게 말할 수 있을 뿐이다. 그러나 그렇게 함에 있어서 우리는 그것과 연합된 단어를 사용한다. 우리가 말하거나 글을 쓸 때,

> 타인이 이해하는 것은 반드시 그들의 경험이 그들로 하여금 그 특수한 단어의 청각 영상과 연합하게 인도하는 의미와 관련되어 있다. 그리고 그들의 경험은 우리의 것과 결코 같은 것일 수가 없다(p.48).

위의 글은 한 단어의 의미가 공유된다는 통념이 가진 허실을 잘 지적하고 있다. 글래서스펠트는 서로 다른 지식체계를 가진 사람들끼리는 공통된 의미의 공유가 사실상 어렵다는 점을 시사한다. 한 단어가 연상시키는 경험은 개인에 따라 다를 수가 있고, 따라서 같은 단어를 소통한다고 할 때 그 단어에 대한 경험이 다른 만큼 서로 다른 해석을 한다. 그런데 그렇게 생각하지 않고 흔히 언어에 의한 의사소통이 마치 자동차를 공유하는 방식으로 일어난다고 생각하는 것은 단어가 실재하는 세계내에 있는 사물들을 지칭하고 있고, 따라서 그것에 대한 우리들의 개별적인 경험을 초월해서 사물들을 기술할 수 있다고 가정하기 때문이다.

그러나 최근에 여기에는 엄청난 생략과 착각이 개재되어 있다는 점이 지적되고 있다. 구성주의적 소통이론에서는 수신자가 적극적인 의미의 산출자임을 강조한다(Schmidt, 1994). 소통은 항상 복수의 인지체계들을 전제한다. 수신자는 메시지를 그의 인지구조에 의해서 수신한다. 이런 점을 고려하면 우리가 말하는 소통이라는 과정은 애초의 생각보다는 훨씬 복잡한 과정이고, 그 조건을 고려하느냐 않느냐에 따라서 전혀 다른 결과를 가져온다. 엄밀하게 말하면, 모든 화자가 언어적 소통에 성공하기 위해서는 그 두 체계가 '같이 생각해야 한다'는 전제가 성립되어야 한다. 그러나 현실 속에서 그런 전제가 보장된 경우는 매우 드물다. 개인들의 개념이나 지식은 주어진 맥락에 의존하고 있다는 점이 고려되어야 한다. 발언자는 그가 말하고 있는 이야기의 맥락에 맞는 단어와 문장을 선택하겠지만, 그런 사건은 다른 사람의 경험 안에서는 같은 것이 아니다. 이 때문에 소통은 고정된 의미의 직접적인 교환이 되기가 사실상 어렵다.

언어적 소통에서 우리는 각각의 언어 사용자가 의미를 구성하는 방식, 그리고 이들이 상호간에 단어를 사용함에 있어서 적응해야만 하는 과정을 간과해서는 안 된다. 단어와 연합된 체험이 다르거나 혹은 그 단어와 연합되어야 할 체험구조를 적절히 갖춘 사람과 그런 체험구조가 없거나 혹은 부족한 사람들이 언어에 의해서 공통된 의미를 교류하는 일은 사실상 불가능하다. 이것은 기존의 개념구조 가운데 어떤 것을 어떤 맥락에서 연관짓느냐 하는 것과 관련되어 있다. 그러나 심각한 상황은 선택의 문제가 아니라 서로 언어를 사용하는 어느 한편에서 처음부터 그런 개념적 레퍼토리가 없거나 혹은 미숙한 경우에 생긴다. 그 단어와 관련된 지식을 아직 갖추지 않은 상태에서 그것을 갖추었다고 전제하는 소통은 자가당착에 빠진다. 그런데 우리는 가끔 유관한 체험의 결핍이나 차이를 언어적 소통에 의존해서 대신할 수 있다는 식으로 문제의 해결을 거꾸로 시도하는 경우가 많다.

의사소통 현상은 무엇이 전달되느냐가 아니라, 그것을 받는 사람에게 무슨 일이 일어나느냐에 따라 좌우된다. 그런데 수도계적인 체험의 수준이 다른 사람들의 대화의 경우 이 양자간의 차이가 현격하게 나타난다. 여기에 특정 영역에서 지식수준이 다른 두 사람, 즉 우리의 용어로 선진과 후진이 있다고 가정하자. 그리고 선진이 자신의 지식을 아직 그것을 가지고 있지 않은 후진에게 전달하려고 한다고 가정해 보자. 그렇다면 그런 의미의 소통이 정상적으로 이루어질 수 있겠는가? 여기에는 두 가지 결과가 예상된다. 하나는 의미상의 굴절이다. 선진과 후진은 같은 용어로 말을 교류하지만 그것을 해석하는 체제는 다르다. 선진의 삼차원적 말을 후진은 이차원적으로 이해한다. 이처럼 많은 말이 말로 이어지지만 그 때마다 그것에 의해서 전달되는 의미내용은 전달에 참여하는 사람의 체험에 의해서 변질된다. 여기에는 오해를 동반하는 표면상의 소통만 있고 이해해야 할 과제는 그대로 남게 될 것이다.

다른 하나의 가능성은 논쟁이다. 논쟁은 논거를 가지고 싸움하는 투쟁이다. 선진과 후진은 같은 정보를 가지고 있다고 하더라도 그것을 서로 다른 지식의 요소로 조직한다. 그들이 가령 '원자', '문제', '해답'

이라는 단어를 쓴다고 하더라도 이들은 서로 다른 수준의 언어이고 어떤 통약가능성도 없다. 그럼에도 불구하고 그들은 서로가 자신의 것이 진리이고 선하고 옳다고 믿는다. 이처럼 논거들이 서로 형평을 유지하게 된다면, 논쟁은 엄청난 혼란으로 비화되거나 일종의 조리있는 말놀이 차원에 머물 것이다. 쌍방이 서로의 변모를 확인함이 없이 자기의 주장을 삼단논법적인 논증형식으로 강요한다면, 우선 서로의 권리주장과 자존심이 걸린 비생산적인 논쟁으로 발전할 가능성이 높다. 혹은 일시적으로 한편이 다른 편의 것을 받아들일 수 있을지는 모르지만, 오래가지 않아서 그 효력은 없어지게 될 것이다.

이처럼 선진과 후진이 서로 통약불가능한 현존의 상태 그대로 대화하는 것은 무의미하다. 의미있는 대화가 성립하기 위해서는 어느 쪽이 다른 쪽으로 공분모를 갖도록 조정되어야 한다. 후진이 선진의 새로운 지식을 얻기 위해서는 과거의 체질화된 사유방식을 검토하고 그것을 새롭게 탈바꿈시켜야만 한다. 그런 과정을 새로운 지식을 검증하는 하나의 원리로 주목한 사람이 바로 쿤(1970)이다. 그는 하나의 정당화된 패러다임 속에서 생활하던 사람이 다른 패러다임을 수락하기 위해서는 종교적 개종에 가까운 정신의 자기변모가 있어야 한다고 주장했다. 이것은 학자 자신이 새로운 지식을 검증하는 경우나 혹은 자기 자신의 주장을 타인에게 검증받는 경우 모두에게 적용된다.

선진과 후진간에는 체험이 보충되어야만, 다시 말하면 같은 수준의 지식을 가지고 있고 그에 대응하는 공통된 언어의 사용을 알게 되었을 때에만 언어에 의한 의미의 공유가 가능하다. 그런데 교육은 애초부터 체험의 공감대가 없는 선진과 후진의 상호작용이라는 특수성이 문제이다. 선진과 후진의 경우는 지식의 수준이 동등하지 않기 때문에 처음부터 앞에서 말한 소통의 전제가 성립되지 않는다. 교육에서 언어적 상호작용은 일종의 패러독스의 상황에 봉착한다. 하나의 극단에서 서로 아무 장애도 없이 언어적 소통이 이루어진다면 지식의 수준이 다르다고 할 수 없다. 또한 다른 하나의 극단에서 선진과 후진이 각각 자기 수준의 언어를 쓴다면, 언어의 교육적 기능은 그만큼 기대할 수 없게 된다.

교육의 경우는 통상적인 의미의 대화가 이루어질 수 있는 상황이 아니다. 선진으로서의 스승과 제자로서의 후진은 소재계의 품위가 비대칭이기 때문에 있는 상태 그대로의 소통이 불가능하다. 이 때문에 상호간의 이해를 전제로 하는 대화의 모형은 교육에서는 적용될 수 없다. 언어를 통한 그 내용의 직접적인 소통의 결과는 오해이다. 교육은 오히려 그런 오해를 이해로 이끄는 과정이고, 선진과 후진이 서로 오해없는 대화를 할 수 있도록 선행적 과제를 해결하는 공간이고 실천이다. 그들간의 언어에 의한 정상적인 소통을 위해서는 서로 소통할 수 있고 공감을 가져올 수 있는 체험을 형성하는 긴 기간의 교육적 실천이 필요하다. 다시 말하면 정상적인 언어적 소통은 교육의 수단이 되기보다는 오히려 교육이 순조롭게 이루어진 이후에 가능한 것이다.

이 말은 교육에서 언어적 소통이 전혀 무용함을 말하는 것이 아니다. 여기서는 다만 교화철학자들이 변신을 위해서 처방하는 언어적 실천이 가진 안이한 가정을 문제시하는 것이다. 수도계의 품차에서 비롯하는 언어의 불가공약성을 언어에 의해서 해결하려는 것은 무모한 시도이다. 그것은 그 언어에 근거를 부여하는 체험의 단층에서 비롯한 것이며, 따라서 그 단층은 체험의 위계를 극복하는 별도의 실천에 의해서 메워져야 한다. 물론 교화철학자들이 말하는 언어는 표현과 기술의 투명한 매개자로서 간주했던 전통적인 언어관을 벗어나고 있다는 점은 인정된다. 그리고 그들이 생각하는 대화 자체가 내적인 변화를 가져올 가능성은 부인할 수 없으나 흔히 생각하는 것과는 달리 극미하다. 굳이 경미한 효과를 말한다면 그것은 선진이 선진의 말(제 1 언어)을 직접 쓰지 않고 후진의 언어(제 2 언어)에 잘 적응하여 그들의 품위수준에 약간 어긋나는 언어(제 3 언어)를 사용했을 경우이다. 제 3 언어는 후진의 수준에서 너무 쉽거나 너무 어렵지 않은 알듯 말듯한 언어로서 서로의 갈등을 적나라하게 노출하면서 한편에서 다른 편으로의 변증법적 전환을 어느 정도 가능하게 하는 효력을 갖는 것으로 밝혀졌다(Inhelder, Sinclair, &

Bovet, 1974). 앞에서 키에르케고르가 제안하는 아이러니와 간접전달, 그리고 가다머가 말하는 대화, 그리고 로티가 말하는 메타포나 비통상적 담론이 만약 효과가 있을 수 있다면 그것은 이 바로 영역 내에 한정될 것이다. 그 밖에서 그 신통력을 기대할 수는 없다.

선진의 언어를 문자 그대로 후진에게 주입한다는 것은 사실상 불가능한 욕심이다. 그럼에도 불구하고 학교에서는 흔히 교육을 앞세워 위압적으로 그런 욕심을 부린다. 그러나 그런 강요나 계속된 언어적 반복은 혼돈을 가져올 뿐이다. 문장으로 표현된 것은 물리적으로 한 개인에게 암송될 수 있지만, 그 의미는 어느 경우나 그것을 듣거나 읽는 사람의 것으로 수용된다. 만약 그 언어의 정확한 재생이 정답으로 강요될 경우 학생들은 마치 컴퓨터처럼 그것을 반복해서 재생할 수는 있을지 모른다. 이것은 곧 그들이 이해하고 있는 것 이상으로 남의 말을 습득한 경우에 해당한다. 따라서 말의 유창성을 가지고 그의 지식수준을 평가하는 것은 기만적이다. 그것은 아직 체득화의 단계에 들어서지 않고 그것을 가지고 있는 사람으로부터 소외되어 있기 때문에 진정한 의미에서 지식의 습득으로 볼 수 없다. 우리는 그런 유의 지식을 지득된 지식으로 우리의 인식론적 논의에서 제외시켜 왔다.

교육의 경우는 체험의 공감대가 없는 상황에서 그 공백을 메우는 작업이기 때문에 교화철학자들의 입장과는 전혀 다른 관점에서 언어의 문제를 다루어야만 한다. 그것은 이미 만들어진 언어로 지식을 전달하려고 하는 것이 아니라 지식의 형성을 돕는 활동을 촉구하고 보존하는 특별한 언어의 활용성에 주목하는 것이다. 그 가능성이 근래에 철학에서 다루는 언어관에서 도출될 수 있다. 언어의 의미를 정확하게 규정하고 분석하려는 시도는 이제 철학자들 자신에 의해서도 더 이상 지탱하기 어렵게 되었다. 비트겐슈타인(L. Wittgenstein, 1922)은 전기에 주장했던 언어의 그림이론을 스스로 부정하고 언어의 사용이론을 제시했다. 그는 언어사용이 하나가 아니라 여럿이 있어야 경험에 직접 주어진 것을 충분히 표현할 수 있음을 보여 주었다. 그는 여러 가지 형태로 나타나는

'말놀이'를 구별하는데, 이것은 상황과 환경에 따라 해석되어야 한다. 예컨대, 벽돌공이 동료에게 '벽돌!'이라고 외치면 그것은 그냥 있는 대상을 기술하는 것이 아니라 벽돌을 자기에게 가져오라는 명령이다. 이처럼 언어의 의미는 어떤 맥락에 속해 있기 때문에 이미 주어져 있을 수 없다. 말의 상징은 그 자체로는 죽은 것이나 그 사용을 통해서 비로소 생명을 얻게 된다.

그런 결론에 이르는 데 지배적인 위치를 점하고 있는 학자가 오스틴(J. Austin, 1962)이다. 그는 언어가 무엇을 기술하는 것이 아니라 행위라는 사실로 이해할 것을 주장한다. 심지어 우리가 흔히 드는 순수명제까지도 어떤 '담화의 상황 안에서' 연구되어야 한다. 왜냐하면 그런 순수명제로도 우리는 '말로써 어떤 것을 하려고(do things with words)' 하기 때문이다. 오스틴에 의해서 개진된 언어행위 이론(speech act theory)에서는 말함이 메시지를 전달하는 것 이상으로 무엇인가를 하게 되는 이른바 '비언표적인 힘(illocutionary force)'을 인정한다. 비언표적인 힘은 사상에 대한 단순한 기술을 넘어서서, 말하는 사람과 듣는 사람 사이에 말하는 사람이 의도한 상호적인 인간관계를 성립시키는 능력을 말한다. 근래에 하버마스(1979)도 그의 보편적 화용론에서 오스틴의 입장을 수용한다.

이와 관련하여 이른바 '교육어'가 새로운 연구과제로 떠오르고 있다(장상호, 1998). 교육어는 교육 자체의 진행을 원활하게 하기 위한 언어의 화용적 측면이다. 교육은 언어의 소통을 가로막는 체험상의 빈틈을 보충하는 활동을 포함한다. 그런데 여기서 우리는 그 교육활동을 처방하고 촉진시키는 언어를 가정할 수 있다. 수도계적인 언어의 의미에 있어서는 선진과 후진이 불일치하지만, 각각 스승과 제자의 입장에서 교육적 활동에 대한 말의 의미에 있어서는 일치할 수 있다고 가정할 수 있다. 이런 상호주관성에 의해서 스승과 제자는 서로 의미있는 교육적 활동을 상호간에 조정하거나 통제할 수 있다. 예컨대, 자신이 잘 이해하지 못한 것을 상대방이 이해하고 있는 경우에 "좀 자세하게 가르쳐 주십시오"라고 요청할 수 있고, 자신이 설명한 것을 상대방이 이해하지 못할 경우에 "좀더 주의해서 들어보시오"라고 요청할 수도 있다. 이러한 교육어는 교육소재의 내용에 대한 언급이 아니라 소재의 내용을 이해하거나 이해시키기 위한 교육을 순조롭게 진행시키는 화행으로서의 효과를 기대한다.

이런 말들이 무엇인지는 플라톤의 《대화편》에서 주로 소크라테스가 하고 있는 말들을 연상한다면 어느 정도 쉽게 이해될 수 있다. 앞에서 헤겔의 변증법이 그 실천면에서 여타의 교화철학자들에게 계승될 때 다분히 소크라테스의 변증술이 토대가 된다는 점이 지적되었다. 그런데 우리가 그 내용을 꼼꼼히 살펴보면 소크라테스가 교육의 맥락에서 사용하는 언어는 사실은 그가 알고 있는 메시지를 전달하려는 것이 아니라 그 메시지의 이해를 도출해 내기 위한 것이라는 사실을 발견할 수 있다. 예컨대, 소크라테스가 타인과 벌이는 대화에는 세계에 대한 어떤 단정적인 결론도 없다. 다만 상대가 자신의 무지를 깨닫고 처음에 생각했던 것을 폐기하거나 수정하도록 유도하는 과정적인 언어가 사용될 뿐이다. 이러한 언어사용의 관점은 그의 교육관을 피력하고 증명하는 《메논(/1996)》편에 잘 드러난다. 소크라테스는 메논의 시종인 한 소년을 교육하는 과정을 메논에게 보여주면서 이런 장담을 늘어놓는다.

> 이 소년이 나와 함께 탐구함으로써, 나는 질문을 할 뿐 아무 것도 가르쳐 주는 것이 없는데도, 무엇을 발견하게까지 되는지 유의해서 보게나. 혹시 내가 그에게 가르쳐 주거나 설명을 해 주는 게 눈에 뜨일지도 모르니 지켜 보게나. 내가 이 아이의 생각은 묻지 않고설랑 말일세(p.129).

이 대화에서 소크라테스가 의미하는 '가르침'은 앞서 논의에서 우리가 문제시해 온 언어주의적 실천을 의미한다. 즉 가르치는 내용을 직접 말로 전하는 것을 의미한다. 지금 그는 그런 언어주의를 피하는 방식으로 소년을 교육시키겠다고 주장하면서 그가 교육의 상대로 삼고 있는 소년뿐만 아니라 그 장면을 지켜보고 있는 메논과도 많은 대화를 나눈다. 그 주제는 주지하다시피 도형의 면적에 관한 것이다. 그러나 그는 이 대화에서 도형에 관한 어떤 결론도 내리는 것을 보류한다. 놀라운 것은 그 대화내용이 사실은 결론을 내려 나가는 데 필요한 절차적 행동에 해당한다는 점이다. 이처럼 소크라테스가 사용하는 언어는 대부분 어떤 대상에 대한 진술이기보다는 교육활동을 처방하고 촉진시키는 언어들이다.

교육활동에서 스승과 제자는 언어 이상의 도제적 상호작용을 한다. 우리는 지식을 언술의 형식으로서가 아니라 개인의 내면적 구인으로 규정하였다. 그런 의미의 지식은 언어에 의해서 곧바로 소통하는 것이 불가능하다. 그 선후의 관계를 따질 때 체험이 선행하고 그 후에 그것을 배경으로 한 언어적 소통이 가능해진다. 그런 선후의 관계는 실천의 인식론에서 도제적 상호작용을 강조하는 쇤(D. Schön, 1988, 1988)의 글에서 매우 적절히 지적되고 있다. 그는 디자인을 가르치고 배우는 스승과 제자의 대화를 이렇게 묘사한다.

> 스승이 디자인에 관해서 아무리 훌륭하고, 분명하고, 설득적인 기술을 만들어 낸다고 하더라도 전혀 다른 이해의 체계를 가진 제자들에게 언어적 기술들은 혼란스럽고 신비하게 들릴 가능성이 많다. 이 단계에서 스승과 제자의 소통은 거의 불가능해 보인다. 그러나 수년이 지나고 그리고 빠르게는 수개월이 지난 후에 스승과 제자는 많은 것을 생략하면서 서로 말을 하기 시작한다. 그들은 간결한 단어나 제스처를 이용하여 외부의 사람들에게는 매우 복잡하거나 모호하게 보이는 관념을 주고받는다(1988, p.100).

쇤은 디자인에 대한 스승과 제자의 의사소통이 도제적 관계를 일정 기간 지낸 다음에 가능하다고 말한다. 그는 처음에는 스승과 제자가 서로의 말을 이해할 수 없다가 교육을 통해서 그들의 체험적 맥락과 공감대가 이루어지고 난 후에 서로 이해할 수 있었음을 밝히고 있다. 그런데 흥미있는 점은 그런 도제적 활동에는 그 활동을 촉구하는 언어가 사용되고 있다는 점이다. 물론 거기에는 이른바 상호간의 '행위 속의 반성(reflection-in-action)'을 하는 언어 외적 맥락(extralinguistic context)이 있다. 그리고 그 맥락 속에서 우리가 말하는 교육어가 적절히 개재되고 있다. 이는 우리가 목하 제안하고 있는 교육어가 단순히 이론적 가정에 그치는 것이 아님을 말해 준다.

이제 본 절의 결론을 내려보자. 교육적 인식론은 선 · 후진을 가르는 과정으로서 교육적 증득을 한 조건으로 삼고 있다. 효과적인 교육은 언어와 행위의 부단한 통합과 밀접히 이어져 있다. 우리는 여기서 먼저 언어를 통해 선진과 후진의 수도계적 지식을 직접 전달하는 데에는 한계가 있음을 지적했고, 다른 한편으로 교육활동 속에서 양자간의 상호주관성을 확보하는 특별한 의미의 언어사용이 가능함을 시사했다. 교육에서는 스승과 제자가 어떻게 그들의 공동활동을 조직하고 운영하는가 하는 것이 매우 중요하다. 서로간에 갈등과 불일치가 일어날 때 양자가 다소의 책임을 나누면서 그 차이점을 해소시켜 나가는 데는 모종의 대화적 규칙이 필요할 것이다. 교육에서 사용하는 말의 효능은 오히려 그런 부문에서 찾아야 한다. 우리는 말을 통해서 서로를 교육의 세계로 안내하고, 더 나아가 교육적인 상호작용의 성립과 원만한 관계유지를 시도할 수 있다. 그러나 이 방면에 대한 연구는 아직 출발점에 있을 뿐이다.

2.3.3. 체험의 재구성

서양철학자들은 주로 언어로 나타난 인식의 상부구조에만 집착하고 그것이 뿌리박고 있는 체험적 근거를 간과하였다. 그들은 지식이 성숙하는 언어 외적인 복잡한 과정을 무시한다. 그런 형성적 과정은 철학의 영역에서 다룰 성질의 것이 아니라고 영역구분을 하거나 혹은 그런 문제가 제기될 경우 단지 언어적 교류, 특히 대화에 의해서 해결될 것으로 가정한다. 그런데 동양문화권에서는 언어가 여러 가지 면에서 세계를 드러내고 진리를 표현하는 데 불충분하고 부족하다는 점을 오래 전부터 지적해 왔다. 동양과 서양의 상이한 입장 가운데 어느 것이 옳은 것이냐 하는 질문에 대해서는 분야와 관심영역에 따라 달리 평가될 수 있다. 그러나 적어도 교육의 입장에서는 언어적 실천의 제한된 의미를 지적한 동양의 지혜가 경청할 가치가 있다는 점을 지적하지 않을 수 없다.

뜻이 추구하는 것을 말로 대신하려는 것은 너무도 안이한 발상이다. 삶의 크기와 체험을 떠난 말만의 인식은 형식에 불과하며 생명을 유지하기 어렵다. 이 때문에 우리 동양의 선인들은 오래 전부터 넓게는 인간사 전체, 그리고 좁게는 교육에 있어서 언어의 피상적인 과용을 경계하고 생활 속에서의 체험을 중시하였다. 언어가 여러 가지 면에서 세계를 드러내고 진리를 증득하는 데 불충분하고 부족하다는 점이 유가(儒家), 도가(道家), 불가(佛家)의 문헌에 널리 반영되어 있다. 우선《논어》에는 이런 대목이 나온다. 공자는 제자들에게 "언론이 독실(篤實)한 이가 선인이겠는가? 행실이 군자다운 이가 선인이겠느냐? 안색과 어조가 점잖은 이가 선인이겠는가?"[10] 하고 문의한다. 공자의 이 질문에는 말과 외모만으로 선인이나 군자를 분간하기 어렵다는 뜻과 더불어, 더욱 중요하게는 제자들이 그것들을 구분해서 말과 외모보다는 행실에 중점을 두고 잘 처신하라는 당부의 의미가 포함되어 있다.

삶에 있어서 언어의 피상성에 대한 경고는 노장사상(老莊思想)의 근간을 이루고 있다. 노장사상에서 도(道)는 마음에서 마음으로 전달될 수는 있어도 언어나 문자표현으로 전달이 불가능하고, 체득할 수는 있어도 눈으로 볼 수 있는 것이 아니다. 수도계의 품위는 우리의 감각에 의해서 파악될 수 있는 것이 아니다. 그것은 보아도 보이지 않고, 들어도 들리지 않고, 먹어도 맛을 모른다. 그것은 오직 그것을 나의 것, 혹은 그의 것으로 체득함으로써만 존재가 확인된다. 그래서 노장사상의 근간이라고 할 수 있는《도덕경》은 "말로써 표현할 수 있는 도(道)는 실재하

---

10) 論篤是與, 君子者乎, 色莊者乎(論語/先進).

는 도가 아니다"[11]라는 유명한 말로서 시작한다. 그 정신은《장자》에서 다시 이렇게 그대로 이어진다.

> 세상사람들이 말하는 것을 귀하게 여기기 때문에 책이 존재한다. (그런데) 책은 말에 지나지 않으며 말에는 소중한 것이 있다. 말이 소중한 것은 뜻 때문이다. 뜻에는 추구하는 바가 있다. (그러나) 뜻이 추구하는 것은 말로는 전할 수 없다. 그런데도 세상에서는 말을 소중하게 여기기 때문에 책을 전하고 있다. 세상사람들이 (그것을) 아무리 소중히 여긴다고 하더라도 나(장자)는 소중하게 여기지 않는다. (왜냐하면 소중히 여겨야 할 것은 뜻이지 말이 아니기 때문이다. 따라서) 그들이 소중히 여기는 것은 진짜 귀한 것이 아니다. 눈으로 보아서 보이는 것은 형체와 색깔이고, 귀로 들어서 들리는 것은 말과 소리이다. 슬프도다! 세상사람들은 형체 · 색깔 · 말 · 소리로 '道'의 참모습을 터득할 수 있다고 생각하는 것이! 이런 것들로는 도의 참모습을 터득할 수 없는 것이다. 그러므로 '(참으로) 아는 사람은 말하지 않고 말하는 사람은 알지 못한다'는 뜻을 세상사람들이 어찌 알겠는가![12]

불가에서는 말없음으로써 말없는 데 이르는 것을 의미하는 '선(禪)'과, 말로써 말없는 데 이르는 '교(敎)'를 구분한다. 그렇지만 '교외별전(敎外別傳)'이라는 말에 함축되어 있듯이 도(道)의 전파에는 항상 선의 요소가 가미되어야 할 것이 강조되어 왔다. 불립문자(不立文字)를 표방하는 동양의 선가에서는 입으로만 외워서 마음의 문제를 해결할 수 없다고 한다. 그래서 마음으로 행해야 할 내용을 지도함에도 불구하고 제자가 말로 그 대답을 요구할 때 스승은 이른바 '할(喝)'로서 대하였다.

---

11) 道可道非常道(道德經/1章)

12) 世之所貴道者, 書也. 書不過言, 語有貴也. 語之所貴者, 意也. 意有所隨. 意之所隨者, 不可以言傳也, 而世因貴言傳書. 世雖貴之, 我猶不足貴也. 爲其貴非其貴也. 故視而可見者, 形與色也, 聽而可聞者, 名與聲也. 悲夫! 世人以形色名聲爲足以得彼之情! 夫形色名聲, 果不足以得彼之情. 則'知者不言, 言者不知' 而世豈識之哉!(莊子/天道)

할은 전달하려는 내용을 담은 말이 아니라 역설적으로 벽력같은 고함소리와 같은 것이다. 그것이 제자가 계발의 한계를 뛰어넘거나 앞으로 나아가게끔 그의 마음을 세차게 흔들어 놓는 교육적 기능을 할 것으로 보았다. 말은 체험을 대신하지 못한다. 체험내용을 말로 전달하려는 것은 무모한 시도이다. 그렇다면 체험을 형성하도록 돕는 것, 다시 말하면 상대의 내면적인 변화를 촉구하는 것만이 중요하다.

교육이 언어적 실천 이상의 것임은 서양의 교육사상에도 널리 강조되어 왔다. 비록 서양의 철학이 대부분 언술과 지성화에 토대를 두고 있다 하더라도 그런 철학적 실천이 교육에서는 적용되기 어렵다는 점은 여러 학자에 의해서 지적되었다. 사물과의 직접적인 경험이 없이 언어가 그 경험을 대표하리라는 가정은 매우 태만한 발상이다. 그럼에도 불구하고 언어화된 지식을 단지 수동적으로 반복해서 암송하는 것을 곧 이해한 것으로 간주하는 방식의 실행이 교육의 이름으로 자주 일어나고 있는 것이 사실이다. 서양의 교육사상가들은 이런 무반성적인 폐단을 '언어주의(verbalism)'라는 이름으로 경계하였다. 이에 주목하여 그것을 최초로 비판한 사람은 에라스무스(D. Erasmus: 1469~1536)였다. 그는 어린이들이 새로운 관념을 획득하는 것은 단순한 기계적 암송에 의한 것이 아니라 사물과 그림이나 구체적인 이야기를 통해서 이루어진다고 주장하였다. 또한 언어의 습득은 문법규칙의 기억과 전혀 다른 것임을 밝혔다. 이어서 코메니우스(J. Comenius: 1592~1670)도 그의 《세계도회》의 서문에서 "어린이들이 알지 못하고 사물의 이름을 부르는 일이 없도록 해야 하고, 사물을 알면서 그 이름을 모르는 일이 없도록 해야 한다"고 강조하였다.

루소(J.J. Rousseau: 1712~1778)도 언어주의에 강력하게 반발한 사람의 하나이다. 그는 좋은 것을 너무 빨리 말로 배우려는 당대의 세태를 《에밀(/1983)》에서 이렇게 풍자한다.

> 내게 가장 우스꽝스러운 행동을 그리라면 어린이들에게 교리문답을 가르치

> 는 현학도를 소재로 택할 것이다. 인간의 지고(至高)의 의식이 아니고서는 믿을 수 없는 신비를 어린이에게 가르쳐서 어쩌자는 건가? 어떤 말을 되풀이해서 이해가 가능하다면 왜 앵무새를 어린이와 함께 천국에 살지 않게 하는지 나는 알 수 없다(p.117).

루소는 언어만으로 높은 수준의 지식을 얻으려고 하는 것을 교육적으로 가장 나태하고 무모한 방법으로 보면서 "말로만 하는 교육은 결국 말 많은 인간을 만들어 낼 뿐이다(p.85)"라고 경고한다. 그는 대신 사물의 인식은 언어가 없이도 가능하며 사물과의 직접적인 접촉이 중요하다고 보았다.[13)]

교육과 언어적 소통을 구분하는 이런 취지는 그 후 이름난 교육론자들에 의해서 계승되어 오고 있다. 루소의 영향을 받은 페스탈로치(J. Pestalozzi: 1746~1827)는 언어와 사물의 통일을 기하려고 노력했다. 언어생활은 인간의 중요한 특징이다. 그러나 교육은 언어생활의 연장선상에서 이루어지는 것이 아니라 실제의 체험을 통해서 그 언어생활의 근거를 마련하는 과정이다. 이런 교육의 특수한 상황에 대한 인식은 프뢰벨(F. Fröbel: 1782~1852), 몬테소리(M. Montessory: 1870~1952), 듀이, 피아제 등에 의해서 면면히 이어지고 있다. 이들은 전통적인 철학자들이 가정하는 바와는 달리 우선 지식이 단순히 언어로 표현될 수 있는 것 이상의 복잡한 실체임을 알고, 우리가 아는 것을 단순히 말로 하면 그것이 곧바로 다른 사람에게 전달될 수 있는 것이 아니라는 점을 강조해 왔다. 이런 전통은 다행히도 지식은 결국 인식주체의 구성활동에 의해서만 형성될 수 있음을 표방하는 최근의 구성주의 운동에까지 연결되고

---

13) 루소의 경우 자연을 대신하는 것이 바로 교육이다. 이런 교육관은 오늘날의 관점에 비추어 볼 때 다소 동의하기 어려운 면이 있다. 그러나 교육이 우리의 체험범위를 벗어나는 실재와의 부단한 상호작용을 요구하는 것으로 본다는 점에서 교육적 인식론의 입장에서 매우 의미있는 발언으로 평가할 수 있다.

있다. 이렇게 인식된 교육의 특징이 오늘날 서양의 인식론이 봉착한 문제를 교육적 실천에 호소하여 해결할 수 있는 활로를 활짝 열어 주고 있는 것이다.

우리는 지식에 대한 종전의 개념을 개선하였다. 지식은 흔히 철학자들이 생각하듯이 명제의 형식으로 언표될 수 있는 것 이상의 암묵적인 차원을 가지고 있다. 우리는 또한 지식이 구조의 형태를 띠는 것으로 정의하였다. 지식은 경험주의자들이 가정하듯이 자극과 반응의 누적이나 습관체제가 아니라 상호간에 구조적인 관련을 갖는 내면화된 행위의 체제이다. 이렇게 지식을 새롭게 정의할 때 비로소 우리는 오늘날 정보의 시대라는 이름으로 세상에 나돌고 있는 지나친 낙관주의에 대한 방비가 필요함을 알 수 있게 된다. 정보의 바다라는 말이 등장할 정도로 각종 정보에 접할 기회가 기술적으로 엄청나게 확장되었다. 그러나 그 정보가 곧바로 지식이 되는 것은 아니다. 낱낱의 정보는 그것들을 어떤 주제나 목적에 맞게 범주화하고 조직하지 않는 한 그 속에 빠져 헤어나지 못할 우려도 있다. 문제는 우리가 스스로 수많은 정보를 선별하고 평가하면서 어떤 주제나 대상에 대한 인식체계를 형성하는 것이다. 이 때 비로소 그것들은 인격적 지식의 한 요소가 될 수 있다. 이런 새로운 지식관을 수용한다면 우리는 지식을 획득하는 방식에 있어서도 이전과는 다른 전략을 수용해야 한다.

우리가 어떤 인식대상의 의미를 구성할 때 그 대상의 개별적인 요소들을 독립적으로 지각하는 것은 불가능하다. 어떤 실체나 경험들의 완전한 의미는 그것을 부분으로 삼고 있는 구조 안으로 통합되어야만 인식할 수 있다. 지식을 얻는다는 것은 아이디어, 신념, 그리고 정보를 양적으로 쌓아 올린다는 것이 아니다. 그것은 그것들을 모종의 구조화된 형태로 연결시키는 것을 의미한다. 이 때문에 지식의 형성에 있어서는 컴퓨터가 그러하듯이 기억하는 것만이 능사가 아니라 기억내용을 어떻게 조직하느냐 하는 문제에 더욱 많은 관심을 가져야 한다. 말하자면 지식의 형성은 외부로부터 유입되는 정보의 수용이나 재현이 문제되는 것이 아니라 우리가 자신의 경험을 동화하고 조직하는 데 필요한 지식의 요소들을 찾고 그들을 하나의 체계로 구성하는 별도의 작업을 요구한다.

지식의 향상은 지식의 변화를 함축한다. 그렇다면 지식의 변화란 무엇을 의미하는가? 그것은 하나의 인지구조가 다른 인지구조로 전환되는 것을 의미한다. 이 점에서 지식의 발전은 누적(accumulation)이 아니라 변형(transformation), 즉 이전의 인지구조가 와해되고 새로운 인지구조가 형성되는 과정으로 보아야 한다. 이 경우 전체구조가 달라지기 때문에 이전의 요소는 이후의 요소로 편입될 때 전혀 다른 의미를 갖는다. 이는 마치 형태심리학자들이 검토한 바 있는 갑작스러운 통찰과 같은 것이다. 그 발생적 관계는 이전의 단계가 이후의 단계에 대해서 모종의 조건을 제공한다. 이 때 하위단계는 자신을 구성했던 요소들이 새로운 구조에 흡수되어 통합됨에 따라 해체된다. 그러나 이 경우 그들이 완전히 없어지는 것은 아니고 좀더 높은 수준의 포괄적인 단계에 흡수되어 이전과는 다른 의미의 것으로 변하는 것이다. 왜냐하면 그것에 의미를 주는 요소들과 그들의 조합형태가 변했기 때문이다.

그런 형태변화를 어떻게 유도해 낼 수 있느냐 하는 것이 교육적 인식론에서 지식의 증득과 관련하여 해결해야 할 중요한 과제이다. 여기서 우리가 먼저 검토해야 할 것은 흔히 말하는 '내면화(internalization)'라고 하는 것이다. 이는 다분히 경험주의의 인식론에서 발단한 개념으로서 일단의 외재하는 지식이 한 개인의 머리 속에 들어간다는 식의 인상을 준다. 그렇게 넣어 주는 것이 교육이라는 생각조차도 있다. 그러나 그런 과정은 실제로 어디에서도 찾아 볼 수 없는 이론적인 가상에 불과하다. 우선 외부에 어떤 객관적인 지식체계도 있는 것이 아니다. 또한 그런 것이 있다고 하더라도 그것의 의미를 발생시키는 것은 체험이며 그 체험은 내부로부터 형성된다. 그런 체험의 형성을 나타내기 위해서 오늘날에는 '체득(interiorization)' 혹은 '점유화(appropriation)'라는 특수한 개념이 도입되기도 한다.

지식은 결국 인식주체와 환경의 상호작용에 의해서 형성된다고 할 수 있다. 여기서 우리가 유념해야 할 것은 우리의 밖에 있는 것으로 가정되는 환경은 불변의 실재로 존재하는 것이 아니고 주체의 체험구조의 상태나 변화에 의해서 그 의미와 존재양태가 달라진다는 사실이다. 인간은 전체 세계를 자신의 체험구조에 의해서 만들어 내고, 그 세계는 다시 그들 자신을 변화시킨다. 예컨대, 우리가 무능할 때에는 장애물로 보였던 것이 그것을 극복할 수 있는 능력이 생긴 이후에는 더 이상 장애물이 되지 않는다. 마찬가지로 인식주체가 변화하면 그에 따라 환경도 전에 예상하거나 예감하지 못했던 방식의 심오한 해석을 허용한다. 이 점에서 지식은 인식자와 독립적으로 존재하는 세계의 속성, 구조 또는 사건이 아니고 또한 순수하게 주관적인 것도 아니다. 그것은 인식자의 체계와 환경 사이의 상호작용의 축적된 경험과 다를 바 없는 것이다.

이 점에서 지식의 변화는 불가피하게 주관 혹은 객관의 어느 하나에 의존해서는 안 되고, 그들간의 상호작용에 의존해야 한다는 것이 분명해진다. 상호작용이란 한편은 능동적인 것, 다른 편은 수동적인 것으로 보아서는 안 된다는 것을 의미한다. 이 점이 인정된다면 우리는 지식의 형성과 발전을 인식주체의 적극적인 활동에 의존할 수밖에 없다. 우리 밖의 환경은 항상 우리가 체험하지 못한 것을 포함한다. 환경과 부단히 상호작용하며 이전의 상호작용의 방식으로는 평형을 유지할 수 없는 난관과 문제사태에 봉착한다. 여기에 새로운 것에 대한 우리의 체험이 보장된다. 여기서 강조하는 체험은 경험주의적 인식론자나 자연적 교육론자들이 가끔 강조하는 감성적이고 감각적인 경험을 지칭하는 것이 아니라는 것은 말할 필요가 없다. 그것은 우리의 외부에 존재하는 실재와의 상호작용과 접촉, 그에 따른 인지상의 불균형의 경험, 그리고 그 불균형을 수용하는 데 필요한 내부적인 적응의 과정을 포괄하는 개념이다.

인식주체와 환경은 끊임없는 균형을 유지해야 한다. 정상적인 경험은 그 양쪽 조건간의 교섭이다. 그 상호작용을 합하여, 그들은 하나의 상황을 형성한다. 한 개인이 이미 그 환경과 원만한 상호작용을 하고 있다고 할 때 거기에는 문제가 있을 수 없다. 그러나 그렇지 못할 때 그것은 그 개인에게 있어서 문제상황이다. 모든 문제상황은 항상 새로움과 도전을 포함하고 있기 때문에 그것을 과거의 것으로 대처할 수는 없다. 새로운 인지요소의 추가, 즉 이전의 체계로 동화할 수 없는 요소와의 만남은 전체의 안정과 균형을 교란하고 그것과 관련된 전체의 수정을 요구한다. 지식의 발전은 이 요구에 적극적으로 대응함으로써만 가능하다. 이런 상황에서 우리가 취할 수 있는 것은 새로운 상황에 부합하지 못하는 이제까지의 경험을 재조직하는 것이다. 그로부터 얻어진 새로운 균형화가 문제를 해결하고 지속될 수 있다면 그만큼 그것은 더 안정된 체계라고 할 수 있다.

여기서 우리는 특정 분야에서의 선진과 후진을 새로운 경험에 대한 적응의 수준으로 파악할 수 있다. 한 개인이 문제상황에 봉착하여 그것을 해결했을 때에 그것은 더 이상 문제상황이 될 수 없다. 개인간의 품위의 차이란 바로 그런 문제상황에 대한 체험적 구조를 개선한 역사를 반영한다. 서로에게 특수한 환경으로서 선진과 후진의 만남은 다른 말로 표현한다면 서로 다른 체험구조들을 가진 사람들의 만남이다. 그들은 서로 다른 방식으로 세계를 바라보고 대처해 나간다. 이들은 서로 다른 구조를 가지고 있기 때문에 같은 정보를 접해서도 그것을 다른 의미로 받아들인다. 뿐만 아니라 선진과 후진은 문제와 해결에 대한 규정 자체가 다르다. 대개 선진에게는 문제가 되지 않는 상황이 후진에게는 문제가 된다. 또한 선진이 해결한 것을 후진은 아직 해결하지 못한 상태에 있다. 이 때문에 선진과 후진은 서로가 현재의 상태로 동화되거나 이해될 수 없는 이질성을 가진 특수한 환경을 구성하고 있다.

우리가 스승과 제자간의 교육적 상호작용이라고 말할 때 그 상황은 선진과 후진의 이러한 교섭양상이다. 문제를 이렇게 규정한다면 그 교섭의 양상이 얼마나 복잡한 것인지가 드러난다. 선진과 후진 사이에는 서로 다른 체험의 역사가 있고 차이가 있다. 이 때문에 그들의 차이는 일시에 해결될 성질의 것이 못된다. 그 차이를 줄이는 방법은 선진이 지나온 체험의 역사를 후진 쪽에서 반복하는 것이다. 이 때문에 선진으로서 스승은 후진인 제자의 어떤 내면상태가 문제를 일으키는지 주시하고 그것을 해소할 수 있는 경험을 제공하거나 촉진하는 일이 불가피하다. 또한 제자인 후진은 선진이 그에게 말한 것을 단순히 내면화할 것이 아니라 선진의 체험의 역사를 재창조하여 그것을 체득 혹은 점유화해야만 한다. 여기에는 그에 상응하는 일단의 활동들이 포함되어 있다.

이런 특수한 교육의 조건은 일찍이 관념론의 선험적 가정을 부정하고 교육적 실천을 도입하여 그것을 검증하려는 듀이에 의해서 주시되었다. 듀이(1916)는 우선 교육을 경험의 계속적인 재조직과 재구성의 과정으로 보았다. 이 때 재구성은 무엇을 의미하는가? 그것은 바로 지금까지 우리가 말한 지식의 성질을 암묵적으로 시인하고 있다. 앞에서 우리는 지식이 구조라는 점을 충분히 검토하였다. 어떤 하나의 정보내용의 의미는 그것 자체로서 얻어질 수 없으며, 다른 정보내용과의 관계에서만 나온다. 어떤 대상에 대한 경험은 그 대상이 갖는 전체적인 형태를 파악할 수 있도록 통합되어야 한다. 지식의 성장은 선진이 그의 수준에서 말하는, 소화할 수 없는 정보를 단순히 누적시킴으로써 형성되는 것이 아니다. 한 단계의 정보가 다음 단계에서 다른 의미로 전환될 수 있을 정도로 형태의 변화가 일어나야 한다. 말하자면 하나의 새롭고 이질적인 정보를 구조적으로 새롭게 수용하는 데 있어서 기존의 지식이나 정보의 전반적인 재조정이 필요하며, 그 경우에 한해서 우리는 새롭게 지식을 형성했다고 말할 수 있다.

이 점에서 일찍이 듀이가 교육을 '경험의 재구성'으로 규정했던 것은 놀라운 통찰을 반영한 것으로 재평가될 수 있다. 이처럼 그는 당시로서는 상상하기 어려운 선진적 안목을 가지고 있었기 때문에, 교육이 단지 교과서의 읽기나 듣기로 대치될 수 있는 것처럼 진행되고 있는 학교의 실천을 문제시할 수 있었다. 지식은 인식대상과의 적극적인 상호작용과 반성적 활동을 통해서 획득된다. 적극적인 활동보다 언어적 기술이 더 중요하다고 설득받은 사람은 사회적 효과는 얻을 수 있을지 몰라도 진정한 의미의 지식을 증득할 수는 없다. 이 때문에 듀이(1933)는 교육에서 언어적 방법이 오용될 가능성에 대해서 특별히 우려하였다. 그의 주장을 직접 들어보자.

> 우선 상징은 의미가 실제로 유관한 어떤 사태의 경험을 그가 가졌을 때에만 의미를 대표한다. 단어는 그 의미가 우리 자신과 사물의 직접적인 접촉 안에 먼저 포함되어 있을 때에만 하나의 의미를 분리하고 보존할 수 있다. 하나의 사물을 전혀 다룸이 없이 단어 하나만을 통해서 하나의 의미를 제공하려고 시도하는 것은 그 단어에서 지적인 의미화를 탈취하는 것이다(p.236).

그렇다면 단순한 언어적 소통에 대한 대안은 무엇인가? 이 문제에 대한 듀이의 해답은 '활동에 의한 학습(learning by doing)'이었다. 그가 활동을 주창하였을 때 그것은 근육운동을 의미하지 않았다. 우리는 자전거를 타보지 않고 그것을 배울 수 없다. 마찬가지로 읽지 않고 읽기를 배울 수 없고, 생각하지 않고 생각하기를 배울 수 없다. 듀이가 활동을 강조하게 된 취지는 바로 거기에 있었다. 이와 관련하여 듀이(1933)는 (1) 문제의 지각, (2) 문제의 정의, (3) 문제해결을 위한 가설설정, (4) 문제와 해결방식에 대한 논리적 추론, (5) 행위를 통해서 발전된 가설의 검증이라는 유명한 5단계의 문제해결 과정을 구체적으로 제안하기도 하였다.

이런 해결방식은 인식자와 환경의 조우에 의해 새로운 체험을 형성한다는 우리의 인식론적인 입장과 일맥상통한다. 듀이(1963)의 문제해결 과정에 대한 이러한 관점은 그것을 제안한지 약 30년이 경과한 후에도 일관되게 유지된다.

> 문제들은 사고의 자극제이다. 그러나 어떤 주어진 경험이 이전과는 친숙하지 않은 분야 속으로 빠져 나오지 않는 한 문제란 일어나지 않는다. 현재의 경험 안에서 발견되는 조건들이 문제의 원천으로 사용되어야 한다는 것은 경험에 토대를 둔 교육과 전통적인 교육을 구별하는 하나의 특징이다. 후자의

> 경우 문제는 밖으로부터 설정되었다. 그럼에도 불구하고, 성장은 지력의 행사에 의해서 극복될 현재의 곤란에 의존한다. 한번 더 강조하지만, 교육자는 두 가지를 똑같이 주시할 책임이 있다. 첫째, 문제는 현재에 진행되는 경험의 조건으로부터 나온다. 그리고 그것은 학생의 능력범위 안에 있다. 둘째, 문제는 학습자가 정보와 새로운 아이디어를 적극적으로 추구하는 동기를 부여해준다. 그로써 얻은 새로운 사실들과 새로운 아이디어는 새로운 문제가 제시되는 한 단계 위의 경험을 위한 토대가 된다. 그 과정은 하나의 연속적인 나선형적 진행이다(p.79).

위의 주장에서 주목할 점은 듀이가 말하는 문제는 외부로부터 객관적인 형태로 제공되는 것이 아니라 어디까지나 학습자의 관점에서 정의되어야 한다는 것이다. 그가 보기에 전통적인 교육의 병폐는 문제를 밖에서 설정했다는 것에 있었다. 그러나 주체를 떠난 객관적인 문제란 존재하지 않는다. 우리의 관점에서 볼 때 선진과 후진이 당면한 문제는 동일한 것이 아니다. 후진에게 문제인 것이 선진에게는 사실상 문제상황이 아니다. 그들은 그들 나름의 현 상태에서 각자의 문제를 가지고 있다. 따라서 선진의 문제를 후진의 것으로 착각하고 그것을 후진에게 해결하도록 요구하는 것은 강요와 다름없다. 따라서 듀이는 학교의 교사들이 학생이 처한 현재의 능력과 상황에 비추어 문제를 알맞게 규정해야 함을 강조하고 있다.

듀이에게 있어서 교육은 문제의 제거가 아니라 문제의 수준을 점차 격상시키는 데 있었다. 선진의 입장에서 후진은 아직 미숙한 상태에 있기 때문에 응당 문제로 느껴야 할 것을 문제로 받아들이지 않을 수도 있다. 따라서 후진에게 문제를 유발시키고 그것을 점차적으로 풀어나가는 능력을 키워주는 일이 중요하다. 후진의 입장에서 규정된 문제가 옳은 것이라면, 후진은 스스로 그것을 풀고자 하는 동기를 갖고 그것에 적극적으로 개입하여 대처하게 될 것이다. 그러나 문제가 해결되었다 하더라도 그 해결 또한 완전한 것은 아니다. 따라서 문제와 해결의 과정은 교육에서는 끊임없이 반복되어야 한다. 위의 인용에서 마지막에 나오는 나선형적 진행은 이처럼 교육을 통해서 문제와 해결의 수준이 점차 고급화되는 것을 의미한다. 학습자는 좀더 넓은 세계와의 부단한 접촉을 통해서 새로운 문제를 발견하고 그것을 해소하는 정보와 아이디어를 얻어냄으로써 좀더 발전된 지식을 획득할 수 있게 된다.

놀랍게도 이런 듀이의 해법은 그와 아무 연관성이 없이 발전한 근래의 구성주의 운동에서도 발견된다. 구성주의는 인간을 포함하는 모든 유기체가 그 자체로서 구조임을 천명한다. 태아의 팔, 손가락, 머리, 허파, 눈은 처음에 하나의 구조화된 전체로부터 분화되면서 발달한다. 잘 구조화된 손, 다리, 허파, 눈은 그것을 서로 분리시켜 만들어서 하나로 조립할 수는 없다. 개인의 부분은 분화, 조정, 그리고 구성의 과정을 통해서 발달한다. 인간의 마음 역시 신체의 경우와 마찬가지로 그 자신을 조직함으로써 세계를 조직하는 것으로 되어 있다. 이런 관점은 접수되는 정보를 하나씩 쌓아올린다는 식의 고전적 행동주의와 대조되는 관점으로서 주로 피아제를 필두로 점차 하나의 학설로 등장하였다.

피아제는 지적인 발달을 환경과 우리 유기체 내부의 체험구조의 균형이 확장되어 나가는 적응과정으로 본다. 우리의 마음은 외부의 새로운 정보를 있는 그대로 받아들이는 것이 아니라 이미 구성되어 있는 구조로 받아들인다. 즉 새로운 자료를 이미 알려진 것의 한 사례로 취급한다. 이것을 피아제는 '동화(assimilation)' 라고 한다. 그러나 생활 속에서 우리는 쉽게 동화할 수 없는 예상치 못한 상황에 처한다. 이는 기존의 체계에 문제가 있다는 하나의 단서가 된다. 이 경우 외부의 요구사항에 부응하는 새로운 인지체계를 형성할 수 있다. 이를 피아제는 '조절(accommodation)' 이라고 한다. 피아제에 있어서 지적인 발달은 그런 동화와 조절의 과정이 상승적으로 반복되는 것이다. 피아제(1947)의 말을 들어보자.

> 우리는 정신적 활동이 유기체와 환경의 직접적인 상호침투에 추가하여 인

> 식주체와 인식대상이 간접적으로 상호작용함으로써 시작되며, 그것이 결국 시공의 거리를 끝없이 확장시키고 끝없이 복잡한 행로로 진행되는 효과를 가져온다는 것을 이해할 수 있다. 지각과 습관에서 시작하여 상징적인 행동, 기억에 이르기까지, 그리고 더 나아가 추리 및 형식적 사고에 이르기까지의 모든 정신적 활동의 발달은 이처럼 상호작용의 거리를 점차 증가시키는 하나의 기능이며, 따라서 행위 자체에서 점차로 분리된 실재의 동화와 전자에서 후자에로의 조절간의 평형화를 증진시키는 기능이다(pp.8-9).

피아제가 말하는 평형화(equilibration)는 우리 내부의 자연적인 과정으로서 우리가 말하는 교육보다는 더욱 포괄적인 개념이다. 그의 평형화이론은 인지구조가 기존의 형태로 해소할 수 없는 모순들을 해소함으로써 좀더 수준 높고 포괄적이고 안정적인 형태를 산출한다는 것을 시사한다. 이런 관점에서 종전의 인식론을 비판하면서 피아제는 자신의 것을 《발생적 인식론(/1971c)》이라고 명명하였다. 발생적 인식론은 지능을 생물학적인 적응의 기제에 맞추어 설명하고 있다. 그런 과정은 모든 생물체의 보편적인 자연현상으로 묘사된다. 여기서 피아제의 인식론이 이전의 것과 다른 점은 지식은 외부로부터 주어진 어떤 것을 내면화시킴으로써 습득되는 것이 아니라, 내부로부터 구성함으로써 획득되는 것으로 보았다는 사실이다. 그 구성은 태어나면서 시작해서 성인기까지 끊임없이 계속되는 과정이다. 이 점은 우리의 논의의 맥락과 일치한다. 교육은 어느 특정한 시간과 공간에 한정된 것이 아니다.

그럼에도 불구하고 피아제의 방식을 그대로 따르면서 그의 '발생적 인식론'을 우리가 제안하고자 하는 '교육적 인식론'의 명칭으로 바꾸어 놓는 일이 정당한 것인지는 의문이다. 예컨대, 페트리(H. Petrie, 1981)는 지식의 습득에 있어서 피아제가 가정한 기제에 주목하고 그것에 '교육적 인식론'이라는 명칭을 부여했다. 그러나 피아제의 발생적 인식론과 우리의 교육적 인식론은 적어도 두 가지 점에서 큰 차이가 난다. 하나는 실천성이다. 지식의 구조는 비단 피아제가 가정했듯이 자연적인 과정에 의해서 획득되는 것뿐만 아니라 의도적인 실천에 의해서 추구되어야 할 사항이다. 다른 하나는 그의 적응의 개념과 교육의 차이이다. 우리가 말하는 하나의 자율적인 체계로서 교육은 적응을 포함하는 여타의 모든 것들과 분명한 경계를 갖는다.

유기체로서 모든 인간이 지적으로 적응하는 기제와 선진과 후진의 화해적인 연결점을 모색하는 교육의 과정에는 차이가 있다. 교육은 전자의 과정이 요구하는 사항들을 인정하면서 그것을 좀더 인위적으로 만족시켜 촉진하는 독특한 활동과 대인관계를 포함한다. 피아제가 말하는 조절의 경우는 대부분 타인, 특히 선진과의 상호작용에 의해서 마련된다. 선진과의 상호작용에 의해서 자기의 인지체계와 맞지 않는 높은 수준과의 불균형이 일어나고 그로써 낮은 수준의 것을 재구성하도록 요구받는다. 그리고 그것이 조절과정에 의해 잘 수용됨으로써 우리는 좀더 만족스러운 균형화로 복귀하는 것이다. 후자의 국면이 학문의 발전을 설명하는 데 더 직접적이라는 것은 말할 필요조차 없다.

정신적 구조로서의 지식은 근본적으로 한 사람으로부터 다른 사람에게 전달되는 것이 아니다. 개념들은 각자에 의해서 개별적으로 구성되어야 할 성질의 것이기 때문에 이제 전달이라는 말이 무의미하게 된다. 스승으로서 할 수 있는 일은 그런 구성적 과정과 작업을 교도하고 촉구하여 제자와 공감영역을 가능하게 하는 체험구조를 산출하는 것이다. 그것은 마치 마투라나와 바렐라(1987)의 용어를 빌리면, '구조접속(strukturelle Kopplung)'에 해당한다. 교육에서 중요한 과제는 선진과 후진이 구조적인 접속을 통해 그들의 특정 대상에 대한 지식이 차례 차례로 조율되어 하나의 공감영역을 확보하는 것이다. 이와 관련된 마투라나(H. Maturana, 1987/1995)의 말을 들어보자.

> 구조적으로 유연한 두 개의 복합된 단위들이 서로 상호작용을 하고, 그에 따라 그들이 구조적 변화의 그때 그때의 경로에 대한 선별자의 역할을 한다면, 쌍방 사이에 구조적인 접속이 나타난다. 이는 한 체계의 상태변화가 다시

> 다른 한 체계의 상태변화를 야기하고, 그런 식으로 서로간에 조응한 체계들 사이에 협동된 행동의 영역이 구성되게 한다. 만약 이 과정이 개체발생을 하는 두 생명체계 사이에 나타나면, 인간들 사이에 구축된 공감영역과 구분될 수 없는 조율된 행동의 영역이 형성된다. 그래서 나는 유기체들 사이에서 개체발생적인, 재귀적인 구조적 접속의 결과로서 생기는 조율된 행동의 영역을 공감영역(Kansensuelle Bereiche) 또는 일치영역으로 명명할 것이다(p.111).

교육에서 설명되어야 할 부분은 바로 위에서 말하는 공감영역의 조율이 어떤 경로와 활동을 통해서 가능하게 되느냐이다. 교육의 이러한 비언어적 교류는 주로 도제적 활동(apprenticeship)이라는 주제로 널리 다루어져 왔다. 체험의 구조접속은 양자간의 도제적 관계에서만 형성될 수 있다는 점은 폴라니, 오우크쇼트, 쇤 등 근대의 기술주의적 인식론을 비판하는 학자들에 의해서 줄기차게 주창되어 왔다. 이들은 지식 가운데에는 언어로 기술하기 어려운 국면이 있고, 장기간의 도제관계에 의해서 그것을 익혀나가야 한다는 점을 강조한다.

흔히 도제관계라고 하면 저급의 지식수준을 가진 대상에게만 해당될 것으로 생각하기 쉽다. 말하자면 한때 언어를 보강하는 방식으로 시청각 교육을 강조했듯이 도제적 관계는 당사자들의 언어적 표현과 전달의 미숙성을 보완한다는 의미에서 필요한 것으로 보기 쉽다. 그러나 도제성은 최첨단의 과학의 영역에서도 불가피함이 지적되고 있는데, 그 전단에 서 있는 사람이 폴라니(1958)이다. 과학적 지식은 언제나 명시적 지식에 한정될 수 없다. 그것은 형식적 기준의 수단에 의해서 평가될 수 없다. 예컨대, 대가들의 몸 안에 있는 지식의 세부적인 사항을 언어로 설명할 수 없다. 따라서 대가로부터 배우는 도제는 그 대가가 보이는 모범과 대상을 취급하는 방식을 신뢰하고 그를 따라야 한다. "모범을 보이고 있는 대가를 관찰하고, 또 그가 애써 행하고 있는 것을 따라 함으로써 도제는 자신도 알지 못하는 사이에, 대가 자신도 명시적으로 알고 있지 못하는 것까지를 포함하여 기예의 규칙들을 습득하게 된다(p.53)."

폴라니(1964)는 특히 과학적 판단력(scientific judgement)에 관한 부분만큼은 오직 도제적 관계에서만 형성될 수 있음을 강조한다.

교육의 방법은 어떤 도식적인 '방법론' 보다도 세련되고 미묘한 것으로서, 그 결과는 형식논리로서 정당화되는 것 이상으로 경험이 풍부한 연구자의 온당한 판단에 의존하고 있다. 이런 판단은 그런 것을 체득한 사람과의 접촉에 의해서 몸에 익히지 않으면 안 된다. 모든 학문적인 말의 의미와 참됨은 그 언어의 뿌리인 삶의 체험에 근거한다. 실험실이나 연구실에서 도제로서의 제자는 스승의 일을 돕는 가운데 스승의 학문적인 의도가 무엇이며, 현재 어떤 문제가 제기되고 있으며, 그것을 풀어나가는 데 어떤 절차를 거쳐야 하며, 연구물이 출판되고 난 후에 어떤 반응이 나오는지를 목격하고 실감한다. 말하자면 그는 하나의 지식체계를 그것이 생산되고 발표되고 선별되는 절차와 더불어 이해할 수 있다. 영어의 'discipline' 이라는 말은 원래 이런 도제적 연마와 수습의 의미가 담겨 있다. 학문의 삶 자체에 몰입하고 그 방법적 절차에 익숙함으로써 제자는 스승의 지식을 단순히 수용하는 단계를 넘어서서 독립적으로 그를 능가할 수 있는 준비를 갖출 수도 있게 된다.

똑같은 논지가 오우크쇼트(1962)에 의해서도 강조되었다. 특별히 정치에 있어서의 근대적인 합리주의를 비판하는 가운데 그는 서로 분리할 수는 없지만 분명히 강조점에 있어서 차이가 나는 두 가지 상이한 종류의 지식, 즉 이른바 '기법적 지식(technical knowledge)' 과 '실천적 지식(practical knowledge)' 을 구분한 바 있다. 이것들은 모든 종류의 지식에 다소나마 공존하는 것으로서, 그 중 어떤 것을 강조하느냐에 따라서 지식의 의미와 그것을 전달하는 방식에 있어서 중요한 차이가 난다. 기법적 지식은 규칙의 형태로 명문화된다. 자동차 운전에 관한 기법적 지식은 교통법규에 나와 있으며, 요리의 기법은 요리책에 들어 있고, 자연과학이나 역사 분야에서의 발견의 기법은 그 분야에서의 연구, 관찰, 증명의 규칙으로 명시되어 있다. 이에 비해서 실천적 지식은 규칙의 형태로 명문화되지도 않고 이론적 성찰의 대상도 되지 않으며, 오직 사용되는 과정을 통하여 그 존재가 드러난다. 이것은 활동하는 사람이라면 누구나 가지고 있는 것으로서, 다만 그것은 명문화된 언어를 통해서 습득된다기보다는 구체적인 활동 자체를 통해서 숙련된다. 오우크쇼트는 지식의 이런 두 가지 측면 혹은 지식관을 지적하고, 근대의 합리주의적 사고방식이 팽배하게 된 이후로부터 인간의 활동이 주로 기법적 지식만으로 설명될 수 있고, 이러한 지식만이 존재하며, 그것만이 참된 지식이라는 잘못된 생각이 자리잡게 되었다고 비판한다.

지식에는 분명히 실천적인 측면이 있음에도 불구하고 사람들은 그것을 무시하고 오직 책이나 혹은 통신강좌 등 명문화된 언어적 처방만을 중요시한다. 그것조차도 말이나 글씨로 전달하거나 혹은 전달받을 수 있을 것으로 생각하고 그것을 암기하고 암송하고 기계적으로 적용하려고 한다. 그것을 흔히 교수와 학습이라는 말로 잘못 표현한다. 그러나 기법적 지식이 결코 실천적 지식의 측면을 대신해 줄 수 없으며, 오직 실천을 통해서 그 존재가 드러나며, 그것을 획득하는 유일한 방법은 그것을 실습하는 것이다. 그 실천적인 측면의 중요성을 부각시키면서 오크쇼트는 실천적 지식이 오직 '대가에 대한 도제생활(apprenticeship to a master)'을 통해서만 배우고 가르칠 수 있음을 강조한다(1962, pp.10-11).

그런 측면은 근래에 '기술적 합리성(technical rationality)'를 비판하고 '실천의 인식론(epistemology of practice)'을 천명하고 있는 쇤(1988)에 의해서도 지지되고 있다. 그는 모든 실천의 이면에는 얼마만큼의 불확실한 영역(indeterminate zone)이 있음을 강조하면서 그로부터 제기되는 문제는 오직 도제적 실습을 통해서 해결할 수 있음을 역설한다.

실습(practicum)은 하나의 업무(practice)를 배우는 과제를 수행하기 위해서 설계된 장치이다. 업무에 접근하는 하나의 맥락 안에서 학생들은 통상 실무에는 미치지 못하지만 행위함에 의해서 배운다. 그들은 업무를 본받고 단순화시킨 프로젝트를 수행하면서 배운다. 혹은 그들은 밀접한 감독을 받으면서 실무적인 프로젝트를 맡게 된다. 그 실습은 그것이 참조하는 실무가 가진 압력, 주의산만, 위험성으로부터 비교적 자유로운 하나의 가상세계이다(p.37).

문제해결은 어떤 바람직한 결과를 만들어 내는 과정적 절차이다. 문제해결의 방법으로서의 도제활동의 내용은 분야마다 다를 것이다. 고전적인 의미에서 도제관계는 미술, 의학, 법률 등과 같은 실천영역에서 장인 혹은 전문가(선진)와 도제 혹은 초보자(후진)가 구체적인 상황 속에서 작업을 진행시키면서 점진적으로 공통된 의미에 접근해 나가는 방식이다. 이것은 어떤 상황에 대한 양자간의 적극적인 참여를 전제한다. 우리가 말하는 학문계 안에서의 인지체험의 재구성은 보다 특수하게 이전의 인지상태에서 새로운 인지상태에로의 변형을 의미하는 것으로, 탐구하려는 대상세계가 갖는 전체의 맥락 속에서 그것의 전체와 부분, 전반적인 것과 지엽적인 것 사이를 왕래하는 세심한 주의가 필요하다.

그런 도제의 개념이 근래에 사회적 구성주의의 시각에서 도입되고 있다는 점은 더욱 흥미있는 진전으로 보인다(Collins, Brown, & Newman, 1988; Rogoff, 1990, 1993). 예컨대, 로고프(1993)는 이렇게 주장한다.

> 도제식 교육이라고 하는 것은 전문적인 지식을 새로운 실천가로서의 다음 세대에게 전수하는 수단이다. 그것은 초보자를 전문가로 변신하게 하는 통과의례라고 할 수 있다. 또한 그것은 관습적인 수단으로는 쉽게 의사소통이 될 수 없는 것들을 배우는 방식이다. 도제식 교육은 암묵적인 지식들이 오랫동안의 관찰과 경험을 통해서 획득되는 경우에 적용되는 개념이다(pp.xi-xii).

이들이 이처럼 새삼스럽게 도제를 강조하게 된 배경에는 교육에 있어서 오랜 병폐로 지적되어 온 언어주의를 경계하려는 의도가 포함되어 있다.

로고프(1990)는 인지발달에서 부모와 유아의 도제적 관계를 강조하면서 도제교육의 성격을 다음의 몇 가지로 지적한다. 첫째, 도제교육은 특정 영역 내의 선진과 후진의 개인적인 접촉을 전제한다. 둘째, 선진에게 익숙하지만 후진에게는 새로운 과제에 익숙하도록 함에 있어서 그들은 후진의 발달단계에 부합한 수준에서 밀접하게 상호작용한다. 셋째, 모든 활동은 이미 구체적인 맥락적 단서가 보장된 상황에서 일어난다. 여기서 맥락은 각각의 요소를 합한 것 이상의 총체적인 의미를 유발시킬 주변의 유관한 단서가 이미 보장된 공간이라는 뜻이다. 넷째, 선진과 후진은 문제해결을 중심으로 상호작용하며 그것의 결정, 계획, 평가에 있어서 실제로 공동으로 참여한다. 그 과정에서 그들간에 이루어질 수 있는 언어적 소통은 단순한 담론 이상의 실천적인 요소를 포함한다. 말을 하되 그것은 경험 자체를 대신하는 말이기보다는 경험을 유도하는 말이 포함된다. 또한 여기에는 다양한 정서적 · 비언어적 소통의 단서가 포함된다.

도제적인 상황에는 언어나 기술공학적인 것으로 환원할 수 없는 세부요소와 그때 그때의 상황전개에 즉흥적으로 대응할 수 있는 자율적인 조정이 내재되어 있다. 우리는 이제까지 체험에 있어서 세계유관적 맥락의 중요성을 지적해 왔다. 하나의 체험이 갖는 고유한 의미는 그 체험이 포함된 상황적 맥락과 관련되어 있다. 장인과 도제가 만나는 곳은 그런 맥락의 직접성이 이미 확보된 곳이다. 반대로 여기에는 직접 관련이 없는 맥락이 암묵적으로 괄호 속에 묶여 있는 곳이기도 하다. 장인으로서의 스승과 도제로서의 제자는 그들이 공유하려는 품위의 직접적인 표현에 의한 관계보다는 그것을 형성하게 하는 특정한 절차적 과정과 맥락 속에 관계하고 있다.

도제관계는 대량생산으로 특징을 환원시킬 수 없는 수공업적 특성을 가지고 있다. 여기에는 암묵적인 지식을 형성하는 데 필요한 현장에서의 실습, 실험, 관찰, 시범과 같은 세심한 활동이 포함된다. 스승은 명령을 내려 억지로 시키거나 혹은 입으로 백 번을 설교하기보다는 한 번 실행해 보이고 제자가 그것을 따르게 하는 편이 훨씬 유력할 경우가 많다. 한편으로 스승은 제자에게 시범을 보이고, 질문하고, 지시하며, 과제를 부가하고, 질문을 초청한다. 다른 한편으로 제자는 스승에게 질문하고, 토론하고, 읽고, 실험에 참가하고, 시범을 관찰하고, 과제를 수행한다. 이런 활동들은 스승이 단지 언어의 형식으로 지식을 전달하고 제자는 그 지식을 전달받는다는 식의 피상적인 도식의 안이함보다 훨씬 실제적이고 실질적인 것이다.

도제적 상황에서는 상대의 반응에 대해서 즉각적인 반응과 적응이 이루어진다. 여기서는 많은 말들이 생략될 수 있다. 도제관계에서는 언어뿐만 아니라 손짓, 표정, 행동표현, 생활양식 등의 다양한 전달매체가 동원된다. 눈과 미소의 접촉에 의한 피드백이 가능하다. 또한 이미 같이 참여하고 있는 상황이 언어만을 통해서는 얻을 수 없는 혹은 긴 언어를 통해서만 가능한 특수한 맥락을 형성한다. 이를 이용하여 필요한 말만을 생략적으로 사용할 수 있다. 이외에도 상대방의 반응, 얼굴표정과 제스처를 볼 수 있고 목소리를 들을 수 있음을 전제로 한다. 그러나 언어의 측면을 저평가하고 도제적 체험을 중시한다고 해서 교육활동과 언어활동이 서로 상반된다는 인상을 주었다면 그것은 큰 오해이다. 여기서 강조하는 것은 언어를 버리자는 것이 아니라 체험의 근거가 있는 언어를 찾자는 것이다. 혹은 언어를 체험의 근거를 확보하는 방식으로 사용하자는 것이다. 이 때 우리가 고려할 수 있는 것이 앞 절에서 시사한 '교육어' 이다.

장인의 마음 속에 있는 지식 모두가 언술가능한 것은 아니고, 또 언어로써 전달할 수 있는 것도 아니다. 그런 내적인 체험은 도제가 관찰, 접촉, 사고, 계산, 동화와 조절 등 다양한 활동과 절차를 통해서 스스로 내부로부터 성숙시키지 않으면 안 된다. 장인과 도제로서의 스승과 제자 간에는 항상 언어적인 교류도 있었다. 언어란 항상 영적인 유산이 전수되어 내려오는 데 필요한 최상의 중재가 되어 왔다. 이 때 우리가 특별히 주목해야 할 점은 언어의 기능에 관한 것이다. 흔히 언어를 이해의 수단으로 삼는다고 할 때 한 가지 잘못된 편견과 폐단이 있다. 그것은 언어의 기술적인 측면만을 고려하는 것이다. 그러나 우리는 다른 측면, 즉 언어활동 그 자체와 그것이 가져올 화용적 효과의 측면에도 주목할 필요가 있다. 활동은 반응이나 반응의 집합체가 아니라 그 자체의 구조를 가지고 있고, 내적으로 변형하고 발전하는 하나의 체계이다. 교육적 활동은 개인이 교육이라는 세계의 한정된 맥락에서 작용하는 활동이다. 교육의 과정에서 언어는 그런 교육의 활동을 촉구하는 특별한 기능을 할 수 있다.

2.3.4. 단계별 진전

우리는 체험구조로서의 지식의 해체와 재구성에는 도제적 실천이 필요함을 내내 살폈다. 만약 지식이 체계이고 구조라는 관점을 택한다면 지식의 발전은 곧 체계의 변화이다. 말하자면, 지식의 요소가 추가되거나 제거되면 전체의 구조가 재조정의 과정을 밟게 되는 것이다. 여기서 인식주체는 환경과의 상호작용에서 반응체계를 변화시킬 뿐만 아니라 그 반응을 새로운 방식으로 수행한다. 그러나 이 설명에서 빠진 또 하나의 사실을 염두에 두어야 한다. 그것은 그런 해체와 재조직이 기본적으로 지식이 발전하는 하나의 단계를 가정하고 그것을 세밀하게 묘사한 것에 불과하다는 사실이다. 이 점을 망각하면 우리는 다시 전통적인 인식론이 범한 오류에서 멀리 벗어난 것이 아니다.

학문을 통해서 이해하려는 연구대상을 현전 그것 자체라고 보고, 곧바로 그 곳에 이르는 것을 중심으로 진리와 비진리를 구분하려는 이분법이 적용되는 경우가 많았다. 예컨대, 철학에는 정답과 항진이라는 개념 혹은 궁극적인 인간이라는 개념에 의해서 상대주의에 대한 불안을 해소하려고 한다. 또한 많은 사람들은 아는 사람과 모르는 사람, 혹은 정답을 가진 사람과 오답을 가진 사람이라는 이분법적인 척도를 택하고 항상 자신들을 전자의 부류에 넣는 논의를 전개해 왔다. 그러나 현전 자체에 직접 접촉할 길은 없다는 점이 이 저서에서 누차에 걸쳐 지적되었다. 그런 것이 있는지도 확실한 것은 아니지만, 설사 있다고 하더라도 그것에 대한 인식활동은 언제나 그것에 접근해 나가는 정도에 그친다. 우리의 생각들은 가장 단순하고 알기 쉬운 것에서부터 시작하여 계단을 올라가듯이 조금씩 올라가 복잡한 인식에 이른다. 이 때문에 지식을 진리와 비진리 혹은 정답과 오답으로 양분하는 것은 오류이고, 자신이 진리와 정답의 편에 있다거나 그것을 대변하고 있다는 생각은 빠지기 쉬운 함정이다.

지식의 발전은 바로 구조의 계속적인 변형을 의미한다. 말하자면 그것은 이전의 지식의 연장이라기보다는 구조의 수정에 해당한다. 그러나 그 수정은 결코 일회적인 것에 그치는 것이 아니다. 여기서 불가피하게 단계의 개념을 적용할 수밖에 없다. 한 개체의 지식의 발전은 자기 조직을 잃지 않은 채 이렇게 혹은 저렇게 겪는 구조변화의 역사이다. 이를 우리는 지식의 종적 상대성이라는 주제로 논의하였다. 우리는 한 시점에서 한 대상에 대한 지식을 가진다. 그러나 그것은 우리가 개체발생을 거치는 특정한 순간을 말하고 있을 뿐이다. 개체로서 우리는 누구나 하나의 지식에서 출발하며 점차 다음 단계를 거치면서 여러 수준의 지식을 차례로 경험한다. 이로써 구조변화의 역사도 이루어진다. 그 구조변화는 그에 앞선 상태의 영향을 받는다. 즉 한 단계에서 얻어진 내적 구조가 더 높은 다음 단계에서의 지식을 구성하는 외적 자료가 된다. 이런 방식으로 단계의 발생적 연속성이 보장된다.

우리가 말하는 교육은 그러한 지식의 위계 속에서 서로 다른 수준에 있는 선진과 후진 사이에서 일어나는 상호작용의 과정이라고 할 수 있다. 그 다층적인 지식들을 우리는 품위라는 더 일반적인 말로 규정하고, 교육을 매 단계에서 그것을 향상시키는 독특한 활동구조로 이해하였다. 그러니까 교육은 적어도 수도계의 측면에서 볼 때 고정된 시작과 끝이 없다. 우리의 개념에 의하면 교육은 품위의 매 단계에서 시작하여 다음의 단계에서 종료되는 과정을 의미한다. 한 단계의 상구의 끝은 다음 단계의 상구로 열리는 새로운 시작이다. 하화는 바로 그런 상구활동을 돕는 과정이다. 이처럼 교육은 지식발달의 각 단계에서 다시 반복되기 때문에 고정된 정착지를 추구하거나 소망하는 일과는 거리가 있다. 교육의 핵심은 우리의 신념을 최종적으로 확정짓는 토대를 찾는 것도 아니다. 또한 그것은 어떤 완벽한 지식의 체계를 미리 예정하고 사람들을 그것에 부합시키는 과정도 아니다. 오히려 교육의 주된 관심은 그것들을 찾아가는 과정적 절차나 방법의 성실성을 교육이 요구하는 제반 내재율에 맞게 유지하는 데에 있다.

품위의 종적인 위계는 일시에 파악할 수 없고, 단지 교육을 진행시키면서 점차적으로 확인될 수 있을 뿐 어느 누구도 그것을 확정시킬 수 없다. 이 때문에 교육은 그 진전과정에서 각 능력의 수준을 하나의 출발점이라는 점에서 동일하게 취급한다. 여기에서 중요한 것은 품위의 최종적인 형태를 소유하는 데 있지 않고 그것을 향해 가는 과정의 내재율을 충실히 따르는 것이다. 각 단계에서 반복되는 과정으로서 교육은 하나의 품위수준이 아니라 여러 수준의 품위에서 일어나는 것이 가능하다. 교육의 소재가 되는 수도계의 품위를 그 발생적 계열을 따라 성실하게 재생해 나가는 것이다. 이 과정에서 한 가지 분명한 것이 있다면 그것은 그 때마다 올라야 할 계단이 우리 앞에 당면의 과제로 등장하고 있고 그 해법에 있어서 규칙적인 활동이 있다는 사실이다. 각 단계마다 그것에 합당한 표적을 공략할 수 있는 여지가 있기 때문에 모든 수준의 사람들이 각각의 단계에서 그들의 리듬을 만족시키면서 발전할 수 있도록 허용되어야 한다.

선진과 후진의 불일치나 주객의 갈등을 해소하는 길은 오직 품위간의 단순한 이분법이 해소될 경우에만, 즉 품위의 대립이 상대화되고 구조변화의 역사를 반복하여 후진의 것이 선진의 것으로 향상될 수 있을 때에만 성취된다. 이런 교육의 논리에 따른다면 선진과 후진의 인식차이는 유식과 무식보다는 다소간의 상대적인 정당성을 확보하고 있는 서로 다른 품위구조들의 만남으로 보아야 한다. 선진과 후진의 위치는 그 구조발생의 단계가 서로 다르다. 그렇기 때문에 그들의 만남은 항상 대립과 몰이해의 형태로 나타난다. 이처럼 두 개의 대립되는 인식체계 혹은 이론간에 그 상대적 위치를 판정하기 위해서는 우선 그들 사이의 불평등한 주관성과 지적 지위를 인정하고 그 차이를 제거하는 노력이 이루어져야 한다.

진리의 절대적 궁극성은 실재하지 않는다는 말이 절대적 지식을 기대하는 인식론자들에게 허무주의 혹은 염세주의를 배태시키는 원인이 되기도 한다. 그러나 교육의 세계는 완전무결이라는 것이 인간생활과는 거리가 있음을 애초부터 전제한다는 점에서 품위의 점진적이고 부분적인 개선에 만족할 수 있어야 한다. 지식에는 절대성은 없지만 상대적인 위계가 존재한다. 교육은 우열의 상대성을 인정하고 낮은 곳에서 높은 곳으로 이동하는 경험의 흐름을 보장하는 활동 자체에 큰 의미를 부여한다. 그런 의미의 상대적 품위에 대한 기대가 바로 교육의 유희를 허용한다. 유희는 진지함 혹은 심각함에 대한 반대어가 아니다. 교육은 '진지한 유희'라고 할 수 있다. 여기서 말하는 유희는 최종적인 수준의 달성이 불가능하다는 사실을 비관적으로 받아들이지 않는 여유를 가진 활동을 말한다.

교육적 인식론에서는 어떤 형식적 예측보다는 서로의 능력을 토대로 해서 나온 사실적 기원을 존중한다. 인식의 문제를 해결하는 데 있어서 교육적 인식론이 갖는 특별한 특징과 장점은 바로 교육 안에 내장된 이런 점진적인 원리를 이용한다는 점이다. 교육이 진행되는 발전의 계열은 논리적 계열이 아니라 발생적 계열이다. 사실상 우리가 상정하는 상이한 단계에는 형식논리가 적용될 수 없다. 우리는 그 계열을 미리 예측할 수 있는 논리적 형식이나 공식을 가지고 있지 않다. 이 점을 두고 흔히 과학철학에서 '불가공약성'이라거나 혹은 '혁명'이라는 거창한 말로 단계간에 서로 상응할 수 없는 불연속성이 있는 것으로 부각시키는 경향이 있으나, 그것은 어디까지나 그 주장자가 논리성이라는 범주에서 그것을 바라보고 있기 때문이다. 만약 우리가 결과상의 형식적인 형태를 떠나 발생적 연속성과 진화과정에 주목한다면, 그리고 그 주장자 자신도 그 연속선상의 한 위치에 있다고 생각할 수 있다면 근본적인 인식론의 난점이 쉽게 해소될 수 있을 것이다.

과거의 경험과 현재의 경험과 미래의 경험은 경험의 재구성에 의해서 사실상 논리적으로 모순된다. 그럼에도 불구하고 이전의 경험이 이후의 경험의 토대가 된다는 점에서 발생적으로 불가분의 관계에 있다. 즉 경험내용으로는 불연속적이지만 형성과정으로는 연속적인 관계를 가지고 있다고 말할 수 있다. 교육은 그런 품위의 다수준성을 고려하고 형성과정과 시간적 순서를 존중한다. 교육은 주체가 자신의 과오 혹은 부족함을 거부하기보다는 인정하고, 또 그것을 맹목적으로 건너뛰기보다는 오히려 그것을 단계별로 통과하면서 자신의 길을 다져간다는 사실을 중시한다. 이 점을 우리는 상구의 경우는 순차, 그리고 하화의 경우는 역차의 요소로 포섭한다. 그것을 다음과 같이 표시할 수 있을 것이다.

순차: x1 → x2 → x3 → x4 →
역차: x4 → x3 → x2 → x1 →

교육의 한편에서 낮은 수준의 지식을 가진 후진은 스스로 여러 단계의 상구를 통해서 자신을 완성하면서 높은 수준의 지식을 알게 된다. 위의 표에서 x1의 단계에 있는 사람이 곧바로 x4의 단계를 성취하는 것은 불가능하다. 그는 훨씬 앞선 것에 대한 자신의 조급함에도 불구하고 x2와 x3라는 중간단계를 거치는 발생적 과정을 존중해야 한다. 교육의 다른 한편에서 높은 수준의 지식을 가진 선진은 후진이 곧바로 자신의 품위를 획득하거나 이해할 수 있으리라고 소박하게 생각해서는 안 된다. 자기 지식의 상대적인 우위를 입증하기 위해서 그는 낮은 단계에 얽매어 있는 상대에게 자신이 이미 거친 도야의 도정을 반복하도록 도울 수밖에 없다. 예컨대, 그가 가진 x4를 x1의 단계에 있는 후진들에게 입증하려면 x2와 x3라는 사다리의 계단을 그들에게 내려주어야 하는 것이다. 그는 자신의 위치에서 낮은 단계로 하강하여 상대가 각 단계를 출발점으로 자신의 단계에까지 이르도록 촉구해야 한다.

이 때문에 교육에서 가장 중요한 것은 그때 그때 알맞은 수준의 목표를 설정하는 것이다. 그것은 어디까지나 상구자가 현재 처한 지식수준을 기준으로 삼아야 한다. 그에게 있어서 조금은 도전적이고, 그러나 너무 어렵지 않다고 생각되는 과제가 항상 목표로 작용해야 한다. '먼 산보다는 앞 산'이라는 말이 있다. 이것은 높은 산을 오르는 사람에게 더없이 중요한 교훈이다. 먼 산은 지금으로서 알 수 없다. 그것은 끊임없이 앞산을 공략하는 과정의 마지막 단계에서 경험할 수 있다. 따라서 현재로서 도달해야 할 등산가의 현실적인 목표는 지금 그가 위치하고 있는 장소를 기준으로 해서 그 앞 산이 되어야 한다. 이처럼 효과적인 상구는 현존수준의 능력을 훨씬 넘은 것과 대비해서 바로 다음 단계의 수준을 겨냥할 때 이루어진다.

상구의 내재적 동기화는 이전의 성취와 지금의 요구간의 '적절한 정도의 불균형(optimal level of mismatch)'에서 일어난다는 것은 널리 알려진 사실이다(Deci & Ryan, 1985; Hunt, 1961). 이미 상구자가 처해 있는 단계는 진부하다. 다른 한편으로 아주 먼 단계의 인간은 우리의 실현가능성의 범위를 벗어나기 때문에 목표로 삼기에는 비현실적이다. 대신 지금의 수준보다 한 단계 위의 것, 즉 次上品에 가장 큰 관심과 흥미를 느낀다. 다음 단계의 지식만이 상구자에게 관련있고, 의미있고, 중요한 것이다. 그것은 상구자에게 어중간함, 해명되어야 할 수수께끼, 비일상성의 매혹, 당혹함을 주기 때문에 표적의 수준을 그에 맞게 조정할 때 그만큼 탐구에 대한 내재적 동기가 강해진다.

여기서 우리는 교육에서 인정되고 존중되어야 할 하나의 중요한 사실을 발견하게 된다. 그것은 상구의 목표는 어떤 경우나 고정된 것이 아니라 항상 유동적일 수밖에 없다는 사실이다. 어떤 대상에 대한 우리의 흥미나 호기심이 갖는 현저한 특징은 그것이 일단 해명되었을 때 곧바로 해소되고 만다는 것이다. 이 때문에 한 단계의 표적이 성취되고 난 다음에는 다음 단계의 것을 설정해야 하는 끊임없는 목표의 재조정이 불가피하다. 이처럼 다음 단계의 공략이 회귀적으로 반복될 수 있도록 그 수준을 순차적으로 계열화시켜 앞으로 나아가는 것이 성공적인 교육의 조건이 된다.

이런 상구의 조건은 하화자의 편에서 볼 때 자신의 권위와 제자의 현상태 사이에 균형을 유지해야 하는 미묘한 문제를 일으킨다. 선진으로서 하화자는 이미 후진보다는 훨씬 높은 수준의 지식을 확보하고 있다. 그러나 스승의 개입이나 처치는 제자의 현상태와 무관하게 독립적인 영향력을 갖는 것이 아니다. 지식을 추구하는 상구자의 현존하는 상태와 무관하게 정의된 절대적인 진리의 요구는 논리적인 정당성과는 어긋나게 필연적으로 상대에게 탄압의 형태로 변질된다. 또한 상구자의 지적 발달의 단계와 동떨어진 고차원의 지식을 내면화하도록 강요하면 상구자는 그것에 흥미를 잃을 뿐만 아니라, 기껏 언어상의 표현태나 결과를 암기하는 방식으로 그 사태를 모면하려고 할 것이다. 이 때문에 교육에서 하화자는 자신의 높은 현품이 갖는 권위를 잠시 유보하고 그 활동의 방향을 상구자의 표적에 적응시키는 일이 중요하다.

하화의 목표는 상구를 촉진하는 것이지, 결코 하화자 자신의 품위를 일방적으로 주입하는 것이 아니다. 하화자는 자신이 생각하는 답을 보여주거나 말하는 것이 아니라 상구자가 그들의 수준에서 배워야 할 것을 배우도록 돕는 사람이며, 그 지위를 지키는 것은 필연적으로 전자에 대한 후자의 매력과 관련되어 있다. 상구자의 하화자에 대한 매력은 후자가 전자의 차상품으로 출현했을 때이다. 상구자들은 까다로운 입맛의 소유자에 비유할 수 있다. 하화자가 그들에게 이미 알고 있는 것을 제공하면 안다고 불평하고, 전혀 모르는 것을 제공하면 알 수 없다고 불평한다. 그 절충은 그들에게 '알쏭달쏭한 것'을 제공하는 것이다. 이것 역시 하화자에게 끊임없는 변신을 요구한다. 이것은 하화자가 다만 자신과 상구자의 창조적 불균형을 유지하기 위함일 뿐 결코 상구자의 품위에 아부하거나 그를 즐겁게 하려는 것은 아니다.

실상 인류의 스승이라 일컬어지는 역사적 인물들은 예외없이 이런 원칙을 충실하게 따랐다. 소크라테스는 항상 상대의 무지를 촉구하고 스스로 해답을 찾도록 유도하는 이른바 '산파술'을 즐겨 활용하였다. 예수는 그의 신적인 권위를 일단 보류하고 인간의 모양으로 세상에 나타나 인류에게 복음을 전파하였다. 한편 불경에서는 흔히 인생에는 네 가지 고통이 있다고 한다. 그러나 이 이야기는 해탈한 석가에게는 이미 어리석은 생각에 불과한 것이다. 그럼에도 불구하고 석가모니는 중생을 상대로 할 때에 그 말을 자주 그리고 거침없이 구사하는 방편을 썼다. 이것이 이른바 석가모니의 '대기설법(對機說法)'이다. 그는 제자의 근기(根機)에 따라 서로 다른 내용의 가르침을 주었다. 마지막으로 공자는 '수인이교(隨人異敎)'라 하여 같은 질문에 대해서도 제자에 따라 다른 해답을 준 사례들을 남겼다.[14)]

우리는 앞 절에서 인식론에서 써 왔던 진리라는 개념을 다른 방식으로 재정의하였다. 그것을 절대적으로 규정하는 것은 더 이상 현실성이 없다. 대신 우리는 그것을 추구의 개념으로 바꾸었다. 우리가 만약 최종적인 진리를 발견하기보다는 그것에 접근하는 과정적 경험을 중시한다면, 그리고 그런 활동에서 진리를 찾는 보람을 얻는다면 학문은 유한한 역사적 존재로서 우리에게 언제나 그리고 어느 수준에서나 보람을 줄 수 있는 세계이다. 각 단계는 그것이 아무리 낮은 수준의 것이라고 할지라도 그 수준보다 더 낮은 수준의 지식을 가진 사람들에게는 다소의 진리체험을 허용한다. 문제는 그 단계를 어떻게 다음 단계에로의 진입을 위한 연속적인 경험의 일부로 이용하느냐에 달려 있다. 교육은 자체의 논리를 적용하여 모든 사람이 그들의 수준에서 진리를 체험하도록 도울 수 있는 내부의 장치를 가지고 있다.

교육적 증득의 이러한 원리는 헤겔에서 시작되어 듀이에 이르는 일련의 교화론자들의 주장에 여러 가지 형태로 반영되어 있음을 발견할 수 있다. 헤겔이 전통적인 철학에서 이례적인 지위를 차지하는 것은 우리가 일상에서 겪는 경험이라는 것을 논리적으로 잘 반영시키고 있다는 점이다. 경험은 한 단계가 종결됨으로써 다소의 안정을 가질 수 있으나 그것이 최종적인 것이거나 궁극적인 것은 아니다. 그럼에도 불구하고

14) 그 구체적인 사례들은 제 4 장(4.1.2.와 4.1.3.)에서 제시될 기회가 있을 것이다.

철학자들은 일시적이며 잠정적인 것을 마치 최후의 것인 양 지나치게 집착하여, 그것이 영원하고 완전한 절대의 세계인 것으로 단정하고 싶은 유혹에 흔히 빠져 왔다. 그러나 헤겔은 그것을 역사의 운동으로 설명하면서 그것이 시간적으로 매우 장기적으로 진행되는 것임을 시사했다.

헤겔의 변증법에서 최종적인 것은 이전의 많은 단계를 거쳐서만 도달하는 곳이다. 그가 말하는 무한자로서 절대자는 역사 속에 있는 구체적인 유한자의 변화를 통해서 자기동일성을 보유하면서 점차 스스로를 전개해 나간다. 이 때문에 우리가 절대자를 인식하기 위해서는 유한자에 대한 인식에서부터 출발해야 하고, 아무리 저차원의 것일지라도 발전의 각 단계는 누구나 거쳐가야 할 생략할 수 없는 과정이 된다. 헤겔이 말하는 각 단계는 우리의 품위처럼 그들 나름으로 하나의 형태 혹은 총체성을 가지고 있으며, 서로 모순되어 있음에도 불구하고 이후의 단계는 이전의 단계를 토대로 비가역적인 방식으로 형성된다.

새로운 진리관을 논하면서 우리는 헤겔의 체계에서는 한 단계의 지식에 진리와 오류가 공존한다는 사실을 살폈다. 그것을 단순히 논리의 형식으로만 받아들인다면 그것은 신비스러운 모순일 수밖에 없다. 그러나 경험하는 사람의 입장에서 보면 그것에서 어떤 신비적인 요소도 발견할 수 없다. 각 단계는 모두 진리나 오류의 어느 것을 주장할 수 있다. 한 단계의 지식을 이전의 것과 비교하면 진리처럼 보이고, 그 이후의 단계에 비교하면 허위처럼 보인다. 그런데 그것을 모순으로 느끼는 것은 우리가 각 단계의 안쪽에 자리잡고 고정된 상태에서 상대를 바라보기 때문이다. 그 대신 우리가 한 단계에서 빠져 나와 다른 단계에로 진입하는 운동을 한다면 그것은 모순이 아니라 '바람직한 변화의 모색'이라는 효과를 얻을 수 있다. 진리체험은 우리가 각각의 단계를 내부에서 체험하기보다는 한 단계에서 다른 단계로 전환하면서 진리와 오류가 교차하는 상황을 느끼는 방식이다.

이런 변증법적 원리는 키에르케고르에 의해서 전승된다. 그는 유한자로서의 인간이 절대적인 진리를 발견할 수 있을까 하는 문제에 대해서 물론 헤겔과는 다른 관점을 취하고 있다. 그러나 그 역시 발전의 각 단계는 그것이 아무리 저차원의 것이라고 할지라도 불가결한 요인으로 보았다. 이처럼 한 단계에서 다른 단계에로 운동하는 활동을 통해서 우리 자신의 위치를 상대화시킴으로써 한 단계의 폐쇄된 틀 안에서 진위를 판단하는 독단에서 스스로를 해방시킬 필요가 있다. 그 바꾸어진 위치에서만 한 단계와 다른 단계의 진리의 상대성을 자연스럽게 대비할 수 있는 여유를 확보할 수 있다. 그렇기 때문에 키에르케고르는 그가 말하는 교화과정에서 수준에 큰 차이가 나는 선진과 후진의 직접적인 만남보다는 '간접전달'의 원리를 제시한 것이다. 거기에는 선진이 자신의 신분을 감추고 후진의 상황을 염탐하는 계획도 포함되어 있다.

다행하게도 이런 단계적 경험의 논리는 듀이가 철학의 당면한 문제들을 지적하고, 해법을 교육에서 찾겠다고 했을 때 그의 새로운 교육의 개념 속에 확실한 제자리를 잡게 되었다. 듀이는 우리의 경험에는 재조직, 재구성, 그리고 갱신에 의한 연속성이 있음을 밝힌다. 그리고 교육을 바로 그 경험을 반복해서 재구성하는 나선형적 과정으로 보았다. 그의 학설을 '진보적(progressive)'이라고 말하는 것은 바로 이런 특성에서 연유한다. 그가 말하는 성장과정으로서의 교육적 활동이 갖는 교묘하고 매력있는 통찰의 하나는 경험의 활동은 연속선상에서 스스로의 목표임과 더불어 수단이 된다는 것이다. 이렇게 도출된 새로운 입장을 그는 초기작품이라고 할《민주주의와 교육(1916)》에서 다음과 같이 주장한다.

> 모든 수단은 우리가 달성하지 않은 잠정적인 목표이다. 모든 목적은 그것이 달성되는 순간, 그 활동을 더 진행시키는 수단이 된다. 우리가 하고 있는 활동이 진행할 앞으로의 방향을 나타내려고 할 때, 우리는 그것을 목적이라고 부르며, 현재의 방향을 나타내려고 할 때 그것을 수단이라고 부른다 (p.166).

그의 이런 견해는《사고의 방법(1933)》에서도 일관성 있게 표명된다.

> 실제로 도달된 결과는 이전에 행해졌던 가치평가를 검증하기 위한 수단이 될 뿐만 아니라 미래의 결과를 위한 수단이 되기도 한다. 달성된 결과는 차후의 실존적인 사건들의 조건이기 때문에, 그것은 잠재적인 걸림돌인 동시에 잠재적인 디딤돌로 평가되어야 한다(p.229).

경험은 결코 하나의 진공상태에서 일어나지 않는다. 항상 이전의 경험이 다음의 경험을 받아들이는 토대가 된다. 여기에서의 결론은 과정으로서의 교육의 목표는 결코 절대적으로 규정되지 않는다는 점이다. 현재 처한 상황에서 볼 때 우리가 설정할 목표는 지금보다 한 단계 더 높은 것이다. 달성된 목표는 다시 다음 단계에로의 진입을 위한 수단이 된다. 이렇게 함으로써 매 단계는 그 자체로서 내재적 만족과 가치를 갖는다. 그런데 만약 이와 같은 목표와 수단의 연속적인 과정을 무시하고 단지 그 활동을 특정한 결과를 가져오는 수단으로서만 생각한다면 그 활동의 과정적 절차가 갖는 의의는 그만큼 감소될 수밖에 없으며 자칫 허무주의에 빠질 우려가 있다.

그런데 듀이 이전의 교육관에는 단계별 진전에 대한 배려가 빠져 있다. 이 때문에 그는 그의 관점을 아동의 발달단계를 무시하고 일률적으로 교육의 목표와 과제를 부여하는 당시의 학교의 관행과 대비하였다. 학교에서는 권위주의적으로 어른들이 성장하는 아동의 절대적인 교육목표를 설정하고, 아동들의 호기심과 욕구에 무관하게 고정된 지식을 강제로 주입하는 경향이 있다. 그것은 그가 말하는 경험의 논리에 정면으로 배치되기 때문에 그런 실천을 도저히 교육으로 받아들일 수 없었다. 그에 따르면, 교육자는 자신이 옳다고 생각하는 지식을 전달하려고 하기보다는 그런 방향으로의 지식이 점차 아동 편에서 형성될 수 있는 길을 안내하는 역할을 하는 것으로 되어 있다. 서로 다른 단계 속에 있는 아동들은 그들 나름으로 해결해야 할 문제를 가지고 있다. 그것을 차례로 풀어나가는 것이 교육의 일차적인 목적이 되어야 한다.

그런 교육의 내재율을 잘 반영하고 있는 것이 그의 신조어인 '가시목표' 라는 개념이다. 그것은 자신의 현재 능력과 가능한 여건을 모두 고려하여 규정되기 때문에 주체에게 가장 큰 관심과 흥미를 일으킨다. 지금의 상태로서 이해할 수 있을 만큼 너무 쉽거나 아무리 노력해도 이해할 수 없는 과제는 상구자의 자발적인 탐구의욕이나 흥미를 유발시킬 수 없다. 그러나 배우는 사람의 편에서 눈에 보이는 목표는 당장 접근이 가능하며 이 때에야 비로소 어린 아동은 그것을 해결하려는 적극적인 행동을 보이며, 그 과정 자체에서 성장의 즐거움을 맛볼 수 있다.

경험의 교육적 가치는 그것이 배우는 사람을 기준으로 설정될 때에 한해서 실현된다. 이런 논지는 듀이가 이른바 전통적인 교육과 자신의 진보적 교육을 비교할 때 충분히 논의되었다. 흔히 전통적인 학교에서는 교과내용을 문화적 전통에 두며, 교과목 자체의 가치가 곧 교육적 가치를 갖는 것으로 간주된다. 그러나 듀이는 이런 무지막지한 그러나 흔히 학교에서 용인되는 교육관을 승인할 수 없었다. 문화적으로 가치있는 것이 반드시 교육적으로 가치있다는 보장은 없다. 이 때문에 그는 교과의 가치와 교육적 가치를 분리시키는 비범한 통찰을 보여준다. 아무리 문화적으로 가치있는 것으로 판명된 것이라고 하더라도 그것이 상구자의 성장에 도움이 되지 않는다면 그것의 교육적 가치는 인정받을 수 없다. 여기에 적절한 비유가 있다.

> 객관적인 조건을 선택하는 책임은 주어진 시간에 배우고 있는 개인의 필요와 능력을 이해하는 책임을 동반한다. 어떤 자료와 방법이 다른 시간에 다른 사람에게 효과적인 것으로 증명되었다는 것만으로 충분하지 않다. 그들이 특수한 시간에 특수한 개인들에게, 교육의 특성을 갖는 경험을 만들어 내는 기능을 할 것이라고 생각할 이유가 있어야 한다.
>
> 비프스테이크를 유아들에게 먹이지 않는 것은 그 자체가 갖는 영양상의 특성을 고려해서 그런 것이 아니다. 우리가 학교에서 1학년이나 5학년에 삼각법을 가르치지 않는 것은 그것이 비위에 거슬린다는 생각 때문이 아니다. 교육적인 것 혹은 성장에 도움이 되는 것은 교과 그 자체가 아니다. 학습자가 달성한 성장의 단계와 무관하게 저절로 그리고 그 자체로서 내재적인 가치를

부여할 수 있는 교과란 있을 수 없다(Dewey, 1963, pp.45-46).

경험의 재구성을 성장으로 규정하는 듀이는 성장에 도움이 되는 경험과 그렇지 못한 경험을 구분하고 오직 전자에 한해서 교육적 가치를 부여한다. 비프스테이크의 영양가는 의심의 여지가 없이 높다. 마찬가지로 삼각법의 가치를 부인할 사람도 없다. 그러나 그것들이 진정 신체적 혹은 정신적 성장에 가치를 갖느냐 하는 문제는 별도의 조건을 고려함으로써 평가되어야 할 성질의 것이다. 그에 대한 해답은 오직 그것들의 이질성을 자신의 것으로 동화해 낼 수 있는 내적 조직이나 상태와 관련하여 결정되어야 한다. 만약 제대로 동화하기에는 너무도 이질적인 체험조직을 가진 미숙한 아동들에게 오직 성인의 기준에 따라 무조건 부과할 경우 그것들은 오히려 성장에 도움을 주기보다는 왜곡시키거나 해독을 준다. 교과의 경우도 마찬가지이다. 이처럼 모든 경험의 교육적 가치는 상구자가 현재 처한 단계를 고려하여 규정되어야 한다.

이 말은 교육에서 일반적이고 궁극적인 목적 혹은 외래적이고 천편일률적인 목표의 설정을 경계해야 함을 의미한다. 성인의 지식은 십중팔구 미숙한 아동들의 경험을 위해서는 직접적인 가치를 가지지 못한다. 후자는 언제나 전자가 거친 과거의 상태에 놓여 있다. 만약 우리가 아동의 성장을 목표로 삼는다면 당연히 그 목표는 성장하는 사람을 기준으로 설정되어야만 한다. 그 성장을 촉진하려는 사람은 자신의 활동목표를 그런 기준에 맞추어야 한다. 이것은 또한 교육의 목표가 유동적인 것이어야 함을 요구한다. 성장하는 아동은 한 곳에 머물러 있지 않고 앞으로 전진한다. 그 진행에 따라서 교육의 목표는 그때 그때 재조정되어야 한다.

교육자의 과제는 현존하는 경험의 범위 안에 있는 것을 선택하되 그것은 새로운 방식의 관찰과 판단을 자극하여 한층 더 깊은 경험의 영역을 확장할 새로운 문제를 제시할 기약과 가능성을 가진 것이라야 한다. 그는 이미 성취된 것을 고정된 소유로 보지 않고 현존하는 관찰력과 기억의 지적인 활용에

> 의지하여 새로운 요구를 창출하는 새로운 영역의 개시를 위한 중개소나 도구로 계속해서 취급해야 한다. 성장에서의 연속성은 교육자의 끊임없는 표어가 되어야 한다(Dewey, 1963, p.75).

듀이의 이와 같은 입장은 근래에 인식의 발달에 관한 구성주의의 입장과 너무도 잘 어울린다. 오늘날 인지이론들은 발달을 양적인 증가라기보다는 기본적으로 '혁명적' 이동이라는 관점에서 정의한다. 이런 관점은 흔히 과학사가들이 지식의 발전과 관련하여 논의한 이른바 '불가공약성'의 문제를 개체발생적 측면에서 해결하고 있다는 점에서 인식론에 새로운 전기를 마련해 주고 있다. 그들은 한 개인에 있어서 지식이 구성되는 과정을 추적해서 각 단계가 비록 구조상의 차이가 있다고 하지만 각 단계는 발생적 연속성을 갖는다는 사실을 밝히고 있다. 여기서 도입한 발생의 개념이 갖는 특징은 그 성장의 단계를 차례로 따라나가야 한다는 것이다. 이 말은 성인과 유아의 교육적 관계에서 성인이 유아의 동기, 주의, 능력에 맞추는 것이 중요하다는 것을 의미한다.

그럼에도 불구하고 구성주의 이론에서도 성인이 지적인 발달에 개입할 수 있는 범위와 관련하여 미묘한 차이가 있는 두 가지 이론이 있다. 그것은 피아제의 발달이론과 비고츠키의 교육이론이다. 발달심리학자들이 발견한 분명한 사실은 아동과 어른의 사고의 차이는 양적인 것이 아니라 질적이라는 것이다. 이들은 아동은 어른의 축소판이 아니라고 주장한 루소의 생각을 좀더 정교하게 확인하고 있다. 피아제(1923)는 정교한 임상적 방법을 통해서 아동의 사고가 복잡한 구조적 전체를 이루고 있으며 그것들이 진화적으로 변형하는 것을 발견하였다. 그는 이런 관점에서 아동이 자신의 능력에 맞게 자발적으로 개념을 발전시켜 나가는 자연스러운 과정을 강조하였다. 아동기에 새로운 정보가 외부로부터 들어올 때 두 개의 상반된 사고형태간에 끊임없이 갈등이 일어나고, 새로운 것을 동화하는 방식의 새로운 개념이 출현하면서 긴 기간의 단계를 거쳐 점차 어른의 수준에 도달하는 것이다. 이 때문에 그는 거의 같은 수준의 동료들간에 인지적 갈등을 탐색하는 상호작용을 강조하고, 아동과 성인의 토론은 서로의 수준차이와 또한 권력관계의 불평등 때문에 인지의 재구조화에 크게 도움이 될 수 없다고 보았다.

피아제의 이러한 관점은 정상적인 발달단계를 강조한 나머지 교육에서의 스승의 역할을 축소시킨 감이 없지 않다. 이와는 달리 비고츠키(/1985)는 발달과 교육을 분리시키고 좀더 적극적으로 발달을 외부의 조력에 의해서 촉진시킬 수 있는 가능성에 주목하였다. 그는 "좋은 교육은 발달에 앞서 나아가서 그 발달을 유도하는 교육이다; 교육의 목적은 성숙된 기능이 아니라 성숙하고 있는 기능에 두어야 한다(p.106)"고 말한다. 비고츠키의 입장이 갖는 특징은 교육을 발달의 선단에서 그것을 주도해 나가는 모종의 '사회적 과정'으로 본다는 점이다. 그는 개인의 의식을 이해하기 위해서 그것의 개체발생적 기원으로 거슬러 올라가고자 하였고 그것을 개인간 심리기능, 즉 타인과의 상호작용 속에서 찾고자 하였다. 그에 따르면, 인간의 고등 정신기능은 처음에는 개인간, 즉 사회적 수준에서 나타나며, 나중에는 개인 내, 즉 개인적 수준에서 나타난다.

그렇다고 해서 비고츠키가 성인의 사고양식을 그대로 아동에게 양도할 방법이 있다고 본 것은 아니다. 우선 그것은 자발적 개념의 형성과 보조를 맞추어야 한다. 어떤 개념이건 그것은 외부에서 입력하는 방식의 기계적인 과정으로 형성될 수 없다. 성인의 단어를 기억하여 사물과 연계시키는 것만으로는 결코 아동의 개념형성이 이루어질 수 없다. 개념형성은 인식주체의 창조적인 과정을 통해서만 가능하다. 개념은 해결할 수 없는 어떤 문제가 제기되고 그것의 해결을 위한 복잡한 조작을 통해서 출현하고 형태를 갖춘다. 그런데 만약 피아제의 말대로 성인인 우리가 젊은이들에게 그러한 과제를 부여하지도 않고, 새로운 목표들을 제공하지도 않아서 지적 호기심을 자극하지 못한다면, 사고가 최고의 단계에 이르지 못하거나 혹은 도달한다고 하더라도 상당히 지체될 것이다. 그렇다면 교육은 그 딜레마를 어떻게 해결할 것인가?

비고츠키는 심리적 기능의 본질은 그것의 발달에 있으며, 그것은 현재의 수준을 부정하고 계속 더 높은 수준으로 전환하는 것을 말하기 때문에, 발달의 관점에서 중요한 것은 아동의 현실적 발달수준(actual development level)이 아니라 잠재적 발달수준(potential development level)이라고 주장한다. 그래서 그는 그 사이에서 일어날 수 있는 교수작용에 관심을 두었다. 이 곳에서 아동은 성인의 가르침을 받아 점차 발전을 도모할 수 있게 된다. 여기서 가르침을 아동의 개별적인 발달수준과 관련된 것으로 규정하는 방식은 우리가 본 절에서 논의한 교육의 조건과 거의 일치하는 면이다. 이를 위해서 비고츠키(1978)가 도입한 개념이 이른바 '근접발달 영역(zone of proximal development: ZPD)' 이다. 이는 "독립된 문제해결의 결과 이미 결정된 것인 현실적인 발달수준과 성인의 지도 아래 혹은 좀더 능력 있는 또래와의 협동으로 문제해결을 통해 앞으로 결정될 잠재적 발달수준간의 거리(p.86)"로 정의된다.

근접발달 영역은 발달수준의 두 가지 측면, 즉 이미 완성된 발달의 결과로 자리잡은 현실적 발달수준과 다른 사람들(성인이나 보다 능력 있는 또래)의 적절한 도움을 통해서 실현할 수 있는 잠재적 발달수준의 폭을 의미한다. 말하자면 앞선 사람의 능력이 아동의 능력으로 전이될 수 있는 가장 민감하면서도 역동적인 공간이다. 교육의 성패는 곧 이 지대를 얼마나 개별적으로 예측하고 아동으로 하여금 그 영역에 계속 머물게 하느냐에 있다. 아동이 혼자서 해결할 수 있는 문제들만 계속해서 제시하거나 그가 독자적으로 숙달하기에는 너무 거리가 먼 경험들을 계속 제공할 때, 발달을 구체화하고 촉진시키는 교수를 지향하는 데 실패한다. 아동들은 그들의 잠재적 발달수준에 맞게 선택된 과제를 중심으로 성인과 협동하여 과제를 수행한다. 성인은 처음에 그들이 아직 획득하지 못한 기능들을 제공하면서 그들이 일시적으로 잠재적 발달수준에 머물게 한다. 이 때 성인이 제공하는 기능들을 완전히 내면화하지 못한 지점에서 성인의 조력이 철회되면 아동은 다시 현실적 수준으로 하강할 것이다.

잠재적 발달수준에 머물게 한다는 것은 듀이의 관점에서 드러났듯이 정지의 상태를 말하는 것이 아니라 끊임없이 그 영역을 상향적으로 확장하여 간다는 동적인 흐름을 의미한다. 그런 진행의 의미는 최근에 비고츠키의 이론을 확장하여 적용하려는 일련의 학자들에 의해서 더욱 강조되고 있다. 그것을 포착하기 위해서 비유적으로 등장된 핵심적인 개념의 하나가 '비계(飛階) 세우기(scaffolding)'이다(Wood, Bruner, & Ross, 1976; Wood, 1980; Rogoff & Wertch, 1984; Berk & Winsler, 1995). 이 개념은 애초에 3~5세의 어린 아동들에게 성인들이 모종의 기술을 습득시키는 과정에서 착안된 아이디어로서, 그 용어를 처음으로 쓰기 시작한 우드(D. Wood, 1980)의 말을 인용해 보자.

> 성인과 아동은 함께 하나의 과제에 성공하였다. 그러나 그들의 개별적인 공헌의 내용은 아동의 능력수준에 따라 달랐다. 아동이 아무리 낮은 수준의 것이라고 할지라도 일단 모종의 과제에 유관한 활동에 끼어들게 되면, 스승은 그의 주변에 어떤 방식으로든 그 자리를 지탱할 수 있는 지지의 구조물을 세울 수 있었다. 그 지원하는 활동은 전반적인 건축 안으로 아동의 활동을 연결시키고 아동의 행위가 그가 예상할 수 없었던 보다 일반적인 어떤 것으로 인도하는 하나의 틀을 마련해 주는 일을 하였다. 아동이 과제의 요소들을 숙달하게 되었을 때, 그는 자유롭게 그가 할 수 있었던 좀더 넓은 맥락을 고려하면서 좀더 보완적인 활동을 인계받을 수 있게 되었다. 성인은 아동들이 굳건히 자신의 힘으로 발을 딛을 수 있는 그런 부분을 해제(de-scaffold)할 수 있게 되었다. 그래서 스승은 아동이 제 힘으로 할 수 없었던 국면에 성공하도록 도움으로써 점차 그 과제를 숙달하는 과업을 함께 공유할 수 있었다(pp.281-282).

비계는 원래 고층건물을 지을 때 인부들이 올라설 수 있도록 받치는 발판으로 우드 등은 어린이들이 성인들과 상호작용을 통해서 더 높은 단계에로 진입해 나가는 과정을 일종의 건물을 지어 올라가는 과정에 비유하고 있다. 건물을 지어갈 때 임시로 가설된 계단은 항상 현재의 수준에서 한 단계 위에 설정된다. 그리고 건물이 점점 높아짐에 따라서 그 계단 역시 새롭게 조절하여 가설된다. 마찬가지로 그는 성인이 아동의 현재의 발달수준을 기준으로 점차 한 단계씩 높은 목표를 설정하여 단계별로 교육을 진행시키는 것이 바람직한 것으로 보았다. 비계설정의 목표는 아동들을 근접발달 영역에 잠시 머물게 함으로써 잠재적인 발달수준을 끊임없이 실제적 발달수준으로 전환시키는 것이다. 이를 위해서 성인은 아동의 관심과 흥미, 그리고 능동적인 참여를 계속적으로 이끌어 내는 역할을 하여야 한다. 이 때 성인의 개입의 정도와 빈도를 조정하는 것이 매우 중요하다. 지나친 개입은 아동의 역할을 무력화시킬 우려가 있으며, 단순한 관망은 그 반대로 아동을 곤란에 빠뜨림으로써 그의 관심과 흥미를 잃게 할 우려가 있다. 잠재적 발달수준을 결정하는 주체는 결국 아동이기 때문에 그 영역 안에서의 주도권을 아동이 갖도록 하는 일이 중요하며, 아동이 독립적인 자기조절을 할 수 있을 때 성인의 개입은 중지되는 것이 좋다는 것이다.

이런 사실적 근거를 토대로 우리의 논의를 좀더 일반적인 주제로 확장해 보기로 하자. 이제까지 검토했듯이 발달의 단계에 맞는 교육은 모든 통찰력 있는 교육학적 문헌에서 늘 강조되어 왔다. 우리는 각자가 처한 발달수준에서 그에 알맞은 교육이 진행되어야 할 것으로 본다. 그러나 공식적인 학교기관에서는 이 원칙이 거의 무시되고 있다. 학교는 학문공동체에서 공인하는 높은 수준의 지식을 곧바로 학생들에게 가르치는 방식을 취해 왔다. 그러나 이런 관례는 욕심이 앞선 것으로서 그 의도와는 달리 다분히 무리한 강요의 형태를 띠게 된다. 일급의 학자들이라 하더라도 그들의 사상적 발전은 몇 년간의 간격을 두고 단계별로 이루어졌다. 또한 어떤 학문이건 수세기의 발전을 거친 것이다. 그것을 초보자인 학생들이 일시에 몇 단계를 뛰어넘어 이해할 수 있으리라는 가정 자체가 크게 잘못된 것이다.

그런 학문중심의 견해는 교육의 내재율에 어긋난다. 교육에서는 여유 있는 시간의 요소를 배제할 수 없다. 동시대에 사는 두 사람간에도 적어도 해당하는 특수한 분과학문과 관련하여 원시인과 현대인의 차이만큼 품위의 면에서 시간상의 긴 거리가 있을 수 있다. 이 점을 유의하고 고려하는 것이 대개 공시적인 문제해결에 치우쳤던 이제까지의 철학적 인식론과 교육적 인식론이 대조되는 부분이다. 교육적 인식론이 인식의 문제를 해결하는 방식은 인식이 성장하는 긴 시간을 내부의 논리에 정식으로 포함시키는 것이다. 교육이라는 활동은 언제나 그것을 충실하게 하는 절차와 시간을 요구한다. 이 교육적 시간은 물리적 시간과는 달리 직선적인 것이 아니라 각 단계마다 일련의 교육활동을 반복하면서 특이한 교육적 체험이 부하된 나선형적 시간이다.

"시간은 진리의 편이다"라는 말이 있는데, 정확히 그것은 교육적 인식론을 대변하고 있다. 어떤 수준의 지식을 잠정적인 목표로 삼을 때 그 출발점이 어디에 속하느냐에 따라 목표에 도달하는 시간은 수십 년의 차이가 날 수도 있다. 왜냐하면 그 과정에는 필요한 단계만큼의 나선형적인 접근이 필요하기 때문이다. 정신적 유형으로서의 지식을 변화시키는 일은 느리고, 고통스럽고, 개인적인 것이다. 그것은 다른 사람이 대신해 줄 수 없다. 특정한 인식대상과 관련하여 하나의 인식구조가 충분히 구성되기까지는 몇 달 혹은 몇 년이 소요될 수도 있다. 그러한 인식구조가 여러 단계를 이루고 있다면, 그것을 재구성하는 시간은 그보다는 더 길 것이다. 그런 장시간을 배제하고 인식의 문제를 해결하려는 어떤 시도도 겉으로는 단기적인 해결을 한 듯하겠지만, 결과적으로 우리가 말하는 교육적 시숙(時熟)보다 더 많은 시간을 낭비할 것이다.

교육적 인식론은 지식을 검증하는 시기와 단계를 매우 중요한 요소로 간주한다. 품위의 차이에 따라 어떤 지식의 검증은 수년간의 기간을 성숙의 단계로 계획한다. 서로 다른 품위의 지식은 서로 논리적인 정합성을 가질 수 없다. 그 점에서 논리적으로 비연속적이라고 할 수 있다. 그러나 그것은 누차 강조했듯이 발생적으로 볼 때 이전의 것을 토대로 하여 이루어진 산물이고 다음 단계의 것과 연속성을 갖는다는 점에서 연속적이다. 오늘날의 첨단의 학문적 개념을 그것이 발원한 기초적인 학문의 개념을 토대로 하지 않고 초보자에게 전수하는 방법은 현실적으로 찾아 볼 수 없다.

우리는 교과의 가치와 교육의 가치를 분리시킨 듀이의 입장을 높이 평가하였다. 교과의 가치를 중시하는 사람들은 바로 그 교과를 다루는 학자들이다. 그들에게 있어서 진리를 평가하는 기준은 최근의 정상과학이다. 그러나 초보자들에게는 그것들이 교육적 경험의 의미를 가질 수 없다. 좀 예외적이기는 하지만 이런 곡절을 아는 과학자는 과학교육에서 다음과 같이 과학사의 반복을 요구하는 학습계열을 소망하기도 한다.

> 미래의 어떤 시점에서 과학의 가르침은 표준화된 자료가 역사적인 유품이 되어버린 그런 역사의 부분들을 재창조함으로써 활성화될 수 있을 것이다. 그런 수단에 의해서 학생들은 모든 위대한 업적들에 수반하는 발견과 갈등의 흥분을 공유할 수 있고, 겉으로 잘 정돈된 것처럼 보이는 자료의 조직도 하나의 도구로서 그 기능을 이해하기 위해서 만든 수단에 불과한 것임을 감상할 수 있게 될 것이다. 그러나 그런 프로그램을 만드는 데 어려움이 있다는 것도 인정되어야 한다. 그것은 (지금은 많은 부분이 소실된) 좋은 역사적 연구를 확보하는 것만으로 충분하지 않다. 발견의 맥락과 논쟁을 재구성하는 일은 상당부분 이제 시대에 뒤진 그리고 오류가 포함된 기술적 자료를 가르치는 것을 포함할 것이다(Ravetz, 1971, pp.207-208).

위의 발언은 최첨단의 지식만을 중시하는 과학공동체의 관례에 비추어서 참으로 파격적인 타협점을 모색하고 있다는 인상을 준다. 우선 미래의 어떤 시점을 가정하는 것 자체가 아직 그 관점의 실현이 당장 학교에서 수용되기 어렵다는 것을 암시한다. 그럼에도 불구하고 라베츠는 사실상 우리의 인식론적 관점에서 볼 때 놀라운 선진적 통찰을 보이고 있다. 그는 이미 학문공동체에서 그 시효를 인정할 수 없는 과거의 자료가 교육에서 재활용될 수 있음을 암시한다. 그들은 오늘날의 기준에 비추어 틀린 것으로 판명된 것이지만 역사의 한 단계에서 그 나름의 치열한 진리탐구의 결과였음을 기억하는 것이다. 만약 그런 단계 이전의 상태에 있는 학생이 있다면 그 지식은 그에게 있어서 그 나름의 진리체험의 경험을 재생시킬 수 있는 능력을 가지고 있다. 비록 그들은 오늘의 기준에 비추어 진리로서의 상대적 지위는 낮다고 하지만 초보자에게 활성적으로 진리를 체험할 수 있게 하는 가능성은 더 많다고 할 수 있다. 위의 글에서 이 부분은 '발견의 맥락과 논쟁을 재구성하는 것'로 표현되고 있다. 이렇게 함으로써 우리는 각자의 수준에서 가치의 상대성을 인정하면서도 회의주의에 빠지지 않고 자신의 진리탐구에 대한 체험적 근거를 확보할 수 있다.

그렇다면 이런 방식은 교육이 최근의 지식, 혹은 최고의 선진이 가진 지식에 대한 입증을 포기하는 것인가? 결코 그런 것은 아니다. 지식은 타인에 의해서 공유되고 공감을 받지 못하는 한 그것의 존재성은 의심받을 수밖에 없다. 따라서 지식은 모종의 합의가 있을 때 적어도 합의된 사람들 사이에 그 소재와 가치를 인정받는다. 이 점에서 특정한 선진의 지식에 대한 교육은 중요하다. 그러나 교육적 인식론은 그 품위의 차이가 바로 장기간에 걸친 체험의 보충에 의해서만 좁혀질 수 있는 틈이라는 점을 유의한다. 교육은 품위의 시차화를 꾀한다. 그들간에 간극이 클수록 발생적 계열을 메우는 시간의 간격은 더욱 먼 것으로 산정해서 교육이 이루어져야 한다. 품위의 수준이 차이가 날수록 그만큼 순차적인 여러 단계의 교육이 필요하다.

선진과 후진은 사물을 바라보고 경험하는 방식에 있어서 서로 일치하지 않는다. 그것이 일치하는 시점은 그들 사이에 순차적인 교육이 이루어지고 그들이 동일한 수준의 지식을 가지게 되었을 때이다. 그런데 이는 이들간에 더 이상의 교육적 상호작용이 필요하지 않은 단계인 것이다. 교육은 그런 결과가 아니라 그 결과에 이르는 과정에 해당한다. 따라서 스승과 제자는 교육이 진행되는 한 서로 오해를 하고 있다고 해도 과언이 아니다. 다만 교육은 그 오해의 정도를 점차 단계적으로 경감시키는 것이다. 정상적인 교육이 진행된다면 초기단계에서 선진과 후진간에 경험했던 혼동, 신비, 불일치가 나중의 단계에서는 점차 하나의 의미로 수렴될 것이다.

우리가 말하는 교육적 인식론은 미완성적인 형태로나마 과학철학에서도 이미 나타나고 있다. 최근에 과학철학에서 '비합리적인 방법'이 하나의 인식론적 대안으로서 분류되고 있다(Feyerabend, 1975; Kuhn, 1970). 이것은 주로 과학의 발달사를 다루어 온 과학사학자들에 의해서 제안되고 있다. 여기서 '비합리성'이라는 말은 철학자들이 철학의 전 역사를 통해서 강조해 온 '합리성'이라는 것과 모순되기 때문에 얼른 보기에 부정적인 의미를 가지고 있지만, 엄밀하게 말한다면 그것은 합리성을 배제한다는 의미가 아니라 합리성의 기준을 변혁시킨다는 것을 의미한다. 기존의 지식체계와 그보다 더 혁신적이고 발전적인 지식체계 간에는 논리적인 모순이 있기 마련이다. 그들은 자신의 합리성을 기준으로 평가하기 때문에 상대가 비합리적인 것으로 보인다. 이 때문에 합리성을 기준으로 선진과 후진의 지식을 가리는 데에는 한계가 있다고 보고, '비합리론자들'은 해결의 방향을 거기에 참여하는 인식주체의 변화에서 찾고 있다.

여기서 말하는 '비합리성'이라는 것은 엄밀하게 말하면 합리적인 것 이상의 다른 것을 의미한다. 그 말 자체가 모종의 종잡을 수 없는 것이라거나 혹은 잘못된 것이라는 생각이 드는 독자가 있다면, 그는 분명히 철학적 합리주의의 이데올로기를 받아들인 것이며, 우리는 바로 그 점을 여기서 문제시하고자 한다. 합리주의자의 관점에서 보면 그들의 입장은 비합리적인 범주에 든다. 그러나 이런 설명도 우리가 말하는 교육적 인식론의 맥락에서 재해석될 여지가 있다. 우리가 앞에서 검토한 교육의 내재율에 의하면 선진과 후진의 품위는 어차피 서로에게 불합리한 것이며, 교육은 후진의 합리성이 선진의 것으로 수렴하는 과정을 더욱 정교한 논리에 의해서 진행시킨다고 말할 수 있다.

2.3.5. 심열성복

학문을 포함하는 모든 수도계적인 가치는 경험을 통해서 형성되고 발전된다. 발전하는 이 세계는 추구하는 사람의 수준에 따라 그에 대한 평가의 기준이 다를 수밖에 없다. 이전에 쓰였던 가치기준이 날로 새로운 것으로 대치되는 것이 바로 수도계의 발전이라고 말할 수 있다. 각종 수도계는 오랫동안 누적된 경험을 통해서 문제사태의 수준을 격상시키고, 각 문제를 극복할 수 있는 알맞는 해답을 얻어 왔다. 그 해답이 곧 그 수준을 터득한 사람으로서 수도계를 평가할 수 있는 기준이 된다. 이처럼 형성된 가치의 위계는 구성원의 개인적인 집착이나 변덕으로 볼 수는 없다. 그것은 여러 사람들의 경험으로부터 그 보편성을 공증받게 된다. 그렇다면 구체적으로 그 세계에서 후진의 기준이 선진의 기준에 승복하고 수렴되는 근거는 어디에서 찾을 수 있는가?

목적과 가치의 공유는 명령을 주고받는 행위와 다르다. 가치의 습득은 강제적인 것일 수 없다. 가치는 주체적인 선택사항이다. 어떤 것의 바람직함을 남이 받아들이도록 강요하는 것처럼 역설적인 것은 없다. 외적인 힘, 권위, 혹은 압력에 의해 강제된 가치는 어법상으로 성립할 수 없기 때문이다. 품위로서의 지식은 그것을 소유하는 것 자체가 바람직한 것이며, 따라서 그렇게 그 자체가 바람직한 것으로 판명될 수 있도록 습득되어야 한다. 교육적 인식론은 인식의 우열을 판정함에 있어서 이처럼 강제, 강요, 억압, 착취, 폭정, 군림에 의한 행동의 일치를 거부하고 자발적인 참여에 의한 주체적 결정을 중시할 때 비로소 제 기능을 할 수 있다.

나는 수도계적인 가치의 탐구와 관련하여 우리가 타인들을 개선하거나 혹은 그 타인들로부터 도움을 받는다고 할 때 지켜야 할 조건의 하나로서 맹자(孟子)의 '심열성복(心悅誠服)'이라는 말을 쓰는 것을 좋아한다(장상호, 1991). 이 말은 원래 당대의 이상적인 정치개념과 관련하여 생긴 것이다. 맹자는 정치에서 마음으로 남을 복종시키는 왕도(王道)와 무력으로 남을 복종시키는 패도(覇道)를 구분하였다. 덕으로써 인정(仁政)하기를 원한 맹자는 정치계에서 지켜야 할 지배와 승복의 원칙을 "덕으로써 사람을 복종시키는 자에게는 진심으로 기꺼이 복종한다"[15]라는 말로써 정의하였다. 이 말은 오늘날 정치와 같은 세속계의 운영원칙으로는 비현실적인 점이 없지 않다. 그러나 우리가 말하는 수도계의 가치승복의 경우에는 너무도 잘 부합하는 원칙으로 보인다.

권력을 가진 자의 힘과 강요에 의한 어쩔 수 없는 복종과 가치의 습득은 엄격하게 구별되어야 한다. 전자는 삶의 질곡에서 마지못한 굴복의 의미가 있고 후자는 향유의 의미가 있다. 심열성복은 타율적인 일치나 동조와 구분된다. 타율적인 동조는 외적인 요구나 타인의 희망에 순응하거나 복종하는 것이 특징이다. 그 일치와 동조는 처벌에 대한 두려움이나 보상을 바라는 마음에 근거하기 때문에 처벌과 보상이 주어질 경우에만 외면적으로 유지된다. 반면에 심열성복은 일종의 복종이라는 점에서 동일하지만, 그것은 단순한 복종이 아니라 스스로 판단하기에 타당하고 현명한 요구라고 생각되기 때문에 기꺼이 거기에 동조하는 것이다. 이 때문에 외부의 보상이나 강요가 없는 경우조차도 그것은 마음 속 깊숙하게 가치있는 것으로서 보존된다.

수도계적인 가치는 세속계적인 가치와 범주적으로 차이가 있다. 학문계에서 지력이 발달된 사람은 능히 자신을 통제하기 때문에 외부의 제한에서 해방된다. 학문에서는 서로가 속이지 않으려는 혹은 속지 않으려는 노력의 일환으로 진리를 추구한다. 따라서 진리를 발견한다는 학자가 남의 힘이나 은혜에 의존한다는 말은 그 자체가 성립되기 어렵다. 그는 자신의 주체적인 판단을 확인하고 믿어야 한다. 또한 도덕계에서 선함을 터득한 사람은 마음이 흡족하다는 보람이 있기 때문에 선을 행하는 것이며, 그로 인해서 상을 받거나 벌을 피할 수 있지 않을까 하는

15) 以德服人者, 中心悅而誠服也《孟子》— 公孫丑上.

기대감 때문에 그렇게 하는 것은 아니다. 눈치를 보면서 혹은 사회적인 인정을 바라면서 마지못해서 하는 행동은 단지 겉치레에 불과하며 선행의 범주에서 벗어난다. 이처럼 수도계적 가치는 애초부터 그 자체의 것에 의해서 보존되며 외부로부터 주어지는 보상이나 규칙에 의해서 유지될 성질의 것이 아니다.

이는 수도계에서 열등한 품위와 우등한 품위, 더 나아가 선진과 후진의 판별은 외부로부터 강요되거나 부과되는 방식으로 입증될 수 없다는 것을 의미한다. 그것은 단지 부과된 권위에 따르는 저급한 일치와 복종과 혼동될 성질의 것이 아니다. 참된 지식의 가치는 처벌이 두려워서 복종하거나 혹은 말로 얻는 것이 아니라, 스스로 그것을 실행하는 가운데 내심의 목소리를 경청하면서 체득될 수 있어야 한다. 여기에 신, 군주, 부모, 선배, 사회적 관습이라는 수도계 외부적 요인들은 개재할 여지가 없다. 아무리 세속계적인 지위와 권력의 관계에서 열세에 속한다고 하더라도 상대가 가진 지식이 자기 자신의 내부에서 옳다고 공감하면 그것에 의존하고 그것에 자발적으로 복종하고 헌신해야 한다. 그렇지 못할 때 수도계의 내재적 가치는 아직 충분하게 입증된 것이 아니다.

학문적 지식이 내재적 가치를 갖는다는 말은 다른 것과의 관련성을 따질 필요가 없이 그것이 그 자체로서 헌신할 고유한 가치를 지니고 있다는 것을 의미한다. 진정 춤을 사랑하고 춤에 사로잡힌 사람은 건강을 위해 춤을 춘다기보다는 춤추기 위해 건강을 유지한다. 마찬가지로 우리가 학문을 하고 더 높은 지식을 추구하는 것은 그것의 용도를 떠나서 그렇게 하는 일이 가치있는 것으로 느껴지기 때문이다. 학자들이 많은 시련에도 불구하고 자신의 일에 몰입하는 것은 바로 이런 이유에서이다. 만약 그 가치가 바람직하지 못한 것으로 느껴지거나 혹은 그 바람직성을 마음으로부터 수락할 수 없는 것으로 경험하였다면, 적어도 그 사람에게 있어서 학문의 내재적 가치가 아직 실현되었다고 볼 수 없다.

가치있는 것은 우선 우리 자신의 자발적이고 우호적인 감정적 반응과 무관하게 정의될 수 없다. 마음으로부터 참으로 애호되고 향유되며 그것을 고귀한 것으로 간직하려는 감정이 동반되지 않는다면, 그것을 우리는 가치있는 것으로 보기 어려울 것이다. 어떤 것에 대한 가치의 검증은 그것을 외부에서 막연하게 찬양하는 것이 아니라 찬양할 상태 속으로 진입함으로써만 이루어질 수 있다. 이 때문에 학문적 가치를 입증함에 있어서 자칫 외적 강요나 보상의 방법을 쓰는 것은 그 내재성을 오도할 위험성이 있다. 왜냐하면 이 경우 내적 만족이 손상을 입고 외재적 보상에 큰 비중이 주어지기 때문이다.

그러나 모든 유쾌한 감정상태가 항상 가치를 반영하는 것은 아니라는 것도 여기서 지적되어야 할 것이다. 우리가 말하는 수도계적인 가치에 부대하는 감정은 항상 우리 자신의 더 나은 가능성의 실현과 개선에 따른 결과로서 얻어진 것이기 때문에 단지 우연적으로 무턱대고 좋아하고 향락하는 것과 확연히 구분된다. 우리가 아무 노력도 없이 주어진 상태 자체에 의존할 때 일어나는 감정은 수도계에서의 가치추구라는 조건에 맞지 않는다. 수도계적인 가치의 체험은 우리 자신의 가능성에 대한 부단한 시험의 소산이다. 수도계적 가치는 주어지는 것이 아니라 그것에 참여하는 사람들의 수련에 의한 품위수준의 변화와 선택에 의해서 체험되고 확인되어야 한다.

이전의 지식이 더 나은 지식으로 대치될 때, 즉 우리가 이전에 가졌던 지식이 부적절한 것임을 발견할 때 우리는 진리를 체험한다. 지금의 상태와 발견할 것간의 차이를 가늠하는 전방대비와 지금 발견한 것과 이전의 것을 비교하는 후방대비에 따라 응분의 감정상의 변화가 동반된다. 전방대비는 불확실성과 불안을 그리고 후방대비는 구속으로부터 해방되는 자유의 감정을 동반한다. 이처럼 지식의 발전은 인식주체에게 상승의 변화를 의미한다. 이제 우리는 동일한 것이 서로 다르게 인식되며 의미화되는 것을 발견한다. 또한 이는 기준의 변화를 의미한다. 각각의 지식은 그 지식 안에서 합리성을 갖는다. 이제 지식이 바뀐 이상 지식을 평가하는 기준도 바뀐다. 이는 비유컨대, 산의 높은 곳에 오를수록 그 곳에서 내려다 볼 수 있는 시야가 넓어지는 이치와 같다. 우리가 앞에 보이는 실재를 더 확실하게 파악하려고 우리 자신의 변형을 꾀하는 데 성공했을 때 그것이 새롭게 열리는 듯한 기분을 느낄 수 있다. 그 때 그 실재는 이전의 것과는 다른 양상이며, 이 때 우리는 '최고의 행복감'[16]에 도취하게 된다. 이와 같은 방식으로 자신의 위대성을 추구하는 도야에 의한 발전에 부대되어 고급스러운 감정적 선호가 형성된다. 이것이 바로 가치라는 승화되고 세련된 정서인 것이다.

가치의 공공성은 미리 주어진 것이 아니라 우리들 자신의 공감에 의해서 확인되야 할 성질의 것이다. 인간의 가치는 오직 인간에 의해서 확인되고 검증되어야 한다. 일찍이 니체는 "두 사람과 더불어 진리가 시작된다"는 의미심장한 말을 하였다. 진리체험은 기본적으로 개인적인 것이다. 그러나 진리체험의 가능성은 누구에게나 있다. 그 점에서 진리체험도 상호주관적 타당성(intersubjective validity)을 요구한다. 만약 내가 체험한 진리가 남에게도 체험될 수 있다면 그것은 한 개인의 일시적인 변덕과는 별개로 존재한다는 것을 의미한다. 그 점에서 너와 나는 하나의 공동체로서 서로가 주체적으로 타인의 진리를 검증해 줄 권리와 의무관계 속에 존재한다. 만약 당신이 자신의 내부로부터 우러나오는 목소리의 동의조차 얻을 수 없는 지식을 단지 외부적인 권고나 혹은 강요에 의해서 무감각하게 혹은 불편한 상태에서 가지고 있다면, 당신은 가치문제와 관련하여 스스로를 배반하고 있을 뿐만 아니라 숭고하고 엄격한 공동체적 의무를 저버리고 있는 것이다.

가치에 대한 검증은 불가피하게 주관적인 것이며, 또한 더 나아가 상호주관적인 것이다. 서양 근세 철학의 아버지라 불리는 데카르트는 자신에게 아주 명석하게 그리고 판명하게 지각되는 것은 모두 참되다고 하는 일반적인 규칙을 세운다. 데카르트가 모든 인식의 최종적인 근원으로서 자신의 초월적 주관을 상정한 것은 우리가 말하는 주관적인 진

---

16) 이 발견의 기쁨은 아르키메데스(Archimedes: B.C. 287?~212)가 목욕탕에서 외쳤다고 하는 '유레카(Eureka)'의 감격과도 유사하다.

리의 검증원리와 일치한다. 그럼에도 불구하고 만약 그 주관에서 그친다면 자칫 '유아지론'에 빠질 우려가 있다. 우리는 여기서 한걸음 더 나아갈 필요가 있다. 그것은 나와 다른 타인들의 초월적 주관과의 합일에 의한 보편성의 확보이다. 이 때문에 데카르트도 후대 사람들의 우려와는 달리 그 자신이 편협한 판단을 내릴지도 모른다는 점을 스스로 경계하였다. 즉 그는 그가 참되고 확실하다고 본 것 가운데 나중에 거짓이라고 판단된 것이 많았음을 상기하면서, 자신의 진리체험이 타인을 통해서 상호주관적으로 검토될 수 있음을 《성찰》에서 이렇게 시사한 바 있다.

> 그래서 나는 먼저 이 여러 성찰에서 나로 하여금 진리의 확실하고 명증적인 인식에 도달케 했다고 여겨지는 여러 고찰을 전개하고, 나를 설득시킨 여러 근거로써 다른 사람들도 설득할 수 있는지를 확인해 보려 한다(최명관 역, /1983, p.72).

위의 글에서 데카르트는 진리검증의 공공성을 인정하고 있다. 우리가 탐구를 하면서 그 전후에 같은 대상에 대한 두 가지 상이한 인식의 틀을 가지고 그 중 하나를 택하게 된다. 대개 이전의 지식과 그에 따른 평가를 포기하고 탐구의 경험이 포함된 새로운 것을 택하게 된다. 이것은 인식주체의 권리이자 가치향유이다. 그러나 거기에 그치는 것은 위험할 뿐만 아니라 그 진리체험이 인간들에게 줄 수 있는 특혜가 한정되는 문제가 있다. 우리는 더 나아가 그 체험을 다른 사람들과 함께 공유함으로써 특혜의 영역을 넓히고 서로가 다른 사람의 지지자로서의 연대성을 확인할 수 있다.

일방적으로 내가 그런 감정을 느끼니까 너도 느껴야 된다는 식으로 진리체험은 전이될 수 없다. 여기에는 상대를 설득시키고 설득받는 과정이 필요하다. 진리체험에는 남도 없고 나도 없다. 남에게 높은 지식이 있으면 내가 그것을 취하여 공유하고, 자기에게 높은 지식이 있으면 남으로 하여금 그것을 취하게 하여 높은 지식을 갖도록 하면 된다. 이처럼 진리를 타인에게 입증하는 방법은 내가 점유하고 느꼈던 것을 그 역시 점유하고 느낄 수 있도록 돕는 데서 찾아볼 수 있다. 이처럼 그 경험적 통로를 가급적 많은 사람들에게 개방하여 삶의 풍요로운 의미를 체감할 수 있는 기회를 갖도록 하는 것이 우리가 내세우려는 새로운 의미의 교육이다. 자신의 영혼을 전달할 대상을 만나기 위한 정열적인 충동, 그것은 인간이 다른 인간에 대하여 느끼는 심층적인 유대감정에 뿌리를 두고 있다.

인간은 교육을 통해서 자신이 체험한 바람직한 것을 타인에게 검증받으면서 서로가 의거처가 되어 기쁨과 보람을 나누며 인간적인 가치를 추구할 수 있게 된다. 이처럼 자발적 공감대의 형성은 각자의 주체적 선택을 존중하는 내규를 지켜내는 범위 안에서만 성립된다. 교육에는 어떤 외적인 권위나 강제가 허용되어서는 안 된다. 또한 교육의 세계에 참여하는 사람들은 적당한 조건에서 그들에게 부족한 것과 더 나은 것의 선택지가 주어진다고 할 때 그 중 후자의 것을 선택할 능력이 있다는 점을 서로 인정해야 한다. 흔히 선진은 후진의 가치판단의 능력을 의심한다. 그러나 그것은 지나친 허무주의적 태도이며, 인간적 가치로서의 진리 자체를 부정하는 태도이다. 그런 태도를 가지고서는 어떤 가치논의도 가능하지 않다. 물론 교육에서도 그 판단기준에 수준상의 차이가 있음을 인정한다. 그러나 만약 후진이 선진의 수준에 이르게 되었을 때 그들은 가치판단에 있어서 별도의 특권이 주어질 수 없다. 교육은 상대편에게 더 나은 가치선택의 기준을 갖도록 협력하면서 서로가 그 판단에 대한 타당성에 대해서 지원을 받는 경로이다.

또한 교육적 인식론은 인식에 있어서 감정과 정서의 중요성을 인정한다. 철학에서 합리성은 흔히 이성적인 것을 의미한다. 이 때문에 감정적인 것을 비합리의 범주에 넣는다. 그러나 지식의 생산, 수용, 가공에 있어서 그 전략과 조절은 감정의 영향을 받는다. 감정은 인지적 활동을 하는 근본적인 이유일 뿐만 아니라 그것의 진전을 감식하는 나침반의 기능을 한다. 이를테면 흥미는 그 자체의 만족만으로 가치가 있지만 동시에 자신에게 맞는 인지적 과제의 선택에 중요한 징후가 된다. 따라서 이런 감정의 성분들을 구체적으로 고려하지 않는 철학적 입장은 합리적인 것이라고 할 수 없다. 오히려 인식활동에서 감정이 중요한 역할을 한다면 그것을 인정하는 인식론적인 입장이 더욱 합리적이라고 할 수 있을 것이다.

우리의 인식활동은 감정과 정서의 영역으로부터 분리되어 일어날 수 없다. 유기체 내부의 한 요소로서 지식은 동전의 양면처럼 다른 것들과 불가분의 관계를 갖는다. 감정 자체가 지식의 요소는 아니지만 그 생명성은 감정과의 동반관계에서 보장된다. 인지적으로 구성되지 않은 감정이나 느낌은 있을 수 없다. 한 개인이 감정과 느낌의 방식으로 경험한 것은 일부 그의 인지내용에 의존한다. 다른 한편으로 감정이 인지활동을 교도하고 유지하고 그것의 유의미성을 확인하는 데 주도적인 기능을 한다. 따라서 우리 내부의 지식의 발달에 관한 종합적인 논의는 여타의 과정과의 관계를 포함해야 할 것이다.

어떤 지식이건 간에 그것의 점유과정에는 특이한 정서적인 요소가 수반되어 있다. 모든 지적인 행위는 다소간 흥미, 쾌감, 지속적인 노력 등과 같은 유쾌한 감정을 동반한다. 인간은 원래부터 자신의 가능성을 능동적으로 실험하고 향상시키려는 기본적인 성향을 가지고 있다. 신기하고 복잡한 것을 보면 호기심을 가지며, 문제에 봉착하면 관심과 흥미를 가지고 그것을 해결하려고 한다. 관심과 흥미는 지식이 충분히 제 기능을 하도록 하고, 또한 지적 성장을 위한 에너지를 제공하며 지식에 역동성과 방향성을 준다. 문제가 풀리면 그것을 해결한 사람에게 엄청난 기쁨과 환희로 다가온다. 그러나 그 해답이 영구적으로 제자리를 지키는 경우란 상상하기 어렵다. 우리는 더 어렵고 높은 수준의 문제에 봉착하며, 이제 그것의 해결에 더 많은 관심과 흥미를 갖게 된다.

그러나 지적 탐구에는 이처럼 유쾌한 감정의 상승적인 연속만이 작용하는 것은 아니다. 평형상태의 위기에서 새로운 수준의 평형상태가 구성되는 것을 지식의 습득과정으로 볼 때 거기에는 양극적인 감정이 교차하는 것으로 보는 것이 옳을지 모른다. 이제까지 존재기반으로 여겨왔던 지식들이 틀린 것으로 드러날 때 회의와 불안이 일어나는 것은 자연스럽다. 새로운 것은 항상 경탄, 경이, 경악, 심지어는 공포와 결부되어 있다. 탐구의 작업에는 항상 잘못된 출발점, 오리무중의 시행착오, 열정, 희망, 좌절, 실망, 그리고 발견에 따른 흥분의 요소가 있다. 상이하고 서로 모순되는 인식체계의 조우에 따른 불안과 갈등, 현실을 초월하여 성장하려는 원망과 의지, 자기실험과 탈출에서 경험하는 곤란과 좌절, 새로운 자기의 발견에 따르는 흥분과 환희가 있다. 그 과정에는 쉬움과 어려움, 명백함과 혼동, 질서와 혼란, 조화와 갈등, 안전과 모험에 대한 두려움, 포기와 노력, 확신과 의심, 흥미와 지루함, 인내와 패배, 불신과 신뢰, 실패와 성공 등의 감정적 요소가 포함되어 있다. 이런 감정의 교차와 단련이라는 배경 속에서 진리에 대한 갈망과 같은 세련되고 복잡한 감정이 발달하는 것이다.

이런 감정은 흔히 동기를 말할 때 열거하는 기아, 갈증, 성, 고통으로부터의 회피 등과 같은 생물적인 욕망이나 남으로부터 사회적 인정을 받는 것과는 종류에 있어서 전혀 다른 범주의 것이다(Maslow, 1966, 1970). 나에게 물질적인 풍요를 보장해 주기 때문에, 기아상태를 면하거나 불쾌감을 회피할 수 있다는 이유 때문에, 혹은 사회적으로 인정을 받고 높은 지위가 보장되기 때문에 인지활동을 한다면 그것은 단지 수단의 의미밖에 없을 것이고, 따라서 그 동기가 만족되는 순간 그 활동은 정지될 것이다. 이 점에서 이러한 동기와 그에 따른 정조들은 학문 내재적인 것이라고 할 수 없다. 이에 비해서 진리에 대한 애정은 그런 결핍 동기와는 별개의 과정에서 발전되기 때문에 학문 내재적인 것이다. 이것은 그것을 보장하는 조건이 만족되면 될수록 학문활동을 더욱 지속하게 한다는 점에서 학문 외재적인 동기나 정조와 근본적인 차이가 있다.

인간이 추구하는 가치의 보편성을 확인하는 절차로서의 교육적 인식론은 이 점에서 방법적 내재율을 충실하게 따라야 한다. 내가 선진의 편이냐 혹은 후진의 편이냐 하는 것이 판가름나야 한다. 타자가 나보다 더 옳고 내가 더 틀릴 수도 있고 반대로 내가 더 옳고 타인이 더 오류가능성이 많을 수도 있다. 그 모두의 가능성이 어느 누구에게나 있다. 그 때 선진과 후진을 결정하는 것은 어느 편에서 어느 편으로 일치하느냐 하는 방향과 결부되어 있다. 그러나 교육에서는 그 일치 자체만을 중요시하는 것이 아니라 일치에 도달하는 방법에 있어서 엄격한 내재율을 지킨다. 타인의 협조를 통해서 가치를 검증할 때 지켜야 할 원칙의 하나는 타인을 자율적인 상구자로 간주하고 그의 자율적인 판단을 받아들여야 한다는 것이다. 그 타인은 하나의 더 견고한 경험적 실재를 구성함에 있어서 우리의 것으로 대체해 버릴 수 없는 독립된 존재로 취급되어야 한다. 다른 하나의 원칙은 학문에 대한 내재적인 동기와 정조에 호소하는 것이다. 즉 그들 내부에서 진리에 대한 애정이 우러나오고 자신의 성장에 의해서 자연스럽게 그 기준을 향상시켜 나가게 해야 한다.

이런 방법은 행동적 조건화, 사회화, 교조화, 세뇌와 선전 등 온갖 형태의 행동통제의 방식과 대조된다. 여기서는 일치되어야 할 행동항목이 미리 주어지고 모든 수단을 동원하여 상대를 그 기준에 일치시키는 측면에만 관심을 갖는다. 상대는 자율적인 판단력이 결여되어 있다. 또한 그런 능력을 갖는 것 자체가 위험하다. 통상 이런 가정 아래 이들은 각종의 외재적인 보상체계와 미끼를 동원하거나 혹은 힘에 의한 강요 혹은 매수에 의해서 자신들이 미리 설정한 행동에 일치하도록 유도한다. 더 큰 보상에 대한 기대, 의존심, 불안의 조성, 절대에 대한 외경 등의 감정을 동반하는 이런 방법은 일치행동을 얻어냈다는 점에서 일정한 목적을 달성했다고 볼 수 있다. 그러나 자체의 자율적인 반성과 책임있는 판단이 없이 받아들이는 합의는 제도적 강요와 체계적 왜곡에 의한 기만적인 합의에 불과하다. 이런 방법은 진리체험이나 지식의 우열을 상호주관적으로 검증하려는 우리의 애초의 의도와는 어긋난다. 구성주의자인 글래서스펠트(1995)는 이 점을 이렇게 적확하게 지적한다.

> 만약 우리가 그들을 어떤 방식으로 우리의 것에 일치하도록 강요한다면, 우리는 그 사실에 의해서 그들을 협력자로서 인정할 수 없게 된다(p.127).

왜냐하면 이런 방법은 상대를 독립된 협조자로서가 아니라 이미 나의 의도를 따르는 무력한 허수아비로 만들어 버렸기 때문이다.

교육계에서의 스승과 제자는 품위의 차이가 있는 사람들끼리의 특이한 협력관계를 의미한다(장상호, 1996). 한마디로 교육적 관계는 품위상의 이질성과 갈등을 소재로 호혜적 관계를 유지한다. 품위의 차이는 내용상 서로 모순되기 때문에 선진과 후진은 소통이 불가능할 정도로 다른 세계 속에 살고 있으며 충돌하거나 갈등할 소지가 많다. 선진과 후진은 각각 그들의 세계관에 의해서 옳고 그름을 평가한다. 따라서 그들의 진리기준 역시 다르다. 그러나 교육은 바로 이런 품차를 전제로 상구와 하화라는 화해와 협력을 이끌어 낸다. 교육은 선진이 후진에 대해 강압적인 세력으로 작용하는 것이 아니다. 스승은 자율성과 협동성이 보장되는 분위기에서 제자가 좀더 높은 수준의 지식을 형성하고 시험해 보도록 돕고 이를 통해서 그들이 좀더 높은 수준의 가치기준을 갖게 한다. 이것은 단순한 복종이나 맹신과 엄격히 구분된다. 스승은 제자에게 자율성을 고양시키고 특별히 독립적으로 자아를 분석할 수 있는 능력을 강화한다. 이런 교육적인 협동성에 근거해서 우리는 가치를 상호주관적으로 매개하고 검증하는 자발적인 연대성을 형성할 수 있게 된다.

제자는 스승을 통해서 더 높은 품위의 실재를 자증할 수 있다. 자증은 아무리 객관적인 진리라도 그것이 주체 밖에 존재하는 한 그의 것이 될 수 없음을 강조한다. "스승이 아는 것에 대해서 스승 자신도 의심한다. 만약 내가 공부를 해서 알 수 있는 것이라면 그의 의심은 적어도 나에게서 확실한 것이 될 것이다." 이를 확인하기 위해서 스승의 지도를 청하고 받는다. 그러나 어떤 것이 좋은 것인가 혹은 나쁜 것인가를 아는 데 있어서 스승의 권위에 전적으로 맹종하거나 그의 판단에 의존하는 것은 잘못이다. 스승의 도움은 그런 판단을 내릴 수 있는 활동을 지도하는 데 국한된다. 자증은 각자가 주체적으로 상구에 임하고 이를 통해서 기존의 인식을 해체하고 좀더 개선된 인식을 자신의 것으로 점유할 때, 비로소 진리가 체험된다는 점을 부각시킨다. 상구 이전에 가지고 있었던 품위와 상구를 통해서 새롭게 얻은 품위라는 두 개의 선택지 가운데 하나를 자유롭게 선택하는 것이다. 이 과정에는 항상 모순된 감정적인 요소가 주기적으로 일어난다. 확신을 가졌던 기존의 품위에 대한 의문과 상실감은 고통을 수반한다. 이런 상실의 고통은 새로운 발견, 새로운 가능성의 전개에 정서적으로 수반되는 긍정적인 지적 깨달음에 의해서 상쇄된다.

다른 한편으로 스승은 제자를 통해서 자신이 가지고 있는 품위가 제자의 것보다는 더 높은 것임을 타증할 수 있다. 타증은 내가 경험한 품위가 나에게는 아무리 확실한 것이라도 그것이 반드시 옳은 것은 아닐 수도 있다는 점을 강조한다. "나만 아는 것에 대해서 나는 의심한다. 타자도 알 수 있는 것이 비로소 확실한 것이다." 이를 확인하기 위해서 그는 제자가 자신이 가진 새로운 품위를 얻도록 돕고 그에게서 자율적인 동의를 얻어낼 수 있어야 한다. 이 목적을 달성하기 위해서 스승은 억압적인 세력이 되어서는 안 된다는 것은 말할 필요도 없다. 하화에서는 가능한 한 외부적 압력이나 강제, 외재적 보상의 수단을 제거해야 한다. 만약에 제자가 스승의 주장을 강요에 의해서 수락한다면 혹은 스승의 권위에 의해 맹목적으로 설득된다면 그것은 결코 타증이 될 수 없다. 그것은 앞에서도 지적했듯이 마치 허수아비에게 자신의 주장을 입증하려는 것처럼 어리석은 것이다. 하화는 항상 제자 편의 발견적 흥분과 그에 따른 심열성복으로 종료될 수 있어야 한다. 만약 제자가 이처럼 스승이 경험한 진리체험을 동일하게 공유할 수 있었다면, 그것은 단지 스승뿐만 아니라 제자에게도 보편성을 갖는다는 것을 의미한다.

이제까지 우리가 이 절에서 지적해 온 심열성복이라는 교육적 증득의 조건은 앞의 절에서 다룬 여타의 여러 가지 조건들, 그 중에서도 체험의 재구성, 단계별 진전이라는 조건과 불가분의 관계를 갖고 있다. 체험의 재구성이라는 조건에서는 언어적인 모방을 경계했다. 이런 취지는 석가모니가 제자에게 내린 다음과 같은 짧은 말에 잘 반영되어 있다.

> 뜻에 의지하고 말에 의지하지 말라. 뜻은 깨달음이고 깨달았다는 뜻은 만족함이다(불교성전편찬회, 1985, p.463).

품위로서의 지식은 언술의 범위를 넘어선다. 그 관계는 마치 떡과 그것에 대한 그림에 비유될 수 있다. 그림을 아무리 많이 수집하여 놓는다고 하더라도 그것을 통해서 배가 부를 수는 없다. 마찬가지로 타인이 한 말을 멋모르고 따르고 외운다고 해서 지식이 생기는 것은 아니다. 남이 말한 결과를 그가 그것을 얻기 위해서 거쳤던 체험의 기반 없이 단순히 모방하는 것으로 진리를 체험할 수는 없다. 상구의 체험이 있어야만 지식을 얻을 수 있고, 그것에 따라 자신의 적절한 감동과 찬탄, 보람, 가치향유를 보장받을 수 있다.

심열성복의 조건은 단계별 진전의 조건과도 관련되어 있다. 이 조건은 교육의 목표가 상구자의 차상품을 중심으로 유동적으로 이동해야 함을 강조한다. 우리가 어떤 것을 그 자체의 목적으로 추구하는 조건은 그 과제가 너무 쉽거나 너무 어렵지 않은 중간 정도의 것으로 개별화되어야 한다는 것이다. 너무 쉬우면 배우는 것이 없다. 또한 너무 어려우면 배울 수가 없다. 그것이 아무리 가치있는 품위라고 하더라도 그것에 도달하는 점진적 단계를 무시한다면 그 진전은 오히려 강요나 억압의 의미를 갖는다. 흔히 후진의 흥미를 존중하는 것이 그들의 현존하는 수준으로 퇴보하는 것이라는 해석은 진정 흥미의 본질을 제대로 이해하지 못한 데서 기인한다. 아동은 결코 그들이 이미 알고 있는 것에 대해서 흥미를 느끼지 않는다. 그들은 지금 그들이 제대로 알지 못하고 있는 '아리송한 것'에 흥미를 보인다. 따라서 흥미는 상구를 위한 길잡이의 역할을 한다고 볼 수 있다.

교육적 인식론은 교육이 지켜야 할 내재율에 근거하고 있다. 우리는 이제까지 그 가운데 핵심을 차지하는 심열성복의 조건과 관련하여 많은 것을 논의하였다. 그렇다면 이 조건은 별다른 것인가? 이 문제와 관련하여 우리는 마지막으로 이런 개념이 우리가 앞에서 교육적 인식론의 전조로 소개한 교화의 철학에 어떤 방식으로 반영되어 있는지를 검토할 것이다. 이 분야에서 이 조건을 따로 떼내어 우리처럼 자세하게 다룬 논의를 찾기는 어렵다. 그러나 분명하게 말할 수 있는 것은 그들의 논의에서 심열성복의 조건은 항상 하나의 전제사항으로 거의 예외없이 가정되어 있다는 것이다. 여기서 그 모든 것을 자세하게 소개하고 검토할 여유는 없지만 대충이나마 변증법적 전통, 해석학적 전통, 프래그머티즘의 전통, 그리고 마지막으로 신과학철학의 전통에서 나타난 측면을 간략하게 점검해 보기로 한다.

먼저 변증법의 전통에서 주목할 점은 그것이 철학의 주지주의를 벗어나서 인식에 있어서 감정의 중요성을 인정했다는 점이다. 철학의 주제가 되면서 인식에서 감정 혹은 우리의 삶에 포함되어 있는 비이성적 측면이 제외되었다. 인식론은 대개 합리성을 강조하며 정서, 의지, 낭만주의 등을 비합리성의 범주에 넣고 극복될 대상으로 취급한다. 그런데 헤겔이나 키에르케고르의 단계에서는 그 한계가 극복된다. 헤겔(1808/1988)은 이성과 열정을 구분한 근대철학에 도전한다. 그에 따르면 열정이 없는 이성은 공허하고 이성이 없는 열정은 맹목적인 것이다. 이처럼 헤겔은 우리가 앞에서 말한 인식과 감정의 관계를 너무도 잘 이해하고 있었다. 그는 또한 유한자로서 우리가 자신의 단계에 적합한 내재적 목표를 선정해야 한다는 것을 강조했다. 그리고 진리는 반드시 그것을 추구하는 열정과 관계된다는 점을 인정하면서 이를 '박커스 축제(祝祭)에서의 도취경(p.106)' 에 비유한 바 있다.

헤겔의 변증법을 받아들인 키에르케고르 역시 그의 실존의 변증법에서 진리탐구의 길과 주체의 정열간에 더욱 긴밀한 연관관계가 있음을 분명하게 드러내려고 하였다. 그에게 있어서 참되게 존재한다는 것은 자신을 승화시키는 것이며, 그 과정에서 모순의 체험은 불가피한 것이다. 세계를 깊이있게 이해한다는 것은 바로 그런 모순을 이해하는 것이다. 이러한 역설 속에서 주체적 진리를 찾기 위해서는 무한에 대한 열정이 이성보다 선행해야 한다. 진리를 찾는 일은 열정이 없이는 불가능한 고독한 작업이다. 그럼에도 불구하고 키에르케고르(1859/1980)는 "우리는 모두가, 그대나 나나 이 진리의 증인이 되어야만 한다(p.136)"고 주장한다. 말하자면 그는 우리가 고독 속에서 각각 진리의 증인이 될 수 있도록 처신해야 한다는 점을 놓치지 않고 지적하고 있다. 사실 키에르케고르의 철학에서 이 부분만이 인간인 우리가 서로의 유대를 확인할 수 있는 유일한 부분이라고 해도 과언이 아니다.

해석학에서는 권위와 전통이 진리탐구에서 어떤 위치를 차지하느냐 하는 문제와 관련하여 목하 지금의 주제가 다루어지고 있다. 이와 관련하여 가다머는 우리가 과거의 전통을 죽어버린 것으로 기형화시키지 않으려면 그 전통에 어느 정도의 권위를 인정해야 한다고 요구한다. 우리가 전통에서 배우려면 그것의 권위를 일단 믿어보자는 식이다. 그럼에도 불구하고 그는 권위라는 것이 맹목적인 것이어서는 안 된다는 단서를 붙이는 것을 잊지 않는다. 가다머(1960/1982)의 말을 빌리면, "권위의 인정은 언제나 권위가 말하는 것은 비이성적인 자의가 아니라 원칙적으로 참인 것으로 간주될 수 있다는 생각과 관련되어 있다. 이것이 교사, 윗사람, 전문가에 의해 주장되는 권위의 본질이다(p.249)." 강요하는 권위는 이미 그 본질에서 이탈한 것이다.

우리가 누구에게서 배운다고 할 때 그 전제는 그의 판단이나 통찰력이 자기 자신의 것보다 더 우위에 있다는 것이다. 우리의 선인은 우리보다 더 나은 선입견을 가질 수 있다. 우리는 그 경우 그 선입견에 권위를 부여할 수 있어야 한다. 이런 식의 태도는 우리가 상구를 통해서 이해의 가능성을 확보하는 데 불가결한 태도이다. 이것은 모든 전통에는 배울 만한 것이 있다는 단정과는 달리 해석될 수 있는 부분이다. 그럼에도 불구하고 거기에는 강요적인 거짓합의가 있을 가능성도 있다. 이 점을 중시한 하버마스(1977)는 가다머의 해석학에 내포된 위험성을 지적하고 참된 합의에 도달할 수 있는 방책을 더욱 강화한다. 가치의 공증에는 어떤 특권적 권위도 개입되어서는 안 된다. 그는 한 사람의 주장이 타인의 동의를 얻어내는 '합의적 타당화(consensual validation)'가 합리적인 담론의 형식을 통해서 얻어질 수 있다는 것에 큰 기대를 한다. 그 조건에는 강제와 자기기만에서 자유로울 것, 담론에 참여하는 기회가 동등할 것 등등의 조건들이 포함된다. 하버마스와 우리의 인식론은 몇 가지 점에서 다소의 차이[17]가 있다고 하더라도 심열성복에 관한 한 서로 일치한다.

그렇다면 실용주의적 관점에서 심열성복의 측면은 어떻게 반영되어 나타나는가? 우리는 듀이의 교육관을 논의하는 가운데 그가 감정의 요소를 과감하게 도입하고 있다는 점을 충분히 지적했다. 그는 주체가 새로운 난관에 부딪힌 실존적 상황에서 그것을 극복하기 위해 목표를 설정하고 그 목표를 실현하기 위해 각고의 노력을 경주하는 과정에 개재하는 감정적 요소를 잘 드러내 준 바 있다. 뿐만 아니라 그는 한걸음 더 나아가 아직 미숙한 어린이들을 사회가 어떻게 지도해야 하는가라는 문제를 제기하고 사회적 통제로서 교육이 갖추어야 할 조건에 많은 관심을 가졌다. 사실 그의 초기 입장이 잘 표명된 《민주주의와 교육(1916)》에서 드러내려는 주제의 핵심은 바로 여기에 있었다고 해도 과언이 아니다. 이에 관한 그의 말을 들어보자.

> 통제의 기본은 어린이들이 참여하는 상황의 성격에 깃들어 있다. 사회적 상황에서 어린이들은 자신의 행위방식을 타인들이 하고 있는 것에 비추어 보고 그것에 맞추어 나가야만 한다. 이런 과정이 그 행위를 공동의 결과로 지향하도록 하여 참여자들에게 공통된 하나의 이해를 마련한다. 비록 다른 행위를 수행하더라도 모든 사람에게 동일한 의미의 공감대가 형성되는 것이다.

---

17) 그 차이는 다음(4.4.2.)에 더 논의될 기회가 있을 것이다. 언어적 소통에 의한 일치가능성의 문제, 그리고 논의에 참여하는 사람들의 동등성 등이 우리의 교육적 인식론에서 수용하기 어려운 점이 있다.

> 행위의 목적과 수단에 대한 이런 공통된 이해가 사회적 통제의 요체이다. 이것은 직접적이거나 사적인 것이 아니라 간접적이고, 정서적이며, 지적인 것이다. 더 나아가, 이것은 외적이거나 강제적인 것이 아니라 인격적인 개인의 성향에 내재하는 것이다. 관심과 이해의 공감대를 통한 이와 같은 내적 통제를 이룩하는 것이 바로 교육이라는 사업이다(pp.47-48).

이 말의 의미는 수단과 목표의 교차를 성장의 과정으로 보는 듀이의 특이한 관점을 상기할 때 더욱 분명해진다. 성장은 각 개체에게 알맞은 목적을 세우고, 그 목적이 실현되면 그것을 다시 수단으로 삼아 더 높은 수준의 목적을 달성하는 일련의 과정을 거친다. 비록 우리가 서로 다른 인식을 가지고 있다고 하더라도 성장에 대한 신념에 공감대를 형성할 수 있다면 미숙한 사람과 성숙한 사람들간에 강제가 아닌 사회적인 통제를 실현할 수 있다. 그리고 그에게 있어서 교육은 바로 그런 일을 하도록 되어 있다. 그런 일을 하기 위해서는 그 과정 자체가 민주적이어야 한다는 조건을 그는 애써 강조하고 있다.

그러나 따지고 보면 민주주의라는 개념은 교육 자체의 논리 속에 포함될 개념은 아니다. 발전하는 수도계적인 가치를 확인함에 있어서 모든 사람들이 동등한 권리를 가진다는 정치적 과정은 하나의 요건에 불과하다. 모든 인간이 동등하게 인류의 수도계적 가치를 향유할 자격은 있지만 선진과 후진 사이에는 엄연한 개인차이가 있다. 후진이 선진의 것을 자신의 것으로 점유하기 위해서는 스스로의 도야가 요청된다. 그것은 발전을 체험시키고 상대의 자발적인 판단을 유도해 내는 설득적 활동의 소산이다. 다만 그 설득적 활동 자체가 강제적인 것이어서는 안 될 것이다. 그런 일련의 노력은 그 자체의 내재적 자율성을 보장받아야 한다.

이런 정도의 정교화된 논의는 신실용주의를 주창하는 로티에게서 비로소 더욱 뚜렷해진다. 로티는 스스로를 재창조해야 하는 책임이 우리 자신에게 있는 사적인 영역과 다른 인간 존재들에 대한 우리의 책임이 있는 공적 영역을 구분하고, 애초부터 그들을 결합시킬 어떤 방도도 없다는 점을 솔직하게 인정한다. 그가 보기에 한편으로 자신을 재정의하고 재창조하려는 아이러니스트와, 다른 한편으로 잔인성을 가장 나쁜 행위라고 믿는 정치적 자유주의간에는 개념적 필연성이 없다. 그렇다면 그가 부르짖는 자유주의적 아이러니스트가 살아야 하는 사회에서 이 문제가 어떻게 해결될 수 있는가? 더욱 구체적으로 말해서 그의 아이러니스트 이론이 어떻게 정치적 자유주의에 위협이 되는 것을 방지할 수 있는가? 이 문제에 대해서 로티가 모종의 조화(통합이 아닌)를 모색한 것이 '연대성(solidarity)' 이라는 개념이다.

로티는 그의 《우연성, 아이러니, 그리고 연대성(1989)》에서 인식에 있어서 강제되지 않은 합의를 시종 강조하였다. 전통적인 정초주의자들은 공동체적인 연대성의 문제를 사람들이 어떤 동일한 본질적 속성을 가지고 있다고 가정함으로써 해결하고자 한다. 이들은 사람들이 동일한 속성을 가지고 있기 때문에 서로간에 연대성을 가질 수 있고 또 가져야 한다고 주장한다. 이것이 바로 보편적 객관주의가 취해 왔던 입장이다. 그러나 로티는 그런 '보편 타당성' 이라는 아이디어 자체를 의심한다. 그에 의하면, 단순히 인간이 된다는 것에 의해 공통의 유대를 갖게 되지는 않는다. 인간성이 우연의 산물임을 주장하는 그는 사람들이 우선 다른 입장과 관점을 가진 존재임을 인정하고 존중하는 전제 아래 대화를 통해서 서로간에 공감대를 형성하고, 과거에 타인이라고 여겼던 사람들도 우리 중의 일부라는 연대의식을 가질 수 있다고 주장한다.

> 내가 제시하는 관점은 도덕적 진보라는 것이 있으며, 이 진보는 그야말로 더 큰 인간의 연대성을 향해 있다고 말하고 있다. 그러나 그 연대성은 모든 인간에게서 핵심적인 자아, 인간적인 본질 같은 것으로 생각되지 않는다. 오히려 고통과 굴욕에 관한 유사성과 비교해 볼 때 전통적인(종족, 종교, 인종, 관습 등의) 차이를 점점 중요치 않은 것으로 볼 수 있는 능력으로 생각된다. 여기서 말하는 능력이란, 우리 자신과 다른 사람들을 '우리' 의 영역에 포함시

킬 수 있는 능력이다(p.129).

로티가 진일보한 점은 인간성에 보편성이 있다는 것을 주장하면서 인간들 서로간의 유대를 말하는 것은 인간성의 차이라는 엄연한 사실을 은폐하는 것에 불과하다고 본 것이다. 인간에게는 분명히 차이가 있다. 그 차이는 종족과 같은 범주와는 다른 인간적인 성숙과 관계가 있다. 이들과의 인간적인 유대는 서로 더 나은 우리들 자신을 개발하는 데 공동으로 참여함으로써 창조될 수 있다. 그러나 그 인간성에 대한 동의나 합의는 결코 한편이 다른 편을 지배하거나 강요하는 것이 아니라 자유롭고 개방된 만남에 의한 자발적인 것이 되어야 한다. 이런 방식으로 로티는 자유주의적 아이러니스트의 사적인 생활세계가 그것과 질적으로 구분되는 공적인 영역과 조화할 수 있는 하나의 방도를 찾았다. 인식론적으로 볼 때 로티는 이런 방식으로 실재에 대한 대응으로서의 진리라는 개념 혹은 우리에게 이미 객관적으로 검증된 진리가 따로 있다는 진리의 개념이 자유롭고 개방된 만남의 과정에서 믿게 된 진리의 개념으로 점차로 대체될 수 있을 것으로 기대하였다.

로티의 사적 영역과 공적 영역은 우리의 개념에서 수도계적인 것과 세속계적인 것의 차이에 상당 부분 상응한다. 그는 자아실현을 목적으로 하는 수도계적인 논리와 사회적 과정의 유지와 발전에 목적을 두는 세속계적인 논리가 화해할 수 있는 가능성을 제시하고 있다. 그러나 우리는 전자에서의 교육과 후자에서의 사회화를 엄격히 구분한다. 우리의 관심은 그 양대 세계의 조화나 통합이 아니다. 우리는 단지 수도계적인 세계 내에서의 인간들의 유대이다. 그것이 바로 교육적 관계라고 하는 것이다. 수도계적인 품위는 서로 모순되기 때문에 선진과 후진간에는 갈등이 불가피하다. 그러나 품위의 발생적 계열을 고려한다면 그들간에는 불가분의 연속성이 있다. 교육은 바로 그 발생적 연속성을 존중하고 선진과 후진이 교육적으로 상호작용하면서 서로간의 품위차이를 심열성복적으로 입증하는 장치라는 의미를 가진다.

마지막으로 교화의 철학 가운데 신과학철학에 교육의 심열성복적 조건이 어떻게 반영되고 있는지를 살펴보자. 신과학철학에서 가장 급진적인 측면은 지식의 우위를 증명함에 있어서 설득, 선전, 개종이 필요하다는 쿤이나 파이어아벤트의 주장이다. 그러나 이들의 이런 발언은 항상 그렇다고 볼 수는 없지만, 용어의 의미상 기만의 요소가 포함되는 통제 혹은 강제의 형태로도 해석될 수 있는 개념이다. 이 때문에 그들은 종전의 철학자들에게는 비합리적이고 자의적인 입장으로 받아들여지고 있다. 만약 그들이 이 말을 쓸 때 회유, 협박, 공갈과 같은 강요와 눈에 보이지 않은 기만 등이 포함된 의미라면 그것들을 진리판정의 기준으로 수용하기는 어려울 것이다. 그러나 쿤과 파이어아벤트가 이런 과격한 발언을 하게 된 것은 과학자 자신들의 형태적 변화를 강조하기 위해서였을 뿐, 그것에 있어서 절차상의 제약을 완전히 부인하는 것은 아니다. 그들이 말하는 설득이 반드시 이미지를 조작하여 타인을 조종하는 것을 의미하지는 않는다. 그것은 평등한 사람들의 자유롭고 개방적인 논쟁을 포함하며, 거기서 그들은 서로 의견을 해명하고 검토하고 순화시킬 수도 있다. 쿤(1970)은 그가 말하는 개종의 의미에 대한 오해를 풀기 위해서 "패러다임으로부터 패러다임으로의 충성의 이행은 강제될 수 없는 개종경험(conversion experience)이다(p.151)"라고 분명하게 선언한다. 패러다임 혹은 지식에 대한 충성은 변화를 통해서 이루어지되 그것은 오직 자신의 선택에 따라야 한다는 것이다.

말썽의 소지는 쿤이 '강제될 수 없는 개종경험'에 대하여 구체적인 제안을 명시하지 않은 데서 일어난다. 개종이라는 말은 강제라는 말을 다소 함축하고 있기 때문에 이 인용문은 서로 모순된 말을 병립시켜 놓은 것같은 느낌조차 준다. 이 때문에 과학철학에서 강요되지 않는 입장의 전환에 관한 취지는 쿤의 관점에 대해서 다소 비판적인 입장을 취하고 있는 라우든(1984)과 툴민(1970)에 의해서 더욱 분명하게 시사되었다. 전자는 앞서는 지식과 뒤진 지식간의 선호된 가치의 점진적인 전환을, 그리고 후자는 '이유있는 설득과 설복'을 지적했다. 그것이 바로 우리가 말하는 교육적 증득에 속함은 말할 필요가 없다. 바람직한 경험의 공유로서의 교육에는 개념상 강요의 요소가 포함될 수 없다.

마지막으로 새로운 과학철학자인 폴라니는 지식의 정당화가 발견과 설득의 과정을 통해서 이루어짐을 강조했는데, 그것은 더욱 우리가 말하는 교육의 맥락에 접근한다. 그가 말하는 발견적 열정과 설득적 열정은 우리가 말하는 순수한 내재적 감정을 의미한다. 그는 이런 열정을 수반하지 않는 지식을 그가 말하는 인격적 지식에서 제외하고, 지식을 갖는다는 것 자체가 내재적 감정을 동반하며 그것을 공유함으로써 서로가 높은 수준의 인간성을 확인할 수 있을 것으로 보았다. 그는《암묵적 지식(1958)》에서 이를 공환성(conviviality)이라는 특수한 개념으로 포착한다. 개개인이 서로 가치있는 것을 상구하고 하화하는 시간이 바로 공환의 순간이며, 그런 것을 가능하게 하고 지지하는 제도를 포함하고 있는 사회가 곧 공환하는 공동체이다.

> 지적 열정을 조장하고 만족시키는 절도있는 체계들(articulate systems)은 그런 열정에 의해서 확인된 가치를 존중하는 사회의 지지와 함께 할 때에만 존속할 수 있다. 한 사회는 그것이 이런 열정의 개발을 지지하는 의무를 인지하고 수행하는 정도로만 문화적 생활을 갖는다. 과학이나 혹은 기술과 수학의 추구에 의한 지식의 진보와 보급이 문화적 생활의 한 부분을 형성하기 때문에, 이런 절도있는 체계들이 이해되며 품질을 인정받으며 더 나아가 사실적 진리의 형성과 확인을 보편적으로 지지하는 암묵적 계수들이 역시 한 공동체에서 공유되는 문화적 삶의 계수들이다(p.203).

여기서 폴라니는 한 공동체의 구성원들 사이에 진정 그가 말하는 발견적 열정과 설득적 열정을 가질 만한 암묵적 지식이 있고 그것이 교육에 의해서 널리 공유될 수 있을 때의 상황을 묘사하고 있다. 암묵적 지식은 그것을 소유하는 것만으로 보람차고 가치있는 것이다. 진리란 바로 그런 가치를 대변하는 내재적 가치의 하나이다. 그런 가치들이 바로 교육에 의해 발견되고 인정받고 사랑받고 소통되고 공유되는 것이 그에게 있어서 문화적인 삶이다. 이런 공동체는 이처럼 서로의 개선을 통해서 그 가치의 보편적 타당성을 확인하는 암묵적 계수들에 의해서 그 질이 결정된다. 그 계수들이 높을수록 구성원들은 공환성, 즉 서로의 유쾌한 감정과 안녕으로 결속되어 있다. 그에 의하면 과학, 예술, 도덕의 가치가 가지고 있는 타당성은 바로 이런 공환성을 전제로 검증되어야 한다. 이는 우리의 개념에서 볼 때 바로 교육이 수도계적 가치를 공유하는 방식과 전적으로 상응한다. 후진이 선진의 품위에 일치할 때 그 일치는 단지 권위에의 맹목적 복종, 전체주의적 전제, 강요나 강제, 혹은 객관성이라는 횡포가 아니라 이런 열정의 화합과 화답의 결정체이어야만 한다.

제 3 장

교육의 인식론적 내재율

우리는 제 2 장에서 교화철학자들의 논의에 나타난 단편들을 종합하여 하나의 정합된 인식론적 체계를 재구성하려고 하였다. 전통적 인식론이 상정했던 지식과 진리에 대한 개념은 잘못된 가정과 사실에 기초하고 있기 때문에 더 이상 그 시효를 인정할 수 없게 되었다. 여기에 두 가지 선택이 있을 수 있다. 하나는 개념 자체를 폐기하는 것이고, 다른 하나는 그것들을 새로운 방식으로 정의하는 것이다. 교육적 인식론은 인식론적 전통을 계승하는 입장에서 후자를 택했다. 그 기반 위에 지식의 우열을 판단하는 기준으로서 우리 자신의 변용을 유도하는 조건에 관한 사항들이 교육과 관련하여 논의되었다. 이 작업은 주로 교화철학자들의 논의 가운데 서로 상충하지 않으면서도 우리의 교육론에 동조하는 부분을 취사선택하는 방식으로 이루어졌다. 그러나 이런 작업은 어디까지나 기존의 인식론이 봉착한 문제가 해소될 수 있는 가능성을 보였을 뿐 그 해결이 교육 자체의 맥락과 교육 내부의 내재율에 따라 어떻게 이루어지는지에 대한 충분한 설명에는 이르지 못했다.

이제 교육의 입장에서 인식의 문제를 해결하는 전반적인 시각이 필요하다. 우리가 여기서 제안하는 교육적 인식론은 시작에 불과하다고 해야 할 것이다. 지금으로서는 대체적인 가능성이 밝혀졌을 뿐 완성된 것이 아니다. 우리의 교육론이 점차 구체성을 드러냄에 따라서 이에 대한 세부적인 연구가 차츰 진행되어야 한다(장상호, 2005). 우리는 교육이 하나의 자율적인 세계로서 자기 속에 내재하는 필연성을 따를 것으로 가정한다. 그 특질들을 드러내기 위해서는 새로운 개념이 창출되어야 하고, 그것을 뒷받침할 수 있는 새로운 어휘가 과감하게 도입되어야 한다. 이러한 토대 위에 교육적 인식론은 고유한 의미의 교육적 속성에 의존해서 작금의 인식론적 문제를 해결할 수 있는 논리를 전개할 수 있어야 한다. 교육은 그 나름의 특성을 유지하는 준칙과 내재율을 따라야만 한다. 만약 이 과정에 외부로부터 어떤 힘이 작용하여 그 독특한 진행을 저해하든지, 혹은 그 방향을 변질시킨다면 이는 진정한 의미의 교육적 해결이라고 할 수 없다.

개인적인 변덕이 지식의 우열과 진리판정의 기준이 될 수는 없다. 그 변덕을 견제하는 것이 학문의 수준에서 논의되어야 할 이른바 방법론적 규칙이다. 교육적 인식론은 일단 지식의 평가를 그것을 산출해 내는 인식주체와 연관하여 해결한다는 점에서 일면 주관주의의 범주에 든다. 그러나 그 주관에 근거한 판단은 결코 아무렇게나 이루어지는 것이 아니다. 지식의 우열에 대한 판단은 개인적인 결정이나 선호의 문제가 아니다. 교육적 인식론의 입장에서 볼 때 그것은 어디까지나 인식주체 혹은 서로 경합하는 인식체계를 가진 다수의 인식주체가 교육의 내재율에 충실하게 따름으로써만 가능하다. 바로 이러한 조건하에서만 교육적 인식론은 특정한 인식주체의 자의와는 무관하게 지식의 우열에 대한 판단을 정당화할 수 있는 보편적 준칙과 근거를 확보할 수 있게 된다.

교육한다는 것은 마치 체스놀이를 할 때와 마찬가지로 그 나름의 고유한 규칙과 협약들로 이루어진 특정한 세계에로 진입하는 것을 의미한다. 놀이를 한다는 것은 독특한 현실에 들어갈 뿐만 아니라, 그 놀이가 요구하는 사항과 규범에 복종한다는 뜻이다. 놀이는 참여자들이 지켜야 하는 일련의 규칙과 원칙으로 구성되어 있다. 그것은 어떤 상황에서 어떤 내재율을 따르면 그 성패를 판정할 수 있다는 최소한의 조건들을 포함한다. 마찬가지로 인식의 문제를 교육의 논리에 의해서 해결한다고 할 때, 우리는 교육의 고유한 내재율이 적용되는 독립된 영역에 들어갈 뿐만 아니라 모종의 지켜야 할 규칙과 준칙으로 결합된 영역에 들어가는 것이다. 인식주체가 자신의 주관적인 자의를 자제하고 교육의 내재율을 따를 때 비로소 우리는 자신과 타인의 지식에 대한 올바른 평가에 참여하고 그 결과에 대해서 공정하게 승복할 수 있다.

교육의 내재율을 찾음에 있어서 갖추어야 할 조건은 그것들이 서로가 하나의 맥락에서 상관관계를 맺고 통일성을 이루고 있어야 한다는 것이다. 따라서 설사 그 내재율을 설명하는 데 있어서 기존의 주장이나 이론을 도입한다고 하더라도 그것은 어디까지나 그런 통일성에 의해서 그 의미가 다시 재조정되어야만 할 것이다. 교육적 인식론이 교육에 의해서 인식의 문제를 해결한다고 할 때 교육의 게임에 적용될 규칙에 대한 세부적인 이해는 아직도 많은 부분에서 미결의 과제로 남아 있다. 어느 정도 구색을 갖춘 일단의 규칙들을 발견하는 데에는 장차 상당한 정도의 시간이 필요할 것이다. 교육이 어떤 규칙과 준칙으로 진행되는지에 대한 탐색은 앞으로 계속 진행되어야 한다.

그럼에도 불구하고 본 장에서는 일반적인 수준에서나마 그 대강을 여섯 가지의 범주로 나누어 비교적 평이한 방식으로 진술해 보려고 한다. 이들은 말할 필요도 없이 서로 관련되어 있다. 다시 말하자면 이들은 범주적으로 서로 독립되어 있는 것이 아니다. 이들은 동일한 것을 다른 방식과 측면에서 부연하고 있다고도 볼 수 있다. 하나의 원리는 사실상 여타의 다른 원리들을 그 내부에 전제하고 있거나 함축하고 있다고 보아야 한다. 그 점에서 앞으로 진행되는 교육의 내재율에 대한 설명에서 같은 원리가 반복되는 느낌을 받는 독자가 있다면 이것은 필자가 미리 예상한 계획의 일부라는 것을 말하고 싶다. 나는 각각의 여섯 가지 범주를 설명함에 있어서 나선형적 형식을 취하려고 한다. 무슨 말인고 하면 후행하는 범주를 선행하는 범주가 함축하는 방식으로 깊이와 특수성을 추가하면서 교육의 세계에서 준수되어야 할 내재율의 총체적인 윤곽에 접근하려는 것이다.

각 인식론적 내재율의 범주에는 그 범주를 특징지을 수 있는 하위특성들을 포함시켰다. 이들은 우리의 인식활동에서 지식의 검증과 관련하여 가장 현저하게 작용하는 것들이지만 개념의 부재로 인하여 이전의 인식론에서 충분히 주목받지 못하고 도외시되어 온 특성들이다. 교육적 인식론은 결코 새로운 것이 아니라 그처럼 은폐되어 왔던 교육적 특성이 제자리를 차지하고 드러나도록 밝혀내는 데 불과하다. 이들은 논의의 전체 흐름 속에서 자연스럽게 드러나게 될 것이다. 물론 그것들은 교육을 특징짓는 것들의 일부에 불과하며 더 많은 것들이 그들간의 내적 통일성 속에서 추가되고 끊임없이 재조정되는 과정을 밟아야 한다. 독자 가운데 누군가가 그것들을 검토하는 가운데 그 논의에서 어떤 것이 더 추가되고 보강되어야 할지를 생각한다면 그는 단순한 방관자가 아니라 이미 교육적 인식론의 구축에 스스로 동참하고 있다고 말할 수 있다. 우리는 그런 동료 연구자들을 진심으로 환영한다.

3.1. 세계규정의 개체적 헌신과 책임

3.1.1. 체험범위 내에서의 세계규정

교육이 인식론적인 공헌을 할 수 있는 것은 교육이 가진 고유한 특성 때문이다. 교육은 종전의 인식론이 당연한 것으로 전제하거나 가정하고 넘어갔던 사항들을 새삼스럽게 끄집어 내어 재검토하거나 추가시킬 수 있는 내용을 포함하고 있다. 그 특징을 우리의 논의에서 인식론의 일부로 살려내는 것이 중요하다. 그 중의 하나가 교육적 인식론은 인식에 있어서 어떤 예외적이고 중립적인 개인과 입장들을 인정하지 않는다는 사실이다. 어떤 입장이건 그것은 그것을 대상으로 한 교육의 결과이다. 어떤 예외적인 입장을 가진 사람들의 교육이 여타의 사람들이 수행해야 하는 교육을 대신해 줄 수 없는 것은 당연하다.

외계에 대한 우리의 체험은 우리의 내면적 상태와 수준의 범위를 벗어나지 않는다. 교육적 인식론은 오직 개별적인 인식주체의 적극적인 참여를 포함시켜서만 인식의 문제를 다룬다. 인식의 문제에 있어서 그 누구도 방관자로 남아 있을 수 없다. 만약 방관자로 남아 있어야 한다면 그에게 있어서 교육은 따로 존재할 이유를 잃게 된다. 수도계의 하나로서 학문의 세계가 있음을 확인하는 것도, 그것이 발전하고 있음을 확인하는 것도, 그리고 특정한 지식의 우열을 판가름하는 것도, 교육은 그것이 우리 각자의 체험범위 밖에서 이루어지는 것을 인정하지 않는다. 만약 그런 것이 진실로 존재한다면 그것은 당연한 것으로 전제되어야 할 사항이 아니라 교육을 통해서 개개인에게서 재확인되어야 할 사항에 속한다.

교육적 인식론은 인식주체와 무관하게 규정되는 지식의 가능성을 거부한다. 지식은 객관적인 실재의 그림이 아니라 우리가 경험을 조직하는 하나의 방식이다. 이렇게 볼 때 객관적인 실재와 우리의 경험의 일대일 관계를 따져서 이론의 타당성을 검증하겠다는 생각, 즉 우리 자신의 개입이 없이 지식의 타당성을 입증하려는 희망은 잘못된 것이다. 흔히 관찰이 객관성을 보장해 주리라고 생각한다. 그러나 그런 의미의 객관성은 주체가 없이도 관찰이 이루어질 수 있으리라는 모순된 환상에 불과하다. 관찰은 어떤 주관 속에서만 가능하다. 중성적, 예외적, 특혜적, 절대적 신념이나 관찰이란 존재할 수 없다. 마치 그런 것이 있을 것이라는 전제는 다분히 자기기만적이다. 이 세상에는 모두 얼마만큼의 오류를 가진 유한한 개인들의 생각들이나 관찰들이 있을 뿐이다. 그 주관성을 배제하고 객관성에 호소하는 것은 인식주체로서의 우리 각자가 맡아야 할 책임을 배제하고 회피하는 것이나 다름없다.

3.1.2. 객관적 지식에 대한 확신의 보류

철학에서 논의되는 인식론은 흔히 공적 진술이 지식의 객관성을 보장하는 것으로 생각하여 왔다. 많은 저서와 논문들이 객체적으로 존재하고 있다. 하나의 저서 속의 문장에서 그 내용을 진술하는 저자와 그것을 이해할 독자의 특수성을 배제하는 형식을 규칙으로 내세움으로써 인간의 주관적인 요인을 삭제하려는 시도도 찾아볼 수 있다. 그런 맥락에서 많은 저서나 논문이 논술자에 대한 지칭을 생략하는 비인격적 형식을 즐겨 취하고 있다. 그러나 그런 외관의 형식에 매달려서 학문의 객관성을 추구하는 것은 정직하고 성실한 태도라고 볼 수 없다. 만약 그 외관의 형태가 그것이 근거하고 있는 주체의 내적 체험을 상당 부분 은폐하는 방식으로 표현된다면 우리는 누구의 것이 가짜이고 누구의 것이 진짜인지를 구분하기 어려울 것이다. 모든 텍스트의 진술은 근원적으로 소급하면 그 저자의 주관을 포함한다. 우리는 저자의 진술이 아니라 그 진술을 한 주관적 의미를 추적해야 한다.

서점이나 도서관에는 학자들의 지식이 반영된 많은 텍스트들이 있다. 그 작품에는 저자의 지식이 반영되었을 것이다. 그 저자는 그 지식과 더불어 가슴이 두근거리는 흥분된 삶을 살았을지도 모른다. 그러나 그것을 대하는 사람이나 독자가 곧바로 그런 지식의 상태에 놓여 있는 것은 아니다. 객관적으로 표명된 지식의 경우도 그 의미는 고정된 것이 아니라 독자들에게 무한히 개방되어 있다. 독자들은 그들의 지식에 비추어 작품의 의미나 가치를 여과하고 해석한다. 독자가 해석한 텍스트의 의미가 원저자가 의도했던 것과 다르다고 해서 결코 그것이 무의미하다고 할 수 없다. 우리가 말하는 개별적인 세계규정은 이처럼 세계나 텍스트에 대한 독자 나름의 개별적인 해석들의 차이를 포용한다.

우리가 학문의 세계에 참여하는 근본 취지는 그 수도계를 나의 것으로 점유하는 방식으로 체험하기 위한 것이다. 그 점에서 수도계의 가치는 객관적으로 표명될 수 없고 또한 그렇게 규정되어서도 안 된다. 가끔 지식은 생산자가 누구인지를 밝히지 않은 상태에서 피동형의 형태로 진술된다. 서점이나 도서관의 서가에서 접하는 무수한 저서들 속에는, 예컨대 "X의 사실이 밝혀졌다"거나 혹은 "X의 사실이 확실하게 증명되었다"라는 진술들이 있다. 아르키메데스(Archimedes: B.C. 287?~212)는 이러이러한 상황에서 '유레카!' 라는 탄성을 지르고 흥분했다는 이야기도 있다. 이렇게 함으로써 마치 X의 사실이 이미 객관성을 확보한 듯한 인상을 준다. 그러나 여기에는 그것을 밝힌 주체가 누구인지 하는 부분에서 모호성이 은폐되어 있다. 사람들의 수준에 따라 어떤 사람에게 확실하게 밝혀진 것이 다른 사람에게는 다른 사실로 보일 수도 있다. 어떤 것이 누구에게 확실한 것으로 밝혀졌는가 하는 문제는 아직도 검증되어야 할 사항으로 남아 있다. 그런 것을 방관하고 그냥 넘어가는 것은 학문의 세계를 단순히 그림의 떡처럼 방관하는 태도이다. 남이 잔치를 벌이는 것과 내가 그 잔치의 음식을 먹는 것은 전혀 별개의 것이다.

3.1.3. 개별적 주체의 해석

우리가 어떤 대상 X에 대해서 발언한다고 할 때 그것은 엄밀한 의미에서 X에 대한 발언이 아니고 X에 대한 우리 자신의 인지적 체험을 발언하고 있는 것이다. 저서 속에서 새로운 것으로 밝혀진 대상은 그에 대한 저자의 체험수준을 주체적으로 반영한 것으로 보아야 한다. 그는 그 나름의 해석을 통해서 일정한 수준에서 진리를 발견하고 그것을 체험했을 것이다. 그것을 객관적 지식에 대한 이해라고 말하는 것은 사태를 크게 왜곡하는 것이다. 만약 어떤 독자가 그 내용에 대해서 공감하지 못하고 단지 남의 이야기처럼 읽고 있다면 그 지식의 진리성은 아직 저자에게만 국한된 것이다. 아무리 참된 말이 있다고 하더라도 그 진의를 이해할 역량이 없는 사람에게는 그것은 참된 것이 아니다. 이 경우 저자는 자신이 발견한 진리를 독자에게 충분히 입증한 것이 아니다. 그것은 독자에게 다시 참된 것으로 입증되어야 할 과제를 아직도 남기고 있다.

객관화된 지식의 의미는 언제나 그것을 읽는 타자의 해석의 범위에 머문다. 저자는 자신에게 확실한 것으로 밝혀진 것이 독자인 타인에게도 밝혀질 수 있는가를 생각해야 한다. 마찬가지로 독자는 저자가 말하는 지식을 무조건 수락하기보다는 그것이 나에게도 입증될 수 있는지를 재시험해야 한다. 한 개인에게 있어서 지식을 평가할 수 있는 외적인 근거는 희박하다. 외적인 근거와 단서가 개인에게 제시된다고 하더라도 외적인 평가에 대한 개인의 해석은 적어도 해석의 준거가 동등할 때로 국한된다. 예컨대, 더 나은 지식은 아무에게나 주어지는 것이 아니고 아무나 판단할 수 있는 것이 아니라 최소한의 자격과 자질을 갖춘 사람에게만 가능하다. 따라서 자신의 높은 수준의 지식을 입증하고 입증받기를 원하는 저자가 있다면 그는 독자의 변화를 유도해야 한다. 또한 그것을 자신의 책임하에 검증하고자 하는 독자는 스스로 바람직한 변화를 모색하는 가운데 그것을 읽어낼 수 있어야 한다. 그것이 바로 우리가 말하는 교육의 원천적인 요청사항이다.

3.1.4. 각자가 보편성의 규정에 참여

흔히 인식론에서는 모든 사회구성원 혹은 특정한 학문공동체가 서로 합의할 수 있는 공통의 지식을 가지고 있다고 쉽게 가정한다. 예컨대, 칸트는 선험적 범주를 가정하였다. 그것을 문제시한 초기의 해석학은 그 선험성의 제약에서 벗어났다고 하지만 역시 개인간의 차이를 인정하기보다는 문화의 공동체적인 체험을 전제하였다. 그것을 우리는 지식의 보편성으로 규정하는 경향이 있다. 그러나 교육은 본질상 서로 인식수준의 차이가 있는 개체들간에 이루어지는 상호작용이기 때문에 그런 전제를 받아들이기 어렵다. 어떤 지식이건 보편성에 이를 가능성이 있지만 그 가능성은 우리들 개별적인 개인의 관여에 의해서 확인되어야 한다. 교육은 인간의 보편성을 가정하는 것이 아니라 보편성을 실현하고 확인할 수 있는 가능성만을 전제한다. 교육은 보편성을 가정하기 전에 개별적인 사람이 점유한 지식을 중시하면서 역으로 그것들이 하나의 보편성에 도달할 수 있는지를 시험하는 순서를 취한다. 이런 내규에 의해서 어떤 지식이 갖는 보편성의 검증에 참여하고자 하는 사람은 그 지식을 언제나 자신의 입장에서 새로이 획득해야만 한다.

대개 진리를 학문의 세계에 속한 특별히 선택된 사람들이 결정하고 판단할 위임사항으로 본다. 그러나 교육은 이것 역시 용인할 수 없다. 우리가 만약 우리의 지식을 타인이나 학자라는 특수한 집단에게 위임할 수 있는 것으로 본다면 우리는 애초부터 교육이라는 별도의 과정을 생각할 필요조차 없으며, 소수의 교육이 다수의 교육을 대신하는 것이 가능한 일이 될 것이다. 개인에게 있어서 지식은 자신의 노력을 통해 그것을 사유화함으로써 비로소 그것에 대한 실재를 확인할 수 있다. 지식은 소유주체의 자각을 떠나서 타인이 대표하여 규정할 수 있는 것이 결코 아니다. 교육에서 우리가 의도하는 것은 타인의 지혜에 의존하기보다는 그것을 감식할 수 있는 자신의 판단력을 기르는 것이다. 교육에서의 진리는 타인에 의해서 규정된 것을 모방하는 데 의의가 있는 것이 아니라 우리 내부에서 그것을 체험하는 데 의의가 있다.

3.1.5. 각자가 세계의 중심점

수도계, 그 가운데 하나인 학문의 세계는 누구에 의해서 대신하거나 대표될 수도 없고 또한 대표되어서도 안 되는 영역이다. 교육의 입장에서 볼 때 그것은 누구나 그 가치를 공환하면서 또한 그 가치에 대해서 책임을 져야 하는 영역이다. 진리체험은 단지 방향의 지향점 이상으로 삶을 소진시키는 보람을 우리에게 줄 만큼 그 자체로서의 가치를 지니고 있다는 점이 소홀히 다루어져서는 안 된다. 교육은 학문적 탐색의 도중에 있는 사람이라면 누구라도 그 체험을 공유하는 보편적인 세력의 일부가 될 수 있는 방식으로 진행되어야 할 것이다. 아무리 그럴듯한 지식이 공적인 것으로 인정받아 서가 위에 진열되어 있다고 하더라도 그것을 이해하지 못하는 사람에게는 그것은 하나의 암호문자에 불과하며 극단의 경우 물체에 불과하다. 따라서 그것의 존재와 가치는 결국 개인에 의해서 확인되어야 한다.

모든 것이 주체에서 나오며, 주체에게로 되돌아 간다. 주체로서 우리 각자는 체험의 면에서 어쩔 수 없이 세계의 중심에 위치하고 있다. 같은 자연도 보는 시각에 따라서 모습이 다양해지듯이 인간의 삶 자체도 조명하는 차원에 따라 그 내용이 변모되어 느껴진다. 따라서 우리가 어떻게 자연과 인생을 볼 수 있고 보아야 하는가 하는 문제는 우리 각자의 선택의 문제이다. 인간의 지혜는 현실을 통찰하고 세계의 본질을 파악함으로써 인간의 한계를 극복하고 확장시킨다. 상황이나 여건을 통찰하여 그들로부터 자유로운 존재가 되는 것이 인간으로서 우리 각자가 진정한 의미의 자주성을 확보하는 길이다. 그 목표에 도달하려면 우리 각자는 일상적인 환경의 소용돌이에 매몰되지 않고 자신의 삶의 중심점을 유지하는 일이 중요하다. 세계의 중심점으로서 인식주체가 취할 태도는 모든 적나라한 진실을 견디어 내고 아주 침착하게 환경을 직시하면서 적절한 관계맺음을 유지하는 것이다.

3.1.6. 책임지는 증인

우리가 세계를 주체로서 체험한다고 할 때 그 주체는 완전한 존재가 아니며, 또 그런 완전한 주체가 인식론에서 필요한 것도 아니다. 우리 개인은 유한자로서 다소간 역사적 정황과 경험들의 제반 제약과 한계 속에 처해 있다. 우리 가운데 최종적인 진리의 발견자가 될 수 있다고 감히 장담할 사람은 아무도 없다. 그럼에도 불구하고 우리 각자는 적어도 그 탐구의 도중에서 언제나 진리로 향하는 길을 증언할 수는 있다. 이를 위해서는 우리가 이제까지 인식론의 범주에서 통상적으로 믿고 있는 객관적 지식, 보편적 지식, 혹은 객관적 방법에 맹목적으로 의존해서는 안 된다. 스스로 세계관을 구성하고 주장하며 자신의 것을 남에게 확신시키도록 노력함으로써만 그 책임을 수행할 수 있다. 만약 인간이 체험할 수 있는 범위의 진리가 있다면, 그것을 입증하는 책임은 우리 모두에게 있고, 그것을 믿는 근거는 그 바람직성을 우리 자신이 확인했음에 두어야 한다. 한 사람에게는 바람직하지만 다른 사람에게는 바람직하지 않은 것이 있다면, 그 바람직함은 그 주체의 범위 내에 한정시켜 받아들일 수 있을 것이다. 만약 가치의 보편성이 있는 것이었다 하더라도 그것을 한 사람이라도 감지하지 못하고 있다면 그 보편성은 아직 충분히 증명된 것이 아니다.

모든 개인은 인식의 주체로서 진리의 규정이라는 과제에 참여할 권리와 책임이 있다. 반대로 남의 생각이나 말에 부화뇌동하면서 따르는 사람은 그런 중대한 권리를 포기하는 셈이며, 그들에게는 진리주장의 마당인 논증에 참여할 독자적인 자격이 박탈된다. 그러나 논증에 참여하여 자신의 판단이 모든 사람들에게 올바른 것이 되도록 하는 것 역시 일정 부분의 책임을 감당하는 일이다. 많은 주장들과 생각 가운데에서 좋은 지식을 선택하는 것은 곧 자기 자신을 선택하는 것의 일환이다. 이런 자기선택은 얼마만큼의 모험과 그것에 대한 개인적인 책임을 동반한다. 진리의 증언은 이처럼 자신의 세계규정에 스스로 책임을 지려는 사람에게만 적용될 수 있다. 책임은 항상 그에 상응하는 응분의 활동과 자격을 요구한다.

인간은 개체로서 탄생하여 개체로서 사멸한다. 여기에서 우리 모두에게는 완전으로 지향하는 경험만이 허용된다. 말하자면 인생이 유한하듯이 우리의 인식내용 역시 불완전하다. 그 누구의 삶도 다른 사람에 의해서 대행될 수는 없다. 역사를 창조하는 데 있어서 그 누구도 중립적인 방관자로 남아 있어서는 안 될 것이다. 누구나 각종의 세계에 참여하면서 그 세계를 확인하고 창조해 낼 책임이 있다. 참으로 가치있는 지식이 있다면 그것은 그것을 검증하는 과정에 참여함으로써만 감식될 수 있다. 그런 개별적인 검증에서 한 개인은 다른 개인이 성공을 거둔 곳에서 얼마든지 실패할 수도 있다. 그 실패할 가능성이 역사에 대한 인간의 참여를 특징짓는 진지성을 불러 일으킨다. 그 개별적인 성공과 실패의 총체가 인간의 보편성을 확인하는 훌륭한 자원이다. 이처럼 진리의 단서는 우리 바깥에서가 아니라 우리 각자의 내면의 목소리에서 찾아야 한다. 지식의 진리성을 확인하는 데 참여하려는 사람에게는 세계규정에 방관하지 않고 스스로 지식을 획득하고 그것을 진리의 기준으로 확고하게 내세울 수 있는 적극성이 그 자격으로 요구된다. 교육은 유한한 존재인 우리가 바로 그 유한성 때문에 참여하는 활동의 일환인 것이다.

3.1.7. 합당한 자격의 구비

교육은 애초부터 자신은 아무 것도 이해하려 하지 않고 남이 규정한 것만을 추종하는 나태한 사람에게는 그 세계에로의 진입을 허용하지 않는다. 타인에게 지식의 선별을 전적으로 의존하는 사람은 교육에 참여할 이유도 없다. 이미 잘 알려진 것, 일반적으로 정평이 나 있는 것에 부화뇌동하는 방식으로 믿어버리는 사람들이 아무리 거대한 연합체를 이룬다고 하더라도 그들의 존재는 지식과 진리의 검증에 플러스 요인이 될 수 없다. 개인적인 헌신과 책임이 수반되지 않는 지식은 겉으로 아무리 그럴듯하더라도 생명이 없는 문구나 견해에 불과하다. 지식의 본래적인 가치는 그것을 지득한 사람에게는 드러날 수 없고 그것을 증득한 사람에게서만 입증될 수 있다. 그 점에서 지식에 대한 진리의 판단은 어디까지나 그것을 가진 단독자의 소관이다. 진리의 증언대에 서 있는 사람은 많은 사람이 옳다고 하더라도 다시 살펴야 하고 뭇 사람이 그르다고 해도 다시 살펴야 한다. 교육은 어떤 주제에 대한 주관이 서지 않은 상태에서 충분한 내증의 근거도 없이 맹목적으로 동조하는 것을 금기사항으로 삼는다.

이미 정평이 나 있거나 혹은 권위있는 사람이 만든 지식을 내부적으로 소화하고 도야하는 절차를 생략하고 그것을 추호의 의심도 없이 믿어버리는 사람이 있을 수 있다. 내부적인 점검이 없이 외부에서 주어진 권위있는 객관적인 지식을 암기하는 사람이 있을 수 있다. 또한 그는 외부의 권위나 혹은 척도에 비추어 높은 평가를 받을 수도 있다. 이를 두고 흔히 객관적인 평가라는 말을 한다. 그러나 그런 평가를 받는 인식주체가 진정으로 그 평가에 동조할 수 있는지의 여부는 아직 입증된 것이 아니다. 이것은 많은 경우 그 개인의 합당한 성숙과 더불어 이루어져야 할 부분이다. 교육을 통한 세계인식은 남의 권위에 따르는 것이 아니라 그것을 자신의 것으로 알고 수용함으로써 획득된다. 지식을 생산하는 과정에 자발적으로 참여하고 그것을 마음으로부터 받아들이는 사람만이 진리의 규정에 참여할 수 있다. 이런 주관성의 투영은 자신에 대한 창조행위 가운데 일어나는 모든 것이며, 또한 이것이 우리가 교육을 통해서 지식을 습득하는 이유이기도 하다. 이런 수많은 개별적이고 독자적인 판단과 선택행위를 통해서 비로소 우리는 학문의 발전과 교육의 과정을 일치시킬 수 있게 된다.

3.1.8. 상대적 위계에 대한 판단

평가의 중심에는 항상 평가의 주체가 자리하고 있다. 그렇다면 우리 개개인이 인식의 문제와 관련하여 주체적으로 입증할 수 있고 입증해야 할 것은 도대체 무엇인가? 이 문제와 관련하여 교육적 인식론은 이제까지 인식론에서 당연한 지위를 향유해 왔던 절대주의를 부정한다. 절대주의자들에게 있어서 진리를 위한 결정은 하나의 길밖에 없다. 절대주의자들은 절대적 지식만이 진리라는 도식을 즐긴다. 그러나 현실적으로 볼 때 절대적 진리를 표방하는 입장 자체가 이미 거짓 속에 위치하고 있다고 보아야 한다. 절대적 진리를 소유하고 있다고 생각하는 사람은 자신과 다른 입장을 진리에 반하는 것으로 간주할 것이다.[1] 그런데 교육은 다행히도 그 속성상 애초부터 인간의 절대성보다는 오류가능성에 근

---

1) 예컨대, 교조주의자들과 이데올로그들의 경우 그들의 폐쇄적인 체계에 얽매여 다른 도리에 맞는 비판에도 귀를 기울이지 않고 다른 입장은 무조건 오류라는 평가를 내린다. 그러나 그들이 오류에 빠지지 않은 역사적인 사례를 우리는 찾을 수 없다.

거하고 있기 때문에 절대적인 진리를 가진 완전한 인간을 상정하지 않는다. 이 점에서 절대주의와 교육은 기본적인 면에서 서로 융합할 수 없는 대립적인 관계에 있다.

학문의 역사에서 어떤 지식도 영원히 살아남을 수 없었다. 오류가능성은 학문적 지식의 기본적인 속성이다. 이와 더불어 우리가 일시에 절대적인 지식을 생산할 수 있는 절대적인 방법이 있다는 의미의 인식론도 더 이상 살아남을 수 없게 되었다. 만약 우리가 최종적인 지식을 얻는다면 그것은 학문 자체의 종착점이 될 것이며, 만약 우리가 그것을 파악하는 절대적인 절차나 방법을 발견한다면 그것은 인식론 자체의 종착점이 될 것이다. 그러나 학문의 세계는 그런 가정과는 다른 방향에서 발전을 지속하고 있다. 그 과정에서 절대적인 지식은 항상 일시적인 환상으로만 존재해 왔다. 역사상 존재했던 어떤 지식도 다만 위계상의 차이가 나는 상대적인 지식이라는 것이 입증되었다.

3.1.9. 배중률의 지양

이처럼 지식의 위계가 층층이 쌓이는 역사적 과정에서 어느 수준의 것이 진리이고 어느 수준의 것이 허위라는 양단논법은 더 이상 허용될 수 없게 되었다. 엄연한 이 사실을 받아들인다면, 인식의 평가를 책임진다고 할 때 우선 우리의 사고를 압도적으로 지배해 왔던 아리스토텔레스적인 이분법으로부터 해방될 수 있어야 한다. 아리스토텔레스적인 논리에서는 오직 진리와 오류의 이분법이 있을 뿐, 그 양극의 사이에 어떤 중간지역도 허용되지 않는다. 철학의 인식론에서는 한동안 그런 이분법이 적용될 수 있는 것으로 논의되어 왔다. 그들의 논의에서는 '진리'와 '허위'가 쉽게 양분된다. 그런 논법은 우리의 일상언어에도 침투해 있다. 우리의 일상생활 속에는 '아는 사람'과 '모르는 사람'의 분류가 있다. 뿐만 아니라 우리는 일상생활에서 무엇을 '옳게 이해했다'거나 혹은 '틀리게 이해했다'는 말을 흔하게 쓰고 듣는다. 이 말이 심각한 의미를 가지려면 우리는 어떤 지식이 옳거나 그르다는 판단을 내릴 수 있는 근거를 마련해야 한다. 그러나 앞에서도 지적했듯이 그런 지식은 역사상 존재하지도 않았고 또 그것을 현실적으로 입증할 방법도 없다.

지식은 계속 발전하고 있을 뿐 그 어느 것도 아직 종점에 이른 것은 없다. 아리스토텔레스의 이분법은 일면 간결하다는 매력은 있다고 하더라도 인식론적으로 볼 때 비현실적일 정도로 과장되어 있다. 우리의 인식내용은 거의 대부분 그런 식으로 양분될 수 없을 만큼 다양한 수준을 갖는다. 이 사실을 일단 수용한 이상 어떤 지식을 두고 그것이 진리에 속하는지 혹은 허위에 속하는지를 양단논법으로 판가름하는 것은 피해야 한다. 우리에게 가능한 것은 다양한 수준의 지식 가운데 어느 것이 더 타당한 것인가를 판가름해 주는 모종의 대안적인 비교의 준거를 확보하는 것이다. 이 점에서 헤겔(G.W.F. Hegel)의 변증법은 아리스토텔레스의 논리보다 더욱 현실적인 대안이 된다. 헤겔은 지성의 발달사에 정-반-합의 논리가 적용될 수 있음을 밝혔다. 그의 논리에서는 '정'과 '합'이 매 단계마다 교차된다. '정'의 단계와 '합'의 단계는 각각 그들 자신의 기준을 그 내부에 적용할 때 진리로서 평가될 수 있다. 그러나 '합'에 비하면 '정'은 항상 오류의 요소를 가지고 있다. 그러니까 한 단계의 지식은 얼마만큼의 오류와 얼마만큼의 진리를 동전의 양면처럼 동시에 가지고 있는 셈이다.

3.1.10. 진리와 오류의 상대성

여기서 우리는 인식활동에 개재하는 매우 신비스러운 모순에 접한다. 그것은 오류도 그 발전단계에서 볼 때 진리의 한 단계라는 사실이다. 하나의 지식체계는 그것을 평가하는 수준을 어느 기점으로 삼느냐에 따라 오류일 수도 있고 진리일 수도 있다. 우리는 한동안 우리의 현재 지식을 토대로 세상과 여타의 지식을 판단한다. 그 근거는 현재의 지식이 적어도 이전에 우리가 가지고 있었던 지식보다는 절대적 진리에 더 가깝게 접근하고 있기 때문이다. 그러나 우리가 발전하는 도상에 있을 때 현재의 지식은 다음 단계에서 부정되어 다시 오류의 범주로 떨어진다. 교육을 통한 계속적인 발전을 전제하는 교육적 인식론이 진리보다는 진리의 추구라는 개념에 현실성을 부여하는 것은 바로 이런 사실에 근거하고 있다. 우리는 진리를 발견하는 것이 아니라 진리를 추구한다. 그리고 그 추구의 길과 그것에 대한 체험은 현실 속에 엄연히 존재한다.

학문적인 발전은 절대적인 의미의 수준에 도달하는 데 있는 것이 아니라 거기에 이르려는 움직임에 있다. 설사 객관적이고 절대적인 진리가 존재한다고 가정할지라도 인식능력의 유한성으로 인하여 그에 대한 인간의 이해와 해석에서는 상대성과 오류가능성을 배제할 수 없다. 궁극의 지식을 얻는 일은 까마득한 미래의 일이다. 지금으로서는 인간 인식의 한계 때문에 그것을 알 수 없고 그것에 대한 어떤 말도 의미가 없다고 할 수 있다. 따라서 우리에게 남은 것은 우리가 가진 다양한 수준들의 상대적인 우열에 관한 평가이다. 절대적인 정답은 없다고 하더라도 '더 나은 답'이라는 면에서 그것이 위치한 위계의 차이는 있을 수 있다. 교육의 주체로서 우리는 더 나은 관점을 추구해 나갈 책임이 있고, 또 어떤 것이 다른 것보다 더 나은 것인지에 대한 입증에 참여할 책임이 있다.

교육적 인식론에서 세계규정의 개체적 책임을 요구할 때 그것은 최후의 증명이나 확신에 대한 추구를 의미하지 않는다. 다만 그것은 하나의 이론이나 생각이 다른 것보다는 더 나을 수 있다는 질서있는 상대주의적 입장을 택한다. 다행히도 교육은 여타의 인간사와는 달리 인간의 오류가능성을 토대로 하여 그것을 벗어나기 위해 진행되는 활동이다. 누구나 조금씩의 오류를 범한다. 교육은 바로 이 이유 때문에 존재하는 인간사의 일부이다. 교육은 참여자의 오류를 전제하고 그것 위에 더 나은 것을 지향하는 활동이다. 이 전향적 운동이 진행되는 동안 우리는 좀더 앞서 간다는 것과 좀더 뒤져 간다는 식의 판단을 자연스럽게 할 수 있다.

3.1.11. 상호주관적 협력

세계는 개별적으로 규정된다. 그러나 이것이 서로 고립되고 폐쇄되어 있음을 의미하는 것은 아니다. 우리는 서로에게 주체이자 객체라고 할 수 있다. 너는 나의 객체이고 나는 너의 객체이다. 이런 의미의 객체는 돌이나 산과 무생물과는 다른 방식으로 우리에게 존재한다. 우리는 너의 '외면', 즉 육체적인 행동만을 관찰할지도 모른다. 하지만 나는 그에게 자연적인 것으로 단순히 환원시킬 수 없는 너의 '내면', 즉 나 자신과 유사한 의식적 경험이 있다는 것을 확신한다. 그리고 너는 나에게도 하나의 인격체로서 마찬가지의 의식적 경험이 있음을 인정할 수 있다. 그 가운데 어느 것이 더 확실하고 더 옳다는 보장은 없다. 다만 중요한 것은 서로가 개방성을 가지고 상대에 접근하여 더 나은 인식을 모색하는 데 공동으로 협력하는 것이다. 이런 방식에 의해서 우리는 극단의 유아론적 주관주의를 극복하면서 객관주의에 대응해 나갈 수 있는 길을 찾을 수 있게 된다.

나는 이제까지 '우리'라는 표현을 써 왔다. 그것은 가끔 그것을 이루는 구성원들간의 공통된 경험을 가정한다. 그러나 그 어법 속의 '우리'에는 엄청난 개별적인 차이가 내포되어 있다는 사실 또한 간과해서는 안 된다. 개별적인 인간은 적어도 수도계와 관련하여 고정된 본질을 가질 수 없다. 그것은 부단히 변전되고 있고 그 가운데 우리는 발전을 도모한다. 각 수도계에서 최고의 절대적인 품위를 실현시킨 사람은 없다. 수도계가 발전하는 한 그 어떤 품위도 절대적인 지위를 지킬 수 없다. 이 점에서 누구나 얼마만큼의 품위를 주장할 수 있다. 교육의 창조성은 언제나 그런 갈등과 불일치로부터 나온다. 품위의 종류와 수준의 차이는 곧 인간성의 폭과 깊이를 말한다. 그런 다양성과 다층성에 폭력을 가하는 동의의 강요는 교육에서 바람직하지 않다. 그 다양성을 세련되게 하고 그들간의 교류를 의미있게 하는 것이 더 중요하다.

3.1.12. 차이와 갈등의 교육적 활용

우리는 서로 객체로서 다양한 생각과 견해를 가지고 있다. 이처럼 그 차이와 갈등을 인정하는 것만으로도 사물을 다면적으로, 그리고 다른 수준에서 이해하는 폭넓은 지평을 확보할 수 있다. 개인들간에는 품위의 면에서 엄청난 차이가 있고, 그 차이는 교육이 가능한 공간이다. 여기서 나와 너의 차이를 인정하고 그것을 해소하는 독특한 인간관계와 실천이 개재된다. 그것이 바로 교육적 관계와 교육적 활동이다. 여기서 준수되는 하나의 사실적 법칙은 품위는 그것을 가진 사람만이 무엇인지 알 수 있다는 것이다. 이 말은 또한 하위품위의 설명원리를 가지고 상위품위를 설명할 수 없다는 것을 함축한다. 이 때문에 더 높은 수준의 지식을 입증하기 위해서는 그것을 획득하고 또 그 획득을 돕는 교육적 실천이 필요하게 된다. 이런 공조관계와 활동에 의해서 우리는 나의 품위수준을 너에게 설득시키거나 너의 품위수준을 나의 것으로 수용하면서 설득된다.

세계는 우리 밖에 존재하고 그것에 대한 우리의 관계양상은 다양하다. 그만큼 복수적인 세계들이 존재한다. 이 말은 그 모든 것을 정당하고 합당하고 의심의 여지가 없는 것으로 간주해야 함을 말하는 것이 아니다. 그런 평가 이전에 수용되어야 할 사실은 그 차이와 다양성을 인정하는 것이다. 너와의 만남은 너만 드러나는 것이 아니라 나 자신의 드러남이기도 하다. 그 가운데에는 더 정당하고 더 합당하고 더 확실한 인식내용이 있을 것이다. 우리는 여기서 더 나은 인식에 대한 열망과, 타인을 통해서 자신의 인식을 쇄신하고자 하는 용의를 가지고 있다. 자신의 세계규정이 틀린 것을 알면서도 그것을 믿는 사람은 없을 것이다. 그렇다면 그 선별의 절차는 어떻게 이루어져야 하는가?

교육은 서로 다른 품위수준을 가진 선진과 후진의 상대적인 위치를 확인하는 데 있어서 불가결한 요인이다. 이 때문에 우리가 세계규정의 개체적 책임을 진다는 것은 바로 우리 자신이 교육에 참여해야 함을 요구한다. 선진과 후진이 자신의 품위를 기준으로 지식을 평가하는 것은 불가피한 것이다. 다만 여기에는 그것이 여러 가지 기준 가운데 하나를 대변하고 있다는 자각이 필요하고, 그들의 위계가 어떤 것인지를 밝히는 절차와 약속체계를 만드는 것이 필요하다. 그래야만 서로가 동등한 진리규정을 하고 있다는 주장으로부터 비롯할 수 있는 무정부성에서 빠져 나와 다 같이 새로운 질서를 찾을 수 있다. 그 하나의 요건은 그 일에 참여하는 인식주체가 서로가 스스로 변화하거나 타인의 변화를 유도해야 한다는 것이다. 자신이 변화함이 없이 더 높은 수준의 지식을 감별할 수 없다. 또한 타인을 변화시킴이 없이 자신이 터득한 높은 진리를 입증할 길이 없다. 자신의 변화를 모색하면서 다방면적인 변형에서 모종의 바람직한 방향을 스스로 감별하고 그 가치를 확인한다.

3.1.13. 합의의 방향과 방법의 존중

서로 다른 견해와 생각을 가진 사람들이 어떻게 서로 조율해서 공동의 이해와 생각에 도달할 수 있는가? 여기서 서로의 견해차이를 좁혀 어떤 방식으로든 합의에 이르는 것이 교육으로 정의될 수는 없다. 더욱 중요한 조건은 그 일치가 낮은 수준에서 좀더 수준 높은 것으로 일치하도록 서로 공조하는 것이다. 그러나 품위의 차이가 있는 선진과 후진의 인식이 일치해서 상호간에 주·객의 이해가 가능하게 되었다는 것과 양자가 진리를 추구한다는 것은 엄격하게 구분되어야 한다. 선진이 후진의 품위에 공감한다는 것 또는 후진이 선진의 품위에 일치하는 것 그 어느 것도 진리의 기준이 될 수 없다. 그 상대적인 지식들이 발전하는 방향이 문제가 된다. 그 발전의 운동 자체를 주목할 때 일치보다는 운동이 우리가 말하는 진리체험과 관련되어 있다.

인간에게는 주어진 본성이 없다. 비록 지금은 이렇게 저렇게 규정될 수 있다고 하더라도 미래는 모든 가능성에 개방되어 있다. 이 때문에 인간은 어떻든 그 가능성에 관해서 관심을 가지고 자신의 본성을 스스로 창조하고 실현하고 선택해야만 하는 위치에 있다. 우리가 가치를 추구한다고 할 때 그 선택은 논리상 바람직한 것이어야만 한다. 그러나 여기에는 어떤 인간 외적인 확실한 보장도 있는 것이 아니다. 다만 그 바람직성은 우리 자신의 마음으로부터 우러나오는 내증에 근거할 수밖에 없다. 이런 가치 감별의 과정에서 지켜야 할 준칙은 서로가 강요되지 않는 방식으로 자신의 바람직한 변화를 꾀하고 이해의 지평을 확대하고 심화시켜 나가야 한다는 것이다. 이런 방식으로 우리는 누구나 서로를 의지하면서 공환적으로 인간적인 가치를 추구할 수 있게 된다.

인간 개개인은 역시 홀로 있지 않다. 그의 곁에는 자신과 마찬가지로 선택의 문제를 가진 동료 인간들이 있다. 따라서 그들과 이런 과제와 관련하여 서로 공조하는 관계를 성립할 수 있다. 이것은 서로가 바람직한 인간성의 탐색에 공헌하는 것이다. 내가 모색해서 얻어낸 바람직한 인간성에 대한 경험은 다른 사람과의 교육적인 접촉에 의해서 재확인되고 재확산된다. 이는 상대를 조작의 대상이나 이용의 대상으로 보는 일상적 접촉의 양상과 구분되어야 한다. 다시 말한다면, 여기에는 칸트가 말한 격률, 즉 "그대는 그대의 인격과 타인의 인격에 있어서 인간성을 언제나 동시에 목적으로 다루고, 단지 수단으로 다루지 않도록 행위하라"는 격률이 지켜져야 할 것이다. 그런 준칙을 교육적 관계에 적용한다면 우리는 이렇게 말할 수 있다. "그대가 자신의 고유한 가능성을 실현하기를 바라듯이 타인도 그런 소망을 가지고 있다는 것을 주시하고 서로가 협력하라."

3.1.14. 자유로운 선택의 허용

진리체험은 결코 강요될 성질의 것이 아니다. 따라서 그것을 입증하려는 교육 역시 강요되어서는 안 된다. 진리체험을 공유하려는 교육적 관계는 지배와 복종의 관계와 구분되어야 한다. 교육은 어떤 한 사람 혹은 특정한 집단이 규정한 바람직성을 타인들이 무조건 맹목적으로 따른다는 관행과는 다른 종류의 활동이다. 이것은 품위가 다른 선진과 후진이 선택사항이 있는 품위들을 상대에게 실현시키고 그 중에서 바람직한 것을 선택하도록 허용하는 것이다. 우리는 실존하기 때문에 타인에 의해서 규정되지 않고 자유롭다. 그러나 이 때문에 우리는 선택을 해야만 한다. 같은 대상에 대한 두 가지 상이한 인식의 틀을 가지고 그 중 하나를 택하는 것은 인식주체의 권리이자 가치향유이다.

그러나 그 자유는 다른 한편으로 단지 축복이라기보다는 책임이고 형벌일 수도 있다. 남으로부터의 칭찬과 비난에도 흔들리지 않아야 주체의 자격을 얻는다. 무엇을 선택해야 할지 결정되지 않은 채 세계 안에 던져진 우리는 자신의 실존을 홀로 책임지고 자기 스스로 선택해야 한다. 그리고 서로의 선택에 자신감과 신뢰감을 가져야 한다. 더 나아가 나의 선택을 정당한 것으로 보듯이 타인의 선택도 존중해야 한다. 인식에 있어서 선택사항이 우리의 지식으로 점유되었을 때 그 중에서 더 나은 것을 선택할 수 있는 능력을 의심하는 것은 지나친 허무주의적 태도이며, 인간적 가치로서의 진리 자체의 추구를 부정하는 태도이다.

3.1.15. 품위의 상대적인 대비

만약 품위, 그리고 더욱 특수하게는 학문적 지식이 절대적인 것이 아니라면 어떻게 우리는 상대적 지식에 대한 확신을 갖게 되는가? 그리고 그것을 어떻게 강요하지 않는 방식으로 정당화할 수 있는가? 여기서 우리가 생각할 수 있는 것은 대상의 이해에 접근하는 두 개 이상의 품위들을 확보하여 그들 사이의 대비를 통해 더 나은 것을 판단하도록 하는 것이다. 나무가 태양의 방향을 알고, 철새가 이동의 방향을 아는 장치가 내부에 있듯이 우리는 자신의 바람직한 성장과 발전을 평가하는 장치가 우리 내부에 부착되어 있을 것으로 가정한다. 지식의 수준은 개인이 가진 품위에 따라 다르게 평가할 수 있지만, 그 발전의 방위에 대한 감식능력은 일부의 선택된 사람에게만 있지 않다는 것이 교육적 인식론의 기본 가정이다. 자신의 지식에 대한 평가는 결국 자신의 상대적인 발전을 토대로 이루어질 수밖에 없다. 우리는 결국 이전의 지식과 이후의 지식의 비교에서 발전의 방향을 찾으며, 그만큼의 주관적 만족을 자신의 위치에서 항상 얻을 수 있다.

우리 각자는 이런 원리에 따라 상대적 인식들 사이의 우열을 판단하는 책임을 완수해야 한다. 교육은 누구에게나 가능하며, 우리 모두는 자신이 바람직하게 성숙하는 길을 추구하려는 의지가 있으며, 또한 그 바람직한 것을 상대적 대비에 의해서 감별할 수 있다는 전제 아래 진행된다. 그 중 상구에서 자증의 요소가 중요한 것은 가치를 강제로 부과받는 것보다는 스스로 그것의 가치있음을 느끼고 선택하는 것이 낫다는 가치자율화의 원리에 일치한다는 점이다. 완전한 가치는 그것을 가진 행위자가 그 가치에 진심으로 승복하고 그에 따라 자발적으로 삶의 문제를 결정하고 선택하는 것이다. 강요와 강제는 행위자의 본연적인 성장을 왜곡할 뿐만 아니라 그가 도대체 주체적 행위자임을 부인하는 것이다. 아무리 타인에게 가치로운 것으로 입증되었다고 하더라도 우리는 그것을 강요받기보다는 그것이 우리에게 진실로 가치로운 것인지 아닌지를 스스로가 깨닫지 않으면 안 된다.

다행히 우리는 많은 오류의 가능성에도 불구하고 지식의 상대적 우위를 인정하고 잠정적으로나마 더 나은 지식에 의존할 수 있다. 그렇다면 우리 내부에서 지식의 선택은 어떻게 이루어지는가? 그것은 비교되어야 할 지식을 우리가 확보한 상태에서 그것들끼리의 우열을 대비함으로써 이루어진다. 우리는 성장과 발전의 과정에서 서로 다른 지식을 갖기 마련이다. 현존의 지식에 대한 정당성은 그것과 이전의 것을 대비하는 '후방대비(retrospective contrast)'에 의해서 가능하게 된다. 우리가 현재의 지식이 갖는 이해의 범위 내에서 확실성을 주장하며 그것을 정당화하는 것은 후방대비에 근거하고 있다. 만약 우리의 지식을 오직 그 절대성에 대한 확신에서만 인정할 수 있다면 편집증 환자에게나 지식의 소유가 가능하게 될 것이기 때문에, 이러한 후방대비는 참으로 필요불가결하다.

그러나 현존의 지식 역시 항상 중도적인 것이며 완전한 것이 못 된다는 사실이 잊혀져서는 안 된다. 조만간 그 한계에서 비롯하는 문제가 노출될 것이며, 그것이 점차 문제시됨에 따라 우리는 막연하게나마 그보다 나은 것을 예상하고 더 나은 것을 추구하게 된다. 이것이 바로 '전방대비(prospective contrast)'에 해당한다. 현존의 지식을 지양하고 좀더 심원한 실재에 도달하는 절차를 생략한 채 폐쇄된 세계관에 안주하는 사람은 이미 학문이라는 수도계의 경계를 떠난 것으로 보아야 할 것이다. 현재로서 진리로 확정된 영원한 지식이란 있을 수 없다. 진리는 추구되는 이상이며 그 이상은 그것을 추구하는 사람 자신이 변하지 않고는 감지될 수 없는 실체이다. 개인은 언제나 그 진리에 접근하는 최선의 잠정적인 해답을 가지고 있을 뿐이다. 따라서 개인이 어떤 시점에서 체험한 지적인 수준으로 최종적인 진리를 규정하는 것은 오류이다.

3.1.16. 진리체험의 자증

우리에게 가능한 진리체험은 지금의 구체적인 한계 상황에서 벗어나는 것이다. 우리의 개인적 한계와 제한된 관점으로부터 스스로 초월하고 해방되는 일이 선결되어야 한다. 이것이 바로 상구의 과제이다. 상구는 상구자의 현존하는 체계에 의지해서 바람직한 것을 추구하는 것이 아니다. 높은 수준의 가치로움에 대한 감식은 그에 상응하는 새로운 변화를 요구한다. '바람직하다'는 우리말은 그러한 예고적이고 유예적인 요소를 잘 드러내 준다. 상구자는 자신의 존재수준을 높임으로써만 그 유예적인 가치를 새롭게 인식할 수 있다. 그러나 상구할 가치는 언제나 상구자의 밖에 있다. 그 외재의 것, 잠정적인 것이 상구자에게 점유되기 위해서는 종국적으로 상구자에게 가치의 실현태로 확인되지 않으면 안 된다.

상구는 자신의 부족함, 즉 모종의 전방대비에서 출발한다. 지금의 상태에 정당성을 부여하고 그것을 고수하려는 사람에게는 진리체험이 더 이상 불가능하다. 지금의 품위가 갖는 정당성을 해체시키고 더 높은 품위를 획득할 수 있어야 한다. 이를 위해서는 우리 자신의 주장을 성립시키는 것보다는 나보다 더 높은 품위를 가진 선진으로부터 언제나 배우려고 노력하는 자세가 필요하다. 상구자로서 당신의 견지와 입장을 될 수 있는 한 분명하게 정립하고 그것에 도전하고 교정할 수 있는 초청장을 모든 사람에게 보내고 가능한 한 그들로부터 더 나은 품위를 습득해야 할 것이다.

그러나 습득한 내용이 진정 더 나은 품위의 것인지 아닌지 판단할 책임은 바로 상구자 자신에게 있다. 말하자면, 상구자는 자신의 지식을 다른 사람에게 확신시키려고 하기 전에 적어도 먼저 자기 자신을 확신시킬 수 있어야 한다. 여기서 바로 후방대비가 그것의 몫을 할 때이다. 배우기 전에 가졌던 지식과 새로 배운 지식의 두 가지 선택사항에서 하나의 선택이 이루어져야 한다. 우리가 상구를 통해서 이전의 품위보다 더 나은 것을 실현했다면 그것은 일단 자신이 상구를 통해서 바람직한 것으로 추구했던 것이 확인되었음을 의미한다. 이것은 이전에 그가 가졌던 지식을 허위화하고 새롭게 얻은 것을 더 나은 지식으로 선택하는 것을 의미한다. 이 자각된 순간이 바로 더 높은 품위를 자증하는 순간이다.

3.1.17. 진리체험의 타증

자증은 아직 나에게 국한된 것이기 때문에 충분히 입증된 것이 못 된다. 우리는 모두가 자신의 주체임과 동시에 또한 타인의 객체이다. 이러한 우리의 입장이 진리체험의 규명에서 최대한으로 활용될 필요가 있다. 진리체험에 대한 검증은 절대적일 수 없다. 다만 그것은 상대적으로만 가능하다. 내가 가진 지금의 인식의 정당성은 과거에 내가 가졌던 지식에 비추어 상대적 우위를 확보하고 있다. 그러나 그 판단을 하나뿐인 나의 인식에만 의존하는 것은 위험하다. 진리체험의 검증에는 연대적 향유의 책임이 있다. 다른 이의 존재를 인정하고 그들과 함께 나의 진리를 검증받을 필요가 있다. 이를 바꾸어 말한다면 나의 진리를 타인을 통해서 검증한다는 말도 된다. 타인에 대한 관심을 가지면 가질수록 그 책임과 의무에 대한 호소는 더욱 커진다. 이 때 너와 나는 서로가 책임있는 관심과 헌신의 관계로 전환된다.

그 인식론적 과제가 교육에서는 하화에 의한 타증의 경로로 주어진다. 우리는 자신에게 명백하게 보이면 다른 사람들도 그러하리라고 가정한다. 그러나 우리 자신에게 명백해 보이는 지식도 그것을 체득하지 못한 사람에게는 분명하지 않으며, 그것을 분명하게 하는 것은 우리의 책임에 속한다. 나의 진리체험은 이처럼 그것을 아직 체험하지 못한 후진을 통해서 재확인될 수 있다. 그 방법은 자신이 상구를 통해서 체험한 바람직한 변화를 그에게도 권고하는 것이다. 즉 후진이 내가 주장하는 진리를 체험할 수 있는 수준의 지식을 습득하도록 돕고 그에게서 동의를 구하는 것이다.

진리체험의 보편성을 확인하는 이러한 방식은 흔히 말하는 객관주의적 준칙에 동조하는 의미로 이해되어서는 안 된다. 탐구자 사이의 일치가 진리를 보장하는 것은 아니다. 사실은 불일치가 진리체험의 요건이다. 교육적 인식론에서 주장하는 타증은 후진이 선진의 품위에 일치하는 것을 의미하는 것만이 아니라 상향적인 사유의 운동을 보장하는 진리체험까지 포함한다. 그런 조건을 만족시키려면 선진의 지식이 후진에게 가치로운 것으로 수락될 수 있는 방식으로 습득되고 입증되어야 한다. 이런 하화는 상구자의 현존하는 가치체계를 승인하는 것이 아니라 그가 지금보다 더 높은 수준의 예고적인 가치로움을 추구하도록 돕는 과정이다. 이외의 다른 어떠한 가치감별도 그것은 독단과 자의라는 비난을 면할 수 없다. 말하자면 내가 다른 사람을 무력하게 하고 자신의 품위를 강요하거나 강요받는다면 양자는 진리체험의 규명에서 공조적 책임을 다 하는 것이 아니다.

3.2. 품차의 존중

3.2.1. 세계규정의 다양성과 편차

인간성을 선천적으로, 고정적으로 혹은 평면적으로 규정하는 것은 우리가 흔히 범하는 잘못이다. 인간은 나면서부터 주어진 본질을 가지고 있다기보다는 환경과의 상호작용과 자신의 실천적 노력에 의해서 실현될 수 있는 무한한 가능성을 소유하고 있는 존재이다. 인간은 각자 그 가능성을 실현시켜 왔으며, 그 현재의 상태는 개인에 따라 독특하다. 따라서 우리 인간이 같은 종이라 하더라도 개별적인 구성원이 가진 개체적 차이를 인정해야 한다. 이 세상의 그 어느 자연인 두 사람도 지금까지 완전히 똑같아 본 적이 없으며, 또 앞으로도 그러할 것이다. 그 무한한 다양성과 독특성을 놓고 볼 때, 모든 사람을 똑같이 취급한다는 것은 심한 불공정의 처사이다. 그리고 그런 처사는 교육이라는 실천에 항상 부정적인 영향을 준다. 왜냐하면 그것은 개체간의 교육을 통해서 서로 보충할 수 있는 인간성의 폭과 깊이를 간과하는 오류를 범하기 때문이다.

우리 모두는 인류라는 하나의 종과 집단에 속해 있고, 따라서 우리가 실현한 인간성이 곧 전체 인간성이라는 생각은 중요한 점에서 판단의 혼동을 가져오는 요인이 된다. 인간이라는 공통성 이전에 우리 개인에게는 누구에게로도 환원될 수 없는 개체성이 있다. 그 개체성이 보편성의 근거가 될 수는 있지만, 역으로 보편성이 결코 개체성의 근거가 될 수는 없다. 이 점을 고려한다면 인간성의 보편성을 가정할 것이 아니라 개체성을 통해서 그 보편성에 도달할 수 있는 길을 모색하는 것이 옳은 순서이다. 교육을 통한 바람직한 인간성의 활발한 탐색은 차별이 있는 개개인을 보편적인 인간의 개념으로 치환하지 않는다는 기본 가정에 의해서 보장된다.

교육의 창조성은 언제나 세계에 대한 주체적 규정의 상이함으로부터 유래한다. 교육은 다양한 세계규정에서 유래하며 다양한 세계규정으로 귀결한다. 따라서 우리는 그런 차이들을 중심으로 교육을 통해서 어떻게 나의 인간성이 타인에게 공유되고 타인의 인간성이 나에게 공유될 수 있느냐 하는 문제를 다루어야 한다. 인식능력이 다른 주체적인 개체들이 있으며, 따라서 그만큼 이 세상에는 서로 다른 다수의 실재가 존재한다고 볼 수 있다. 우리가 말하는 수도계의 품위는 바로 그 편차가 있는 주체적인 세계규정의 다양성을 대표한다. 이것은 바로 학문을 소재로 하는 교육이 탐색할 다양한 인간성의 폭과 깊이를 마련해 준다. 이런 폭과 깊이는 절대적인 것이라기보다는 서로가 서로에게 상대적이라고 말할 수 있다. 그러나 여기에는 교육에서 서로 다른 방식으로 구별해서 수용해야 할 두 종류의 상대성이 있음도 반드시 유의해야 한다.

3.2.2. 횡적 상대성의 넓이

우리는 먼저 서로 발전의 발원과 뿌리가 다른 수도계들의 상대성을 고려해야 한다. 이를 횡적 상대성(horizontal relativity)이라고 하자. 각종 분과학문, 각 장르의 예술, 각종 기예 등은 그들 나름의 발전적 서열과 가치기준을 가지고 있는 독자적인 세계들이다. 이 때문에 그들을 한쪽에서 다른 쪽으로 환원시키거나 혹은 가치의 다양성을 무시하고 그것들을 하나의 가치위계로 서열짓는 것은 부당하다. 예컨대, 학문이 예술보다 더 우수하다고 보는 것은 범주착오이다. 진리의 기준과 미의 기준은 서로가 다른 평가의 척도로서 어느 것이 다른 것으로 환원될 성질의 것이 아니다. 학문의 세계와 여타의 제반 수도계가 구분되듯이 학문 내부에도 서로 다른 영역들의 구분이 있다. 학문의 세계와 관련된 인간성의 계발은 산만하게 이루어진 것이 아니라 어떤 명확한 사실들을 탐구하는 과정에서 이루어져 왔다. 다양한 주제와 대상인 X, Y, Z는 각각 그들 나름의 독립된 분과학문적 발전의 양태를 보였다. 이들의 체험구조 역시 한편에서 다른 편으로 환원될 수 없다. 그들은 그들 나름의 발전의 계열을 이루어 왔기 때문에 학문의 세계는 분과학문의 수만큼 서로 다른 오름의 기준들과 그들을 연결시키는 사다리를 지니고 있다.

횡적 상대성의 개별적인 영역은 총체적인 것이기 때문에 그 구분은 총체성의 범위와 맥락을 얼마나 넓거나 좁게 규정하느냐에 의존한다. 모든 분과학문은 기본적으로 인식하려는 대상을 추적해서 구성해 나간다는 점에서는 차이가 있을 수 없다. 다만 그 각각은 인식대상의 종류와 범위를 서로 다르게 설정하고 있을 뿐이다. 각각은 해당하는 대상들의 고유한 구조를 존중하면서 동시에 그 나름의 학문적인 체험의 계열을 형성해 왔다. 분과학문 내에서도 다시 그 대상의 하위영역으로 더 세분될 수도 있다. 이 경우에도 하위대상의 전체구조가 어느 범위에서 규정되느냐 하는 것이 항상 주시의 대상이 되어야 한다. 이와 같은 방식으로 우리는 예컨대 학문 일반, 자연과학, 물리학, 핵물리학과 같이 포괄의 영역에서 차이가 나는 각종 수도계의 영역들을 확보하고 있다.

만약 분과학문들의 횡적 상대성이 어느 정도의 범위 내에서 적절하게 구획되었다고 할 때, 그들 가운데 하나의 기준에 비추어 다른 것의 우열을 비교하는 것은 범주착오에 속한다. 한 범주의 규칙에 근거한 가정을 수단으로 하여 다른 범주의 규칙을 이해하려는 것은 잘못이다. 가령, 자연과학과 인문과학 가운데 어느 것이 더 나은 것인가를 따지는 것은 이 오류의 범주에 포함시킬 수 있다. 이런 규칙은 학문 일반의 세계와 자연과학의 세계의 경우처럼 포괄범위에 있어서 하나가 다른 것을 포함하는 경우에도 그대로 적용된다. 그들은 그들 나름의 범위 내에서 하나의 체험구조를 형성하기 때문에 그들 나름의 가치기준에 의해서 다양하게 발전하는 것을 인정해 주는 것이 타당하다. 인간성의 폭은 하나의 기준에 의해서 평가될 수 있을 만큼 단순한 세계가 아니다. 그 각각의 범주에 유관한 활동의 차이를 인정한다면, 그리고 각각의 범주에서 다수의 사람들이 그들 나름의 기준에 따라서 서열을 짓는다면, 그 서열을 결정하고 그들을 잇는 사다리의 수는 하나가 아니라 여럿이 될 것이다.

자연인 '갑'과 '을'은 인간의 다양성의 기준에 비추어 볼 때 그만큼 여러 각도에서 주시되고 평가되어야 할 대상이다. 그들의 소질과 현재의 실현태는 다양한 발전의 방향을 가지고 확산되며, 개별적인 발전은 그 방향에 비추어 여러 척도에 비추어 평가될 수 있다. '갑'은 학문에 소질이 있는 데 비해서, '을'은 예술에 더 소질이 있을 수 있다. 학문의 세계에서도 다시 '갑'은 자연과학에 탁월한 능력을 보이고, '을'은 인문과학에서 탁월성을 보일 수 있다. 이런 다양한 측면을 고려하지 않고 '갑'과 '을'을, 예컨대 오직 자연과학의 측면에서, 오직 학문의 측면에서 평가하는 것은 그들이 다양한 방향에서, 다양한 수준의 선진과 후진의 위치에서 교육적으로 교류할 수 있는 폭을 부당하게 좁히는 것이기 때문에 교육적으로 바람직하다고 볼 수 없다. 서로 다른 수도계는 소질이 다른 개체들간의 활발한 교육적 교류에 의해서 방사형의 다양한 방향으로 발전하도록 항상 개방되고 허용되어야 한다.

3.2.3. 종적 상대성의 깊이

우리는 인간성의 다양함을 결정하는 또 다른 종류의 상대성이 있음에 유의해야 한다. 그것은 횡적 상대성에 대비되는 종적 상대성(vertical relativity)이다. 후자는 수도계가 발전하는 과정에서 생겨난 품위상의 차이에서 비롯하는 인간의 다양성이다. 하나의 수도계에는 절대적인 세계규정이란 것이 존재할 수 없다. 그럼에도 불구하고 그 세계에서 규정하는 발전의 기준에 비추어 볼 때 서로 동등한 것으로 취급할 수 없는 우열의 차이가 생긴다. 그 우열의 차이 역시 절대적인 것이 아니라 상대적이라는 점은 재차 강조할 필요조차 없다. 학문의 경우 거기에는 절대적인 진리도, 또 절대적인 오류가능성도 존재할 수 없다. 그렇다고 해서 우리는 각각의 품위가 동등한 가치를 갖는 것으로 인정할 수도 없다. 다만 이 경우는 '갑'과 '을' 사이에 누가 더 선진이거나 후진이냐 하는 우열의 판정이 문제시되고 또한 가능할 뿐이다.

인간성의 질적인 우열의 차이는 삶의 불가피한 실상이다. 우리가 속한 세계에 따라 그 차이에 대한 대처가 다를 수 있다. 민주주의라는 세속계의 등장과 더불어 "만인은 평등하다"는 개념이 등장했다. 그러나 이 정치적 · 사회적인 슬로건은 수도계의 종적 상대성에 적용되기에는 부적절하다. 근대사회에서 정치 · 사회적으로 평등을 지향한다는 것이 수도계적인 수준의 차이를 잊게 한다거나 무시하게 하는 요인이 된다면 그것은 참으로 부당한 일이다. 인간적으로 가치있게 산다는 점에서 인간들 사이에는 천민과 귀족의 구별이 항상 있기 마련이다. 이 곳에서는 다수결에 의해서 모든 것을 결정해 나가는 민주주의의 원칙이 적용될 수 없다. 정신적인 성숙에 있어서 불평등한 개인을 평등하게 대하는 것은 그것 자체로서 정신적 가치의 추구와 지향을 부인하는 결과를 가져온다.

수도계적으로 볼 때 인간은 신과 짐승의 중간자로서의 엄청난 개인차를 보인다. 각 개인에게 편재되어 있는 품위수준의 차이는 권력, 재력, 명망과 같은 세속계적인 지위와 원칙상 무관하다. 인간생활에서 수도계는 세속계적인 지위와는 별개로 품위의 위계가 결정되는 또 다른 공동체이다. 수도계의 품위수준은 그 종적 방향에서 우리 개별자에게 서열을 부여하는 또 다른 계급구조이다. 사회적으로 낮은 계급의 출신이 수도계적으로 높은 품위를 가질 수 있다. 그리고 여기에는 그 새로운 계급적 서열에 의해서 엄격한 지배와 복종의 논리가 적용된다. 수도계에서는 한 등급 높은 선진이 그보다 낮은 등급에 있는 수많은 후진들을 모조리 제압하고 무효화할 수 있다. 이 엄격성에 비추어 볼 때 수도계에서는 인간의 가치를 품위수준의 차이에 의해서 구별하고 그에 합당한 비중의 대우를 배분해야 한다.

3.2.4. 후진의 선험성과 선진의 후험성

수도계의 하나로서 학문계의 경우도 이 원칙은 그대로 적용된다. 우리는 이 세계에서 차이가 나는 사람들을 수평화하려는 경향을 항상 경계해야 한다. 인식활동에 참여하는 사람은 설사 같은 대상에 관해서일지라도 누구나 그 인식내용에서 차이가 있을 수 있다. 인식의 구조는 어떤 것도 고정되거나 보편화될 성질의 것이 아니다. 우리의 인식의 도식은 형성의 과정을 거치는 것으로서 그 경험내용은 품위수준에 따라 다르다. 형성과정을 놓고 볼 때 하나의 품위는, 그보다 높은 품위를 가진 선진은 이미 경험한 것이지만 그보다 낮은 품위를 가진 후진에게는 아직 경험 이전의 것이다. 이처럼 인식활동에서 선진과 후진은 사실상 서로 다른 수준의 실재 속에서 생활하고 있다. 이 때문에 후진에게 그가 아직 경험하지 못한 선진의 실재를 판단하도록 허용해서는 안 될 것이다.

학문적 탐구의 전체를 어떤 범위로 규정하든 간에 그것에 대한 학문적 체험의 수준에 있어서 천차만별의 차이가 있을 수 있다. 이것이 바로 한 분야에서의 학문적 지식수준의 차이, 즉 종적 상대성을 구성한다. 통상 대상에 대한 지식을 가지고 있다거나 가지고 있지 않다는 양분법적 분류 가운에 어느 하나로 한 개인을 정치할 수 있다는 언어상의 관례가 있으나 그것은 적절한 것이 못 된다. 특정한 인식대상에 대해서 모든 지식을 갖거나 혹은 반대로 아무런 지식을 가지고 있지 않는 경우는 현실적으로 극히 드물다. 우리는 그것들에 대해서 모종의 생각을 가지고 있기 마련이며, 다만 그 생각의 내용과 수준에 있어서 크거나 작은 차이가 있을 뿐이다. 이 차이는 횡적 상대성의 경우와는 다른 방식으로 서로가 하나의 척도에 비추어 우열의 평가를 받아야만 한다.

3.2.5. 각자는 비교의 준거에 따라 선진이자 후진

발전의 과정과 평가의 문제는 무관하지 않다. 일반적으로 수도계 X의 가치(예를 들어 진, 선, 미 등의 개별적인 가치)를 평가한다고 말하는 것은 그것의 가치수준의 차이, Xn-Xm을 파악하는 것을 말한다. 그런 차별이 제대로 파악되고 존중되는 만큼 수도계의 특질이 살아 있다고 말할 수 있다. 품위의 차이에는 수도계에 대한 정의, 기대, 평가기준 등의 차이가 모두 포함된다. 학문적 품위는 바로 지식을 평가하는 기준의 차이를 의미하기도 한다. 학문활동에서 이러한 수준의 차이가 전제되지 않고는 학문계가 수도계로서의 특성을 지키기 어렵다. 품위는 어떤 위치에서 보느냐 혹은 평가하느냐에 따라 달리 보인다. 학문의 참여자는 그 수준에 따라 가치가 다른 지식을 체득하는 일에 종사하고 있는 것이다.

학문계에서 구체적인 개인 '갑', '을', '병'은 하나의 위계의 척도에 의해서 평가받는다. 그러나 그 평가는 어디까지나 상대적인 것이다. 여기서 '갑'은 항상 선진이고, '을'은 항상 후진이라는 말은 성립될 수 없다. 비교의 준거에 따라 '갑'은 '을'에 비해서 선진이지만 '병'에 비해서는 후진일 수 있다. 여기서 조심스럽게 다루어야 할 매우 미묘한 인식론적인 문제가 발생한다. 원칙상 선진은 후진이 옳다거나 진리라고 생각하는 것을 그르다거나 허위로 판정한다. 그런데 후진은 그런 선진의 판단에 쉽게 승복할 수 없다. 왜냐하면 그는 자신의 위치보다 낮은 곳을 바라볼 뿐 더 높은 수준에서 이루어지는 선진의 판단을 이해할 수 있는 안목을 확보하고 있지 않기 때문이다. 또한 그는 그의 후진을 가지고 있으며, 그에 비추어 본다면 그도 선진이다. 여기에서 선진과 후진간에는 그 위계의 상대성으로 인하여 언제나 갈등의 소지가 있다.

3.2.6. 정답의 비대칭성

누구에게나 자신이 세계의 중심이다. 우리는 모두 각자가 가진 현재의 품위를 가지고 수도계에 참여한다. 이 점에서 우리는 모두 평등하다. 앞에서 지적했듯이 세계를 구성하는 방식에 있어서 절대적인 '정답'은 존재하지 않는다. 각각의 관점은 그것을 가진 사람의 입장에서 정답처럼 보인다. 그 이유는 단순하다. 각자에게 있어서 그가 가진 품위는 지금의 입장에서 최선의 것이며, 다른 기준을 선택할 여지가 없다는 것이다. '갑', '을', '병' 각자가 가진 현재의 품위는 또한 본인에게 가장 현실적이고 실재적이다. 각각의 품위는 그 자체 내에서는 틀린 것이 아니다. 해당 수도계의 정의나 기준은 한마디로 우리들이 가진 개별적인 현재의 품위를 중심으로 이루어진다. 선진과 후진은 각각 그들 수준의 '정답'을 가지고 있다고 말할 수 있다. 그럼에도 불구하고 선진과 후진은 품위의 내용뿐만 아니라 그것을 평가하는 기준에 있어서 서로 천차만별이다.

선진과 후진은 차라리 내용이 다른 '정답'을 가지고 있는 사람이라고 말하는 것이 더 자연스럽다. 그들은 모두 '정답'을 가지고 있다고 주장하지만 그들간의 비대칭성과 불일치성은 근본적이고 심각하다. 그들간에는 단편적인 정보상의 차이가 아니라 체험구조상의 차이가 있다는 점을 유념해야 한다. 선진과 후진은 전혀 다른 체계의 지식을 가지고 세계를 바라본다. 인식의 주체가 스스로 비합리적이라고 믿고 있는 지식이 있다면 그것은 당사자적인 지식이라고 할 수 없다. 이것은 지식이 그것을 소지하고 있는 사람에게는 최소한 합리성을 확보하고 있어야 한다는 조건을 말해 준다. 자신이 가진 품위가 옳지 않다고 생각하면서 그 품위의 정당성을 어떻게 인정할 수 있겠는가? 인식주체는 그가 가지고 있는 지식을 중심으로 타인들의 지식을 평가하는 나름의 합리적 정당성을 견지하고 있다. 개인은 어떤 주제를 추구해 들어감에 있어서 그가 성취한 마지막의 것을 일단 진리로 내세울 수밖에 없다. 그러니까 서로가 객체인 경우에는 대립하는 신념이 진리를 대표하고 있기 때문에 선진과 후진의 대립은 사실상 불가피해진다.

이런 이유 때문에 지식의 우열을 판단하는 평가에 참여하는 사람들간의 대립은 우리가 통상 생각하는 것보다 훨씬 복잡하다. 이것은 상이한 문제와 해결과 합리성의 기준간의 심각한 갈등이나 충돌로 보아야 한다. 선진의 문제가 후진의 문제일 수 없듯이 선진의 해답이 후진의 것으로 되지 않는다. 선진과 후진이라는 차별은 있지만 그들이 가진 현재의 지식이 최고, 최선의 것이기 때문에 그들은 각각의 수준에서 지식을 평가하는 작업에 참여한다. 그가 가진 지식을 합리성으로 규정하고 모든 증거를 해석하고 그것을 토대로 옳고 그름을 판정한다. 선진과 후진의 지식은 사실상 정답과 오답, 혹은 진리와 허위로서 타협하는 것이 아니라 정답과 정답, 혹은 진리와 진리로서 대립한다. 각 개인은 그가 위치한 현 단계에서 분과학문을 체험하고 그 수준에서 진리를 규정한다. 교육적 인식론은 그같은 갈등가능성을 일단 사실로 인정하면서 인식의 문제에 대처해 나가야 한다.

3.2.7. 고압제와 저압제의 중지

종적 상대성의 면에서 우리가 가진 현재의 품위는 불완전성에도 불구하고 그 자체 속에서는 완전하다. 만약 그것이 우리에게 불완전한 것으로 지각된다면 그것을 있는 그대로 수용하기가 어려울 것이다. 그것을 정상적인 것이고 당연한 것으로 생각하기 때문에 각자는 그 안에 거주하면서 살아간다. 우리 각자는 우리가 생각하는 것이 정상적인 생각이고, 우리가 느끼는 것이 정상적인 느낌이며, 우리가 판단하는 것이 옳다고 생각한다. 더 나아가 우리는 같은 종에 속해 있다는 이유 때문에 가끔 두 가지 착각을 범하기 쉽다. 하나는 남들도 자신처럼 생각하고 느끼고 판단한다는 보편성에 대한 가정이며, 다른 하나는 그것으로부터 이탈하는 것은 비정상이며 잘못이라는 생각이다.

이런 경향과 관련하여 우리가 인식론적으로 경계해야 할 것이 있는데, 그것은 바로 '저압제(oppression from below)'와 '고압제(oppression from above)'의 가능성이다. 전자는 후진이 선진의 지식을 그가 가진 현품의 수준에 맞게 해석하고 평가하는 데서 비롯하며, 후자는 반대로 선진이 후진의 지식을 그의 수준에 맞게 해석하고 평가하는 데서 일어난다. 후진은 지금의 품위에 갇혀 자신의 미래를 곡해한다. 후진은 자신의 것보다 탁월한 품위를 인정하려고 하지 않고 그것을 하찮은 것으로 만들려고 한다. 이것은 아직 경험하지 않은 것에 대한 속단에서 비롯한다. 이런 비난과 배타의 경향은 그 방향은 다를망정 선진의 후진에 대한 태도에서도 역시 발견된다. 선진은 현재의 품위에 갇혀 과거를 규정하고 곡해한다. 선진의 과거 속에 있는 후진은 선진이 가진 지금의 기준으로 보아서는 안 될 것이다. 그럼에도 불구하고 그 사실을 선진이 망각하고 후진이 보이는 지식을 무조건 그른 것으로 비난하거나 배타하는 경향이 있다. 이 모두는 어느 것이나 우리가 수도계에서 엄청난 수준의 차이를 두고 생활한다는 사실을 간과하고 있다는 점에서, 그리고 그 수준의 차이를 입증하기 위해서 우리들간에 교육적 교류가 이루어져야 한다는 점에서 인식의 문제를 해결하기 위해서는 극복되어야 할 태도이다.

3.2.8. 품계의 피라미드식 분포

학문 일반 혹은 분과학문에서 우리의 목표는 지금보다 더 높은 수준의 지식을 확보하는 것이다. 무수한 사람들이 학문계의 오름에 종사하고 있다. 그 숫자상의 분포는 대개 소수의 탁월한 선진이 꼭지점의 부분을 차지하고 나머지 후진은 그 저변을 넓게 차지하는 피라미드의 형태를 취하고 있다. 그런데 지식의 타당성의 면에서 보면 반대의 형태가 된다. 즉 꼭지점에 가까운 소수 선진의 지식이 저변의 후진의 지식보다 일반성과 적용의 범위에서 더 우월하다는 것이다. 이런 특성 때문에 우리는 수도계적인 불평등을 대중적인 것에 우위를 두고 평등을 강조하는 세속계적인 논리로 환원시켜 취급해서는 안 된다.

후진은 선진에 비해서 훨씬 더 불완전하고 더욱 많은 모순을 포함하고 있음에도 불구하고 자신의 생각이 보편성을 갖는다고 주장할 수 있다. 여기에서 인간의 질적인 차이를 양적인 것으로 환원하려는 경향이 개입될 위험성이 있다. 이것은 엄청난 범주착오의 오류에 속한다. 숫자상 다수를 차지하는 후진들이 소수의 창조적이고 예외적인 인물을 장악할 때 수도계의 질서는 더 이상 유지되기 어렵다. 수도계에서 탁월하고 뛰어난 자들에게 그에 합당한 존경과 두려움과 찬미를 보내지 않고 그들에게 응분의 차이와 대우를 하지 않는다면 수도계적인 질서나 가치의 정립은 애초부터 불가능하게 된다.

3.2.9. 소수의 우월성에 대한 존중

이것이 교육적 인식론이 교육 자체의 내재율에 의존해서 극복하고 해결해야 할 커다란 애로의 하나이다. 인지활동에서 불일치는 갈등의 요인이 된다. 그것을 해소하는 방법으로 사회적 동의의 압력이 작용한다. 서로 차이가 나는 사실을 인정하지 않고 발언과 입장의 평등성을 허용하는 논의과정에 굴복한다면 그로부터 결과되는 것은 비생산적인 갈등과 다수에 의한 합의일 가능성이 높다. 다수의 동의에 의한 평균점에 모든 인식의 정당성이 부여된다면 어떤 문제가 발생하는가? 만약 품위의 차이에 따른 문제를 해결하지 않고 주장의 동등함을 인정한다면 다수의 동조에 호소하는 사회적 압력과 수사학의 기만성이 살아날 것이다. 이 과정에는 우리가 막상 평가하려는 것, 즉 학문적인 체험수준의 높이라는 문제는 아직 해결되지 않은 채 대중적인 합의에만 도달할 위험성이 있다. 이런 이유에서 인식론에서 그 방향과 방법을 고려함이 없는 동의와 합의는 이제 낙후하고 의심스러운 가치가 되었다.

어느 수도계에서나 그런 것으로 판명되었지만, 학문계에서도 거의 예외가 없이 소수 선진의 지식이 다수 후진의 지식보다 적용의 범위가 넓고 경험내용이 풍부한 것으로 판명되었다. 역사상 보다 오류가 적은 지식이 피라미드의 꼭지에 있는 소수의 사람들에 의해서 발견되어 왔기 때문에 소수의 것이 다수의 것보다는 우월하다는 점이 인정되어야 한다. 그런데 대중적인 합의는 다수의 이름으로 소수의 선진이 이미 성공적으로 극복한 것을 이전의 상황으로 후퇴시키는 결과를 가져온다. 이처럼 선진의 지식이 후진의 지식에 예속되는 경우 전자가 후자의 편에서 오류로 배제되는 불행한 상황으로 진전된다. 이처럼 어렵게 형성된 가치의 무시 혹은 무화는 학문의 발전을 방해할 뿐만 아니라 엄청난 가치의 전도와 혼란을 초래한다. 따라서 선진의 귀족성이 다수중심의 후진적 지식에 의해서 충분히 인정받지 못하는 일이 일어나지 않도록 하는 장치가 인식의 질서를 바로잡는 데 불가결하게 요청된다.

3.2.10. 계통발생과 개체발생의 병진

특정한 학문적 주제의 심층적 탐구는 계통발생과 개체발생으로 나누어 고려될 수 있다. 전자는 해당 학문의 역사와 관련된 논의로서 기간의 면에서 후자의 것보다 훨씬 길다. 대개 이런 논의는 각 시대마다 당대의 최첨단에서 활동한 학자의 이름이 지적되면서 이루어진다. 특정 분과학문마다 그들이 분과학문의 사실로서 추구하는 주제에 있어서 양적으로뿐만 아니라 질적으로 기하급수적인 발전을 이루고 있다. 정지된 학문, 혹은 죽은 학문이 아닌 이상 그만큼 그 분야의 지식의 수준이 급속하게 차이가 나는 것은 당연하다. 오늘날은 한 세대의 차이가 지난날의 수세대의 차이만큼 가속적으로 증대되고 있다. 이것이 교육적 인식론이 학문의 계통발생적 차이를 보는 방식이다.

그러나 이런 역사적 진전의 관점에는 간과될 수 없는 단순화의 오류가 포함되어 있다. 우리는 한 시대에 사는 사람들은 동등한 지식의 단계에 있다거나 혹은 후대는 선대가 끝난 곳에서 출발한다는 생각을 갖기 쉬운데 그것은 큰 착각이다. 이런 생각은 단지 논의의 단위가 세대간의 비교에서 나온 것에서 비롯했을 뿐이다. 이와 더불어 각 시대의 개체간에도 지식의 단계별 차이의 면에서 계통발생에서의 수준의 차이만큼이나 그 폭이 넓다는 점이 망각되어서는 안 된다. 이를 계통발생적인 양상으로 바꾸어 말한다면 원시인과 현대인이 같은 시대 안에 공존한다고 볼 수 있다. 계통발생의 템포가 빨라질수록 이후에 일어나는 개체발생의 폭도 그만큼 증가하고 있다.

3.2.11. 시간과 공간의 교착

우리가 특별히 주목해야 할 부분은 품위와 관련된 시간과 공간의 교착이다. 동일한 시대에 사는 두 개인간에도 그들이 가진 특정한 대상에 대한 인식의 차이는 심대하다. 이는 그만큼의 품위를 동질화시키는 데 요구되는 시간의 차이가 있음을 의미한다. 후진의 입장에서 선진은 자신의 미래이고 선진의 입장에서 후진은 자신의 과거이다. 그럼에도 불구하고 그들은 동일한 공간 속에서 생활하고 있다. 우리가 말하는 수도계적인 품위의 차이를 그것을 수련하는 시간으로 환산한다면 각 시대는 비동시적인 것들이 공간적으로 공존하는 양상을 보이고 있다. 이처럼 수도계의 수련이라는 관점에서 볼 때 한 시대 혹은 순간에 과거와 미래가 같은 공간에서 공존한다고 말할 수 있다. 이는 다시 어떤 특정한 개인을 두고 볼 때 자신의 과거 상태와 자신의 미래 상태에 있는 사람들과 공존한다고도 볼 수 있을 것이다. 그런 교착된 시공간에 나타난 품차의 영역만큼 우리는 서로 비공감대를 가지고 함께 생활하고 있다. 그렇다면 그 교착상태가 가져오는 혼란에서 해방될 수 있는 방안은 무엇인가?

이를 위한 방안은 우리가 가진 현재의 품위를 절대적인 것으로부터 상대화시키는 태도상의 전환이다. 학문계에서 모든 사람들이 공통된 진리의 기준을 갖는다고 가정하는 것은 사실과 다를 뿐만 아니라 인식의 문제를 해결하는 데 도움이 되지 못한다. 오늘날 과학자나 그 과학자의 진로에 대한 논의를 하는 학자들은 누구나가 절대적인 의미의 진리를 부인하고 있다. 그럼에도 불구하고 그 한계가 드러남으로써 오류로 판명되지 않는 한, 각 단계의 지식은 그 자체를 합리성의 기준으로 삼는다는 것 역시 사실이다. 말하자면 우리에게는 완전한 지식과 합리성이 있는 것이 아니라 현재로서 최선의 가용한 지식과 그 안에서 규정되는 각종의 합리성이 있을 뿐이다. 서로 다른 품위의 소유자들이 그들의 현품이 최선의 것이기 때문에 그 합리성을 이론선택의 기준으로 사용한다는 사실은 사태를 더욱 복잡하게 만든다.

3.2.12. 품위의 상대화

각 단계의 지식은 그 자신의 것에 비추어 볼 때 최선의 것이다. 이 때문에 같은 시공간 안에서 서로 다른 품위를 가진 사람들은 그의 품위를 기준으로 인식의 문제를 판단할 수밖에 없다. 문제는 그런 사실을 인정하면서 동시에 그들 기준의 세련성을 상대화시키는 절차를 어떻게 첨가하느냐 하는 것이다. 절대적으로 확실한 것이 아니라면 어느 누구도 안다고 주장할 수 없다는 말은 성립될 수 없다. 우리의 앎은 언제나 상대적인 것으로서 이제 각자는 자신이 가진 지식이 그가 당시까지 가질 수 있는 최선의 지식이라는 확신에 의존하고 있다. 그 자체로 완벽한 탐구의 과정이 없는 이상 그 결과물인 지식 역시 항상 얼마만큼의 오류가능성과 문제를 가지고 있으며, 그만큼 우리의 확신과는 달리 불확실한 요소를 갖는 것은 불가피하다. 이렇게 우리의 현존하는 판단을 오류가능한 것으로 혹은 더 발전될 수 있는 것으로 상대화시킬 수 있는 태도상의 전환을 할 수 있게 된다면, 우리는 나의 것과 더불어 남의 판단도 마찬가지로 상대화시킬 수 있는 여유를 확보할 수 있게 될 것이다.

각 품위의 지식은 항상 더 나은 지식을 향한 중도적인 위치에 있다. 각 단계의 지식이 만약 절대적인 것으로 고정된다면 혹은 동등한 것으로 주장된다면, 학문의 추구라는 개념은 무의미하거나 엄청난 혼동을 경험해야 한다. 모든 인식은 설사 불확실한 요소를 가지고 있다고 하더라도 그 정도에 있어서 수준의 차이가 있다는 점은 의심의 여지가 없다. 적용되는 기준의 세련성에 따라 진리에 대한 판정은 달라질 것이다. 우리보다 더 높은 수준의 품위를 가진 선진이 있을 것이고, 또한 우리보다 낮은 품위를 가진 후진도 있을 것이다. 선진의 것은 후진의 것보다는 옳은 것이고, 반대로 후진의 것은 선진의 것보다는 그른 것이다. 이 때문에 선진과 후진의 합리성이 결코 동일한 권리나 권위를 가질 수는 없다. 그렇다면 그 가능성을 염두에 두고 우리가 그것을 수용할 수 있는 인식론적 태도는 무엇인가? 그리고 교육이 어떻게 그런 인식론적인 태도를 수용할 수 있는가?

3.2.13. 교육적 시숙의 기간과 공간의 산입

적어도 수도계의 관점에서 볼 때 선진은 후진의 미래이며 후진은 선진의 과거이다. 그만큼 동공간 안에서 다소간의 시차가 존재한다. 이 과정에서 우리는 자신의 품위를 과거와 미래에 투사시켜 보는 태도를 갖는 것이 중요하다. 교육은 바로 그런 시공간의 차이에서 작용한다. 이런 점을 유의한다면 그 차이는 교육의 공간과 교육의 시간으로 보충될 가능성을 항상 가지고 있다고 보아야 할 것이다. 선진의 품위는 후진에게 있어서 선진이 거친 교육의 과정으로 환산할 수 있다. 반대로 선진은 후진의 품위를 그가 교육을 거친 부분을 배제한 상태로 환산할 수 있다. 결국 선진과 후진은 교육이라는 실천을 매개로 접근할 수 있으며, 거기에는 응분의 교육해야 할 공간과 시간의 차이가 존재한다.

교육의 입장에서 동의와 합의는 교육을 위한 특수한 과정일 뿐이며, 교육의 목적이 될 수는 없다. 선진과 후진의 의견차이는 다수에 의한 사회적 과정에 의해서 해결될 일이 아니고 서로 이해할 수 있는 여유있는 교육적 노력과 시간이 필요하다. 교육에서는 후진의 품위를 선진이 가진 품위의 방향으로 옮기는 것을 원칙으로 삼는다. 한편은 비교적 장애가 많고 다른 편은 장애가 적은 편이기 때문에 인간성의 개선이라는 과제를 수행하는 교육에서는 전자에서 후자에로의 이행이 이루어져야 한다. 열등이 우등을 제압하고 후진이 자신의 증거를 가지고 선진을 패배시키는 경우 그것은 결코 후진의 승리라고 볼 수 없다. 그것은 오히려 종국적으로 후진 자신의 패배를 의미한다.

3.2.14. 존현과 존우

사람들간에 "서로 생각이 다르면 틀린 것이다"라는 생각을 하기 쉽다. 그러나 그런 태도는 그들간의 의미있는 대화나 교육적 교류의 가능성을 차단한다. 후진과 선진간에 오해가 생기는 것은 한쪽이 중대하다고 생각하는 것을 상대방이 별것이 아니라고 생각한 데서 생긴다. 다시 말해서 이런 오해는 저압제와 고압제라는 잘못된 태도가 그들 둘을 갈라놓기 때문에 생긴 것이고, 또 그런 오해와 몰이해는 교육의 과정을 통해서 충분히 해소될 수 있다. 따라서 저압제와 고압제는 그 가능성을 미리 유념하고 있는 사람들에게는 사전에 얼마든지 피할 수 있는 오류이다. 그것은 선진과 후진을 미리 예상하는 태도상의 여유를 확보함으로써 가능하다. 교육의 매개에 의해서 후진은 선진의 품위를 제대로 인정할 수 있게 된다. 문제는 교육이 이루어지기 이전의 상태에서 일어난다. 이 단계에서 선진의 품위가 후진의 품위에게 제압당하는 경우가 방지되어야 하는데, 이와 관련된 교육의 내재율이 존현(尊賢)과 존우(尊愚)이다. 선진과 후진의 품위는 현재의 상태에서 설사 앞선 것과 뒤진 것의 차이가 있다고 하더라도 그것은 오직 교육을 통해서 밝혀질 수 있을 뿐 지금으로서는 각자의 입장에서 최고의 것이다. 이 때문에 후진의 입장에서는 선진에 대한 존현 그리고 선진의 입장에서는 후진에 대한 존우의 태도를 유지하는 것이 당분간 필요하다.

생활하는 가운데 특정 수도계와 관련하여 선진과 후진은 늘 가정될 수 있는 존재들이다. 우선, 나의 선진은 설사 숫자에 있어서 소수이지만 후진인 나로부터 그 수도계적인 권위를 인정받을 수 있어야 한다. 우월성은 타고난 것뿐만 아니라 남다른 노력의 산물이다. 우등한 자는 그만큼 존중받아야 하고 우리 스스로 그 편에 들도록 노력해야 한다. 후진인 나에게 그런 태도가 없다면 내가 선진의 품위를 추구한다는 것이 무의미하게 되기 때문이다. 후진의 입장에서 선진은 자신이 충분히 수련을 하고 난 후에 이해할 수 있는 인물이다. 지금 내가 가진 낮은 수준의 인식으로 수준 높은 선진의 인식을 감별하거나 평가하는 일은 불가능하다. 문제는 후진이 선진을 식별하지 못했을 때 자주 일어난다. 이 경우 응분의 노력은 하지 않고 노력 끝에 습득한 선진의 지식을 과소 평가하고 폄하하는 큰 잘못을 저지르게 된다. 이 때문에 우리는 항상 스스로 선진을 알아보지 못할까 두려워하는 자세를 가지고 생활할 필요가 있다. 선진의 지식이 가진 미묘하고 세밀한 내용을 지금의 상태로서 올바르게 이해하기 어렵다. 선진과의 논증에 견줄 만한 수준에서 그에 대한 반론을 제기할 수 있으려면 최소한 선진의 수준에 이르도록 상구해야만 한다. 그렇지 않고 단지 선진의 지식을 자신의 수준으로 격하시키는 것은 자신의 성장을 위해서도 위험한 태도이다. 선진의 품위를 이해하고 정당하게 평가할 수 있기 위해서는 응분의 상구활동을 하고 그 이해에 도달하려고 노력해야 한다.

다른 한편으로 선진인 나는 후진에게 존우의 태도를 보일 수 있어야 한다. 나는 후진이 풀지 못한 문제를 이미 해결해서 극복한 사람이다. 선진은 후진이 그릇된 답을 옳은 것으로 믿고 있음을 그의 경험을 통해서 알고 있다. 선진에게는 후진의 이런 특수한 사정에 대한 관용의 태도가 필요하다. 후진은 선진인 자신이 과거에 거쳐 왔고 이제 그것을 극복한 과거의 품위 속에 갇혀 있는 사람이다. 아직 자신의 수준에 도달하지 못한 후진이 자신의 수준을 이해하고 있으리라고 기대하는 것은 잘못이다. 만약 그런 기대를 한다면 그가 교육을 통해서 증명하고자 하는 내용이 졸지에 후진의 현재의 품위에 의해서 오해를 받게 되고, 따라서 그 오해를 토대로 하는 그의 입증활동은 애초부터 애로에 봉착한다. “바보에게 바보라고 하면 화낸다”는 말이 있듯이 후진에게도 그들이 가진 품위의 기준에 맞는 그 나름의 자존심이 있으며, 그것을 선진인 나의 기준으로 깎아 내려서는 오히려 그의 반발만을 자초할 뿐이다. 선진인 나는 비록 자신이 선진임을 알고 있다고 하더라도 내가 그 후진의 수준을 향상시키는 하화활동을 하지 않고는 제대로 인정받기 어렵다는 한계를 인정하고 후진의 입장을 이해하려고 노력해야 한다.

3.2.15. 교육적 이해의 모색

인간의 소질과 재능의 종류는 다양하고 그 재능마다 위와 아래의 서열이 있다. 그 다양한 폭과 깊이를 인정하고 그것을 교육적으로 활용하는 생활이 곧 우리가 교육적으로 잘 사는 방식이 될 것이다. 품위의 횡적 상대성은 그 폭만큼 서로 다른 종적 상대성을 함축하고 있다. 그만큼 그것은 우리가 교육적 상호작용을 할 수 있는 선택의 범위를 확장해 놓는다. 다른 한편으로 품위의 종적 상대성은 개체간의 수양의 정도를 반영하며 이론상 그들간의 교육적 상호작용이 가능한 영역이다. 서로 다른 사람들이 그것을 축으로 삼아 교육적으로 교류하면 우리는 누구나 한 단계 위의 생활을 향유할 수 있다. 각 품위는 지식의 발전과정에서 오류나 진리의 정도에 상관없이 불가결한 이음새의 구실을 하며, 얼마만큼의 교육적 체험을 활성화시킬 가능성을 포함하고 있다. 품위라는 사다리의 각 계단은 그 위치에 상관없이 언제나 교육적인 교섭을 위한 소재로 활용될 수 있다.

이런 교육활동에서 해결되어야 할 중요한 문제는 아래 품위와 위 품위에 대한 태도설정이다. 후진과 선진간에는 오해가 불가피하다. 서로 ‘오해’하는 일은 서로를 ‘이해’하기 위한 출발점이 된다. 후진은 선진의 품위를 획득함이 없이 그를 이해할 수 없다. 이 때 교육에서 어떤 절차가 그것을 보장하는가? 그 비결은 후진의 지식을 선진 쪽의 지식으로 옮기는 교육적 활동을 촉진시키는 것이다. 여기에는 서로가 상대의 이질성을 수용하는 태도상의 차이가 요구된다. 선진과 후진이 교육적인 이해에 도달하는 방법은 상대에 대한 적절한 가정을 유지하는 것이다. 선진은 후진에게 "알고 보면 그게 아닐걸!" 하는 자세로 하화하고, 이에 대해서 후진은 차후에 "알고 보니 그게 아니군요!" 하는 말로 고백할 수 있도록 상구해야 한다. 이런 활동의 가정과 태도에 대한 최종적인 근거는 결국 그들간에 성공적인 교육을 개입시킴으로써만 얻어질 수 있다.

3.3. 교육에 의한 품차의 연결

3.3.1. 선진과 후진의 직접적인 접속의 회피

종적 상대성의 차이가 나는 품위간에는 그 내용에 있어서 서로 논리적인 통약이 불가능하다. 이들은 우선 해당 수도계에 대한 체험적 구조의 차이가 있기 때문에 지금의 상태로서 한편과 다른 편의 의미공유가 불가능하다. 각 개인은 자신이 위치한 현재의 품위에 비추어서 세계를 바라본다. 그들은 사실인즉 같은 세계에 대해서 다른 것을 바라보고 있다고도 볼 수 있다. 그 바라봄은 우연한 것이 아니다. 그것은 길거나 짧은 성장과 수련 끝에 얻은 최고와 최선의 안목을 통해서이다. 그것이 최선의 안목인 이상 평가기준도 다르다. 그들은 같은 대상이나 세계에 대해서 서로 모순되는 평가를 할 수 있다. 예를 들면 학문의 세계에서 후진이 '진리'라고 여기는 것을 선진은 '허위'라고 평가한다. 이 때문에 그들간에는 서로 세상을 바라보는 안목에서나 평가의 기준에서 부조화와 갈등을 피하기 어렵다.

이처럼 서로 다른 것을 지칭하고 바라보는 선진과 후진이 각자 자신의 진리주장을 할 때 흔히 부조화와 갈등을 언어적 대화나 형식적인 논리로 해결할 방도를 찾는다. 그러나 이것은 현명한 일이 아니다. 대화는 말의 근거가 되는 의미상의 통일을 전제하고 있기 때문에 소기의 효과를 기대하기 어려울 수밖에 없다. 선진과 후진은 같은 용어를 쓰면서도 그것에 대한 다른 의미구조를 가지고 있다. 그들은 그들 나름의 합리성을 앞세워 자신의 입장을 상대에게 주장할 것이다. 그러나 그 주장에 포함된 사실에 대한 해석과 합리성의 내용에 있어서 양자간에는 근본적인 차이가 있기 때문에 서로의 유대를 위한 모처럼의 화해의 시도가 수단의 부적절한 선택으로 말미암아 오히려 와해 쪽으로 치달을 위험이 있다.

우리의 삶에서 흔히 발견할 수 있는 이런 비생산적인 대화와 논쟁을 종식시킬 수 있는 것이 교육이다. 교육은 합리적인 것도 그리고 비합리적인 것도 아니고, 굳이 그런 차원의 범주에서 말한다면 초합리적인 과정이라고 할 수 있다. 교육은 선진과 후진의 체험적 수준의 차이를 수용하면서 그 틈새를 연결시킬 수 있는 활동을 활성화시킨다. 수도계에 관한 각자의 모든 언급은 그 발언자가 최근에 그의 상구를 통해서 얻은 품위를 반영하고 있으며, 그 수준의 차이가 다양한 만큼 다양한 수준에서의 교육의 공간이 열린다. 그 가능성에 주목하고 그 차이를 교육의 활동으로 전환하는 순간, 선진과 후진은 합리성에도 수준의 차이가 있음을 인정하고 저급의 합리성을 포기하고 더 나은 합리성을 얻어낸다. 이로써 더 나은 합리성을 향해서 선진과 후진이 갈등을 지양하고 서로 건설적으로 연대할 수 있는 여지가 생긴다.

3.3.2. 교육적 협동관계의 형성

다른 수준의 품위가 구조상의 불가공약성을 갖는다는 사실이 그들간에 있을 수 있는 발생적 연속성을 결코 배제하는 것은 아니다. 품위간의 논리적인 간극을 뛰어넘어 한편을 토대로 다른 편을 향해 상향적으로 진전하는 것이 교육의 과정이다. 교육은 품위 사이에 존재하면서 그들간에 있을 수 있는 구조의 차이를 소재로 협동적 활동과 인간적인 연대를 꾀하고 전개할 수 있다. 그러나 그것은 오직 교육의 특성을 이용할 수 있는 안목을 가진 사람의 계획에 의해서만 실현될 수 있다. 선진과 후진이 있는 그대로의 품차로 마주하지 않고 한편에서 다른 편으로의 바람직한 변화를 꾀하는 교육을 개입시킨다면 그 이질적인 인식에서 비롯하는 불필요한 갈등을 극복하고 인류공동체의 일원으로서 새로운 연대성을 확인할 수 있게 될 것이다.

교육은 품위의 차이에서 올 수 있는 사람들의 분산과 갈등을 협조의 공간으로 활용하고 안내한다. 교육의 한 날개인 상구계와 교육의 다른 날개인 하화계는 상호간에 환경으로 상대에게 영향을 주면서 그 개별적인 것으로 환원시킬 수 없는 새로운 총체적인 세계를 이루고 있다. 그들은 서로의 이질성을 토대로 한편이 독자성을 주장할수록 다른 편의 독자성이 더욱 살아나는 방식으로 상호간에 호응하는 하나의 공조체제이다. 상구계의 주체는 자신을 위한 일이며, 하화계의 주체는 타인을 위한 일이다. 상구계에서는 존현하며, 하화계에서는 존우한다. 상구계에서는 자조(自助)하고, 하화계에서는 원조(援助)한다. 상구계는 품계를 순차하기를 요구하며, 하화계에서는 반대로 품계를 역차하기를 요구한다. 상구계에서는 자증하며, 하화계에서는 타증한다. 마지막으로 상구계는 끊임없이 혁신하며 하화계에서는 끊임없이 보수한다. 이런 상호작용의 방식으로 상구계와 하화계는 상이한 품위를 응결시키면서 동시에 그 차이를 연결시키는 데 공조하도록 작용한다.

이런 특성에 의해서 품위의 간극이 있는 사람들간에 예상되는 상충, 갈등, 그리고 반목은 교육을 통과하는 매개과정을 통해 오해와 무지를 뛰어넘어 서로의 화해로 승화되는 것이다. 교육적 인식론은 바로 교육의 이런 특성을 이용하여 종적 상대성이 있는 지식을 가진 선진과 후진간에 발생할 수 있는 오해와 무지, 그리고 갈등이 점차 해소되는 길이 있음에 유의한다. 품위는 질적으로 구분되는 단계를 거치면서 하나의 위계를 형성한다. 그것은 마치 높은 곳에 이르는 사다리와 같다. 사다리의 한 계단이 없으면 다음 계단을 오르지 못하는 것처럼 각 단계의 품위는 다음 품위에 오르는 불가피한 단계이다. 교육은 그 각각을 협동적 활동을 통해서 연결짓는 기능을 한다.

3.3.3. 품위의 발생적 계열화

인식의 질서를 확립함에 있어서 무엇보다도 경계해야 할 것은 품위의 무차별한 병립과 자기주장이다. 우리는 항상 지식을 추구하는 길 위에 놓여 있으며, 우리가 진실로 희망하는 바는 지식을 위계적 발전순서에 따라 점진적으로 증득하는 것이다. 우리가 인식에 있어서 상대주의를 택할 때 피해야 할 중요한 사항은 서로 모순되는 품위들 사이의 위계적 차이를 인정하지 않고 각각이 동등한 진리성을 주장함에서 비롯되는 무정부적인 혼란이다. 그 위험을 회피하는 길은 종적 상대성이 있는 품위들끼리의 발생적 위계를 찾아 그 통로의 연속성을 따라 자연스럽게 체험의 상승적 흐름이 이루어지도록 하는 것이다. 절대적 지식의 소멸이 상대적인 위계 자체조차 부인하는 것은 아니다. 모든 품위의 지식이 다소간의 오류를 포함하고 있더라도 오류의 정도 혹은 진리의 정도를 계층화하는 작업은 필요하다. 말하자면 우리에게 요망되는 것은 서로 모순되는 품위를 발생적으로 통관하는 입체적 이해이다.

누차 강조된 사실이지만 어떤 절대적인 수준으로 진리를 입증하려는 시도는 기만이다. 절대적인 진리는 현실 속에 밝혀진 바 없다. 모든 주장들은 그 주장자의 현품을 반영하고 있으며 상대적인 것이다. 그것은 진리로 향하는 도중의 어떤 지점의 한 단계에 있다고 보아야 한다. 그러나 그 사실이 허무주의의 근거가 될 수는 없다. 탐구는 결과보다는 과정에 큰 의미를 두어야 할 성질의 것이다. 중요한 것은 바로 그 도중에서의 올바른 흐름과 방향을 상호간에 점검하는 것이다. 학문의 세계가 보여준 수도계적인 특징은 특정한 수준의 품위에 이르는 데 있지 않고 발전적인 방향을 지속적으로 추구하는 데 있다는 것이 역사적으로 밝혀졌다. 학문의 세계에서 모든 사람에게 보편적이라는 의미에서의 지식의

'보편적 타당성'도 하나의 환상에 불과하다. 대신 역사가 증명해 준 확실한 사실은 부단히 변전하는 발전의 보편성이다.

학문계에서는 보편적 방향의 확인만이 참된 것이다. 교육적 인식론은 따라서 비현실적인 절대적인 의미의 진리관을 애초부터 거부하고 대신 그것을 추구하는 과정의 체험을 중시한다. 오류가 없는 진리는 파악하기가 지극히 어려운 까닭에 우리가 할 수 있는 일은 언제나 자신이 오류를 범할 수 있다는 점을 겸손하게 인정하고, 흔들림 없는 확고한 진리에 도달하려고 하기보다는 그 방향에의 접근을 시도하는 것이다. 여기에서는 특정한 품위에로의 합의가 중요한 것이 아니라 낮은 수준에서 높은 수준으로 가는 흐름과 운동을 확인하는 일이 중요하다. 이렇게 입장을 바꿀 때 비로소 각 단계의 품위는 이전과는 다르게 상대적인 수준의 고하를 막론하고 예외없이 그 나름의 중요한 인식론적 의미를 갖는다는 사실이 인정된다. 지식의 발전은 역사에서 언제나 그만큼의 노력과 흥분의 요소를 갖고 있었다.

3.3.4. 각 단계에서 교육의 재생

교육적 인식론이 특정한 두 품위의 상대적 위계를 증명하는 방식은 두 품위의 계열을 연결시키고 그 어느 곳에서나 교육이 활발하게 일어날 수 있게 계획하고 촉진하는 것이다. 교육은 어느 단계에서나 시작하고 종료될 수 있다. 수도계적인 문제는 기지의 해결점이 무너지면서 언제나 한쪽 방향으로 열려진 길을 따라 움직이고 있다. 그것을 단계별로 빠짐없이 접목시켜 해결을 모색해 나가는 것이 바로 교육의 과정이다. 수세기의 역사적 과정을 거쳐 발전된 개념이나 이론을 우리가 일시에 습득하거나 그 습득을 도우려는 것은 무리이다. 교육은 최후적인 것을 제시하기 전에 현재 상구자의 위치를 확인하고 그것과 그 최후적인 것 간에 연속성이 보장되도록 발달의 계열과 단계를 고려해야 한다.

수도계의 종적 수준의 다층성은 품위가 형성되는 과정과 시간적 순서를 고려하는 발생학적 접근을 요구한다. 하나의 수도계에 속한 각 품위는 그 위계의 한 단계를 차지하고 있을 것이며, 그것은 이전의 단계 다음에 그리고 이후의 단계 이전에 정확하게 위치하고 있다. 그리고 그들은 교육에 의해서 매개되어 있을 것이다. 교육적 인식론은 이런 전반적인 도식을 유념하면서 특정 소재계 내에서 발견할 수 있는 품위의 발생적 위계를 존중하고, 그 각각의 것을 순차적으로 통과하는 데 필요로 했던 교육적 활동을 언제나 생생하게 재생해 낼 수 있어야 한다. 지금은 오류로 판명된 지식이라도 당시 그 수준에 있는 사람들에게는 심각한 탐구의 주제였다. 이것을 재생시키는 일이 학문의 발전과 교육의 발전이 서로 만나서 공존을 꾀하는 가장 바람직한 양태일 것이다.

3.3.5. 텍스트로서 선진과 후진

이 원칙은 수도계 내의 모든 텍스트에도 그대로 적용된다. 각 단계는 그 나름의 교육적 가능성 위에 실현되었으며, 그 때마다 텍스트 형식의 흔적이 남겨져 왔다. 그 발전과정에서 나타난 각 단계의 텍스트가 교육의 소재로서 연속적 위계질서를 회복해야 한다. 이전의 텍스트 내용이 부정되고 새로운 텍스트가 그 자리를 대신해 왔다. 이 사실은 바로 각 단계 모두가 교육의 자료로서 활용될 수 있는 여지가 있음을 시사한다. 이런 가능성은 오직 하나의 합리성에 따라 텍스트를 양분하는 이성중심 시대의 옛 위계질서를 포기할 때에 실현될 수 있다. 이런 방식으로 역사에서 보여준 차이가 다양성으로 인정을 받고 그 발생적 서열화가 고정된 품계에 대한 향수를 대신해야 한다. 이미 학문의 세계에서 폐기되어 버린 텍스트나 인물이 그 발전의 단계에 있는 교육의 주체에게는 소중한 소재로서 새로운 생명력을 회복할 수 있다.

수도계에서 선진과 후진은 서로가 주체이자 객체이다. 그들간의 갈등 해소와 올바른 이해는 오직 객관적인 품위와 주관적 품위의 이분법이 소멸될 경우에만, 즉 선진과 후진의 품위상의 대립이 위계적으로 상대화되고 후자의 것이 전자의 것으로 향상될 수 있을 때에만 성취된다. 품위가 진위로 양분되는 것이 아니라 다단계의 차별로 드러난다는 사실은 곧 교육을 통해서 성취할 수 있는 소재의 선택항목이 그만큼 증대하는 것을 의미한다. 후진과 선진이 서로 먼 거리에 있다면 선진은 그만큼 하화할 수 있는 소재가 풍부하고, 품위가 낮은 사람은 그만큼 상구할 수 있는 소재가 풍부하다고 말할 수 있다. 그들간에는 많은 수준의 차이가 있기 때문에 양자의 만남은 그만큼 세분된 단계로 나누어 계열화하는 교육의 연장선상에서 비로소 이루어질 수 있게 될 것이다.

3.3.6. 탄탄한 저변확대

수도계의 품위를 가진 사람의 분포가 피라미드형을 이룬다는 사실은 앞에서 지적되었다. 누군가가 상구에 의해서 더욱 깊은 실재와 접할수록 그것을 이해할 수 있는 집단은 소수에 국한되며, 대중과의 의사소통은 그만큼 어렵게 된다. 이런 현상은 앞선 단계에 있는 선진의 학자와 후진의 학자간의 문제일 뿐만 아니라 학자 일반과 그 저변의 일반 대중간에 봉착할 수 있는 문제이기도 하다. 그 어느 수준이건 서로의 연결고리가 단절되면 상층부는 서서히 시간의 흐름과 더불어 몰락할 위험에 처한다. 따라서 고급품위와 그것이 뿌리박고 있는 하위집단의 저변확대는 수도계의 존립을 위해서 불가결한 것이다. 높은 산이 낮은 산의 연산위에 존재하듯이 아무리 고상하고 고귀한 것이라고 할지라도 그들은 저변의 비천함이라는 기반 위에서만 존립할 수 있다.

지금처럼 학문계가 발전의 최종적인 단계만을 우대하고 여타의 단계를 부정한다면 혹은 이른바 공적 지식에 대한 일률적인 일치라는 과제에만 집착한다면, 결과적으로 그것에 오르내리는 사다리 자체를 폐기해 버리는 우를 범하게 될 것이다. 학문의 세계가 존립하기 위해서는 그 수준의 고하를 막론하고 각 단계에서의 교육이라는 연결고리가 필요하다. 또한 이런 매개적 과정의 활성화를 통해서 학문을 추구한다고 할 때 우리는 우리가 처한 위계상의 상대적인 위치도 상호 주관적으로 확인할 수 있게 된다. '갑'이 자신이 체험한 진리체험의 보편성을 검증하려면 '을'에게 자신이 그것을 체험할 수 있었던 것만큼의 교육활동을 권고하고 촉진해야 한다. 그것은 '을'의 입장에서는 '상구'이고 '갑'의 입장에서는 '하화'이다. 이런 중간 수준의 다양한 집단이 그들 나름의 교육적인 소재를 활용하고 상하의 품위의 연속성을 입증해 나갈 때 학문계의 건실한 토대가 구축될 수 있다.

우리가 품위의 위계를 따라 위로 접근하는 것은 엄밀한 의미에서 인식대상에 접근하는 것이 아니라 인식대상에 대한 가장 이상적인 관념에 접근한다는 것을 의미한다. 이런 의미에서 한 단계는 언제나 다음 단계의 예고자임과 동시에 발전의 발판이 된다. 개별적인 개인은 서로 다른 현재의 품위에서 그 한 단계를 차지하고 있다. 여기에는 언제나 모순이 포함된다. 지식의 수준과 관련하여 한 단계의 바람직한 인간상이 다음 단계에서 지양되고 극복된다. 어떤 한 단계는 이전의 단계와 비교할 때 높은 품위에 속하며, 이후의 단계에 비교할 때 낮은 품위에 속한다. 어떤 한 단계의 지식은 그 비교의 거점을 달리하면서 높은 품위임과 동시에 낮은 품위가 된다는 점에서 교육에서 추구되어야 할 바람직한 인간상은 모순없이 평면적으로 혹은 일률적으로 규정할 수 없다.

3.3.7. 진리의 소유가 아닌 진리의 추구

학문적인 탐구에 끝이 없다는 것이 천만다행이다. 학자들이 진리가 무엇일지를 상상하는 능력과 자극을 상실하거나 발휘하지 못할 때에 학문은 끝장이 날 것이다. 비판할 여지가 없거나 수정될 가능성이 없을 정도로 확실한 가설이나 이론은 실재하지 않는다. 이 때문에 학자는 사실상 진리의 소유자가 아니라 추구자인 것이다. 이 진리는 우리가 붙잡으려고 하는 것이 아니라 학자가 항상 그 쪽에 연정을 가지고 지향하려는 방향이다. 영어에서의 연구는 '다시 찾음(re-search)'을 의미한다. 연구는 현재의 지식이 갖고 있는 결함과 모순을 발견하고 보다 나은 지식을 추구하는 활동이다.

누차 강조하지만 학문에서 중요한 가치의 준거는 최종적인 형태의 결과에 적용되는 것이 아니라 발전방향에 대한 확고한 증거를 확보하는 데 있다. 다행히 우리에게는 그 방향을 판가름할 수 있는 방법이 있다. 그것은 바로 모든 품위는 항상 이중적 지위를 갖는다는 사실에 근거하고 있다. 모든 품위는 그 수준의 고하를 막론하고 한편으로 한순간 완성된 결과이지만 다른 한편으로 발전적 변화의 연속선상에 있다. 이 때문에 그 발전은 이전의 것과 대비해서 상대적으로 확인할 수 있다. 각 단계의 품위는 조만간에 다시 더 불확실한 사태나 문제에 봉착하게 되며, 이 경우 그것은 더 나은 것으로 향하게 하는 토대나 수단으로 작용한다. 이처럼 각각의 품위는 절대성을 의심하고 끊임없이 질문하며, 더 나아가 새로운 문제를 찾는 과정과 그로부터 얻은 결과의 대비에 의해서 자기의 진로를 밝혀 나간다.

3.3.8. 몰락하는 진리와 떠오르는 진리

교육적 인식론은 학문에서 추구하는 진리를 상대적인 대비에 의해서 발전을 지향하는 경험의 흐름으로 새롭게 정의한다. 우리는 소유물로서의 진리가 아니라 추구하는 진리를 중시한다. 이렇게 진리의 개념을 현실적으로 재정의할 때 진리는 역사를 통해서 그래왔듯이 학문의 발전단계의 어느 수준에서나 다소간 체험할 수 있고, 또 어느 단계에서나 체험하도록 도울 수 있는 것으로 된다. 학문의 역사는 이전에는 참된 것으로 통하던 거창한 부분이 드디어 참되지 못한 초라한 것으로 전환되는 건실한 사실만을 보여주고 있다. 몰락하는 진리와 새로운 진리가 끊임없이 싸우게 된다. 그 때마다 낡은 진리는 붕괴되고 오류로 밝혀진다. 진리와 허위가 교차하는 이러한 역사가 오늘에까지 이어지고 있다.

이 때문에 우리는 지금의 단계에서 학문공동체가 허위로 분류하고 있는 과거의 지식들도 학문적 지식의 역사에서 배제할 수 없다. 과거에 있었던 지식도 역사상 그것이 오류로 판명되기 전에는 진리였으며, 그것이 있음으로써 오늘날과 같은 좀더 고차원의 진리에 도달할 수 있었다. 이 점에서 진리로 향하는 각 단계의 지식은 후에 허위로 밝혀지는 한이 있더라도 마치 사다리의 계단처럼 교육적으로 동일한 가치를 갖는다고 말할 수 있다. 이로써 우리는 학문의 발전에 엄청난 기여를 했으나 지금에 와서는 오류인 것으로 판명된 무수한 역사상의 지식과 그들을 열정적으로 탐구했던 인물들을 당대의 상황과 관련하여 제대로 평가할 수 있게 된다. 그들은 그들의 단계에서 각각 진리체험을 할 수 있었다. 그리고 그런 모종의 방식이 오늘날까지 학문의 발전을 교도하는 나침반의 구실을 하고 있다.

3.3.9. 교육적 매개에 의한 각 단계에서의 진리체험

무엇이 우리에게 진리체험을 보장했던가? 그것은 바로 교육이었다. 교육은 각 단계에서 진리체험을 보장하는 장치로 작용해 왔으며, 지금도 그 기능을 수행하고 있다. 각 단계는 시대와 사람에 따라 교육의 출발점이거나 종착점이 되어 왔다. 우리가 시대적으로 학문발전의 어느 품위에 있든 간에 그 곳은 항상 교육이 가능한 공간이며 교육이 가능한 시간이다. 또한 누구라도 그가 위치한 품위에서 교육에 종사할 수 있다. 각 단계에서 작용하는 교육의 구조는 동일하다. 상구계는 후진이 그가 위치한 현품에서 차상품에 진입하는 구조를 가지고 있으며, 하화계는 그런 상구의 과정을 선진이 돕고 촉진하는 구조를 가지고 있다. 상구와 하화가 이루어지는 품위의 위치는 바로 상구자의 차상품이며, 이 유동적인 곳에서 스승과 제자는 부단하게 교육적 접촉과 교섭을 주고 받는다.

흔히 연구의 타당성을 결정함에 있어서 반복성(replication)을 요구한다. 그러나 그것이 증거가 되는 것은 어디까지나 동일한 체험구조를 가지고 있는 참여자들에게만 가능한 것이다. 대개 연구에서는 그렇지 못한 상황이 대부분이며, 이런 경우는 그 참여자들이 가진 품위의 차이만큼의 교육적 교섭이 반복되어야만 한다. 다시 말하면, 어떤 연구결과의 타당성이나 선진성은 그 결과의 반복을 조건으로 요구하기보다는 그 결과에 도달하고 그 결과를 올바르게 해석할 수 있는 교육적 체험의 반복 가능성을 요구한다고 볼 수 있다. 훌륭한 스승은 제자에게 자신이 가진 현재의 품위를 그대로 전달하는 것이 불가능하다는 것을 안다. 대신 그는 자신이 과거 제자의 수준에서 지금의 지식을 얻는 데 어떤 교육활동을 어떤 계열로 했었던가를 먼저 생각하고, 그 결과에 도달하는 과정의 체험을 여러 차례에 걸쳐 반복적으로 유도해 낸다. 설사 후진인 제자가 당장 동일한 결론에 도달하지는 못한다고 하더라도 그 일치에 도달하는 과정을 밟음으로써 거의 동일한 진리체험과 확증의 단서를 얻을 수 있다.

3.3.10. 단계별 점진주의

교육은 지선(至善)보다는 차선(次善)을 찾는 점진적인 과정이다. 점진주의에서의 목표의 특징은 그것의 궁극성을 인정하지 않는다는 데 있다. 교육에서는 소재계의 표적을 보편적으로 확정하지 않는다. 그것은 언제나 상구자의 상황에 적응한다. 상구자가 현재 어느 위치에 있느냐에 따라 목표도 달리 규정된다. 현재의 단계에서 하나 위인 것이 우리가 도달해야 할 현실적인 목표이다. 그 추구로서의 목표를 가시표적[2)]이라고 해 두자. 가시표적은 고정불변한 것이 아니다. 일단 그 목표가 실현되자마자 그 앞에는 다음 단계의 가시표적이 등장하게 된다. 다시 말하면, 가시표적은 항상 수정되면서 발전하는 목표라고 할 수 있다. 이런

---

2) 이 용어는 듀이의 것을 그대로 차용한 것이다. 그에 대한 논의는 이미 앞 장에서 다루어진 바 있다.

일련의 표적설정은 하나의 연속선상에서 볼 때 수단과 목적의 계열로도 파악될 수 있다. 하나의 상태로서의 표적은 어느 것이나 먼저 것의 목표로 실현되며 그것이 실현된 후에는 다음 것의 수단이 된다.

교육의 이러한 특성에 부합하는 우리의 태도는 우리의 무의식에서 항상 작용하는 완벽주의와 전능에 대한 소망을 버려야 한다는 것이다. 지나치게 높고 이상적인 목표는 실현될 가능성이 없을 뿐만 아니라 교육의 주체에게 감당하기 어려운 스트레스, 실패, 좌절, 그리고 무력감을 강화할 뿐이다. 상구자의 무력은 하화자의 무력으로 연결되고, 그것은 교육 전체의 무력으로 악순환된다. 그런 완벽주의의 패배를 대신할 수 있는 것이 점진주의이다. 예정한 목표를 단번에 해결하기보다는 상구자의 현품을 출발로 삼아 한 단계씩 차례로 달성해 간다. 교육계에서 중시해야 할 수도계적인 전통은 그것의 최종적인 내용을 중시하는 전통이 아니라 그것에 이르는 각 단계를 충실하게 쇄신해 나가는 전통이다. 수도계는 참으로 오랜 세월을 두고 그것의 내용을 계속 다듬어 온 전통이 있다. 학문계는 분과학문마다 대상에 대한 인식을 쇄신해 나가는 사다리의 중간단계를 만들어 냈으며, 그 때마다 참여자에게 그에 상응하는 진리체험을 보장하였다. 교육은 바로 그 당시의 상황에 처한 사람에게, 그 당시에 도전적인 가시표적을 설정하고 실현할 수 있는 통로를 보장하는 것이다.

3.3.11. 교육적 열정의 활성화

품위의 개선은 언제나 얼마만큼의 도전을 포함한다. 경험은 우리에게 '원형 그대로' 오는 것이 아니라 하나의 조직된 방식으로 온다. 어떤 특수한 경험이건 그것은 구조의 일부로 존재한다. 이 때문에 경험은 쉽게 변화할 성질의 것이 아니다. 각 단계의 지식은 그 나름의 인지적 통합성을 갖는다. 그 통합성이 이질적인 요인들의 개입과 더불어 점차 와해되고 그것을 대체하는 다른 인지적 재조정이 이루어질 때 비로소 우리는 품위로서의 지식의 변화를 이루었다고 말할 수 있다. 인식체계 A와 B가 있으며 A에서의 B에로의 이행은 항상 '현상의 혼돈'을 일으킨다. 이전의 단계가 점차 효력을 잃고 이질적이고 새로운 경험이 전체적으로 형성되어야 한다. 이는 확실하고 의심의 여지가 없는 탄탄한 지식을 차곡차곡 쌓아 간다는 통념과는 대조된다. 교육은 바로 이 두 가지 이질적이고 모순된 인지체계를 매개하는 방식으로 구성되어야 한다.

교육은 탈바꿈을 위한 진통을 요구하며, 그것을 가능하게 하는 것이 교육적 열정이다. 인식주체인 우리 자신의 적극적인 참여와 감정의 보조를 받지 않는 교육은 결코 성공할 수 없다. 인식을 변형하는 것은 인식주체이며, 다른 어떤 것도 그것을 대신해 줄 수 없다. 우리는 우선 자신이 성장의 주체가 될 수 있다는 자신감을 가져야 한다. 적어도 인식의 상황에서는 세계 혹은 대상 자체에 문제가 있는 것이 아니다. 그것은 우리 자신과의 관계에서만 문제상황이 된다. 우리는 현재의 품위로서 아직 해결되지 않은 당혹한 상태에 봉착하며 그 해결을 탐색한다. 이것도 인식자 자신의 과제인 것이다. 도전적인 일에는 항상 어느 정도의 좌절이 개재되기 마련이며 그것을 극복하는 것이 인내력이다. 미지의 것을 새롭게 이해하고 거기서 새로운 의미를 발견하는 것도 인식주체의 소관사항이다. 이 모든 과정이 처음부터 끝까지 인식주체의 능동적 참여를 전제한다.

3.3.12. 상대적 대비에 의한 진로의 정향

우리가 스스로의 성장을 꾀한다고 할 때 늘 봉착하는 문제가 있다. 하나의 품위가 다른 것에 비해서 더 발전된 것이라는 판단의 근거는 어디에 있는가? 품위나 지식을 선택함에 있어서 어떤 일반적이고 비역사적인 기준이 있는 것은 아니다. 이론선택의 기준은 학문의 전개과정에서 상대적으로 변한다. 어떤 순간에 일어나는 것을 설명하기 위해서는 현전하지 않은 다른 순간, 즉 과거나 미래에의 언급이 필연적으로 포함되어야 한다. 인식의 선택도 그런 대비에 의해서 보장된다. 각 단계의 탐구에는 반복되는 두 가지 수준간의 대비가 있고 그에 따른 인식주체의 내부적인 선택반응이 있다. 이것은 지적 발달의 어느 수준에서나 동일하게 반복되는 것이 특징이다. 그들은 '전방대비'와 '후방대비'이다. 이들은 우리가 연구를 진행하고 있는 가운데 우리의 활동이 어떤 방향을 지향해야 하는지를 느끼게 하는 분명한 내부적 단서와 근거를 제공한다. 그 근거는 분명히 인식자가 현재 가지고 있는 지식을 중심으로 앞으로 가져야 할 품위와 이전에 가지고 있었던 품위의 대비를 통해서 이루어진다. 전방대비는 현품과 미품의 차이에서 나오는 문제의식으로 나타나며, 후방대비는 현품과 과품의 대비에 의해서 나오는 진리체험으로 나타난다.

이런 상대적 대비의 원리에서 우리가 얻는 하나의 성과는 진리체험은 학문의 수준에 관계없이 누구나 동등하게 향유할 수 있는 권리라는 사실이다. 서로 다른 품위에서 동일한 진리체험이 가능하다. 그리고 학문에서 중요한 것은 특정한 결과보다는 그 결과를 얻어내는 데 작용하는 상승적 체험에 있다. 학문적인 결과를 두고 비교하면 분명 현대의 일반적인 학자들이 지니고 있는 지식이 역사상 이름난 학자들의 지식보다 앞서 있다고 말할 수 있을지도 모른다. 그렇다고 해서 전자가 후자보다 더 절실한 진리체험을 했다고 말할 수 있는가? 반드시 그렇지는 않다. 분명, 지난날의 지식은 오늘날의 기준에 비추어 보면 참된 것은 아니지만 그들이 더욱 절실한 진리체험을 했을지도 모른다. 학문의 발전과정에서 한 시대의 학자들은 당대에 당연시하던 지식을 문제시하고 다시 그들이 당도해야 할 지식이 있을 법한 비밀의 문을 두드렸다. 그들은 그 관문을 뚫고 들어가기 위해서 자기쇄신의 열정을 불태우고 당대로서는 도저히 상상할 수 없었던 놀랍고도 새로운 세계를 발견할 수 있었다. 이는 각 단계에서 성실하게 그 수준에 부합한 진리체험을 보장하려는 교육의 논리와 정확히 일치한다.

3.3.13. 장기적 접근

교육의 내재적 목적은 특정한 지식의 결과를 직접 모방하거나 재생하는 것이 아니라 기실은 그것을 재생하는 고유한 과정을 재생하는 것이다. 폭이 넓은 강물을 무사히 건너가기 위해서는 징검다리가 필요하고, 높은 지붕을 오를 때에는 알맞은 보폭의 사다리가 필요하다. 넓은 품차가 있는 선진과 후진의 지식을 당장 연결시키려고 시도하는 것은 마치 사다리가 없이 지붕에 오르려고 하는 무모함처럼 어리석은 일이다. 서로 수준이 다른 해석의 간극을 메워주는 것은 장시간의 발생적 계열을 쫓아가는 교육적 시숙이다. 그 연속성의 출발은 언제나 후진의 것에서 시작하지 않으면 안 된다. 그것이 점차 단계를 뛰어 넘으면서 후진은 비로소 선진의 강둑 혹은 지붕에 도달하게 된다.

선진과 후진은 서로 발전단계의 면에서 동시적일 수 없는 사람들이다. 그럼에도 불구하고 그들은 같은 공간 안에 생활하고 있다. 따라서 그들간의 품위차이는 그 차이 속에 개입되어야 할 교육의 시간으로 다시 환산되어야 한다. 스승과 제자의 품위 차이가 클수록 품위의 차이를 증명하는 데 필요한 교육의 기간은 더욱 길어진다. 새로운 세계관이 나타나는 데는 오랜 시간이 걸린다는 것은 말할 필요가 없다. 출중한 이론을 생산하는 데는 탁월한 정신력과 긴 기간의 노력이 필요하고, 그것의 진실성을 입증하는 데 긴 시간의 상구가 반복되어야 한다.

또한 상구에 의해서 이전의 것보다 더 나은 것이 출현하게 되었다고 하더라도 그것을 이전의 단계에 있는 타인에게 입증하는 데는 적어도 그만큼은 아니더라도 상당한 정도의 하화의 노력과 기간이 필요하다. 왜냐하면 상대에게 새로운 인지구조를 갖도록 하는 데는 역시 노력과 시간이 투입되어야 하기 때문이다. 교육은 과정의 활동이며, 한 단계의 과정이 끝나면 그 끝난 지점에서 다음 단계가 다시 시작된다. 그렇기 때문에, 예컨대 선진(10)과 후진(5)간에는 적어도 5단계의 교육이 필요하다. 높은 선진은 낮은 후진에게 그만한 교육적 시간을 투자해야만 자신의 품위의 우위를 이해시키고 입증할 수 있게 된다. 이 점에서 교육적 인식론은 품위를 입증하는 기간을 그 어떤 인식론보다도 길게 잡는다는 특징을 갖는다. 사실상 중요한 이론이 당대의 학문공동체나 더 나아가 대중의 인정을 받기까지는 언제나 긴 기간이 소요되었다. 교육적 인식론은 합당한 이유를 가지고 그것을 필요불가결한 사실로 받아들이고 있다.

3.3.14. 메타교육에 의한 교육의 자율적인 발전

지금까지 품위의 연결은 교육에 의해서 가능하다고 하였다. 그렇다면 그 교육은 어떻게 유지될 수 있는가? 여기에는 크게 두 가지 길이 있다. 그것의 하나는 교육 이외의 과정으로부터 지원을 받는 길이고, 다른 하나는 교육 자체가 그 자체의 속성을 빌어 변형과 발전을 꾀하는 것이다. 그러나 이 두 가지 과정 가운데 전자는 후자를 전제한다. 왜냐하면 자체의 자율적인 발전이 이루어지지 않는다면 그것에 대한 외부의 지원이 왜곡되거나 그것 자체가 오히려 외부의 지원환경에 종속되어 버리기 때문이다.

그렇다면 교육은 어떻게 자체를 보강할 수 있는가? 그것은 바로 메타교육에 의해서 가능하다. 각 품위의 사이에서 일어나는 많은 횟수의 교육은 그 자체가 더 나은 교육을 위한 교육적 소재의 의미가 있다. 후진은 상구를 하면서 상구에 대한 상구를 할 수 있다. 또한 선진은 하화를 하면서 하화에 대한 상구를 할 수 있다. 이런 자체 반성적 과정에 의해서 상구와 하화의 세계가 새롭게 발전하는 것이다. 그 발전의 축에 의해서 교육 자체의 품위가 결정되고, 그 새로운 품계에 의해서 상구의 품위를 중심으로 하는 새로운 교육적 활동과 관계, 그리고 하화의 품위를 중심으로 하는 새로운 교육적 활동과 관계가 성립된다.

이처럼 그것이 성공적인 것이든 덜 성공적인 것이든 교육은 형태와 수준에 관계없이 그 자체를 소재로 하는 교육의 재생, 즉 메타교육의 가능성을 내포한다. 따라서 소재계의 매 단계에서 이루어지는 교육은 자체의 자율적인 발전과 변형을 위한 디딤돌의 역할을 할 수 있으며, 우리에게는 그것을 어떻게 의식적으로 활성화하느냐 하는 과제가 남아 있다. 교육의 실재와 그 품계는 결국 교육에 의해서 밝혀지고 입증되어야 한다. 소재계의 품위와 교육의 품위가 반드시 비례하는 것은 아니다. 그러나 양자는 긴밀한 상관관계를 갖는다. 교육의 품위가 개선되지 않는 한 교육이 수도계의 실재와 발전을 꾀한다는 명분 역시 흐려진다.

3.4. 상구에 의한 품계의 자증

3.4.1. 발전지향

우리는 모든 점에서 완벽하게 유능하겠다는 생각을 버려야 한다. 완전한 존재는 인간이 성취할 목표가 아니다. 이 사실이 허무주의의 근거가 될 수 없다. 왜냐하면 우리는 여전히 완전으로 향하고자 노력할 수 있고 항상 그만큼의 진전을 이룰 수 있기 때문이다. 만약 우리가 후자의 사실에 큰 의미를 준다면 우리가 과실과 과오를 범할 수 있다는 것이 도리어 다행한 일인지도 모른다. 과실과 과오는 거부되어야 할 것이 아니며, 오히려 그것은 상구적 경험을 할 수 있는 소재의 역할을 한다. 상구는 완전한 상태에 도달한 것에 의미가 있는 것이 아니라 오류를 극복해 나가는 과정 자체의 성실성을 경험하고 유지하는 데 의미가 있다.

삶의 질을 높여 나간다고 하는 것은 매우 중요하다. 그것은 바로 우리 자신의 향상과 불가분의 관계를 갖는다. 비록 백년을 산다고 해도 어리석게 산다면, 그것보다 더 현명하게 하루를 사는 것보다 질적으로 나을 수 없을 것이다. 우리는 얼마만큼 잘못 생각하고 그로 인해서 우리는 그만큼의 잘못된 생활을 한다. 중요한 것은 우리가 잘못을 범하는 것을 두려워하기보다는 그것을 방관하는 것을 두려워해야 한다. 우리가 잘못이 있더라도 그것에서 빠져 나올 수만 있다면 세상은 달이 구름에서 나오듯이 더욱 환하고 진실하게 보일 것이다. 이 때문에 우리는 상구라는 특별한 삶을 결코 중단할 수 없다.

우리가 상구를 할 때 항상 불안한 의혹에 사로잡히는 것은 우리가 추구하는 길이 진정 옳은 것인가를 어떻게 판정할 것인가 하는 부분이다. 처음부터 어느 곳으로 간다는 종착점이 예정되어 있다면 그것을 탐구하는 일이 모순에 빠진다. 수도계에 대한 상구는 그 종착점이 무엇인지를 모르고 있고, 또 그 이유 때문에 하고 있는 특이한 실천이다. 거기에는 항상 우리가 우리 자신을 오도할 수 있는 위험성도 도사리고 있다. 그러나 이제까지의 역사적 업적에 비추어 볼 때 우리가 지향할 방향에 어떤 일관성이 유지되어 왔음도 알고 있다. 이것은 우리에게 그 방향을 향도할 모종의 안전장치가 우리 내부에 있다는 사실을 강력하게 함축한다. 학문의 발전을 설명하는 인식론에서 중요한 부분은 진리를 지향하는 우리 자신을 무턱대고 믿는 것이 아니라, 오도의 가능성을 충분히 우려하면서 어떻게 그런 올바른 지향을 유지할 수 있느냐를 해명하는 데에 있다.

3.4.2. 절대적 확신의 거부

우리는 세계에 관해서 전적으로 무지한 상태에 있는 것은 아니다. 항상 얼마만큼 그것에 관해서 알고 살아간다. 또한 그로부터 나오는 모든 단정은 우리가 그것을 진정 사실로서 믿고 있다는 점에 있어서 진실임이 틀림없다. 우리가 세계에 관해서 이해하고 그 지식을 평가하는 데 동원할 수 있는 최선의 기준은 우리 각자가 가진 현재의 품위이다. 세계는 현품에 맞게 동화되고 해석된다. 이것은 불확실하고 예측할 수 없는 이례적인 상황에서도 명백함, 평범함, 익숙함, 친밀함, 당연함, 납득할 만함의 기준으로 작용한다. 이 때문에 우리는 흔히 깊게 따져볼 필요가 없이 지금의 상태에서 부담없이 금방 이해할 수 있는 사실들만을 실재로서 인정하는 경향이 있다. 각 개인이 그가 가진 지식을 진리라고 생각한다는 것 자체가 큰 잘못은 아니다. 각자가 스스로 틀렸다고 생각하는 신념체계를 어떻게 견지할 수 있겠는가? 그것이 어느 정도나마 확실하다고 생각하기 때문에 그것을 믿고 또한 의존한다.

우리는 우리가 믿고 이해하는 것을 진리라고 규정하고 세계에 대한 우리의 탐구를 종료할 수도 있다. 그러나 그 믿음의 내용이 진정 더 이상의 문제가 없는 완전무결한 것인가에는 항상 의문의 여지가 있다. 만약 세계가 미궁의 것을 포함하고 있는데도 불구하고 우리가 현품의 지식에 절대적인 확신을 가지고 그것에 고착된다면, 우리는 자신이 만들어 낸 울타리에 갇힌 독단주의자나 광신주의자가 될 위험에 스스로 빠질 것이다. 그러나 사실상 많은 경우 우리가 현품에 대한 애착을 갖는 것은 그것이 아직까지 우리가 가질 수 있었던 것 가운데 최선의 신념이나 지식이라는 데 있을 뿐, 그것에 대한 절대적인 확신에서 나오는 것이 아니다. 상구자로서 우리는 이미 가지고 있는 품위에 집착하지 않으며 그것에 전적으로 의존하지도 않는다. 만약 지금의 지식이 의심스럽고 그보다 나은 지식이 우리에게 가용한 상태에 있다면, 우리는 후자를 선택하는 데 주저함이 없을 것이다. 우리는 더 나은 품위를 갖고 싶어하지만 문제는 그것을 아직 확보하고 있지 못한 데에 있다. 상구는 바로 그런 가능성 있는 대안을 실현시키는 과정이다.

3.4.3. 미지의 품위에 대한 판단유보

우리는 제한된 범위에서나마 상구라는 자기형성의 자유와 책임을 망각해서는 안 된다. 과거의 우리가 현재의 우리가 아니듯이 현재의 우리가 미래의 우리라고 단정할 수 없다. 우리에게는 자신의 주도 아래 과거를 돌아보고, 자신이 처한 현재의 위치를 파악하고, 더 향상된 자신을 실현시키는 과제가 남아 있다. 인간성은 형성과정에 있으며 영원성의 관념적 존재를 받아들이지 않는다. 각 개인의 동일성은 끊임없이 변화하는 속성으로 구성되어 있다. 보통 우리가 인간성이라고 규정짓는 것은 규정하는 사람과 그 시대의 한계를 늘 반영하고 있을 뿐이다. 실현태로서의 현품을 토대로 인간이 앞으로 실현할 수 있는 가능성을 속단하는 것은 잘못이다. 인간은 주어진 운명을 넘어서서 스스로를 초월할 수 있도록 창조되었다. 이 세상에서 진정으로 독립적인 사람은 자신의 소양과 가능성을 스스로 닦아 나아갈 수 있는 사람이다. 자신을 바꿀 줄 모르는 사람은 흐르지 않는 물처럼 부식하기 마련이다.

상구의 탐조등에 비추어 보면, 인간성의 깊이가 얼마나 컴컴하고 먼 것인가를 짐작할 수 있다. 우리가 새로운 것을 찾기를 주저하고 현존의 밝음의 상태로서 바람직함을 규정하고 향유하는 것은 사실은 가치를 추구한다기보다는 바로 제자리에 갇혀 있는 상태로 보아야 한다. 그것은 현존상태가 최고의 것이라는 환상 이상의 어떤 것도 말하고 있지 않다. 그러나 학문의 목적은 말할 필요도 없이 더 나은 지식을 끊임없이 추구하고 구성하는 것이다. 그러나 더 나은 지식이 나에게 아직 실현되지 않는 상태에서 그것이 무엇이며, 어떻게 좋은 것인지를 평가하는 것은 자신의 능력을 벗어나는 것이다. 미지의 것은 미지의 것으로 남아 있어야 하며, 결코 그것은 기지의 것으로 환원되어서는 안 된다.

우리 각자는 어디로부터 유래하여 어디로 가야 하는가? 세계는 항상 우리가 이해하지 못한 미궁을 가지고 있다. 이것이 인식활동의 기본 가정이다. 또한 많은 사람들은 내가 알 수 없었던 수준에서 세계에 대한 지식을 이미 확보하고 있을 수도 있다. 이 사실은 우리에게 한 가지 분명한 태도를 요구한다. 그것은 현재의 낮은 수준의 지식으로써 그것이 미치지 못하는 실재의 세계를 속단하거나 판단해서는 안 된다는 것이다. 이 원리는 특히 우리의 선진에게도 적용된다. 우리의 품위보다 높은 지식을 가진 사람을 우리의 품위를 기준으로 판단하고 평가해서도 안 된다. 어떻게 후진이 선진의 지식을 이해하고 감식할 수 있는 자격을 갖추었다고 할 수 있는가? 우리가 취할 수 있는 올바른 방식은 당분간 판단을 유보하고 그것에 대해서 옳은 판단을 할 수 있는 자격을 확보하는 것이다.

3.4.4. 인식주체의 바람직한 변형

만약 우리 앞에 우리가 가진 품위보다 더 높은 수준의 것이 있다면 그리고 그 지식을 이미 습득한 선진이 있다면 우리는 탐구를 통해서만 그 내용이 무엇인지 알 수 있다. 그것을 알려면 먼저 우리는 우리의 지식을 유치하고 저급한 것으로 간주해야 할 것이며, 높은 것에 대해 응분의 소망과 존중심을 가져야 한다. 자기 자신을 변화시키려는 노력이 없이 높은 수준의 지식을 동화하는 것은 불가능하다. 우리가 가진 지금의 미숙한 품위를 방어하거나 고수하는 것은 더 높은 품위를 판단하는 올바른 전략이 되지 못한다. 오히려 지금의 품위가 갖는 독단의 요소를 식별할 수 있는 방식으로 자신을 개선하려고 노력해야 한다. 높은 수준의 지식과 선진을 정당하게 이해하고 평가할 수 있으려면 먼저 우리가 그 품위에 도달하고자 노력해야만 한다.

진리의 원천은 먼 곳에 있지 않고 우리들의 마음 속에 있다. 그것을 체험하려면 우리가 스스로 바람직한 방향으로 변해야 한다. 현존의 상태는 다른 대안적인 것이 없는 상황에서 잠정적으로 나에게 최고의 것이라는 사실 이상의 어떤 것도 말하고 있지 않다. 동적인 의미의 진리는 자신의 현품에 머무르지 않고 더 나은 품위에로 옮겨가는 운동의 상태에서만 식별된다. 객관적인 현실과 나 가운데 변해야 할 부분은 후자이다. 그러자면 우리는 먼저 객체와의 상호작용을 통해서 현품이 갖는 한계를 인정하고 자각해야 한다. 새로운 상황에서 해결되어야 할 야심적인 문제를 찾고, 다음에 자신을 쇄신하여 그것을 해소하는 새로운 지식을 얻고, 그 얻음에서 진정한 의미의 진리를 체험하는 순서를 차근차근 밟는 것이다.

3.4.5. 선진 찾기

인류 역사가 시작된 이래 무수한 사람들이 인간이 가야할 길을 모색해 왔다. 이 때문에 누구도 간 일이 없는 처음 가는 길이란 거의 예외적인 것이다. 어떤 대상이나 주제를 탐구하든 간에 그것에 대해서 먼저 탐구를 시작하고 더 나은 지식을 확보한 선진이 있을 것이다. 그러나 타인이 아는 것이 곧바로 나의 것이 되는 것은 아니다. 그것이 진정 바람직한 지식이라면 그것은 나에 의해서 다시 확인되어야 한다. 그 타인의 것이 나의 것으로 확보되지 않는 한 그것은 나에게 확실한 것이 될 수 없다. 교육에서 상구는 많은 경우 이미 선진이 얻어낸 높은 수준의 지식을 상구자를 통해서 재확인하는 절차를 밟는다. 우리에게 요망되는 것은 그런 결과를 모방하는 것이 아니라 그것을 생산하고 얻어내는 과정을 재생시키는 것이다. 이 점에서 상구는 우리에게 있어서 항상 새롭고 창조적인 활동이라고 할 수 있다.

어떤 영역이든 간에 내가 중간의 위치에 있다면 나는 반쯤 후진이고 또한 반쯤 선진인 셈이다. 그러니까 나에게 선진의 수가 적다는 말은 할 수 없다. 다만 그들을 식별하고 나의 상구를 위한 안내자로 유인하고 확보하는 일이 어려울 뿐이다. 먼저 어떻게 선진을 식별할 것인가? 품위는 세속계적인 지위와는 달리 겉으로 식별하기가 쉽지 않다. 설사 곁에 선진이 있다고 하더라도 그들의 품위는 상구자가 정당하게 해석할 수 있는 범위 밖에 있다는 애로가 있다. 그러나 선진 찾는 일을 포기해서는 안 된다. 우리는 그의 품위를 이해할 수는 없다고 하더라도 상대가 선진이라는 판단을 내릴 수 있는 간접적인 단서는 어디서나 발견할 수 있다. 소재영역에서 널리 명성을 가진 사람, 공적인 자격심사와 품평을 획득한 사람, 걸출한 제자를 배출한 사람들은 일단 선진의 대열에 든다. 또한 그들은 내가 풀지 못하는 문제를 쉽게 풀고, 내가 위기라고 보는 상황을 어렵지 않게 대처해 나간다. 이런 것들이 그들의 선진성을 간접적으로 시사하는 징후들이다.

3.4.6. 선진에 대한 겸손과 개방성

그러나 징후에 의한 선진의 식별과 그 선진성을 우리가 체험으로 직접 증거하는 것 간에는 큰 차이가 있다. 그것은 엄밀히 말해 일차확인에 불과할 뿐 나의 확인을 거친 것은 아니다. 선진의 지식수준이 얼마나 높든 간에 그것은 그가 오랜 상구를 통해서 얻어낸 지식일 것이다. 그것은 상구자인 나에게 그 수준의 차이만큼이나 교육의 공간과 소재로 남아 있다고 보아야 한다. 따라서 선진과 나와의 품위의 차이는 그 공간만큼 내가 수행하고 보충해야 할 상구활동으로 전환되어야 한다. 만약 타인의 지식이 나의 것보다 다섯 단계 더 높은 품위의 것이라면 그것을 이해함에 있어서 나는 다섯 단계의 상구를 더 수행해야만 한다. 한편으로 지금 내가 가진 지식을 의심하고 해체하고 그보다 더 나은 것을 구성함으로써 나는 그 마지막 단계에서 선진의 품위를 비로소 이차적으로 확인할 수 있다.

우리가 가야할 진로는 이미 선취한 지식으로 규정될 수 없다. 그 곳으로 향하는 길의 관문은 우리의 현존하는 사고의 편협성을 버리거나 깰 때 비로소 열린다. 자신이 약간 귀가 먼 것을 아는 사람은 그것을 알지 못하는 사람보다 훨씬 많은 것을 듣는다. 전자는 되물으며 후자는 물을 줄을 모르기 때문이다. 마찬가지로 자신에게 오류가 있고 타인에게 정답이 있다고 생각할 때 우리는 항상 그로부터 배울 수 있는 여지를 발견한다. 상구자의 덕목은 과오를 저지르지 않으려는 신중함에 있는 것이 아니라 과오를 발견하고 제거하려는 지적 정직성과 과단성에 있다. 우리의 주관에는 이전처럼 절대적 확신이 있다기보다는 오류의 상대성이 있을 뿐이다. 오류가능한 것으로 자신의 한계를 인지한 이상 그것을 벗어나는 길은 위로 열려 있다. 상구는 전에 보지 못했던 어떤 것들이 스스로를 새롭게 드러내는 곳에서 비로소 생산적인 것이 된다. 그것들에 대해서 항상 겸손하고 개방적인 태도를 보일 때 그것들은 우리의 협력자가 된다. 선진을 스승으로 만드는 첩경은 자신을 후진의 위치로 낮추고 선진을 존경하는 것이다.

3.4.7. 청교

처음 가는 길은 드물다. 따라서 상구자는 항상 그 앞에 나타난 선진을 몰라보지 않을까 걱정해야 한다. 이미 학문계에는 자신보다 앞서 간 선진들이 있고 그들이 남기고 간 흔적이 있을 것이다. 이것들이 미지의 영역을 탐구하는 상구의 중요한 자료나 길잡이가 될 수 있다. 상구에는 외부의 도움이 없이 이루어지는 일차상구와 이미 앞서 간 선진의 지도를 받는 이차상구가 있다. 이 가운데 후자는 전자에 비해서 불필요한 시행착오를 줄인다는 이점이 있다. 상구자는 그의 미품을 이미 과품으로 확보하고 있는 선진을 찾아 그에게 청교(하화에 대한 요청)함으로써 그가 경험한 시행착오를 줄일 수 있다. 우리 주변에는 자신이 획득한 상위품위를 후진과 공유하고자 하는 많은 선진들이 있다. 그들은 기꺼이 우리의 청교에 응할 것이다.

옳은 스승을 만나 지도를 구하는 것이 중요하다. 그러나 모든 선진이 자동적으로 나의 스승이 되고자 하는 것은 아니다. 상구자가 그들을 스승으로 유도하는 노력이 필요하다. 스승을 얻는 최선의 방법은 바로 선진들에게 제자가 취할 태도를 견지하는 것이다. 선진에게 겸허하고 배우려는 열성을 보일 때 그 상구자 앞에 스승이 나타날 확률은 점차 높아진다. 선진을 찾아가 간절한 마음으로 그들에게 하화하기를 청해야 한다. 또는 이미 있는 선진의 하화공간을 몸소 찾아가 그 곳에 머물며 그 곳의 도반(道伴)이 하는 생활에 참여할 수 있기를 청해야 한다. 그 곳은 새로운 규칙과 위계가 지배하는 곳이다. 여기서는 모든 세속계적인 욕구나 지위가 갖는 효력을 정지시키고 수도계가 요구하는 새로운 삶의 방식과 요구에 순응해야 한다.

청교의 순서는 세속계적인 사업가들이 협약하는 순서와 반대이다. 사업가는 상대편이 어떤 상태와 마음을 가지고 있는지를 먼저 알아내고 그것을 토대로 협약한다. 그러나 상구자는 선진으로부터 배울 내용을 미리 알 수 없는 상태에 있다. 선진이 아무리 그가 아는 바를 말로 드러내고자 한다고 할지라도 후진인 우리는 그것을 지금으로서 당장 이해할 수 없는 상태에 있기 때문에 그것을 추측하는 것조차 무모하다. 이 때문에 우리는 사업의 경우처럼 배우기도 전에 스승에게 배울 것에 대해서 미리 알려고 하거나 설명을 요구해서는 안 된다. 먼저 상대를 믿고, 그의 지도를 받고, 상구를 진행해 나가는 과정에서 점차 그 믿음을 확인하는 순서를 밟아야 한다.

3.4.8. 스승에 대한 조건부의 신뢰

선진은 지금의 상구자에게 당장 이해될 수 있는 인물이 아니다. 그는 또한 지금의 우리의 기준에 비추어 마음대로 평가될 수도 없다. 선진은 우리가 한참 동안 변화해야만 제대로 이해할 수 있는 대상이다. 수도계에서는 대개 선진의 수보다는 후진의 수가 다수를 차지하기 때문에 여기에 합의와 일치라는 세속적인 기준이 적용될 때 언제나 불리한 것은 선진 쪽이다. 이 때문에 세속적인 기준을 어떻게 극복하느냐 하는 것이 수도계가 당면한 큰 과제의 하나로 남는다. 우리는 앞에서 후진이 선진에게 가할 수 있는 저압제를 지적했다. 우리의 눈에 그의 선진성은 불합리하고 괴이하게 느껴질 수도 있다. 상구가 종료되기 이전에는 그와 상구자 사이에는 이질감, 모순, 갈등, 분열의 가능성이 있다. 이것이 불신, 증오, 적대, 냉담, 무시, 격리의 감정으로 발전한다면 그로부터 도움을 받을 수 없다.

청교가 선진에게 수락되었을 경우 그 때부터 우리는 그의 지도에 충실하게 응해야 한다. 스승이 제자인 우리를 미지의 길로 안내하는 후원자가 될 수 있는 것은 그가 현재 우리의 이성이 미치지 못하는 영역 속에 있기 때문이다. 스승의 선진성은 우리에게 언제나 신비로운 것이며, 그에게 선진의 예우를 깍듯이 갖추어 주었을 때 우리에게 그 신비가 밝혀질 기회가 온다. 그를 이해하려 하고 그의 지도를 청한 이상 우리는 그의 선진적 합리성이 유리하게 드러나는 방식으로 처신해야만 한다. 선진성은 항상 후진에게 얼마만큼의 의혹의 대상이 될 수 있다. 이러한 상황에서 요구되는 자세가 불신을 조건부적으로 연기하는 것이다. 상구자는 하화자에게 자신의 의문을 일단 유보하고, 자신을 도울 충분한 시간을 주고, 그 시간 동안 그의 권위를 수락하고, 그의 요구에 기꺼이 부응해야 할 것이다. 그런 조건부적 절차와 기간에 대한 검증은 그것이 가져오는 향상이 이루어지기 전에는 장담할 수 없는 성질의 것이다. 그 과정을 거친 다음에야 비로소 우리가 그 결과에 대해서 믿었던 것이 타당한 것인지를 검증할 수 있게 된다.

3.4.9. 상구자로서의 자주성 확보

스승은 우리의 상구를 대행해 줄 수 있는 인물이 아니다. 그는 상구의 안내자에 불과하다. 또한 그는 상구자인 우리가 모방할 대상이라기보다는 우리의 품위를 향상시키는 촉진자라는 것도 분명하다. 상구를 하는 것은 더 나은 품위를 우리의 것으로 경험하기 위한 것이다. 세계규정에 있어서 어떤 대리자가 있을 수 없다. 상구자는 자신의 지식이란 결국 자신에 의해서 재구성되어야 한다는 개체적 책임과 주체성을 꿋꿋하게 지켜나가야 한다. 그 기본적인 사실을 망각하고 상구자가 스승이 가진 품위를 겉으로만 모방하려고 하면 그것은 그의 것으로 동화될 수 없을 뿐만 아니라, 조련의 기술이 없이 사자의 소굴에 들어가는 것처럼 위험한 상황이 벌어진다. 또한 스승의 권위에 대한 신뢰는 상구가 진행되는 동안 점차 상구자에게 증명되어야 한다. 충분할 정도의 시간이 지났음에도 불구하고 하등의 상승과 상구의 보람을 보장하지 않는 스승은 의심의 대상이 되어야 한다.

스승과 제자의 관계는 상대적이다. 스승과 제자의 역할은 서로 다르다. 그 다름이 곧 그들간의 결속을 보장한다. 스승이 우리에게 일방적인 영향을 준다고 생각하는 것은 제자의 몫을 다 하는 것이 아니다. 제자인 우리가 스승으로부터 영향을 받을 수 있는 것만큼 우리가 스승에게 영향을 줄 수도 있다. 우리가 어떻게 하느냐에 따라 스승의 지도는 지속될 수도 중단될 수도 있다. 또한 그는 우리의 반응에 따라 지도를 재조정할 수도 있다. 따라서 우리는 제자로서 우리에게 허용된 요구와 활동을 적극적으로 반영해야 한다. 필요한 도움이 어떤 것인지를 스승에게 요구하고 그 요구에 보답해야 한다. 제자인 우리가 스승에게 보답하는 가장 올바른 길은 그의 지도에 따라 내 자신의 상구활동에 충실하게 임하는 것이다.

3.4.10. 품위의 한계에 대한 자각

한 개인이 정지하고 있는 한 그는 가치를 체험할 수 없다. 상구자인 우리는 어떻든 우리를 한계지우는 현품에서 벗어나야 한다. 알면서도 알지 못한다는 착각이 모르면서도 안다고 하는 착각보다 바람직한 방향으로의 변신을 위해서는 훨씬 유리하다. 아는 것이 없는 자는 아무 것도 의심하지 않는다. 그러나 모르는 것을 모르는 것이야말로 가장 위험하다. 상구자는 최소한 그가 소재영역에서 어떤 것을 불확실하게 느끼고 모르고 있다는 사실을 알아야만 한다. 세상에 대해서 전혀 모르는 상태는 드물다. 그 대신 우리는 세상에 대해서 모종의 편견, 선입견, 잘못된 생각을 가지고 있으면서 그것이 잘못된 것인지를 모르고 있는 경우가 대부분이다. 상구의 출발은 우리의 현재 품위에 한계가 있음을 알게 되었을 때에야 비로소 이루어질 수 있다.

그러나 현품을 벗어남에 있어서 또 하나의 한계가 있다. 그것은 일시에 높은 품위로 비약할 수 없다는 것이다. 지적인 성취는 단계별 순서에 따라 이루어진다. 각 단계마다 문제가 있고 해결이 있다. 언제나 잠정목표로서 한 품위를 문제시하고 그것을 단계별로 해결해 나가야 한다. 스스로 통제할 수 없거나 해결하기 어려운 문제는 내재적 동기, 문제를 자신이 해결하려는 자주성, 그리고 그 자체의 보람으로 상구를 계속하려는 열정과 의욕을 손상시킨다. 따라서 우리는 자신이 당장 실현할 수 없는 수준의 비현실적인 목표는 당분간 보류하고 당장 성취할 수 있는 수준의 것을 상구의 목표로 삼아야 한다. 우리가 현실적으로 상구를 통해서 실현할 수 있는 품위는 지금 내가 가진 품위의 다음 품위, 즉 차상품이다. 여기에 맞추어 상구의 목표를 규정하여야 한다. 그에 대한 판단은 어디까지나 상구자인 우리 자신의 몫이다.

품위는 그것이 새로운 것으로 대치되지 않는 한 부패한다. 이 위험지역을 탈출하게 하는 방부제가 문제의식이다. 그것은 한마디로 지적인 야심과 기대의 문제로서, 우리의 용어를 빌어 말한다면 현품이 차상품에 이르지 못한 상태에 대한 모종의 결핍의식이라고 할 수 있다. 지식은 체계적인 것이다. 따라서 그것에 대한 결핍의식 역시 체계성을 띠어야 한다. 학문적으로 의미있는 문제는 엄격하게 말해 하나의 해답으로 해결될 수 있는 단순한 문제가 아니라 하나의 설명이나 이해로 해답해야 할 모종의 체계적인 문제이다. 따라서 우리는 이런 부류의 질문을 '문제의 틀(problematics)'이라거나 혹은 '의단(疑團)'이라고 표현해야 할지 모른다.

3.4.11. 자신의 문제발견

우리는 환경과 상호작용하면서 삶을 영위하는 동안에 현재의 지식으로 적응하거나 이해하거나 해결할 수 없는 상황에 접한다. 이런 비정상적인 현상들이 우리에게 드러나는 것은 사태의 비정상성에서 비롯하는 것이 아니라 그것을 바라보는 우리 자신의 인지상태에서 기인할 수 있다. 그로부터 우리는 막연하게나마 그 상황을 초극할 수 있는 이상적인 상태로 전환되어야 한다는 의식을 갖게 된다. 아직 다른 상태에 이르지 못했기 때문에 그것은 비정상적이거나 불확실한 실재로 우리에게 느껴진다. 이것이 바로 문제사태는 어쩔 수 없이 개인적인 것이고 그 소유격이 중요할 수밖에 없는 이유이다.

따라서 문제를 규정함에 있어서 중요한 조건은 그 문제가 누구의 것이냐를 따지는 것이다. 일반적인 의미의 문제란 세상에 존재하지 않는다. 한때 우리의 문제였던 것이 해결의 실마리를 얻자마자 문제의 자격을 잃는다. 상구는 바로 그런 문제의 상태에서 해결에 이르는 과정적 체험이다. 또한 후진인 우리가 풀어야 할 문제와 성취해야 할 목표는 선진인 타인이 풀어야 할 문제와 성취해야 할 목표와 엄격하게 구분되어야 한다. 자신에게 맞지 않은 품위를 표적으로 삼는 것은 마치 자기 체력에 맞지 않은 운동처럼 좌절과 위험성을 동반하며 상구의 흥취, 희열, 탐닉을 방해한다. 상구의 내재성을 보장하는 적당한 높이의 장대조절 혹은 적당한 거리의 표적설정이 중요하다. 만약 상구자가 자신의 문제를 발견하는 데 성공했다면 그것은 상구의 시작점이기보다는 상구가 진행되고 있는 과정이라고 보아야 할 것이다.

상구자는 스스로 범인이면서 동시에 탐정가인 위치에 있다. 자신과의 싸움에서 더 나은 자신을 발견해야만 하는 것이다. 삶의 과정에서 우리는 불확실하고, 의심스럽고, 혼란스러운 상황에 봉착하며, 이는 변화할 때가 되었다는 하나의 분기점으로서의 신호의 역할을 한다. 새로운 것에 대한 경험 안에는 항상 가능성에 대한 예상이나 불확정성에 대한 주체적인 선택과 투기, 그리고 이전의 논리를 초월하는 통찰과 직관이 작용한다. 그러나 불확실함이란 개인에 따라 달리 규정되는 대상이다. 후진인 우리에게 불확실한 것이 선진에게는 이미 확실한 것일 수도 있다. 우리에게 문제인 것이 선진에게는 이미 해결된 것들이다. 상구가 갖는 그 불확실함과 문제는 주체적 규정에 준거해야 한다. 상구는 자신의 현품적 지식의 문제점을 파악하는 데서 출발하여 때때로 자신도 의식하지 못하는 이론적 예감, 매력있는 지식에 대한 희망과 추측의 이끌림을 받으면서 진행된다.

3.4.12. 모순과의 조우

상구는 언제나 혼돈을 향해 점점 위태롭게 다가가서 더욱 넓고 새로운 영토를 확보하는 작업이다. 태아는 자궁이 안전하다고 해서 계속 그곳에 머무를 수 없다. 다소 위험이 따르더라도 우리는 세상에 나와서 그것이 주는 도전에 직면해야 한다. 그것이 우리가 얻을 수 있는 최선의 안전이다. 마찬가지로 우리의 현품이 갖는 불안한 안전에서 무사히 탈출하는 길은 기존의 체험구조에 불균형과 혼란을 일으키는 무질서, 부조리, 불합리, 불가해, 패러독스, 모순, 혼동, 혼미, 당혹스러운 사태와 만나는 것이다. 그들이 부조리한 것은 그 사태 자체에 원인이 있다기보다는 우리의 경험부족에서 기인하는 것이기 때문에 그에 대해서 속단하는 것은 금물이다. 그것에 마음을 열어놓고 상구자인 우리편에서 변형을 모색해 나가야 할 것이다.

접경한 차상품은 주체에게 참신함, 호기심, 관심, 흥미, 도전감을 통해 그 출구를 예고한다. 상구자는 그처럼 마음이 끌리는 길을 추정하고 상구활동에 의해서 그것을 확증하는 순서를 택해야 한다. 문제는 결국 우리와 환경의 상호작용의 불협화에서 기인한다. 따라서 나의 문제와 너의 문제가 구분된다. 선진이 이미 해답을 얻은 것을 나는 문제로 삼을 수 있다. 이 때문에 스승의 문제와 나의 문제를 구분하는 것이 중요하다. 상구자가 자신의 현품을 정직하게 노출시키고 환경, 그 중에서도 스승으로부터 오류를 지적받는 것이 중요하다. 우리는 그가 제시하는 예측할 수 없는 사태와 과제에서 현품의 한계, 문제, 변칙들을 자각해야 한다.

3.4.13. 상구열정의 유지

진정한 상구는 결과보다는 과정 자체에 몰입하는 것이다. 그것은 문제와 해결 사이에 상구의 추진에 필요한 에너지인 호기심과 발견적 열정이 개재됨으로써 보장된다. 정도의 차이는 있을지라도 상구를 하고 있다는 것 자체에 만족과 즐거움이 있어야 한다. 상구의 열정을 수반하지 않는 문제는 자신의 것으로 부적격하다. 적당한 불확실성을 주는 문제는 분명히 있으며, 그것이 우리에게 의미있는 상구활동을 추동하는 내재적인 힘을 준다. 우리가 추구하는 품위가 집중적인 노력을 지불할 만한 가치가 있다는 신념이 생겨나야 한다. 미래에 대한 호기심, 기대, 희망은 지금의 상태에 머무르지 않고 앞으로 일어날 일로 향하게 한다. 무슨 일이 어떻게 어떤 조건하에서 일어날 것인가? 다른 한편으로 지적 관심은 그것을 추정하기 위한 증거, 지표, 징후를 얻으려는 관심이다. 그 가운데 생기는 실험적 모험은 그 자체가 희열과 열중의 과제가 될 수 있다.

품위의 상승은 대기권의 탈출만큼 어렵다. 그것은 단기간에 그리고 타율적인 힘을 빌어 성취할 수 있는 성질의 것이 아니다. 이것저것 비본질적이고 번잡한 것에 관심을 빼앗기고 분산시켜서 얻어질 성질의 것이 아니다. 가다가 중지한다면 아니 간만 못하다. 일단 무엇을 배우려면 그것을 터득할 때까지 중단해서는 안 된다. 상구는 일단 주제를 선택하면 일시도 마음을 빼앗기지 않고 장기간에 걸쳐서 그 주제의 본질에 몰입해야만 얻을 수 있는 전리품이다. 우리가 하나에 집중하고 적은 십으로 분산되어 있다면, 이 쪽은 십 배의 힘으로 상대하여 싸울 수 있다. 이것이 상구의 비결이다.

상구의 열정은 충분한 시간의 여유를 가지고 차근차근 의미를 소화하면서 끊임없이 정진해야만 유지될 수 있다. 이 때 경계해야 할 사항은 스승의 고압제이다. 선진으로서 스승은 후진인 우리의 문제를 쉽사리 이해할 수 있는 위치에 있지 않다. 그는 그의 현품을 준거로 우리의 문제와 상구의 과제를 부과할지도 모른다. 그것에 적극적으로 반응할 책임은 제자인 우리에게 있다. 아무리 노력을 해도 우리가 이해할 수 없을 때 그 문제의 근원은 외부에 있을 가능성이 있다. 그것이 무엇인지를 추궁하고 자신의 문제를 자신의 내부에서 찾아야 한다. 상구자가 관심과 호기심을 가지고 자신의 문제를 적극적으로 해결해 나갈 수 있는 정도의 수준을 벗어난 문제는 올바른 문제라고 볼 수 없다. 만약 사태나 과제가 너무 높은 수준의 것이라면 그것은 상구자의 문제에서 벗어난다. 일면 이해하면서 일면 이해할 수 없는 알듯 말듯한 수준의 지식이 상구의 적절한 목표이다. 훌륭한 스승은 물론 그 점을 유의하면서 하화에 임하겠지만, 그렇지 못할 경우에 그 책임이 스승에게만 있는 것은 아니다. 상구자는 자신에게 알맞은 수준의 목표인 차상품을 선택해야만 상구의 능동적인 주체가 될 수 있다.

3.4.14. 차상품에 대한 공략

현품과 미품은 전혀 다른 논리체계에 의해서만 변별적으로 기술될 수 있다. 따라서 상구에서는 상구자의 현품의 논리를 초월해야만 차상품을 확인할 수 있다. 흔히 미리 정답을 예상하고 그 정답을 유도하는 것을 교육인 것으로 생각하지만 실상 정답은 교육의 상황에서 항상 분명한 것이 아니다. 이는 현재의 기준으로 보면 합리적인 설명이 불가능한 이탈, 변칙, 비규칙성이다. 그것은 상구자의 입장에서는 더욱 그러하다. 그것을 미리 알거나 합리적인 것으로 수용할 수 있다면 우리가 지금 상구할 이유도 없다. 경험이 지향하는 목표는 어디까지나 미래의 어떤 상태이다.

천리 길도 한 걸음부터라는 말이 있듯이 상구자의 첫 공격목표는 차상품에 있다. 차상품의 관문은 상구자 자신의 거듭남이 없이는 진입이 불가능한 영역이다. 품위의 차이는 총체적인 것인 만큼 상구자는 총체적인 변화를 시도해야 한다. 차상품에의 진입은 지금의 잘못된 사고패턴을 지우고 그 자리에 올바른 사고패턴을 세우는 것과 같다. 상구자는 현품이 가진 한계를 인식하고 그 한계로부터 자유롭게 생존할 수 있도록 자신의 구조적 변형을 시도한다. 이전의 자기를 죽이고 새로운 자기를 만나는 시간을 확보하기 위해서는 휴식의 거부, 수면부족과 같은 시련을 견디어 내야 한다.

3.4.15. 언어적 모방의 경계

우리 주변에는 선진이 거쳐간 흔적이 있다. 그 전형적인 것이 언어이다. 그것은 쉽게 외우고 재생할 수 있는 것들이다. 그리고 그런 외면적 결과의 모방은 내면적인 증득보다 더 쉽고 현저하기 때문에 남에게 인정받는 결과만을 생각하면 매우 효율적인 방법처럼 보인다. 이런 방법으로 자신의 글과 말을 남에게 보이고 자랑하고 높은 점수를 받을 수도 있을 것이다. 그러나 그것의 맹점은 비창조적이고 정태적이라는 데 있다. 창조적인 생각은 여러 가지 언어로 표현될 수 있다. 그러나 모방은 특정한 형태에 국한된다. 책을 읽되 자기 마음 속으로 돌이켜 봄이 없다면 비록 백과사전을 모두 보고 외웠다고 하더라도 아무 뜻도 없는 것이다. 많은 정보가 쌓일지는 모르지만 이들간의 내적 일관성이 있는 지식을 얻기는 어렵다.

선진의 글을 읽고 말을 들을 때 그것을 만들어 내는 사람의 체험이 무엇인지를 추리하고 자신이 그 체험의 세계에 진입하려고 노력해야 한다. 말로 배운다고 하더라도 배움이 끝난 곳에서는 말을 잊을 수 있어야 한다. 이것은 곧 그들이 상구한 것을 내가 상구하는 과정이 없이는 불가능하다. 입으로 외우고 실제로 그렇게 생각할 수 있다면 이것이 곧 상구하는 독법이다. 그러나 입으로는 외워도 실행하지 못하면 이것은 오히려 그 글과 말에 얽매이는 것이다. 많은 것을 외우고 모방할 수 있지만 그것을 생산해 낼 수 있는 우리 자신의 능력과 체험을 구축하지 못한다면 그 생각은 아직도 남의 것이고 자신이 소화할 수 없는 이물질인 것이다.

3.4.16. 해체와 구성의 병행

현재의 문제의식과 아직 달성되지 않은 미래의 해결에 대한 예상과 기대가 있어야 한다. 그리고 주체는 자신의 현재적 조건에서 가시표적을 달성하기에 유용한 수단들을 확인하고 대안적인 요소나 활동을 면밀하게 검토한다. 상구에서 해체와 건설은 병행되어야 한다. 한편에서의 구성이나 건설이 없이 무조건 이루어지는 해체는 위험하다. 그러나 무엇을 건설하고 구성하여야 할 것인지는 그것을 경험해 보지 않고는 아직 확인할 수 없다. 이 곳은 현재의 판단을 새로운 것으로 대치해 나가야 할 징검다리이다. 이 때문에 상구자는 외부와의 접촉을 통해서 여러 가지 새로운 생각을 찾고 시도해 보는 가운데 그 중 좋은 것을 발견하고 선택해 나아가야 한다.

상구자가 아직 판단할 자격이 없는 사항에 대해서는 스승의 조언이나 판단에 의존할 수도 있다. 그러나 여기서 그 결론을 맹신하는 것은 금물이다. 스승의 답이 곧바로 우리의 답이 될 수는 없다. 그 결론에 도달할 수 있는 상구활동을 재현하는 것이 중요하다. 어떤 방식으로 스승은 그런 품위를 획득할 수 있었는가? 그 과정을 우리는 어떻게 다시 반복할 수 있는가? 이 질문을 던져놓고 상구자가 스승에 대해서 취해야 할 중요한 자세는 그의 지시에 따르고 스승의 시범을 유도해 내고 그가 부여하는 과제를 성실하게 수행해 나가는 것이다. 상구자는 하화자의 시범에 담긴 핵심적인 의미를 찾기 위해서 능동적으로 탐색하고, 하화자의 시범과 자신의 행위를 번갈아 가면서 성찰하여 하화자가 보인 행위를 결국 자신의 것으로 동화할 수 있어야 한다.

3.4.17. 회득

새로운 품위는 이전에 상구자가 가지고 있었던 사고체계와 동일한 논리 속에 모순없이 포섭할 수 있는 사고체계가 아니다. 기존의 품위의 요소가 분화 혹은 수정되고 새로운 품위의 요소들이 추가되고 보충되면서 갈등과 모순이 일어난다. 품위의 요소들간의 적당한 균열은 결국 현품의 하한요인을 약화시키는 반면 그것의 상한요인을 주축으로 서로를 동조시키는 기능을 한다. 품위가 총체적인 것인 이상 개선 역시 총체적인 것이다. 여기에는 불안정과 안정의 교체가 있다. 품위로서의 지식은 그것을 소지한 사람의 일부를 이루고 있으며, 전자가 불안정할 때 후자도 동요하기 마련이다. 어떤 일반적인 관념이 변화된 조건 속의 어떤 특수한 경험과 모순될 때 그 결과는 모호해지고, 반응은 부조화하고, 개인적인 정체성은 혼란에 빠진다. 상구의 단계에서 이런 혼돈과 얼마만큼의 좌절은 오히려 정상적이다.

한동안 충돌하던 품위의 요소들은 개별적인 특성을 고집하지 않고 부분과 부분, 부분과 전체, 그리고 전체의 맥락 속에서 전반적으로 최대한 역량을 발휘할 수 있는 방식으로 재구성되어야 한다. 이것은 새로운 중용과 균형을 획득하는 것이다. 이처럼 새로운 체험구조가 하나의 구성체로 형성됨으로써 이제까지 추구했던 차상품이 현품의 위치를 차지하고 현품이 과품으로 전환된다. 이전의 품위의 요소는 해소되거나 폐기되거나 전도되거나 보다 높은 맥락에서 다른 의미와 기능을 갖는다. 이것은 그 자체로 인식의 총체적인 전환을 의미한다. 이를 회득(會得)이라고 한다. 이처럼 혼재되었던 이질적이고 단편적인 품위의 요소가 새로운 구조에서 최적의 역량을 갖도록 중화(中和)되었을 때 우리는 제 역량의 조화에 따른 상승의 충족감을 일시적으로나마 느낄 수 있다.

3.4.18. 가치판단의 내재적 독립성

상구활동의 가장 중요한 부분의 하나는 상구자가 스스로 바른 길을 가고 있는지를 자신의 책임 아래 끊임없이 주시하고 확인하는 것이다. 바람직한 발전의 최종적인 검증과 판단은 상구자 스스로의 경험 속에서 이루어져야만 한다. 자신의 변신에 대해 곰곰이 생각하면서 자신이 바람직하게 변화하고 있는지 내면적 목소리에 귀기울이면서 그 방향으로 유도해 나가야 한다. 각종의 사회적인 압력, 선전문구, 주위사람들의 칭찬과 비난이 우리의 주체적인 선택과 판단을 현혹하고 방해해서는 안 된다. 정상적인 발전을 하고 있는지의 여부를 판단하는 책임은 결국 상구자 자신에게 있다.

품위는 그 자체를 몸에 지니는 것만으로 보상이 될 수 있다. 이것이 학문계가 추구하는 진리가 내재적 가치를 갖는 하나의 조건이 된다. 남이 음식을 먹는 것을 단순히 관망하면서 배부르거나 그것의 맛을 알 수 없는 것과 같은 이치로, 우리는 지식을 우리의 내부에서 재생산함으로써만 그것의 내재적 가치를 느낄 수 있다. 학문의 세계에서는 가치있는 지식을 몸에서 생산하고 지니는 일이 중요하다. 우선 우리가 진정으로 진리의 추구에 참여하는 것은 누구에게 무엇을 과시하려는 것이 아니라 우리가 진리추구와 관련하여 누릴 수 있는 은총을 실현하고 증명하려는 데 있다.

설사 스승의 지도를 받는 경우일지라도 상구자는 결국 스승과 타인에 대한 의존을 차차 극복할 수 있어야 한다. 스승을 맹목적으로 추종하거나 그로부터 오도되고 있는지 여부도 자신이 확인해 나가야 한다. 그가 강요하는 것을 수락한다거나 혹은 어떤 외재적인 보상에 의해서 그것을 모방한다면 일시적으로 결과상의 효과는 얻을 수 있을 것이다. 그러나 결국 그 임의적이고 강력한 자장으로 인해서 우리 자신의 주체적인 진리체험의 나침반이 교란당한다. 모든 것은 권위, 권력, 믿음에 의한 것이 아니라 자기 편에서의 자증에 근거하여 선별되어야 한다.

3.4.19. 차등에 대한 판단

상구활동이 지향하는 방향은 소재계의 품위차이에서 오는 차등, 변이, 차감에 의존하여 이루어진다. 이는 동일한 사물을 두 가지 다른 위치에서 바라보았을 때의 차별과 대비에 비유될 수 있다. 바람직한 것이 무엇인지는 스스로 자신의 변신을 꾀하는 가운데, 다시 말하면 자신이 차별적인 상태가 되어 보는 가운데 찾아진다. 우리에게 어떤 변화가 온다고 해서 그것이 곧바로 바람직하다는 보장은 없다. 이렇게도 되어 보고 저렇게도 되어 보는 가운데 진실로 바람직한 것이 자신에게 나타난다. 이 과제는 어느 면에서 진리의 추구가 불확실한 시행착오를 내포하고 있음을 함축한다. 품위의 선택은 최소한 비교할 만한 두 개 이상의 것을 자신의 것으로 확보했을 때 가능하다. 이를 통해서 우리는 한편에서 다른 편으로의 바람직한 변화를 인식할 수 있다. 상구의 출발에는 현품이 있고 그 대안적인 것은 상구의 초기에서 발단하여 마지막에 확정된다. 상구의 앞부분에서는 문제와 해결에 대한 예견의 차감이 작용한다. 이것이 앞 절에서 지적한 전방대비이다. 다른 한편으로 후방대비는 상구활동이 거의 종료될 무렵에 이루어진다. 그것은 더 나은 인식체계를 성취하고 그것에 비추어 과거의 것을 돌아보는 대비이다. 믿었던 것이 허구로 드러난 것이다. 차상품이 실현된 현재의 위치에서 과거의 품위를 회상하고 후자의 부실함과 전자의 충실함을 대비할 수 있다. 이로써 버려야 할 것이 무엇이고, 지녀야 할 것이 무엇인지가 스스로 분명해진다.

이것은 단지 관망과 말만이 아닌 스스로 변화하는 실천을 통해서 비교의 근거를 확보함으로써 얻어진 성취이다. 우리에게 발전이 가능할까 하는 의혹이 생기는 것은 결국 자신을 의혹하는 것이다. 그 의혹을 해소하는 길은 스스로 발전함으로써 확인된다. 이 두 가지 대비를 합하여 우리는 편의상 '이중대비(double contrasts)'라는 말을 쓰기로 하자. 이 이중대비는 마치 나침반의 방향침의 양 날개처럼 일직선상에서 진리탐구가 지향해야 할 곳을 정확하게 알 수 있게 하는 단서가 된다. 우리는 결국 더 나은 품위를 경험해 보고 이전의 상태보다 더 나아졌다는 판단을 할 수 있게 된다. 이처럼 이중대비에 의한 발전의 판단은 어떤 논리적인 구성물이 아니라 그것을 체험함으로써만 증거할 수 있는 성질의 것이다. 학문세계의 발전방향을 감별할 수 있는 식별력은 어떤 형식적 절차에 의해서 선험적으로 정당화되는 것이 아니라 그것을 실현시킨 활동에 의해서 확실한 근거를 갖는다. 이런 이중대비가 우리에게 시사하는 바는 진리의 최종적인 판단은 인식대상에 대한 체험의 향상이 수반되어야만 가능하다는 것이다.

3.4.20. 환경과의 새로운 관계정립

어떤 품위든 간에 그 속에는 오류의 요소가 포함되어 있다. 오류는 역사적 과정에서 그것이 정정된 후에만 오류로 나타난다. 이제 상구의 첫 단계에서 해결할 수 없었던 문제가 생겼던 것은 그 단계의 품위가 가진 한계에서 비롯되었다는 것이 드러났다. 그것은 새로운 품위를 얻음으로써 해소되었다. 이는 바로 후자가 전자보다 더 많은 경험내용을 가지고 있다는 것을 증거한다. 이 때 그 선택은 거의 저항할 여지가 없이 후자로 전환된다. 이제까지 진리로 여겨 왔던 지식이 일순간에 권위를 잃게 된다. 더 바람직한 품위로 변화함으로써 더 바람직한 것을 인식할 수 있게 된 것이다. 이로써 상구자는 좀더 높은 경지로 진입한 느낌을 갖는다.

품위의 변화는 결국 상구자인 우리와 환경이 상호작용하는 양상에 있어서의 변화를 의미하기 때문에 발전은 결국 환경에 대한 새로운 규정으로 나타날 것이다. 상구자의 세계에 대한 지각이나 인식이 바뀜으로써 그의 환경이 또한 바뀐다. 들리지 않던 것이 들리며, 생각되지 않던 것이 생각되고, 알려지지 않은 것이 알려지게 된다. 어렵던 것이 쉬워지고, 문제시되었던 것이 문제가 아닌 것으로 전환된다. 옛 것이 새롭다. 이상하고 신비롭게 보이던 것이 당연하게 보이고, 당연해 보였던 것이 이상하고 신비롭다. 의문이 답이 되고, 진리였던 것이 허위로 된다. 익숙했던 것이 소원하게 느껴지고, 소원했던 것이 익숙하게 느껴진다. 멀게만 느껴졌던 스승의 품위가 가깝게 다가온다. 이런 판단의 근거는 결국 상구 이전에 가지고 있었던 품위와 새로운 품위의 대비에 있다. 이만큼 새로운 품위는 적어도 이전의 것보다 우월적 실권을 확보하게 된다.

3.4.21. 새로운 평가기준의 확보

높은 품위에 대한 평가는 인식주체가 그 높은 수준의 품위를 스스로 확보함으로써만 가능한 사건이다. 상구에 의한 새로운 품위의 확보는 바람직함에 대한 기준 자체의 변화를 의미한다. 상구를 시작할 무렵에는 이제까지 인식주체가 가지고 있었던 지식이 진리를 대표하였다. 그러나 이제 상구가 끝난 지점에서 적용할 수 있는 기준은 최근에 얻은 지식이다. 이 두 가지 기준은 서로 모순되기 때문에 그 모두를 가질 수는 없다. 따라서 새로운 평가기준의 선택과 더불어 과거의 평가기준이 부정된다. 이것이 진정한 의미의 진리체험이다. "알고 보니 그게 아니다. 아, 나는 얼마나 어리석었던가!" 이 순간 인식주체는 무엇이라고 형언하기 어려운 특별한 감정을 느낀다. 참됨이 나의 편이며, 그것이 나를 통해서 실현되고 있다는 성숙한 느낌을 갖는다. 이것은 상구라는 실천적 역사의 배경이 있는 것으로서 단순한 감정과는 구분되는 승화된 감정과 환희라고 할 수 있다. 이 경험으로써 우리는 더 이상 과거로 향할 수 없는 불귀의 길을 가고 있다는 확신을 갖는다. 이제 새로운 품위가 이전의 문제를 해결한 이상 이전의 품위로 되돌아 갈 수는 없다. 그것은 후퇴이며 수치이다. 이 때문에 진정한 상구자는 자기의 현품을 버릴 뿐만 아니라 그것에 따라왔던 세속적인 명성과 명예에 대한 권리마저도 미련없이 포기한다.

학문계에서의 발전은 바로 지식에 대한 선택기준의 발전으로 보아야 한다. 위의 논의를 특별히 인식론적으로 말한다면, 우리의 인식에 대한 판단의 근거는 종국적으로 우리 내부에서 확인되는 것이다. 하나의 대상세계에 대한 상구 이전의 인지적 경험과 상구 이후의 인지적 경험의 대비가 바로 진리에 대한 경험을 보장한다. 우리는 어떤 특정한 인식대상에 대한 서로 다른 구조의 지식 T1과 T2를 가지고 어느 편의 변화방향이 그 대상에 대한 인지적 접근에 있어서 상향적 체험을 보장하는가를 비교할 수 있다. 우리가 말하는 상구활동은 그 상향적 체험을 하나의 요소로 포함하고 있거나 혹은 그것을 전제해야만 진행될 수 있는 것이다. 따라서 만약 T1이 상구 이전의 것이고 T2가 상구의 결과라면, 그리고 상구 자체의 구조에 의한 내재적 가치를 우리가 유지할 수 있었다면 우리는 T2가 T1보다 상대적으로 우월한 지식체계라고 판단할 수 있다. 여기에는 선택기준의 발전으로 해석될 부분이 있다. 왜냐하면 이전의 것도 이전의 상태에서는 최선의 선택기준으로 작용했기 때문이다. 정확하게 말한다면 이 상황은 이전의 선택기준을 버리고 새로운 선택기준을 내면화한 것이다.

3.4.22. 상구의 반복에 의한 선진의 이해

상구의 시간은 물리적인 시간과 다르게 나선형적으로 진행된다. 각 단계에는 그 나름의 품위가 탄생하고, 성장하고, 쇠퇴의 길을 밟는다. 올바른 상구는 반드시 그 단계에 상응하는 진리체험을 보장한다. 그러나 한 단계의 진전으로 진리를 획득한 것으로 보는 것은 잘못이다. 상구는 한 단계에서 끝날 수 없다. 상구는 지선을 향하는 것이 아니라 차선을 향한다. 그것은 현품에서 시작해서 차상품의 실현에서 종료된다. 그러나 그 종료는 잠시의 쉼터에 불과하다. 새롭게 획득된 차상품도 현품의 지위를 획득하자마자 그 시효가 제한된다. 이제 현품은 그 나름의 구속과 정체의 특징을 드러낸다. 여기서 우리는 상구 이전의 최초의 상태에 다시 되돌아 온 느낌을 갖는다. 다시 말하면 한 단계의 상구는 그것이 종료되는 시점에서 또 다른 상구의 시작을 예고한다.

우리는 흔히 교육을 수단의 관점에서만 보는 경향이 있다. 그러나 그것은 극히 편협하고 위험한 생각이다. 상구는 다른 것을 위한 수단만이 아니라 그 자체를 하는 것만으로도 보람과 가치를 가질 수 있는 활동이다. 이 때문에 상구는 그에 참여하여 한 단계의 성취를 이루고 난 후에 그에 대한 욕구가 감소하는 것이 아니다. 목표의 달성은 오히려 다음의 목표를 강화하고 한 차례의 상구가 다음의 상구를 요청한다. 말하자면 상구에 만족하면 할수록 더 많은 상구를 하고 싶어한다. 이 때문에 건강한 사람에게는 상구의 휴면상태란 있을 수 없다.

한 단계에서의 자증의 결과는 동시에 이별을 가져오는 결과가 된다. 상구의 목적은 떠남에 있다. 상구의 주체는 수도계의 특정 품위에 정지해 있을 때 조만간 지루함을 느끼며 생활의 공백을 메울 또 하나의 차상품과 접한다. 이와 같은 방식으로 우리는 선진이 지나간 발자취를 확인하고 그 때마다 만나게 되는 선진을 이해할 수 있는 기회를 갖는다. 상구를 통해 진전을 계속하면 점차 선진적 품위 혹은 스승이 가진 품위의 이해에 도달한다. 말하자면 매 단계에서 만나는 선진의 권위가 자신의 직관과 판단의 책임사항으로 전환되는 것이다. 우리가 스승의 품위에 이르렀을 때 비로소 우리는 스승의 권위를 자신의 책임하에 자신의 역량으로 확인할 수 있는 자격을 얻게 된다.

3.5. 하화에 의한 품계의 타증

3.5.1. 후진을 통한 품위상의 상대적 우위의 검증

우리가 얼마만큼의 상구에 성공했다면 우리에게는 그만큼의 후진들이 늘어나는 셈이다. 그들은 아직도 과거 우리의 어리석었던 상태에 그대로 남아 있다. 그것은 단순히 방조해서 넘어갈 사항이 아니다. 그들이 저급의 삶을 영위한다면 그것은 우리의 삶과 결코 무관할 수 없다. 그들은 넓은 의미의 나일 수도 있고, 나와 함께 살아가야 할 이웃일 수도 있다. 품위는 눈에 보이지 않는 마음의 보물로 표현될 수 있는 것으로서, 물질과는 달리 나누어 줄수록 불어나는 특성을 가지고 있다. 우리가 어렵게 개척한 지식의 심연이 타인에게 공유될 수 있다면 그것만으로도 아름다운 인간적인 유대를 강화하는 것이다. 이것은 또한 이제까지 지도를 받은 스승에 대해서 우리가 할 수 있는 실질적인 보답이기도 하다. 그런 중요한 인간적 과업은 우리가 바로 하화의 내재율에 충실히 복종함으로써 가능하게 된다.

그러나 하화는 또 다른 중대한 의미를 지니고 있다. 그것은 인식론적인 것으로서, 이 과정을 통해서 우리가 체험한 우월적인 지위의 내용이 후진에게도 공감될 수 있는가를 검증할 수 있다는 사실이다. 학문을 함에 있어서 자신의 진리를 세울 뿐만 아니라 타인에게 진리를 세우는 일도 중요한 과제의 하나이다. 우리의 품위 혹은 우리의 지식이 가지고 있는 가치를 알거나 혹은 내가 혹시 범할 수 있는 착각이나 오류를 알기 위해서는 타인들의 도움이 필요하다. 우리가 아무리 지고한 수준의 품위를 가지고 있다고 하더라도 그것이 다수의 동료 인간과 후진들에게 공유되거나 공감을 얻을 수 없는 것이라면 그 가치의 보편성은 아직 충분히 입증된 것이 아니다.

진리는 단순히 나의 것에 그치지 않고 모두가 공유할 수 있는 보편성을 지닐 것이 요망된다. 객관적 절차를 부인하는 교육적 인식이 그 보편성을 확인하는 길은 내가 가진 지식에 대한 타자의 상호주관성을 확보하는 것이다. 앞에서 우리는 상구를 통해서 선진의 품위가 갖는 상대적인 우위를 인정하는 경로를 밟는 길이 있음을 밝혔다. 그것을 통해서 우리의 품위가 열등한 것이었음이 드러날 수 있었다. 하화에 의한 타증은 그 경로를 역전시켜 후진에 대해서 나의 선진적 우월성을 입증하려는 것이다. 선진이 될수록 우리는 후진들과 다른 세계 속에 들어가서 그들로부터 격리된다. 따라서 이제 상구를 통한 자증의 경로에서 스승이 취했던 역할을 우리가 수행해야 할 차례가 되었다. 후진들은 대개 우리의 품위상의 상대적인 우위나 그들의 어리석음을 쉽게 인정하지 않으려고 한다. 그 이유는 단순하다. 그들은 이를 감식할 만한 안목과 자격을 아직 갖추지 못했기 때문이다. 우리는 이제 후진들의 품위향상을 돕고 그들에게서 우리의 품위가 갖는 상대적인 우위를 인정받아야 한다.

3.5.2. 타증의 두 가지 측면

상구를 통해서 높은 품위를 얻는 사람은 그것을 이해하지 못하거나 습득하지 못한 후진으로부터 스스로를 고립시킨다. 이 때문에 자신이 상구를 통해서 얻어낸 창조적 작업과 우월적 지위에 대한 후진의 이해나 승인이 없다면, 그 지위가 불확실할 뿐만 아니라 객관적으로 그 실효를 거둘 수 없다. 그것은 단지 한 개인의 나태함에 그치는 것이 아니라 수도계 전체의 연속적인 발전을 위해서도 바람직한 것이 아니다. 우리의 인식론적인 과제는 후진이 그들의 생각이 틀렸음을 깨닫고 선진인 우리의 품위가 옳았다는 것을 인정할 수 있도록 하는 절차를 마련하는 것이다. 그 중 가장 분명한 방법은 후진에게 우리가 후진의 상태에서 지금의 상태에 이르는 데 취한 경과를 그들도 경험하도록 촉구하는 것이다. 이것이 바로 교육에서 하화에 의한 타증에 해당한다.

엄밀하게 말해서 타증에는 서로 혼동해서는 안 될 두 가지 측면이 있다. 하나는 후진이 지금의 수준을 극복하고 발전하도록 향도하는 것이다. 누차 강조했듯이 완전한 의미의 진리는 체험할 수 없다. 다만 상대적인 위치가 문제이다. 그러니까 여기서 얻고자 하는 판단은 우리가 상구를 통해서 성취한 품위가 완전하다는 것이 아니라 적어도 상대적으로 후진들의 것보다는 높은 수준의 것임을 그들로부터 인정받는 것이다. 선진으로서 우리가 체험한 진리는 후진들도 경험할 수 있으며, 이런 방식에 의해서 그들의 공감을 얻을 때 우리의 선진성에 대한 정당화는 더욱 확고해질 수 있다. 다른 하나는 타증은 이보다 한걸음 더 나아가 후진이 우리가 가진 동일한 품위에까지 도달하도록 함으로써 우리가 가진 품위의 실재성을 입증하는 것이다. 선진과 후진 사이의 품위 차이가 크다고 할 때, 그들이 동일한 품위에서 상호주관성을 획득할 수 있는 기간은 길어진다. 이 때문에 첫번째의 것에 비해서 두 번째 의미의 타증은 더 많은 하화의 공력과 기간을 요구한다.

3.5.3. 후진 찾기

상구를 통해서 외재하는 높은 품위를 올바르게 받아들이는 것이 어렵고 도전적인 일이듯이, 하화를 통해서 우리가 확보한 높은 품위를 남에게 올바르게 인식시키는 것 역시 많은 어려움과 응분의 기술을 요구한다. 상구에서는 하품과 상품의 대비가 모두 상구자라는 한 개인 안에서 일어나기 때문에 이들간의 교체는 자연스럽고도 분명한 것이었다. 그러나 두 명의 개체인 선진과 후진의 경우는 판단주체가 서로 다른 상황이기 때문에 상대적 대비가 그렇게 분명한 것이 아니다. 개인 내적으로 본다면 한 개인에게 있어서 후진의 선진에 대한 대비는 전방대비에 상응하고, 반대로 선진의 후진에 대한 대비는 후방대비에 상응한다. 그러나 이는 서로가 내면의 상태를 있는 그대로 투시했을 때에나 적용될 수 있는 것으로서 개인간에 있어서는 현실적으로 기대하기 어려운 조건이다.

타증은 우선 후진이 있어야만 가능하다. 후진은 어떤 특성을 가지고 있으며 그들을 어떻게 타증의 대상으로 삼을 것인가? 여기서 분명한 사실의 하나는 후진은 우리가 이미 어리석거나 그릇된 것으로 지양하고 탈피한 품위를 아직도 옳은 것인 양 보유하고 있다는 것이다. 그들은 마치 우리가 과거에 그랬던 것처럼 경험부족의 많은 증후들을 보인다. 예컨대, 우리가 해결한 문제를 그들은 해결하지 못한다. 우리가 과거에 디딤돌로 사용했던 것이 그들에게는 걸림돌이 되고 있다. 사태에 대한 그들의 평가기준은 우리의 것에 비해 저급하다. 그러나 그런 제반 단서를 토대로 상대에게 금방 후진임을 인정하도록 요구하는 것은 위험하다. 왜냐하면 그들은 우리가 오류로 보는 자신들의 양태를 오류로 인정하지 않는 또 다른 특징을 가지고 있기 때문이다. 상대가 자신의 우월성을 금방 알아보고 시인할 수 있다면 그는 이미 후진이 아닐 것이다. 후진의 경우 그들은 아직 우리의 품위를 이해할 수 없을 뿐만 아니라 우리를 있는 그대로 투시할 수 없는 객체적 위치에 있다. 따라서 후진에게 곧바로 우리의 선진적 우월성을 인정받기를 기대한다면 그것은 무리이다.

3.5.4. 후진의 판단력 향상의 과제

엄밀하게 말해서 후진은 선진인 우리의 품위를 올바르게 식별하거나 평가할 능력이 없다. 자신의 현품 속에 갇힌 후진은 그들이 가진 품위의 정당성을 주장하며 우리와의 동등함을 주장한다. 선진인 우리가 자신의 지식이 정답이라는 생각을 가지고 있듯이 그들도 그들의 지식을 정답으로 생각하고 있다. 선진 밑에 후진이 있다. 그러나 그 후진에게도 다시 후진이 있다. 이 때문에 후진 역시 자신의 품위에 대한 상대적인 우월성을 감지하고 있으며, 그 점을 고려한다면 후진은 오답을 가지고 있다기보다는 그들 나름의 정답을 가지고 있다고 생각하는 것이 옳다. 이 정답이 대비되는 경우 선진의 이해하기 어려운 품위가 후진에게는 오히려 열등하게 보일 수도 있을 것이다. 이 때문에 선진이 과품의 수준에 머물고 있는 후진의 현품을 손쉽게 지배하거나 제압할 수 있는 것은 아니다.

옳은 것에 대한 판단을 타인으로부터 얻어내려면 강요가 아닌 설득이 필요하다. 타증에서 불가결한 것은 후진들에게 선택의 능력을 부여하는 것이다. 후진이 내리는 평가는 그가 현재 알거나 할 수 있는 것에 대한 정보를 포함하고 있다. 선진이 할 수 있는 것은 그 평가의 기준을 자신의 수준에까지 올려놓는 것이다. 수도계상의 품위차이를 증명하려는 교육적 인식론에는 그 타자를 있는 그대로 둘 것이 아니라 올바른 판단을 가능하게 하도록 일정한 자격을 부여하는 과정이 첨부된다. 타인이 알아주기를 바라거든 그들이 내 지식을 옳게 이해하고 평가할 수 있는 자격과 능력을 갖추도록 해야 할 것이다. 후진과 선진은 모두 자신의 현품을 기준으로 수도계의 가치평가에 가담한다. 말하자면 그들의 현품이 곧 그들이 내놓을 수 있는 정답인 것이다. 우리가 교육을 통해서 입증하고자 하는 것은 정확하게 말한다면 그 정답의 상대적인 위계이다. 후진은 더 나은 정답을 알기 이전에는 그것을 인정할 수 없다. 이런 특별한 애로 때문에 후진에게 선진의 품위를 인정받는 올바른 순서는 후진으로 하여금 그의 동등성에 대한 주장을 자발적으로 철회할 수 있도록 그의 현품의 수준을 향상시키는 것이다.

3.5.5. 향상가능성에 있어서 인간의 유적 공통성

인간에게 유적 공통성이 있다는 말은 한편으로 동일한 속성을 공유하고 있다는 것을 의미하기도 하고, 다른 한편으로 서로의 노력에 의해서 동일한 경험을 공유할 수 있는 존재라는 것을 의미하기도 한다. 교육에서 강조하는 유적 공통성은 전자보다는 후자에 있다. 타증은 이런 전제하에 타인들이 자신과 같은 상구활동을 통해서 자신의 품위를 획득하도록 돕고 그 품위에 대해서 동일한 종류의 가치를 체험하도록 유도하는 것이다. 교육에서는 개별적인 품위가 문제되는 것이 아니라 그 품위를 공동으로 성취하고 향유할 수 있는 공통의 기반이 문제된다. 그것이 교육적 인식론에서 추구하는 보편성의 이념이다. 선진은 이런 가정 아래 자기 자신의 품위가 발전한다는 것만을 확인하는 데 그치지 않고, 그 경험들이 다른 사람에게도 마찬가지로 확인되도록 할 수 있다.

선진이 해결해야 할 과제는 후진의 향상의 가능성을 믿고 그것을 실현시키도록 돕는 것이다. 만약 그것이 성공적으로 이루어진다면 후진은 이전의 현품을 자발적으로 포기하며, 우리의 지도를 받아 점유하게 된 더 나은 품위를 선택하게 될 것이다. 더 나아가 결국 그 과정이 반복되어 충분한 진전이 이루어졌을 때 후진은 선진의 품위에 이르는 시점에 이를 것이고, 이제 선진인 우리의 품위에까지 동조할 수 있게 될 것이다. 이것이야말로 우리 인간이 서로에 의지해서 상호간에 고차적인 품위를 실현하고 확인하고 공감할 수 있는 최선의 방법이다. 이런 타증의 작업은 그 자체가 인간적인 유대를 확인하는 것이지만 그것은 어디까지나 결과상의 평가이고, 여기에는 사실상 하화자 나름의 고독과 극복되어야 할 난점들이 있다. 그것을 극복하는 타증의 비결은 곧 하화의 내재율을 충실히 따르는 데 있다.

3.5.6. 청학

후진이라고 모두 우리의 하화에 순순히 응하는 것은 아니다. 따라서 하화의 첫 순서는 선진인 자신을 스승의 위치로 그리고 후진을 제자의 위치로 전환시키는 사전의 약속을 상대에게서 받아내는 것이다. 후진 스스로가 제자되기를 청원하며, 선진인 우리가 그 요청에 응한다면, 이 첫번째 과제는 쉽게 해결될 것이다. 그러나 대부분의 하화는 그처럼 상대로부터 청교를 받는 방식으로 용이하게 이루어지지 않는다. 사실은 그런 자발적인 후진보다는 소극적이거나 혹은 선진에게 도발적인 후진을 상대로 타증해야 하는 상황이 더 많다. 이 때문에 선진인 우리가 자신의 판단에서 후진으로 보이는 사람에게 접근해야 한다. 그 적극적인 형태는 청학이다. 그러나 청학은 상대에게 받아들여져야만 효력을 발휘한다. 만약 선진이 처음부터 무턱대고 후진의 생각을 그릇된 것이라고 판단하면 교육적인 관계의 성립이 곤경에 처한다.

자신의 청학에 후진이 응하게 하는 하나의 조건은 상대가 자신의 선진적 권위에 깊은 신뢰감을 갖게 하는 것이다. 선진이 자신의 품위를 노출시켜 상대에게 이해할 수 없는 신비로운 위력을 과시함으로써 그에게 자신의 권위에 대한 복종의 태도를 유발시킬 수 있다. 그러나 이것은 상대가 상구보다는 맹목적인 의존으로 기울게 할 위험성이 있다. 그 위험성은 차후의 성공적인 하화활동에 의해서 해소되어야 할 것이다. 즉 후진이 자신의 생각이 선진의 것보다 열등하다는 것을 인정하는 데 그치지 않고 자신의 상구에 의해서 그것이 부적절하거나 그릇된 것임을 스스로 깨닫게 하는 절차가 반드시 후속되어야 한다. 후진이 선진인 우리 자신을 인정하기 전에 우리의 역량을 시험할 기회를 되도록 충분히 갖는 것이 모든 면에서 안전하다.

3.5.7. 차상품적 매력의 확보

이보다 더 안전한 방법은 후진의 현품을 존중하면서 그들이 다음 단계에서 발달할 가능성에 여러모로 응답하는 것이다. 선진으로서 우리는 통상 지금의 자신에 비추어 후진의 상황을 판단하고 평가한다. 그러나 후진을 존우하는 하화자는 그런 태도를 버린다. 누차 강조해 왔지만 우리에게는 후진이 어리석어 보이지만 후진 자신에게는 그렇지 않다. 후진의 답은 선진이 보기에 오답이지만 후진에게는 최선의 정답이다. 자신의 현품은 수준의 고하를 막론하고 자존의 핵을 이루고 있기 때문에 그것에 대한 애착과 자존심은 품위의 수준에 비례하지 않는다. 후진의 자존심을 손상시킬수록 그에 대한 우리의 청학은 성공으로부터 멀어질 것이다.

선진으로서 우리는 후진이 가진 품위를 이미 경험했기 때문에 자신과 후진이 보고 느끼는 것이 다르다는 것을 선취적으로 알고 있는 유리한 입장에 있다. 우리는 후진이 오류 속에 갇혀 있음을 안다. 그러나 갇혀 있는 상태에 있는 후진은 자신의 오류를 인식할 수 없다. 우리는 이런 상황에서 한편으로 후진에게 그 오류를 지적하고 다른 한편으로 그것을 대체할 현실적인 품위를 시사하는 양면의 전략을 취할 수 있다. 그런 양태로 우리를 드러낼 때 우리는 그에게서 상구를 논할 때 지적했던 차상품적 매력을 차츰 얻게 되며, 그 차상품적 현묘함, 미묘함, 불가사의, 기괴함, 모순, 수수께끼가 동경, 희망, 호기심, 관심, 흥미를 유발시켜 우리의 청학에 제자로서 응하게 할 확률이 높아진다.

3.5.8. 제자의 상구 돕기

후진이 제자됨을 수락했을 때 선진으로서 스승이 할 과제는 분명해진다. 스승으로서 우리는 제자가 과거 어느 시점에서 내가 극복해야만 했던 결함을 가지고 있다는 것을 인정하고 그 결함을 비난하기 전에 그가 경험하고 있는 고통, 공포, 실패를 이해할 줄 알아야 한다. 더 나아가 우리가 그것을 극복할 수 있었던 계기와 경험이 무엇이었는지를 회상하면서 우리 자신이 제자를 위해 도울 수 있는 것이 무엇인지를 구상해야 한다. 그것은 우리가 스스로 지금의 단계에 이르기 위해서 밟아온 상구의 도정을 제자가 그의 위치에서 다시 밟도록 격려하고 돕는 것이다. 거기에는 물론 많은 활동과 단계와 시간이 필요했었다는 사실이 일차적으로 고려되어야 한다. 제자가 단번에 우리의 품위에 오르기를 기대하기보다는 그가 위치한 현품에서 시작하여 점차적으로 필요한 단계를 거쳐서 우리 자신의 품위 쪽으로 진전할 수 있는 방식의 해결을 구해야 한다.

제자의 현품은 어느 시점에서 스승이 지나왔던 과품에 해당한다. 제자가 단번에 우리의 품위에 도달할 방법은 없기 때문에 도움의 출발점은 역시 제자의 현품이 되어야 한다. 하화자로서 우리는 우선 제자의 현품의 위치를 여러모로 파악하고 거기까지 하강해서 그로부터 제자의 상구를 돕는 일을 실행해야 한다. 우리가 제자의 상구를 돕는다고 할 때 그것은 강요나 간섭이 아니라 도움이라는 사실을 유념해야 한다. 도움의 활동은 상대가 당면한 필요와 그의 요구에 부응하는 것이다. 우리는 자신이 위치하고 있는 품위의 권위와 정당성을 상당 기간 유보하고 제자가 그의 위치에서부터 상구를 하는 데 필요한 사항을 요구하도록 허용해야 한다. 그런 도움의 요구와 그에 대한 응함의 상호작용이 활발하게 진행될 때 제자는 그가 가진 품위의 한계를 인정하고, 자신의 내적인 품위의 요소를 확장하면서 다음 단계의 품위를 획득할 수 있게 될 것이다. 그런 반복되는 과정을 통해서 그 동안 유보되었던 우리 품위의 정당성이 점차 제자에 의해서 승복해야 할 권위로 인정받을 수 있게 된다.

3.5.9. 선결문제 요구의 금기

하화자가 흔히 빠지는 오류의 한 형태는 선결문제 요구이다. 이는 하화를 진행하는 동안 후진이 아직 요망하는 품위에 이르지 못했음에도 불구하고 하화자가 마치 그것을 이미 획득한 것처럼 전제하는 것이다. 우리가 앞에서 논의한 고압제는 바로 그런 오류의 전형적인 유형에 속한다. 하화자는 후진에게 그의 품위에 맞는 사고유형, 행위, 소망, 흥미, 계획, 표준, 이상, 생활양식을 투사하며 거기에 일치하기를 주장한다. 그러나 후진에게는 그런 주장이 낯설고 새로운 것이며 그의 품위에 충격을 주기 때문에 거부반응을 일으키고 더 나아가 극단의 경우 의심, 증오, 복수, 적대의 대상이 되기도 한다.

고압제의 흔한 형태의 하나가 언어를 통해서 우리가 알고 있는 품위를 상대에게 직접 소통하려는 것이다. 우리는 흔히 자신의 품위의 내용을 언어로 표현하고 제자가 그것을 곧바로 이해하기를 기대한다. 그러나 품차가 있는 후진에게 우리의 품위를 직접 전달하려는 것은 무모하다. 왜냐하면 그들에게는 그 전달을 곡해함이 없이 그대로 받아들일 체험의 공감대가 아직 형성되어 있지 않기 때문이다. 후진은 하화자의 말이 아무리 그럴듯한 의미와 내용을 포함하고 있다고 할지라도 그것을 그대로 수용하는 것이 아니라 그의 품위에 맞게 해석하고 받아들인다. 이것은 하화자의 고압제에 대한 상구자의 저압제의 한 형태로 해석될 수 있다. 우리의 고압제에 대한 제자의 다른 적응방식은 지득, 즉 우리가 수용하기를 요구하는 품위의 외양만을 단순히 흉내내는 것이다.

스승인 우리의 품위에 비추어 볼 때 제자는 언제나 미흡해 보이거나 잘못을 범한다. 제자는 잘못을 범하고도 그것을 모른다. 몇 번이나 좋은 말로 타일렀음에도 불구하고 이전의 습관과 실수를 반복한다. 그러나 그 잘못을 오직 그의 책임으로 돌린다면 그것은 오히려 스승인 우리의 잘못이다. 그 부족함이 제자에게 없다면 애초부터 우리의 도움이 필요할 이유가 없기 때문에, 아직 획득하지 못한 품위를 하화의 상황에서 요구하는 것은 언제나 부당하다. 따라서 스승으로서 우리가 풀어야 할 문제는 제자로 하여금 부족한 경험을 보충하도록 촉구하고 돕는 것이다. 첫 출발은 제자인 상대가 아직 모르고 있고 잘못 이해하고 있고 오류를 범하고 있음을 당연한 사실로 받아들이는 것이고, 그 다음에 제자가 그런 곤경에서 빠져 나옴에 있어서 내가 수행해야 할 도움의 형태가 어떤 것이어야 할지를 한번 더 고려하는 것이다.

3.5.10. 하화적 이해

후진을 우리의 논리적 관점에서 접근하는 것은 무모하다. 품차가 크면 클수록 우리와 제자의 직접적인 현품의 접촉은 더욱 어렵게 된다. 또한 그의 이해를 기대하는 것이 무망한 일이 된다. 선진인 우리와 후진은 품위상 서로 다른 수준에 있으며 그만큼 체험구조상의 균열이 있다. 후진은 동일한 사물에 대해서 우리와 전혀 다른 방식으로 생각하고 판단한다. 이 때문에 우리의 논리로 제자의 사고를 그대로 용납하거나 수용할 수 없다. 그런 양편의 입장에서 스승인 우리에게 필요한 것은 '하화적 이해'이다. 이것은 하화자가 자신을 기준으로 제자를 이해하는 것이 아니라 자신을 버리고 제자의 수준으로 내려갈 만큼 충분히 품계를 하강하는 것을 의미한다. 이는 품위의 차이에 따른 논리적인 간극을 뛰어넘어 과거의 어리석고 어두운 소굴로 회귀하는 것을 의미한다.

하화자는 지금 처한 자신의 품위에서 직접 제자의 품위를 이해할 수 없고, 후진은 지금 처한 자신의 품위에서 직접 스승의 품위를 이해할 수 없다. 이런 상황에서 타협할 수 있는 가능성과 책임은 스승인 우리에게 있다. 우리는 제자가 그들의 성장이라는 과업에 책임을 질 수 있는 문제의 제반 국면들에 적응해야 한다. 교육의 소재인 수도계와 관련하여 우리가 제자와 직접 공감할 수 있는 영역은 정확히 제자의 현품 이하에 한정된다. 우리는 자신의 과거로 돌아가서 지금 제자가 처한 상황을 이해해야 한다. 우리는 제자의 인식구조로 세계를 바라보고 그들의 언어로 상대와 대화할 수 있어야 한다. 이것은 바로 자신이 생각하는 현품에 비추어 볼 때 분명한 오류에 속하는 것과의 타협을 수락하는 것을 의미하기 때문에 결코 용이한 일이 아니다.

3.5.11. 문제사태의 유발

하화적 이해는 후진의 공감을 얻기 위한 것이며 그의 현품의 위치를 파악하기 위함이다. 제자가 처한 현재의 위치를 파악하기 위해서 먼저 그의 현품을 이해하는 일이 중요하다. 그러나 이것은 어디까지나 제자의 현품을 일축하기 위해 당분간 공유해야 하는 환영이라는 사실을 잊어서는 안 된다. 제자의 품위를 향상시키려는 우리의 입장에서 제자의 현품의 수준에서 이루어지는 대화는 그것의 해체를 촉구하는 방편으로써만 정당화된다. 선진인 우리에게는 정답이 될 수 없는 것을 당분간 정답으로 간주하고 후진의 낮은 차원에 잠정적인 정당성을 부여하되 그 정당성을 오랫동안 허용할 수는 없다. 그것이 너무 오랫동안 지속된다면 제자는 그의 소박한 신념과 품위에 안주한 채 겨우 시작에 불과한 단계를 완료한 것으로 착각할 것이다. 하화적 이해의 효력은 어디까지나 잠정적 특성을 벗어나서는 안 되며, 그 시한성은 우리의 도움이 이루어지는 경과의 흐름과 더불어 제자에게 점차 드러날 수 있게 해야 한다.

제자는 현품이 제공하는 안전한 세계구성에 안주하려고 하지만 그 곳은 사실상 안전한 장소가 아니다. 이제 우리는 제자에게 그의 현품으로 해결할 수 없는 문제와 상황을 제공하고 그것의 불안정함과 불확실함을 깨닫도록 도와야 한다. 그들의 현품 밖에는 항상 무수한 불확실성, 모험, 시련, 위기가 진행되고 있다. 그러나 그 사실은 제자가 자발적으로 응했을 경우에만 실효를 얻을 수 있다. 하화자의 문제와 도전은 결코 제자의 것이 될 수 없다. 제자는 하화자가 이미 해결한 것을 해결하지 못한 상태에 있다. 그렇다면 제자의 문제는 무엇일까? 그것은 말할 필요도 없이 제자가 그의 위치에 알맞은 호기심과 도전감을 가지고 해결할 수 있는 문제가 되어야 할 것이다. 이 때문에 문제에 있어서도 너무 갑작스럽지 않은 일정한 완충지대를 설정해 주어야 한다.

3.5.12. 제자의 자발적 흥미의 활용

하화의 비결은 하화자 자신의 공력을 일방적으로 구사하기보다는 상대인 상구자의 에너지를 역이용하는 데 있다. 하화란 기본적으로 스승이 자신의 품위를 상대에게 부과시키거나 전달하는 것이 아니고 제자 스스로가 현재의 품위를 재건하도록 하는 것이다. 하화자에게 아무리 흥미있고 가치있는 것이라 할지라도 제자가 곧바로 그것에 흥미를 갖도록 요구하는 것은 무모하다. 그런 조처는 제자의 능동적인 참여를 억제시킨다. 하화자가 자신에게 흥미있는 것을 제자에게 제시한다고 하더라도 그것이 제자에게 곧바로 흥미있는 것은 아니다. 그 흥미의 일치점은 상당한 수련을 거친 후에만 가능한 것이다. 그리고 그 과정이 바로 교육의 과정이다.

제자에게 선택의 기회와 그가 선택한 과제에 전적으로 몰입할 충분한 시간이 주어져야 제자 편으로부터 내재적 동기화의 가치가 충분히 실현된다. 따라서 교육적인 교섭은 스승의 흥미에서가 아니라 제자의 흥미에서부터 시작되어야 한다. 상구의 촉진자로서 우리가 흥미를 가져야 할 것은 특정 소재의 품위가 아니라 상구를 하는 제자의 흥미를 돋구는 것이어야 한다. 이처럼 상구의 템포와 하화의 템포는 서로 엄격하게 구분된다. 하화자인 우리에게 전자는 권태로움의 근거임에 비해서 후자는 그 자체가 하나의 도전의 의미를 갖는다. 즉 제자가 상구의 흥미를 계속 유지하도록 자신의 속도를 조절하는 것은 하화에서 해결해야 할 가장 고유하고 도전적인 과제이다.

3.5.13. 보폭 맞추기

제자를 동기화시키는 비결은 모르는 것을 제시하되 전혀 모르기보다는 실현될 수도 있을 것 같은 도전적인 과제를 주는 데 있다. 그것은 새롭지만 너무 참신하지 않게, 시련을 주지만 실패하지 않는 범위 내에서, 마음을 흔들어 놓되 견딜 만한 고통이 있는 어중간한 지점에서 이루어져야 한다. 이런 적당한 정도의 불일치를 유도함으로써 내재적 동기화가 성공을 거두었다면, 하화자는 자신이 대행할 수 없는 것을 제자가 자신의 힘에 의해서 해결하는 미묘한 현상을 볼 수 있게 될 것이다. 새로운 품위는 결국 제자에 의해서 제자의 내부에 형성되어야 할 성질의 것이다. 그러나 적당한 불일치를 보장하는 그 어중간한 지점의 유지는 상대의 반응에 대응해야 하는 과제이기 때문에 언제나 까다롭다.

제자는 언제나 변덕스러움을 지니고 있다. 그는 모르면 모른다고 투덜거리고 모르는 것을 어떻게 알 수 있느냐고 불평한다. 어렵게 그것을 알게 하고 난 후에 다시 제시하면 그것은 진부한 것이 아니냐고 뻐긴다. 이 때문에 제자에게 제시하는 과제는 아는 것과 모르는 것의 중간지대, 즉 알쏭달쏭한 지점을 유지해야 한다. 이 말은 하화가 진행되는 동안 제자의 흥미와 그들의 에너지를 이용할 수 있는 지대가 고정된 것이 아니라 항상 진전상황에 맞추어 유동적으로 변해야 한다는 사실을 의미한다. 그것을 인식하는 것이 중요하다. 한 단계의 상구에 작용했던 호기심과 도전의 대상은 그 목표의 달성과 더불어 효력을 상실한다. 이제 한 단계 더 높은 수준의 목표설정이 요망된다. 적당한 보폭을 유지하는 데 필요한 정보와 단서는 상구자의 능동적인 반응에서 나온다.

상구의 책임을 하화자에게 위임할 수 없는 것처럼 하화의 책임은 제자에게 위임될 수 없는 사항이다. 만약 제자의 오류가 시정되지 못하거나 제자가 수동적인 자세를 취한다면 그 원인과 책임의 일부는 하화자에게 돌려진다. 그 일부의 책임을 떠맡는 것이 하화자인 우리의 과제이다. 목표가 지나치게 낮거나 높은 것은 아닌가? 속도가 너무 느리거나 빠른 것은 아닌가? 하화자는 상대의 이해수준을 진단하고 그 이해수준에 자신을 위치시키고 상구자가 아직 파악하지 못한 영역에 대한 안내자가 되어야 한다. 선진인 우리가 기지의 것으로 치부하고 있는 부분이 그에게는 무지의 영역이다. 하화자인 우리는 그가 알아야 할 필요가 있다고 생각되는 부분을 말이나 시범을 통해서 충고하고, 비판하고, 권장하는 일을 해야 한다.

3.5.14. 문제해결의 단계별 유도

제자가 일시에 우리의 품위수준을 이해할 수 있으리라는 가정은 잘못이다. 일회의 하화활동으로 제자의 품위가 우리의 품위에 일치하게 되는 것은 아니다. 하화란 제자를 어떤 고정된 품위의 기준에 한꺼번에 일치시키는 것이 아니라 그 곳에 이르는 데 필요한 단계와 과정을 밟도록 돕는 것이다. 한 단계의 품위진입만으로 제자를 우리가 가진 품위로 끌어올릴 수는 없다. 그것은 어디까지나 제자의 성장점인 차상품에의 연속적인 진입을 통해서만 가능한 일이다. 그것은 바로 제자의 상구를 촉구하고 교도하는 것에 해당한다. 제자가 지금 성취한 것은 그의 차상품에 불과하며, 그 수준에서 스승의 하화활동이 계속되어야 한다. 품차의 범위가 크면 클수록 그것은 여러 단계의 하화를 요구한다. 조급하게 서두르거나 품위의 단계를 생략하고 뛰어넘게 하는 것은 위험하다. 준비되지 않은 상태에서 높은 수준의 품위를 강요하면 제자의 상구열정이 파괴되고 그는 억지로 우리의 품위를 모방하는 방식으로 적응할 우려가 있다.

자신이 가지고 있는 최선의 품위를 일시에 전달하겠다는 스승의 조급함은 오히려 그 과업을 어렵게 한다. 그 대신 상대의 수준을 고려하고 거기에서부터 응분의 단계를 거치도록 배려해야만 한다. 각 품위의 습득은 장시간을 요한다. 한 품위를 높이는 데 몇 달, 몇 년이 걸릴 수도 있다. 하화에 소요되는 기간은 하화자인 우리 자신이 제자의 위치에서 현재의 품위를 얻는 데 거친 경로와 소요된 교육적 시숙의 시간을 회고하면 쉽게 계산할 수 있다. 따라서 품위 차이가 크면 클수록 마치 사다리를 오르게 하듯이 그만큼의 많은 다단계적 하화가 축차적으로 이루어져야 한다. 하화자는 자신에게는 이미 무효한 품위의 사다리를 이용하여 제자가 자신의 위치에 오르도록 촉구한다. 그 수준의 조정은 품위의 위계와 발생적 순서를 고려하는 것이다. 제자가 축차적으로 배워야 할 것의 순서와 하화자인 우리가 요구하는 것간의 알맞은 보조가 이루어져야 한다.

3.5.15. 변신에 의한 자신의 상대화

자신에게 이미 하찮고 낮은 수준의 상태로 되돌아가는 일은 그렇게 유쾌한 일이 못 된다. 그러나 하화를 위해서는 그런 상황의 감내가 불가피하다. 하화활동의 특징은 마치 산파의 경우처럼 하화자가 대신할 수 없는 활동을 상대가 하도록 끊임없이 격려하고 촉구하는 것이다. 이는 곧 하화자인 우리의 입장에서 볼 때 이미 오류로 판명된 품위를 하화의 소재로 적절하게 이용하고 있다는 것을 의미한다. 어떤 지식이건 그것은 진리에 이르는 알 수 없는 도정의 한 단계일 뿐이다. 그 과정에서 하화자인 우리는 우리 자신의 절대화를 경계하고 스스로를 상대화할 수 있어야 한다. 다시 말하면 자신의 현품이 가끔 드러내고자 하는 절대적 타당성을 포기하고 하강하여 상구자의 품위에 적응해야 한다. 이는 자신의 품위를 포기하는 것을 의미하는 것은 아니다. 다만 하화자인 자신이나 상구자는 각자 어쩔 수 없는 현품적 제약을 갖는다는 현실을 수용하는 것이다.

우리는 우리가 마주하는 제자의 품위에 맞춰서 자신의 모양을 자유자재로 변신하면서 그들의 도전적인 활동을 격려하고 환기시킬 수 있어야 한다. 제자는 이미 우리가 거친 품위의 여정을 다시 반복해서 상구의 소재로 사용하고 있다. 그 점에서 그 과제는 하화자인 우리의 입장에서 지루한 작업에 불과할지도 모른다. 그러나 우리가 도전해야 할 과제는 소재가 되는 품위의 수준에서 나오는 것이 아니라 그 품위를 보유하고 있지 못한 상대가 그것을 원만하게 습득하도록 돕는 데 있다. 그것은 하화자에게도 제자에게도 몹시 어렵고 도전적인 일이다. 제자들은 모르는 것을 알아 가는 어려움이 있고, 우리에게는 그것을 가능하게 하는 어려움이 있다. 우리의 어려움 가운데 하나는 상구에 따른 제자의 도전과 흥분을 재연시켜 주는 것이다. 선진인 우리의 입장에서는 시시한 문제일지 모르지만 제자는 실상 몹시 어려운 문제를 풀고 있다. 따라서 우리는 제자의 입장에서 새로운 것과의 접촉에서 그가 경험하는 공포, 불안, 도전, 흥분, 즐거움, 열정의 순간에 공감할 수 있을 정도의 연기력을 보일 수 있어야 한다.

3.5.16. 합의과정의 존중

합의는 타증의 한 조건이다. 선진과 후진의 인식적인 합의와 선·후진의 우열에 대한 정당화는 후자가 전자의 수준에 도달했을 때에만 해결될 수 있다. 그러나 합의는 결코 타증의 충분조건은 되지 못한다. 왜냐하면 타증은 바로 가치의 정당화를 요구하는 사항이기 때문이다. 후진의 품위를 우리의 품위에 일치시키는 방법은 조건화, 교조화, 최면, 세뇌, 폭력, 강요 등 다양하다. 그 모두가 가치의 정당화에 포함될 수 있는 방법은 아니다. 이 때문에 타증에서 중요한 것은 합의가 아니라 합의에 이르는 과정이다. 하화하는 것은 지배하는 것이 아니라 인류의 가치실현과 가치공유에 봉사하는 것이다. 선진에 대한 후진의 동조는 세속계적인 권력, 지위, 부, 위세에 의존해서는 안 된다. 만약 후진이 강요와 공포, 혹은 외재적 보상에 따라 선진의 품위에 단순히 동조한 것이라면 그것은 수도계의 내재적 가치추구라는 명분에 손상을 입힌다. 뿐만 아니라 이것은 자기 자신의 품위상의 우세를 타인을 통해서 평가받으려는 타증의 취지와 의도에도 어긋난다.

타증의 중요한 준칙은 강요하지 않는 대신 우정어린 설복에 의존한다는 것이다. 수도계에서 상대에게 특정한 품위를 강제로 주입하고 그것을 판단하도록 강요하는 것은 교육의 세계에서 이탈하는 것이다. 하화자의 타증은 상대의 자발적인 복종을 유도하는 것이다. 후진은 많은 경우 자신의 진전을 똑바로 보지 못하고 방황한다. 이 때문에 하화자인 우리는 유관한 구체적인 상황의 맥락에서 잘했다거나 잘못했다는 식의 즉각적인 반응을 반사해 줄 필요가 있다. 그러나 그 평가는 종국적으로 제자에 의해서 수용될 단계에 이르러야 한다. 그는 우리의 하화에 의해서 높은 지식을 습득해야 하고 그 습득을 통해서 우리의 지식이 갖는 상대적 우위를 자발적으로 인정할 수 있어야 한다. 말하자면 우리의 타증은 제자의 자증에 의존하고 있다. 이제 지식에 대한 우리의 평가와 그의 평가가 일치를 이룬 것이다. 만약 그런 자증의 단서가 제자 편에서 나타나지 않는다면 우리의 타증은 아직 완료된 것이 아니다.

교육적인 증명은 언제나 유보적인 것이다. 여기서의 증명은 어떤 주장에서 출발하여 장기간에 걸쳐서 유보적으로 그에 대한 진실성을 탐구하는 것이다. 수도계에서 절대적이고 궁극적 원천이 될 수 있는 품위는 존재하지 않는다. 거기에는 하화자인 우리의 품위도 포함된다. 우리에게 궁극적인 것으로 보이는 품위도 결국 궁극적인 것이 아니라 그에 접근하는 하나의 단계에 불과하다. 이 때문에 스승인 우리의 품위를 제자에게 일치시킨다는 것이 그렇게 중요한 것은 아니다. 다만 제자가 우리의 선진적인 품위를 이해할 수 있게 하는 데에는 그 일치가 불가결하다. 이 때문에 스승인 우리가 제자에게 자신의 품위를 인정받는 타증의 기간은 나와 그간의 품위의 차이가 많을수록 길어진다. 이 목적을 달성하기 위해서는 닭이 알을 품는 시간 혹은 농민이 결실을 기다리는 시간과 같은 인내가 필요하다.

3.5.17. 심열성복의 유도

하화의 과정에서 시종 유의해야 할 점은 상대가 그것을 강요로 받아들이지 않도록 하는 것이다. 하화에 의한 타증에서는 품위의 상대적인 우위를 증명하려는 것뿐 어떤 강압적인 지배나 품위의 신성함을 입증하려는 것이 아니다. 따라서 우리는 무반성적이고 맹목적인 추종자를 항상 경계해야 한다. 또한 믿음에서 시작해서 믿음으로 끝나는 맹신자 역시 우리의 진정한 제자가 될 수 없다. 그는 결코 가치의 공조적 타당화에 참여할 협조자가 될 수 없다. 그가 협조자가 되는 길은 자발성을 가지고 그 자신이 성취한 것을 토대로 우리의 지식을 정당하게 자주적으로 평가할 수 있게 되는 것이다.

제자는 항상 제자로 남아 있어서는 안 된다. 우리가 제자를 한군데 붙잡아 두는 것은 더 나은 인간성을 확인해 나간다는 교육적 공조의 원칙에 어긋난다. 하화자인 우리는 여하한 경우에도 제자의 자유로운 상구에 장애가 되어서는 안 된다. 제자는 언제라도 하화자인 우리의 품위를 넘어설 수도 있기 때문이다. 스승이 제자를 도울 수 있는 것은 자신이 내린 결정을 제자가 무조건 수용하도록 하는 것이 아니라 그것을 스스로 책임있게 결정할 수 있는 자질을 갖게 하는 것이다. 그 자질을 근거로 지식의 우열에 대한 상대의 판단을 심열성복적으로 유도해 낼 수 있어야 한다. 자기의 제자에게 자신을 경계하라고 경고하는 하화자는 진정으로 대가다운 점이 있다.

3.5.18. 겹제자의 확보

하화에 의해서 타인에게 타증된 품위는 마치 유전자에 의해서 우리의 생물적 형질이 전달되듯이 우리의 제자에게 전달된다. 한 개인의 삶은 영속될 수 없지만 그의 생물적 형질은 그의 자손에 의해서 유지된다. 마찬가지로 한 개인이 증득한 품위는 영속될 수 없지만 그것은 하화에 의해서 다음 세대로 계승될 수 있다. 이런 방식으로 우리는 한 개인의 일생을 넘어서서 사후에도 상당한 정도로 미래에 영향을 주면서 참여할 수 있다.

우리의 제자는 엄밀하게 말해서 두 가지로 나눌 수 있다. 하나의 부류는 우리에게 배운 것을 자신의 일대에서 종결시키는 제자, 즉 홑제자이고, 다른 하나의 부류는 그 자신이 배운 것을 다시 그의 제자에게 계승하는 겹제자이다. 후자는 제자 속에 또 제자가 있는 셈이기 때문에 우리의 품위는 그들을 통해서 계승되고 발전될 수 있게 된다. 이미 사멸한 역사적인 인물들의 품위를 지금까지 우리가 접속할 수 있는 것은 오로지 그들의 겹제자의 활동이 있었기 때문이다. 열 명의 겹제자가 다시 열 명의 겹제자를 확보했다고 할 때 그 겹제자의 수는 100명으로 증가된다. 이는 수도계적으로 볼 때 엄청난 저변확대의 효과를 가져온다.

이렇게 중요한 겹제자의 체계적인 양성은 우리 자신의 '하화의 하화'[3]를 통해서 가능하게 된다. 우리는 특정한 품위를 제자에게 하화할 뿐만 아니라 하화하는 것을 하화함으로써 이 목적을 달성할 수 있게 된다. 우리가 하화를 잘 할수록 우리의 제자는 그것을 모범삼아 자신도 그의 제자에게 똑같은 하화를 할 수 있는 역량을 갖게 된다. 그러니까 이런 방식으로 우리는 타인의 일생을 통해서 우리의 하화를 대대로 연장할 수 있다. 이것은 제자에게도 상구를 통한 자증뿐만 아니라 하화를 통한 타증까지를 허용한다는 점에서 교육적 인식론에서 매우 중요한 위치를 차지한다.

---

3) 이것은 여기서 충분히 다루어지지는 않지만 메타교육의 일부이다.

3.6. 교육적 공조에 의한 품위의 우열판단

3.6.1. 선진과 후진의 차등성 검증

모든 개인은 자신의 위치에서 교육을 통해 수도계의 실체를 확인하고 확인시켜 나갈 책임을 갖는다. 증명되어야 할 것은 수도계적인 위계와 질서이다. 우리는 한편으로 상구를 통해 선진의 높은 품위를 자증하고, 다른 한편으로 우리가 얻은 높은 품위를 후진들에게 타증하는 것이다. 각자는 얼마만큼 선진이고 얼마만큼 후진이다. 이는 언제나 우리가 반쯤 하화하고 또 반쯤 상구할 수 있음을 말해준다. 상구에 의한 자증은 후진인 우리가 스스로 현명하게 되고 난 후에 선진의 지식을 평가해야 하는 길을 규정한다. 이에 비해서 하화에 의한 타증은 선진인 우리가 후진으로 하여금 스스로 필요한 수준만큼의 품위를 획득하도록 돕고, 자기 지식의 상대적인 우위를 후진에게 입증할 수 있는 길을 규정한다. 이 두 가지 길은 인식의 문제를 인식주체의 바람직한 변화와 결부시키고 있다는 점에서 이전의 인식론에서 찾아 볼 수 없는 고유한 특징을 갖는다.

그러나 한 개체에 국한된 자증과 타증은 어디까지나 개인적이고 일면적인 것임을 벗어나지 못한다. 우리는 자증에 성공하였음에도 불구하고 경우에 따라 그것을 타증하는 데에는 실패할 수 있다. 따라서 교육적 인식론에서는 인식의 문제를 두고 구체적인 개인들간에 서로의 검증을 교차하는 절차를 처방할 필요가 있다. 협동교육은 한 사람이 상구하고 다른 사람이 하화하는 개인간의 상호작용의 측면을 갖는다. 이런 쌍방적 과정을 통해서 자증과 타증은 두 개인에게 동시에 이루어진다. 이렇게 해서 두 개인, '갑'과 '을'이 협력함으로써 우리는 인식론이 해결해야 할 또 다른 과제, 즉 서로 상이한 품위를 가진 사람들간의 우열과 위계적 서열을 판단할 수 있는 상호주관적인 통로를 발견하게 된다.

어떤 한 가지 대상에 대해서 서로 모순되는 진리주장을 하는 '갑'과 '을'이 있다고 하자. 그들은 모두가 개체로서 자기 나름의 세계규정을 해 나가야 하며 또한 그렇게 해야 할 책임을 지니고 있다. 양자는 자신의 주장이 반드시 더 옳다거나 타인의 것이 더 그르다고 고집하려는 것이 아니라 그런 주장을 정당화시킬 수 있는 정당한 절차를 밟아 승복하기를 원한다. 이 두 가지 주장이 동등한 정당성을 가지고 양립할 수 있는 것은 아니다. 이런 대립하는 주장에 대해서 우리는 그 모두를 옳은 것으로 받아들일 수 없다. 그렇다고 해서 그 모든 주장이 틀렸다고 할 수도 없다. 우리가 이런 상황에서 찾아야 할 최소한의 질서는 그 중 어느 것이 다른 것보다 상대적으로 더 우위의 것에 속하는지를 판결하는 것이다. 그런 절차에 의해서 만약 자신의 주장이 덜 옳다거나 더 옳다는 판단이 내려지면 그 결과를 수락할 용의가 양자에게 있다. 이런 경우 그 문제는 그들간의 교육적 관계의 형성과 공조의 절차를 통해서 해결될 수 있다.

3.6.2. 상구와 하화의 동시적 공간확보

교육은 오직 선발된 집단의 것이 아니며, 그 내재율을 따를 용의를 가진 사람이라면 누구나 그가 위치한 자리에서 진입할 수 있는 세계이다. 품위의 차이는 언제나 두 개인이 그것을 소재로 상구계와 하화계를 추구할 수 있는 공간이다. 그것은 선진에게는 하화의 공간이 될 것이고, 후진에게는 상구의 공간이 될 것이다. 이런 특성은 거꾸로 두 사람의 선진성과 후진성을 판가름하는 교육적 절차와 논리를 함축한다. 두 가지 경쟁하는 지식체계간의 후진성과 선진성에 대한 판단은 그것을 소재로 어느 것이 더 많은 상구의 여지와 하화의 여지를 남기고 있느냐에 의해서 판정될 수 있다. 어떤 주제와 관련해서 두 사람 중에서 한 사람은 상구할 것보다는 하화할 것이 더 많을 것이고, 다른 사람은 반대로 하화할 것보다는 상구할 것이 더 많을 것이다. 그렇다면 소재와 관련하여 이 중 누구의 품위가 더 높고 낮은 것인지는 자명해진다. 그것은 말할 필요도 없이 상구를 필요로 하는 품위를 가진 사람이 하화할 수 있는 품위를 가진 사람에 비해 후진이라고 할 수 있다. 즉 어떤 수도계와 관련하여 두 개체 가운데 하화할 공간을 많이 확보한 사람이 선진이며, 상구할 공간이 많은 사람이 후진이라고 말할 수 있다. 교육적 인식론은 바로 이처럼 교육이 가지고 있는 독특한 내재율을 지식의 상대적인 위계를 판정하는 기준으로 활용한다.

교육적 삶은 위로는 상구하고 아래로는 하화하는 것이다. 이 일반원칙은 두 사람의 교육적 관계맺음에도 그대로 적용된다. 이 원칙에 따른다면 두 사람간의 교육적 관계에서 어떤 주제와 관련하여 선진이 하화하고 후진이 상구하는 방식의 특별한 조합이 이루어져야만 한다. 이 조합에서 이탈하는 사례, 즉 후진이 하화하고 선진이 상구하는 조합은 교육에서 허용되지 않는다. 사실상 후자의 경우 더 이상 교육적 관계를 유지하기 어렵다. 만약 이것이 교육적 사실의 일부라면 우리는 그것을 선진과 후진을 판가름하는 절차로 적용할 수 있을 것이다. 즉 우리는 '갑'과 '을' 사이에 품위의 차이가 있음을 선험적으로 가정해 본다. 그 다음 그런 가정 아래 교육적 관계맺음을 이루고 그들간의 교육적 상호작용을 시도해 본다. 그리고 그 관계가 지속되느냐 혹은 그렇지 못하느냐를 토대로 애초의 가정을 후험적으로 검증하는 자료로 삼는다.

3.6.3. 교육적 공조의 유지조건

인간은 상호관계로 묶여지는 매듭이요, 거미줄이며, 그물이다. 여기서 어느 경우나 일방적인 영향은 존재하지 않고 서로가 상대에게 모종의 영향을 주면서 상호작용한다. 두 사람이 서로를 상대로 상구하고 하화하는 교육적 관계 역시 일반적 인간관계의 특수한 양상으로서 그것은 그 나름의 특수한 조건에서 유지되고 와해된다. 교육적 인식론은 그것을 유지하는 하나의 조건으로서 누가 선진이고 누가 후진인가에 대한 가정을 검증하려는 것이다. 그런 절차의 성공여부는 두 사람이 선진과 후진에 대한 가정을 하고, 원칙에 따라 교육적 관계를 맺고, 또한 품차에 내재된 교육가능성을 예견하고, 그것을 활성화하는 방식에 달려 있다.

교육적 인식론은 교육적 관계에서 가정되는 선진과 후진을 미지항으로 삼고, 교육적 관계의 존속을 통해서 그 가정의 타당성을 타진하는 방식을 취한다. 그러나 교육적 관계를 성공적으로 유지할 수 있는 것은 오직 선진과 후진에 대한 가정의 타당성에 의해서만 결정되는 것은 아니다. 따라서 선진과 후진에 대한 애초의 가정이 잘된 것인지 잘못되었는지를 알기 위해서는 그것 이외에 교육적 관계의 유지에 필요한 여타의 요소를 동시에 고려하고 그 요구사항을 모두 충족시키는 것이 중요하다. 그것은 앞에서 말한 상구에 의한 자증과 하화에 의한 타증, 그리고 더 나아가 그들간의 상호작용에 따른 특수성을 동시에 고려하는 것을 의미한다. 그 제반 원칙에 따라 성공적인 교육적 공조가 유지될 수 있을 때 비로소 우리는 애초의 선·후진에 대한 가정이 옳았다는 판단을 할 수 있게 된다.

3.6.4. 만남과 헤어짐의 자유보장

교육적 관계를 인식론적으로 이용하기 위해 고려되어야 할 특성들을 한두 가지로 요약하기는 어렵다. 그 중 배제되어서는 안 될 핵심적인 것의 하나는 교육적 관계가 성립하고 와해되는 조건이다. 교육적 관계는 두 사람간에 있을 수 있는 다양한 관계맺음 가운데 하나이다. 인간관계에서 어떤 것은 귀속적이거나 강제적일 수 있고 다른 것은 성취적이거나 선택적인 것일 수 있다. 예컨대, 부모와의 관계는 전자에 속하며, 친구와의 관계는 후자에 속한다. 전자는 태어날 때부터 이미 결정된 것이며 다른 선택을 허용하지 않는다. 이에 비해서 후자는 언제나 서로의 이해관계에 의해서 형성되거나 와해될 수 있다.

교육적 관계는 성취적이고 선택적인 경우에 속하며, 그 조건이 만족되는 곳에서만 교육적 인식론의 특징이 살아난다. 교육적 관계는 서로가 상대의 교육적 요구에 응하기 위해 형성하는 것으로서 서로간의 이해가 일치하는 한 유지되며, 그 이해가 충족되지 못한다면 자유롭게 와해될 수도 있다. 거기에는 만남의 자유가 있듯이 항상 떠날 수 있는 자유가 허용된다. 서로가 상대에게 교육적이라는 판단이 설 때 만남이 이루어지며, 그렇지 못할 때 헤어지는 것이다. 만약 여기에 강제가 개재한다면 혹은 선택의 자유로움에 장애가 있다면 우리는 가치를 공유하려는 교육의 특질을 이용하기 어렵다.

그러나 교육적 관계는 교육의 내적 요청에 부응하는 인간관계라는 점이 또한 유의되어야 한다. 그 점에서 교육에 관한 한 당사자들은 결코 자유로울 수 없다. 교육의 주체는 교육의 요구사항에 충실하게 복종해야만 한다. 협동교육에서 그것은 일방적인 것이 아니라 쌍무적인 것이다. 아무리 한편의 요구가 강하다고 하더라도 다른 편의 호응이 없이는 유지되기 어렵다. 교육의 내재율이 요청하는 관계성립에 참여하는 당사자들은 쌍방에서 노예처럼 충실한 복종자가 되어야 한다. 이제부터 '갑'과 '을'이라는 자연인이 교육적 관계를 유지하거나 파기함에 있어서 지켜야 할 까다로운 조건들이 무엇인지에 대해 더 세부적으로 논의하기로 한다.

3.6.5. 세속적 지위의 무효화

자연인 '갑'과 '을'이 맺을 수 있는 인간관계는 세계의 유형에 따라 다양하며 그 유지조건도 다르다. 정치적 관계는 승자와 패자, 주인과 노예, 적과 아군의 경우처럼 힘의 균형을 유지했을 때에만 형성된다. 경제적 관계는 생산자와 소비자, 고용인과 피고용인, 판매자와 구매자와 같이 상호간에 이윤의 균형을 유지할 때에만 유지된다. 사회적 관계는 아버지와 자식, 상관과 부하, 변호사와 의뢰인과 같이 사회체제나 제도가 허용하는 지위에 대한 기능적 역할로 규정된다. 그 지위가 변화할 때 대본에 따른 역할도 변한다. 그런데 교육적 관계는 이 모든 세속계적 관계와는 근본적으로 무관하다.

교육적 관계성립의 한 가지 조건은 수도계 내에서의 선진과 후진간의 만남으로서, 그것을 결정함에 있어서 세속계적인 권력 · 부 · 지위의 서열은 본질상 중요한 것이 아니며, 여기서는 그 효력이 전적으로 상실된다는 것이다. 물질적으로 가난하고, 사회적으로 낮은 계급에 속하며, 권력의 서열에서 노예의 지위에 있다고 하더라도 선진의 지위에 오를 수 있는 것이 수도계이다. 선진의 권위와 후진의 따름은 이처럼 오직 품위의 우위에 의해서 유지될 수 있어야 한다. 두 사람의 관계에서 정치적인 지배와 복종, 사회적 혹은 경제적 보상과 미끼 같은 이질적인 것들이 개입하고 작용한다면 그 순간 교육적 관계는 그 순수성에서 이탈하고 있다고 보아야 할 것이다.

더 알면 제자로 삼아 하화하고 더 모르면 스승으로 삼아 상구한다는 것이 교육적 삶의 자세이다. 여기서 하등의 무리가 있을 수도 없고 그래서도 안 된다. 따라서 누가 스승과 제자의 위치에 설 것인가를 사전에 결정함에 있어서 오직 수도계적인 서열에 따라 양보하는 겸양의 정신을 살리는 것이 중요하다. 물론 관계성립의 조합은 사실의 검증에 관계되는 것이기 때문에 사전의 예견과 예찰은 정확할수록 좋을 것이다. 그럼으로써 불필요한 시행착오를 줄일 수 있다. 그러나 정확한 것이 못 된다고 하더라도 그들은 거기에서 확정되는 것이 아니라 교육을 진행시키면서 그 예견의 진위가 자연스럽게 판가름되기 때문에 너무 우려할 필요도 없다.

3.6.6. 교육소재의 일치

다음은 사제동행(師弟同行)이다. 교육적 관계를 맺음에 있어서 중요한 조건은 선진과 후진이 동일한 교육적 소재를 가져야 하고 시종 그것을 중심으로 교육적 상호작용이 일어나야 한다는 점이다. 수도계적인 소재의 영역은 학문, 예술, 기예 등 그들의 횡적 상대성이 허용되는 범위만큼 다양하다. 이 각각은 그 나름의 독자적인 가치기준에 따라 선진과 후진이 달리 구분된다. 예컨대, 학문에서 선진과 후진이라는 관계는 일차적으로 그들이 동일한 인식의 대상을 추구한다는 전제를 함축하고 있다. 물리학과 사회학은 각기 탐구하는 현상에 차이가 있으며, 물리학 분야에서의 선진과 후진이 사회학 분야에서는 뒤바뀔 수 있다. 이 때문에 물리학과 사회학의 품위를 두고 하나의 차원에서 선진과 후진을 말하는 것은 '논점상위(論點相違)의 오류(ignoratio elenchi)'를 범한다.

선진과 후진은 교육이 이루어지고 진행되는 동안 서로가 자신의 실질적인 지위를 정당화하는 탐구주제의 본궤도에서 이탈하여서는 안 된다. 우리가 가려 내려는 선진과 후진은 다양한 수도계 가운데 여럿이 아닌 단일하고 특정한 수도계를 중심으로 성립한다. 이것을 중심으로 한편은 풍요를 대변하고 다른 편은 결핍을 대변한다. 자연인 '갑'과 '을'은 교육적 관계를 맺는 동안 선진과 후진을 결정하는 수도계 내에서 자신의 위치를 지켜야 한다. 만약 양자 가운데 추구하는 교육의 소재로부터 이탈하는 상황이 일어난다면 선진과 후진의 지위는 달라지며, 이전의 소재를 전제하는 교육적 관계는 와해되기 마련이다.

3.6.7. 청학과 청교의 수락

수도계적인 선진과 후진은 다시 교육계적인 역할의 선택에 있어서 동조를 유지할 수 있어야 한다. 선진인 '갑'과 후진인 '을'이 여기에 있다. 이들은 세계체험의 면에서 서로 동등하게 취급될 수 없는 개체이다. 그러나 그것은 교육적 관계의 한 요건일 뿐 충분조건은 되지 않는다. 수도계에서 선진과 후진은 알고 보면 그 속성상 서로 경합하는 관계이다. 누가 더 높은 지위에 있느냐에 따라 귀족과 평민이라는 수도계적 지위가 결정되기 때문에 근본적인 태도의 변화가 없는 한 그들간의 협력을 기대하기 어렵다. 교육적 관계는 그런 경합하는 수도계적 관계에서 누군가가 상구하고 누군가가 하화하는 협력관계에로 전환함으로써만 성립할 수 있다.

교육은 본질상 수도계적인 발전의 불연속성 사이에 발생하는 대립, 항쟁, 갈등을 화해시키고 그들간의 연속성을 보장하는 견고한 고리의 역할을 할 수 있다. 스승과 제자라는 교육적 관계는 선진과 후진간에 개재하는 긴장과 갈등을 화해와 협동으로 승화시키는 메커니즘을 가지고 있다. 이처럼 교육계에 상구와 하화의 요소가 공조하는 것은 그들이 서로 상구와 하화라는 상이한 목표를 추구하는 비경쟁적 체제라는 데 있다. 선진인 '갑'과 후진인 '을'은 수도계적인 품위 면에서 비대칭적으로 경합하고 서로 충돌할 수 있지만, 그들의 관계가 다시 하화와 상구라는 대칭적 관계로 전환되었을 때 쌍방은 서로 다른 교육적 위치에서 상대의 교육행위에 협력하지 않으면 안 된다.

그렇다면 선진과 후진의 상구와 하화의 역할선택은 어떻게 이루어져야 하는가? 그 원칙은 말할 필요도 없이 후진이 상구하고 선진이 하화하는 조합의 형태이다. 물론 두 사람간의 품위의 위계를 판별해야 할 인식론적인 입장에서 본다면 그 위계는 서로가 상대의 위치를 장담하지 못하는 미지항으로 남는다. 이 때문에 그 미지항을 검증해야 할 상황에서의 교육적 관계맺음은 그 중 누군가가 품위상의 동등성을 포기하고 선진과 후진에 대한 선험적 가정을 받아들이는 양해사항 위에 성립한다. 그 양해사항의 원칙은 서로가 교육의 측면에서 상대를 자기 덫의 사냥감으로 꾀어들게 하는 것이다. 자신보다 후진처럼 보이는 사람을 만나서 청학한다. 그리고 자신보다 선진처럼 보이는 사람을 만나서 청교한다. 이것은 선진과 후진의 미지항에 대한 모종의 가정을 토대로 서로가 스승과 제자의 조건을 수락함을 의미한다. 상대의 속성을 알고 있고 자신의 자세를 지키면 상대는 그 속성을 자연스럽게 유지할 수 있다. 스승의 속성을 알고 제자의 속성을 지키고 있으면 언젠가 스승이 나타나고, 또한 제자의 속성을 알고 스승의 속성을 지키고 있으면 언젠가 제자가 나타나기 마련이다.

3.6.8. 상대의 목적이 달성될 기회의 제공

상대가 자신보다 후진이라거나 선진이라는 판단은 이후의 활동에 중요한 변수로 작용하기 때문에 모든 단서를 고려하여 신중하게 내려져야 할 것이다. 그러나 그것은 교육을 함에 있어서 전제가 아니라 가정과 가설에 불과하다는 점에서 반드시 처음부터 정확하게 이루어질 필요는 없다. '갑' 은 선진이라는 가정하에 청학하고 '을' 은 후진이라는 가정하에 청교하는 데 합의했다고 하자. 그 가정의 옳고 그름은 곧 그들의 교육적 상호작용을 통해서 분명하게 판명될 사항이다. 이제 남은 것은 그들이 여타의 교육적 상호작용의 내재율을 충실하게 따르는 일이다. 여기에서 고려되어야 할 요소는 두 가지이다. 하나는 상구와 하화가 각각 그것에 합당한 태도의 전환을 요구한다는 사실이다. 이것이 신속하고 만족스럽게 이루어질 수 있을 때 선진과 후진은 수도계적인 위계에서 교육적인 협력적 관계로 전환된다.

선진이 하화하고 후진이 상구하는 조합의 형태를 이루었을 때 그들에게 불릴 수 있는 합당한 교육적 칭호는 스승과 제자이다. 스승이 없는 제자, 제자 없는 스승, 둘 다 아무 쓸데가 없고 무의미하다. 서로가 상대의 교육적 파트너가 되는 방식은 후진의 상구와 선진의 하화가 그 이질적 요소의 결합을 통해서 상대의 이질적인 목표와 활동의 자율성을 서로 인식하고 배려하고 보강함으로써 이루어진다. 스승과 제자는 이제 소재계의 추구에서 교육계의 추구로 방향을 전환해야 한다. 목하 그들이 추구해야 할 것은 각각 하화와 상구이다. 이들은 그 나름의 내재성을 가지고 있는 서로 이질적인 활동이다. 따라서 우리는 내가 추구하려는 것뿐만 아니라 더 나아가 상대가 추구하려는 것을 존중하고 그것에 동조하려고 노력해야 한다.

앞에서 지적했듯이 상구와 하화는 서로가 대조되는 특성으로 인해서 서로에게 이끌린다. 제자인 '을' 은 스승인 '갑' 을 상대로 자신의 상구가능성을 실현시키고, 반대로 스승인 '갑'은 제자인 '을'을 상대로 자신의 하화가능성을 실현시킬 수 있게 되었다. 따라서 교육적 관계는 서로가 상이한 교육적 가능성을 마음껏 실현시켜주는 방식으로 협조할 때 유지될 수 있다. 동료 인간에게 자신을 하화의 대상으로 삼을 기회를 최대한으로 제공한다. 반대로 하화자는 동료 인간에게 혹은 후진에게 자신을 상구의 대상으로 삼을 기회를 최대한으로 제공한다. 여기서 시간의 압력과 조급함은 금물이다. 서로가 교육적인 태도변화에 따라 하화와 상구라는 교육의 내재성을 인정하는 한, 그리고 각각이 상대의 수단이 되도록 작용하는 한, 상이한 요소로서의 조화와 협조적 체제가 지속될 것이다.

3.6.9. 교육적 파트너로서의 협력

교육적 관계는 서로가 상대의 교육적 가능성을 믿고, 서로가 그 가능성을 실현시키는 계획을 세우고, 문제에 봉착했을 때 서로가 그것을 적극적으로 경청하고 토론하고 협력하여 해결하려고 노력할 때 유지된다. 교육적 협력은 다른 것이 아니라 호혜적으로 자신의 역할에 충실하는 것이다. 한편이 다른 편의 목적을 자신의 것으로 환원하려고 해서는 안 된다. 각자 자신의 목적을 수행하면서도 타인의 목적에 대한 수단의 역할을 할 때 충분한 협력이 이루어질 수 있다. 스승은 제자의 상구능력을 자극하며 격려하고, 제자는 스승의 하화능력을 자극하며 격려한다. 그럼으로써 이제 한편에서 스승은 그의 만족스러운 하화에 의해서 제자에게 보답하고, 다른 한편에서 제자는 그의 만족스러운 상구에 의해서 스승에게 보답할 수 있다.

교육의 양날개인 상구와 하화에는 그들 나름의 고유한 열정이 있으며, 상구열정과 하화열정은 서로가 상대를 강화하면서 교육의 열정을 상승시키는 요인으로 작용할 것이다. 한편에서는 자신의 품위를 상승시키려는 의욕과 헌신이 있고, 다른 한편에서는 자신의 품위를 타인을 통해서 재생산하려는 의욕과 헌신이 있어야 한다. 이렇게 스승과 제자가 서로에게 호응적인 환경으로 작용함으로써 그 잔여적 열기가 도출되는 상구와 하화의 공조적 매듭은 쉽게 풀리지 않는다. 이런 교육적인 열정과 공조에 큰 비중을 두고 '갑'과 '을'의 관계가 계속 유지되는 한 선진과 후진은 그들의 품위차이에서 비롯하는 모순과 갈등의 가능성을 충분히 극복할 수 있다. 이처럼 교육적 관계를 유지할 수 있는 여타의 조건이 만족되는 상황이 전개된다면 오직 문제가 되는 것은 선진과 후진에 대한 애초의 품위차이에 대한 가설이 될 것이다. 그러나 이런 여타의 조건들의 성립은 결코 쉬운 것이 아니다.

3.6.10. 창조적 불협화를 위한 거리의 유지

그 중 간과해서는 안 될 까다로운 조건의 하나가 소재계에서 스승과 제자가 만나는 품위의 수준이다. 교육적 이해는 본질상 오해에서 시작해서 이해에 도달하는 길이다. 그것은 스승과 제자가 자신의 합리성의 기준을 가지고 상대를 이해하는 것이 아니라 자신을 버리고 논리적인 간극을 넘어서 상대의 합리성의 수준으로 들어가서 경험하는 것이다. 제자는 자신의 것으로 직접 바라볼 수 없는 스승의 밝은 품위를 이해하려고 하고, 스승 역시 자신의 품위로 바라보기 어려운 제자의 어두운 품위 속으로 뛰어 들어가야 한다. 이런 합리성의 충돌에는 항상 적당한 정도의 완충이 필요하다. 스승과 제자는 품위의 면에서 알맞은 불협화, 적정한 거리와 긴장을 유지할 수 있을 때 교육의 상대로서 상대에게 매력을 갖는다. 너무 먼 거리를 유지하면 너무 소원하고, 너무 가까우면 너무 친밀하다. 그들간의 매력을 유지하는 원리는 너무 멀거나 너무 가까운 거리도 아닌 어중간한 거리를 찾는 것이며, 그 거리에서 반신반의, 알쏭달쏭함, 아이러니, 패러독스, 갈등을 지속할 수 있어야 한다는 것이다.

상구는 혁신하는 것이고 하화는 보수하는 것이다. 스승인 '갑'에게 보수적인 것이 제자인 '을'에게는 혁신적인 것이 될 수 있으면, 그들은 서로가 알맞은 조화를 유지할 수 있게 될 것이다. 그런 완충적 위치에 있는 최적의 품위는 누차 강조되었듯이 제자의 차상품이다. 이 곳은 스승 편의 역차와 제자 편의 순차가 알맞게 만나는 지점으로서 스승과 제자에게 모두 익숙하지 않다는 점에서 얼마만큼의 상호주관성의 부조화가 있는 영역이라고 할 수 있다. 스승에게 그 곳은 과거의 어떤 시절을 상기해야만 이해할 수 있는 지점이며, 제자에게 그 곳은 지금으로서 쉽게 속단할 수 없는 어둠 속의 숲과 같은 곳이다. 그러나 여기는 서로가 상대를 탐구하면서 확인하는 즐거움이 보장된 어슴푸레한 공간이다.

3.6.11. 허물쓰기와 허물벗기

이 지점에서 스승은 제자와의 만남에서 상구를 유도하고, 제자는 스승과의 만남에서 하화를 유도하면서 스승의 적당한 허물쓰기와 제자의 적당한 허물벗기와 같은 교육적인 교섭을 진행해야 한다. 스승인 '갑'은 그의 품위를 완충하기 위해서 자신의 자태를 낮추어 나타낸다. 제자인 '을'은 그것을 도전적인 목표로 삼고 자신의 품위를 개선하려고 한다. 이런 방식으로 스승과 제자는 서로가 타인이 가진 품위의 내면에 깊숙하게 침투해 들어갈 수 있어야 한다. 거기에는 어떤 위협, 공포, 가면적 위장, 방어적 도피도 있어서는 안 된다. 가능한 한 서로가 상대에게 내면을 개방하고 상대가 투명하게 이해할 수 있도록 노력해야 한다. 여기에는 진실성, 진지함, 솔직함, 일치에 대한 공포와 위협으로부터의 자유, 자아의 용기 있는 표현, 지적 정직성, 내외의 일치가 요망된다.

다만 소재가 되는 수도계의 품위에서 그들간의 이해를 방해하는 한계 조건이 있다는 것을 우리는 유의해야 한다. 선진이 아무리 자신의 품위를 솔직하게 밝힌다고 하더라도 후진은 그것을 자신의 품위에 맞게 받아들인다. 여기서 어쩔 수 없이 선진의 방편이 필요한 것이다. 이것은 엄밀한 의미에서 거짓말에 해당한다. 그러나 후진이 선진의 말을 금방 깨달아 증득하는 것 역시 불가능하다. 더욱이 그것을 가정해서 이루어지는 상황은 더 큰 거짓말을 유발하는 결과를 가져오기 때문에 선진이 후진이 알아들을 수 있는 정도의 거짓말을 하는 것은 문제가 되지 않는다. 선진의 정직한 노출은 그의 품위에서가 아니라 후진의 차상품에서 이루어져야 할 것이다. 그러나 그 방편도 품위상의 차이라는 현실적인 이유에서일 뿐 다른 여타의 것이 그들간의 이해를 방해해서는 안 된다. 이렇게 방편적인 하화가 정상적으로 이루어졌을 때 후진이 선진의 거짓말이 단지 방편이었음에 공감하는 때가 올 것이다.

3.6.12. 접속하는 품위의 점진적 이동

교육적 인식론은 스승과 제자의 협동적 참여를 중시한다. 여기에는 어느 편이 수동적이고 다른 편이 능동적이라는 이분법은 적용될 수 없다. 제자는 그가 원하는 만큼 스승의 하화를 요청하고 자극하고 유도해야 한다. 제자는 제자다운 까다로운 입맛을 보여야 한다. 제자는 전혀 모르는 것을 가르치면 모른다고 불평하고 그가 좀 아는 것을 가르치면 이미 알고 있는 것을 가르친다고 지루한 태도를 솔직하게 보일 수 있어야 한다. 제자는 전혀 몰라도 배우지 않고 확실히 알아도 배울 수 없다. 이에 대해서 스승은 상구자의 편에서 알 듯 모를 듯한 경계를 넘나들면서 그의 하화활동을 전개하지 않으면 안 된다. 만약 제자의 수준이 한 단계 오르게 되었다면 다시 제자는 아는 것을 가르친다는 불평을 할 것이고 스승은 그에 대응해서 그 수준을 한 단계 높이는 재조정을 해야 할 것이다.

스승과 제자는 품위상의 적정한 불균형을 유지해야 한다는 점을 망각해서는 안 된다. 그 불균형은 스승의 재창조와 제자의 창조의 공간으로서 서로 교차하여 서로가 얼마만큼의 새로움을 창출해 내는 효과를 얻어내야만 한다. 제자는 부족함을 보충하여야 하고 스승은 제자가 교육적 행위 속에서 마음 속 깊이 자신의 부족함을 깨닫는 순간 그것을 상대에게 지적하고 고쳐나가야 한다. 말하자면 스승은 소재계와 관련하여 계속 그들간의 품위상의 불평등함을 증명해야 하고, 제자는 그 불평등함을 깨달을 수 있어야 한다.

교육적 공조는 어떤 일치점에 도달하는 것에 있지 않고 그 곳에 향하는 흐름을 보장하는 데 있다. 만약 교육적 공조 자체가 목적이라면 일치점의 도달은 바로 공조의 종말을 의미한다. 그 사실을 인정하지 않는 한 교육의 내재적 가치는 실현되기 어렵다. 각 단계에서 교육적 상호작용은 기본 골격에 있어서 동일한 형태이다. 그 반복되는 교육이 결과하는 품위는 이전의 것을 지양하면서 발전한다. 따라서 교육적 관계를 지속하기 위해서는 스승과 제자가 만나는 지점을 점차 위쪽으로 이동시켜야 한다. 상구자가 오르려는 성장점은 필요한 성장이 이루어졌을 때 더 이상 성장점의 의미를 가질 수 없다. 이 때 그 성장점은 한 단계 더 높은 수준으로 조정되어야 한다. 상구를 돕는 스승 역시 그런 단계적 성장에 스스로 적응할 수 있어야 한다. 제자가 한 품위를 전진하면 스승은 그만큼 한 품위의 계단을 더 올라서서 제자를 유혹할 수 있어야 한다. 스승이 이 원리에 복종하는 일은 자신의 현품을 일단 보류한다는 점에서 그리고 그 기준에 비추어 이미 이전에 극복된 낮은 수준의 지식을 존중한다는 점에서 결코 쉬운 일이 아니다.

3.6.13. 상구적 이해와 하화적 이해의 일치

교육은 계속되는 과정이며, 그 결과는 과정의 부산물에 불과하다. 과정이 결과를 결정하며 그 역은 성립될 수 없다. 그 과정이 충실하게 진행되는 한 시간의 낭비란 있을 수 없다. 중요한 것은 지속적으로 교육적 상호작용과 관계를 그것답게 긴밀하게 유지하는 데 있다. 수준이 다른 품위간에는 그 단계만큼의 교육의 가능성이 포함되어 있다. 스승과 제자 사이에 개재하는 품위의 차이가 반복되는 단계의 횟수를 결정한다. 여기서 특히 품차를 발생적인 계열에 따라 소재화해야 한다는 교육의 내재율이 존중되어야 한다. 제자는 그가 모르는 것만큼 충분히 상대를 상구한다. 또한 스승은 그가 아는 것만큼 상대를 충분히 하화한다. 페이스에 맞지 않게 서두르는 것은 모든 것을 망친다. 상구활동과 하화활동의 보람을 극대화시킬 수 있는 속도는 개인에 따라 다를 수 있다. 너무 급해도 안 되고 너무 완만해서도 안 된다. 상구와 하화의 속도가 다르다면 스승과 제자의 세 발 달리기의 협조가 이루어질 수 없다. 결국 그 협조는 속도가 낮은 사람의 기준에 맞춰서 이루어져야 한다.

품위차이가 클 때에는 그만큼 상호주관성에 근거한 증명에 소요되는 기간이 더 필요하다. 그 결과는 끊임없는 상구적 이해와 하화적 이해의 성취이다. 상구와 하화는 서로가 상대를 보강해 주는 체계이기 때문에 본질상 상이한 수준의 지식체계에 연속성을 부여하여 낮은 수준의 것이 높은 수준의 것으로 살아 움직이게 한다. 제자는 스승의 품위에 좀더 가까운 위치에서 스승을 이해할 수 있게 되고, 스승은 자신의 품위를 제자의 품위에서 좀더 가까운 위치에서 이해시킬 수 있게 된다. 스승과 제자가 각각 하화와 상구라는 이질적이고 보완적인 활동을 진전시키는 가운데 그 마지막 단계에서 그들은 소재로 선택한 특정한 수도계, 예컨대 어떤 학문의 대상에 대한 이해의 면에서 동일한 수준에 이르게 된다. 제자는 그토록 멀어 보이던 계단을 차츰 오르는 가운데 스승이 서 있는 곳에까지 도달한 것이다. 이 지점에서는 '갑'과 '을'은 누가 선진이고 누가 후진이라는 말을 적용할 수 없는 혼연일체의 경지를 체험하게 된다.

3.6.14. 결과에 의한 가설검증의 논리

특정한 수도계 X를 소재로 교육의 공조성이 유지될 수 있다면 그것을 근거로 해서 우리가 교육적 관계의 성립 초기에 잠정적으로 가정했던 것, 즉 특정한 수도계에서 '갑'이 선진이고 '을'이 후진이라는 가정은 이제 확고한 경험적 증거를 갖게 된다. '갑'은 선진으로서 하화해 왔으며, '을'은 후진으로서 상구해 왔음이 하나의 틀림없는 사실로 드러났기 때문이다. 그들은 교육적인 상호작용을 통해서 적어도 해당 학문에서 서로 대상현상을 동일하게 규정하고 평가할 수 있는 공동의 토대를 구축하는 데 성공한 것이다. 이 지점에서는 자증과 타증이 서로 다른 사람을 통해서 동시에 이루어졌다고 볼 수 있다. '갑'은 하화할 수 있었던 것만큼 선진이었고, '을'은 상구할 수 있었던 것만큼 후진이었던 것이다.

만약 '갑'과 '을'이 교육적 관계를 맺을 초기에 합의했던 수도계적인 선진과 후진에 대한 가정이 틀렸다면, 그리고 틀린 가정에서 서로 교육적인 상호작용을 시도했다면, 즉 어떤 특정 소재를 중심으로 후진이 하화하고 선진이 상구했었다면, 교육적 관계가 지속될 수 있겠는가? 교육적 인식론은 그런 가능성을 인정하지 않는다.[4] 선진은 이미 후진의 지식을 오류로 극복한 상태이기 때문에 그 지식을 목표로 도저히 상구할 수는 없다. 이렇게 되면 당연하게 선진으로부터 빈정거림과 반발이 일어날 것이다. 또한 후진은 그가 아직 경험하지 못한 것을 경험하도록 유도할 수 없다. 이런 현상은 논리적인 결론이라기보다는 사실에 근거한 교육 내재성을 반영하고 있다. 그것은 적어도 교육 내재적인 법칙에 해당한다.

교육적 공조성의 원리에 어긋났을 때 '갑'과 '을'의 교육적인 관계는 그 초기에서부터 진전되기 어려웠을 것이다. 이것은 '갑'과 '을'이라는 특정한 자연인의 속성에서 나온 것이 아니라 그들이 교육의 요청사항에 따를 수 없었다는 사실에 근거한 것이다. 이로써 우리는 '갑'이 선진이고 '을'이 후진이라는 애초의 가정이 틀렸을지도 모른다는 추정을 내세울 수도 있을 것이다. 오히려 사실인즉 '갑'이 후진이고 '을'이 선진이었는지도 모를 일이다. 이런 추정이 가능할 경우에는 '갑'과 '을'은 이제 새로운 추정을 근거로 교육적인 관계를 재정립함으로써 교육적 공조

4) 흔히 "공자 앞에서 문자 쓴다"는 상식적인 말은 불가능한 것을 시도하는 경우에 적용된다.

성을 회복할 수 있는 별도의 절차를 밟을 수도 있다. 즉 이 경우는 이전과는 달리 이제 '갑'이 '상구'하고 '을'이 '하화'하는 방식으로 교육적 관계가 역전되어야 한다. 그와 같은 교육적 절차에 의해서 우리는 언제나 애초의 잘못된 가설에 대한 역가설을 내세우고 그것을 재차 검증할 수 있게 될 것이다.

3.6.15. 교육적 반전

교육적 인식론은 오직 교육의 공조성에만 주목하는 것이 아니다. 교육에서 가장 경하할 것은 흔히 '청출어람(青出於藍)'이라는 말로 기술되는 사태이다. 이것은 선진과 후진이 정상적인 교육적 관계를 유지하다가 마지막 단계에서 공조성을 파괴시키는 사태로서, 수도계적으로 보면 품위의 경쟁에서 스승이 제자에게 패배한 경우에 해당한다. 그러나 그 사태에 대한 교육계적인 평가는 다르다. 제자의 학문이 스승의 것을 추월한 경우 교육적으로는 최고의 경사로 평가된다. 최근에 목도할 수 있는 학문의 급속한 발전은 이처럼 '선진'과 '후진', 혹은 '스승'과 '제자'의 위치가 빠른 속도로 반전됨으로써 가능해졌다고 볼 수 있다.

교육계 내에서 언제나 제자로만 남아 있는 것은 스승에 보답하는 길이 못 된다. 제자는 스승을 따르다가 마지막 단계에서 그를 추월할 수 있어야 한다. 만약 제자가 스승의 품위에 이르렀을 경우 더 이상 교육적 관계를 유지할 만한 품위상의 공간이 남을 수 없기 때문에 '갑'과 '을'의 교육적 관계는 지속될 수 없고 그 관계는 파기되거나 재정립되어야 한다. 이런 위치의 전환이 신속하게 이루어지지 않는 한 그들간에는 명분상의 관계는 지속될 수 있을지언정 생산적이고 의미있는 교육적 교류를 기대할 수는 없다. 이런 상황에서는 제자였던 '을'이 이전의 '갑'의 자리를 차지하고, 스승이었던 '갑'이 이전의 '을'의 자리를 차지하는 경우에만 그들간의 교육적 공조가 실질적인 활기를 되찾을 수 있게 된다.

3.6.16. 교육적 진화

세상은 급변한다. 그리고 시대마다 세상 자체가 달라져 가고 있다. 수도계의 측면에서 역사상 이전의 세대보다 이후의 세대가 지식을 획득해 나감에 있어서 유리한 점은 출발점에 차이가 있다기보다는 후대는 선대의 미결사항이 이미 결정된 시대에 살고 있다는 것이다. 물론 그 기결사항이 자동적으로 후대의 것이 될 수 있는 것은 아니다. 다만 그것은 가용한 교육의 소재로서 늘 그들의 곁에 예비되어 있다. 이런 이유에서 장구한 세월에 걸쳐 이룩한 지적 성취가 교육을 통해서 단기간에 개체발생의 과정으로 재생될 수 있다.

누구나 교육적 반전의 최종적인 승리자가 되는 것은 아니다. 그들은 특정 분야에 특별한 소질을 타고 난 예외적인 천재들이었다. 물론 그 소질 자체만으로 성공이 보장되는 것은 아니다. 역사상 이름난 천재에게도 당대에 그를 지도하는 스승이 있었다. 절대적 수준을 중시하지 않는 교육의 경우 이 점을 간과해서는 안 된다. 다만 그는 스승의 지도에 머무를 수 없었을 뿐이다. 천재에게 스승은 잠깐 지나가는 이정표에 불과하다. 학문은 지난날의 신념과 지식을 계속적으로 허위화하는 과정에서만 발전할 수 있었다. 오늘날 자신의 스승에 의해서 전달된 것을 의심하지 않고 수용하는 과학자는 과학공동체에서 밑바닥의 계급으로 가라앉게 될 위험에 처한다. 그 경쟁에서 승리하는 자만이 자신의 왕국을 짓고 왕위를 지킬 수 있다. 수도계의 혁명적 진화는 그 왕국의 최정상의 자리를 지키거나 탈취할 수 있는 자에 의해서 주도된다.

3.6.17. 교육적 관계의 위치전환

한 개인의 생활에서 상구보다는 하화에 충실한 가운데 어느 단계에 이르러서 후진으로부터 품위상의 추월을 당하는 경우가 많다. 이런 교육적 반전은 스승과 제자가 교육적인 관계를 맺으면서 종사하는 하화와 상구라는 활동 자체의 속성의 차이에서 필연적으로 비롯된다. 기본적으로 하화는 품위를 보수하는 활동임에 비해 상구는 품위를 혁신하는 활동이다. 제자는 진보적이고 스승은 퇴행적이다. 교육적인 반전은 결국 상구의 혁신성이 하화의 보수성을 추월하는 지점에서는 언제나 일어날 수 있다. 생애 가운데 앞서가는 스승의 위치에 있는 인구는 노화와 기능 저하를 감수해야 한다. 그로 인해서 역사적으로 거의 언제나, 적어도 교육의 소재라는 측면에서 최종의 승리는 제자에게로 돌아갔다. 이는 하화의 내재적 가치를 역설적으로 입증해 준다.

교육적 반전의 경우는 처음부터 잘못된 추정에 의해서 교육적 관계를 맺은 경우와는 달리, 처음의 추정은 맞았으나 교육이 진행되는 어떤 시점에서 스승과 제자의 품위가 반전되는 경우이다. 이런 경우에도 그 상태 그대로의 교육적 진행은 더 이상 어렵게 된다. 교육적 관계의 중단은 만약 그것이 정치적이거나 사회적인 명성과 관련되어 있지 않는 한, 다시 말한다면 수도계의 발전을 유념한다면, 선진이나 후진 누구도 바라는 바가 아니다. 우리는 어차피 수도를 하는 도반으로서 서로가 교육적 협력을 필요로 하는 동반자이다. 특히 교육적 반전의 경우 애초의 교육적 관계의 고착은 바람직하지 못하다. 이런 입장에서 볼 때 그 어느 경우나 교육이 더 이상 진전되기 어려운 상황에서는 신속하게 다시 교육의 내재율에 의해서 그 위치가 재조정되어야 한다.

3.6.18. 교육적 공조에 의한 검증의 보수성

이제까지 논의된 교육적 공조에 의해서 두 사람의 품위의 차이를 입증하는 절차에는 그 나름의 한계가 있다. 그것은 교육적 관계의 지속, 즉 교육적 공조성의 유지가 애초의 선진과 후진에 대한 가정을 확인하는 절차로는 충분하지만 그 반대의 사실, 즉 교육적 관계를 지속하지 못하는 것이 애초의 가정을 부정하는 충분조건은 될 수 없다는 사실이다.

그 이유는 교육의 성공과 실패가 전적으로 '갑'과 '을' 가운데 누가 선진이고 누가 후진인가에 대한 가정의 잘못에 의존하는 것은 아니라는 사실에서 비롯한다. 이미 지적했듯이 그런 조건 이외에 여타의 교육 내외적 조건들이 동시에 만족되어야 교육적 관계가 유지될 수 있다. 우리는 다양한 조건 가운데 일부, 즉 교육적 관계의 형성, 청학과 청교, 동일한 소재의 선택, 상구와 하화의 태도에로의 올바른 전환, 그리고 무엇보다도 선진의 하화와 후진의 상구가 만나는 위치의 선정 등 중요한 변수를 검토했을 뿐이다.

우리의 추론은 이런 무수한 조건들이 '만족된다면'이라거나 혹은 '다른 조건이 같다면'이라는 가정하에서 가능하지만, 만약 이런 제반 교육적 조건이 충족되지 않은 경우 애초의 선진과 후진의 조건이 타당함에도 불구하고 선진과 후진의 교육적인 관계는 더 이상 지속되지 못할 수도 있다. 그런 경우 교육에 의해서 선진과 후진의 위치를 부정한다면 그 결론은 옳은 것이 아니다. '갑'과 '을'은 사실상 선진과 후진의 위치에 있지만 다른 여타의 조건이 충족되지 않음으로써 그들간의 교육적 관계가 더 이상 지속되지 못하고 중지된 경우가 얼마든지 있을 수 있다. 이 때문에 교육적 인식론은 공조의 경우에는 합당한 추론을 할 수 있지만 비공조의 경우 한편이 다른 편보다 선진이나 후진이라는 추론의 근거는 될 수 없다.

3.6.19. 검증기회의 확대

결론적으로 말한다면, 교육적 공조에 의한 인식론적 해결은 선진과 후진에 대한 애초의 가정을 긍정하는 절차로서는 확실한 증거확보가 가능하지만, 그 가정을 부정하는 과정에는 항상 얼마정도의 오판이 개재할 위험성도 내포하고 있다. 그 점에서 그 절차는 보수적이라고 말할 수 있다. 그러나 그 보수성이 학문적 지식의 검증에서 반드시 불리한 것만은 아니다. 이 절차는 아직 분명한 것으로 판단할 단계가 아닌 것을 분명한 것으로 오판할 가능성을 줄일 수 있다는 점에서 일면 권장되어야 할 사항일지도 모른다. 우리의 판단은 언제나 일회적인 시도로 끝낼 일은 아니다. 우리의 생활 속에는 서로가 다른 사람의 인식적 위치를 확인해 줄 수 있는 많은 교육적 기회가 있다는 점을 유의할 필요가 있다.

품위의 위계가 있고 위계마다 서로 상이한 자연인이 위치하고 있다. 각자는 서로 교육적 관계를 맺고 위로는 상구하고 아래로는 하화하면서 품위의 상대성을 입증하는 데 참여할 수 있다. 우리는 앞에서 편의상 '갑'과 '을'이라는 두 사람의 관계를 논하였다. 그러나 수도계의 품위에 관계없이 누구나 그의 품위에서 상구와 하화에 종사할 수 있으며, 따라서 교육적 공조의 원리는 그 두 사람뿐만 아니라 '을'과 '병', 그리고 '병'과 '정'의 관계에까지 널리 적용될 수 있다. 이를 하화의 관점에서 보면, '갑'이 '을'을 먼저 깨닫게 하고, '을'이 그 뒤를 잇는 '병'을 깨닫게 한다고 말할 수 있다. 또한 이를 상구의 관점에서 보면, '병'이 '을'로 인해서 깨닫고, '을'이 '갑'으로 인해 깨달을 수 있다. 이와 같은 방식으로 품위는 교육에 의해서 상승적으로 연결되고 그것을 소재로 삼는 수많은 사람들의 교육적 활동에 의해서 그 위계가 자연스럽게 공증될 수 있다.

여러 사람들간의 교육적 교차검증은 앞서의 경우처럼 소재를 하나로 삼았을 경우보다 더욱 복잡하게 진행될 수도 있다. 교육적 공조의 원리는 X라는 소재뿐만 아니라 Y나 혹은 Z 등 다양한 종류의 소재를 중심으로 이루어질 수도 있다. 귀가 좋은 친구와 눈이 좋은 친구의 만남이 있듯이, '갑'과 '을'은 수도계 X에서는 선진과 후진의 관계에 있지만 수도계 Y에서는 반대로 후진과 선진의 관계에 있을 수 있다. 일상생활에서 가장 평등하고 이상적인 교육적 관계는 이처럼 서로 소재를 달리하여 스승과 제자의 관계를 환치할 수 있는 관계이다. 이 경우는 마치 서로 등을 긁어주는 만남처럼 서로가 교류교육을 통해서 각각의 수도계에서 그들이 차지하는 품위의 위계를 확인할 수 있는 기회를 제공한다는 점에서 큰 의의가 있다.

3.6.20. 교육집단의 활용

이제까지 다루어진 교육적 공조에 의한 품위의 차이에 대한 입증은 얼른 보기에 너무 특수한 개인들간의 문제가 아닌가 하는 의구심을 줄 수 있다. 만나는 사람들마다 이런 방식에 의해서 품차를 입증한다면 그것은 효율적인 방법이 못 될 것이다. 그러나 사실은 그렇지 않다. 검증은 집단적으로 일어날 수 있다. 이를테면 한 사람이 다수를 상대로 하화를 하는 경우, 그는 여러 제자들을 가르치고 그들 내부의 판단상의 일치를 구할 수도 있다. 이것을 거꾸로 말하자면 다수의 제자가 한 사람의 스승을 놓고 상구하는 경우가 될 터인데 이를 통해서 우리는 다수의 독립된 판단자들을 얻어낼 수 있다. '갑'이 '을'과 '병' 등을 상대로 타증을 하였다면 그 두 사람의 자증에 의해서 선진에 대한 판단은 그만큼 일반화될 수 있다.

교육적 내재율에 충실하지 않는 교육적 검증은 그 자체가 잘못된 것이다. 이 점에서 그 내재율에 충실한 교육집단은 항상 필요하다. 이런 집단적 과정에는 품위의 일치에 의한 합의뿐만 아니라, 더욱 중요하게는 교육적 검증의 절차가 공정하게 지켜지는지를 공증할 수 있다는 특징이 있다. 수도계적인 품위의 차이와 교육계적인 품위의 차이는 다르다. 전자에서 후진이 후자에서는 선진일 수 있다. 이는 집단의 구성원들 사이에 교육의 내재율을 지키려는 선·후진의 감시와 협력이 가능함을 말해 준다. 그러나 교육적 검증의 마지막의 단계에서 의존하는 것은 교육에 참여하는 개별적인 주체의 판단이다.

3.6.21. 품차의 연대적 검증

교육적 인식론은 세계규정에 있어서 개체적 책임에 큰 비중을 둔다. 이처럼 개인의 개별적인 교육과 그것에 대한 판단을 중시한다고 하더라도 일반화를 가능하게 하는 다른 경로가 있음을 주목해야 한다. 이것은 두 개인간에 이루어진 한 번의 검증이 그 이전에 이미 알려진 품위서열에 대한 여타의 정보와 더불어 엄청나게 확장된 추론을 가능하게 한다는 사실이다. 가령 교육적 과정에 의해서 '갑'의 품위가 '을'의 품위보다 높다는 것이 판명되었다고 하자. 그 사실은 '갑'과 '을'의 품위서열뿐만 아니라 '갑'과 '을의 후진' 간의 서열의 판단을 가능하게 한다. 가령 일회의 교육적 검증으로 우리는 '을의 후진'은 역시 '갑'의 후진이라는 결론을 얻게 된다. 이것은 한 개인과 일군의 집단 사이에서 품위의 서열규정이 교육을 통해 매우 효율적으로 판명될 수 있다는 것을 의미한다. 특정 집단에서 최우수 품위를 가진 사람이 교육적 검증을 통해서 나의 후진인 것으로 밝혀진다면 그 나머지도 모두 나의 후진인 셈이다. 이 사실은 거꾸로 그 집단구성원의 입장에서 볼 때 나의 선진은 모두 그들의 선진이 된다는 것을 의미한다.

이런 연대적 추론은 교육적 검증의 효율성과 관련하여 중요한 시사를 갖고 있다. 그것은 교육적 검증은 예측된 품차와 실제 품차의 차이가 최소일 때 효과가 있다는 것이다. 더 나아가 그것은 품차가 가장 작은 개인들끼리 이루어질 때 그 일반성의 범위가 최대로 높아진다. 일군의 집단 구성원들이 있다고 할 때 그 중에서 가장 선진이지만 그러나 우리에게 있어서 가장 가까운 후진인 경우를 교육적 검증의 대상으로 삼았을 때, 우리는 가장 효율적으로 그 집단의 여타의 개인들에 대한 선진성을 확인할 수 있다. 그러나 만약 그 예측이 맞지 않은 경우 그 다음의 후진을 상대로 교육적 검증을 수행해야 할 것이다. 그래도 그가 후진이 아닌 경우로 판명되었다면 그 선택은 현명한 것이 못 될 것이다. 왜냐하면 적어도 이런 선택은 최소 품차의 선택을 따랐다면 불필요했었을 검증을 두 차례나 무위하게 반복하게 된 경우이기 때문에 비효율적이다.

이런 축차에 의한 후진에 대한 검증은 반대로 선진에 대한 검증에도 그대로 적용될 수 있다. 많은 선진들이 가정된다고 할 때 그 중에서 우리에게 가장 가까운 선진을 교육적 과정에 의해서 확인함으로써 단 일회의 검증으로 우리는 여타의 검증을 하지 않고서도 그의 선진이 바로 우리의 선진이라는 결론을 얻을 수 있게 될 것이다. 만약 그가 선진이 아닌 것으로 판명되었을 경우 우리는 그보다 더 높은 것으로 가정되는 선진을 대상으로 그 검증의 과정을 반복해야 할 것이다. 이것 역시 교육적 인식론의 입장에서 그렇게 효율적인 방법이 못 된다. 따라서 교육적 검증은 이런 효율성의 원칙에 따라 최소한의 검증으로 일반화의 범위를 확장하는 방식으로 이루어져야 할 것이다. 그 최소품차의 연대적 검증의 원리가 지켜질 때 여타의 검증을 불필요하게 만든다. 이것이 바로 교육적 인식론의 강력한 점이다.

3.6.22. 검증결과의 환류

우리는 이제까지 선진과 후진을 구분하는 데 교육적 공조관계를 이용하는 방식을 논의해 왔다. 이것은 지속의 여부에 의해서 애초에 가정했던 전제를 사실적으로 확인하는 방식이다. 만약 그 가정과 추리가 맞지 않는 결과를 얻었다면 전체 활동은 무의미하거나 徒勞에 그친다. 그러나 품차의 연대적 검증은 매번의 시험이 없이도 선진과 후진에 대한 판단이 가능한 영역이 있음을 말해주고 있다. 일일이 검증할 필요도 없이 한 번의 검증으로 많은 사람들이 우리의 선진이고 또한 후진의 대열에 있음을 알 수 있다. 그러나 이 때 그 검증은 엄밀하게 말해서 특정한 부류가 우리의 선진이나 후진에 속한다는 것에 대한 정보판단을 가능하게 할 뿐 개별적인 자증과 타증에 근거한 것은 아니다.

교육에서 더욱 중요한 것은 그들과 직접 교육적 관계를 맺고 품위를 공유하고 그것을 내실적으로 확인하는 것이다. 그럼에도 불구하고 선진과 후진에 대한 일차적인 판단과 정보의 획득은 그들의 관계가 확정되지 않은 상태에서의 양자간의 관계보다 더 확실한 토대를 구축하는 데 중요한 요인이 될 것이다. 말하자면 일단 연대에 의한 교육적 검증이 일어난 경우 우리는 이전의 경우처럼 가설검증이라는 구차한 조건에 구애

되지 않고 곧바로 품위의 차이에 대한 내실적 검증에 진입할 수 있다는 것이다. 이 경우 교육적 활동은 일차확인에 대한 이차확인이 되는 셈이다. 그 이차확인에서 공유가 불가능한 사태가 벌어진다면 그것은 품차의 부재나 가정의 잘못에 의한 것이 아니라 여타의 교육 내외적 조건들이 만족되지 않았기 때문이라는 결론이 나온다. 만약 그것이 사실이라면 이제 우리는 오직 여타의 조건들의 개선에만 관심을 가지고 품위의 공유에 따른 실질적인 기쁨과 보람을 보장받을 수 있게 될 것이다.

이로써 연대에 의한 교육적 검증은 교육적 관계에 개재할 수 있는 불확실한 요소를 경감시키고 그것의 범위를 확장하고 정상화시키는 자체의 환류적 기능을 증대시킨다. 그것은 단지 가설을 검증하는 수준을 넘어서서 이후의 교육적 관계형성과 유지에 중요한 초기 정보를 제공할 통로를 마련해 준다. 우리는 그 정보를 충분히 이용함으로써 이제 선진과 후진의 정보가 일차적으로 확정된 상황에서 마음놓고 교육적 관계를 맺을 수 있게 될 것이다. 이제 남은 것은 교육 자체에 충실하는 것이다. 이런 방법과 통로는 교육이 하나의 자율적인 체계로서 외부적 정보나 지원이 없이 그 내부의 장치에 의해서 내부의 문제를 풀고 자체의 안정성을 확보해 나가는 메커니즘으로서 매우 중요한 의미를 지닌다.

제 4 장

교육적 인식론의 적용범위와 사례

우리는 앞 장에서 교육적 인식론의 인식론적 내재율을 밝혔지만, 그것은 마치 베버(M. Weber, 1949)가 사회현상의 이해로부터 그것의 설명으로 방법론을 전환시키는 데 쓴 '이념형(ideal type)'과 유사하다고 할 것이다. 그는 이런 방식으로 실제 현실로 관찰할 수 있는 대상들의 속성이나 특성들 가운데 공통되면서도 가장 순수하고 이상적인 것들만을 추출해서 부각시킬 수 있었다. 교육에 대한 우리의 개념화도 그와 비슷하게 실제의 다양성을 개념의 통일성으로 환원시키는 단계를 거쳐 왔다. 그러나 우리가 만든 이념형의 적용능력은 다시 그 실제의 세계에 들어가서 검증받아야 한다. 아직 본격적인 입증의 단계에 있는 것은 아니라 하더라도 이 원리들이 단지 가공의 이념형에 그치는 것이 아니라는 정도의 사실성은 제시할 필요가 있다.

이미 지나간 이야기가 될지 모르겠으나 내가 지금까지 제시한 교육적 인식론은 처음부터 구체적인 사례에서 착상되었다. 그것이 위에서 논의된 이론적 체계로까지 발전되었고, 이제 우리는 그 이론이 여타의 사례에도 적용될 수 있는지를 검토하려는 것이다. 내가 교육적 인식론을 처음 착안하게 된 계기는 바로 예술분야에서였다. 지금으로부터 10여 년 전[1]에 큰 뜻을 가지고 교육학을 다시 시작해 보려고 할 때 우선 극복하

1) 정확한 햇수는 알 수 없으나 10년이 넘은 것은 확실하다. 내가 《교육학 탐구

고 싶었던 것이 내가 가지고 있던 영미의 경험주의적 인식론과 방법론이었다. 그것으로부터 탈피하기 위해서 새롭게 공부하기 시작한 것이 구라파 대륙의 제반 인식론과 동양의 사상이었는데, 여기에는 두 가지 의도가 있었다. 하나는 이들이 나의 인식론적인 지평을 넓혀서 교육학의 착상을 용이하게 해 줄지도 모른다는 겸손한 생각이었고, 다른 하나는 기왕 내가 새롭게 교육학을 시작한다면 지금까지의 인식론이 해결하지 못한 부분을 파악해서 교육을 통해 그것을 해소할 수 있는 가능성을 모색한다는 거창한 생각에서였다. 그런데 어느 날 우연히 후자의 길이 열려 있음을 시사하는 하나의 결정적인 계기가 생겼다.

내가 당시에 주로 검토한 구라파의 인식론은 현상학, 해석학, 구조주의, 변증법 등이었다.[2] 그러나 각각의 것들이 인간의 발달과 연관해서 인식의 문제를 근본적으로 해결하기에는 미흡하다는 생각이 들었다. 가령, 과학주의의 대안으로 등장한 해석학의 경우 물론 해석체계간의 차이를 문제시하고, 그들간의 대화를 통한 변증법적인 화해를 모색하고 있기는 하다. 그러나 거기에 참여하는 사람들의 품위차이를 처음부터 간과하고 있기 때문에, 그것을 어떻게 보완할 수 있느냐 하는 문제가 제기되었다. 이런 문제를 해결하는 데 교육이 중요한 역할을 할 수 있을 것이라는 가능성을 예단하기는 했지만, 그것을 어떤 방식으로 해결할지가 얼른 생각나지 않았다. 그러던 어느 날 나는 퇴근길에 국악에 관한 라디오의 대담 프로그램에서 결정적인 힌트를 얻게 되었다.

그 프로그램에서는 당시 판소리 공연에 성공한 어떤 여성(나는 지금

영역의 재개념화(1991)》라는 논문을 쓸 때 이미 그것을 토대로 하는 열 가지 새로운 교육학의 연구영역 가운데 교육적 인식론이 포함되어 있었다. 당시 시간의 독촉을 받아 그 부분을 논문에 포함시키지 못하고 있다가 최근에야 나머지 부분을 《교육의 재개념화에 따른 열 가지 새로운 탐구영역(1997)》이라는 논문으로 정리해 내었다. 그러나 그 동안에도 나의 강의에서는 줄곧 교육적 인식론이 중요한 부분을 차지해 왔다.

2) 이들 방법론은 《학문과 교육(상), 1997》의 제 5 장의 내용을 이룬다.

까지 그녀의 이름도 모른다)이 자신의 수련과정에서 스승과 관련된 에피소드를 말하고 있었다. 작은 시골에서 목소리가 좋다는 말을 듣고 자란 그녀는 자신감을 가지고 서울에 올라와 그 분야의 대가인 스승의 지도를 받게 되었다. 그런데 그 스승의 소리가 당시 자신의 판단으로는 그렇게 신통한 것으로 들리지 않았다는 것이다. 다만 그의 문하에 있어야만 그 분야에서 출세가 보장된다는 이유 때문에 오랫동안 그를 따르는 시늉만을 했었다고 한다. 결국 스승이 작고하고 그녀는 오직 자신의 독학에 의존하여 몇 년 동안을 폭포수 아래서 피를 토하며 눈물겨운 수련을 계속하였다. 그런데 어느 날 자신의 목구멍에서 더 이상 아름다울 수 없는 천상의 소리가 나오는 것을 듣게 되었다는 것이다. "아, 아름답다!"고 황홀경에 빠지는 순간, 갑자기 그 소리가 옛날에 들은 적이 있던 낯익은 사람의 목소리라는 생각이 떠올랐다. 누구의 것인가 하는 생각에 기억을 잘 더듬어 보니까 그것은 자신이 한때 별 것이 아니라고 생각했던 스승의 목소리와 똑같은 것이었다. 이 때 그녀는 비로소 수준 높은 소리의 아름다움은 피나는 수련을 통해 그것을 터득한 다음에야 감식할 수 있게 된다는 사실을 알고 스승님께 한편으로 감사하면서도 다른 한편으로 죄송함을 느끼게 되었다는 이야기였다.

아, 우리는 이런 단순하고 명쾌한 교육적 사실을 왜 이제까지 간과해 왔던가! 위의 사례는 한동안 해석학의 맹점이라고 생각되었던 것이 바로 교육의 내재율에 의해서 해소될 수 있음을 시사한다. 내가 교육학이라는 것을 정립해 나가면서, 그리고 더욱 특수하게는 그 교육학의 하위영역인 교육적 인식론이라는 것을 발전시킴에 있어서 이 사례는 중요한 지표가 되었던 우연한 한 사건이다. 그 후 나는 인간의 훌륭함이라는 것은, 그것이 지식이건 여타의 형태이건 간에 교육을 통해서 입증되고 발전되며, 선후진도 그 과정에서 자연스럽게 가려진다는 확신을 가지고 나의 새로운 교육학을 정립해 나가고 있다. 그 생각은 우리가 검토해 왔듯이 이 특수한 사례를 떠나 그 나름의 체계를 갖추는 데까지 발전되어 왔다. 지금 교육적 인식론에서 마지막으로 다루어야 할 것은 그 개념체계가 하나의 특수한 사례를 뛰어넘는 좀더 폭넓은 사례들에까지 적용될 수 있는지를 살펴보는 것이다.

교육에 관해서 우리의 사고가 미칠 수 있는 범위는 그 이후 널리 확장되었다. 좀 거창하게 말해서 우리는 인간의 진화적 사실 속에 교육적 인식이 차지하는 위치를 다소나마 이론적으로 해명할 수 있게 되었다. 생물학적 진화는 지구의 (역사적) 사건 속에서 인류가 다른 생명체들과 더불어 어떻게 생존적 적응을 성취해 왔는가를 설명한다. 사회문화적 진화는 그 동안 인류가 만들어 놓은 사회문화적 세계의 복잡한 변화와 그것에 대한 개체의 적응의 문제를 설명한다. 우리가 말하는 교육적 진화는 세계에 대한 기능적인 적응을 초월해서 인간이 자신의 정체성을 개발하고 다듬어 나오는 과정을 설명한다. 수십만 년의 진화과정에서 이처럼 교육에 의해서 정신세계가 발전하게 된 것은 불과 몇 천 년 전부터로 추정된다. 말하자면 교육적 진화 자체가 인류사에서 최근에 이루어진 진화의 산물인 것이다.

수도계를 오직 교육의 관점에서만 해석할 수는 없다. 그러나 교육이 수도계의 발전을 주도하는 강력한 요인의 하나이고 그것을 설명하는 데 교육학적 관점이 불가피하다는 것은 분명한 것으로 보인다. 수도계에서 교육의 활동이 항상 활발한 것은 아니다. 그러나 분명한 사실은 교육적인 활동이 왕성했을 때 그 지식의 발전도 활발했을 뿐만 아니라, 발전과 위계의 상대성에 대한 판결이 용이했다는 점이다. 여러 가지 어려운 상황적 조건에도 불구하고 수도계는 변화무쌍한 역사의 흐름 속에서 꾸준히 발전해 왔다. 면면히 이어온 역사의 흐름 가운데 어떤 것들은 끊어지거나 명멸되어 버렸지만 대부분의 것들은 그 면모를 유지하거나 발전을 거듭하고 있다. 그 원천의 하나는 교육이다. 학문은 교육을 통해서 그 발전의 흐름을 지속적으로 유지할 수 있었고 또 새롭게 변화할 수 있었다. 가끔 '혁명적'이라고 불리는 발전단계의 불연속성을 연결시킬 수 있었던 것은 그 단계마다 교육을 통한 매듭짓기가 있었기 때문일 것이다.

그 반대의 경우도 가능하다. 특정 수도계에서 서로 수준을 달리하는 개체가 상대의 지식을 경멸하거나 무시하는 데 그침으로써 불행히도 그들 사이에 교육적인 연결이 실현되지 못한 경우가 많다. 우리의 선조들이 엄청난 세계인식을 성취했음에도 불구하고 우리가 그것을 전수받지 못한 경우가 허다했을 것으로 추정된다. 교육적 인식론에 비추어 그들은 타증에 실패했고 우리는 자증에 실패한 셈이다. 이와 같은 방식으로 한때 발전을 구가하던 수도계가 교육적 검증을 소홀히 함으로써 위계상의 혼동을 경험하거나 전수와 발전에 실패하여 소멸된 역사적 불행이 우리가 알지 못하고 있는 저 암흑의 장막 속에 가려 있을지도 모른다. 이런 역사적 변고가 아직도 문명의 흔적에 나타나고 있기는 하지만, 역사가의 상구범위 밖에 있는 사건이기 때문에 주목의 범위에서 벗어나 있다.

그러나 교육이 수도계의 발전을 매개하고 검증해 왔다는 앞서의 논의는 어디까지나 이론적인 추론이고 앞으로 계속해서 검증되어야 할 가설이다. 그 가설은 역사적으로 실재한 사례나 우리 주변에서 일어나고 있는 사태에 의해서 그 타당성이 입증되어야 한다. 현 단계에서 내세울 것은 증거보다는 그 증거를 바라볼 수 있는 개념망을 어느 정도나마 확보하게 되었다는 점이다. 우리는 이론이 사실을 만든다는 주장을 들어 왔다. 이제까지 말한 주장은 진부할 정도로 당연한 역사적인 사실임에도 불구하고, 교육학이 자체의 맥락에 비추어 교육을 규정짓는 데 태만함으로써 이론적으로 충분히 주목받지 못했을 가능성이 있다. 이제 다소의 이론적 안목이 확보된 이상 그것은 의미있는 사실을 포착하는 데 활용될 수 있어야 한다.

교육적 인식론은 종전의 인식론이나 방법론에서 간과했던 교육의 과정을 개념화함으로써 제반 방법론이 봉착한 애로를 타개하고 그들을 보완하려는 의도에서 구성되었다. 교육적 인식은 역사상 가장 보편적으로 이루어져 왔으나 이론적인 조명을 제대로 받지 못했다는 것이 우리의 생각이다. 본격적인 연구는 시작되지 않았지만 교육적 인식론의 설명이 미칠 수 있는 역사적 사례는 앞으로 풍부해질 것으로 본다. 하나의 인식론이나 방법론으로 역사를 설명할 수는 없을 것이다. 다만 이 특정한 인식론에 부합하는 단서들이 그것의 정당화를 유지할 수 있을 정도로는 계속 드러나야 한다. 기존의 인식론과 교육적 인식론의 상대적인 대비나 평가는 학문이 오늘날까지 발전해 온 역사에 비추어 볼 때 더욱 두드러지게 밝혀질 것으로 보인다.

우리가 앞에서 수도계의 발전과 교육의 관계를 말했지만, 엄격히 말해서 교육적 인식론은 수도계의 하나인 학문의 세계와 교육의 관계에서 성립하는 영역이다. 교육적 인식론은 한마디로 그것이 소재로 삼을 수 있는 수많은 수도계 가운데 특별히 학문계를 소재로 삼은 교육의 영역이다. 학문에도 서로 다른 분과영역들이 있고 서로 다른 방법론이 적용될 것으로 논의되고 있지만, 우리의 교육적 인식론은 일단 그 모두를 포괄할 것으로 본다. 인식론이나 방법론에서 엄격성을 자랑하는 자연과학의 경우에도 교육적 인식론은 그대로 적용될 수 있을 것으로 가정한다.

학문의 방법론으로서 자연과학과 정신과학 혹은 인문과학의 구획기준이 근래에 점차 소멸되고 있다. 교육적 인식론의 입장에서 볼 때 이제까지 인식론에서 문제시되어 온 자연과학과 인문과학의 방법적 구분은 불필요하다. 물론 자연과학, 사회과학, 또는 인문과학간에 주제의 상이함과 더불어 방법에 있어서 서로 분계선이 있기 때문에 분명한 이유도 없이 하나의 방법을 다른 방법으로 환원시키려는 것은 잘못이다. 그러나 우리는 그 차이점에도 불구하고 근본적으로는 자연과학이나 사회과학 또는 인문과학 등 모든 학문은 바로 교육의 과정을 통해서 확인되며, 발전되며, 검증되어 왔을 것으로 본다.

우리는 이제까지 학문의 진보에 대해서 긴 이야기를 해 왔다. 우리는 그것이 교육에 의해서 가능하며, 또 교육에 의해서 그 발전이 입증된다는 결론에 도달했다. 우리는 상구의 과정을 통해서 새로운 지식을 얻고 그것이 이전의 것보다 더욱 수준 높은 것임을 자증한다. 그리고 하화의 과정을 통해서 후진인 제자에게 새로운 지식의 상대적인 우위성을 타증한다. 그러나 스승이 항상 선진일 수는 없다. 스승은 야심있고 유능한 제자가 더욱 앞서가는 과정에서 잠시 만나는 이정표에 불과할 수도 있다. 제자는 스승의 수준을 뛰어넘는 지식을 스스로 탐구함으로써 어느 시점에서는 그들의 학문적인 선진과 후진의 위치가 역전될 수도 있다. 따라서 적어도 이론적으로는 스승과 제자의 관계도 바뀌어야 한다. 이런 과정은 학문계에서는 경합에서의 승리와 패배로 기록되지만 교육에서는 '청출어람'의 아름다운 에피소드로 자축된다. 만약 학문계가 발전하고 있다면 거기에는 필시 이러한 교육적 진화의 사실들이 포함되어 있을 것이다.

더 나아가 나는 이런 교육학적 관점이 여타의 수도계적인 역사나 현재의 양태를 재조명하는 데 큰 역할을 할 수 있을 것으로 기대한다. 교육은 학문을 포함하는 모든 수도계를 그것의 소재로 삼기 때문에 그 논리는 학문과 다른 수도계간의 방법적 장벽을 초월하여 적용될 수 있어야 한다. 말하자면 교육은 학문적인 지식뿐만 아니라 모든 수도계적인 품위의 서열을 입증하는 보편적 방법으로 적용될 수 있다. 교육의 입장에서 볼 때 그것들은 소재의 다양성을 의미할 뿐 소재계의 실재성을 입증하는 교육의 형식과 내용은 동일한 것이다.

이런 관점을 입증하기 위해 이 장에서 나는 이제까지 역사적으로 다른 분야들의 논의에서 은폐되었거나 간과되었던 수도계들을 교육의 맥락에서 재조명해 보려고 한다. 우선 순서상 우리는 동양의 2대 수도계라고 볼 수 있는 유가와 불가의 경우를 들 것이다. 여기서는 그 세계를 창도해 낸 것으로 알려진 공자와 석가의 교육적인 삶을 인식론적으로 살펴 볼 것이다. 다음에 학문의 발상지로 알려진 고대 희랍에서 소크라테스, 플라톤, 그리고 아리스토텔레스에 이르는 교육삼대의 경우를 들 것이다. 이 사례는 고대적인 것과 학문 일반적인 것을 대변할 수 있을 것이다. 다음에는 자연과학이 가장 왕성하게 제자리를 차지할 수 있었던 이른바 '과학혁명기'의 사례를 들어 그에 대한 신과학철학에서의 설명방식과 교육적 인식론의 설명을 대비하여 논의할 것이다. 이어서 우리는 그 설명의 논리를 자연과학의 특수영역으로서 1900년부터 1950년대에 걸쳐 눈부시게 발전한 원자물리학에 적용해 볼 가능성을 타진할 것이다. 그 다음에 오늘날 사회과학의 당면문제와 방법론적 선택에서 잘못된 점을 교육적 인식론과 대비하여 논의하고, 이 분야에서 교육적 검증이 이루어진 사례와 그런 검증이 활성화되어야 할 이유를 밝힐 것이다. 마지막으로 신생학문으로서 교육학이 교육의 원리, 좀더 특수하게 교육적 인식론의 원리나 방법론을 가장 존중하고 실험해야 한다는 점을 촉구하는 순서를 택하고자 한다.

사례를 제시하고 논의를 하는 과정에서 그것이 너무도 당연하게 보이기 때문에 독자는 별로 새로움을 느끼지 못할지도 모른다. 실상 역사적으로 이전부터 각종 수도계가 교육을 통해서 발전되고 평가되어 왔기 때문에 우리에게 '교육적 검증'이라는 것은 결코 새삼스러운 것이 될 수 없다. 그러나 분명한 것은 그것을 이론화한 '교육적 인식론'은 새롭다는 점이다. 교육은 이미 있었다고 하더라도 그것을 조명하려는 시도인 교육학은 뒤늦게 출범한 학문이다. 역사적으로 당연하게 작용해 왔던 교육적인 사실을 고유한 이론적 맥락을 이용하여 새롭게 조명해 보는 교육적 인식론의 작업은 이제 그 시작에 불과하다. 여기서와 같이 기존의 인식론이 설명할 수 없는 부분을 자체의 논리에 의해서 설명할 수 있는 역사적 사례를 제시함으로써 교육적 인식론이 최소한 그 출발의 명분을 구축할 수 있기를 기대한다.

4.1. 고대 동양의 유가와 불가

4.1.1. 학문 이외의 수도계

본서의 서두에서 우리는 교육적 인식론의 범위를 학문계에 한정시켰다. 그러나 우리가 밝힌 교육의 논리는 학문 이외의 수도계에 그대로 적용될 수 있다. 우리의 교육관이 맞는 것이라면, 어느 수도계에서나 교육이 작용해 왔다. 교육은 학문적인 지식뿐만 아니라 모든 종류의 수도계적 품위의 서열을 입증하는 보편적 방법으로 확장될 수 있다. 발전은 수도계가 갖추어야 할 요건의 하나이고, 그 발전은 우리 자신의 끊임없는 교육적 실천이 동반되지 않고는 실현될 수 없다. 지금의 수도계가 현재까지 존속하게 된 사실 자체가 그것이 교육에 다소간 성공한 경우라고 보아야 할 것이다. 만약 어느 단계에서건 우리가 말하는 교육의 과정이 총체적으로 생략된 사례가 있다면, 그것은 우리의 이런 가설을 부정하는 증거가 될 것이다.

도덕의 세계와 예술의 세계는 어디까지나 학문의 범주와는 다른 수도계의 영역으로 인정받아야 한다. 우리는 학문적인 경험을 그 세계 내에 한정시켜서 본다. 예컨대, 도덕적 경험과 미적 경험은 학문적 경험으로 환원될 수 없는 그 나름의 발생적 계열을 갖는다. 따라서 윤리학과 예술철학이 도덕적 · 미적 경험을 대신할 수는 없다. 우리는 선을 추구하는 사람들이 만들어 낸 도덕계와 미를 추구하는 사람들이 만들어 낸 예술계는 진리라는 가치와는 다른 범주에서 각각 정당화될 수 있다고 본다.

그러나 진 · 선 · 미라는 수도계적 가치의 실재를 체험하고 입증하는 과정에는 기본적으로 모두 교육의 내재율이 작용할 것이다. 나는 교육적 인식론의 착상을 판소리 영역에서 얻었다는 점을 앞에서 이미 밝힌 바 있다. 교육의 내재율은 위계나 발전의 문제를 두고 자주 난점에 봉착했었던 문학, 음악, 미술 등의 예술분야에 적용될 수 있을 것이다. 더 나아가 오늘날 심각하게 등장하고 있는 도덕의 문제도 교육의 내재율에 의해서 더욱 선명하게 해소될 수 있을 것으로 본다. 그러나 학문과는 다른 수도계의 사례로서 예술과 도덕의 영역은 앞으로의 과제로 남겨 두기로 하자.[3)]

---

3) 그것은 사례가 없어서라기보다는 우리의 논의가 지나치게 진 · 선 · 미라고 하는 서양의 분류체계에 치우치지 않기 위함이다. 예술분야에서의 실천이 학문에서의 인식론적인 문제의 해결에 역으로 도입될 수 있는 경로는 교화에 근거해 인식론적인 해결을 모색한 학자들(Gadamer, 1960; Heidegger,

인간은 무한한 가능성의 존재이다. 그 가능성 가운데 어떤 바람직한 것이 있는지는 우리가 그것을 실현해 보지 않고는 알 수 없다. 그 때문에 교육적 인식론은 교육적 실천을 인간의 바람직한 특성을 검증하는 불가결한 요소로 본다. 우리의 역사에서 때때로 인간정신의 지평을 확장해 왔던 소수의 모험가들이 있었다. 수도계는 주체가 자신의 변신을 도모함으로써만 더욱 높은 수준의 실재를 체험할 수 있는 세계이다. 그 모험가들은 위대성의 새로운 길을 다른 방면에서 개척하고 각각의 영역에서 우리의 자연적 본성만으로는 접할 성싶지 않은 품위를 실현시켰다. 그들은 자신들이 발견한 품위에 충실하게 살아가는 한편 하화를 통해서 세상 사람들에게 그것이 결코 공상이나 환상적인 실재가 아니라는 확신을 주었다.

교육적 인식의 성패는 주체가 교육의 내재율을 얼마나 충실히 따르느냐에 있다. 자신의 현 위치보다 더 높은 품위를 증득하기 위해서는 훌륭한 상구자가 되지 않으면 안 된다. 또한 높은 선진이더라도 하화의 능력에 문제가 있다면 선진적 품위의 우위를 증명할 수 없다. 아무리 뛰어난 품위를 가지고 있다고 하더라도 그가 반드시 훌륭한 하화자인 것은 아니다. 후진이 당장 선진의 수준에 이르는 도리는 없고 다만 그 선진이 거쳐간 과정을 차근차근하게 반복해야 한다. 동양의 역사에서 그러한 사례는 너무도 흔하게 발견된다. 동양에서 '도'는 인간들에게 자신의 내재적인 특성을 실현시키는 것을 가능하게 하는 길이다. 그러나 이 길이 소유될 수 있을 것이라고는 말할 수 없다. '도'는 움직이는 삶이며, 그래서 그것을 지배하려고 하거나 손아귀에 넣으려고 시도하면 할수록 더욱더 완강하게 우리로부터 스스로를 숨기고 만다. 교육은 끊임없이 속행될 수밖에 없다. 왜냐하면 교육은 증득 속의 수행이며, 또한 증득은 끊임없는 교육 속에서 입증될 수밖에 없기 때문이다. 동양에서 '제자백

1927; Kuhn, 1970; Polanyi, 1958)에 의해서 이미 충분히 시사되었다. 다만 구체적인 사례연구가 앞으로의 과제로 남아 있을 뿐이다.

가(諸子百家)' 라는 말이 있듯이 적지 않은 수의 또 다른 길들이 명명되고 있다. '기도', '서도', '다도', '궁도', '태권도', '유도', 그리고 심지어 '화도'에 이르기까지 그 수는 헤아리기 어렵다. 우리는 이 모든 영역에서 교육적 인식론의 내재율이 적용될 수 있을 것으로 가정한다. 그것의 확인작업[4]은 추후의 과제가 된다.

우리는 그 가운데 가장 전형적인 유가와 불가의 사례만을 극히 개략적으로 검토하게 될 것이다. 교육은 최정상의 품위를 가진 사람에게 독점되는 것은 아니다. 여기에는 오랜 세월의 수련에 의해서 최고의 품위에 도달한 사람에서부터 이제 그 점입가경의 초입에 들어선 사람에 이르기까지의 다양한 수준이 있다. 그 각각의 모든 품위에서 교육은 가능하다. 이 점이 교육에서는 중요한 배려의 요소이고, 그것을 배려하는 것이 교육적 인식론의 한 가지 특징을 이룬다. 그럼에도 불구하고 여기서는 유가와 불가에서 최정상의 위치에 있었던 공자와 석가의 성공적인 교육적 검증의 사례를 들어보고자 한다. 그들은 상구를 통해 전인미답의 품위를 성취했을 뿐만 아니라 역시 훌륭한 하화자로서 그들의 품위를 세상에 널리 보급하고 입증할 수 있었던 인물들이다.

공자와 석가의 사례를 분석함에 있어서 세 가지 점을 먼저 유의하는 것이 좋겠다. 첫째는 그들이 자연인으로서 오직 교육에만 종사한 것은 아니라는 사실이다. 우리는 그들을 여러 가지 관점에 의해서 검토하고 평가할 수 있다. 그러나 여기서는 주로 교육적인 인식의 측면만을 생각한다. 그들은 사실상 충실한 교육적 인간이었다. 그들은 교육을 통해서 보통사람들이 알 수 없는 독특한 수도계를 창도하고 인간으로서 가장 고귀한 경지에 이르렀다는 사실만큼은 부인하기 어렵다. 또한 그들은 교육을 통해서 그것을 세상 사람들에게 입증하려는 데 치열함을 보였다.

둘째, 그들은 매우 오래 전의 사람들이기 때문에 그들의 행적을 직접

---

4) 이 작업 역시 수많은 연구를 필요로 하며, 연구자들은 상당한 성과를 얻을 것으로 예상한다.

알 도리는 없고 남겨진 글을 통해서 간접적으로 추측할 수밖에 없다. 그들은 모두 문자라는 것이 정신이 부여하는 삶의 많은 부분을 사장시켜 버린다는 것을 알고 있었기 때문에 스스로 문자적인 흔적을 남기려 하지 않았다. 따라서 이들의 경우는 자신에 의해서 남겨진 문헌이 아니라 제자들의 기록에 의해서 그 에피소드가 전해지고 있다. 여기서 인식론적으로 피할 수 없는 야릇한 딜레마가 생겨난다. 그것은 만약 제자가 천재적인 사람이 아니라면 쉽게 스승의 뜻을 피력할 만한 수준에 오르지 못할 것이다. 그러나 만약 그 제자가 천재적인 인물이라면, 그는 자신의 스승으로부터 이해한 것을 단순히 재생시키는 데 그치지는 않았을 것이다. 그는 그 내용을 자신의 것으로 변형시켜 나갈 수도 있다. 그러나 이 두 번째 사항은 적어도 우리의 논의에서는 그렇게 큰 문제가 되지 않는다. 거기에는 두 가지 이유가 있다. 하나는 우리가 관심을 갖는 것은 그 수도계적인 품위를 알려고 하는 것이 아니라 그것을 알고 그 실재를 입증하는 과정, 즉 교육을 이해하려는 것이기 때문이다. 두 번째 이유는 우리의 관심은 특정한 인물이 아니라 그들의 교육적인 행위 자체를 일반적으로 알려고 하는 것이기 때문이다. 그것이 제자들의 해석이라면 그것은 그 제자들의 것이라고 해도 된다. 독자는 다만 그것이 교육을 통해서 어떻게 입증될 수 있었느냐 하는 측면에 주목해야 할 것이다.

공자와 석가를 분석함에 있어서 유의해야 할 마지막 사항은 이들은 불교와 유교라는 종교의 창시자로 알려져 있기 때문에 그들의 행적은 미신적인 설화나 신비성이 가미된 전설의 형태로 종교적인 색채를 띠도록 후대에 의해 윤색되었을 가능성이 많다는 점이다. 사람들은 그렇게 하는 것이 위대한 인물들에 대한 경외의 표현이라고 생각했을 것이며, 또한 그들의 행적을 기록한 후학들이 그들보다 훨씬 못했기 때문에 그럴 수밖에 없었을 것이다. 제자들이 배운 수준에서 묘사된 것이기 때문에 여기서 이 인물들의 품위를 짐작하려는 것은 무리이다. 이것은 오히려 작가들에 의해서 미화되었다기보다는 위축되었다고 보는 것이 옳을 것이다. 나는 다음의 분석에서 그렇게 가미된 과장의 요소를 되도록 배제하고자 한다.

4.1.2. 공자

공자는 기원전 551년에 숙양흘(叔梁紇)이라 불린 70세를 넘은 용사신분의 아버지와 젊은 소녀 어머니 사이의 서자로 태어났다. 그는 일찍부터 부친과 헤어졌을 뿐만 아니라 어머니와도 사별하여 의지할 곳이 없는 고아가 되어 유복한 생활과는 거리가 먼 가난과 외로움을 겪었다. 빈천한 공자의 성장과정과 젊은 시절의 경력에 관해서는 확실한 것이 없다. 그러나 그가 끊임없이 자신을 분골쇄신하는 열렬한 상구자였다는 것은 의심의 여지가 없어 보인다. 공자 자신이 만년에 자기 일생을 회고하면서 자기 인생의 학문, 사상, 의지 등등에 걸친 변천과정을 간단하게 설명한 말이 있다.

> 나는 15세가 되어서 학문에 뜻을 두었고, 30세가 되어서 학문의 기초를 확립하였고, 40세가 되어서는 판단에 혼란을 일으키지 않았고, 50세가 되어서는 천명을 알았고, 60세가 되어서 귀로 들으면 그 뜻을 알았고, 70세가 되어서는 마음이 하고자 하는 대로 하여도 법도에 벗어나지 않았다(위정편 4).

공자의 이 말에 따라 후세 사람들은 40대에 들면 자신이 이제 불혹의 나이에 들었다는 말을 하면서 앞서의 덕목들이 마치 자연적인 나이와 관계되는 것으로 생각하는 경우도 있다. 그러나 모든 품위가 그렇듯이 이것은 자연적 속성이 아니라 고매한 인격을 이루려는 피나는 수련의 결과라는 것을 알아야 한다. 공자는 자신이 처음부터 도리를 알고 덕을 갖춘 성인이 아니라는 것을 누차에 걸쳐 강조하면서 이렇게 말한다.

> 나는 나면서부터 알고 있는 사람은 아니고 옛 것을 좋아하여 재빨리 그것을 알아내기에 힘쓰는 사람이다(술이편 19).

당시의 신분사회에서 공자는 세속계적으로 별로 유리한 위치에 있지 않았다. 그러나 그는 현명하게도 그것과는 별개로 존재하는 수도계의 길이 있음을 간파하고 그것을 추구하는 것을 인생의 목표를 삼았다. 당시까지 전승되어 내려온 문화유산을 철저하게 정리해서 그 존재의의를 밝혀내기에 힘쓴 그는 학문[5)]하는 이유를 이런 말로 밝히기도 하였다.

종일토록 함께 이야기하여도 지치지 않을 수 있는 것은 학문일 것이다. 몸집이 볼품이 없고 용력이 겁날 것이 없고 가문이 내세울 것이 변변하지 못하면서도 사방에 알려지고 제후에게 뚜렷이 인식될 수 있는 것은 학문뿐일 것이다(한시외전 6).

공자는 이상적인 학자로서 학문 그 자체를 목적으로 삼는 삶을 중시하였다. 그는 학자가 쓸모를 따져서 공부하는 것을 "배우는 사람은 어떤 쓸모있는 인물이 되기보다는 전인격적인 완성을 목표로 삼는다(위정편 12)"라는 말로 부인하였다. 그는 수도하는 것 자체를 즐기는 삶의 양태가 있음을 알았다.

비록 가난하게 살아도 수양하는 일에 힘쓴다면 거기에 적극적인 인생의 보람이 있다(학이편 15).

알려고 하는 사람은 좋아하는 사람만 못하고, 좋아하는 사람은 즐기는 사람만 못하다(옹야편 18).

빈천한 무사의 아들인 공자는 특정한 학자를 스승으로 삼아 학문을 전수받을 수는 없었지만 청년기에 말단 하급관원을 지내면서도 한순간

---

5) 여기서 학문은 오늘날의 의미와는 다르다. 공자의 경우 이는 주로 옛날 제도를 근거로 한 도덕학 또는 넓은 의미의 인간학을 의미한다. 그 방법에 있어서도 지성에만 의존하는 것이 아니고 실천과 마음가짐까지도 존중하는 것이다.

도 공부하기를 게을리하지 않았다(가이즈카 시게키, /1951; 차주환, 1984). 그는 일생에 걸쳐서 배우는 일을 지극히 중요시하여 상구하는 태도와 방법 등에서 남다른 점이 있었다. 《논어》의 첫머리에 나오는 "배우고 제 때 복습하는 것은 또한 기쁘지 아니한가(학이편 1)"는 그런 공자의 일면을 드러낸 것이라고 볼 수 있다. 공자는 다음과 같이 자신의 과거를 회고한다.

> 겨우 열 집쯤 사는 작은 마을에서도 반드시 나만큼 성실한 사람은 있지만, 나만큼 학문을 좋아하는 사람은 없을 것이다(공야장편 27).

겸손한 인격의 소유자인 공자가 이렇게 자신에 관해서 말하는 것을 보면 그의 상구열정이 남달랐음이 확실하다. 그에게는 일정한 스승이 없었으나 배우는 일은 어디에서도 계속했다. 그런 것은 "세 사람이 같이 길을 가면 거기에는 반드시 내 스승이 있다(술이편 21)"는 그의 유명한 말에서 쉽게 유추할 수 있겠다. 그에게는 착한 사람이나 악한 자, 어진 사람이나 어질지 못한 자 모두가 스승이 되었다. "아랫 사람에게 묻는 것을 부끄러워하지 않는다(공야장편 14)"는 그의 말대로 그는 언제나 남의 뛰어난 점을 솔직하게 인정하고 신분에 구애받지 않고 그것을 배우려고 노력했다. 그는 늘 자신의 허물을 말해주는 사람에게 감사할 줄을 알았다.

> 내게 잘못이 있다면 남들이 곧 그것을 가르쳐 주니, 나는 다행한 사람이오, 정말 고마운 일이오(술이편 30).

공자의 공헌 가운데 고전의 정리 및 해석사업은 극히 큰 비중을 차지한다. 그는 이를 위해서 필요하다면 현지를 직접 답사하여 문물의 유물과 유적을 참관하거나 신분의 고하를 따지지 않고 이에 관해서 잘 알고 있는 사람을 찾아가 청교(請敎)하는 일을 자주 한 것으로 알려지고 있다. 학문과 덕망이 있는 인물들에게 직접 배우기도 하고 의견을 교환하기도 하여 자기향상을 꾀했다. 그 가운데에는 공자의 이해력에 탄복하여 스승의 자리에서 물러나 제자인 공자에게 절하게 되었다는 사례도 있다(김학주, 1988). 그야말로 청출어람이라는 말이 여기에 적용될 수 있다.

46세 되던 해 그는 멀리 주나라까지 가서 우리가 잘 알고 있는 노자를 예방하여 가르침을 받은 것으로 알려지고 있다. 사마천의 《사기열전(/1981)》의 노자 본전에는 그 경위가 이렇게 나타나 있다.[6] 공자가 주나라에 가서 예(禮)에 관해서 가르침을 받으려 하자 노자는 이렇게 대답했다.

> 그대가 옛 성현들이라고 우러러보던 이들은 이미 육체나 뼈마저 썩어버리고 다만 남은 것이라고는 그 공언(空言)뿐이다. … 내가 들은 바에 의하면, "훌륭한 장사꾼은 물건을 깊숙이 감추어 언뜻 봐선 점포가 빈 것 같고, 군자는 많은 덕을 지니고 있으나 외모는 마치 바보처럼 보인다"고 했다. 그대도 제발 교만과 욕심 그리고 잘난 체하는 병과 잡념을 버리는 게 좋을 거요. 이런 것들은 그대에게 아무 소용이 없는 것이오. 내가 그대에게 하고 싶은 말은 이것뿐이다(p.44).[7]

---

6) 이것이 역사적으로 실재한 것이 아니라는 주장도 있다(가이즈카 시게키, /1991, p.78). 이것은 도가가 유행한 이후에 공자와 노자를 연결시키기 위해 지어낸 이야기에 불과하다는 것이다. 그럼에도 불구하고 사실 여부를 떠나 교육을 통한 선후진에 대한 판단의 과정 자체만으로도 인식론적인 의미가 있는 사례라 할 것이다.

7) 이미 혼탁한 세상을 떠나 체관의 경지에 들어간 은자의 눈에는 세상을 건지려고 하는 공자의 모습이 한갓 부질없는 일로 비쳤을 것이며 어쩌면 어리석게 보이기도 했을 것이다. 그러나 공자의 입장에서 보면 이것은 세상과 타협하지 못하고 고집만 부리는 것으로 보였을 가능성이 많다. 그럼에도 불구하고 공자는 노자의 이야기에 노련한 지혜가 있음을 승인한다. 결국 공자도 말년에 자신이 원하는 정치적 개혁이 성공하지 못했음을 인정하였다.

이것은 공자의 자존심을 여지없이 짓밟은 훈계라고 할 수 있다. 이에 대한 그의 반응이 궁금하다. 《사기열전(/1981)》에는 공자가 돌아와서 제자들에게 이렇게 말했다고 전한다.

> 새가 잘 날고, 물고기가 헤엄을 잘 치며, 짐승이 잘 달린다는 것은 나도 알고 있다. 달리는 놈이라면 그물을 쳐서 잡을 수 있고, 헤엄치는 놈이라면 낚싯줄로 낚을 수 있으며, 나는 놈은 주살로 쏘아 잡을 수 있다. 그러나 용에 이르러서는 구름과 바람을 타고 하늘로 올라가니 나로서는 알 수 없다. 내가 오늘 만나 뵌 노자는 마치 용과 같은 인물이라고나 할까?(p.44)

위의 글에는 정치에 종사하기를 좋아하면서 이 나라 저 나라를 기웃거리는 공자의 처세태도에 대한 비판이 들어 있다고 볼 수 있으며, 공자는 그것을 겸허하게 받아들인다. 즉 공자는 상구를 통해서 노자의 선진성을 자증하고 있음을 보여준다. 실제로 차주환(1984)은 《논어》와 같은 공자의 언행기록에서도 노자의 사고방식을 어느 정도 반영한 부분이 없지 않다고 해석하고 있다(pp.98-99). 이는 교육적 공조에 의한 품위의 위계판단에 해당하는 사례로서 교육적 인식론의 관점에서 볼 때 주목할 만하다.

공자는 자신의 상구가 끝이 없는 일임을 알고 있었다. 터득한 품위가 결코 절대적인 것이 될 수 없음을 안 그는 한마디로 억측하는 일, 장담하는 일, 고집하는 일을 버리고 한결같이 진실을 탐구하는 것을 즐겼다. 공자의 실천철학이 추구하는 덕성을 한마디로 말한다면 '인(仁)'이다. 그러나 놀랍게도 그는 그것에 대한 사상을 완성시키기보다는 계속해서 추구해야 할 이념으로 삼는다. 인(仁)의 본의를 절대적으로 완성하여 이해한다는 것은 불가능한 일이다. 공자는 결코 자신이 인(仁)의 표본이 된다고 자만하지 않았다. 다음의 말은 그의 겸손과 항상 자신을 반성하고 독려하는 심정을 잘 피력하고 있다.

> 애써서 바른 길을 행하는 점은 나도 남만 하지만 몸에 배어 자연스럽게 해내는 군자의 경지까지는 아직 도달하지 못하였다(술이편 32).
>
> 덕이 닦아지지 아니하는 것과 학문이 익혀지지 아니하는 것이 내 근심이다(述而篇 3).

공자가 62세 때 섭공이 그의 제자인 자로에게 공자에 대해서 물었으나 대답을 하지 않았다는 말을 듣고 공자는 이렇게 말했다고 전해진다.

> 너는 왜 이렇게 말하지 않았느냐? 그의 사람됨은 학문에 발분하면 밥 먹는 것도 잊고, 즐김으로써 걱정을 잊어, 자신이 늙어가고 있다는 것도 깨닫지 못하고 있는 사람이라고(술이편 18).

이상에서 검토한 것은 공자가 상구자로서 교육의 내재율에 얼마나 충실했는가를 보여주는 단편적인 면모들이다. 그는 이런 과정을 거쳐서 앞에서 지적한 인격의 변모를 성취하였고 나아가 그것을 성취하는 과정 자체를 즐겼던 것이다. 그 품위가 어떤 정도의 것이었는지를 여기서 논하는 것은 무모한 일이다. 다만 그것이 범인으로서는 접근하기 어려운 높은 경지라는 점만은 분명하다. 공자는 그가 성취한 그 높은 수준의 인품과 삶의 양식을 다른 사람도 공유하기를 바라고 더 나아가 그들에게서 자신의 품위가 인정될 수 있기를 바라고 있었다. 그러나 그것은 그들이 자신처럼 상구함으로써만 가능하다는 것을 알고 자신이 할 수 있는 것으로 하화의 수단을 강구한다. 이제부터 그 하화가 우리가 앞장에서 제시한 교육적 내재율에 얼마나 충실한 것이었는가를 점검할 차례이다.

선진은 상구하려는 사람들에게 언제나 주목의 대상이 되기 마련이다. 20~30대부터 명망이 드러난 공자에게는 그의 학덕을 흠모하고 사모하여 따르는 제자들이 있었다. 공자는 "가르침에는 구별이 있을 수 없다(위령공편 38)"고 선언하였다. 여기서 구별은 사람의 빈부귀천은 물론 지혜롭고 우둔함 모두를 포함하는 것이다. 그는 신분의 고하나 재산의 다과를 막론하고 그에게 제자의 예를 차리고 찾아드는 사람은 모두 받아들여 가르쳐 주었다.

> 속수(束脩)를 예물로 가져온 사람부터 시작하여 그 이상의 예물을 가져온 사람들에게는 내가 가르치지 않은 일이 없다(술이편 7).

속수는 육포의 묶음인데, 제자로 들어오는 사람이 스승에게 바치는 수업료로서는 가장 낮은 것이다. 이 때문에 만년에 이르러 많은 때에는 제자가 3천 명에 달하는 거대한 집단을 이루었다고 한다. 그러나 이것은 후대의 사람들이 공자를 지나치게 숭배한 나머지 과대한 추산을 하였을 것이고 그에게 직접 가르침을 받은 제자들의 총수는 실제로 70~100명 정도였다고 한다(가이즈카 시게키, /1991; 김학주, 1988). 제자들의 대부분은 하급무사나 자작농민 출신이었다.

공자는 우선 제자들에게 상구가 품위의 어느 단계에서나 중요하다는 것을 늘 강조했다. 그 중에는 유명한 육언육폐(六言六蔽)가 있다.

> 인자하게 굴기를 좋아하면서 배우기를 싫어한다면 그 폐단은 어리석어지는 것이다. 지혜롭게 굴기를 좋아하면서 배우기를 싫어하면 그 폐단은 무절제해지는 것이다. 신용있게 굴기를 좋아하면서 배우기를 싫어하면 그 폐단은 의(義)를 해치게 되는 것이다. 곧게 굴기를 좋아하면서 배우기를 싫어하면 그 폐단은 가혹해지는 것이다. 용맹하게 굴기를 좋아하면서 배우기를 싫어하면 그 폐단은 난폭해지는 것이다. 굳세게 굴기를 좋아하면서 배우기를 싫어하면 그 폐단은 무모해지는 것이다(양화편 8).

아무리 좋은 취향과 일정 수준의 높은 품위를 터득하고 있다고 하더라도 그것에 만족하는 데 그치면 반드시 폐단이 온다는 것이 공자의 생각이었다. 항상 더 나은 것을 지향할 때 그 품위의 유연함이 살아나는 것이다. 그는 자신의 체험을 근거로 제자들에게 이런 충고를 한다.

> 배우는 데는 미치지 못한 것같이 하고, 잃을까 두려워하는 것같이 하라(위

정편 11).

공자는 인간에게는 누구에게나 과실과 과오가 있음을 시인하고 그것을 교육의 전제로 삼았다. 이 때문에 그는 그의 제자가 과오를 범하는 것을 당연시하고 그것을 정직하게 표명하고 고치기를 종용하였다.

> 실수를 하면, 그것을 고치기를 주저하지 말아라(학이편 8).
> 누구에게나 잘못은 있지만, 잘못을 하고도 고치지 않는 것이 참된 잘못이다(위령공편 29).

상구의 출발은 자신의 부족함을 알고 겸손하게 배우는 자세를 갖추는 것이다. 이 때문에 공자는 남에게 지는 것을 싫어하고 아는 체를 잘 하는 제자인 자로에게 어느 날 이런 충고를 한다.

> 유(由)야, 너에게 지(知)를 일러주랴? 아는 것을 안다고 하고 모르는 것을 모른다고 하는 것이 아는 것이다(위정편 17).

지(知)는 단순히 이미 알고 있는 것에 그치는 것이 아니고 그것을 바탕으로 미지를 탐구하는 데 있다. 이 말은 다음(4.2.2.)에 검토할 소크라테스가 밝힌 '무지의 지'라는 지혜를 연상시킨다.

공자는 제자들을 잘 관찰해서 그들의 개성과 재능을 토대로 지도했다. 그는 제자가 재능이나 노력에 의해서 도달한 품위의 수준에 따라 가르치는 것을 조절했다. 이를 이른바 수인이교(隨人異教)라 한다.

> 중등 이상에 도달한 사람에게는 높은 지식을 일어주어도 좋다. 중등 이하의 사람에게는 높은 지식을 일러줄 게 못 된다(옹야편 21).

공자는 제자의 품위를 관찰하고 그에 상응해서 하화해야 한다는 교육적 내재율을 충실히 따랐다. 그런 놀라운 대응투약의 경우는 《논어》에서 심지어 똑같은 질문을 하는 제자에게 그 반대의 대답을 해주는 사례로 나타나고 있다.

> 자로가 의로운 일을 들으면 곧 그것을 행할 것인가를 여쭈어 보자 선생님께서, "부형이 계시는데 어떻게 의로운 일을 들었다고 곧 이를 행하겠느냐" 하고 말씀하셨다. 유(有)가 의로운 일을 들으면 곧 그것을 행할 것인가를 여쭈어 보자 선생님께서, "의로운 일을 들으면 곧 그것을 행하도록 하여라" 하고 말씀하셨다. 공서화가, "유(由)가 의로운 일을 들으면 곧 그것을 행할 것인가"를 여쭈어 보자 선생님께서는 "부형이 계시다"라고 말씀하시고, 구(求)에게는 "의로운 일을 들으면 곧 그것을 행하도록 하여라" 하고 말씀하셨습니다. 저는 도무지 모르겠으므로 말씀드립니다. 선생님께서 말씀하시기를, "구는 뒤로 물러서는 편이기 때문에 앞으로 밀어내 주었고, 유는 기승한 사람이기 때문에 뒤로 물러나게 하여 준 것이다"라고 하였다(선진편 21).

공자는 수인이교(隨人異教)의 원칙뿐만 아니라 항상 상대편이 적극적인 상구의욕과 진지한 학구적인 태도를 가지고 임해야만 하화의 성과를 얻을 수 있다는 것을 알고 있었다.

> 스스로 깊이 이 일을 어떻게 할까 생각하여 해결을 구하지 않고, 이 일을 어떻게 할까 하고 근심만 하는 사람은 나도 어찌할 도리가 없소(위령공편 15).

그는 가르쳐 주어도 터득할 열성이나 능력이 부족해서 헛수고로 그칠 것이라고 생각될 경우에는 가르쳐 주는 것을 보류하기도 했다.

> 스스로 알려고 애쓰지 않는 사람은 지도해 주지 않습니다. 표현하지 못해 괴로워하지 않으면 일깨우지 않습니다. 한 모퉁이를 들면 나머지 세 모퉁이에도 반응이 일어나는 정도가 아니면 다시는 가르치지 않습니다(술이편 8).

하화가 효과를 발휘하려면 상대편의 적극적인 상구태도가 필수적이다. 좋은 것을 가르친다고 하더라도 상대가 필요성을 느끼지 않는다면 그 성과는 의심스럽게 되는 것이다. 공자는 이 때문에 제자들에게 상구에 있어서 능동적인 태도를 요구했다. 이처럼 '알려고 답답해 할 때 지도를 하는 것'을 이른바 인재시교(因材施教)라 일컫는다. 얼마나 탁월한 교육적 통찰인가! 공자는 제자들이 자진해서 질문해 오도록 유도하여 그런 기회를 활용해서 인재시교의 방법으로 교육의 효과를 기했다.

공자는 실천과 말의 일치를 강조하여 말과 태도를 꾸미고 성의가 없는 사람을 싫어했다. 말하자면 그는 지득이 아니라 증득을 중시한 것이다. 공자는 "덕이 있는 사람은 반드시 좋은 말을 하지만 좋은 말을 한다고 반드시 덕이 있는 사람은 아니다(헌문편 5)"고 하고, 후자의 사람을 가리켜 '덕을 훔치는 도둑'이라고 불렀다. 따라서 이론보다는 실행과 실천을 강조했다. "군자는 말에 어눌하고 행함에 민첩하고 싶어한다(이인편 24)". 이 때문에 공자는 "이(利)와 명(命)과 인(仁)을 말하는 적이 드물었다(하한편 1)." 그는 하화를 함에 있어서 자신의 말을 앞세우기 전에 그것을 몸으로 실천하고 제자들에게 보여주었다.

공자는 덕행을 권면하여 인격도야에 힘쓰게 할 때는 무엇보다도 자신이 모든 일에 솔선수범해서 제자들에게 스스로 반성해서 본받을 수 있는 계기를 마련해 주는 적절한 자극을 주었다. 그러나 자신도 부족하다고 생각했기 때문에 항상 그를 무조건 따르는 것은 원하지 않았다. 그는 자신의 언행을 있는 그대로 공명정대하게 나타냈다.

> 너희들은 내가 감추고 나타내지 않고 있는 일이 있다고 생각할 것이나, 나는 감추고 나타내지 않고 있는 것은 하나도 없다. 나는 무슨 행동이건 너희들에게 보여 주지 않은 것이라고는 없으니, 그것이 곧 나다(술이편 23).

공자는 제자들에게 주위의 여론에 현혹되지 말고 자신의 독립된 판단을 내리도록 종용하였다. 그는 "군자는 화합하기는 하나 뇌동하지는 않고, 소인은 뇌동하기는 하나 화합하지는 않는다(자로편 23)"고 말하고,

"모든 사람이 한결같이 싫어할지라도 여론을 믿지 말고 충분히 그 진상을 살펴야 하며, 모든 사람이 한결같이 좋다고 할지라도 그대로 믿지 말고 반드시 그 진상을 살펴야 한다(위령공편 27)"는 점을 강조했다. 수도는 평균을 지향하는 세속의 논리에 부응해서는 이루어질 수 없는 것이다. 수도를 함에 있어서는 스스로 자신의 판단에 따라 가치를 정립하고 그것에 책임을 질 수 있어야 한다.

이처럼 공자는 제자들의 자주적인 판단을 중시했다. 그렇기 때문에 제자들은 생활을 같이 하면서 그때 그때의 복잡하고 미묘한 상황에 처하여 공자의 처신이 이해하기 어렵거나 옳지 않게 보이는 데가 있으면 항상 의문을 품고 물어서 그 의의를 터득하려고 하였다. 때로는 제자들이 서슴지 않고 공자를 비판하고 나서서 그의 의사를 타진하거나 해명을 요구하는 경우도 있었다. 제자들은 공자 개인을 따르는 것이 아니라 그의 품위를 확인하고 그것을 추구하고자 했기 때문이다.

제자들에게 자신이 선진임을 하화를 통해서 입증하려고 할 때 공자는 그것이 어디까지나 심열성복이라는 내규 안에서 일어나야 함을 강조하였다. 앞에서도 지적했지만 공자는 단순히 인정이나 사회적 압력에 굴복하는 것은 진정한 의미의 타증이 될 수 없다는 것을 알고 있었다. 그가 진정 제자에게 원한 것은 공자라는 특정한 자연인이 아니라 그가 가진 품위를 증명하는 것이었다. 그 점은 다음의 말에서 적나라하게 읽을 수 있다.

> 인(仁)을 할 때에 스승에게도 사양할 필요가 없다. 앞서도 좋다(위령공편 35).

공자는 제자들에게 이렇게 교육적 반전을 허용하고 있다. 이런 공자의 선언에도 불구하고 그의 제자들이 공자에게서 계속 지도를 받게 된 힘은 어디에 있었는가? 그것은 한마디로 품위면에서 공자가 선진으로서 아직 제자들이 따를 수 없는 높은 품위를 가지고 있었기 때문이었다. 이 점은 다음과 같은 안연의 고백에서 분명하게 드러난다.

(선생님의 도는) 우러러 보면 볼수록 더욱 높이 올라가고, 뚫고 내려가면 갈수록 더욱 굳어져 들어가고, 앞에 있을 것을 보고 있으면 어느 틈에 뒤에 와 있다. 선생님께서는 사람을 차근차근 잘 유도하신다. 글로 나의 지식을 넓혀 주시고, 예로 나의 행위를 단속해 주신다. 내가 그만 두려고 해도 그만 둘 수 없어, 내 재주가 다해 버리기에 이르러도, 우뚝하게 서 있는 것 같아진다. 그래서 그것을 따라가려고 하지만 따라갈 길이 없다(자한편 11).

물론 공자의 제자들은 그의 지도를 따라 점차 그를 이해할 수 있게 되었을 것이다. 그러나 공자의 참모습을 알아냈다고 생각하는 순간에 그 자태는 사라져 버리고 만다. 제자들에게 공자의 품위는 아무리 해도 헤아릴 길 없는 신비한 것이었다. 공자가 아직 하화할 여지가 있다는 것, 그리고 그의 제자가 아직 그를 상대로 상구할 여지가 있다는 것은 여전히 그들간에 품위의 차이가 있다는 것을 증명한다.

당시 사람들은 공자와 그의 제자간의 인품상의 경합에 흥미를 가지고 있었던 것 같다. 어느 날 노나라의 숙손무숙(叔孫武叔)이라는 대부가 조정에서 여러 대부에게 "자공이 공자보다 뛰어났소"라고 말을 했다는 것을 전해들은 당사자인 자공은 이렇게 말했다고 한다.

천만의 말씀입니다. 궁궐의 담장에 비유해 말한다면, 제 담장은 어깨 높이 밖에 안 되어 잘 꾸민 방을 엿볼 수 있습니다. 그러나 선생님의 담장은 높이가 두 길이나 되어 정문으로 들어가 보지 않으면, 그 안의 아름다운 종묘와 많은 백관들이 모여 있는 굉장한 광경을 볼 수 없습니다. 그러나 사실에 있어서는 정문으로 찾아 들어가는 사람은 적기 때문에, 무숙 선생이 그렇게 말하셨는데, 역시 무리가 아닐지 모르겠습니다(자장편 13).

공자의 제자들은 마음으로부터 공자를 따르고 복종하였다. 공자는 심지어 정치에 있어서조차도 명령이나 강제보다는 품위에 대한 개인의 자각을 토대로 자율적인 복종을 기대했다. 공자는 "윗 사람의 몸가짐이 바르면 명령을 하지 않더라도 저절로 시행이 되고, 몸가짐이 바르지 않으면 비록 명령을 하더라도 따르지 않는다(자로편 6)"고 하였다. 이런 충고에도 불구하고 그의 제자들은 그에게 심열성복하였다. 이는 그만큼 공자의 품위가 당시의 제자들에게 높은 품위의 것이었음을 입증해 준다.

공자는 자기 나이를 의식하고 늙어도 자기 신념의 실현을 위한 열성은 쇠하지 않고 있다는 것을 나타내려는 의도의 말을 한다. 《공자세가》에는 "도를 배우며 물리지 않고 남을 가르치기에 지치지 않는다"는 구절이 들어 있다. 또한 《논어》에도 "깨달아 얻는 것을 묵묵히 마음에 새겨 두고, 배우되 싫증을 내지 아니하며, 남을 가르치면서 게으름을 피우지 않는 것쯤은 내게 무슨 어려움이 있으랴?(술이편 2)"라고 하여 하화에 강한 자신감을 보인다.

그러나 공자는 그토록 많은 제자들에게 둘러싸여 있으면서도 자신이 가진 최고의 품위를 그들에게 입증하는 데에는 한계를 느꼈던 것 같다. 이 적막감은 젊은 나이에 요절한 그의 애제자인 안연을 회상하는 대목에서 나타난다. 공자는 만년에 자기 평생에 이루지 못한 희망을 안연에게 걸고 있었다. 노나라의 애공으로부터 제자 가운데 누가 학문을 좋아하는가 하는 질문을 받고 공자는 이런 아쉬움을 토로한다.

> 제자 가운데 안연이라는 사람이 학문을 좋아하여 자기 노여움을 남에게 화풀이 하지 않았고, 한번 잘못한 것을 되풀이하지 않더니, 불행하게도 단명하여 죽었습니다. 지금은 세상에 없으니, 아직 학문을 좋아하는 사람이 있다는 말을 듣지 못했습니다(옹야편 2).

자기의 품위를 계승하고 더 발전시킬 것으로 기대했던 제자 안연의 죽음은 공자에게는 자기 이상의 품위를 개척해 나갈 제자의 단절을 의미하는 것이었다. 공자는 어느 날 "나를 이해하는 사람이 없구나!"라고 탄식하였다. 이를 보고 다른 제자인 자공이 "어찌하여 선생님을 이해하는 사람이 없겠습니까?"라고 반문하자, 그의 대답은 이러했다.

> 위로는 하늘을 원망하지 않고, 아래로는 사람을 탓하지 아니하여 밑에서부터 차근차근히 공부해서 천리에 도달했다. 나를 이해하는 것은 바로 하늘일까?(헌문편 37)

이는 공자가 아직도 제자들이 이해할 수 없는 높은 품위를 가지고 있다는 증거가 된다.

우리는 위의 문헌상의 기록에 대한 분석을 통해서 공자라는 특수한 인물이 어떻게 유가라는 남다른 수도계를 창도하고 그것의 실재성을 그의 제자를 통해서 입증했는지를 알게 된다. 그것은 철두철미하게 교육에 의존해서 가능했으며, 공자는 그 내재율을 충실히 따르는 교육적 주체였다는 사실이 위의 사례들을 통해서 새삼스럽게 드러나고 있다. 공자의 사상적 결실에만 초점을 맞추는 이제까지의 연구들은 그것들을 획득하고 그 타당성을 입증함에 있어서 중요한 매개적 역할을 했던 역동적인 교육적 사실들을 간과하고 있다. 앞에서 지적했듯이 공자의 하화는 제자의 수준에 따라 달리 이루어졌다. 그런 품위들을 하나의 논리적인 체계 속에서 해석하려는 것은 어리석은 일이다. 또한 우리는 이런 교육적 이해의 통로를 거치지 않고 이루어지는 숱한 공자의 해석이 진정 옳을 수 있는가를 반문해야 한다. 모든 수도계적인 기록이나 흔적은 오직 교육을 통한 이해를 거쳐야만 제 모습으로 살아날 수 있다는 것을 여기서 강조하지 않을 수 없다.[8)]

4.1.3. 석가

석가는 대략 기원전 5세기 초, 히말라야의 남쪽 산기슭에 사는 약소부족인 석가족의 태자로 태어났다. 그러나 그는 당시 인도의 계급사회에

---

8) 이와 관련하여 나는 후(4.4.2.)에 교육적 이해를 근간으로 삼는 '교육학적 해석학'이라는 새로운 연구영역의 가능성을 시사할 것이다.

서 최고급인 브라만이 아니고 크샤트리아(무사계급)에 속했다. 흔히 우리는 석가를 성자라고 하지만 그의 탁월한 업적은 자업자득을 말하는 불가에서 볼 때 결코 타고난 것일 수 없다. 그가 최상의 존재가 될 수 있었던 것은 역시 오랜 상구와 정진의 결과이다. 보리수 아래서 크게 깨달은 후 석가는 45년 동안 한결같이 하화를 계속하다가 80세에 이르러 사망하였다. 그의 삶은 교육 그 자체의 구현이라고 할 만큼 우리가 말하는 교육의 내재율이 그대로 배어 있다.

석가의 출가 전 생활은 세속의 통념으로 볼 때 지극히 행복한 삶이었다. 그는 7일 만에 모친을 잃고 이모의 보살핌을 받았다. 왕자의 신분이었기 때문에 왕궁에 초빙된 교사로부터 베다와 우파니샤드 등 당시의 모든 학문과 철학체계는 물론 집중과 명상에 관한 것도 배웠다. 그의 진전은 교사도 탄복할 만큼 매우 빨랐으며, 마침내 배울 것이 없을 정도였다. 자질이 예민했던 그는 이미 풍부한 교양을 쌓았고, 깊은 사색을 하면서 자신의 삶이 결코 참다운 행복이 아니라는 것을 알게 되자 왕자로서의 교만은 산산이 무너지고 말았다. 그는 후에 이렇게 그 시절을 기억한다.

> 나는 아직 바로 깨닫는 일을 얻지 못한 구도자였을 때 이렇게 생각했다. "이 세계는 참으로 고난에 가득 차 있다. 태어나고, 늙고, 쇠약해지고, 죽어서 다시 태어난다. 그런데도 이 늙음과 죽음의 고통에서부터 멀리 떠나 헤어날 줄을 모른다. 어떻게 하면 그와 같은 일이 가능할까?" (이기영, 1999, p.67)

무슨 일이건 한번 의문을 품기 시작하면 끝까지 파고드는 것이 석가의 성미였다. 또한 그 나이에 가정생활을 버리고 고행과 사색에 전념하여 수행하는 일은 당시 인도 사람의 삶의 방식에서 그렇게 예외적인 것은 아니었다.[9] 그는 생노병사의 인간고뇌를 봄으로써 역시 크나큰 버림

9) 당시의 인도에서는 바라문 계급뿐만 아니라 다른 신흥계급 사이에도 인생문제를 해결하기 위해 처자를 버리고 집을 나와서 구도하는 풍습이 있었다.

이 없으면 크게 얻을 것도 없다는 것을 알고, 결국 29세에 궁내의 교만과 방일의 생활을 극복하기 위해서 출가하기에 이른다.[10)]

출가한 후에 물질의 면에서 볼 때 최하의 걸식 사문의 생활을 시작한 석가는 지난날 왕자였다는 생각을 완전히 떨쳐버려야 했다. 그는 집을 떠나자마자 인도의 새로운 문화와 정치의 중심지인 마가다 국에 가서 그를 앞서가는 선진을 찾는다. 드디어 그 당시 사문들의 학파를 대표하여 사문들의 단체를 이끌고 있는 사람들 가운데 알라라 칼라마와 웃다카 라마풋다 두 사람을 스승으로 모시면서 정진과 각고 끝에 오래지 않아 스승의 품위[11)]에 이를 수 있었다.

석가는 선진들에게 떠오르는 많은 의문을 물었다. 그러나 그들의 대답은 그의 정신적 갈증을 해소시키지 못하기 때문에 그들까지도 그가 바라는 정도의 깨달음에 있지 못한다는 판단을 내리고 그들의 문하를 떠나기로 작정한다. 스승인 웃다카는 석가에게 더 머물며 자기의 제자들을 지도해 달라고 간청했으나 그것을 거절하였다.

이제 더 이상 지도를 받으면서 상구할 만한 스승이 없음을 느끼고 더 높은 품위를 자기 혼자의 힘으로 깨달아야 함을 안 석가는 머물러 정진할 곳을 찾아 헤매었다. 목숨을 걸고 고행을 하면서 정진은 계속되었으나 다섯 해가 지나가도 별로 성과는 없어 보였다. 그 동안 그는 끊임없이 악마의 유혹을 뿌리쳐야만 하였다.

---

10) 석가가 출가하게 된 원인을 이웃나라 골리아와의 분쟁에서 당시의 상가(공동체)가 싸움을 결의했을 때 석가가 그에 대해서 반대한 대가로 스스로 추방의 길을 택한 것으로 보는 견해도 있다(Ambedkar, 1974).

11) 수도계에는 항상 다양한 방식으로 품계를 구분하지만 선정에도 그 수준이 있다. 석가가 처음 사사했던 두 스승 중 한 사람은 선정으로 '무소유처(無所有處)'에 태어나는 것을 목표로 삼았고, 다른 사람은 그보다 한 자리 위인 '비상비비상처(非想非非想處)'에 태어나는 것을 목표로 삼고 있었다(이기영, 1999, pp.41-42).

> "당신은 여위고 안색도 나쁘오. 죽을 날이 가까워 오고 있소. 당신이 죽지 않고 살 가망이란 천의 하나요. 살아야 하오. 사는 편이 낫고, 목숨이 있고서야 모든 선행을 할 수 있는 것이오." 악마가 말했을 때 석가는 이렇게 응답하였다. "이와 같이 전심하고 있는 나에게 너는 어찌하여 세속의 생명을 말하는가? … 이 세속의 생은 부질없는 것이로다. 나는 져서 사는 것보다는 싸워서 죽는 것을 마땅하다고 여긴다."(이기영, 1999, pp.86-88)

이는 석가가 자기 자신의 내면에서 나오는 세속적 유혹을 이기고 얼마나 치열하게 수도에 정진했던가를 짐작하게 한다. 석가는 깨달음을 얻는 데 유효할 것으로 생각되는 고행을 모두 시도했고, 그의 곁에는 그것을 감탄하여 지켜보는 5명의 수행자[12)]가 있었다.

석가는 마가다 국의 여러 곳을 전전 유행하다가 여러 가지로 사색한 결과 육체를 괴롭히는 것은 오히려 집착하는 것임을 알게 된다. 이제 그는 마을의 소녀가 바친 우유를 마시고, 개울에서 몸을 씻고, 고행을 중지하고, 그 유명한 보리수 아래에 자리잡고 사색정진을 계속했다. 성스러운 구도를 방해하는 애욕, 탐욕, 권세에 대한 생각과 많은 번뇌의 시험이 있었다. 그러나 그들과의 싸움에서 승리를 거두고 마침내 큰 깨달음을 얻게 되었다. 당시까지는 없었던 새로운 도가 생기고, 그 중 그는 가장 높은 품위를 자증하기에 이른 것이다. 《율장대품》의 첫머리에 그 때의 석가를 이렇게 묘사하고 있다.

> 그 때 불세존은 비로소 현등각(現等覺)을 성취하시고 우루벨라 마을 네란자라 강가의 한 보리수 아래 계셨었다. 세존은 보리수 아래서 한번 가부좌를 트신 채 7일 동안 해탈의 기쁨을 즐기시고 계시었다(마스다니 후미오, /1987, p.57).

자증은 바로 상구자 자신의 판단에 근거한다. 그 자증의 내용이 높은 수준의 것임을 석가는 어떻게 알 수 있었는가? 그것은 말할 필요도 없

12) 이들은 부왕이 태자의 호위를 위해서 파견한 자라는 추측도 있다. 이들은 한때 석가를 오해하기도 하지만 결국 그의 제자가 된다.

이 모든 증득의 경우가 그러하듯이 후방대비에 의해서 가능했던 것이다. 앞의 생각이 어두웠을 때에는 한낮 범부에 불과했지만, 뒷 생각이 깨달으면 곧 부처가 되는 것이다. 앞 생각이 대상에 집착했을 때에는 번뇌이지만, 뒷 생각이 대상을 떠나면 곧 보리인 것이다. 석가는 깨달음의 순간 번민에 쌓였던 것이 일거에 해소되는 것을 느낄 수 있었을 것이다. 이제 아무 것도 두렵지 않았다. 모든 것이 밝게 보이기 시작했다. 나고 죽는 것이 결코 둘이 아닌 것을 깨달았다. 마음이 자유자재하여 거리낌이 없다. "나는 이제 더 이상 과거의 어리석은 내가 아니다." 이것은 석가로서는 형언하기 어려운 큰 기쁨이었던 것이다. 그 품위가 주는 즐거움을 그는 일주일 동안 음미하고 있었다. 자신이 얻은 진리를 신중하게 음미하고 혹시 잘못된 것이 있지 않은가를 반성하기도 하였다.

여기서 그 자증의 내용이 무엇인지를 말하는 것은 부적절하다. 불경에서는 이에 관해서 이러쿵 저러쿵 하지만 이는 언술의 경계를 넘어선다고 보아야 한다. 사실상 그것을 말로 표현한다고 해도 세상사람들이 이해할 수 있는 품위가 아니다. 그것의 실질적인 내용은 석가가 수행했던 그만큼의 공력을 쌓아야만 자증할 수 있다. 그것이 어디 그렇게 쉬운 일이었던가! 이 때문에 석가는 이를 세상 사람들에게 전할 것을 한동안 단념하려고 하였다.

> 그것은 세상 흐름을 거슬리고, 매우 미묘하며, 깊고 깊어 보기 어려우므로, 욕망에 집착하고 암흑에 싸여 있는 자는 도저히 보지 못하리라. 내 이제 각고 끝에 증득한 바를 설한다 해도 결국 헛수고일 것이다(마스다니 후미오, /1987, p.57).

이렇게 생각했을 때 석가의 마음은 침묵하기로 기울었다. 만약 그가 하화하기를 거부하거나 혹은 하화에 실패했더라면 이후의 사람들은 영원히 그 품위가 무엇인지를 알 길이 없었을 것이다. 석가에게는 또한 이런 어려운 문제도 있었다. 그의 자증이 혹 자신의 착각일지도 모른다는 일말의 의혹과 불안감이다. 이미 어떤 사람에 의해서 확립된 사상이라면 그 곳에서 확인할 수 있지만 스승이 없이 홀로 깨달은 품위는 자체의 주관에 머물고 있는 동안은 완전히 확립된 것으로 말하기 어렵다. 다만 남는 것은 그 내증을 사람들에게 설하고 납득시켜 귀의하도록 하는 수밖에 없다. 이것이 우리가 말하는 하화에 의한 타증의 길이다.

이런 이유에서 그의 마음은 다시 하화하는 쪽으로 기운다. 이 품위가 과연 너무 깊고 미묘하고 높아 증득하기가 어렵겠지만, 누군가 그가 했던 노력을 하면 그도 또한 그것을 깨달을 수 있을지도 모른다는 확신이 선 것이다.[13] 그러나 누구에게 먼저 나의 법을 설할 것인가? 이 법을 그래도 빨리 이해할 수 있는 사람은 누구일까? 석가는 먼저 한때 가르침을 받았던 스승인 알라라 칼라마와 웃다카 라마풋타를 생각했다. 그러나 그들은 이미 사망한 후였다. 그래서 그는 한동안 함께 고행하던 다섯 사람의 수행자를 찾아 청학하는 것이 좋겠다는 생각을 하였다. 그들은 석가의 도반들로서 그들의 품위는 이미 상당한 수준에 이르렀기 때문에 자신의 품위를 가장 가깝게 이해할 수 있으리라는 판단을 내린 것이다. 이것이 바로 석가의 유명한 대기설법[14]이다.

---

13) 이것이 이른바 범천권청(梵天勸請)의 설화를 통해 우리가 짐작할 수 있는 심경의 전개이다. 브라만교의 최고신인 범천이 석가 앞에 모습을 드러내고 이렇게 세 번에 걸쳐서 가르침을 권했다는 것이다. "세존이시여, 바라옵건대 법을 설하소서. 부처님이시여, 사람 중에는 덜 더렵혀진 자도 있음에, 만약 법을 듣지 못하면 타락할 것입니다. 만약 법을 얻어듣는다면 깨닫게 될 것입니다."

14) 대승불교에서는 불타의 본질로서의 원리적인 불타의 면(法身)과, 수양에 의해서 완전한 경지에 도달한 이상적인 불타의 면(報身)과, 교화하고 구제하는 상대방에 따라 가장 편리한 모습을 나타내어 특정한 시대와 지역에 나타나는 구체적인 불타의 면(應身 또는 化身) 등 세 가지를 구분한다. 석가모니불은 이 분류에 의하면 응신에 속한다고 볼 수 있다. 석가는 모든 중생을 그들에게 알맞은 방식으로 해탈하도록 인도하였다. 가령 석가의 입장에서 지옥과 천국이라든가 생천사상(生天思想)은 하나의 미망이다. 따라서 석가는 비구들과의 문답에서는 생천의 관념에 사로잡혀 있는 것을 단호하게

> 비구들이여, 잘 들어라. 나는 이미 죽음을 초월했다. 내 그대들에게 가르쳐 주리라. 법을 설하리라.

그러나 하화자에게는 항상 응분의 어려움이 있기 마련이다. 그 다섯 명의 도반들은 석가가 우유를 마시고, 개울에서 몸을 씻고, 고행을 떠났을 때 '사치에 빠진 자'라고 비난하고 경멸하면서 좀처럼 그의 하화에 응하려고 하지 않았다. 그런 그들에 대해서 정법의 도를 이해시키자면 아무래도 오해의 내용부터 해소시켜야만 하였다. 그는 자신이 고행을 떠난 입장을 납득시키는 것부터 시작했다.

> 세상에는 두 극단이 있다. 그것들은 도리에 맞지 않는 길이다. 나는 그 두 극단을 버리고 중도에 섰다.

다섯 명의 도반들은 이 자기변명을 들으면서 석가가 예전의 고행하던 때와 사뭇 다르다는 생각을 하고 그의 하화에 응하기 시작했다. 그들을 앞에 앉히고 설한 내용은 나무랄 데 없이 잘 정리된 하나의 실천철학이었다. 그들은 밥을 빌어 허기를 채우면서 정진하여 마침내 그 중 한 사람인 콘단나가 먼저 깨달음을 얻었다. 이 때 석가는 "콘단나가 깨달았다. 콘단나가 깨달았다"하고 무척 기뻐했다고 한다. 그것이 계기가 되어 나머지도 깨치어 이 세간에 여섯 아라한[15]이 생기게 된 것이다. 이제 석가가 깨친 것은 석가 하나에 그친 것이 아니라 다섯 명의 타인을 통해서 공감을 얻게 된 것이다. 이런 상호주관성을 거친 사실 확인은 석가에게

물리쳤다. 그러나 재가신도들이 생천사상에 깊이 길들여진 것에 대해서는 그것을 배척하지 않았다. 오히려 스스로 그 사상 안에서 그런 관념을 바른 방향으로 이끌기 위한 계략을 강구하였다. 불가에서는 이를 '방편'의 개념으로 정당화한다.

15) 이는 대승불교에서 말하는 아라한과 다르다. 응공, 즉 신도의 공양에 응할 자격이 있는 존경할 만한 사람을 뜻한다.

는 자증 못지않은 기쁨이 되었던 것이다.

석가는 다시 그의 하화에 곧바로 응할 수 있는 제자를 찾았다. 그는 바라나시라는 도시의 부호의 외아들인 야사(耶舍)라는 청년이었다. 그는 마치 출가하기 전의 석가처럼 풍족한 세속적 생활을 즐기면서도 그것에 혐오심을 가지고 있는 상태에 있었다. 이것은 다른 사람들에 비해서 석가의 품위를 받아들일 정도의 교육적 시숙이 이미 이루어진 단계임을 의미한다. 숲 사이를 걷다가 "아, 재화로다"라고 탄식하는 그를 본 석가는 역시 그에게도 청학하였다.

> 젊은이여, 여기에는 재화가 없다. 이리 와서 앉아라. 내 그대를 위해 법을 설하리라.

이 말이 청년을 강하게 자극하여 야사는 석가의 하화에 응하였다. 옛 경전에 알려진 그 때의 설법내용은 이른바 '차제설법(次第說法)'으로 알려지고 있다.

> 그가 옆에 앉았을 때 세존께서는 순차적으로 법을 설하시었다. 설하되, 베품, 계, 하늘에 나는 일, 갖가지 탐욕의 재화, 출가의 공덕이었다. 그리고 장로의 아들 야사에게 인욕하는 마음, 부드러운 마음, 장애를 멀리하는 마음, 환희하는 마음, 맑고 청정한 마음이 일었음을 알고 석존께서는 여러 부처의 진리를 설하시니 곧 고 · 집 · 멸 · 도였다(마스다니 후미오, /1987, p.90).

불법의 체계는 한꺼번에 알 수 있는 것이 아니다. 그 체계를 체득하기 위해서는 단계적인 품위를 갖추지 않으면 안 된다. 여기서 단계란 연(緣)에 따라 촉발되는 가능성이다. 하화할 때 그 내용을 받아들일 수 있는 제자의 준비상태라고 말할 수 있다. 그래서 석가는 청년의 상태에 맞추어서 알맞은 설법의 내용을 선택해서 계단을 오르듯이 차근차근 제시한 것이다. 이것은 우리의 교육의 내재율에 전적으로 일치한다.

그리하여 야사는 석가의 제자가 되어 일곱 번째 아라한이 되었고, 그를 초청한 아버지 역시 최초의 재가신도[16)]가 되었다. 이런 소문을 듣고 양가의 자제들이 석가에 귀의하더니 나중에는 50명이나 출가하여 녹야원에서 그의 가르침을 받는 사문이 되었다고 전해진다. 그들의 따름은 곧 석가의 품위가 높은 것임을 입증하는 중요한 단서가 된다. 그는 이미 수도를 하고 있는 기존의 사람들을 하화를 통해 전향시켰고, 그의 제자의 수는 날로 늘어나게 된다.

그 중 배화교를 신봉하면서 수백 명의 제자들을 거느리고 있던 캇사파 형제들의 전향은 교육에 의한 품위의 입증이 얼마나 강력하고 효과적인 것인가를 말해준다. 많은 사람들을 하나하나 상대해서 품위의 우위를 입증한다는 것은 사실상 어려운 일이다. 대신 석가는 그 형제들을 하화하는 데 성공함으로써 그들의 휘하에 있는 모든 제자를 한꺼번에 자신의 제자로 삼는 데 성공한다. 이것은 교육의 내재율에 의한 연대적 검증이 얼마나 효과적인 것인가를 보여주는 좋은 사례이다. 이런 방식에 의해서 그는 당시 불교 이외의 다른 수도계에 종사하고 있던 젊고 뛰어난 사상가나 수행자들을 자신의 제자로 삼는 경우가 많았다.

석가가 하화한 제자의 훌륭함이 다른 제자를 초청하는 계기가 되는 경우도 있었다. 그 중에는 나중에 불가를 지혜롭게 번창시킨 사리풋타와 목갈라나가 있다. 이 두 사람은 높은 품위를 가진 스승을 찾고 있었다. 어느 날 아침, 석가의 젊은 제자 앗사지가 거리에서 걸식을 하고 있을 때 그의 거동이 심상치 않은 것을 본 사리풋타는 그에게 "그대 안색이 매우 맑고 빛난다. 그대는 누구에게 출가했는가? 스승이 누구이신가? 누구의 가르침을 받는가?" 하고 물었다. 앗사지는 출가한 지 얼마 되지 않아 스승께서 가르치는 바를 깊이 모르며, 또 그 내용을 간결하게 요약할 수도 없다고 하였으나 그 일부를 듣고 깊이를 짐작하여 급히 목

---

16) 불가에서 출가를 하지 않고 석가의 가르침을 따라 수도하는 사람을 일컫는다. 이후에 여기에는 마가다 국의 빈비사 등 많은 사회지도층이 포함된다.

갈라나에게 가서 그 연유를 말했다. 두 사람은 석가를 스승으로 모시기로 결심하고, 그들이 거느리고 있는 다른 제자들[17]과 더불어 석가에 귀의하였다.

교육적 공조의 유지에 의해서 석가가 이교도들에게 자신의 품위상의 우위를 인정받게 된 경우도 있다. 당시 석가의 주변에는 기존의 여러 종교단체가 있었다. 자이나교와 같은 외교(外敎)의 사람들은 불교와 같은 새 종교의 침입에 대해 반감과 혐오, 멸시와 적의를 보였다. 그러나 이들조차도 교육적 관계에 의해 품위의 우열을 판단하는 교육의 내재율에 따라 쉽게 그 심각한 갈등이 해소되는 예화도 있다(정우 · 길상 편, 1981).

석가가 자이나교도 제자들과 나아란다에 있을 때의 일이다. 제자의 한 사람인 디이가타팟시가 석가와 문답한 경위를 자이나교의 교조인 나아타푸타와 우파알리에게 전하자 우파알리는 석가를 논파하겠다고 장담하였다. 이 때 석가가 뛰어난 이론가임을 알고 있는 주위 사람들은 이를 만류하면서 오히려 석가의 하화로 인해 설복당하여 제자가 될 것을 염려하였다. 그러나 그는 자신감을 굽히지 않고 석가를 대면하기에 이른다. 이로써 교육적 관계성립에 의한 품위상의 우열을 가릴 상황이 된 것이다. 다음은 그 이후의 상황에 대한 자세한 기술이다. 다소 긴 느낌이 있을지 모르나 교육적 인식론과 매우 중요하게 관련되어 있기 때문에 그대로 인용하기로 한다.

> 그러나 자신감이 강한 우파알리는 자기가 고오타마[18]를 제자로 삼는 일은 있어도 고오타마의 제자가 되는 일은 절대로 없다고 말하고 받아들이지 않았다. 세 번 충고받았으나 그는 점점 자신만만하여 자설(自說)을 주장했으며, 나아타푸타도 거듭 권유했기 때문에 그는 석존이 계시는 망고 숲으로 갔다.
>
> 인사를 나눈 후, 석존 곁에 앉아서 그는 디이가타팟시가 오지 않았냐고 물었고, 석존은 디이가타팟시와의 문답을 남김없이 소상히 우파알리에게 말씀

17) 경전은 그 수를 250인이라 한다.

18) 석가의 다른 이름.

> 하시자, 그는 디이가타팟시의 태도와 주장을 칭찬하고, 거듭 신체적 · 언어적인 업이 정신적 업보다 강하다고 말했다. 석존은 만약 양심적이고 진지한 토론을 할 작정이면 우리는 토론을 하자고 미리 못박고 질문을 시작했다. 그리고 의지(정신)의 힘이 외부에 나타난 신체적 · 언어적인 업보다 중요하고 중대하다는 예를 네 가지나 일일이 들면서 우파알리가 이에 반대할 수 없도록 하셨다. 우파알리는 석존의 교묘한 말에 찬의를 표하고, 자이나교의 주장을 부정하지 않을 수 없었다.
>
> 이 석존의 태도와 언론에 매혹된 우파알리는 매우 감격하고 기뻐하여 불교에 귀의하여 재가신도가 되고 싶다고 말했다. 석존은 "그대는 지금까지의 신앙을 간단히 버리는 경솔한 행위를 해서는 안 되오. 심중이 생각하는 것이 그대와 같은 유명인사에게는 필요하오" 하고 충고하시자, 그는 석존의 특별한 배려를 더욱 기뻐하여 "세존이여, 만약 외교(外敎)의 사람이 저와 같은 유력자를 자기 제자로 삼는다면 그들은 이 나아란다의 마을 전체에 깃발을 들고 돌아다니면서 '우파알리 거사는 우리 제자가 되었다' 하고 선전하면서 돌아다닐 것입니다. 그러나 세존께서는 경솔한 행동을 해서는 안 된다고 하십니다. 이 말씀을 듣고 저는 다시 불교에 귀의합니다. 아무쪼록 평생을 재가신도로서 저를 인정해 주십시오" 하였다(정우 · 길상 편, 1981, pp.232-235).

교육적 관계에서 배울 것이 많은 사람이 후진이고 가르칠 것이 많은 사람이 선진이다. 이것은 많은 사람들이 암묵적으로 시인하고 있는 가장 공정한 절차이다. 이런 논리와 절차에 의존하여 석가는 기존의 수행자 집단을 교화시켜 그들의 제자를 다시 그의 제자로 귀의시켜 흡수하는 역량을 여러 차례에 걸쳐서 보였다.

석가는 그의 하화하는 삶의 연장선상에서 결국 자신이 살던 고향에 돌아가 그 곳의 식구와 친지들을 제자로 삼게 된다. 이 때 세속적인 삶과 수도적인 삶의 미묘한 갈등양상이 나타난다. 태자였던 석가가 성내에서 탁발을 하고 다니는 것을 안 아버지 숫도다나 왕은 그것을 부끄럽게 생각하였다. 그러나 석가는 세속적인 지위와 자신이 추구하는 수도적인 지위를 이렇게 구분하여 그의 아버지를 설득시킨다.

> 왕이시어, 그것은 당신의 王系입니다. 제 가계는 부처님의 가계입니다. 부처님의 법은 탁발로써 목숨을 유지하는 것입니다(이기영, 1999, p.176).

세속계의 왕과 수도계의 왕은 서로 다른 가치를 추구하며 그 추구의 정상을 차지하고 있다고 보아야 한다. 위의 언명에서 석가는 그런 구분되는 위계의 논리를 밝히고 수도계의 관점에서 자신을 보아주기를 요구했다. 그 친족들은 이 가운데 어떤 왕에 복종했던가? 이런 이질적인 위계의 경합에서 승리는 석가의 것으로 귀결된다. 이 때 그를 키워준 이모,[19] 이복동생 난다, 자신의 아들 라훌라, 그 이외의 석가족의 수많은 유명한 젊은이들이 출가하여 스스로 석가의 제자가 되었다.

단순히 품위가 높다고 해서 후진이 그에게 설복되는 것은 아니다. 우리의 교육적 인식론에 의하면 그 증명이 교육의 내재율에 따라야만 가능하기 때문에 항상 하화력이 중요한 관건이 된다. 따라서 우리는 석가가 하화의 내재율을 어떻게 충실하게 따르는지를 단편적으로나마 검토해야 한다.

석가는 자신의 경험에 비추어 항상 상구의 단계를 생각했다. 《백유경》에는 이런 사례가 전해진다. 웅장한 누각을 원하는 부자가 목수에게 "나는 아래 두 층은 필요 없으니 맨 윗층만 속히 지어 주시오"[20] 하고 요청했다. 이 말을 들은 목수는 "어떻게 그럴 수 있습니까? 아래층을 짓지 않고 어떻게 이층을 지으며 이층을 짓지 않고 어떻게 삼층을 지을 수 있다는 말입니까? 나는 그런 집은 짓지 못합니다"[21]라는 말을 남기고 그를 떠나버렸다.

이 비유가 시사하듯이 석가는 높은 수준의 품위를 낮은 수준의 후진

19) 이는 이모의 청원에 따른 것으로서, 이 때부터 여성의 출가가 허용되었다.

20) 우리 주변에 상구의 정상적인 과정은 생략하고 높은 수준의 지식만을 구하는 이런 어리석은 사람이 얼마나 많은가?

21) 우리 주변에는 정상적인 조건이 만족되지 못한 상태에서 무리한 요구를 할 때 이렇게 하화하기를 거절하는 용기를 가진 사람이 얼마나 적은가?

에게 곧바로 가르치는 것을 금기시하였다. 그는 불도를 모르는 초보자에게는 먼저 시계생천(施戒生天)의 삼론을 설하고, 상대방이 업보사상을 이해하고 인과의 이치를 바르게 믿게 되면 그 다음에 고집멸도라는 사제의 이치를 이론적으로 바르게 파악하게 하고, 팔정도[22]에 의해서 이를 성실하게 실천하고 수행하도록 하였다. 이렇게 함으로써 우리는 겨우 성자로서 초보단계에 도달하는 것이다. 그 위에도 불가에서는 수많은 품위의 단계가 기다리고 있다. 이것은 앞서 언급한 차제설법의 원리와 상통한다.

차제설법은 제자의 현품에서 출발하기 때문에 그의 현품을 이해하는 것이 선결되어야 한다. 이를 위해서 석가는 제자 비구들에게 자주 질문했음을 알 수 있다. 그 질문내용은 바르게 받아들이고 있는지, 또 어떻게 해석하고 있는지를 확인하기 위한 것이었다. "비구들이여, 모든 고를 바르게 멸하려면 어찌 생각하느냐?" 또한 그의 가르침을 제대로 이해하고 있는지를 알기 위해서 응용문제를 내기도 한다. "그렇다고 다시, 무상이 고라면, 그 변하는 것을 관찰하고, 이것이 '나의 것' 이다, 이것은 '나' 이다, 이것은 '나의 나' 이라고 할 수 있겠느냐?" 만약 이해가 되지 않는다면 하화의 수준을 다시 조정해야만 하는 것이다.

석가는 교육적 시숙의 원리를 존중하여 일방적인 설교보다는 제자들이 답을 설해 주기를 간청하는 것을 기다렸다가 그에 응하는 방식을 택했다. 예컨대, 그는 대개 제자의 이런 자발적이고 적극적인 반응을 기다린다.

> 거룩하십니다. 세존이시여. 바라옵건대, 저를 위해 법을 설해 주소서. 저는 세존의 법을 듣고 홀로 조용한 곳에 이르러 방일하지 않고, 노력하고자 생각합니다.

---

22) 이는 바른 견해, 바른 생각, 바른 말, 바른 행위, 바른 생활, 바른 노력, 바른 기억, 바른 선정을 의미한다.

제자가 자신이 정좌하고 사색한 내용을 아뢰고 그에 대해 석가의 비판과 하화를 청하는 경우도 많다.

> 세존이시여, 제가 홀로 조용히 앉아 문득 이런 생각을 했습니다. 진정 자신을 사랑한다는 것은 어떤 사랑을 이르는 것일까? 또 자기를 사랑하지 않는다는 것은 어떤 것인가? 세존이시여, 이에 대해 저는 이렇게 생각했습니다. 저의 생각은 어떠합니까?

자신의 말보다는 제자들 자신의 체험에 의한 자각을 강조한 석가는 이렇게 충고한다.

> 경전을 아무리 많이 외워도 실행하지 못하는 게으른 사람은 남의 소를 세는 목동과 같아 사문의 보람을 얻기 어렵다.[23)]

석가는 왜 경전을 읽고 외우는 것을 경계하였는가? 그것은 경전이 직접적인 체험을 대신할 수 없기 때문이다. 이런 사례가 전해진다. 기원정사에 있을 때 삼대독자를 잃어버린 한 과부가 비탄에 빠져 슬픔을 하소연했다. "부처님, 저는 유복자를 잃고 살아갈 용기마저 잃었습니다. 저에게 이 슬픔에서 벗어날 길을 가르쳐 주십시오." 이 말을 듣고 석가는 "내게 한 가지 방법이 있소. 지금 곧 가서 사람이 죽은 일이 없는 집을 일곱 군데 찾아내서 쌀 한 웅큼씩만 얻어 오시오. 그러면 내가 그 슬픔에서 벗어나는 길을 가르쳐 주겠소" 하였다. 며칠 뒤 한 웅큼의 쌀도 얻지 못한 부인이 돌아오자 석가가 그녀에게 물었다. "사람이 죽지 않은 집이 있습디까?" 그제야 과부는 석가가 한 말의 깊은 뜻을 스스로 깨닫게 되었다고 한다. 만약 그 체험이 없는 상태에서 석가가 이런 말을 먼

---

23) 이런 비유도 있다. "음식 이야기를 아무리 늘어 놓아도 배부르지 않는 것과 같습니다." 이것은 석가의 시자로서 늘 그의 곁에 있었던 아난다가 고백한 내용이다.

저 했다면 그런 효과가 생길 수 있었겠는가? 체험이 언어를 선행해야만 후자의 의미가 통한다는 것이 여기서 입증된 것이다.

석가는 자신이 하화하는 것 못지않게 제자들에게 상구의 방법을 지도하였다. 어느 날 산기슭에서 수행하던 소나라는 비구가 자신은 정진 각고하는데도 좀처럼 도가 열리지 않는다면서 사문의 생활을 포기하고 속세로 돌아가는 것이 좋을지 모르겠다고 하소연하였다. 이에 대해서 석가는 거문고의 줄이 너무 팽팽하거나 느슨해서는 안 된다는 비유를 들어 그것을 알맞게 조절하는 방법이 중요함을 강조하였다.

> 소나여, 바로 그와 똑같음을 알라. 각고 정진이 지나치면 마음이 격앙되어 조용하지 못하고, 정진이 너무 완만하면 나태에 빠진다. 그러므로 소나여, 그대는 평등한 정진에 머물러야 하며, 또 여러 근이 모두 고루 평등하도록 지켜야 하며, 그 중도를 취해야 한다.

사람들은 세속계적인 지위에만 매달려 예민하게 반응하고 수도계적 선진을 찾는 데 소홀하기 쉽다. 그러나 선진의 품위야말로 보물과 같은 것으로서 그것을 알고 전수받는 것은 물질보다 소중한 것이다. 이를 알지 못하는 것을 안타깝게 생각한 석가는 제자들에게 메타교육적 충고를 준다.

> 나의 잘못을 가르쳐 주고 과실을 책망하는 성자, 그런 현자를 보면 어디에 보배가 있는가를 가르쳐 주는 사람처럼 대접하라. 그러한 사람을 섬기는 자에게는 좋은 일이 있되 나쁜 일이 있을 수 없느니라(이기영, 1999, pp.234-235).

불가에서 말하는 해탈은 기존의 집착을 떠나 어리석음으로부터 끊임없이 벗어나는 것이다. 상구에서 이미 극복한 과품은 과감하게 버릴 줄 알아야 한다. 석가는 이미 배워서 어리석은 것으로 판명된 것을 버리는 것이 중요함을 뗏목에 비유하여 설명했다.

> 이 뗏목으로 인해 나는 바다를 무사히 건너왔다. 다른 사람들도 이 뗏목을 이용할 수 있도록 물에 띄워 놓고 이제 나는 내 갈 길을 가자. 이와 같이 나는 뗏목의 비유로써 교법을 배워 그 뜻을 안 후에는 버려야 할 것이지 결코 거기에 집착할 것이 아니라는 것을 말하였다. 너희들은 이 뗏목처럼 내가 말한 교법까지도 버리지 않으면 안 된다.

수도란 바로 흐름의 체험 자체이다. 아무리 높은 수준의 것이라고 하더라도 그 단계에 머무르고 있는 한 수도의 취지에서 벗어난다. 제자가 자신이 가르치고 있는 내용에 고착되는 것을 우려한 석가는 그 하화의 내용이 더 나은 발전을 위한 하나의 방편에 불과한 것이기 때문에 그것조차도 극복되어야 함을 여기서 강조하고 있는 것이다. 교육적 인식론에서는 무엇을 배웠다고 하는 것은 그것에 대한 자기 나름의 판단기준의 향상과 동일시된다. 이것이 바로 자증의 취지이다. 여기에는 타인의 비방과 칭찬에 쉽게 동요하지 않는다는 의미도 포함되어 있다. 이와 같은 취지에서 석가는 남의 평가보다는 자기 자신의 오류에 대한 자각을 강조하였다. 《법구경》에는 이런 말이 있다.

> 어리석은 사람이 어리석다고 스스로 생각하면 벌써 어진 것이다. 어리석은 사람이 어질다 생각하면 그야말로 어리석은 바보일 뿐이다.

우리는 흔히 사람에 의존해서 그 믿음을 세우기가 쉽다. 그러나 석가는 그것을 잘못으로 규정했다. 이 점은 석가가 죽음을 앞두고 제자들을 위해 설한 훈계 중에 명백하게 표현되어 있다. 45년간을 한결같이 설법을 계속하여 80에 이르렀을 때 석가는 늙고 쇠하고 말았다. 그가 죽으면 제자들은 이제 의지할 곳을 잃을 판이다. 제자들이 그렇게 생각할 것을 우려한 석가는 이렇게 충고한다.

> 여기 스스로를 등불으로 삼고 스스로를 의지처로 하되 남을 의지하지 않으며, 법을 등명으로 삼고 법을 의지처로 하되 남을 의지하지 말라.

물질적인 것과 달리 품위는 나눌수록 늘어난다. 그리고 그 나눔의 논리가 바로 그런 일을 가능하게 한다. 이 때문에 석가는 자신의 지도에 의해서 일정수준의 품위를 얻은 사람에게는 그들도 역시 다른 사람들을 가르치고 이끌어 주도록 종용했다. 말하자면 그는 겹제자의 확보에 의한 타증의 원리를 잊지 않고 현명하게 이용한 것이다.

> 비구들이여, 내 조용히 홀로 앉아 마음에 생각했다. 그대들이 멀리서 출가하려는 자들을 데리고 와서 내게 계를 받게 한다. 그러기 위해 그대들도 피로하고, 또 출가 희망자들도 피곤해 한다. 나는 이에 그대들이 계를 주도록 허락하고, 그대들을 여러 지방으로 보내고자 한다(마스다니 후미오, /1987, p.97).

하화는 타증의 한 방법이다. 각 수준의 제자들은 이제 스승의 입장에서 자신의 품위를 입증해야 한다. 그것은 바로 불가의 전파를 의미한다. 한편으로 출가자는 법을 보시하고, 다른 한편으로 재가자는 재물을 보시하여 상부상조에 의해 사회의 번영과 평화를 꾀했던 것이다. 이렇게 석가의 제자가 중생의 스승이 되는 과정에서 불가는 대중 속으로 기하급수적으로 전파되고 확대되어 간 것이다.

물론 석가의 도는 공자가 그러했듯이 처음부터 세속적인 문벌이나 빈부, 현명하고 어리석음에 구별되지 않고 모든 사람에게 열려 있었다.[24)]

---

24) 불가에서는 모든 사람이 평등함을 가르쳐 준다. 이는 가르침을 받는 사람에게도 적용된다. 석가는 이렇게 설했다. "사람은 크샤트리아, 브라만, 바이샤, 수드라의 사성(四姓)이 있다. 그러나 그들이 여래가 설하는 법과 율을 따라 출가하면 전의 이름을 버리고 단지 사문 석자(釋子)라고만 부른다." 이는 종성의 우열이 조금도 사람의 우열을 표시하는 것이 못 된다는 사실을

이 점에서 석가는 더욱 철두철미했다. 출가 이전의 신분이나 재물 그리고 종족의 차별은 출가와 동시에 일체 평등하다는 것이 석가의 생각이었다. 수도계에서는 오직 도반이 있을 뿐이다. 석가는 자신의 제자 가운데서도 선진과 후진의 교육적 교류를 권장하며 다음과 같이 가르쳤다.

> 너희들 비구에게는 부모, 형제, 자매도 없다. … 이제부터 제자가 스승 모시기를 어버이 모시듯 하고, 제자 보기를 아들 보듯 하여, 죽을 때까지 그렇게 하기를 그치지 말라. 스승과 제자가 서로 사랑하고 존경하기를 영원토록 해야 한다(이기영, 1999, pp.197-198).

수도계에서는 현재 어떤 품위의 내용을 갖고 있느냐 하는 것이 중요한 것이 아니다. 그것이 어떻게 교육의 소재가 되어 활력을 얻고 유지되며 발전할 수 있느냐가 중요한 것이다. 이 점을 잘 알고 있는 석가는 죽기 전에 제자들에게 이런 말을 남기는 것을 잊지 않았다.

> 이제부터 너희들이 스승과 제자가 되어 서로 아끼며 이 법을 전해가면, 여래의 법신은 영원히 존재하여 멸망치 않으리라(이기영, 1999, p.274).

이 말은 수도계적인 품위의 존재가 육신의 한계를 벗어나 교육을 통해서 입증되고 존속되고 발전될 수 있음을 암시한 것이다. 만약 석가에서 유래한 불가가 오늘날에도 우리의 삶에 살아 있다면 그것은 어김없이 석가가 앞서 보인 교육의 내재율이 불가에 상존하고 있기 때문이다.

인정한 것으로서 당시 인도의 계급사회의 관례에 비추어 파격적인 것이다.

4.2. 고대 희랍의 교육삼대

4.2.1. 교육삼대의 인식론적 의의

수도계로서의 학문은 그것이 가치있는 것이기 때문에 추구하는 세계이다. 학문은 여러 가지로 쓸모가 있다. 그러나 오로지 쓸모 때문에 학문을 추구한다고 생각하는 것은 학문의 본질을 제대로 파악한 것이 아니다. 그 모든 것들을 제외하고도 학문은 그 나름의 정신적 가치, 즉 진리탐구라는 고유한 가치를 가지고 있다. 기원전 6세기쯤에 소아시아에 위치한 이오니아 지방의 고대 희랍인들은 실제적인 문제의 해결보다는 그것을 이론적으로 탐구하는 세계, 즉 학문이라는 수도계를 창안해 내는 위업을 달성했다.

왜 학문은 다른 곳이 아닌 고대 희랍에서 발원하여, 어떤 경로로 세계곳곳에 발전되고 전파될 수 있었을까? 거기에는 무수한 원인들이 개재되었을 것이다. 그 당시 지성이 어떠한 이해관계에도 얽매이지 않고 사유의 바다 위를 자유롭게 항해하는 것의 귀중함을 향유하는 분위기가 있었다.[25] 그 기원을 사회경제적 여건과 같은 거시적 수준에서 다루는 연구도 있다(Thomson, 1961). 아마 이에 대한 해답을 얻는 데에는 이외에도 이런 저런 다양한 관점들이 필요할 것이다. 그 중에서 가장 결정적인 요인으로 작용했지만 지금까지 이론적으로 제대로 주목받지 못한 것이 있는데, 그것은 지식의 우열을 판단하는 건실한 기준이다. 그것이

25) 예컨대, 이집트인들은 계속되는 나일 강의 범람으로 인하여 직사각형의 면적을 계산하는 방법을 창안하여 그들의 실제적인 문제를 해결했으나, 호기심이 많은 희랍인(탈레스)은 그러한 방법이 어떤 모양의 면적들도 계산할 수 있는 방법으로 일반화될 수 있음을 깨닫고 기하학을 발전시키고 그 진리를 향유하는 데 만족하였다(Conford, /1988, pp.16-17).

없이 학문이 희랍에서 발원했다는 것은 상상하기 어렵다. 그런데 초기 철학자들은 오늘날 인식론자들과 방법론자들이 논의하는 온갖 절차 가운데 무엇이 있었는지에 관해서는 확실한 증거를 제시하지 않았다.

그렇다면 어떤 인식론적인 설명이 가능할까? 이에 대한 우리의 해답은 바로 교육의 과정이다. 실제로 누구나 당시 교육이 왕성했다는 사실은 시인하지만 그 교육이 지식의 우열을 판별하는 여과장치의 역할을 했고, 바로 그런 장치가 지금까지도 학문의 발전을 교도하는 중요한 요인으로 작용하고 있다는 사실에 대해서는 그 동안 충분한 해명이 이루어지지 않았다. 이제 교육적 인식론의 개략이 밝혀진 이상 그 내재율을 가지고 학문의 역사를 재조명해 볼 필요가 있다. 실제로 철학의 진리주장과 교육은 긴밀한 관계를 가지고 공조해 왔다. 철학이 진리로 들어가는 입구에는 항상 스승과 제자의 특별한 관계가 존재했다. 앞으로 이 분야에서 많은 것이 더 구명되어야 할 것이지만 여기서는 그 중 누구나 수긍할 수 있는 몇 가지 현저한 사례만을 제시해 보겠다.

학문은 비상하게 탁월한 천부적인 재능을 가진 소수의 개인들이 이룬 작업이라는 것은 확실하다. 그 가운데 우리는 소크라테스에서 시작하여 플라톤, 그리고 아리스토텔레스에 이르는 사상의 발전과 그들간의 3대에 걸친 교육적 관계에 특별히 주목하지 않을 수 없다. 소크라테스에서 시작된 철학의 운동은 아리스토텔레스에 이르기까지 면면히 지속되고 발전할 수 있었다. 그 사상을 확대하고 발전시킨 주된 매개체는 교육이었다. 당시에는 오늘날과 같은 학문의 방법론이나 검증의 원리가 특별히 알려지지 않았다. 그처럼 방법론이 철저하지 못했던 철학에서의 선진과 후진의 구분과 발전에 대한 검증은 주로 교육을 통해서 유지될 수 있었다. 그 원리는 앞서의 공자나 석가의 경우와 기본적으로 다를 바가 없다.

소크라테스는 자신의 교육적 활동에 의존하였으며, 플라톤과 아리스토텔레스는 스스로 자신의 교육기관을 가지고 있었다. 소크라테스가 바로 그 교육이라는 활동 때문에 처형당한 후에 플라톤은 제자들을 규합하여 '아카데미아(Akademeia)' 라는 곳에서 교육하는 일을 계속하였다. 그것은 서양에서 학문을 중심으로 하는 최초의 교육공동체라고 볼 수 있다. 이 공동체는 플라톤의 사후에도 여러 세대에 걸쳐 그 수장을 바꾸면서 유지되었다. 이런 선례는 아리스토텔레스에 의해서도 채택되었다. 그가 세운 학원인 '뤼케이온(Lykeion)' 은 당시 수천 명의 젊은이들을 수용하였다. 만약 스승과 제자를 잇는 교육적 교류가 없었다면 희랍이 학문의 발상지라는 오늘날의 평가가 달라졌을지도 모른다.

물론 희랍의 학문이 오로지 교육삼대에 의해서 이루어졌다고 말할 수는 없다. 우리는 당대에 철학을 했던 훌륭한 사람들이 있었음을 알고 있다. 그러나 마치 거대한 조형물의 건립이 그러하듯이 어느 세계이건 그것이 독자성을 가지려면 적어도 한 일생의 짧은 기간을 넘어서서 세대를 잇는 지속적인 노력을 거듭하지 않으면 안 된다. 학문의 세계가 그 자체로서 추구해 볼 만한 가치가 있는 영역이라는 것이 당시에 세상사람들에게 인식된다는 것은 결코 쉬운 일이 아니었다. 그것을 가능하게 한 것은 소크라테스의 탁월한 메타교육이다. 그의 모범적인 교육적 삶은 플라톤을 거쳐서 아리스토텔레스에 이르러 확실하게 정착되었다. 이로써 학문과 교육의 원활한 공존의 전통이 다행히도 희랍에 확고하게 자리잡을 수 있었던 것이다.

우리는 이제 그것이 어떻게 가능했는지를 개략적으로나마 점검하게 될 것이다. 그러나 그 이전에 하나 밝혀둘 것이 있다. 그것은 교육적 인식활동과 교육적 인식론을 구분하는 것이다. 우리가 거론하려는 소크라테스, 플라톤, 아리스토텔레스는 그들 나름의 인식론과 교육관을 가지고 있었다. 곧 검토할 기회가 있겠지만 소크라테스는 대화를 통한 산파술을 믿었다. 그것을 성립시키는 이론적인 전제의 하나는 우리의 인식이 전생에 결정된 것으로서 인식은 그것을 단지 회상하는 것이라는 가설이 포함되어 있다. 한편, 플라톤은 잘 알려진 대로 완벽하고 변치 않는 '이데아' 를 가정했다. 그는 아마도 그의 이런 가정을 완벽하고 영원한 것으로 생각했을지도 모른다. 아리스토텔레스 역시 그 나름의 인식론을 정립하였다.

그러나 이들의 이론은 적어도 오늘날의 인식론적 발전에 비추어 많은 부분에서 청산되어야 할 그릇된 신념들이다.[26] 그들의 주장 가운데 많은 부분이 이미 허위로 밝혀졌고 그 허위는 다음 단계의 이론을 발전시키는 데 장애물이 되었다. 가령 그들의 인식론적인 입장은 우리가 여태까지 논의해 온 교육적 인식론과 양립할 수 없다. 그들이 주로 철학을 통해서 해명하려고 했던 것은 세계가 하나인가 혹은 여럿인가 하는 이른바 파르메니데스적인 질문이었다. 플라톤에 이르기까지 그들은 비록 겉으로는 변하는 것처럼 보이지만 그 이면에 동일성을 보존하고 있는 영원불멸하는 세계가 있을 것으로 가정했다. 우리는 앞선 논의를 거쳐서 교육적 인식론이 그런 방식으로 질문을 제기하지 않는다는 것을 밝혀 왔다. 우리는 "그런 영원하고 불멸하는 대상은 없다"는 전제 아래 인식론을 정초하고 있다.

그들의 교육관 역시 우리의 기준에 비추어서 납득하기 어려운 점이 많다. 그러나 그들의 삶 자체는 우리의 교육적 내재율에 너무도 잘 어울린다. 우리가 주목하려는 것은 바로 그 부분이다. 우리의 인식론과 플라톤의 교육관이 전혀 연관이 없는 것은 아니다. 나는《학문과 교육(중)》에서 우리의 교육관이 플라톤의《국가》에 나오는 동굴의 신화와 구조적 동일성을 가지고 있음을 지적했다. 그러나 그 비유는 교육삼대가 생각하는 교육론과 인식론의 중심을 이룬 것은 아니었고, 또 그들이 그 비유를 우리가 이제까지 논의한 교육적 인식론으로 발전시킨 것도 아니다. 그 점에서 우리의 사례분석은 앞에서 누차 강조했듯이 이제까지 철학적

26) 그럼에도 불구하고 우리는 그들을 진리를 밝힌 역사적인 인물로 평가하고 그들의 주장이 오늘날에 이르기까지 철학의 교과서에 포함되고 전래되는 것에 반대하지 않는다. 그 이유는 무엇인가? 단 하나의 이유는 그들의 이론이 단지 장애물이 아니라 초보자가 우리의 인식론에 이르는 길목에서 극복해야 할 도전과 사다리의 구실을 하고 있기 때문이다. 그 점은 이 절의 마지막에서 언급될 것이다.

인 인식론이 미치지 못한 부분을 교육의 맥락에서 독자적으로 해석하려는 것이다.

우리가 확실하게 말할 수 있는 것은 소크라테스, 플라톤, 아리스토텔레스가 거의 예외없이 앞 장에서 제시한 인식론적 내재율을 따라 그들의 진리를 발견하고 그것을 삶의 지표로 삼았다는 사실이다. 앞으로 분석해 나가는 동안 독자는 그 논리와 방식에 의해서 학문의 세계가 출현했으며, 그들의 이론이 오늘날까지 전승되고 존속하게 되었음을 쉽게 수긍할 수 있을 것이다. 학문의 성립 초기에 학문의 품위를 확인하고 입증하는 데에는 교육적 실천이 중추적인 역할을 했을 뿐만 아니라 교육적 관계가 품위의 우열을 판단하는 지표로 어김없이 작용하였다.

다시 강조해서 말하지만 우리가 검토하려는 것은 이 교육삼대가 주장한 인식론적인 가정이 아니라 그들 자신의 학문적이고 교육적인 삶에 있다. 그들이 견지한 인식론과 교육관에는 지금으로서 수긍하기 어려운 측면이 있지만, 그들의 삶과 행위에 있어서는 교육을 이용하고 있다는 점에서 어느 누구보다도 현명했다. 교육적 인식론은 바로 그 점에서 오랫동안 간과하거나 은폐되었던 사실들을 중시하는 것이다. 소크라테스, 플라톤, 아리스토텔레스 이 모든 사람은 탁월한 상구자였다. 그들은 일반인들이 미치지 못하는 높은 수준의 품위를 획득할 수 있었다. 그러나 그것만으로는 부족하다.

소크라테스가 단 한 편의 글조차 남기지 않고 지금까지 학문에 영향을 미치고 있는 것은 그의 탁월한 하화력 때문이다. 만약 그들간에 교육적 관계가 성립될 수 없었다면 오늘날의 철학이 가능했겠는가? 소크라테스가 그의 탁월한 세계인식을 플라톤과 같은 제자에게 타증하는 데 실패했고, 플라톤이 그의 발전된 세계인식을 아리스토텔레스에 하화하는 데 실패했다고 가정해 보자. 그렇다면 희랍의 철학이 가능했겠는가? 그리고 더 나아가 세 명의 철학자를 매개하는 교육의 과정이 역사의 어느 단계에서건 송두리째 단절되었다면 오늘날 알려진 것과 같은 교육삼대의 인식이 가능했겠는가? 만약 그들의 역사적 사례가 교육적 매듭에 의해서 지금까지 전승되지 않았다면 오늘날 그들의 존재조차 알려질 수 없었을 것이다.

여러 가지 정황에 비추어 보아 희랍의 이 교육삼대를 거치는 동안 교육적 반전에 의한 교육적 진화가 활발하게 이루어졌다는 것은 분명해 보인다. 그 가운데 교육의 전통을 세우는 데 중추적인 역할을 한 인물은 역시 소크라테스인 듯하다. 그는 교육을 통해서 당대의 소피스트를 뛰어 넘어야만 하였다. 그런 그의 독특한 교육적 삶의 양식이 정립됨으로써 학문적으로 그의 품위는 플라톤에 의해서 많은 부분 극복되고 지양되었으며, 또 아리스토텔레스는 그것의 일부를 부정하면서 한 발자국 더 발전시켰다. 이처럼 스승을 뛰어 넘으려는 노력을 계속하고 그것을 당연하게 여기는 전통을 세운 이 세 사람의 교육적 진화는 동양에서의 유가나 불가에서 찾아보기 어려운 부분이다. 동양에서는 공자와 석가를 벗어나는 것은 외도(外道)[27]라고 생각하여 그들을 충실히 따르는 것에 치중했기 때문에 그 초기의 것을 넘어서면 수도계라기보다는 많은 부분에 있어서 종교의 형태로 변모하게 된다.

물론 교육삼대에 걸친 교육적 진화도 중세 기독교와의 결탁에서 동양에서와 같은 길을 한동안 걸어가야 했다. 아리스토텔레스는 아테네가 이미 쇠퇴한 후에 학문적인 활동을 했고, 그가 죽은 후로 그의 학문은 차츰 희랍사람들의 손을 떠나 아라비아로 건너갔고, 서방은 암흑시대를 맞이하게 된다. 이 때의 플라톤이나 아리스토텔레스의 이론은 神을 경배하고 확인하는 정도에서 그쳤다는 것은 널리 알려진 사실이다. 그러나 그 종교적 성격은 과거의 희랍으로 돌아가서 그 전통을 재생시키려는 문예부흥과 새로운 근대과학의 출현과 더불어 극복된다. 그것이 바로 희랍에 근원을 둔 서양학문의 세계가 오늘날 수도계의 전형을 이루고 있는 중요한 이유의 하나이기도 하다.

---

27) 내부의 사람들이 다른 수도계로 전향하는 것뿐만 아니라 그 수도계를 창도한 사람의 품위에 도전하는 것까지를 이런 범주에 넣었다.

4.2.2. 소크라테스

학문의 원조라고 불러서 손색이 없는 소크라테스의 경우에서 교육적 인식의 흔적을 찾아보자(Conford, 1976). 기원전 467년에 아테네에서 석공으로 일하는 아버지와 산파인 어머니 사이에 태어난 소크라테스가 훌륭한 철학자가 되기까지 청년기를 어떻게 보냈는지는 지금으로서 알 도리가 없다.[28] 소크라테스도 젊었을 때에는 석공으로 일했다고 전해진다. 그가 초기에는 소피스트였다는 것은 확실한 듯하지만, 젊은 시절의 사상의 경로나 행적은 자세히 알려져 있지 않다. 모르긴 해도 그는 성장할 때 사물에 대해서 다른 또래들보다 더 철저했으리라는 것은 쉽게 짐작할 수 있다. 그는 당대의 많은 박학다식한 사람들과의 논쟁과 접촉을 통해서 자신이 모르는 것을 묻고 스스로 생각하는 일에 몰입하고 또 알아가는 데 탁월한 취미와 능력을 보였을 것이다.

소크라테스는 자신의 사상을 문자로 기록해 놓지 않았기 때문에 그에 관한 것은 대부분 플라톤의 《대화편》을 통해서 전해진다. 더구나 그 기록조차도 그가 이미 아테네에서 유명한 철학자가 되고 난 후에 관한 부분이다. 플라톤은 많은 대화편들을 남겼으면서도 정작 자신에 관해서는 단 세 군데에서 언급하고 있을 뿐이다. 이 때문에 어디에서 소크라테스가 끝나고 플라톤 사상이 시작되는가 하는 문제는 아직도 학자들 가운데 논쟁이 되고 있다. 초기에는 소크라테스의 사상이 반영되다가 중기에는 플라톤 자신의 철학이 제 모습을 드러내면서, 이제 소크라테스는 자신의 것이 아닌 플라톤 철학의 대변자 노릇으로 확대되어 간다는 주장도 있다. 이것은 충분히 가능한 이야기이다. 따라서 우리의 소크라테스에 관한 분석은 가급적 그런 추정에 따르기로 한다.

---

28) 소크라테스의 일생을 소설의 형식으로 재구성한 글은 있다(Mason, 1954). 그러나 그의 참모습이 어떠했는지를 추측에 의존할 수는 없다.

소크라테스는 어느 시점에선가 남달리 진리를 탐구하고 지혜를 사랑하는 것이 얼마나 귀중한 삶의 방식인지를 몸소 실천하고 즐길 줄 알게 되었던 것 같다. 그는 현명한 사람들의 글과 말을 통해서 자신도 현명하게 되기를 소망했고 그런 노력을 게을리하지 않았다. 《파이돈》 편에는 소크라테스가 선진으로부터 얼마나 많은 것을 배우려고 했고 또한 그 상구 자체를 얼마나 즐겼는지를 짐작할 수 있게 하는 구절이 나온다.

> 나는 어떤 사람이 — 그의 말을 따르면 — 아낙사고라스 책에서 읽었다고 하면서 정신이 모든 것에 질서를 부여하면서 만물의 원인이라고 말하는 것을 들었네. … 따라서 나는 아낙사고라스에게서 내가 바라고 있던 존재의 원인을 가르치는 스승을 찾았다고 생각하고 기뻐했네(Platon, /1987, p.148).

소크라테스는 항상 자신보다 현명한 사람을 찾아 그들의 지도를 받고자 하였다. 여기서 인용된 대목에서 그는 큰 기대를 가지고 그 책을 읽어나가면서 실망했다는 이야기를 하지만, 결과야 어떻든 간에 이는 그가 선인들의 글을 통해 자신의 영혼을 좀더 높이려고 하는 일에 얼마나 충실했는지를 보여준다. 그는 처음부터 훌륭한 사람이 아니라 선진들의 지혜를 섭렵하면서 그들의 품위를 극복해 나갔던 훌륭한 상구자였음이 분명하다. 소크라테스는 한편으로 당대의 소피스트들을 통해서 상구하면서도 다른 한편으로 그것에 머무르지 않고 그들과 구분되는 새로운 학문의 전통을 새우려고 노력했다. 여기서 우리는 교육적 반증의 단초를 발견할 수 있다.

소피스트는 기원전 5세기 후반에 이르러 도시에서 도시로 떠돌아 다니며 주로 아테네 인들에게 자유민으로서 필요한 지식을 가르치고 사례금을 받던 집단을 일컫는다. 당시 청년들은 변론에 뛰어나다는 것이 입신출세의 빠른 길이었기 때문에 그들을 흠모하고 따랐다. 소크라테스도 한동안 그런 젊은이들의 하나였을 것이다. 그러나 어느 단계에서 그는 거기에 만족하지 않고 소피스트와는 다른 진리탐구의 방식을 모색하고 그것을 삶에 반영함으로써 철학의 기초, 더 나아가 학문의 정초를 이루려고 하였다. 당대의 소피스트들에 대한 소크라테스의 평가는 다분히 부정적이다. 《대화편》의 곳곳에서 소피스트들의 특성은 '눈치 빠르고 대담하며 사람들을 능숙하게 설득하는 사람', '다수의 지지를 얻기 위해 대중을 기분 좋도록 만드는 사람', '자신들이 최고로 아는 사람이라고 자처하는 사람', '올바름 따위의 훌륭함(arete)에 대한 지식도 없으면서도 의견만 가지고 시치미를 떼는 사람', '말로써 유사영상을 만들어서 상대를 혼란시키는 사람', '배움과 관련하여 상거래를 하는 사람', '어떤 방법으로든 논의를 통해서 상대를 이기려고 하는 사람' 등 다양한 방식으로 기술되고 있다.

한마디로 소크라테스의 기준에 비추어 볼 때 소피스트들은 수도인이나 교육인이라기보다는 세속계적인 위험한 인물들에 속했다. 그들은 변증법에 수사적인 요소를 가하여 논리적인 엄밀성을 해이하게 하고 그것을 오로지 논쟁에서 상대방을 논파하는 도구로서만 악용하였다. 그럼에도 불구하고 당대의 젊은이들은 사회화 과정을 통해서 이들을 무턱대고 추종하였다. 이런 사회상과 잘못된 풍토를 좌시할 수 없었던 소크라테스는 그 풍조를 수도계적인 것으로 전환하려고 한다. 그리고 논의를 위한 논의를 일삼는 소피스트들의 궤변이 학문이라는 수도계의 발전에 도움이 될 수 없다는 생각에서 당대의 관습을 그대로 전승하는 사회화의 대안으로 교육적 방법을 도입한다. 학문이라는 새로운 수도계와 그것을 확증해 나가는 교육의 메커니즘이 조화롭게 작동하기 시작한 것이다.

소크라테스는 아테네 시민들에게 인생에 있어서 보살필 만한 가치가 있는 유일한 일은 재산이나 사회적 명성이 아니라 '영혼(psyche)'이라고 생각하였다. 인간이 탁월한 덕성을 갖는 것은 수단이 아니라 그 자체가 목적이다. 지식과 지혜를 탐구하는 데 종사함으로써 우리는 무한한 즐거움과 비할 데 없는 행복을 느낄 수 있다. 그는 그 영혼을 보살펴 그것의 완성에 이르도록 노력해야 한다고 역설하였다. 소크라테스는 앎과 행함의 일치를 주장했다. 소크라테스는 '잘 삶'은 곧 '훌륭하게 행함'

이고 훌륭함(arete)은 곧 참된 앎(episteme)이라고 생각했다. 그의 삶은 곧 그 정신을 실현하는 것이었다.

소크라테스는 아는 것이 중요한 것이 아니라 아는 것을 잘 행하는 것이 중요하다는 점을 강조하였다. 그리고 그것을 스스로 깨닫는 것을 중시했다. 사람들은 흔히 "나는 그것이 잘못인 줄은 알고 있었지만, 그렇게 하지 않을 수 없었다"고 말한다. 그러나 소크라테스는 만약 당신이 스스로 그것을 나쁘다는 것을 알았다면, 당신은 그것을 하지 않았을 것이라고 주장한다. 문제는 당신이 올바른 통찰을 하지 못한 데에 있는 것이다. 이처럼 그는 우리가 앞에서 주장했던 지득과 증득의 차이를 오래전부터 스스로 깨닫고 있었기 때문에 그는 지자(知者)가 아니면서 지자의 흉내를 내는 당대의 소피스트들과 어려운 싸움을 벌여야만 하였다.

소크라테스에게 있어서 교육은 단순히 주어진 사회의 풍토에 적응하는 것이 아니다. 교육은 영혼의 눈을 뜨게 하는 것이며, 편견에 의해서 일그러진 안개 장막으로부터, 그리고 실제로는 타인을 통해서 간접적으로 입수한 의견에 불과한 지식의 독단으로부터 영혼의 통찰력을 정화시키는 것이다. 그는 교육 안에 소피스트들의 비생산적이고 기만적인 논쟁에서 벗어날 수 있는 독특한 논리가 있다는 것을 확고하게 믿었다. 그는 당대의 소피스트들과 지혜를 겨루면서 '훌륭함'과 '앎'이라는 것이 무엇이고 그것이 확인되기 위해서는 어떤 교육의 내재율을 따라야 할지를 궁리하면서 이에 대해서 스스로 모범적인 생활을 보여 나갔다.

소크라테스는 교육적 방법을 적용하여 진리의 질서를 부여해 나갔다. 이 때 그의 교육은 정확하게 동굴의 신화[29]에서 드러난 것과 거의 동일한 구조를 띠고 있다. 소크라테스 스스로가 자신의 노력으로 참된 지식을 추구하는 과정을 거친 다음 아직 저차원에 머물고 있는 사람들에게 그가 걸었던 길을 동참하도록 독려한다. 이런 방법은 물론 정확하게 검증된 것은 아니지만 이후에 플라톤과 아리스토텔레스에 이르는 교육삼

---

29) 이 비유는 소크라테스의 삶을 반영한 플라톤의 교육관이다.

대의 주된 방법이 되었으리라는 추정을 해 볼 수도 있다. 이 점은 우리의 논의가 전개되는 과정에서 점차 선명하게 부각될 것이다.

당대의 많은 학자들은 외부의 자연에 관심을 가지고 있었다. 이 때 소크라테스는 학문이라는 정신의 세계를 재발견하기 위해서 그 시선을 내부로 돌려 인간 영혼의 본성에 주의를 기울였다. 이것이 바로 "너 자신을 알라"라는 델포이 신전의 계율을 가지고 소크라테스가 이룩한 엄청난 혁명이었다. 소크라테스는 이 말을 근거로 삼아 당시 많은 사람들이 자신들의 주장이 참임을 알지 못하면서도 자신만만하게 말하거나 받아들이도록 하는 것을 보고 그 확신이 잘못될 수 있음을 경계하였다. 사람은 누구나 자기 자신이 알고 있다고 믿는다. 그러나 우리는 세계에 관해서 자신이 상상했던 것보다 훨씬 적게 알고 있다.

소크라테스는 '무지의 지', 즉 우리가 모르는 것을 아는 것이 중요하다고 생각하고 자신은 그런 사람의 전형인 것으로 행세한다. 《대화편》에서 그는 불가지론자(agnostic)의 태도를 취한다. 그는 자신이 지혜롭다고 주장할 수 있는 유일한 점은, 그가 알지 못하는 것을 안다고 생각하지 않는 것뿐이라고 말한다. 그러나 사실상 그가 어떤 주제에 관해서 무지한 상태로 남아 있었던 것은 결코 아니고 그 나름의 세계관을 차근차근하게 구성해 나가는 성실한 자세를 가지고 있었다. 소크라테스는 어떤 문제가 생기면 그것에 대해서 궁리해서 해결할 때까지 꼼짝도 하지 않을 정도의 사색가였고 사상의 건설적인 구성주의자였다. 《향연》편에는 이미 토론이 진행될 때, 그 장소에서 떨어진 이웃집 현관에서 그가 깊은 사색에 빠진 에피소드가 전해진다.

> "그러지 말게"라고 나는 말했네. "방해하지 말고 혼자 계시도록 하게. 그게 그 분의 버릇이야. 그분은 가끔 혼자 외딴 곳으로 가셔서 무슨 일이 일어나든 꼼짝 않고 서 계시네. 틀림없이 곧 오실 걸세. 그 분을 방해하지 말고 혼자 계시도록 하게." (Platon, /1987, p.190)

위의 대화에서 '그 분'이란 소크라테스를 일컫는다. 이는 여러 사람들과 토론에 참가하기 전에 그가 버릇처럼 그 주제에 관해서 그 나름의 최선의 해답을 가지고 임했다는 것을 쉽게 짐작할 수 있는 대목이다. 그에게서는 그런 상구의 과정과 그가 아는 것을 하화하는 과정이 별도로 구분됨이 없이 그때 그때 자유자재로 활용된다. 《변명》 편에서의 고백대로 소크라테스의 삶은 "대화를 통해서 상대보다 무지한 자임이 드러나면 그에게서 열심히 배우려고 했고, 반대로 자신이 타인보다 뛰어남이 드러나면 그에게 열심히 가르치려고 했다." 여기에는 어느 편의 손실도 있을 수 없고 오직 서로간의 이득이 있을 뿐이다.[30]

소크라테스는 교육이라는 유희를 통해서 특정한 주제와 관련하여 선진과 후진을 가릴 수 있다는 교육적 인식론의 내재율을 체득하고 있었던 것 같다. 그는 사람들을 만나면 상대에게 특정 주제에 관해서 가르쳐 달라고 말한다. 그리고 배울 것이 있으면 그것을 수락하고 한 수 배운다. 소크라테스는 한때 당대의 과학자들의 학설을 잘 이해할 수 없는 자신을 발견하고 자기를 모든 아테네 사람들 가운데 가장 무지한 사람으로 여겼다. 이 때문에 배우겠다는 일념으로 학식 있는 사람들의 대화에 귀를 기울이며 맹렬히 탐구하는 자세를 갖추었다.

그런 가운데 소크라테스는 어느 순간 아테네에서 가장 현명한 사람일지도 모른다는 생각을 하는 단계에 이른다. 그것은 우선 그를 따르는 청년 한 사람(카이레폰)이 신탁을 통해서 들었다는 소식에 근거할 수도 있었다. 그는 《변명》 편에서 자신에 관해서 전해들은 바를 이렇게 말한다.

> 그는 델포이로 가서 대담하게도 다음과 같은 신탁을 그에게 말해 달라고 요구했습니다. 이미 말한 바와 같이 나는 여러분이 나의 말을 가로막지 말기

30) 경제계에서는 '밑져야 본전'이라는 말이 최소한의 위안이 된다. 그러나 소크라테스가 향유하는 교육계에서는 어느 경우나 이익이 보장되는 삶이다.

를 간청합니다. 그는 나보다 더 현명한 사람이 있는가 하는 신탁을 구했던 것입니다. 델포이의 무녀는 더 현명한 사람은 없다고 대답했습니다(Platon, /1987, p.14).

그러나 그런 판단이 단지 신의 계시에 대한 풍문에만 의존했다면 그것은 무지를 강조한 소크라테스의 면모와 전혀 어울리지 않는다. 그는 그 사실을 교육활동을 통해서 검증하고 확인해 왔던 것이다. 우리가 여기서 특별히 주목할 부분은 소크라테스가 그의 현명함과 상대의 어리석음을 시험해 보는 방식이다. 현명하다고 가정되는 다양한 사람들에게 접근하여 그로부터 무언가 배울 것이 있으면 그들이 현명하다는 가설은 검증된다. 그러나 반대로 그들이 그의 지도를 받아야 할 형편이라면 그 가설은 부정된다.

대부분의 경우 소크라테스는 교육적 관계의 공조라는 과정을 통해서 그의 우위를 입증할 수 있었다. 우리의 입장에서 그는 이를 위해서 주로 교육적 반전의 전략을 실천한 전형적인 사람으로 여겨진다. 그는 상대하는 사람들에게 처음에는 주로 제자의 위치에서 접근하여 결국 그 관계를 자신의 능력에 의해서 반전시키는 방식을 취한다. 소크라테스는 처음에는 어떤 주제에 대해서 무지한 자, 혹은 배우려고 하는 사람으로 나타난다. 그는 언제나 솔직 담백하게 자기 자신은 아무 것도 모르며, 가르칠 것도 없으나, 모든 문제를 터놓고 자유롭게 논의할 수 있는 한 사람의 탐구자라고 말한다. 그리고 차츰 대화가 진행되는 동안에 결국 상대가 사실은 소크라테스로부터 배운다는 생각을 갖도록 한다. 소크라테스는 늘 그의 대화 상대자가 제시한 정의나 생각을 거짓으로 드러나게 만든다. 여기서 여러 사람들의 주시 아래 누가 더 품위가 높은 것인지가 자연스럽게 판명된다.

소피스트들이 날뛰는 무정부적인 혼란상태에서 소크라테스는 교육적 반전의 논리를 적용하여 학문의 올바른 길을 바로 잡아 나간다. 《대화편》을 보면 소크라테스가 자신의 반대자들에게 이런 함정을 파 놓고 그들과 경합을 거듭하는 것을 본다. 이는 직업적인 수사가들이나 논쟁가들 또는 월등한 지혜를 가졌다고 주장하는 사람들, 궤변가, 시인 그리고 기타 헛된 지혜의 전달자의 허실을 폭로하기 위한 것이다. 이렇게 하여 소크라테스는 자신의 적수들에게 그들이 알고 있다고 주장하지만 실은 그것이 참 앎이 아님을 일깨워 준다.

이런 많은 시험을 통해서 소크라테스는 그가 상대하는 사람과 자신과의 비교에서 그들에게서 그렇게 상구할 것은 없고 사실은 그들에게 하화할 것이 많다는 것을 알았다. 그와 교류하는 많은 사람들이 스스로는 미처 깨닫지 못하고 있지만, 앞뒤가 맞지 않는 말을 혼란스럽게 하고 있는 것으로 보아 그것은 분명한 사실이었다. 그는《변명》편에서 그 경위를 이렇게 회고한다.

> 나는 그와 대화를 시작하자마자 많은 사람들이 그를 현명하다고 생각하고 자기 자신도 매우 현명하다고 생각하고 있지만 사실은 현명하지 않다는 생각을 금할 수 없었습니다. … 왜냐하면 그는 아무 것도 알지 못하면서 알고 있다고 생각하지만 나는 알지도 못하고 또 안다고 생각하지도 않기 때문입니다. 따라서 나는 알지 못하다는 것을 알고 있다는 점에서 그보다 약간 우월한 것 같습니다(Platon, /1987, p.15).

소크라테스는 진리에 대한 강한 탐구욕과 기억력을 가지고 있었고, 또 이런 방식으로 당대의 소피스트들에게 자신의 우위를 검증할 수 있었기 때문에 얼마 지나지 않아 주위 사람들로부터 현자의 명성을 얻게 되기에 이른다. 그 후로는 그를 따르는 사람들이 많았으며, 그들에게는 대상을 가리지 않고 하화하였다. 그는 노인, 젊은이, 학생, 시민, 농민, 외국인, 심지어 부인들이나 노예에 이르기까지 모든 사람들이 자기를 찾아오기를 원했으며, 그들의 정신 속에 있는 좋은 생각들을 드러내 보이고 서로 발전할 수 있기를 원했다.《변명》편에서 그는 말한다.

> 내가 나의 사명을 수행하고 있을 때에 나의 말을 들으려 찾아온다면, 청년

이든 노인이든 간에 이를 거부하지 않습니다. 또한 나는 보수를 받아야만 대화한 것이 아니라, 부자든 빈민이든 간에 누구든지 나에게 묻고 대답을 들을 수 있는 것입니다(Platon, /1987, pp.36-37).

소크라테스는 남녀노소를 막론하고 어느 누구와도 기꺼이 교육적 관계를 맺고자 하였다. 특히 청년기의 젊은 친구들을 기꺼이 맞아 들였다. 이들은 소크라테스에게서 반항기에 접어든 젊은이가 필요로 하는 것을 발견하였다. 소크라테스는 그들이 마음 속으로 생각하고 있는 모든 주제에 대해서 알고 싶어했으며, 그들로 하여금 모든 주제에 대해서 그들 스스로 생각할 수 있도록 그들을 적극적으로 고무하였다. 그는 젊은이들의 유치한 질문들에도 결코 침묵하는 적이 없이 경험이 많은 성인의 우월한 어조로 대답하기를 좋아했다.

젊은이들과 대화할 때는 먼저 자신들이 얼마나 조금밖에 이해하고 있지 못한가를 깨닫게 하여 진리를 기꺼이 추구할 수 있도록 어리둥절하게 만들어 버리고 대화를 시작한다. 이런 방법을 적용함에 있어서 소크라테스는 교육에 성공하고 있다고 생각했을지 모르나, 엄밀하게 말해서 그것은 자신의 추정일 뿐 충분한 정도의 교육적 상호작용이 있었던 것은 아니고, 상대가 소크라테스에 대해서 그 수준의 차이를 마음으로부터 충심으로 시인한 것도 아니었다. 소크라테스는 이런 그의 행각으로 오히려 위험한 적을 만들었으며 또한 많은 비방을 불러 일으키기도 했다.

기존의 관습과 사고방식과는 다른 새로운 세계를 발견해 내는 것, 그리고 그것을 아무 두려움이나 타협이 없이 분명히 주장하는 것은 사회의 분노를 야기하기 마련이다. 세속계를 위주로 생활을 하는 일반대중의 귀에는 수도계적인 덕성을 강조하는 소크라테스의 주장이 매우 생소하게 들릴 수밖에 없었을 것이다. 그들은 그가 내세우는 새로운 세계와 원리를 파악하지 못하여 그를 오해하였고, 소크라테스는 불행히도 아테네 시민들의 고발에 의해서 신을 믿지 않고 청년을 타락시킨다는 죄목을 받아 재판을 받게 되기에 이른다.

소크라테스는《변명》편에서 자신의 하화활동에 대한 아테네 시민들의 비난과 부정적 반응을 의식하고 있음을 밝히지만, 죽는 한이 있더라도 그것에 결코 굴복할 수 없음을 단호한 태도로 밝힌다.

> 여러분이 나를 사형에 처한다면, 여러분은 나와 같은 사람을 다시 쉽게 찾아내지는 못할 것입니다. 이 사람은 익살스러운 말로 말한다면, 신(神)이 이 나라에 보낸 일종의 등에인 것입니다. 이 나라는 거대하고 기품 있는 군마(軍馬)와 같아서 바로 거대하기 때문에 운동이 둔하며 따라서 각성이 필요한 것입니다(Platon, /1987, pp.32-33).

소크라테스는 자신을 아테네 시민들이 깨어 있게 하기 위해서 신이 보낸 등에라고 생각하고 있었다. 그가 보기에 당시 아테네 시민은 지나칠 정도로 세속적인 것에 집착하고 수도계적인 것에 몽매했다. 이에 반해서 소크라테스의 삶은 곧 수도계적인 것이었고 그 취지가 교육을 통해서 입증되기를 바라고 있었다. 그런 그의 소망은《변명》편에서 청년들을 타락시켰다는 무고한 고발에 대한 그의 항변에서 뚜렷하게 나타난다.

> 아테네인 여러분, 나는 여러분을 존경하고 사랑합니다. 그러나 나는 여러분보다는 신에 복종할 것이며, 나에게 생명과 힘이 있는 동안 지혜를 애구(愛求)하고 지혜를 가르치며, 내가 만나는 사람들에게 충고를 하고, 평소의 태도대로 다음과 같이 말하는 것을 결코 중단하지 않을 것입니다. 곧 "위대하고 강력하며 현명한 아테네 시민인 그대, 나의 벗이여, 그대는 최대한의 돈과 명예와 명성을 쌓아올리면서 지혜와 진리와 영혼의 최대의 향상은 돌보지 않고 이러한 일은 전혀 고려하지도 주의하지도 않는 것을 부끄러워하지 않는가?"라고. … 여러분의 육신이나 재산을 생각하기에 앞서서 우선적으로 영혼의 최대의 향상을 고려해야 한다고 설득하는 것뿐이기 때문입니다. 나는 여러분에게 돈으로부터 덕이 생기는 것이 아니라, 공적이든 사적이든 간에 덕으로부터 돈

> 과 기타의 좋은 일이 생긴다고 말하는 것입니다. 이것이 나의 가르침이며, 만일 이러한 가르침이 청년을 타락시키는 이론이라면 나는 해로운 사람입니다(Platon, /1987, pp.30-31).

경직된 다수는 언제나 잘못이다. 당시의 시민들은 소크라테스의 충언과 경고를 받아들일 만큼 현명하지 못했다. 역시 세속적 여론은 진리를 따르지 못한다는 것이 여기서 입증되었던 것이다. 그에 대한 대중적인 재판은 이미 그에게 불리하게 작용하고 있었다. 진리는 언제나 소수에 있다. 다수는 자신의 의견보다는 부화뇌동에 가깝다. 소크라테스는 결국 세속계적 합의의 희생물이 되었다. 그가 그 많은 대중을 일시에 교육시키기에는 역부족이었던 것이다. 이것을 알고 있는 소크라테스는《변명》편에서 논쟁에서 이기는 것과 진리를 찾는 것의 차이를 이렇게 구분하려고 하였다.

> 현재로서는 그와 나 사이의 차이점은 단지 다음과 같은 것에 지나지 않네. 곧 그는 청중이 그의 말을 옳게 여기도록 애를 쓰는 데 반해 나는 오히려 나 자신을 확신시키려고 노력하고 있네. 나에게 있어서는 청중을 설득한다는 것은 이차적인 문제에 지나지 않아(Platon, /1987, p.136).

더 나아가 그는 세속적인 재판에 들어가는 순간까지도 세속적인 합의 과정을 뛰어넘어 소송인과 피고인 자신간에 교육적인 교류가 있었으면 하는 아쉬움을 토로한다. 그는 자신의 죄를 단죄하는 멜레토스에게 그가 만약 잘못을 범했다면 재판정에 자신을 내세울 것이 아니라 그것이 무엇인지를 알게 하고 깨닫게 했어야 옳았다고 항변한다. 이 부분에서 그는 다시 한 번 교육적 인식의 중요성을 강조한 것이다.

> 당신은 개인적으로 나를 불러서 경고하고 타일렀어야 옳았을 것입니다. 만일 충분한 충고만 해 주었다면 나는 나도 모르는 사이에 저지르고 있던 일을 그만두었을 것입니다. 그러나 당신은 나에게 아무 말도 하지 않으려고 했으

며, 가르치기를 회피했습니다. 그리고 지금 와서는 훈계가 아니라 처벌을 하는 자리인 이 법정에 나를 끌어냈습니다(Platon, /1987, p.23).

재판의 회부에는 많은 증상과 질투가 포함되어 있다. 그러나 거기에는 그에 대한 일반대중의 혼란, 분노, 증오도 포함되어 있다. 그 원인은 그들에게 소크라테스는 이해하기 어려운 인물이었기 때문이다. 후자는 전자를 어느 면에서 고압제했고, 전자는 후자를 저압제했다고 볼 수 있다. 그 결과는 사형선고였다. 그는 지혜를 탐구하는 일의 사명을 포기하는 조건으로 무죄 석방의 타협이 있음을 알고 있었지만, "죽음의 회피가 어려운 것이 아니라, 불의를 회피하는 것이 더 어렵습니다(Platon, /1987, pp.36-37)"라는 말로 그 제안을 거부하였다. 말하자면 그는 자신의 삶을 순교하기로 작정한 것이다. 이로써 그는 사형선고에 따라 향년 70세에 사약을 마시고 죽었다. 이것은 오늘날까지 교육이 대중에게 충분히 이루어지지 못한 데서 비롯하는 인류의 비극으로 기억된다.

그러나 소크라테스가 아테네 시민의 교육에는 실패했지만 일부에게는 성공하였다. 그의 품위에 심열성복하는 소수의 충실한 제자들을 확보할 수 있었던 것이다. 소크라테스가 자신에게도 결코 뒤지지 않은 영민한 사상가인 플라톤을 가질 수 있었던 것은 굉장한 행운이었다. 그의 육체는 비록 사망했지만 그가 진정으로 입증하려고 했던 것은 결국 그들에 의해서 계승 발전될 수 있었다. 소크라테스가 죽을 때 만약 그의 영감을 해석할 만한 이런 제자를 갖지 못했다면 그는 역사에서 지금과 같은 인정을 도저히 받을 수 없었을 것이다.

4.2.3. 소크라테스가 사용한 교육적 반증의 전략

우리가 말하는 교육적 인식의 내재율을 가장 잘 이용한 사람은 고대 희랍의 철학자 소크라테스이다. 그는 희랍에서 가장 훌륭하다는 신탁의 말을 믿고 있다. 그러나 그것을 입증함에는 여러 가지 난제가 있음을 알고 교육적인 관계설정을 통해 그것을 입증하는 방법을 택한다. 《대화편》에 그려진 소크라테스의 행태는 교육적 검증의 상황을 잘 반영하고 있다. 소크라테스는 많은 경우 교육적 관계의 공조성의 원리를 역이용하여 논쟁에서 교묘하게 자신의 품위가 타인보다 한층 더 높은 수준에 있음을 입증한다. 이런 교육적 논리는 이후 희랍의 철학이 발전하고 그 발전을 상호간에 확인하는 절차와 방법이 되었을 것이다.

그 논리가 어떻게 교묘하게 구현되는지를 《대화편》의 초기 작품을 중심으로 그 사례를 소개하고자 한다. 첫번째 사례는 《대화편》의 《프로타고라스(Platon, /1965)》에 잘 반영되어 있다. 여기에서는 소크라테스와 프로타고라스(Protagoras)[31)]의 교육적 상호작용이 소개되고 있다. 그것은 히포크라테스(Hippokrates)[32)]가 프로타고라스를 스승으로 삼겠다고 생각했을 때 그가 진정 스승의 자질을 가지고 있는지를 소크라테스가 알아보는 방식으로 기술되고 있다. 이 때 프로타고라스는 고령으로서 당시 최고의 지혜를 가진 소피스트의 위치를 확고하게 차지하고 있었고, 소크라테스는 37세 전후의 젊은 나이에 있었다.

이야기는 프로타고라스가 아테네에 왔다는 소문부터 시작된다. 찾아가서 그의 지도를 받겠다는 히포크라테스에게 소크라테스는 이렇게 충고한다.

> 이 사람 정신 차리게! 자네는 지금 자기 영혼을 어떤 위험한 상태에 내 맡기려 하고 있다는 걸 알고 있단 말인가? … 자네는 프로타고라스라는 인물을 알지도 못하고, 또 한번도 말을 주고받은 일이 없다고 하였네. 단지 소피스트라고 불릴 뿐, 소피스트가 도대체 어떤 인물인지도 자네는 잘 몰라. 그런데 정체를 알 수도 없는 그에게 자네 몸을 맡기려고 하다니?(pp.93-94)

31) "인간은 만물의 척도이다"라는 유명한 말이 대변하고 있듯이, 일체의 판단의 기준은 각자에게 있고, 사물은 각자의 보는 바에 따라 다르다는 사상을 가지고 있었다.

32) 우리에게는 경험적이고 과학적인 의학의 창시자로 널리 알려진 인물이다.

여기에는 당대의 젊은이들이 열망하는 소피스트들에 대한 소크라테스의 불신과 부정적인 시각, 그리고 스승의 선택이 얼마나 신중하게 이루어져야 하는지에 대한 그의 투철한 교육관이 나타나 있다. 이들은 돈을 주고 그의 지도를 바라는 많은 지자(知者)들이 머물고 있는 곳에 가서 직접 프로타고라스를 대면하고, 그가 진정 스승이 될 수 있는 품위를 지녔는지를 알아보기로 작정한다.

> 여기 데리고 온 히포크라테스는 이 도시 태생으로 아포로도로스의 아들, 큰 부잣집 자식입니다. 본인의 자질로 동년배의 청년들과 비해서 조금도 손색이 없지요. 그리고 나라에서 뛰어난 인물이 되려고 희망하고 있습니다. 그는 위대한 인물이 되기 위해 당신께 배우는 것이 좋으리라 믿고 있어요(pp. 109-110).

이어서 프로타고라스가 자기를 소개하는 절차가 이루어지고, 그 후에 소크라테스는 그에게 지도를 받으면 효과가 있을지를 교육의 내재율에 따라 시험하기 시작한다. 우선 소크라테스는 프로타고라스에게 뛰어남이라는 것이 무엇인지에 대한 그의 소견을 요청한다. 프로타고라스는 이에 대해서 덕성으로서 지혜, 분별(절제), 정의, 용기, 경건의 다섯 가지를 들고 그들을 가르칠 수 있다는 입장을 견지하는데, 소크라테스가 이에 대해서 의문을 제기하면서 교육적 상호작용이 전개된다. 처음에는 물론 소크라테스가 배우는 자세를 취한다.

> 저로서는 덕성을 사람에게 가르칠 수 없는 것이 아닌가 생각했지요. 그러나 당신의 주장을 듣고 보니, 제 생각은 꺾이고, 당신 말씀에 일리가 있는 것처럼 생각하고 싶어집니다. 저는 당신이 많은 학문과 경험을 쌓으셨고, 또 스스로 여러모로 발견하신 분이라 믿고 있으니까요? 그러므로 만일 당신이 德을 가르칠 수 있는 것이라고 명백히 보여주실 수 있다면, 조금도 아낌없이 가르쳐 주십시오(p.107).

소크라테스는 우선 후진으로서 선진인 프로타고라스에게 청교를 한다. 후자는 전자를 상대로 그가 소피스트로서 늘 해오던 방식의 지도를 한다. 덕을 가르치지 못한다는 생각을 하고 있는 소크라테스를 몰아세우며 프로타고라스는 여러 가지 논리와 예증을 들어 소크라테스를 설득시킨다. 여기에는 선진으로서의 의기양양함이 배어 있다.

> 이런 말을 하고 있는 나 자신도 그러한 사람의 하나라고 믿고 있지만, 나는 사람을 뛰어나게 하고 훌륭한 사람으로 향상하도록 돕는 일에 있어서는, 남에게 결코 뒤지지 않네. 그러기에 나는 내가 요구하는 만큼 보수를 받을 만하고, 아니 오히려 그 보수보다 더 가치있는 것을 주고 있다고 자부하네(p.122).

소크라테스는 일면 그의 말을 수용하면서 아직도 의혹이 있는 부분에 대해서는 상구자의 위치에서 가차없이 추궁해 나간다.

> 당신은 덕을 가르칠 수 있다고 주장하십니다. 그리고 실제로 제가 딴 사람의 주장을 따른다면 당신의 주장을 따르겠습니다만, 지금까지 말씀을 듣고 제가 미심스럽게 생각한 것이 있어요. 제 마음에 있는 이 틈새를 메워 주십시오(p.124).

그러면서 소크라테스는 그의 논변에 있는 약점이 무엇인지를 파악할 수 있는 질문들을 치밀하게 던진다. 덕은 얼굴의 전체와 부분과 같다는 언질을 프로타고라스로부터 받아낸 그는, 그렇다면 사람이 그 하나를 체득하면 반드시 전부를 가지게 될 것이라는 결론이 나올 것 같다는 말을 한다. 이에 대해서 프로타고라스는 그럴 수 없다고 말한다.

> 그럴 수야 없네. 용기는 있지만 부정한 사람이 얼마든지 있지 않나. 한편 정의를 지키는 사람이지만 지혜가 모자라는 사람도 많으니까(p.125).

이런 가운데 소크라테스는 어느 틈에 자신과 프로타고라스가 어떤 내용을 대중들에게 가르쳤을 때 이에 대해서 어떤 반응을 할지를 검토하는 절차에 들어간다. 이 부분에서 사실상 반응하는 사람은 프로타고라스이고, 소크라테스는 이에 대해서 가설적인 반응을 해 나간다. 이처럼 지식을 구성해 나가는 일종의 협동적 작업이 서로 이루어지면서 이들간에 동의할 수 있는 것과 가능한 견해차이가 어디에 있는지가 점차 확인된다. 예를 들어보자.

> 자, 그러면 앞에서 동의한 것을 보고 생각해 봅시다. — 우리는 하나에 대해서 반대가 되는 것은 하나밖에 없다, 많이 있을 수 없다는 데 동의하셨죠?
>
> 동의했네.
>
> 한편, 반대가 되는 방법으로 이루어지는 행위는 반대가 되는 것으로 이루어진다는 것을 동의하셨지요?(p.137)

이런 방식으로 한편에서 동의를 구하고 다른 편에서 동의를 받는 방식으로 여러 가지 생각들이 구성되는 동안 소크라테스는 프로타고라스의 주장에 모순이 있음을 지적하고 달리 생각하기를 촉구하는 부분이 많아진다. 이쯤 되면 누가 선진의 위치에서 하화하고 누가 후진의 위치에서 상구하는지가 모호해진다. 더욱 중요한 것은 이 장면이 그 자리에 있는 다른 사람들에게도 주목을 받고 있다는 사실이다. 말하자면 그들은 누가 더 많이 가르치고 누가 더 배우고 있는지를 판가름하는 일종의 공증인의 임무를 띠고 있다. 역전의 상황에 몰린 프로타고라스는 초조해지기 시작하며 바짝 자신의 선진적 지위를 지키기 위해 긴장하면서 토론방식에 대해 불만을 터뜨린다.

> 소크라테스, 나는 지금까지 많은 사람과 토론을 해 왔지만, 만일 자네가 청하는 것처럼 토론상대가 시키는 대로 논쟁을 해 왔다면, 나는 다른 사람보다 뛰어날 수 없었을 것이고, 프로타고라스의 이름이 그리이스 인 사이에 퍼지지도 않았겠지(p.139).

우열을 판가름하는 규칙에 이견이 생긴 것이다. 프로타고라스는 이제까지 다른 곳에서 해 왔듯이 일방적인 긴 연설과 설득의 방법을 고수하려고 하고, 반면에 소크라테스는 목하 진행 중인 주제에 대해서만 질문하고 상대는 그것에 대해서 조용히 참을성 있게 듣고 신중하게 생각하여 짧게 대답하는 새로운 논의의 형식을 요구한다. 드디어 소크라테스는 자신이 제안한 형식에 따르지 않으면 대화를 중단하고 돌아가겠다고 선언하기에 이른다. 유사어의 엄격한 구별로 유명한 소피스트인 프로디코스(Prodikos)가 이를 지켜보다가 소크라테스에게 유리한 입장의 중재를 성립시킨다.

> 토론이라면 가까운 이끼리 호의를 가지고 할 수 있지만, 그러나 말다툼은 사이가 나쁜 원수끼리 하는 것 아니겠소? 그리고 내가 권하듯 함으로써 이 토론은 가장 잘 이루어질 것이오. 곧 당신들이 말하는 사람들도 그렇게 함으로써 우리들 듣는 사람들 사이에서 칭찬이 아니라, 훌륭한 명망을 얻게 되겠지요. — 명망이란 듣는 사람의 영혼 속에서 거짓없이 생기는 것이지만, 칭찬이란 자주 참된 생각과 달리 거짓말을 말하는 사람들의 입에만 오르내리는 것이니까요. — 또한 우리들 듣는 사람들도 그렇게 함으로써 즐거움이 아니라 기쁨을 느낄 수 있겠지요. — 기쁨이란 무엇을 배우고 지혜를 터득했을 때에 순수하게 정신으로만 느끼는 것이지만, 즐거움이란 무엇을 먹는다든가 혹은 어떤 쾌락을 몸으로 느낄 때에, 순수하게 육체로써 느끼는 것이니까요 (p.143).

우리의 활동은 맥락에 따라 다른 규칙을 따르기 마련이다. 여기서 우리는 매우 중요한 세계구분이 이루어지는 것을 본다. 그것은 토의와 말다툼, 명망과 칭찬, 기쁨과 즐거움이라는 양태에 의해서 수도계적인 것과 세속계적인 것의 차이가 개념적으로 명확하게 구분되는 것이다. 그리고 양자의 상호작용은 말다툼, 칭찬, 즐거움이라는 세속계적인 특성보다는 토론, 명망, 기쁨이라는 수도계적인 특성을 가질 것을 좌중으로부터 요구받으며, 그들이 그 규칙에 따르기에 동의함으로써 하나의 멋

있는 절충이 이루어진다.

그런 합의에 따라 다음부터는 짧은 문답이 진행된다. 소크라테스가 질문하고 프로타고라스가 대답을 하는 과정이 한동안 진행되다가 소크라테스는 서로간의 역할전환을 제안한다. 말하자면 소크라테스는 자청해서 교육적 관계를 일방적인 것이 아니라 유동적인 것으로 공정하게 배분하고자 한 것이다.

> 곧 프로타고라스가 대답하고 싶지 않다면, 그 분이 묻고 제가 대답하는 쪽이 되어, 대답을 하면서 동시에 대답하는 사람은 이렇게 대답해야 한다는 제 주장을 이 분에게 제시하려고 합니다. 그리고 이 분이 묻고 싶은 것을 전부 제가 대답을 했다면, 이번에는 바꾸어서 제게 같은 방법으로 대답을 해 주셔야 합니다. 이 경우 만일 이 분이 대답한다는 이 방법에 열심히 하는 것이 아닌 것처럼 생각된다면, 저도 여러분도 함께, 마치 여러분이 제게 청한 것처럼 "이 모임을 깨뜨리지 마십시오" 하고 그 분에게 청하기로 합시다(p.146).

서로 번갈아 가면서 질문하고 대답하는 과정에서 소크라테스는 이것이 교육의 과정이며, 그 내재율에 따름으로써 특정 주제에 관해 선진과 후진이 가려질 수 있다는 사실을 스파르타인의 훌륭한 교육에 빗대어 암시하는 놀라운 대목이 나온다.

> 스파르타인들이 철학과 언론에 있어서 최고의 교육을 받고 있다는 것을 다음과 같은 사실로써 알 수가 있겠지요. 곧 여러분 중 어느 분이든 스파르타인 사이에서 가장 보잘것없는 인물을 뽑고, 그 사람과 함께 이야기를 해 보십시오. 사람들은 그 인물들에게서 처음에는 언론에 있어서 어떤 평범한 소질밖에 찾아보지 못할 거예요. 그러나 마침내 토론을 해 나가는 사이에 기회가 오면, 그는 마치 창던지기의 명수처럼 깜짝 놀랄 만큼 짧게 압축된 말을 던질 것입니다. 그래서 그와 이야기를 하던 상대자들은 자신이 어른 앞에 선 어린아이처럼 느낄 경우가 있을 것입니다. 이리하여 참으로 이 사실을 깨닫고, 스파르타주의란 본래 체육을 사랑하기보다는 오히려 훨씬 지혜를 사랑하는 데

> 있다는 사실을 명백히 알게 되었는데, 이런 사람들은 지금이나 옛날이나 결코 적지 않았습니다(p.155).

수도계적 지위로서 품위는 세속계적인 지위와는 달리 쉽게 식별될 수 없다. 그러나 처음에는 보잘것없이 보이지만 교육적 관계를 맺고 상호작용을 하면 그 품위의 실질이 드러나기 마련이며, 거기에 복종하지 않을 수 없는 교묘한 경로가 교육에 내장되어 있다. 소크라테스는 이 점을 강조하고 있다. 그리고 중간에 소크라테스가 프로타고라스에게 자신이 그를 상대할 수 있는 적수 가운데 가장 적임자임을 암시하는 대목이 나온다. 만약 여기서 그가 교육적 반증에 성공한다면 그는 일약 당대의 소피스트 전체를 연대적으로 함락시킬 수 있는 능력을 인정받는 것이다.

> 훌륭한 사람들이 고찰하기에 합당한 다른 여러 가지 사실에 있어서도 그렇거니와, 특히 이 덕에 대해서는 당신만큼 훌륭하게 고찰할 수 있는 분이란, 달리 있을 수 없다고 생각합니다. 사실 당신 외에 그 누가 있단 말입니까? 당신은 다른 사람처럼 자기 자신이 훌륭한 인물이라고 자처하고 있을 뿐만 아니라, 다른 사람들도 뛰어나게 만들 수가 있어요. 그러나 당신 자신의 그 멋진 자신을 뭐라고 해야 할까요? 다른 사람들은 이 기술을 감추고 있는데, 당신만은 모든 그리스 사람들에게 공공연히 자기를 선전하고, 소피스트로서 자처하고, 스스로 교육을 맡아서 덕을 가르치는 교사임을 내세우고, 그 교육에 대해 보수를 받겠다고 요구한 최초의 사람이 아닙니까? 그런데 이러한 것을 다시 고찰할 때에, 어찌 당신의 도움을 청하고, 질문을 하거나 의논하지 않을 수 있겠습니까? 아니 절대로 그렇게 하지 않을 수 없지요(p.169).

이 말에는 비수와 같은 책략이 숨어 있다. 이 말의 뒷부분은 사실 칭찬의 형식을 취하고 있지만, 사실인즉 소크라테스가 보는 소피스트들의 병폐에 해당한다. 그런 병폐를 가지고 소피스트를 대표하고 있고 또 자신이 희랍에서 최고임을 자처하는 프로타고라스를 만약 소크라테스가 교육의 과정에 의해서 논파할 수 있다면, 그런 논파를 한 사람, 즉 소크라테스 자신은 희랍에서 최고의 지혜를 가진 사람이라는 결론이 자연스럽게 나온다. 말하자면, 소크라테스는 이 자리를 참가자들에게 자신의 품위가 최고임을 단번에 연대적으로 입증할 기회로 삼고 있는 것이다.

이렇게 그 대화가 가지고 있는 인식론적으로 중요한 의미를 확인하고 난 후에 문답은 다시 원래의 문제, 즉 덕이 얼굴모양의 다른 부분처럼 서로 다른 것이냐 하는 문제를 따지는 것으로 들어간다. 이 때 프로타고라스는 자신의 견해를 계속 견지하면서 한 가지 점에서는 양보할 뜻이 있음을 밝힌다.

> 좋아! 소크라테스, 자네에게 이렇게 말해 두세. 이 다섯 가지[33]는 덕의 부분을 이루는 것이며, 그리고 그 속에 네 가지는 몹시 가까운 것이지만, 단지 용기만은 다른 어느 것과도 몹시 다른 것이다(p.170).

그러나 이 대목에서 소크라테스는 사태를 잘 알고 있는 지혜에서 나온 용기와 무식해서 나온 용기를 구분하고, 후자는 사실상 용기있는 사람이 아니라는 관점을 제시하여 참석자들의 합의를 얻어낸다. 사태 자체를 알지 못하고 용기를 부리는 것은 용기라기보다는 만용인 것이다. 그 마지막 부분의 대화를 소개한다.

> "그러고 보면, 결국 무서운 것과 무섭지 않은 것에 관한 지혜야말로 용기라는 것이 아닙니까? 그것에 관한 무지와 반대가 되는 것이니까요?" 이번에는 벌써 그(프로타고라스)는 긍정을 하려 하지 않고 입을 다문 채 묵묵히 있었네.[34]
>
> "왜 그러십니까? 프로타고라스, 제 질문에 대해서 그렇다거나 그렇지 않다

---

33) 그들의 논의에서는 지혜, 분별(절제), 정의, 용기, 경건의 다섯 가지를 뜻한다.

34) 이 대화는 소크라테스가 그 사태를 남에게 보고하는 형식으로 되어 있다. 이하에서도 마찬가지이다.

> 거나 말씀해 주셔야 하지 않습니까?"
> "자네 자신이 처리하면 되지 않는가?" 하고 그(프로타고라스)는 대답했네.
> "그럴까요. 그 전에 한 가지만 당신에게 묻고 싶은 것이 있습니다만, 당신은 지금도 역시 처음과 같이 세상에는 무지한 사람이면서도 오직 용기에 있어서 아무에게도 지지 않을 자가 있다고 생각하십니까?"
> "굳이 내가 꼭 대답을 해야 하겠단 말이겠지. 소크라테스, 좋아 그렇다면 자네를 기쁘게 해 주지. — 이미 동의한 것으로 생각할 때에, 그런 것은 있을 수 없다고 생각하네. 이렇게 말을 해 두기로 하세." (p.196)

프로타고라스와 소크라테스는 이 대화의 서두에서 주제로 삼았던 덕을 가르칠 수 있느냐 없느냐 하는 문제에 대해서 어떤 결말을 얻지는 못한다. 서로가 다른 입장만을 확인하는 정도로 이 대화는 끝이 난다. 그러나 이 대화를 통해서 프로타고라스는 젊은 소크라테스에게 일정 부분 자신의 입장을 수정할 수밖에 없었으며, 그의 지혜를 인정해야만 하는 상황으로 결말이 난다. 드디어 프로타고라스는 소크라테스가 뛰어난 인물이라는 것을 다음과 같이 시인하기에 이른다.

> 자네에 대한 말이지만 내가 만난 사람들 속에서 어떠한 사람보다도 감탄하는 것은 자네라네. 자네와 같은 연배들 속에서 특히 그렇다는 것을 벌써 많은 사람들이 이야기했네. 그리고 말해 주겠지만, 자네는 지금 지혜에 있어서 몇 사람 안 되는 인물 속에 한 사람이 되었네. 나는 당연하다고 생각하네. 그런데 지금까지 다루어 온 문제지만, 이것은 또 언젠가 자네에게 기회가 좋을 때 논하기로 하세(p.199).

앞서 제시한 사례를 정리해 보자. 이 문답법의 과정에서 처음 질문을 던지는 소크라테스는 이야기될 주제에 대해서 알지 못하는 자, 그러나 알기를 원하는 자로서 등장하는데, 두 번째 단계 이후의 질문을 통해 상대방을 모순으로 이끌어 가는 과정은 단지 모르는 체할 뿐 문답의 과정을 전체적으로 꿰뚫어 알고 있는 자가 모르는 듯이 처신한다는 인상을 독자들에게 강하게 주는 것이 사실이다. 이 점에서 플라톤의 저술 속의 대화에서는 대답하는 자보다는 묻는 자가 선진이라고 할 수 있다. 그 선진은 자신의 생각을 상대방에게 강요하거나 주입시키지 않고 후진이 품고 있는 생각을 밖으로 드러내게 한다. 만약 제기된 물음에 대해 후진이 대답할 능력이 없다고 할 때, 선진은 후진이 이전에 언명한 것으로부터 혹은 그 밖의 방식으로 그가 자신의 생각을 표현하도록 도움을 준다. 말하자면 선진은 후진이 더욱 높은 수준의 생각을 생산하도록 하는 산파의 역할을 한다. 후진이 생각하는 바와 논리적인 일관성의 요구가 불일치하는 경우 후진은 자신이 주장하는 바를 다시 생각할 수밖에 없다. 대답자의 언명에서 이같은 수미일관함이 요구될 뿐만 아니라 응답자와 질문자 사이에도 합의가 성립해야 한다. 대화의 진전은 기본적으로 서로의 합의에 의해 이루어지며, 후진이 선진의 판단에 동의하지 않을 경우 선진은 다른 방식으로, 예컨대 후진이 이미 동의했던 것으로부터 그가 지금 동의하지 않은 것이 도출됨을 보임으로써 그에게 새로운 동의를 얻어낸다.

프로타고라스와의 교육적인 대결의 사례를 놓고 볼 때 그런 동의에는 상대의 생각에서 수정을 끌어내는 부분이 있다. 이것은 부분적으로 소크라테스가 프로타고라스보다 우위에 있음을 시사하는 것이다. 당대에 최고로 자처하는 후자보다 전자가 우위로 입증되었다면, 그 결과는 소크라테스가 아테네에서 최고의 지성임을 입증하는 셈이 된다. 위의 대화에서 프로타고라스는 그것을 직접 시인한 것은 아니지만 소크라테스가 그런 지위에 오를 가장 유망한 젊은이라는 것은 인정하게 된다.

이 얼마나 효과적이면서도 꼼짝달싹할 수 없는 방법인가! 이런 소크라테스의 수법은《국가(Platon, /1997)》편에서도 반복되는 것을 발견할 수 있다. 이 작품은 당시 이름난 소피스트인 트라시마코스를 상대로 대화가 이루어지다가 나중에는 플라톤의 형들인 아데이만토스와 글라우콘를 가르치는 것으로 구성되어 있다. 소크라테스의 삶이 비교적 잘 반영되어 있다고 평가를 받고 있는 제 1 권[35]은 이렇게 시작된다. 여러 사람들과 대화를 하는 가운데 재물의 상속과 관련하여 다각도의 검토를 하는 자리에서 트라시마코스와 소크라테스간에 올바름과 잘 산다는 것의 상관관계에 대한 논쟁이 일어난다. 트라시마코스는 현실 속의 삶에서는 올바르지 못함이 이득이 되고, 그런 사람들이 잘 살고 있음을 주장한다. 이에 대해서 소크라테스는 말도 되지 않는 소리라고 의문을 제기한다. 이에 대해서 트라시마코스는 도저히 참을 수 없는 상태로 화를 내면서, 소크라테스에게 올바름이 무엇인지를 직접 해명할 것을 요구한다.

> 선생님께서도 몸소 대답해 보시죠. 올바른 것을 뭐라 보시는지 말씀하세요. 그리고 그걸 마땅한 것이라든가, 아니면 이로운 것이라든가, 또는 편익이라는 식으로 말씀해 주시는 일이 없도록 하시되, 주장하시는 바를 분명히 그리고 정확히 해 주세요. 그와 같은 실없는 주장을 하신다면, 저로서는 받아들이지 않을 테니까요(p.78).

그러나 무식자를 자처하는 소크라테스는 이에 관한 그의 견해가 무엇인지를 먼저 묻는다. 트라시마코스는 그것이 바로 소크라테스의 상투적인 '시치미 떼기 술법'이라고 비웃으면서, 이에 대해서 올바름이 '더 강한 자의 편익'이라고 거침없이 규정한다. 이에 대해 소크라테스는 예의 전략에 따라 여러 가지 반론을 제기한다. 트라시마코스는 소크라테스의 그런 수법에 관해서 이미 너무도 잘 알고 있는 듯하다.

> 물론 그러리라 생각하오. 그렇게 해서 소크라테스 선생께서 늘 하시는 식대로 하시게 하자는 거겠죠. 스스로는 대답을 하지 않으시면서, 남이 대답을 하면, 그 주장을 붙들어 놓고서는 반박하시는 식이죠(p.81).

이에 대해서 소크라테스는 다시 트라시마코스에게 다음과 같이 정중

---

35) 《국가》 편의 2권부터 10권까지는 1권이 쓰이고 나서 한참 후에 보완된 것으로써 플라톤화된 소크라테스라는 평가를 받고 있다.

하게 가르침을 줄 것을 요청한다.

> 차라리 선생이 말하는 것이 합당하겠소. 선생이야말로 자신은 알고 있으며 또한 말할 수도 있다고 주장하니 말이오. 그러니 달리 말고, 스스로 대답해 줌으로써 나를 기쁘게 해 줄 뿐만 아니라, 또한 여기 있는 글라우콘[36]을 비롯하여 다른 사람들에게 가르쳐 주는 데 인색하지 않도록 해 주시오(p.81).

여러 사람들이 이 요청에 공감을 표시하자 트라시마코스는 자신을 소크라테스의 스승의 위치에 놓고 이렇게 그의 저급성을 꼬집는다.

> 바로 이게 소크라테스 선생의 지혜라오. 자신은 가르침을 주려고 하지 않으면서도, 돌아다니시면서 남들에게 배우기만을 바라시고, 그러면서도 그들에게 감사하려고도 않으신다오(p.82).

이어서 트라시마코스는 현실 속에서는 올바르지 못함이 이득이 되고, 그런 사람들이 잘 살고 있음을 여러 가지 당시의 사례를 열거하면서 그의 주장이 옳음을 입증하려고 한다. 그 입증이 어지간히 되었다고 보고 자리를 떠나려는 트라시마코스에게 소크라테스는 아직 그 주장이 납득이 가지 않는다는 이유로 그를 붙잡는다.

> 보시오. 트라시마코스 선생! 선생은 이와 같은 주장을 우리에게 내 던지시고는, 그것이 과연 그런지 또는 그렇지 않은지를 충분히 가르쳐 주거나 우리 스스로 알게 되기도 전에 떠날 생각이시오? 혹시 선생은 우리 각자가 영위하기에 따라 유익한 삶을 살 수 있게 될 그런 일생의 생활방식을 결정하는 것을 사소한 일로 생각하시오?(p.96)

---

36) 플라톤의 형이며, 다른 큰형인 아데이만토스와 더불어 《국가》 편에서 소크라테스의 지도를 받는 역할로 나타난다.

그리고 소크라테스는 자신을 속이려고 하지만 말고 이렇게 생각하는 것이 어떠냐는 식으로 제자의 위치에서 스승의 위치로 슬쩍 자신의 위치를 바꾼다. 논지인즉, 올바름이 '편익이 되는 것'이라는 점은 인정하지만, 그것이 강자의 것일 수는 없다는 것이다. 어떤 기술이나 다스림도 그것을 가진 자를 위한 것이 아니라 시혜를 받을 약자를 위한 것임을 밝힌다. 그런 방식으로 소크라테스는 그때 그때 트라시마코스를 포함한 다른 사람들의 동의를 구하면서 전혀 다른 결론을 유도해 낸다. 여기에는 트라시마코스가 쓰는 용어에 대한 재해석이 포함된다. 즉 '잘 사는 것'은 '훌륭하게 사는 것'이며, 이것은 바꾸어서 올바르지 못한 것은 잘못 사는 것이다. 이런 소크라테스의 견해에 대해서 많은 사람들이 마치 판관과 같은 입장에서 동의를 하고 트라시마코스도 마지못해 그 동의에 따르기에 이른다.

> 안심하시고, 논의를 실컷 즐기십시오. 저로서는 여기 계신 이 분들한테 미움을 사지 않기 위해서라도 선생께 반론을 펴지 않을 테니까요(p.114).

트라시마코스가 도망가듯이 굴복할 수밖에 없었던 소크라테스의 주장을 플라톤의 형제들, 즉 글라우콘과 아데이만토스와 여타의 사람들은 그냥 받아들이기를 거부하면서 이해되기 어려운 점들에 대해 더 많은 가르침을 소크라테스에게 요청한다. 그는 이제 이전과는 전도된 상황, 즉 확보된 스승의 위치에서 그들에게 이른바 산파술을 포함하는 제반 기술에 의존하여 하화에 임하게 된다. 이것이 《국가》 편의 마지막 장인 제10권[37)]까지 진행된다.

이 대화의 모든 과정에서 소크라테스는 교육에서 강제가 아닌 심열성

---

37) 《국가론》이 플라톤 전집의 약 18%를 차지한다는 점을 감안할 때 여기서 소개된 교육의 형식은 소크라테스가 취한 전형적인 교육적 실천이라고 해도 과언이 아닐 것이다.

복을 강조한다. 교육은 서로가 진지하게 상대를 설득하는 것이며, 어떤 강압이나 기만이 섞여서는 안 된다. 그는 아데이만토스에게 이 점을 강조한다.

> 우리는, 누군가가 더 나은 다른 주장(논의)을 갖고서 우리를 설득하게 되기까지는, 이에 승복해야만 하네(p.90).

강제를 피하기 위해서 소크라테스는 상대를 설득시킬 때 언제나 다음과 같은 방식으로 상대의 동의를 구해 나간다.

> 그렇다면, 내가 한 말이 옳다는 것에 대해서 자네가 동의한다면, 진작부터 우리가 찾고 있던 것들에 대해서도 자네가 동의한 것으로 보아도 되겠군?(p.199)

이에 대해서 상대는 "제겐 그렇게 생각되지 않습니다"라거나, "무슨 말씀인지 모르겠군요"라거나, "선생님께서 그렇게 말씀하시니까 그렇게 여겨지는군요"라거나, "옳게 보셨습니다"라거나, "전적으로 필연적입니다"는 반응을 한다. 모든 교육적 대화는 상대의 그런 자주적인 반응과 동의에 따라 진전된다.

플라톤의《대화편》에는 소크라테스의 교육적 반전의 주제들이 허다하지만 우리는 그 가운데 마지막으로 대화편의《향연(Platon, /1987)》에 반복되고 있는 사례를 들어보자. 여기서는 에로스에 관해서 참여자들이 돌아가면서 자기 주장을 하고 나머지 사람들은 그것에 관해서 질문하거나 반대하거나 동의하는 식으로 토론이 진행된다. 소크라테스를 중심으로 하는 다수의 사람들이 대화를 즐기는 가운데 결론은 점차 소크라테스가 유도하는 방식으로 그 격이 상승되는 것을 우리는 보게 된다. 처음에는 이것이 동성애에 관한 이야기 같지만 잘 읽어보면 스승과 제자의 사랑, 그리고 더 나아가 이데아에 대한 사랑, '에로스'에까지 발전한다.

이것은 풍요의 신과 궁핍의 신 사이에서 잉태된 것으로서 선한 것을 영원히 소유하려는 욕구라는 결론에까지 진전된다.

얼른 보기에 이 장면에서 소크라테스는 무식자처럼 행세한다. 그럼에도 불구하고 그는 점차 앞서의 형식에 따라 좌중을 압도하는 위치에 선다. 이 단계에서 그의 위치는 스승의 자리로 전도된다. 그것은 어떻게 가능할까? 그는 천재인가? 그럴지도 모른다. 그러나 한 가지 우리가 놓쳐서는 안 될 사실은 소크라테스는 대화에 들어가기 전에 사전에 이 주제에 관해서 철두철미하게 자기 나름의 생각을 궁리하는 단계를 거친다는 것이다. 그 전체의 과정은 지면관계상 되풀이 소개할 필요가 없고 결말이 어떤 것인지를 알아보자. 다음과 같은 알키비아데스(Alkibiades)의 찬양은 그가 여기서도 상구적 심열성복을 성공적으로 유도해 냈음을 잘 반영하고 있다.

> 선생님은 조각품 상점에 피리나 클라리넷을 들고 서 있는 실레노스의 조각들과 흡사하다고 나는 선언합니다. 우선 선생님은 남을 골탕먹이기를 좋아합니다. 그렇지 않으신가요? 선생님이 인정하지 않는다면, 증거를 대겠습니다. 그러나 나는 피리를 불 줄 모른다고 말씀하시겠지요. 천만의 말씀입니다. 선생님의 피리솜씨는 아주 뛰어납니다. … 소크라테스 선생님, 당신은 어떤 악기도 없이 단지 말로써 이와 같은 일을 한다는 점에서 마르쉬아스보다 뛰어납니다. 어쨌든 우리들은 다른 사람의 연설에는 그 연설이 아무리 훌륭하더라도 거의 주목하지 않거나 또는 무시해 버립니다만, 선생님의 연설, 심지어 선생님이 하신 말을 아주 서투르게 전하는 말만 들어도 우리는 남자든 어린이든 간에 깊은 감동을 받고 매료됩니다. 지금 이 순간에도 내가 이 분의 말에 귀를 기울인다면, 나는 견뎌 내지 못하고 똑같은 상태에 빠지게 되리라는 것을 잘 알고 있습니다. … 선생님은, 아니 선생님만이 나 자신을 참을 수 없을 만큼 부끄럽게 생각하도록 만듭니다(pp.262-263).

주로 논쟁과 대화라는 언어적 수단에 의존하는 소크라테스의 이런 전략이 모든 사람들에게 통할 수 있었던 것은 아니다. 그런 전략은 많은 사람들로부터 증오나 시기를 불러 일으키는 원인이 되기도 한다. 그의 죽음은 그의 조급하고 서투른 교육적 검증의 시도가 실패한 것과 관련하여 해석될 수 있다. 그러나 다른 한편으로 그는 교육의 내재율이 정상적으로 지켜질 수 있는 공간에서 제자집단을 상대로 교육적인 입증을 성공시킬 수도 있었다. 앞서의 찬사는 그런 예외적인 성공의 사례를 증거하는 것이다. 그 가운데에는 이제부터 검토할 플라톤과 같은 뛰어나고 훌륭한 겹제자가 포함되어 있다.

4.2.4. 플라톤

플라톤은 기원전 428년에 명문가에 태어나서 많은 저술활동과 교육활동을 하였고 348년에 죽은 위대한 인물이다. 아테네가 전쟁과 정치적 격변 속에 휘말려 있던 시기에 어린 시절을 보냈고 소크라테스를 만난 것은 20세였다고 한다. 당시 그 나이면 그랬듯이 그는 정치를 지망하는 순수한 청년이었으나 현실의 돌아가는 양태에 환멸을 느끼게 된다. 소크라테스를 알고 나서부터는 그의 영향을 받아 철학연구에 전념하고 소크라테스가 사형을 받을 때까지 그의 곁을 떠나지 않았다. 교육적 관계를 맺고 생활하는 가운데 플라톤의 젊은 시절의 감수성과 천재성이 소크라테스의 정신을 그대로 흡수하고 동화시켰을 것은 말할 필요도 없다.

소크라테스가 죽을 때 플라톤은 28세였으며, 그는 스승인 소크라테스에 대한 재판과 죽음이 부당하다고 생각했다. 스승을 사별한 이후 그는 계속해서 자기 나름의 상구활동을 해 온 것으로 추측된다. 이 부분에 관한 박종현(1996)의 요약을 들어보자.

> 소크라테스를 사별하던 28세부터 갓 마흔이 되었을 때까지의 그의 행각은 정확히 알려져 있지 않다. 디오게네스 라에르티오스(III, 6)는 헤르모도로스(Hermodoros)에 따라 플라톤이 스물 여덟 살이 된 후 다른 소크라테스의 제자들과 함께 메가라의 에우클레이데스(Eukleides)한테로 갔으며, 그 곳에서

> 이탈리아로 피다고라스 학파의 사람들인 필로라오스(Philolaos)와 에우리토스(Eurytos)를 찾아갔고, 또한 이 곳에서 이집트로 성직자들을 찾아간 것으로 전하고 있다. 그러나 그 중에서 확실한 것은 메가라와 이탈리아 여행을 했다는 것만이다. 왜냐하면 메가라는 소크라테스 사후에 그를 가까이한 철학자들의 본거지로 얼마 동안 존속되었기 때문이다. 그리고 이탈리아에 있던 타라스(Taras)로 정치가며 장군이요 피다고라스 학파의 철학자요 수학자인 아르키테스(Archytes)를 찾아가 그와 친교를 맺었던 것도 사실이다(p.19).

플라톤은 스승인 소크라테스의 정신을 이어받아 "어떻게 하면 아테네 시민들의 도덕적 삶이 새로운 토대 위에서 복원될 수 있을 것인가"를 추궁하면서 철학과 교육활동을 떠나지 않았다. 기원전 387년, 그러니까 42세 무렵에 아테네 서쪽 아카데모스에 '아카데미아(Akademeia)'라는 학원을 세우고 그의 학문활동의 본거지로 삼는다. 이 학원을 세운 플라톤의 의도는《국가》편을 통해서 어느 정도 쉽게 짐작할 수 있다. 단적으로 말해서, 헬라스의 근본적 개혁을 위해 참된 지성인들을 집단적으로 양성하려는 데 있었다. 실제로 이 학원에는 각 분야의 학자들이 모여들어 학문활동을 했으며, 여러 나라의 입법이나 정치적 자문에 응해 이 학원의 동료들이 파견되기도 하였다.

플라톤은 아카데미아에서 여생을 연구와 저술과 교육에 전념하였다. 당시의 플라톤 사상은 스승인 소크라테스의 도덕성에서 주장된 열망의 원리를 모든 존재에 대한 해석으로까지 확장시키는 체계이다. 여기서 플라톤은 지금의 그의 사상에 대한 평가와는 별도로 그 나름의 발전수준에서 충분히 진리체험을 했다고 보아야 할 것이다. 즉 플라톤은 자신의 생각을 학생들을 통해서 시험받는 타증의 장소로 아카데미아를 활용했다. 그런 가운데 그 정신은 상당 부분 그 곳에서 교육받은 제자인 아리스토텔레스에까지 전승된다.

플라톤은 한동안 소크라테스 사상의 충실한 계승자였다. 그러나 그 정도의 재능을 가진 철학자라면, 스승이 아무리 위대하다고 하더라도,

그 스승의 사상을 단지 복사하고 재생시키는 데에만 자신을 한정시킬 수는 없었을 것이다. 플라톤은 스승의 사상을 발전시켜서 그 나름으로 체계화한 독창적인 사상가로 변모하였다. 오늘날 연구가들은 플라톤의 초기의 《대화편》은 소크라테스의 충실한 재현이라고 볼 수 있으나, 중기 · 후기로 시간이 지남에 따라 플라톤의 독특한 사상이 표현되고 있다고 본다. 중기 이후의 《대화편》은 '플라톤화된 소크라테스' 라고 보는 것이 정설이다.[38]

콘포드(F. Conford, /1988)의 말대로 플라톤은 소크라테스의 심오한 사상의 비밀을 터득하고 그보다 한 발자국 앞서 나갔다.

> 진정한 플라톤 사상의 핵심적 씨앗은 처음부터 끝까지 철두철미하게 '정신적 열망' 이라는 소크라테스의 새로운 도덕성이었다. 그러나 플라톤의 수중에서 이 씨앗은 그 가지들이 하늘을 뒤덮는 커다란 나무로 자라났다. 소크라테스의 학설이 결코 아닌, 플라톤 사상은 외부의 '자연' (소크라테스는 탐구의 방향을 바로 이것으로부터 인간의 본성과 목적으로 돌렸던 것이다)의 전 영역을 포괄하는 세계에 관한 체계였던 것이다(p.82).

이것은 교육적 반전을 의미한다. 플라톤은 소크라테스의 관심인 인간의 본성과 목적뿐만 아니라 외부의 '자연' 까지를 포괄하는 전체 세계에 관한 체계를 구축하려고 하였다. 그는 이성만으로 알 수 있는 영원히 참되고 불변적인 형상의 영역이 존재한다고 주장했다. 플라톤은 우리의 상식을 벗어나고 눈에 보이지 않는 세계의 존재가 있다고 생각했다. 그는 소크라테스의 '열망의 도덕성' 같은 것은 지방 특유의 관습들과는

38) 가령 여기서 자주 인용되는 《국가》 편에서 소크라테스는 거의 플라톤 사상의 대변자의 역할을 하고 있다. 그의 마지막 저술이며 최대의 것인 《법률》 편에서는 소크라테스가 아예 등장하지 않고 익명의 아테네 인이 등장하여 거침없이 자기의 생각을 말하며 대화를 이끌어 가는데, 이 인물은 플라톤 자신이라고 보아야 할 것이다.

달리 모든 인류에 공통적인 이상으로 존재할 수 있는 것으로 보았다.

이로부터 플라톤은 '형상(Form)' 혹은 '이데아(Idea)' 라고 불리는 것의 실재를 가정하기에 이르렀고, 이것은 그에게 있어서 어떤 특정한 개인이나 집단의 임의적인 규정을 넘어서서 사물들의 본성 속에 고정되어 있는 불변적인 것으로 생각되었다. 그의 절대적 '형상들'은 자신들을 이 세상에서 구현하고 있는 사물들과 분리된, 실질적인 실재성으로서 주어진다. 동시에 이 '형상들'을 인식하는 영혼 혹은 정신에게는 잠시 동안 기거하는 육체와는 독립적인, 분리된 존재성이 주어진다.[39]

지혜는 이 세상 너머에 있다. 구체적인 대상과 사건으로 이루어진 세계, 우리가 너무 익숙해져서 감각의 노예가 되어 버린 세계, 그 너머의 것을 보는 데서 비로소 지혜가 생기는 것이다. 이것이 이른바 알레테이아(aletheia)로 파악된 진리인 것이다. 알레테이아는 직관적인 진실파악의 순간 또는 내적 베일을 벗기는 순간이다. 그는 어떠한 증거도 제시하지 않은 채 그것에 대한 논증이 가능하다는 것을 알았다.[40] 이것은 오늘날의 실증주의식의 방법적 규칙에 어긋난다. 눈으로 볼 수 없는 것의 실재를 우리가 어떻게 알며, 또 설사 안다고 하더라도 그 사실을 어떻게 타인들에게 확신시킬 수 있겠는가? 그 방법이 바로 교육이었다.

우리는 한번에 제일 높은 수준의 실재에 접할 수 없다. 그것을 알고 있었던 플라톤은《국가》편에서 높은 품위와 낮은 품위의 위계를 설정한다. 이는 가시성과 가지성으로 구분된다. 후자는 우리의 눈으로 보는 것이 아니라 앎으로 보는 것이다. 우리가 앎이 없는 한 그 세계에 대해서는 어둠 속에 있는 것과 같다. 이는 상승하는 영혼의 위대성, 혹은 인식론적으로 볼 때 지식의 위계와 관련되어 있다. 우리는 같은 공간과 시

---

39) 여기에는 상당 부분 피타고라스 학파의 영향이 가미된 것으로 알려지고 있지만, 그에 대한 논의는 생략한다.

40) 이 진리관은 우리가 앞(1.4.2.와 2.2.3.)에서 소개했듯이 실증주의적 대응설에 맞서 근래에 하이데거와 가다머에 의해서 새롭게 복권되고 있다.

간에서 살고 있지만 영혼이 어디에 위치하고 있느냐에 따라서 우리들이 접할 수 있는 세계는 분명히 다른 것이다.

높고 밝은 곳으로 향하는 출발점은 언제나 낮고 어두운 곳이다. 《국가》 편 제 6 권의 끝 부분에서 플라톤은 네 부분으로 분할된 선분의 비유를 통해서 밝음의 정도와 진리성이 증대하는 여러 지적 단계들을 순서대로 배열하여 제시하고 있다.

(1) 상상, 짐작(eikasia)에 대응하는 그림자
(2) 믿음, 확신(pistis)에 대응하는 실물들
(3) 추론적 사고(dianoia)에 대응하는 수학적인 것들
(4) 지성에 의한 앎(noesis, episteme)에 대응하는 이데아 또는 형상들

소크라테스는 그의 삶을 통해 교육의 실재를 입증한 훌륭한 메타교육자였다. 플라톤은 다분히 스승인 소크라테스의 삶을 모델로 하여 그의 교육관을 세운다. 교육은 낮은 수준의 품위와 높은 수준의 품위를 오르내리는 과정과 관련되어 있다. 그 교육이 무엇인지는 《국가》 편의 제 7 권의 첫머리에 나오는 동굴의 신화에서 잘 비유되고 있다. 이 비유에서 사람들은 빛을 등지고 사슬에 매여서 오직 그들 앞에 있는 벽 위에 투영되는 어두운 그림자만을 안다. 그것에서 해방되는 길은 자신의 위치를 바꾸는 것이다. 그럼으로써 그는 진정한 빛을 바라볼 수 있고 자유로워질 수 있다. 그리고 그는 자신의 자유로움만을 향유하는 데 그치지 않고 다시 자신이 과거에 있었던 어리석은 위치에서 아직도 어두운 세상을 살고 있는 동료들에게까지 내려가 그들을 가르치는 것이다.

이 이야기에 함축된 비유는 우리가 본서에서 이론적으로 드러내려는 교육의 과정과 그 형태 면에서 너무도 유사하다. 많은 사람들은 동굴의 어둠 속에서 허용하는 제한된 인식이 최종적인 타당성을 갖는 것으로 생각하고 있었다. 그러나 그 가운데 적어도 한 사람은 그것에 만족하지 않고 더 밝은 곳을 향해서 상구하는 활동을 한다. 어떻게 그는 밝은 쪽

을 찾아 갈 수 있었는가? 이와 관련하여 아직도 인식론에서는 분분한 논의만큼 분명한 해답을 제시하지 못하고 있다. 그러나 이 이야기에서는 그것이 손쉽게 이루어질 수 있음을 보여준다. 주인공은 '밝음'과 '어둠'의 중간에 있었고 그 상황에서 언제나 후방대비와 전방대비를 할 수 있었다. 그는 어둠을 등에 지고 밝음을 향하는 자세를 취함으로써 결국 바깥의 밝은 세상에 도달할 수 있었다.

여기서 인식론과 관련하여 특별히 주목할 점은 오늘날 인식론하면 객관성을 검증의 원리로 삼는데, 그런 절차를 거치지 않고도 그 이야기의 주인공은 태양이 진리임을 알았다는 사실이다. 우리는 진리에 대한 자신의 판단을 의심하는 경향이 있다. 그러나 어둠에서 밝음으로 진전할 때 우리가 그 밝음을 알 수 있는 방식으로 우리는 진리를 알 수 있고, 어떤 복잡한 과정을 거치든 간에 최종적인 진리판단은 우리들 자신에 의해서 이루어진다는 사실을 유의할 필요가 있다. 이런 방식으로 상구자는 말하자면 진리를 자증하였다. 이것이 바로 우리가 수용한 알레테이아의 개념인 것이다.

그런데 이 신화의 놀라운 점은 여기가 신화의 클라이막스가 아니라는 데 있다. 이야기의 주인공은 이 순간 지하에서 아직도 어둠의 인식을 진리로 알고 생활하는 동료인간을 생각한다. 그리고 그는 다시 동굴 속으로 되돌아가 하화활동을 한다. 지하의 동료들은 아직도 그가 생각하기에 더 이상 진리일 수 없는 것을 진리인 것으로 믿고 생활하고 있었다. 이 때문에 그는 더 높은 진리가 있음을 그들에게 타증하고자 한 것이다. 동굴 속의 고정된 위치에 그대로 남아 있는 동료들이 그 자리에 머물러 있는 한 그들은 자신의 생각이 옳다고 고집한다. 진리는 그것을 얻는 과정을 거쳐 자신이 진리 쪽으로 변하지 않는 한 입증할 수 없는 것이다.

이것은 맹인에게 밝음을 입증할 수 없다는 평범한 원리에 불과한 것이다. 우리가 말하는 타증은 주인공의 경우처럼 그들도 그 위치를 동굴 입구 쪽으로 옮겨 스스로 빛을 볼 수 있도록 도움으로써만 성공할 수 있다. 이것은 맹인에게 개안의 경험을 통해서 비로소 빛의 존재를 스스로 확인하게 하는 과정과 같다. 이 신화는 타증의 성공여부를 밝히지 않은 채 미완성적으로 끝난다. 그러나 자신이 애써 얻은 지식의 진리성을 경험이 없는 상대에게 입증하려면, 상대를 변화시키지 않으면 안 된다는 사실을 이 신화는 강력하게 시사하고 있다.

이런 교육관은 플라톤의 독특한 정치철학과 관련하여 매우 독특한 방식의 의미를 갖는다. 《국가》 편에서 우리는 영혼에 세 가지 종류가 있다는 생각과 만난다. 그 가운데 어느 특질이 우세하게 나타나는가에 따라 인간은 세 가지 유형으로 나누어진다. 우선 '욕구'가 지배하는 사람들의 경우, 삶의 주된 목적은 욕구충족의 수단인 부에 있다. '기개'가 지배하는 사람들의 경우, 경쟁에서 이김으로써 얻는 명예가 그 목적이며, '철학적' 부분이 강한 사람들에게는 진리가 목적이다. 이런 도식에서 플라톤은 소크라테스의 입을 빌어 철학자가 왕이 되어야 한다는 기상천외한 요청을 제시한다.

플라톤은 정신적 완성이 무엇인가를 알고 있는 철학자가 왕이 되기 전까지는 인류는 결코 평온을 찾을 수 없을 것이라는 생각을 한 것이다. 이상적인 공화국은 정신적인 완성에 가장 가까이 접근한 소수의 사람들에 의해서 지배되어야만 한다는 이런 생각은 동양에서 공자나 맹자가 주창한 덕치주의와 상응하는 개념이다. 교육은 진리를 추구하는 철학자들의 양성과 관련되어 논의된다. 그 논리는 대충 이렇다. 플라톤의 생각으로는 나라를 다스릴 수호자들이 필요하게 되는데, 낮은 단계에 있는 일반사람들은 물질적인 보수나 사회적 평판에만 의존하고 그런 것을 떠나서 그 자체로서 추구할 만한 가치가 무엇인지 모른다. 《국가》 편에서 이와 관련해 이루어지는 대화를 잠시 들어보자.

> 그렇다면, 대중이 '지혜를 사랑하게' 되는 것(철학자로 되는 것)은 불가능하이(p.406).

그 생각은 현실의 정치인들을 비롯한 많은 사람들한테서 공격을 받을 수 있는 주장이다. 이것은 마치 어둠 속에 있는 사람이 빛을 모르는 이치나 마찬가지이다. 그들은 지혜가 무엇인지도 모를 뿐만 아니라 나라를 지혜로 다스린다는 취지 자체를 이해할 수 없다.

> 그러니까 철학을 하는(지혜를 사랑하는) 사람들이 이들한테서 비난을 받는 것은 필연적일세(p.406).

대중적 비난을 무마하기 위해서는 우선 그런 사람들에게 철학이 어떤 것인지를 알게 하는 것이 중요하며, 더 나아가 이에 적합한 사람들을 선발해서 양성하고 그들에게 통치를 맡기는 일이 중요하다. 그것이 바로 플라톤이 말하는 교육으로서 우리의 개념에 따른다면 대충 학문을 소재로 하는 교육에 해당한다. 그런 교육은 철인왕의 정당성을 입증하는 데 그치지 않고 그 철인왕이 민중을 통치하는 방식에까지 적용된다. 말하자면 플라톤은 여기서 교육에 의한 대중의 통치를 생각해 낸 것이다.

위에서 대략이나마 플라톤의 사상을 점검하였는데, 여기에 문제가 전혀 없는 것은 아니다. 그 가운데 그의 전반적인 철학적 입장에 관한 것은 다음 절에서 그의 제자였던 아리스토텔레스의 논의와 보완의 시도를 통해서 자세하게 알아볼 것이다.[41] 다만 여기서는 그의 교육관에 관한 부분만 국한시켜 어떤 문제가 있는지를 비판적으로 검토하고자 한다. 우리는 앞에서 교육삼대의 교육관과 우리의 교육관을 구분하고 후자의 관점에서 그들의 교육적인 삶을 분석한다는 입장을 취했다. 그렇다면 플라톤의 교육관과 우리의 교육관의 차이는 무엇인가 하는 해명이 당연히 있어야 할 것이다.

앞에서 지적했듯이 플라톤이 스승인 소크라테스의 삶을 모델로 삼은 동굴의 신화가 제시하는 교육에 관한 이미지는 상당 부분 우리의 교육

41) 물론 우리가 거기에 전적으로 동조하는 것은 아니라고 할지라도 플라톤의 것보다는 발전적이라는 점을 인정한다.

관과 맥락상의 유사성을 갖는다. 동굴의 오르고 내림의 비유는 우리의 상구와 하화의 개념과 일치한다. 또한 선분의 비유 역시 우리의 품위의 개념과 무관하지 않다. 일반인들이 알고 있는 가시(可視)의 세계(선분의 비유에서 첫번째와 두 번째)와 가지(可知)의 세계(세 번째와 네 번째)가 구분된 것은 매우 시사적이다. 높은 품위는 타고난 자연적인 속성으로 설명될 수 없는 부분이다. 그보다 더욱 심층적이고 고차원의 세계는 우리의 눈만으로는 경험할 수 없고 수련과정을 통해서만 점차 드러날 수 있다. 그 과정을 교육으로 본 것도 놀라운 유사점을 갖는다.

그러나 우리는 동굴의 비유와 관련된 부분에서 플라톤의 착상에 간과할 수 없는 범주착오가 있음을 지적하지 않을 수 없다. 그것은 세속계의 전형인 정치와 수도계의 전형인 학문의 차이를 감지하지 못하고 그것들을 일원화시키려는 그의 입장이다. 우리는 정치와 학문은 그 목표, 합의에 이르는 방식, 그 내부에서의 적응과 성공을 보장하는 방식과 전략에 있어서 근본적인 차이가 있는 전혀 다른 범주의 세계라고 본다. 그런 횡적 상대성을 가진 세계를 하나의 범주 속으로 일원화시킨 것은 큰 착오이다. 만약 플라톤이 그의 스승인 소크라테스가 학문이라는 수도계를 정립하고자 할 때 어떻게 세속계적인 논리에 의해서 좌절되고 사형까지 받게 되었는가를 주시하고 반성했다면 이런 범주착오에 빠지지는 않았을 것이다. 사실 소크라테스의 삶은 처음부터 혼동될 수 없는 두 가지 세계 가운데 후자를 출현시키기 위한 분투였다고 해도 과언이 아니다.

세속계와 수도계의 범주상의 차이는《대화편》의 내용에서도 군데군데 나타나고 있다. 앞의 논의 가운데《프로타고라스》편에서 프로디코스가 토론의 형태와 관련하여 명쾌하게 내린 수도계적인 것과 세속계적인 것과의 대비, 그리고《변명》편에서 소크라테스가 죽음에 직면하여 자신과 대중의 관심을 구분하면서 호소하다시피 시사했던 사항을 플라톤은 직시하지 못했다. 이런 구분은 또한 앞 절에서 공자에게 노자가 부질없는 짓이라고 충언한 내용, 그리고 석가가 아버지인 숫도다나 왕을 만나 그에게 세속의 왕과 수도계의 왕을 구별해 준 지혜에서도 나타난다. 이 점에서 플라톤은 당연히 구분되어야 할 이질적인 세계를 하나로 통합하려는 무리한 시도를 하였다고 볼 수 있다.

소크라테스와 플라톤에 의해서 견지되는 교육관 가운데 또 하나 수긍할 수 없는 것은 그들이 "덕은 가르칠 수 있는가?" 하는 질문과 더불어 제기한 문제와 그것에 대한 해법이다. 앞의 《프로타고라스》에서 주제로 등장했던 것처럼 소크라테스는 이 문제를 가지고 내내 고민하였다. 거기서 특별히 소크라테스가 어려움을 맞게 되는 것이 《메논》 편에서 언급한 딜레마이다. 사람은 그가 아는 것을 추구할 수 없으며, 그가 모르는 것을 추구할 수도 없다. 그가 아는 것은 이미 알고 있기 때문에 추구할 수 없으며, 그가 모르는 것은 그가 도대체 무엇을 추구해야 되는지조차 모르기 때문이다. 소크라테스가 그 어려움을 영혼불멸, 회상, 그리고 산파의 개념에 의해서 해결하려는 부분이 《대화편》에 종종 나온다. 소크라테스는 메논에게 이렇게 말한다.

> 훌륭함에 관해서건 또는 다른 것들에 관해서건 영혼이 적어도 이전에 알고 있었던 것을 상기해 낼 수 있다는 것은 아무런 놀랄 만한 일이 아닐세. 온 자연이 동족관계에 있고 또한 혼이 모든 것을 배웠으므로, 하나만이라도 상기하게 된 사람이 — 이를 사람들은 배움이라 부르지만 — 다른 모든 것들을 찾아내지 못하는 법은 없네. 그러니까 무릇 탐구한다는 것과 배운다는 것은 상기(anamnesis)이기 때문일세(Platon, /1996, p.120).

이 일련의 사고체계에서 문제가 되는 것은 메논의 딜레마가 처음부터 가공적인 것이라는 점이다. 사람들은 이것이 가정하는 것처럼 어떤 대상세계에 관해서 알거나 모르는 것이 아니라 오히려 그것에 관해서 얼마만큼 알고 얼마만큼 모르는 도상에 있다. 이 때문에 오히려 불가피하게 탐구라는 것이 필요하고 가능한 것이다. 이 점은 놀랍게도 《대화편》의 다른 곳에서 훌륭하게 시사되고 있다. 첫째 선분의 비유는 학문계에 여러 단계, 즉 품위가 있음을 인정하고 있다. 그리고 각 단계는 이전의 것보다는 더 알고 있다고 하더라도 이후의 것에 비해서 허위에 속한다. 그것 때문에 우리는 탐구라는 특별한 활동을 한다. 이 때 작용하는 특별한 추진력에 관한 것 역시 《대화편》의 주제가 되고 있다. 《향연》 편의 주제인 '에로스'의 개념은 바로 풍요와 빈곤이 합한 부분, 즉 '충분히 안 것'도 아니고 그렇다고 '충분히 알지 못한 것'도 아닌 중간단계에서 일어나는 열망과 열정인 것이다.

소크라테스는 또한 영혼불멸을 믿고 있다. 육체는 사멸하지만 영혼은 살아 있다가 육체를 통해 언제나 나타난다. 《파이돈》 편에서 죽음을 앞둔 소크라테스는 이렇게 말한다.

> 우리가 태어나기 전에 얻은 지식을 태어날 때에 상실하고, 그 후에는 감각을 사용하여 이전에 알고 있던 것을 회복한다면 우리가 학습이라고 부르는 과정은 우리가 본래 갖고 있던 지식을 회복하는 것이고, 따라서 이 과정을 상기라고 불러도 잘못은 아니겠지?(Platon, /1987, p.110)

'상기'란 이전에 간직하였다가 망각해 버린 지식을 기억할 수 있는 불멸의 영혼을 함축하고 있다. 지식은 잠재적이고 의식되지 않은 상태로 거기에 있다. '배움' 또는 진리의 발견이라는 것은 그것을 의식의 차원으로 끌어올리는 것이다. 소크라테스는 그의 가르침을 그런 상기를 가능하게 하는 산파에 비유한다. 산파란 지혜를 탄생시킬 수 없기 때문에 아무 것도 줄 수가 없다. 소크라테스는 자신을 신의 시험에 합격한 산파로 자처하였다. 그가 수행한 일은 신의 명령이었다. 또한 그는 그에게 진리를 낳을 수 없게 한 신의 의도를 잘 이해하고 있었다. 사람과 사람 사이에는 분만하는 사람이 가장 고유하며, 낳는 일은 신의 소관이기 때문이다. 이런 그의 개념은 진리를 전달한다기보다는 제자가 스스로 내면으로부터 발견하도록 한다는 점에서 획기적인 점이 있다. 그러나 메논의 딜레마나 그것의 해법으로 가정하는 영혼불멸이나 회상의 개념은 오늘날의 지식에 비추어 볼 때 황당하기 그지없다.

마지막으로 플라톤의 교육관과 관련하여 우리가 문제시할 부분은 이른바 '변증술(dialektike)'이라는 방법이다. 플라톤은 진리를 탐구해 나가는 방법으로서 그의 작품에서 소크라테스의 이름을 통해 이 방법을 제안했다. 변증술은 이름 그대로 말을 통해 이루어지는 방법이지만 그것은 내용을 말로 그대로 전달하는 것이 아니다. 이 때 말의 주된 기능은 전달하려는 것을 상대의 노력에 의해서 재생해 나가는 과정을 처방하는 것으로 되어 있다. 철학에서는 이 부분을 인식의 문제를 해결하는 거의 유일한 실천으로 부각시키는 전통을 수립해 왔다.[42] 예컨대, 김남두(1992)는 서구 대화문화의 희랍적 기원이 주로 물음과 대답이라는 상호간의 대화를 기반으로 성립한다고 보고 문답의 핵심적인 계기들을 다음과 같이 요약한다. 즉 (1) 어떤 문제에 대해 앎을 구하는 질문, (2) 이 물음에 대해 상대방의 주장을 담은 일종의 논제로서의 대답, (3) 이 논제를 검토하는 일련의 물음들, (4) 이 물음들에 대한 긍정 혹은 부정을 통한 상호간의 합의, (5) 이와 같은 합의과정을 통하여 도출되는 논제의 진위를 확인하는 결론 등이라고 할 수 있다.

이런 문답의 분석은《대화편》자체에 나타난 글과 형식만을 주목한다면 당시에 있었던 실상처럼 보인다. 그러나 그런 분석에서 나타난 것은 피상적인 관찰일 뿐만 아니라 그것은 우리가 말하는 교육현상과 구분되어야 함을 지적하지 않을 수 없다. 그것은《대화편》안에서 충분히 시사되고 있다. 여기에서는 그 대화라고 하는 것이 불과 몇 시간 안에 그치지만 플라톤이 상정하는 교육은 수십 년에 걸쳐서 이루어진다.《국가》편에서 철학자 왕의 자격을 얻는 기간은 수십 년이 걸리는 것으로 상정된다. 또한 실제로 플라톤이 소크라테스의 지도를 받고, 또한 아리스토텔레스가 플라톤의 지도를 받는 기간도 거기에 상응한다. 당시의 철학

42) 교육적 증득(2.3.1.)과 관련하여 우리는 이 부분의 한계를 충분히 논의한 바 있다.

은 플라톤이 세운 아카데미아나 아리스토텔레스가 세운 뤼케이온의 교육에 힘입은 바 크며, 그 곳의 교육은 장시간에 걸쳐서 이루어졌다. 그 사실을 간과하는 어떤 인식론도 가공의 논리에 불과하다. 따라서 플라톤에게 있어서 대화는 교육을 대신해 준다기보다는 그것을 압축해서 기술하는 편의상의 방편으로 보아야 할 것이다.

또 하나 주목해야 할 것은 플라톤도 대화를 교육을 대표하는 것으로 보지 않았다는 사실이다. 플라톤의 《대화편》에서 교육을 몇 단계로 나누고 예비교육의 단계를 거쳐서 그 마지막 단계, 즉 지성에 의한 앎의 단계에 이르러 비로소 '변증술'이 가능한 것으로 되어 있다. 이것에는 대개 논박(elenchus)과 산파술의 두 가지 절차가 포함되어 있다. 소크라테스가 특정한 주제를 두고 집요하게 묻고 해답하는 장면이 많이 나온다. 또한 상대의 약점을 잡아 소크라테스는 원하는 방식으로 사고를 유도해 낸다. 말하자면 《대화편》의 형식은 교육의 특정한 단계에서 이루어지는 대화를 소개하고 있다는 것이다. 이 점은 최근에 이르기까지 인식의 문제를 다분히 대화에 의존해서 해결하려는 철학적 경향과 우리가 제안하는 교육적 인식론을 구분하는 데 있어서 매우 중요한 분기점이 된다. 이 점은 다음 절(4.4.2.)에서 하버마스를 중심으로 하는 보편적 화용론과 교육적 인식론을 대비하면서 더 자세하게 부각시킬 기회가 있을 것이다.

서양철학의 언어에 대한 의존은 앞서 소개한 동양적인 성인들의 경우와 대조된다. 후자는 언어가 품위를 형성하고 파악하는 데 적합하지 않다는 것을 인지하고 있었다. 우리의 입장도 마찬가지이다. 우리는 전자의 방식으로 종전의 사고가 부정되고 보다 넓고 새로운 사고의 지평이 열리는 것은 아니라고 본다. 그러나 이것이 교육에서 언어가 불필요하다는 것을 의미하는 것은 아니다. 다만 우리가 우려하는 것은 언어로 어떤 대상세계를 기술하여 그대로 전달할 수 있다는 신념이다. 우리는 언어가 사유를 나타내는 것이 아니라 사유의 운동과 형성을 돕는 것과 관련될 때 교육의 원리를 구현할 수 있을 것으로 본다.

흥미있는 것은 이런 우리의 입장 역시 《대화편》의 다른 곳에서 찾아볼 수 있다는 점이다. 《메논》 편에는 기하학을 한번도 배운 적이 없는 메논의 노예소년을 통해 그의 교육을 시범해 주는 자리에서 소크라테스는 이런 장담을 한다.

> 아무쪼록 이 당혹으로부터 이 소년이 나와 함께 탐구함으로써, 나는 질문을 할 뿐 아무 것도 가르쳐 주는 것이 없는데도, 무엇을 발견하게까지 되는지 유의해서 보게나. 혹시 내가 그에게 가르쳐 주거나 설명을 해주는 게 눈에 뜨일지도 모르니 지켜 보게나. 내가 이 아이의 생각은 묻지 않고설랑 말일세 (Platon, /1996, p.127).

소크라테스는 노예소년에게 답은 가르쳐 주지 않고 오로지 질문에 의해서 그 소년으로부터 문제의 해결을 이끌어 내는 것을 보여 준다. 이때 물론 그는 언어적 대화를 한다. 그러나 대화의 기능은 그 내용을 기술하려는 것이 아니라 그것을 습득하기 위한 수단에 있었다. 이것을 교육적 인식론의 내재율에 비추어 해석한다면 그 노예소년의 적극적인 상구활동을 촉진하는 기능을 하고 있는 것이다. 이런 방식으로 소크라테스는 우리가 흔히 말하는 '주입식 교육'을 철저하게 회피하려고 하였다. 이런 부류의 언어적 소통은 '교육어'라는 새로운 탐구영역을 시사한다(장상호, 1998).

결론적으로 말한다면 《대화편》에는 소크라테스나 플라톤의 교육관과 그들의 교육적인 삶이 서로 엇갈려 이중적으로 나타난다. 전자의 경우 많은 점에서 문제가 있다. 그러나 후자의 경우 너무도 우리의 인식론적 내재율에 부합한다. 또한 전자의 경우도 《대화편》 자체 속에서도 논의상의 많은 균열들이 있다는 점이 주목할 만하다. 이 가운데 서양 철학자들은 우리가 문제시한 대화적 측면을 그들의 전통으로 받아들이고 소크라테스의 삶의 양태가 주는 전반적인 교육적 시사를 간과하였다. 말하자면 소크라테스는 철학자들에게 접시 위에 떡을 선물했는데 철학자들은 접시를 먹고 떡을 버린 셈이다. 교육적 인식론은 그 버려진 떡을 승계받고자 한다.

4.2.5. 아리스토텔레스

우리는 희랍의 교육삼대 가운데 마지막 인물에 대한 교육적 해석을 할 차례가 되었다. 아리스토텔레스는 플라톤 학파의 일원 중 가장 탁월한 인물이다. 그는 스승인 플라톤의 영향을 받았고 그 전통을 계승하면서도 단지 계승에 그치지 않고 교육적 반전을 거쳐 학문의 세계를 한 단계 발전시키는 데 기여하였다. 말하자면 소크라테스의 반전의 전략이 플라톤을 거쳐서 이제 아리스토텔레스에까지 진행될 수 있었던 것이다. 여기서는 그 전말을 간결하게 정리하고자 한다.

아리스토텔레스는 기원전 384년에 마케도니아의 작은 도시에 태어나 생애의 대부분을 학문과 교육에 종사하면서 아테네에서 보냈다. 아버지가 왕의 시의였기 때문에 그는 장차 의사가 될 생각으로 해부의 훈련을 받았으리라는 것을 쉽게 짐작할 수 있다. 또한 그는 부유하고 학구적인 가정 출신이기 때문에 당시 희랍에서 정규과정이었던 문학과 체육 훈련을 틀림없이 받았을 것이다. 플라톤은 그의 사상을 연구하고 전달하기 위해서 아테네에 '아카데미아(Akademeia)'라는 학원을 운영하였고, 그의 명성이 널리 알려지자 아리스토텔레스는 17세 되던 해에 북부 희랍의 고향을 떠나 그 곳에 몰려든 많은 젊은이들과 합류하였다.

그 때 스승인 플라톤의 나이는 60세였으며, 적어도 15년 이상 그 학원을 운영해 오고 있었다. 그리고 기원전 347년 플라톤이 사망할 때까지 아리스토텔레스는 20년 동안 플라톤의 제자로서, 그리고 그 다음에는 그의 동료로서 이 학원에 남아 배우며 연구하였다. 그 동안 그는 무엇을 배웠을까? 이 점은 아리스토텔레스가 플라톤의 죽음에 대해 쓴 다음과 같은 감동적인 비가에서 엿볼 수 있다.

> 악한 자가 감히 칭찬하기에는 어울리지 않는 사람으로서, 그리고 인간이 선해지면 동시에 행복하다는 것을 자신의 삶과 논변을 통해 명확하게 입증한 최초이자 유일한 사람이다(Barnes, /1989, p.46에서 재인용).

아리스토텔레스가 플라톤의 이론을 구체적으로 얼마나 받아들였는지를 따지기 이전에 우선 그 인품으로부터 결정적으로 많은 것을 배웠다는 것은 분명하다. 그는 플라톤의 출중한 인격에 압도되어 한동안 충실한 플라톤주의자가 되었을 것이다. 나중에는 상당 부분 그가 배운 내용을 부인하게 되었지만 그는 한동안 이데아적인 '형상들'에 대한 이론을 받아들였다. 이처럼 제자는 스승이 간 길을 일단 거치면서 다음 단계로 발전한다. 그 다음 단계의 내용도 하늘에서 그냥 떨어진 것이 아니라 당대에 플라톤 학파 내에서 이미 자각하기 시작한 문제의식에서 비롯한 것이다. 이 점은 교육의 연속성의 면에서 결코 간과되어서는 안 될 중요성을 갖는다.

플라톤이 죽고 아카데미아 학원의 운영권이 플라톤의 조카에게 넘어가자 아리스토텔레스는 아테네를 떠났다. 그 후에도 아리스토텔레스는 아카데미아의 학도들과 합류하여 생물학 연구를 계속하였다. 그는 소아시아와 레스보스의 섬에서 이 지역의 동물들과 어류에 관해 5년 동안 연구하는 데 몰두하였다. 기원전 343년에 그는 마케도니아 왕 필립보스의 초청을 받아 알렉산더 대왕의 스승이 된 적도 있었지만, 얼마 지나서 그의 고향에 돌아와 다시 학문연구와 생물학적 관찰을 하게 되었을 것으로 짐작된다.

아리스토텔레스는 기원전 335년에 아테네로 돌아와서, 스승인 플라톤이 아카데미아 학원을 창설했던 것과 마찬가지로 '뤼케이온(Lykeion)'이라는 학원을 창설하고 그 곳에서 약 12년 내지 13년 동안 연구와 저술 그리고 후진의 양성에 전력을 기울였다. 이 학원에서 임대했던 몇몇의 건물들은 지도들을 수집해 놓은 커다란 도서관과 실례를 통해 설명하기 위한 물건들을 갖춘 박물관이었다. 아리스토텔레스는 오전에는 주로 학생들에게 난해한 주제들에 관해 가르쳤고, 오후에는 보다 폭넓은 청중들에게 일반적인 강의를 하였다고 알려지고 있다. 학생들은 강의를 듣거나 논의에 참가하지 않을 때에는 인간과 자연에 관한 역사적 사실들을 수집하는 학술조사에 전념하였다.

뤼케이온은 아리스토텔레스가 그의 사상을 상구하여 자증하고 그것을 하화에 의해서 타증하는 좋은 장소가 되었다. 이 점은 그를 소개한 반즈(J. Barnes, /1989)의 다음과 같은 평에 잘 반영되어 있다.

> 그는 지식(knowledge)과 가르침(teaching)은 서로 불가분의 관계라고 믿었다. 그리고 그의 탐구와 연구는 사람들 사이에서 수행되었으며, 자신의 사상을 사적인 보고(寶庫)로서 간직하려 하지 않고 친구와 제자에게 전수했다. 만약 어떤 사람이 자신의 지식을 타인에게 전달할 수 없다면 그는 안다고 주장할 수 없다고 생각하였으므로, 그는 가르침을 지식의 적합한 표현으로 생각했다(p.18).

우리가 안다는 것은 자증에 근거를 두고 있다. 그러나 그것만으로는 안다는 확신으로서 부족하다. 그 앎이 타인에게 전달되고 그들 역시 앎의 근거에 관해서 확신을 갖게 되었을 때 비로소 그 확신은 상호주관적인 타당성을 확보하는 것이다. 이것이 곧 "타인에게 전달될 수 없으면 안다고 주장할 수 없다"는 말의 심오한 의미이다. 이처럼 서로 가르치며 배우는 곳은 지식의 타당성을 검증하는 가장 확실한 장소가 된다. 아리스토텔레스의 이론이 지금까지 생명력을 갖게 된 것은 바로 그런 튼튼한 인식론적 기반 위에 성립되었기 때문이다.

그러나 아리스토텔레스는 말년에 알렉산더 대왕의 급서 후 아테네에 반(反)마케도니아 감정이 고개를 들게 되자 진(親)마케도니아라는 이유로 정치적으로 어려운 입장에 놓이게 된다. 이런 사태를 맞아 그는 소크라테스가 당한 비극에서 아테네 사람들이 두 번씩이나 철학에 대해서 죄를 짓지 않게 하겠다는 취지에서 아테네 시민이며 당시 가장 우수했던 제자

테오프라스토스에게 학원을 넘겨주고 은퇴하였다. 그는 기원전 322년에 사망하였다. 테오프라스토스 재임시 뤼케이온 학원의 수강자가 무려 2천 명이나 되었으며, 그 후 2세기 후반 열 번째 학원 책임자까지 이 학원의 학풍은 계속된다. 그러나 로마의 반형이상학적 경향 내지 실천적 성격 때문에 그 스승과 제자의 계열은 별반 결실을 맺지 못한다. 이것은 희랍에서 시작한 에피큐로스주의나 스토아주의가 로마에서 더욱 발전했던 것과는 대조를 이룬다.

이 이후의 부분은 교육삼대를 논하는 우리의 범위를 넘어선다. 우리의 관심은 아리스트텔레스가 소크라테스에서부터 시작하여 스승인 플라톤에 이르는 새로운 학문의 전통 가운데 어떤 부분을 교육적으로 계승하고 발전시켰느냐 하는 것이다. 학문 자체의 고유가치와 그것을 신장하고 검증함에 있어서 교육이 불가피하다는 점에 있어서 아리스토텔레스는 플라톤주의의 충실한 계승자가 되었다. 그는 "모든 인간은 본성적으로 알고 싶어한다"고 주장한다. 그는 그 주장과 다름없이 전 생애를 오직 탐구하는 데에 바쳤으며, 또한 그의 연구 활동과 업적을 통하여 진리의 발견을 증진시키고 인간의 지식을 증가시키는 데 무한한 즐거움과 행복이 있을 수 있음을 보여 주었다. 그는 철학적 사변이 심오했던 만큼 과학적 연구 또한 광범위하게 수행한 지칠 줄 모르는 상구자였고, 많은 제자들을 고무한 하화자로서 고대에 우뚝 서 있었다.

이것은 교육삼대에 걸치는 동안 일관된 전통이 되었다. 소크라테스는 진리를 사랑하는 사람이었다. 플라톤은 'arete' 라는 말로 대변되는 인간의 탁월함을 찬양하였다. 이것은 인간이 자신의 본성을 뛰어나게 실현하고 있음을 지칭하는 것으로서 육체적인 쾌락이나 당대에 풍미했던 부귀공명과 같은 세속적 가치와는 구분되는 수도계적인 가치의 추구이다. 아리스토텔레스는《니코마코스 윤리학(/1984)》에서 한걸음 더 나아가 성품의 탁월함과 지적인 탁월함을 구분한다. 전자는 도덕적인 덕이며 후자는 훌륭한 판단을 내리는 지적인 형태이다. 아리스토텔레스는 지성은 인간에게 있어서 가장 고유한 것이기 때문에 '행복' 은 인간의 지적인 활동과 관상적인 삶에 있다고 주장한다.

> 행복에는 쾌락이 섞여 있다고 생각되지만, 덕을 따르는 활동들 가운데 철학적 예지의 활동이 가장 즐거운 것임은 누구나가 인정하는 바이다. 하여간 애지(愛智), 곧 철학은 순수성과 견실성에 있어서 가장 놀라운 쾌락을 제공해 주는 것으로 생각된다. 그리고 진리를 알고 있는 사람들이 진리를 탐구하고 있는 사람들보다 더 즐겁게 세월을 보낼 수 있다는 것은 당연한 일이다. 또 소위 자족성의 가장 많은 것은 관조의 활동이다(p.301).

위의 글에서 짐작할 수 있듯이 아리스토텔레스는 소크라테스에서 플라톤에 이르는 학문적인 가치를 이전보다 오히려 더욱 공고하게 계승하고 있다. 그는 학문이 예술이나 도덕과 같은 다른 종류의 수도계가 갖는 가치보다 더 순수하고 내재적인 것임을 주장하고 있다. 그러나 플라톤의 제자인 아리스토텔레스는 오직 스승의 사상만을 그대로 답습하지는 않았다. 그도 마냥 스승을 존경하는 데 그칠 수는 없었다. 이는 스승인 플라톤도 원하는 바는 아니었을 것이다. 어느 스승도 제자들이 맹목적으로 추종하는 것을 원하지 않는다.

아리스토텔레스는 세상을 바라보는 관점에 있어서 자기 나름의 사상의 전환을 꾀한다. 플라톤 생존시에도 플라톤은 아리스토텔레스를 자주 '나귀 새끼'라고 불렀다고 한다. 이는 플라톤 교설을 무조건 수락하는 제자는 아니었음을 암시하는 대목이다(Barnes, /1989, p.46). 플라톤이 사망한 후 플라톤의 뒤를 이어 그의 조카가 학원장에 임명되었으나 그가 수리에 편중한 철학으로 흐르는 것을 보고 아카데미아와 멀어지기 시작한다. 그리고 그곳을 떠나 아리스토텔레스는 스승이었던 플라톤의 견해를 그의 논문에서 완강하게 비판하기에 이른다. 플라톤의 사상을 충분히 섭렵한 아리스토텔레스는 스승의 권위로부터 자신을 해방시켜 과학적인 성향을 가미한다. 그의 《니코마코스 윤리학》에는 이런 구절이 나온다.

> 진리를 위해서는 우리와 아주 가까운 사람들과의 정분마저 끊어버리는 것이 좋을 일이요, 또 우리의 의무가 아닐까 생각한다. 하물며 우리가 철학자, 곧 지혜를 사랑하는 자임에랴. 벗과 진리가 다 같이 소중하지만, 우리의 벗들보다 진리를 더욱 귀히 여기는 것이 경건한 태도이기 때문이다(Aristotle, /1984, p.38).

이 구절을 상기한다면 플라톤에 대한 아리스토텔레스의 태도가 어떠했는지를 우리는 어느 정도 이해할 수 있다. 아리스토텔레스는 학문을 체계화하는 데 크게 공헌했다. 그는 엄청난 독서를 하였으며, 어떤 주제와 관련하여 이미 다른 사람들에 의해서 수행된 선행 연구를 출발점으로 삼아 그것들을 발췌하거나 비판적으로 수용하는 방식을 최초로 도입하기도 하였다. 그는《형이상학》에서 다음과 같이 말하고 있다.

> 선배들의 의견을 거론해 보는 것은 당면한 우리의 탐구에 유용할 것이다. 왜냐하면 우리는 다른 새로운 까닭을 발견하든가 아니면 우리가 방금 언급했던 것을 좀더 확고하게 확신할 것이기 때문이다(Barnes, /1989, p.36에서 재인용).

위의 언급은 문헌상으로나마 선진과 후진의 교육적 연속성을 강조하고 있다는 점에서 매우 중요한 계기로 해석될 수 있다. 그는 플라톤과 그의 학도들을 포함한 자기의 선진들이 사실을 내세우기 전에 이론을 먼저 내놓는다고 자주 비판하고 있다. 이처럼 그는 학문의 체계화와 교육적 반전을 결부시키면서 자신의 세계를 구축해 나갔다.

아리스토텔레스는 그칠 줄 모르는 호기심으로 경험의 모든 영역을 탐험하였다. 그는 이런 과정을 통해서 개별적인 분과학문들을 세분하려한 최초의 서양 사상가가 되었다. 그에 의해서 생물학, 물리학, 형이상학, 정치학, 윤리학, 논리학, 시학 등등이 서로 다른 구조를 갖는 것으로 체계화되었을 뿐만 아니라, 이들은 각각 분과학문으로서 자율성을 가질 것으로 예견되었다. 아닌게 아니라 그 중 어떤 것은 2천여 년에 걸쳐 그 방면의 최고의 권위를 지켜왔다.

플라톤 사상은 감각을 불신하고 비난한다. 그러나 아리스토텔레스는 경험적 사실의 탐구에로 향해 있었다. 이 세계는 불변하는 실재의 덧없는 모상이 아니다. 즉 이 세계 자체는 실재하고 또한 실체적이다. 그래서 그는 스승의 사상이 지향하는 다른 세계로부터 벗어나 이 세계로 돌아와서, 상식적인 철학과 다시 접촉하려고 시도하였다. 그의 탐험을 기다리는 인식의 영역은 감각에 의해 드러나는 것으로서의 '자연' 속에 놓여 있다. 그에 따르면 인식의 통로는 우리의 감각이 우리에게 부여하는 명증성에서부터 출발하며, 관찰된 사실들의 정당성을 밝혀줄 보다 완전한 이해를 갖고서 다시금 그것에로 되돌아와야만 하는 것이다.

아리스토텔레스는 이데아가 곧 사물의 실재라는 플라톤의 생각을 수정하여 하나하나의 개별적인 존재 속에 구현되어 있는 이데아를 중시했다. 아리스토텔레스는 플라톤이 말하는 형상들의 존재가 우리가 보거나 만져서 알 수 있는 사물들과 따로 떨어져 있다는 것을 인정할 수 없었다. 그런 이론적 차이를 반즈(/1989)는 다음과 같이 예를 들어 쉽게 구분한다.

> 아리스토텔레스는 흼(whiteness)이 존재한다는 것은 어떤 실체가 희기 때문에 있는 것이라고 주장한 반면, 플라톤은 실체가 희다는 것은 그것이 흼을 분유(分有)했기 때문이라고 주장했다. 아리스토텔레스의 견해에 의하면 흰 것은 흼에 앞서 있다. 왜냐하면 흼의 존재는 단순히 흰 것의 존재 문제이기 때문이다. 반면에 플라톤의 견해에 의하면 흼은 흰 것에 선행한다. 왜냐하면 흰 것의 존재는 단순히 그것이 흼을 분유하는 문제이기 때문이다(p.89).

아리스토텔레스는 이데아적인 '형상들'이 따로 분리되어 존재함을 부정한다. 플라톤의 이 개념은 그에게 있어서 불필요하고 게으른 하나의 가설로 보였다. 이와 관련된 문제에서 그의 특색을 이루는 공헌은 '가능태(dunamis)' 란 개념이다. 이것은 질료와 형상의 결합이다. 플라톤의 형상은 영원히 실재하고 결코 변화될 수 없는 것이지만, 아리스토텔레스의 실체는 다양한 변화를 거쳐야 하는 일시적인 것이다. 아리스토텔레스는《자연학》에서 "변화란 무엇인가?"라는 물음을 제시해 놓고 "변화는 가능한 것으로서 가능한 것의 활동태(energeia)이다"라고 해답한다. 여기서 가능태는 말 그대로 가능한 것이며, 활동태는 가능한 것의 실현을 의미한다.

플라톤은 영혼은 그것이 생명을 일으키는 대상으로서의 육체의 탄생 이전에 존재했고, 육체가 사멸한 후에도 살아 남는다고 주장했다. 그에 따르면, 생명은 영혼이 육체 속에 들어갈 때 살기 시작한다. 그러나 아리스토텔레스는 이것이 불가능하다고 생각했다. 영혼은 홀로 살아 남을 수 있는 그런 종류의 것이 아니다. 아리스토텔레스는 이렇게 반문한다. 나의 기술이나 나의 성격, 나의 기질이 어떻게 나를 살아 남게 할 수 있겠는가? 그에 따르면, 실제적인 살아 있는 물체가 없이는 생명의 원리는 존재할 수 없다.

인식에 있어서나 세계관 일반에 있어서 아리스토텔레스는 일원론적 성격을 띠고 있다. 플라톤이 감각을 불신하고 순수한 사유에서만 진리 인식이 가능하다고 생각한 데 반하여, 아리스토텔레스는 모든 지식이 감각에서부터 출발하는 것임을 강조하고 있다. 아리스토텔레스의 세계관의 정점에는 신이 있고, 그 신은 순수한 사유를 본성으로 하는 비물질적인 존재이지만, 신도 가장 비천한 밑바닥의 존재로부터 점차 향상하는 단절없는 존재계열에 있어서의 최고의 항으로 생각될 수 있다.

아리스토텔레스는 사실적 증거를 중시했다. 그가 자신의 생각을 입증하기 위해서 많은 세부적인 관찰에 의존했다는 것은 그의 생물학상의 논문들에서 나타난다. 그러나 그런 정보가 항상 정확한 것은 아니었다.[43] 그만큼 관찰 자체보다는 그것을 바라보는 이론이 중요하다는 사

43) 아리스토텔레스의 관찰은 오늘날의 기준에 비추어 그렇게 정확하다고 볼 수

실이 여기서도 입증된 셈이다. 그러나 우리는 여기서 이미 시대적 유물이 되어버린 관념론이나 경험론의 대비적인 논쟁에 이것을 결부시킬 필요는 없다. 이에 관한 것은 이미 충분히 논의했기 때문이다.

요약하면, 아리스토텔레스는 학문의 내용 면에서 그의 스승인 플라톤과 대조적인 입장을 취했다. 이런 대조는 서양철학의 역사에서 서로 다른 흐름으로 연결되어 모순과 대립의 맹렬한 논쟁의 씨가 되기도 하였다. 대체적으로 말해서 플라톤은 불변하는 것들에 관한 고원한 사색에 몰두한 것으로 생각되며, 아리스토텔레스는 변화하는 것들의 세계에 관해서 경험적으로 연구한 사람으로 여겨진다.

이제까지 우리는 소크라테스에서 아리스토텔레스에 이르는 희랍철학의 중요한 흐름을 검토했다. 그러나 그 사상의 내용이 어떤 것인가에 관해서는 우리의 논의에서 그렇게 중요한 것이 아니다. 우리가 주목해야 할 것은 그 사상의 형성과 증명에는 항상 교육이 개입되어 있다는 사실이다. 아리스토텔레스가 플라톤의 제자였던 것처럼, 플라톤은 소크라테스의 제자이었다. 그 동안 철학의 사상내용은 교육적으로 진화하였다. 그러나 변함없이 줄기차게 이어져 나온 것은 진리에 대한 열망이었다. 그것이 바로 사상의 변모라는 종적 상대성이 점차 일어나게 하는 원동력이 된 것이다. 진리는 지금의 지식을 고정시키는 것이 아니라 그것을 움직이게 하는 데서 찾아진다. 교육적 과정은 그것을 움직이게 하면서 동시에 그 발전을 증거하는 중요한 매개체의 역할을 한 것이다. 이 교육의 삼대에 걸친 역사를 검토한 콘포드(/1988)의 말을 들어보자.

는 없다. 또한 그 관찰내용에 대한 이론적인 설명도 미숙하고 잘못된 점이 많다. 대표적인 것이 그의 '자연발생론'이다. 그는 어떤 곤충은 "어미 곤충으로부터 생겨나는 것이 아니라 자발적으로 생기고 … 또 어떤 것은 잎사귀에서 떨어진 이슬에서 생기며, 어떤 것은 진흙과 거름이 썩을 때 거기에서 생겨나고, 어떤 것은 동물의 머리나 살 속 또는 배설물 속에서 생겨난다(Barnes, /1989, p.30에서 재인용)"고 주장한다.

> 그러나 상식과 경험적 사실을 지지하는 입장의 이와 같은 모든 반동에도 불구하고, 아리스토텔레스는 결국 한 사람의 플라톤주의자일 수밖에 없었다. 또한 그의 사상은, 플라톤의 사상 못지않게, 소크라테스로부터 자신의 스승(플라톤)에 의해 전수받았던 '열망의 이상' — 즉 사물들의 참된 원인 또는 설명은 그 출발(시초) 속에서가 아니라, 바로 그 목적 속에서 추구되어야 한다는 생각 — 에 의해 지배되고 있다. 아리스토텔레스의 철학 또한 여전히 궁극 원인(목적인)들에 관한 철학인 것이다(pp.125-126).

이는 교육에 의한 보존을 강조하고 있는 평가라고 볼 수 있다. 후대에게 학문의 품위가 입증된 것은 선대를 스승으로 삼는 상구에 의한 자증이었다. 이것을 역으로 말한다면 소크라테스는 그가 발견한 것을 플라톤에게, 그리고 플라톤은 그가 발견한 것을 아리스토텔레스에게 타증한 것이다. 또한 아리스토텔레스가 그가 발견한 것을 입증하는 방식 또한 그의 스승들과 마찬가지로 교육에 의존하였다. 다른 한편으로 최명관(1984)은 교육삼대를 이렇게 평가한다.

> 인류문화의 최고봉의 하나를 이루었던 B.C. 5세기의 아테네에서 소크라테스는 고매한 인격을 가지고서 깊은 철학적 사색을 끈기있게 전개하였다. 이 철학적 사색은 플라톤에 의하여 극적 형식으로 집대성되어 표현되었고, 아리스토텔레스에 의하여 학문적 체계가 갖추어지게 되었다. 소크라테스, 플라톤, 아리스토텔레스는 그리스의 정신문화의 3대 지주요 원천이었다. 아리스토텔레스 이후로는 그만한 학문적 체계가 13세기 내지 19세기까지 나타나지 못했다(p.19).

이 요약에는 교육에 의한 진화의 측면이 부각되어 있다. 약간의 과장이 섞여 있다고 하더라도 이 교육삼대가 이루었던 학문적 발전이 한동안 중단되었던 것은 역사적인 사실이다. 중세에 있어서 아리스토텔레스의 주장은 교묘하게도 신학의 도구가 되었다. 아리스토텔레스가 부동의 운동자로 본 최상의 형상인 신과 성경에서 공인된 인격적 신을 일치시키려는 노력이 이루어졌다. 그것이 바로 르네상스와 휴머니즘의 근대를 마련한 스콜라철학인 것이다.

그러나 여기서 우리가 되새겨 보아야 할 점은 그들의 사상이 암흑기를 거쳐서 역사의 어느 시점에서 복권된 것, 그리고 또 그 사실들이 현대를 사는 우리에게 알려진 것, 이것 모두가 어떤 과정을 거쳐서 가능하게 되었느냐 하는 것이다. 독자는 이제 앞서의 논의를 통해서 그 해답이 교육이라는 사실을 새삼스럽게 느낄 수 있을 것이다. 플라톤이 없었다면 소크라테스는 오늘날과 같은 역사적인 인물이 되지 못했을 것이다. 플라톤이 추모하는 마음에서 소크라테스의 행적을 기록해 놓은《대화편》이 소크라테스를 알려주는 유일한 기록이라고 해도 과언이 아니기 때문이다. 그렇다면 그 기록만으로 소크라테스가 유명해졌겠는가? 천만의 말씀이다. 우선 어떤 기록은 기록자의 수준에 따라 다르기 마련이다. 따라서 소크라테스의 행적이나 생각은 그에 버금가거나 능가하는 정신에 의해서만 해석되고 기록될 수 있다. 그것이 바로 교육이 담당하는 부분이다.

오늘날 전수되고 있는 어떤 학문도 교육이 성공적으로 그것을 매개하지 않았다면 유지되고 발전될 수 없었을 것이다. 그러니까 오늘날 접하고 있는 모든 학문은 일단 교육적인 인식에 성공한 경우에 속한다고 볼 수 있다. 여기서 한 가지 분명하게 다시 확인해야 할 사실은 그 교육에서 전달되는 학문의 지식이 반드시 최종적인 귀착점이라는 생각을 가질 필요가 없다는 것이다. 교육삼대가 주장한 내용은 분명히 오늘날 그 분야의 발전된 지식의 기준에 비추어 많은 점에서 오류로 판명되었다. 그럼에도 불구하고 그들의 주장은 아직도 교육을 위한 충분한 소재가 될 수 있다. 그 이유는 오류도 각 단계에서 진리로 나아가는 도정에 있다는 교육적 사실에서 해명될 수 있다.

우리는 흔히 학문의 역사를 논의할 때 후진은 선진이 성취한 업적에서부터 학문적인 활동을 시작하는 것으로 생각하는 경향이 있다. 그러나 사실과 다르다. 실은 선진이나 후진이나 간에 학문을 시작하는 출발점은 같다. 정확히 말한다면 우리는 모두 벌거숭이 어린아이로서 태어난다. 그런 가운데 점차 이전에 선진이 걸어간 자취를 따라가면서 그 선단에 이르는 행운을 누릴 수도 있게 된다. 이 점에서 희랍의 교육삼대가 예외일 수 없고 마찬가지로 오늘날 어느 철학도라 할지라도 그 길을 걷지 않을 수 없다. 다만 선대에 비해 유리한 점은 우리는 이미 그들이 개척해 놓은 길을 따라가기 때문에 짧은 시간 내에 선진이 이른 지점에 도달할 수 있다는 것이다.

오늘날 제대로 공부한 철학도라면 희랍의 초기철학자들의 지식이 그릇된 것임을 쉽게 이해할 수 있다. 그러나 그들의 지식은 학문의 초보자에게는 도달해야 할 중간목표의 구실을 하고 있다는 교육적인 측면을 현대에 사는 철학도들이 암묵적으로 인정하고 있다. 만약 현대철학자들이 그들의 지식을 진리의 기준으로 엄격하게 적용한다면, 그리고 그들의 진리기준을 만족시키는 지식만을 교육시킨다는 내규를 고집한다면, 그들은 두 가지 점에서 큰 잘못을 저지르고 있는 것이다. 첫째는 그들의 선진이 철학하는 가운데 체험한 진리를 부인하는 잘못이다. 비록 지금의 기준에 비추어 그들의 학설이 타당하지 않다고 하더라도 그들은 대학에서 철학을 전공하는 학도들보다 더 큰 진리체험을 하였다는 사실을 우리는 쉽게 부인할 수 없을 것이다. 둘째, 그들은 자신들이 주장하는 학설을 후진들에게 이해시키는 통로를 봉쇄하는 잘못을 범하게 될 것이다. 후진이 그들의 이론을 이해하기 위해서는 철학이 발전해 온 기나긴 사다리를 타고 오르는 작업을 생략할 수 없다. 만약 그 선진의 지식을 부인하고 일거에 제거한다면 바로 그 사다리를 제거하는 어리석은 과실을 범하게 될 것이다.

역사를 통해서 이름 있고 또한 우리가 본 저서에서 거명해 왔던 학자들의 위대함은 그들이 자신의 해당 영역에서 최종적인 지식을 생산했기 때문이 아니라 그 지식을 얻어내는 디딤돌이 될 수 있었기 때문이다. 일시에 학문의 최종점에 도달한다는 것은 씨앗에서 열매가 맺히기를 기대하는 것처럼 어리석은 것이다. 어떤 형태의 지식이든 선대가 씨앗을 뿌리고 후대가 기르고 다음에 열매를 맺는 발생적 과정을 거쳐서 형성되었으며, 거기에 참여하는 학자들은 그 단계를 일시에 초월할 수 없다. 따라서 그 과정에서 한 단계를 차지하는 지식은 언제나 교육에 있어서 배제할 수 없는 확고한 위치와 가치를 점유하고 있다.

교육적 인식론이 중시하는 것은 학문의 세계가 발전함에 있어서 사상의 절대적인 참됨보다는 그것이 당대에 어떻게 교육의 소재가 될 수 있었느냐 하는 것이다. 오늘날 철학에서 그 타당성이 의심스러운 예전의 이론이 지금도 가장 인기있는 것으로 기억되고 보존된다. 그 이유는 그들이 초보적인 입문자들이 통과할 수 있는 관문으로서 제 몫을 하고 있기 때문이다. 학문은 기존의 관념을 거부하고 발전시키고 공유하려는 뜨거운 열정에 토대를 두고 발전한다. 소크라테스는 아테네 사람들의 무지를 각성시키려고 노력했고 청년을 부패시킨다는 죄목으로 사약을 먹고 지구상에서 영원히 사라졌다. 그런 소크라테스의 삶이 학문의 싹을 틔우는 더없이 귀중한 씨앗이 되었고, 이 때문에 우리는 아직도 그 초석의 가치를 인정하고 보존하고 있다. 그 시대적 상황에 비추어 볼 때 소크라테스의 삶은 당대뿐만 아니라 현대에 사는 사람에게도 항상 배울 바가 있는 것이다. 학문은 바로 그 시점에서부터 항상 시작되어야 한다. 그렇지 못할 때 청중이 없는 최첨단의 예술처럼 일반인들과 철학자, 더 나아가 학자들간에 건너기 어려운 깊은 골이 생길 것이다.

4.3. 자연과학

4.3.1. 자연과학과 정신과학의 방법론적 통일과 역전현상

우리는 앞 절에서 희랍의 교육삼대를 교육적 인식론의 관점에서 검토하였다. 이후 탄생한 기독교가 당시 세계적 수도였던 로마를 사상적으로 점령하면서 철학은 그 원래의 색채를 상실하게 되었다. 그 때부터 철학은 자체의 독립성을 상실하고 신학을 위한 방법론이나 신학적 문제를 해명하는 도구로 변질되지 않을 수 없었다. 중세철학 속에 플라토니즘과 아리스토텔리즘의 대립과 긴장, 그리고 때로는 융합이 있었다. 흔히 중세기를 교부철학과 스콜라철학으로 나누는 데, 전자는 보통 2세기에서 9세기에 걸쳐 주로 기독교 사상에 플라톤의 사상을 가미한 것이고, 후자는 희랍사람들의 손을 떠나 아라비아로 건너갔던 아리스토텔레스의 철학이 역수입되어 당대의 신학의 내용과 조화된 것이다.

주지하다시피 중세는 기독교가 모든 것의 중심을 차지하고 있었다. 따라서 교부철학은 다른 종교를 이교라고 배척한 것은 물론 심지어 철학 자체를 엄격하게 배격하는 단계에 이르렀다. 그리하여 철학은 신학의 방편에 불과하며, 이성은 계시를 받아들이는 데 복종해야 한다고 주장할 정도였다. 이런 부진상태에서 등장한 것이 스콜라철학이다. 이 단계에 이르러서 신앙과 이성이 만나는 지점은 이성에 의해서 신의 존재를 증명하는 것이었다. 그 후반부에 이르면 자연을 위주로 하는 철학적 인식주체와 계시에 의한 은총의 빛을 통해서만 주어지는 진리의 세계가 대립이 아니라 조화될 수 있는 길이 모색된다. 이로써 철학과 신학의 분리, 더 나아가 학문과 종교를 구분할 수 있는 여지가 생기게 되었다. 철학은 그 빈틈을 비집고 중세의 암흑기에서 빠져 나와 새로운 근대정신으로 전환된다. 이 즈음 인식론적으로 중요한 역할을 한 인물이 베이컨(F. Bacon: 1561~1626)과 데카르트(R. Descartes: 1596~1650)이다. 이들의 사상을 토대로 인식의 문제가 다시 철학의 관심사로 등장하게 되었다.

영국의 베이컨은 일체의 권위와 선입견, 그리고 비판이 없는 맹신으로부터 진리를 해방시켜야 할 것으로 보았다. 그의 저명한 노작인 《노붐 오르가눔》은 아리스토텔레스의 옛 《오르가논》과 대립된 것으로서 새로운 것이다. 여기서 그는 낡은 우상의 파괴 및 낡은 스콜라적 삼단논법을 비판하였다. 그에 의하면, 인간은 '종족의 우상', '동굴의 우상', '시장의 우상', '극장의 우상' 등 네 개의 우상에 사로잡혀 있으며, 종래의 철학은 이들의 밑에서 형식적인 삼단논법을 구사하여 추상적인 사변에 탐닉하였다는 것이다.[44] 베이컨은 인식을 위해서는 이성적인 논증이 필요하지만 그보다는 경험과 관찰에서 얻어진 원칙이 더 중요하다고 주장했다. 그가 새로이 제창한 것은 '실험'에 의한 개별 사례의 비교 및 고찰로부터 자연의 일반법칙을 찾아내는 방법, 즉 흔히 말하는 귀납법이었다. 이런 사고는 새롭게 등장하기 시작한 자연과학의 발전과 궤를 같이하면서 중요한 역할을 하게 되었다.

프랑스의 데카르트는 처음에는 자연연구에 흥미를 갖고 수학에 의해서 확실하고 명증적인 인식에 도달하는 방법을 모색하였다. 이른바 '회의의 정신'을 내세운 그는 조금이라도 불확실하다고 생각되는 것은 남김없이 의심하고 명석 판명한 것만을 진리로 받아들여야 한다고 주장한다. 특히 그는 종합과 분석의 수학적인 방법에 의해서 물질적인 사상 일반을 다룰 수 있을 것으로 생각하였다. 그러나 이러한 태도는 마음이나 영혼의 작용을 신체적인 작용과 섞어서 생각하던 종래의 스콜라적인 물질관과 충돌하게 된다. 이 때문에 그는 먼저 물질로부터 일체의 심적인 것을 배제하고 동시에 마음을 일체의 물질적인 것에서 해방하는 작업을 하지 않으면 안 되었다. 더 나아가 그는 명증에 의해서 신의 존재를 증명하는 방법을 시도함으로써 중세적인 것으로부터 지나치게 떨어지는 것에 따른 비난을 가급적 회피하고자 하였다.

베이컨과 데카르트의 주장과 더불어 차츰 경험론과 합리론이 등장하였으며, 그 후 인식론은 다시 활기를 띠기 시작했다. 그러나 제 1 장을 시작할 때 고전적 인식론과 관련하여 그 전말을 자세하게 검토한 바 있

44) 영국의 비평가인 베이컨과 그 이후의 경험주의자인 로크가 아리스토텔레스는 확고하고 풍부한 사실보다는 얄팍한 이론과 공허한 삼단논법을 더 좋아했다고 비난했던 것은 어느 면 합당하지 않다. 앞 절에서도 검토했지만 아리스토텔레스는 당대의 사상적 조류에 견주어 본다면 관찰과 실험을 중시하는 경험주의에 속한다.

듯이, 경험론과 합리론은 물론 그 연장선상에서 이루어진 일련의 인식론적 시도들은 최근에 이르러 큰 시련을 겪고 있다. 현대철학의 큰 지주이었던 현상학과 분석철학이 추구한 정초주의가 해체되고 그 후에 별다른 건설적인 대안이 나오지 않고 있는 실정이다. 그러나 그런 와중에서도 이 주제와 관련하여 우리는 한 가지 의미있는 변화를 보게 된다. 그것은 자연과학과 인문과학의 방법적 통일이다. 이런 상황은 정신과학의 방법으로 등장한 해석학과 과학의 역사를 근거로 삼는 신과학철학의 논의에서 점차 드러나고 있다. 우리는 이 새로운 경향을 검토하면서 그것들을 교육적 인식론과 결부시켜 재해석하고자 한다. 우리의 결론은 그 모든 것들을 이론적으로 포괄하는 지점에 교육적 인식론이 미리 대기하고 있다는 것이다.

먼저 근래에 해석학이 점유하기 시작한 뜻밖의 새로운 위상부터 검토해 보기로 하자. 근대에 등장한 자연과학이 놀라운 사실들을 발견해 나감에 따라 학문의 세계는 관찰과 실험과 같은 방법적 절차에 큰 신뢰를 갖게 되었다. 이러한 시대적 조류에서 사회과학과 인문과학은 어떤 진로를 택하지 않으면 안 되었다. 이들 두 분야는 한동안 그들 나름의 방법론을 택하지 못한 채 서로를 비방하는 양태를 보였다. 그들은 모두 자연과학에 대해서는 어느 정도 자진해서 경탄을 금하지 못하면서도 서로간에는 상대방을 무시하고 협력하지 않았다. 사회과학은 인문과학을 비과학적이라고 경시하고, 인문과학은 전자를 교양 없는 속물이라고 여겨왔다. 그들이 취한 방법적 대응은 블룸(A. Bloom, /1989)에 의해서 잘 요약되었다.

> 사회과학과 인문과학은 18세기 말엽에 이르러 인간을 자연으로부터 축출하고, 따라서 자연과학 또는 자연철학의 이해 영역으로부터 결정적으로 몰아냄으로써 — 또는 육체에 관계된 부분을 뺀 인간의 잔여부분을 퇴거시킴으로써 — 생겨난 위기에 대한 두 가지 대응방법을 대표하고 있다. 그 중 한 가지 대응방법이 인간을 새로운 자연과학의 방법에 동화시켜 인간에 대한 과학을 생

> 물로부터 내려오는 사다리 구조의 한 단계가 되도록 만들려는 용감한 노력이었다. 또 다른 방법으로는 칸트에 의해 새로이 개척된 영역을 계승하여 위기에 대응하고, 자연과 자유를 대조시켜 자유의 영역을 계승하는 것이었다. 자유가 자연과는 별개이지만 동등하므로 자연과학의 방법론을 흉내낼 필요가 없으며, 적어도 정신을 육체만큼 중요하게 여겼다. 철학으로부터 갓 해방된 우승자인 자연과학에 두 분야 다 도전하지 않았다(p.410).

위의 인용문에서 사회과학과 인문과학의 첫번째 대응방법의 기수가 된 것으로서 우리는 심리학을 들 수 있다. 심리학자들은 종전에 정신영역에 포함되었던 현상을 새롭게 등장하고 있는 자연과학적 방법으로 탐구한다는 기치를 내세웠으며, 그런 경향은 다른 사회과학의 영역에까지 확장되었다. 다른 하나의 대응방법은 자연과학과 여타의 학문간의 방법적인 차이를 부각시키는 방향으로 진전되었다.[45] 특히 19세기 이래 자연과학과 정신과학이 고정된 구획원리를 찾아내는 데 있어서 방법상의 이질성을 표방하는 경향을 보였다. 이른바 신칸트학파는 자연과학을 인정하되 그것만이 참된 인식을 추구한다는 칸트의 한계를 벗어나고자 하였다. 도덕, 문화, 예술, 법률, 종교 등의 체험영역은 자연현상과는 다르며, 또한 그것을 탐구하는 방법 역시 달라야 한다는 것이다.

신칸트학파에서 비롯한 관심은 문화과학의 범주에서 해석학의 발전으로 이어졌다. 인문과학의 방법론으로서의 해석학은 사람에 의해서 창안된 의미복합체(문화현상, 삶의 표현, 객관정신, 혹은 텍스트)로부터 그에 상응하는 이해에 도달하는 것을 문제로 삼는다. 그러나 자연과학적 방법에 대한 소극적인 대응으로 등장했던 해석학이 이제는 더욱 적극적인 자세로 자연과학적 방법을 문제시하고 오히려 자연과학이 해석학적 방법을 수용해야 한다고 요구하고 있다. 어떻게 그런 방법상의 역전이 일어나게 되었는가? 그것은 자연과 자연과학의 이질성에 대한 새로운

---

45) 이런 분과학문간의 방법적 분리에 관한 것은 《학문과 교육(상)》 제 3 장에서 자세하게 취급되었다.

자각에서 비롯한다. 자연과학은 자연을 탐구하는 정신의 산물이다. 이 때문에 자연과학 자체는 속성상 그것의 연구대상인 자연에 속하는 것이 아니라 정신 혹은 문화창조에 속한다는 사실이 새삼스러운 사실로 드러나고 있다.

자연과학은 자연을 대상으로 하지만 알고 보면 그 자체로서는 결코 자연적인 성질을 갖는 것이 아니다. 그것은 엄밀하게 말하면 자연을 소재로 하는 사유작용이며, 그 사유는 자연의 경우처럼 이미 실재하고 있는 것이 아니라, 우리의 사유체험이 점차 발전하면서 이루어 낸 인위적인 세계이다. 그 사유체험의 범주는 진행과정에 있으며 끊임없이 생성하고 발전한다. 그 점에서 자연과학은 자연과는 달리 오류가 있으며, 그 발전의 수준이 있는 것이다. 그것의 일부는 문화현상이라고 할 수 있고, 우리의 범주에 따른다면 수도계에 속한다고도 할 수 있다. 정확하게 말한다면 자연과학은 자연을 대상으로 학문적 체험을 구축하고 그 체험을 표현하는 영역이다. 이 점에서 자연과학은 당연히 정신과학의 영역에 속한다.

이로써 자연과학과 정신과학 또는 인문과학을 구획하는 기준이 적어도 방법론적으로는 점차 무너지고 있다. 더욱이 최근에는 해석학이 종전의 인식론에 대한 대안으로 등장하는 역전현상이 일어나고 있다. 이것은 자연과학의 영역구분을 강조해 왔던 방법론의 역사와 전통을 감안할 때 거의 파격적인 진행이라고 볼 수 있다. 금세기 초만 하더라도 해석학은 인간과 사회의 연구를 자연과학적 설명모델로 환원시키려는 실증주의적 방법론과 맞서야 했다. 그렇지만 점차 실증주의적 가정들이 후퇴하면서 이제는 바로 정신과학의 방법이 그 대안으로 등장하고 있는 것이다. 이런 새로운 경향은 특히 근래에 인식론에서 정초주의와 진리의 대응설이 붕괴하면서 더욱 활기를 띠고 있다.

근래 들어 자연과학의 방법론으로 다루어 왔던 인식론이 해석학의 맥락에서 취급될 수 있다는 점이 시사되고 있다(Rorty, 1979; Bernstein, 1983). 이들에 의하면, 인식론과 해석학은 동일한 범주에 들지 않는다.

인식론은 지식이 어떻게 가능한가를 기술하는 것이고, 해석학은 이해 및 해석이 어떻게 가능한가를 기술하는 것이라고 할 수 있다. 이런 구분을 전제로 특히 로티(R. Rorty)는 해석학이 인식론의 몰락으로 남겨진 문화적 공간을 채우기보다는 그것을 대치하는 세력이 될 수 있을 것으로 본다. 그는 자연과학과 사회과학의 차이를 소멸시킬 뿐만 아니라 과학과 인문학 나아가 예술 일반간의 전통적인 구분법을 폐기시키고자 한다.

로티에 의하면, 지식의 형태들이 구분 가능하다거나 서로 다른 논리를 따르고 있다는 것은 애초부터 자연과학적 지식이 대상의 본질을 "거울처럼 반영하고 있다"는 잘못된 관념에서 나왔다. 그러나 그에게 있어서 자연을 있는 그대로 본다는 것은 불가능하다. 그런 의미의 객관적 지식은 자연과학의 경우에도 이미 한물 간 이야기가 되었다. 그렇다면 무엇이 문제인가? 그것은 자연을 보는 관점을 정련화시키는 것이다. 말하자면 자연과학이든 인문과학이든 중요한 것은 무엇에 대한 묘사가 아니라 그것을 바라보는 우리 자신의 관점의 발전, 즉 우리 자신의 변화와 관련되어 있다. 모두 이런 원리를 따른다는 사실에 있어서 자연과학, 인문과학, 사회과학이라는 구분이 있을 수 없다는 것이다.

그런데 공교롭게도 이런 관점의 전환은 일부의 과학철학자들이 정밀성의 기치를 앞세워 왔던 자연과학의 역사를 검토하는 가운데 더욱 분명해지고 있다. 우리는 과학적 가설과 이론적 설명들을 평가하기 위한 연산규칙이나 표준적인 결정절차가 있다는 인식론적인 전제를 당연한 것으로 받아들였다. 그러나 방법론의 면에서 가장 확실한 토대를 가지고 있었던 자연과학의 영역에서도 그 토대 자체가 과대평가 되었다는 반성이 일어나고 있다. 자연과학의 역사를 검토한 일련의 학자들은 그 세계가 인간실천의 영역이며, 역사적 발전의 과정에는 실증주의의 가정과는 달리 과학적 탐구가 인간의 오류를 동반하는 제반 실천의 영역에서 예외일 수 없다는 것을 차츰 알게 된 것이다.

자연과학 내부의 역사를 검토하는 과정에서 자연과학이 내세웠던 이른바 객관적인 방법이 오히려 존재와 사실을 은폐해 왔다는 점이 드러나고 있다. 그들은 과학적 지식도 전통의 영향이 그대로 수용되고 있는 역사적 상황에서 생겨난다는 점을 주목하기 시작한다. 또한 그 과정은 종래의 인식론이 생각했듯이 절대적인 진리를 발견한 것이 아니라 어느 경우나 이전의 것에 비해 이후의 것이 더 나아간다는 정도의 발전임이 드러나고 있다. 이로써 그들은 정초주의에서 벗어나 과학이 인간의 다른 실천영역들처럼 앞으로 발전하는 개방적인 세계임을 깨닫게 되었다.

이런 일련의 발견은 인식론 자체의 변혁을 요구하고 있다. 그것을 증명하는 것은 객관적 기준이나 준칙에서 나오는 것이 아니라 결국 과학자들의 변화에서 가능한 것으로 되어 있다. 그것은 한마디로 과학자가 자신의 입장을 끊임없이 수정함으로써 그릇된 자기이해에서 벗어나는 것이다. 신과학철학자들이 경직된 실증주의적 방법을 해독하는 데 동원하고 있는 방법론은 대부분 예술이나 기술이다. 경쟁하는 과학적 이론과 패러다임의 판단적 성격은 텍스트, 예술작품, 그리고 전승들에 대한 경쟁적 해석들을 검증하거나 평가할 때와 유사하다. 과학의 역사에 토대를 둔 과학철학의 이런 진보는 자연과학과 인문과학의 구분이 불필요하다는 앞서의 철학적 논의에 동조할 뿐만 아니라, 오히려 인문과학적 입지를 얻어내기 위해서 출범한 방법적 원리가 과학에 적용될 수 있음을 시사하고 있다. 이것은 자연과학의 영역구분을 강조해 왔던 얼마 전의 인식론적 관심에 비해 거의 파격적인 진로이다.

자연과학의 역사는 대개 이론의 교체가 질서있게 이루어진 인상깊은 사례들을 기술하고 있다. 결과적으로 보면 이 분야에서는 이전의 지식체계를 이후의 것이 포괄, 지양 혹은 대치하는 방식으로 발전해 왔다. 그 전형적인 경우를 물리학에서 찾아볼 수 있다. 이 분야에서 이루어진 가장 급진적인 발전은 천동설에서 지동설로의 전환이다. 일단 그런 인식체계의 변화가 일어난 다음에는 두 번 다시 천동설로 회귀할 수 없게 되었다. 그 후에 등장하기 시작한 물리학은 이런 불가역적 지식체계를 구성하면서 발전을 거듭해 왔다. 예컨대, 갈릴레오가 지상의 낙체법칙을 설명할 때 쓰던 공리와 케플러가 태양계의 움직임을 설명할 때 쓰던 공리는 뉴턴의 중력법칙의 한 사례로 대체되었다. 후자는 비단 자유낙체뿐만 아니라 유성의 운동, 달의 회전, 간만의 차 등 더욱 많은 현상을 설명할 수 있었다. 그리고 뉴턴이 중력법칙을 도출하기 위해서 쓴 공리들은 아인슈타인의 이론에서 도출될 수 있는 정리들로 포섭되었다.

그렇다면 뉴턴의 체계를 부정하고 나타난 아인슈타인의 이론체계는 정설이라고 할 수 있는가? 시간의 간격을 놓고 보면 그의 학설도 뉴턴의 경우처럼 절대적인 것이 아니라 물리학의 발전과정의 디딤돌에 불과하다는 사실이 분명해진다. 그것은 물론 뉴턴의 것에 비하면 발전된 것이지만 그 나름의 한계가 있음이 밝혀졌다. 그것은 소립자 세계의 경우 아인슈타인이 말하는 물질의 결정성을 벗어난다는 점이다. 하이젠베르크(W. Heisenberg: 1901~1971)는 1927년에 불확정성의 원리를 발표하여 거시적 고전물리학으로부터 미시적 원자물리학으로의 비약적인 발전을 성취하였다. 그는 전자운동과 같은 미시적인 세계에서는 고전적인 의미에서의 인과율을 적용하여 그것들의 운동을 상세하게 예측하는 것이 불가능하며, 다만 확률적으로만 알 수 있음을 밝혔다. 이 세계는 아인슈타인의 이론이 침투할 수 없는 새로운 물리의 세계인 것이다.

이처럼 자연과학의 역사는 참으로 많은 양의 지식을 한꺼번에 높은 수준의 질로 대체하는 인상깊은 지적인 성취의 사례들을 포함하고 있다. 이런 결과상의 사실을 놓고 우리는 흔히 '과학철학'에서 논의하는 방법적 정형, 즉 '객관적인 검증의 절차'가 이 분야에 적용되어 온 것으로 생각하기 쉽다. 그러나 역사적인 내막을 깊이있게 조사해 보면 그것이 실상과 다른 것임이 드러난다. 역사적으로 중요한 이론의 교체는 그렇게 순탄하게 이루어진 것이 아니다. 어느 경우나 진보된 이론이 등장했을 때, 실증주의적 의미에서 그것이 이전의 이론보다 유리한 것은 거의 없었다. 예컨대, 코페르니쿠스가 지동설을 내 놓았을 때 그는 자신의 이론을 입증할 자료가 없었다. 또한 한동안 그 이론에 의한 예언이 톨레미의 천동설적인 예언보다 부정확했다. 자연과학에서 진보적이고 새로운 이론이 제안되었을 때, 그것이 비록 당시의 것보다 높은 수준의 것이었음에도 불구하고 당대에는 오류로 판정된 사례가 많다. 코페르니쿠스에 의해서 지동설이 제안되었을 때, 당시 아리스토텔레스의 역학과 톨레미의 천동설을 믿고 있었던 학문공동체는 그것이 헛된 것이라는 판정을 내렸다. 그런 일은 다시 반복된다. 한참 뒤에 아인슈타인의 상대성이론이 출현했을 때 뉴턴의 역학체계에 머물러 있던 당시의 학자들은 그 이론을 의심하고 수락하기를 거부하였다. 그런 완고한 오류는 아인슈타인 자신에 의해서도 저질러졌다. 하이젠베르크가 불확실성 이론을 그에게 제시했을 때 그는 그것을 불가해한 것으로 배척하였다.

이런 사실들이 밝혀짐에 따라 깔끔하게 재구성되었던 이전의 과학철학에 충격을 주는 다른 학설이 등장하게 된다. 이것이 앞 부분에서 소개된 '신과학철학(1.4.4.)'이다. 여기서 그 가운데 가장 인상깊고 또한 우리의 교육적 인식론과 직접 관련된 부분만을 간략히 재론해 보기로 하자. 1962년도에 발표한 '과학혁명의 구조론'에서 쿤은 과학의 역사가 합리성과 객관성의 기준이 서로 다른 해석 패러다임들 사이에 일어나는 일련의 혁명을 반영하고 있다고 주장한다. 그는 당시 패러다임 자체가 결과적으로 서로 양립할 수 없는 체제임을 드러내면서 그들간에 합리적인 논증이나 정당화가 불가능하다고 보았다.

여기서 쿤은 종종 '정상' 과학에서 '위기의' 과학으로 넘어가는 과정을 제대로 설명할 수 없었다. 정상이 어떻게 비정상으로 되고 그 비정상이 어떻게 정상으로 인정받게 되는가? 그 과정에 어떤 지켜져야 할 규칙이 있는가? 그는 합의가 어렵고 희박하다는 것을 지적하고 그 가능성을 성급히 막아버리는 실수를 저질렀다. 그는 패러다임의 교체는 '혁명'과 '개종'에 의해서 가능했다는 충격적인 주장을 내세웠다.[46] 이어

46) 이런 주장은 전통적인 과학철학, 그리고 더 나아가 일반인의 통념을 깨뜨리는 데에는 큰 몫을 하였다. 그러나 미세한 점에서 그 결론이 너무 거칠다는 사실은 먼저 지적되어야 한다. 더 자세한 점은 곧 교육적 인식론과의 관계를 논하면서 밝히겠지만, 그의 주장대로 과학의 혁명과 정치의 혁명이 결코

서 파이어아벤트는 이론의 교체에서 필요한 것은 오직 선전과 설득, 혹은 선입견에의 호소 등 극단의 주관적인 수단이라고 주장하여 세인의 주목을 받은 바 있다. 또한 그들은 새로운 패러다임이 주도권을 잡기 전에 낡은 세대가 사라져 가기를 기다려야 한다고도 말한다. 그러나 어떤 때는 과학자들이 대부분의 과학적 논쟁을 매우 빨리 해결한 경우도 있다.

쿤의 불가공약성이 갖는 문제는 계통발생적인 측면만을 생각하는 잘못된 방법으로 생긴 것이다. 그는 패러다임의 대비를 평면화시키고 그들의 논리적인 간극을 지나치게 강조하고 있다. 패러다임들간의 결과적인 불가공약성과 그것들의 발전과정에서 나타나는 계열성을 혼동해서는 안 된다. 학문은 불가공약적인 지식들이 발생적으로 연속적인 계열을 형성함으로써 발전되어 왔다. 말하자면, 그의 논의는 알이 애벌레가 되고 다시 애벌레가 나비가 되는 변태의 과정을 무시하고 그들의 형태상의 이질성만을 드러내고 있다. 이론의 발전과정에서 나타나는 이러한 발생적 연속성에 주목한 것이 라카토스의 이른바 '세련된 반증주의'였다. 그는 일련의 '연구 프로그램'에 의한 이론의 검증을 들어 포퍼의 반증주의가 갖는 취약성과 쿤의 주장을 절충하려고 하였다. 여기서 강조된 것은 하나의 연구를 절대적으로 평가하기는 어렵고 그보다 덜 혹은 더 나은 연구가 나타나서 서로 비교함으로써 연구의 우열을 판정할 수 있다는 것이었다. 또한 툴민 역시 이런 연속성을 주목하고 '진화적 과정'을 추가함으로써 쿤보다는 종적 측면의 연속성을 인정하고 있다는 점에서 일보 전진하고 있다.

다른 한편으로, 라우든과 폴라니는 과학적 발전의 과정에서 후진적

동일한 것이 될 수 없다. 우리의 기준에 비추어 볼 때 전자는 수도계적인 것이고 후자는 세속계적인 것이다. 또한 '과학에서 인식의 전환'을 '종교적인 개종'에 비유한 것 역시 마찬가지로 범주상의 착오를 범하고 있다고 보아야 할 것이다.

이론과 선진적 이론간에는 가치관의 변화, 그리고 언어로 명시할 수 없는 암묵적 지식이 개입하고 있음을 지적하고 그들간의 교육적 교섭과 강요하지 않은 가치의 합의를 지적했다. 한 사람이 발전을 알기 위해서는 스스로 선호된 가치관의 변화가 있어야 하고, 또 그것을 타인에게 입증하기 위해서는 그 과정을 타인에게 재생시키는 것이 불가결함을 지적한 것이다. 그런 인식론적 관점의 전환은 우리의 교육적 인식론에 더욱 가까이 다가서고 있다는 증거로 해석될 수 있다. 이와 관련하여 폴라니(1964)가 제시하는 구체적인 사례를 들어보자.

> 과학의 전제를 완전히 전수시킬 수 있는 것은 뛰어난 과학자의 천품을 가진 소수의 과학자일 뿐이다. 더욱이 그들은 보통 뛰어난 스승(master)의 견해 및 실행과 개인적으로 긴밀히 제휴함으로써만 그것을 달성할 수 있다. 과학적인 발견의 가장 중요한 전제는 연구라고 하는 위대한 학교 안에서 배양된다. 스승이 하는 매일의 노력은 그러한 전제를 총명한 학생에게 드러내 주고, 또한 스승의 일에 작용하고 있는 개인적 직관의 얼마 가량이 학생에게 전달될 것이다. 스승이 문제를 선택한다거나, 새로운 단서나 예기치 못한 난제에 반응한다거나, 그 밖의 과학자의 일을 숙고한다거나 하는 모습은 적어도 그의 본질적인 비전의 반영을 전해주는 것에 불과하다. 이러한 이유 때문에 위대한 과학자들은 그만큼 자주 제자(apprentices)로서 스승들의 뒤를 따르게 된다. 러더포드(Rutherford)의 일은 톰슨(Thomson) 밑에서 견습했던 분명한 발자취를 가지고 있다.[47] 그리고 이번에는 차례로 러더포드의 개인적인 제자 가운데 네 명의 노벨상 수상자가 나온 것을 볼 수 있다. 오늘날의 정신분석학자들도 프로이트(Freud)에게 정신분석 치료를 받은 사람이거나 혹은 그와 같은 치료를 받은 다른 정신분석학자에게 치료를 받은 사람들이다(이것은 다분히 사도권 전승 the Apostolic Succession의 현대판이라고 할 수 있다). 영국에서 탄수화물의 화학적 연구는 거의 전부 네 명의 과학자, 즉 퍼디(Purdy), 어빈(Irvine), 하워스(Haworth), 허스트(Hirst)에 의해서 이루어졌다. 이 네 명은

47) 이 사례는 툴민(1972)이 거론했던 것으로 다음 절(4.3.2.)에서 다시 더욱 상세하게 소개될 것이다.

스승과 제자라고 하는 종적 관계에서 제자가 스승의 뒤를 잇는 형태를 취하고 있다(pp.43-44).

위의 인용문에서 우리가 발견할 수 있는 것은 과학철학에서 논의되는 인식론상의 변화가 사실은 우리가 주장하는 교육을 통해서 이루어졌다는 사실이다. 독자는 이 사례가 앞서 검토한 희랍의 교육삼대의 사례와 거의 동형성을 지니고 있다는 사실을 발견할 것이다. 다만 우리는 현 단계에서 그 사실을 우리의 교육적 내재율과 결부시킬 구체적인 자료를 확보하지 못하고 있을 뿐이다. 나는 이제까지 검토한 최근의 인식론적인 전향, 즉 인식론이 해석학의 영역으로 바뀌고 있는 추세, 그리고 과학의 역사를 검토하는 과정에서 밝혀지고 있는 새로운 사실들이 교육적 인식론에 의해서 새롭게 해석되고 또 결국 교육적 인식론으로 대체될 수 있으리라는 추정을 하고 있다. 그렇다면 그들 각각이 갖는 한계는 무엇이고, 교육적 인식론은 어떻게 그것들을 보완하여 설명할 수 있는가?

이 질문에 대한 연구가 앞으로 더 수행되어야 하겠지만, 나는 여기서 이런 재해석을 정당화하는 몇 가지 유리한 논점과 근거를 간결하게나마 지적하고자 한다.

첫째, 로티를 중심으로 하여 인식론과 해석학을 대립시키려는 일련의 시도는 잘못이다. 그들은 인식론의 붕괴를 대응설의 붕괴와 결부시키고 있다. 그러나 대응설은 인식론의 일부에 불과한 것이다. 인식론의 영역은 좀더 넓게 생각한다면 세계와 우리 자신에 대한 이해를 가능하게 하는 것들에 대한 메타인식이다. 이렇게 본다면, 인식론과 해석학은 갈등관계에 있지 않고 보완 혹은 경합관계에 있다. 우리가 제안하는 교육적 인식론 역시 이들과 서로 보완과 경합의 관계에 있다.

둘째, 나는 자연과학을 문화의 일부로 보는 것보다는 수도계의 일부로 보는 것이 옳다고 생각한다. 문화는 원래 구성원의 역사적인 동질성과 체험상의 선이해를 강조한다. 그러나 수도계는 계속적인 가치추구와 선진과 후진의 차이를 강조한다. 자연과학은 자연과의 직접적인 접촉을 지향하는 것이 아니라 기실은 자연에 관한 탐구의 체험을 지향한다. 자연과학은 그것이 소속한 분류체계의 면에서 볼 때 그 상위세계인 학문계에 속하고 더 나아가 수도계에 속한다. 이렇게 폭을 넓혀서 볼 때 자연과학 역시 수도계적인 틀 속에서 그 방법에 대한 더욱 포괄적인 통찰을 필요로 하는 영역이다.

셋째, 해석학은 주로 텍스트를 중심으로 이미 문화공동체로서의 동질화된 이해내용을 추출해 내는 데 관심을 갖는다. 그런 관심은 정당화될 수 있고 매우 중요한 것이다. 그럼에도 불구하고 그런 방법은 수도계적인 이해의 깊이가 다른 상황에서 그 차이를 입증하는 방법으로는 부적절하다. 여기에는 단순히 문화공동체 안에서의 상호주관적인 이해가 아니라 선진과 후진간에 한편에서 다른 편으로의 발전적인 변화를 수반하는 이해작용이 필요하다. 다시 말하면, 이 영역은 단순히 문화화라는 것으로 다루어질 성질의 것이 아니라 선진과 후진의 교육적 상호작용과 그것을 전제로 하는 교육적 이해가 필요한 영역이다. 특정한 문화공동체 구성원이 공유된 이해에 도달하는 것과 교육적 이해는 목적과 방법에 있어서 구분되어야 한다.

넷째, 우리는 이제까지 철학적 인식론을 비평하는 데 역사적 인식론의 근거들을 이용하여 왔다. 철학적 인식론이 가지고 있는 부동성에 대한 향수를 저지하고 인식의 동적인 측면을 파악해 내려는 점에서 역사적 인식론과 교육적 인식론은 같은 길을 가고 있다. 그러나 그것은 하나의 방편일 뿐 양자가 동일한 것은 아니다. 이제 교육적 인식론을 정립한 이상 그들과의 차별성을 또한 부각시킬 필요가 있다. 역사적 인식론은 시대에 따라 인식의 변화가 어떻게 일어났는지를 계통발생적으로 드러내는 데 주된 관심이 있다. 이에 비해서 교육적 인식론은 한 시대에 속하지만 인식의 내용에 있어서 엄청난 편차를 보이는 개체발생적 과정을 더욱 중요하게 부각시킨다.

다섯째, 이해의 동질성을 가정하는 오류는 학문을 논하는 역사학자들에게서도 발견된다. 그들은 한편으로 계통발생적 측면에서 서로 다른 시대의 이질성을 주장하면서도, 한 역사의 시점에서는 당대의 모든 사람들이 동질적인 사고의 틀을 가진 것으로 가정함으로써 한 시대 안에서도 서로 단계가 다른 개체발생이 진행되고 있다는 사실을 간과한다. 그 시대를 대표하는 사상에는 이전의 사조에 도전하고 당시의 사조를 창출하고 이끌어 가는 최고의 천재들(예컨대, 톨레미, 코페르니쿠스, 뉴턴, 아인슈타인, 하이젠베르크)이 대입되어 있으며, 그런 천재들이 출생으로부터 어떻게 각각의 이질적인 단계를 거쳤는지는 논외로 한다.

이 때문에 쿤은 학문의 전단에서 이루어진 반전의 사례, 그리고 그들의 학문적인 경력에서 최후의 지식체계만을 논리적으로 대비하고 그들 간의 이론적인 단절과 불가공약성만을 두드러지게 부각시켰다. 그는 상이한 패러다임간에는 서로 소통이 불가능할 뿐만 아니라 동일한 이론적인 주제를 가지고 토론이나 연구도 할 수 없다는 결론을 얻는다. 그리고 불가공약성을 연결하는 적절한 해석방법이 없기 때문에 거기에는 '개종'과 같은 불합리한 과정이 개재했을 것으로 가정했다. 이 점에서 쿤의 설명 속에도 그가 비난했던 과학철학자들의 재구성적 생략의 오류가 포함되어 있다고 볼 수 있다. 불행히도 그는 그의 저서에서 주장하고 있는 '개종'이 어떻게 이루어졌는지에 대해서 해명하지 않는다. 그러나 교육적 인식론은 한 시대 내에 그리고 한 개인 내에 발전의 단계가 있었고, 그들이 어떻게 교육을 통해서 그 단계를 뛰어넘고 그 결과를 그 단계 이전에 있는 사람에게 입증하려고 하였는지에 관심을 갖는다.

여섯째, 쿤이 주장하는 새로운 패러다임의 주창자들도 학문생활의 초기에는 한때나마 교체시키려는 패러다임을 상구하였다는 사실에 주목해야 한다. 다시 말하면 이전의 패러다임은 그들의 학문적 생애에서 이후의 패러다임을 출현시키는 매우 중요한 토대의 역할을 하였다. 그리고 그들이 당대의 패러다임을 추월하는 상구의 지점에 이르게 되었을 때 그것이 비로소 이전의 패러다임과 불연속성을 이룬 것처럼 보인 것이다. 그러나 한 개인의 성장과정으로 볼 때 그 패러다임들은 발생적 연속성을 갖고 있다. 그들은 이런 과정에서 이전의 지식을 파기하고 이후의 것을 선택했을 것이다. 전환의 선택은 객관적인 검증절차에 있지 않고 다만 그들이 전자에게서 상구할 것보다는 후자에게 상구할 것이 더 많았기 때문으로 본다. 이런 교육의 과정과 구조를 이해할 때 쿤이 말하는 '혁명' 혹은 '개종'이라는 과격한 의미는 사라진다. 여기에는 점진적인 단계별 교육이 개재했고, 그로 인하여 교육적으로 너무도 자연스럽게 패러다임의 교체가 이루어질 수 있었던 것으로 본다. 우리의 입장에서 볼 때, 쿤에 의해 '혁명적'이라고 칭해진 발전단계의 불연속성을 매개한 것은 매 단계에서 이루어진 교육이었다. 그러나 쿤은 이 점을 간과하였다.

마지막으로 교육적 인식론은 단순히 발전에 대한 낙관, 즉 수도계는 시간의 종축을 따라 마냥 발전한다는 식의 낙관적인 역사관을 따르지 않는다. 우리는 역사 속에서 선진과 후진의 관계가 항상 교육적 관계로 발전하지는 않는다는 사실을 주목한다. 교육적인 관계의 형성은 오로지 양자가 교육적 합의와 내재율을 따르는 실천적 노력에 의해서 가능해진다. 우리는 천문학이나 물리학과 같은 고도의 조직화된 학문에서 이론들간의 교체(예컨대, 지동설에 의한 천동설의 교체, 그리고 아인슈타인의 이론에 의한 뉴턴의 이론의 교체)에는 언제나 교육이 질서있게 이루어졌다고 보았다. 그러나 역사에서 그렇지 못했던 사례도 역시 우리의 주목을 받는다. 교육적 인식론의 견지에서 볼 때 교육이라고 하는 실천적인 과정을 생략했기 때문에 이전의 이론과 이후의 이론간에 토대와 발전이라는 불가분의 협조가 전혀 불가능했던 사례도 많을 것이다. 우리는 그 불행한 사례도 교육적 인식론에 의해서 재조명해 볼 필요가 있는 것으로 본다.

4.3.2. 툴민이 예거한 사례에 대한 재해석

우리는 자연과학도 교육을 통해서 면면한 흐름을 유지할 수 있었고, 또 새롭게 변화할 수 있었을 것으로 본다. 그럼에도 불구하고 그 사실이

'과학철학'의 분야에서 충분히 반영되거나 주제화되지 않았다. 따라서 이 분야에서 교육적 인식론이 어떻게 적용될 수 있는지에 대한 연구가 앞으로 본격적으로 이루어져야 할 것이다. 그럼에도 불구하고 이런 연구가 밝힐 새로운 사실들은 과학철학이 자체의 이론적인 문제를 재검토하는 과정에서 이미 예견되고 있다. 다음에 자연과학도 역사적으로 교육과 불가분의 긴밀한 관계를 가지고 발전하였다는 점을 시사하는 간단한 논지를 소개하고, 그것을 교육적 인식론의 관점에서 더욱 자세하게 해설하는 절차를 밟아 보고자 한다.

우리의 이런 관점을 허용하는 사례는 일찍이 쿤과는 다른 노선에서 과학적 발전을 설명하려는 툴민에 의해서 가설적으로 시사되었다. 쿤이 과학혁명론을 제시하기 한 해 전에 출판한 《예측과 이해(1961)》에서 툴민은 과학이 과학철학에 의해 재구성된 방식으로 진행되지 않았다는 점에 대해서 쿤과 동조하는 문제의식을 가지고 있었다. 그러나 과학철학이 봉착한 새로운 난제를 해명함에 있어서 쿤과는 다른 설명모델이 필요함을 인식하고 있었다. 구체적인 대안을 제시하고 있지는 않지만 툴민이 저서의 말미에서 구하는 해답은 바로 우리의 관점과 동조한다. 그는 구체적인 이론적인 설명을 가함이 없이 대뜸, 그 해답을 '배우고 가르치는 과정', 즉 교육에서 구하고 있다. 그 동안 과학철학이나 과학사를 다루는 문헌에서 교육의 과정이 별로 주목받지 못한 전통에 비추어 볼 때, 그의 결론은 극히 이례적인 것이라고 해야 할 것이다. 그의 짧고 의미심장한 말을 여기에 직접 인용해 보겠다.

> 과학의 관념들은 하나의 생기있고 비판적인 전통을 대표한다. 그들은 세대에서 세대로 계속 전달되었지만, 그 전달의 과정에서 변형되었다. 1815년에 가령 Jones 교수는 그의 영리한 젊은 제자인 Smith에게 물리학을 가르친다. 그리고 그렇게 전달되는 관념들은 인정받은 피상속인이 되어 1880년에는 Smith 교수가 그것들을 차례로 젊은 Robinson에게 가르친다. 각 세대에서 모종의 지적인 변이가 영속화하고, 그 변이들 자체가 그 전통에 흡수된다. 역사

가의 눈으로 볼 때 이것이 바로 과학에서의 '진보'를 구성하는 것이다 (p.110).

궁하면 통한다는 말이 있다. 우리가 볼 때, 이 글을 쓰는 순간에 툴민의 두뇌는 잠시 과학철학의 관례에서 이탈하여 우리가 지금까지 논의한 교육적 인식론의 실마리에까지 미쳤다고 생각된다. 툴민(1972)은 그 후 당시의 과학철학에 대한 대안으로 '진화적 모델(evolutionary model)'을 내놓은 바 있다. 위의 상황기술은 마치 바로 앞 절에서 우리가 다룬 희랍의 교육삼대가 자연과학의 경우에도 전개될 수 있음을 연상시킨다. 우리는 그의 이런 직감이 인식론과 방법론의 면에서 얼마나 중요한 의미를 가지고 있는지를 지금부터 교육적인 맥락에서 재해석하고자 한다. 나는 위의 예시적인 언급을 삼대에 걸친 교육적 반전의 사례로 정리해 볼 것이다. 아울러 우리는 앞서 신과학철학자들이 그들의 이론을 전개함에 있어서 시도했던 해결점이나 추가적인 진전들을 교육적 과정의 일부로 편입하고자 한다.

(1) 물리의 세계는 우리의 생각에 따르기보다는 그 나름의 규칙에 의해서 이미 진행되고 있다. 그 진행법칙이 진리라고 할 때 진리는 우리 모두에게 가까이 있다. 그것을 이론적으로 탐구하는 것이 물리학이라는 수도계이다. 여기에 물리현상에 관심을 가진 Jones라는 학도가 있다. 그는 애초에는 이론 T1을 가지고 물리의 세계를 이해하였다. 그러나 진정한 학도라면 폴라니가 강조한 '발견적 열정'을 가지고 있기 마련이다. 그는 자신의 인식체계 속에 계속 안주할 수 없다. 그는 차츰 T1의 결함을 발견하고 더 깊은 실재와 만나기 위해서 상구활동을 하는 가운데 T2를 증득한다. 이 때 그는 남다른 감흥으로 T1을 버리고 T2를 선택할 수 있었을 것이다. 왜냐하면 그는 두 가지 세계구성을 대비함으로써 T2가 T1보다 우위에 있음을 직접 내부에서 체험할 수 있었기 때문이다. 이 점에서 우리는 하나의 이론은 그보다 더 나은 이론이 나타나기 전에는 반증될 수 없다는 라카토스의 제안에 전적으로 공감한다. T1의 반증은 그

것보다 경험내용이 많은 T2의 출현이라는 형태변화에 의해서만 가능하다. 그리고 그 대비는 응분의 감정적 요소를 동반한다. 아마 그 정서는 파이어아벤트가 지적한 '주관적인 선호' 혹은 '심미적인 판단'이라는 것과 유사할 것이다. J는 이제 T2를 습득한 이상 과거의 T1으로 돌아갈 수 없다. 이를 우리는 상구활동에 의해서 자증한다는 표현으로 나타낸 바 있다.

(2) 공유되지 않은 진리는 외롭다. Jones는 어느 계기에 Smith라는 학도를 만난다. S는 영리하지만 아직 젊기 때문에 물리의 세계에 대한 그의 안목이 아직은 미숙하다. 그의 사고는 아직까지도 T1에 머물고 있다. 이 때 J는 후방대비에 의해서 자신의 인식수준이 S의 것보다 우위에 있음을 알고 있다. 왜냐하면 그 자신 그런 미숙함을 과거에 체험한 바 있기 때문이다. 그런데 만약 J가 S에게 자신의 지적인 우위를 곧바로 주장한다면 S는 그 주장을 쉽게 수락할 수 있는가? 그렇지는 않을 것이다. S는 자신의 선진성을 주장하려는 J에게 그것을 입증하라고 요구할 수 있다.

(3) 이론은 믿을 만한 근거를 가지고 있어야 한다. T2는 정말 타당한 것인가? J와 S는 통상 객관주의자들이 주장하듯이 관찰에 의한 검증의 절차를 생각해 볼 수 있으나, 그들은 현명하게도 거기에 당장 문제가 있음을 인정할 수 있게 된다. 그들이 보는 물리의 세계는 우선 같지 않다. 그들은 나름대로 정확한 눈으로 외계를 바라보려고 해도 S와 J의 눈을 통해 들어오는 자료는 각각 그들이 가지고 있는 이론, T1과 T2에 근거하여 해석된다. 말하자면 그들은 자료를 보는 것이 아니라 그들의 이론에 의해서 여과된 세계를 보고 있다. 따라서 그들은 결국 관찰만으로 이론의 타당성을 검증할 수 없다는 결론에 도달하기에 이른다.

(4) 진리란 설사 객관적으로 존재하는 것이라고 하더라도 인식주체에게 내부적으로 체험되지 않는 한 그 인식주체의 것이라고 할 수 없다. 학문이라는 수도계의 과제는 거기에 참여하는 주체가 진리를 자신의 것으로 체험하는 데 있다. 체험이 없는 진리는 인식주체에게 아무 의미도

없다. 진리체험은 인식주체가 자신이 가진 생각의 일관성을 감지함으로써 이루어질 수도 있다. 이 점에서 정합설에는 일리가 있다. 우리는 서로 모순된 지식의 단편보다는 앞뒤가 맞는 생각에서 특별한 감흥을 느낄 수 있다. 그러나 그 생각의 일관성이 고정되어 있는 한 우리는 학문적으로 정지상태에 있는 것이다. 처음에 S와 J는 자신이 가진 지식의 정합성에 자신을 가지고 그 정합성에 비추어 상대의 지식을 평가하려고 하다가 거기에 문제점이 있다는 것을 인정하기에 이른다. 이 경우 S와 J는 각각 그들이 가진 T1과 T2를 기준으로 상대의 것을 평가하기 때문에 쿤이 지적한 바와 같이 서로 원만한 소통이나 합리적인 해결에 이를 수 없고, 따라서 그 정합성을 기준으로 하는 논리적인 설득은 실패할 수밖에 없다는 사실을 깨달을 것이다. 이 기준에 의하면 상대는 서로 비합리적인 지식을 가지고 있다.

(5) 상구에 의한 자증은 J가 획득한 T2를 이전의 T1과 후방대비함으로써 주체 내부에서 일어날 수 있었다. 그러나 J가 T2를 가지게 되었다는 사실로 인하여 S가 가진 T1이 S에게도 자동적으로 반증되는 것은 아니다. 라카토스는 비교에 의한 검증의 방법을 제안하여 우리의 후방대비에 해당하는 진리의 검증원리를 시사했지만 그 때 인식주체의 차이에 따른 문제는 간과하고 있다. 이론상 오류는 J보다는 S편에 더 많다고 할 수 있다. 그렇다면 그들은 어떤 다른 입증의 방법에 호소하여 그들의 상대적인 우위를 검증할 수 있을 것인가? 한 가지 분명한 사실은 S가 아직 T2를 습득하지 못한 상태에서 T1에 대한 J의 반증에 동의할 수는 없다는 것이다. 이 때 J는 대화에 의해서 S에게 T2를 납득시키는 방법을 생각할 수 있다. 그러나 단순히 언어를 위주로 하는 방법에는 명백한 한계가 있다. J와 S가 가진 T2와 T1 사이에는 쿤이 지적했듯이 서로 언어적인 소통이 불가능할 정도로 구조적인 단절이 있다. 설사 J가 T2의 내용을 언어를 빌어 S에게 전달한다고 해도 그 언어적인 소통은 엄밀하게 말하면 S가 T2를 이해할 수 있을 때 비로소 가능하다. 말하자면 언어적인 소통은 이론의 체험적인 증득을 보장하기보다는 그 이전에 그것을 전제

한다.

(6) 여기에서 폴라니의 통찰이 받아들여질 수 있다. 그의 주장대로 지식에는 암묵적인 차원이 개재한다. 이론적으로 J가 S의 T1을 반증할 수 있는 시기는 S가 T2를 암묵적인 체험의 수준에서 습득하고 그 기준에 비추어 T2를 제대로 평가할 수 있을 때이다. 그들은 이 때 비로소 T2라는 합의된 기준을 가지고 T1의 반증에 동참할 수 있다. 따라서 J는 S가 T2를 스스로 체험적으로 습득하는 시기를 오랫동안 기다릴 수도 있다. J가 취할 수 있는 다른 하나의 적극적인 방법은 폴라니가 시사했듯이 S가 T2를 배우도록 설득하는 것이다. 이 과정을 우리는 하화활동으로 본다. 하화계는 그 나름의 독특한 논리를 가지고 있다. J의 하화활동은 강요가 아니고 S가 스스로 T2를 습득하도록 돕는 것이기 때문에 만약 S가 이에 응하지 않을 경우 하화활동은 성립될 수 없다.

그러나 S가 진정한 과학도라면 J의 하화에 대한 제안을 거절할 이유는 없다. 나의 학문이 거칠면 남의 높음을 이해하지 못한다. S가 그의 생각에 부합하면 옳다고 하고 그렇지 못하면 허위로 판단하거나 외면하는 것을 반복할 수도 있다. 그러나 현명하게도 그는 그렇게 되면 현존하는 인식체계의 포로가 되어 그의 것보다 발전된 T2에 결코 도달할 수 없을 뿐만 아니라, 선진의 학문을 정당하게 평가할 수 없음을 알고 있다. 다만 S가 T1을 반증할 수 없는 것은 그가 비교적인 우위를 가진 T2를 현재로서 아직 습득하지 못했기 때문이다. 따라서 S는 J가 자신의 것보다 높은 지식을 가지고 있다는 가정을 일단 받아들이고 J에게 보다 적극적으로 자신이 그것을 습득하도록 도와주기를 요청할 수도 있다. 이처럼 J와 S가 교육적 필요성을 가지고 있다면 그들은 각각 스승과 제자라는 위치에서 교육적인 관계를 맺고 물리학의 세계를 소재로 삼아 하화와 상구활동을 할 수 있다.

(7) 교육적인 관계는 적어도 두 가지 조건이 충족되었을 때 지속된다. 하나는 교육의 소재와 관련하여 스승의 수준이 제자의 것보다 높아야 한다는 것이다. 다른 하나의 조건은 스승과 제자는 각각 하화와 상구라

는 활동을 하면서 서로가 상대의 활동을 격려하고 고무해 줄 수 있어야 한다는 것이다. 그 상호보강의 매력은 수준이 다른 두 개의 인식체계의 모순에 따른 통상적인 갈등을 극복할 수 있을 만큼 충분해야 한다. 진리의 체험은 서로 수준이 다른 인식체계의 창조에 참여하고 그들의 전후를 비교함으로써 이루어질 수 있다. S는 교육적 시숙의 원리에 따라 조만간에 T2를 습득하게 될 것이고, 이제 그 T2를 그가 상구하기 이전에 지녔던 T1과 비교할 수 있을 것이다. 여기서 S는 마치 J가 이전에 T2를 증득했을 때의 감흥을 느낄 수 있다. 이 경우 비로소 J는 하화활동을 통해 T2가 이전의 T1보다 우위임을 S에게 타증하는 데 성공했다고 할 수 있다. 이 부분을 쿤은 '개종', 그리고 파이어아벤트는 '선전'이라는 말로 잘못 묘사하고 있다. 그러나 교육적인 관계에서 제자가 스승을 따르는 것은 강제나 단순한 믿음의 주입이 아니라 상구에 의해서 스승의 수준을 스스로 체험했기 때문이다. 말하자면 이는 더 나은 수준의 실현에 따른 심열성복으로서 개종이나 선전과는 차원을 달리한다. 이런 감흥내용이 없이 타인, 이를테면 J의 말을 단순히 따른다면 그는 충실하게 그로부터 배웠다고 할 수 없다.

(8) S와 J가 각각 T1과 T2를 가지고 서로 교육적인 관계를 지속하는 한 우리는 T2가 T1보다 지적으로 발전된 것이라고 말할 수 있다. 그러나 교육적인 관계가 영속되는 것은 아니다. J와 S의 교육적인 관계는 S가 T2를 성공적으로 습득함으로써 종료될 것이다. 그러나 상구활동은 반드시 하화의 보조가 있어야만 가능한 것은 아니다. 유별나게 의욕이 강하고 재능이 있는 S는 상구활동을 계속함으로써 그와 그의 스승이 가고 있는 지적인 수준인 T2를 능가하는 T3를 구성할 수도 있다. 이로써 J와 S의 지적인 수준이 역전되는 사건이 일어날 수도 있을 것이다. 이 경우 만약 지적인 경합을 의식한다면 S는 승리하고 J는 패배했다고 말할 수 있다. 그러나 이 사건은 이른바 '청출어람', 즉 교육적 반전에 해당하는 것으로서 J의 교육적인 성공으로 기록될 것이다.

(9) J와 S의 품위가 역전된 이상 그들의 실질적인 교육적인 관계는 더

이상 지속될 수 없다. 우리는 이를 '교육의 비공조성'이란 말로 표현하였다. 만약 교육적인 관계가 계속될 수 있으려면, 다시 말하면 J와 S의 관계가 '교육의 공조성'을 가질 수 있으려면, 이제 교육적인 지위도 바뀌어 선진인 S가 스승으로서 하화하고 후진인 J가 제자로서 상구해야 할 것이다. 그들은 이제 서로 다른 종류의 교육활동에 종사하면서 상대의 활동을 보강하거나 또 한 차례의 교육의 실재를 구성할 수도 있다. 진정 교육을 사랑한다면 경직된 위계의식이 상구와 하화를 가로막지 못할 것이다.

(10) 개인은 누구나 '영점지대'에서 학문을 출발한다. 학문은 누대에 걸쳐 수차례의 단계를 거쳐 발전되어 왔지만, 최종적인 결과가 바로 다음 세대에게 주어지는 것은 아니다. 흔히 지식의 발전단계를 생략하고 최종적인 결과를 곧바로 전수시키려는 시도가 이루어지고 있지만 그것은 우리가 말하는 하화의 범주에 들지 않는다. 교육의 과정은 필요한 단계를 생략하기보다는 그것을 계열화하고 그 사이에 교육의 내재율을 적절하게 개입시킨다. 상구와 하화의 활동은 지식의 최종적인 지점에서 이루어지는 것이 아니라 교육의 주체인 개개인이 위치한 단계의 수준에서 무리하지 않게 이루어진다. S와 J가 각각 T3와 T2의 수준에서 물리의 세계를 구성하고 있는 같은 시각에 그들은 아직도 T1에 머무르고 있는 Robinson이라는 어린 학도를 발견할지도 모른다.

(11) 물리학의 품위로 볼 때 현 단계에서 그들의 지적인 수준은 S, J, R의 순위다. 이 경우 그 순위상의 중간에 위치한 J는 위로는 S를 상대로 상구하면서 아래로는 R을 상대로 하화할 수도 있을 것이다. 또한 한때 J의 제자였지만 그보다 더 높은 품위를 차지한 S 역시 단지 홑제자에 그칠 수는 없을 것이다. S가 스승이었던 J에게 보답하는 길은 그의 후진인 R에게 하화하는 것이리라. 또한 J 역시 S에게 그의 품위를 반전당했다고 하더라도 그로 인해서 누구에게나 항상 스승의 지위를 박탈당한 것은 아니다. 그들은 다시 물리학의 문턱에서 진입하고자 하는 R에게 각각 그에게 허용되는 상위품위의 위치에서 물리학으로 진전하는 훌륭한 징

검다리 역할을 할 수 있다. 그래서 R은 J나 S의 청학을 받거나 혹은 그들에게 청교를 할 수도 있다. 충분한 교육적 시간의 경과와 더불어 R은 J의 수준인 T2의 단계를 거치고 난 후에 S의 수준인 T3를 습득하는 점진적인 단계를 밟아 물리학이라고 하는 끝없는 수도계를 탐구하는 야심찬 전진을 계속할 수도 있다.

(12) 개인은 교육을 통해서 차상(次上)의 지식을 계속 습득하고 그 성취 수준의 대비에 의해서 진리추구의 체험을 할 수 있다. 그래서 과학은 툴민의 결론처럼 그리고 라카토스의 논리대로 교육을 통해서 단계적으로 발전한다. T1, T2, T3, … Tn 사이에는 항상 논리적인 간격이 있다. 교육은 상구와 하화의 두 가지 과정을 거쳐 그 간격의 마디마디에 연속성을 부여한다. 그리고 동시에 교육적인 진화의 과정을 통해서 학문의 경우 진리로 접근하는 체험을 할 수 있다. 그 과정이 무시되거나 생략되면 어떤 부류의 진리에 대한 입증도 불완전하다고 말할 수 있다. 이제까지의 인식론은 바로 그 당연한 교육적 사실을 간과하였다. 과학의 발전은 이제 기하급수적인 속도로 가속화되고 있다. 이는 결코 각 단계마다 교육의 고리가 더욱 활발해지는 것과 무관하지 않을 것이다.

우리는 과학의 발전에 대해 쿤의 경우처럼 정치적인 혁명이나 개종과 관련된 설명보다는 이런 교육적 과정에 의한 해명이 사실에 부합하고 자연스러울 것으로 믿는다. 쿤은 지적인 소산의 면에서 정확한 역사를 서술하고 있지만, 그 소산들이 서로 이어지며 발전하고 검증되는 과정을 설명하는 데 있어서는 부족했다. 대신 우리는 과학사에서 거명되고 있는 학자들간에는 설사 직접적인 접촉은 없었다고 하더라도 거기에는 모종의 교육적인 이음쇠가 있었을 것으로 가정한다. 그들은 예외없이 선대의 업적을 상구하고 그것을 다시 극복하는 데 성공한 인물들이다. 그들의 이론은 대부분 시간의 흐름과 더불어 오류로 밝혀졌지만 그들은 자신들의 수준에서 얼마만큼의 상대적인 진리를 체험했음을 부인할 수 없다. 그들은 항상 선진임과 동시에 후진의 위치에 있었다. 그들간에 비록 직접적인 접촉은 없었을런지 모르지만 간접적인 소통과 발생적 연속성이 언제나 유지되었다. 따라서 여기에 정치적인 혁명이나 종교적인 개종과 같은 과격한 설명을 개재시킬 하등의 이유가 없다.

그 점에서 우리는 툴민의 쿤에 대한 비판적 관점에 일면 동조한다. 그는 위의 예시적 상황을 제시하고 약 10년이 지난 후에 《인간의 이해(1972)》라는 저서를 출간하였다. 여기서 그는 과학의 발전이 '진화'의 산물임을 역설한다. 이는 쿤이 제시한 '혁명'이란 개념보다는 훨씬 과학적 개념의 연속성을 강조한 것이라고 볼 수 있다. 그런데 더욱 놀라운 사실은 툴민이 제시하는 진화가 많은 경우 우리가 말하는 '교육적 진화'와 맥락을 같이하고 있다는 점이다. 그는 이 후속된 저서에서 금세기 초에서부터 1950년에 이르기까지의 짧은 기간동안 급속하게 발전한 원자물리학을 소개하면서 거기에 포함된 일련의 교육적 관계에 대한 족보를 자세하게 열거하고 있다. 그 맥락이 목하 우리의 논의와 너무도 일치하기 때문에 툴민(1972)의 글을 그대로 길게 인용해 보기로 한다.

> 우리는 수많은 가능한 증거들을 대충 빠르게 개관해 보기로 하자. 그런 척도에 도달하는 하나의 방법은 원자물리학자 자신들에 의해서 마련된 인간의 연속성을 검토하는 것이다. 시작부터 말할 것 같으면 "원자물리학은 톰슨(J.J. Thomson), 러더포드(Rutherford), 그리고 보어(Niels Bohr)에 의해서 발명되었고, 그 다음에 그들의 제자와 상속자에 의해서 발전된 주제이다"라고 할 수 있다. 그러나 이는 하나의 성공적이고 실제적인 준거로 판명될 수는 있지만 그것을 적절하게 정의할 토대가 없다. 우리는 톰슨, 러더포드, 보어와 슈뢰딩거(Schrödinger), 그리고 페르미(Fermi)와 로렌스(Lawrence)가 하나의 단일한 전문적인 길드에 속한 구성원임을 인정한다. 그 이유는 단지 그들이 서로간에 배움을 나누었을 뿐만 아니라 그 결과 역시 그들이 서로간에 배운 것들이기 때문이다. 하나의 전문적인 길드의 공통된 구성원으로서 그들은 원자물리학의 통일성을 유지하는 데 도움을 주었다. 그러나 구성원이라는 단순한 사실이 원자물리학에 분과학문적인 통일성과 연속성을 준 것은 아니다. 이들을 공통된 전문직으로 결합시킨 것은 다른 검토에서도 밝혀졌듯이 원자물리학이

라는 고유한 관심에 대해서 그들이 책임을 공유할 수 있었기 때문이다.

그렇다면 '고유한 관심'은 어떻게 밝혀질 수 있었는가? 이 문제는 우리가 먼저 제기한 문제보다 범위가 훨씬 광범하다. 왜냐하면 우리가 비록 하나의 특수한 과학을 특징있게 하는 제반 개념과 이론들을 비인격적인 용어를 써서 정의내리기는 하였지만 그 '관심'은 역시 항상 인격적인 사람들의 관심이기 때문이다. 이제 이 단서를 따라서 우리는 다음의 질문을 제기할 수 있다. 즉 "1900년부터 1950년에 이르는 전 기간 동안에 걸쳐서 원자물리학자들이 보인 지적인 관심을 연결시킨 요소들은 무엇인가?" 여기서 주목할 점은 우리가 연속적인 요소들에 대해 질문을 할 때 그것은 불변하는 요소들을 의미하지 않는다는 것이다. 원자물리학의 용어들, 이론적인 모델들, 그리고 기본적인 공식들은 이 기간 동안에 여러 가지로 급격한 변화를 겪었다. 이 때문에 가령 1930년에 러더포드 자신은 더 이상 그의 제자들이 당연한 것으로 받아들이는 방식으로 원자에 대해서 생각할 수 없었다. 그리고 약간의 이론적인 용어들이 전체 50년에 걸쳐서 사용되면서 그 명맥을 유지할 수 있었지만, 이들 역시 원자물리학의 존재를 지속시키는 데 단독으로 책임질 만한 결정적인 요소는 되지 않았다. 어떤 경우에나 그 단어들은 문자상의 명맥을 유지하는 정도를 초과할 수는 없었다. 예컨대, 하이젠베르크와 디락(Dirac)이 1930년대에 논의한 '전자'와 '핵'이라는 개념은 30년 전에 톰슨과 러더포드의 이론 속에 있었던 것과 거리가 멀다. 우리는 따라서 원자물리학자들이 그들의 계속되는 세대를 통해서 당면했던 **제반 문제**에서 원자물리학의 연속성을 바라보는 것이 좋다. 이런 문제들은 하나의 불변하는 문제나 혹은 일군의 불변하는 문제와 관련하여 세련화의 과정을 밟기보다는 문제들의 연속되는 **발생**(genealogy)에 비추어 밝혀져야 한다.

따라서 보어가 원자의 구조에 관한 자신의 문제를 다루기 위해서 착안한 생각은 그의 스승인 러더포드에 의해서 남겨진 문제들과 가장 잘 관련되어 있다. 그 자신이 해결하지 못한 난점이 차례로 자신의 제자가 해결해야 할 새로운 문제로 제기되었던 것이다. … 이런 방식으로 과학자들의 연속되는 세대가 주목하는 문제들이 일종의 변증법적인 계열을 이룬다. 그들의 실제적인 개념과 기법은 모두 예외없이 변하지만 그들의 문제는 하나의 연속적인 가계로 서로 결속되어 있다(pp.147-148).

위에서 툴민이 제시하는 사례는 앞서의 것과는 달리 실제로 있었던 사실에 근거하고 있다. 이 사례는 다시 앞 절에서 인용한 폴라니가 들었던 사례의 일부를 자세하게 확대한 것과 같다는 점에서 특히 우리의 흥미를 끈다. 우리는 툴민이 지금 열거하고 있는 사례들의 일부를 과학자들에 대한 전기나 자서전을 토대로 다음 절에서 다시 확대하여 분석하게 될 것이다. 하여간 이 모든 것이 지금의 상황에서 바로 우연 이상의 이론적인 설명을 요구하고 있다는 점이 독자에게 더욱 분명해질 것이다.

최근의 과학사는 전통적인 과학철학의 부적절성을 지적하고 있다. 과학철학자들에 의해서 철학화된 과학은 너무도 평범한 역사적 사실을 외면하고 있다는 것이 과학사가들의 주장이다. 그런데 그 대안적 관점으로 제시되고 있는 툴민의 진화적 모델에서 우리는 놀랍게도, 우리가 여태 가정했던 '교육적 진화'에 상응하는 구체적인 사례를 접하고 있는 것이다. 말하자면 우리의 교육적 진화에 대한 가정은 단지 가설적인 상황에 그치지 않는다는 점이 드러나고 있다. 위에서 인용된 내용이 얼마나 교육적인 인식론과 맥락을 같이하고 있는지에 대해서는 독자의 판단에 맡기겠다. 독자는 여기서 비록 상구와 하화에 의한 품계의 자증과 타증, 교육적 공조성의 유지, 그리고 교육적 반전과 교육적 진화라는 교육적 인식론의 전문적인 용어는 접하기 어렵지만, 그럼에도 불구하고 그 용어들을 대입함으로써 이론적인 의미가 더욱 확실하게 살아날 수 있는 가능성을 분명히 확인할 수 있을 것이다. 논지를 요약하면, 툴민은 쿤의 과격한 관점을 진화의 개념에 의해서 대치하려고 하였고, 우리는 한걸음 더 나아가서 툴민의 진화적 모델을 교육적 진화의 맥락에서 재해석할 여지를 밝히고 있다.

4.3.3. 원자물리학 분야에서 발견된 단편적인 사례들

툴민이 적용한 진화라는 개념은 과학의 발전이 점진적인 연속성을 가지고 있다는 사실을 부각시키는 데에는 일단 유효하다. 그러나 그 관점의 맹점은 진화라는 개념이 갖는 모호성이다. 그것은 단지 발전한다는 낙관론을 전제한다. 우리의 관점은 이와 다르다. 여기에는 응분의 인간적인 실천이 작용해야 한다. 새로운 이론, 발전된 이론을 발견하기 위해서 과학자들은 상구에 의존해야 한다. 뿐만 아니라 그들은 발견한 것의 우위성을 입증하고 일반의 지지 혹은 당대의 학문공동체의 지지를 받으려면 우선 하화에 성공해야 한다. 그렇지 못하면 혁명적인 이론이 당대의 편견에 의해서 다시 끌어 내려질 위험이 있다.

역사적으로 새로운 이론을 창안해 낸 선진적인 이론가들의 가장 큰 과제는 이전의 이론에 집착하거나 안주하고 있는 일반인이나 학문공동체의 지지를 유도해 내는 것이었다. 그들은 마치 동굴의 신화에서 벽만을 바라보는 죄수들처럼 자신이 보고 있는 세계가 가장 정확한 것이라는 신념을 가지고 있다. 그들의 사고구조를 바꾸지 않는 한 새로움은 새롭게 보일 수 없다. 그렇기 때문에 이론의 전환기에는 상대의 생각을 전환시키려는 유형무형의 교육적 상호작용이 늘 있어 왔다. 지금까지 명맥이 유지되고 있는 수도계는 거의 예외없이 유형무형의 하화에 의존해 왔다. 우리는 이제 그것들에 새롭게 주목할 수 있어야 한다.

나는 그 사례를 위의 논의에서 툴민이 예거한 것 가운데 원자물리학의 진영을 클로즈업해서 다시 조명해 보고자 한다. 이 사례의 분석은 주로 하이젠베르크의 자서전인 《부분과 전체(1969)》와 슈뢰딩거의 전기인 《슈뢰딩거의 삶(Moore, 1994)》의 두 권의 책에 나타난 자료에 근거하고 있다. 그러나 이 자료는 저자의 관심에 의해서 쓰여진 것이기 때문에 우리가 알고자 하는 세부사항을 모두 포함하고 있지는 못하다는 제한점이 있다. 그럼에도 불구하고 그것들은 교육적 인식론에 비추어 매우 의미 있는 에피소드들을 담고 있다.

이 에피소드들은 고전역학과 양자역학이 첨예하게 대립한 상황에서 일어난 것으로서, 세계관의 면에서 뉴턴의 계승자라고 할 수 있는 아인슈타인과 양자역학의 대부로서 그 전개에 결정적인 영향력을 행사한 보어 사이에 일어난 교육적 상호작용이다. 여기에는 다소 아인슈타인 계열에 속하면서 파동역학을 처음 제시한 슈뢰딩거와 보어 계열이면서 불확정성 원리를 제시한 그의 제자 하이젠베르크가 연루된다. 이야기는 대충 양자역학이 새롭게 등장했을 때 아인슈타인마저도 새로운 이론을 받아들이기를 거부하는 즈음의 사건들인 것이다.

여기서 우리가 특별히 주목할 것은 이들이 모두 노벨상을 수상한 경력이 있는 저명한 물리학자들이라는 사실이다. 우리는 흔히 첨단의 학자들은 그들의 이론을 증명함에 있어서 매우 엄격한 논리와 실험과 같은 객관적 절차를 거치리라고 생각한다. 그러나 실상은 우리의 통념과 전혀 다르다. 그것보다 우선하는 것이 바로 상대편으로 하여금 그 이론을 수락하게 하는 활동이다. 아무리 눈에 보이는 자료를 제시한다고 할지라도 그들을 증거로서 받아들이도록 결정하는 것은 바로 이론적 안목의 접수이기 때문이다. 비록 절차의 면에서 모범적인 것은 못 된다고 하여도 그들이 새로운 이론을 입증하는 데 있어서 부분적으로 교육의 수단에 의존하려 했다는 증거는 충분하게 엿보인다.

(사례 1)

하이젠베르크(1910~1976)는 물리학에서 금과옥조시해 온 고전물리학을 반역하였다. 그는 원자세계를 설명하기 위해서는 지금까지 있어 온 것과 다른 사고기반이 있어야 함을 알았다. 원자세계의 안정성과 불연속성은 기존의 사고체계로서는 도저히 설명될 수 없었다. 원자의 안정성은 원자가 외부의 작용에 의하여 변화가 일어난 다음에도 원자 자체의 성질은 변화하지 않는 현상이며, 불연속성은 전자가 하나의 양자 궤도로부터 다른 궤도로 옮아갈 때 순차적으로 변하지 않고 하나에서 다른 하나로 튀어 오르는 현상이다. 그것은 고전역학으로는 도저히 설명될 수 없었다.[48] 이로써 아직 해답은 모르지만 그것을 해명해야 하는 일

48) 예컨대, 특정한 기체로 채워진 형광등으로부터 항상 같은 색깔의 광선을 얻

종의 전방대비의 상황이 전개된 것이다.

그 때까지 학자들은 이를 설명하기 위하여 뉴턴의 역학을 도입하거나 당시 발전하던 전자기학을 도입했으나 만족스러운 결과를 얻지 못했다. 하이젠베르크는 결국 뉴턴적인 시공간에서의 운동을 벗어남으로써 원자의 세계를 모순없이 설명할 수 있다고 보고 새로운 사고체계를 고안하려고 했다. 그는 전자의 위치와 속도를 정확히 측정하는 것은 불가능하며 그것은 오직 확률적으로만 예측할 수 있다는 불확정성의 원리[49]를 내놓았다. 그러나 하이젠베르크는 자신의 양자이론을 발견하고 나서 새로운 원리를 다른 물리학자들에게 입증하는 데 많은 장애에 봉착한다. 그것이 기존의 사고체계와 너무도 다른 것이기 때문에 당대의 저명한 학자들이 그것을 수용하지 않으려고 하는 것이 문제였다. 말하자면 사람의 변화라는 것이 핵심적인 사항으로 나타난 것이다. 이 때 주로 쓰이는 방법은 토론, 강연, 그리고 상당한 기간의 논쟁이다.

당사자였던 하이젠베르크의 회고담을 들어보자. 1925년에 그가 양자역학의 원리에 대한 아이디어에 접했을 때 그는 물리학의 토론회에서 그것을 발표하였다. 바로 그 기회를 통해서 그는 기라성 같은 학자들 가

을 수 있다. 이것은 엄격한 인과적 결정론에 토대를 둔 뉴턴의 물리학으로는 이해되지 않는다. 왜냐하면 지금의 상태는 바로 직전의 상태에 의해 결정되어야 하기 때문이다.

49) 전자와 같은 아원자는 매우 작기 때문에 육안으로 관찰할 수 없다. 따라서 그것을 연구하기 위해서는 파장이 아주 짧은 빛을 사용하는 특수한 장치를 사용해야 한다. 그러나 그 빛은 강한 에너지를 가지고 있기 때문에 전자에 비추면 충격을 가하여 전자를 이탈시켜 버린다. 이 말은 전자와 같은 아원자의 수준에서는 위치와 운동량을 동시에 알 수 없다는 것을 의미한다. 하이젠베르크의 불확정성의 원리는 이처럼 양자역학에서 관찰되어야 할 현상은 그것을 교란하지 않고는 관찰될 수 없으며, 따라서 관찰의 수단에 작용하는 양자효과는 스스로의 관찰에 도입되어야 할 현상 안에 불확정성을 도입한다는 요지로 되어 있다.

운데 아인슈타인의 관심을 끄는 데 일단 성공하였다. 아인슈타인은 토론회가 끝난 후 이 새로운 이론에 대해서 좀더 상세하게 토론하자면서 하이젠베르크를 자기 집으로 초대하기까지 하였다. 그러나 아인슈타인의 의도는 그 생각을 받아들이기보다는 그것의 허황됨을 설득시키려는 데 있었다. 하이젠베르크는 이 귀중한 시간에 아인슈타인이 의문을 가지고 있는 것을 최선을 다해 해명하려고 노력했다. 그러나 아인슈타인은 그의 해명을 받아들이지 않았다. 이유는 관찰은 이론이라는 선입견에 의해서 좌우된다는 것이었다. 하이젠베르크(/1982)는 당시 아인슈타인이 자신에게 한 말을 이렇게 회고한다.

> 사람이 무엇을 관찰할 수 있는가를 결정하는 것은 이론입니다. 당신도 알다시피 관찰이란 일반적으로 복잡한 과정입니다. 관찰되어야 할 현상은 우리들의 측정장치에서 어떤 사건을 야기시킵니다. 그 결과 장치 안에서 또 다른 현상이 발생하게 되고, 그것이 돌고 돌아서 결국은 감각인상을 만들어 내어 우리의 의식 안에 현상에서부터 그 결속을 정착시키게 됩니다. 정착되기까지의 이 전체적인 긴 과정에서 자연이 어떻게 기능하고 있느냐를 우리는 알아야 합니다. 우리가 어떤 것을 관찰하였다고 주장하려면 우리는 적어도 자연법칙을 실질적인 면에서 알고 있지 않으면 안 됩니다(p.88).

여기서 이 두 사람이 논의하는 것은 관찰내용이 아니라 그 내용을 해석하는 방식임을 알 수 있다. 이런 사실은 흔히 관찰에 의해서 이론을 검증한다는 과학에 대한 우리의 상식과 전통적인 인식론을 일거에 무너뜨리기에 족하다. 이론이 서로 다르니까 관찰내용에 대한 해석이 달라진다. 따라서 해석의 틀에서 어느 한편의 포기가 없이는 그들간에 어떤 합의도 불가능하다. 아인슈타인은 하이젠베르크의 새로운 이론적 제안을 받고도 자신의 이론을 결코 포기하려고 하지 않았다. 오히려 그는 하이젠베르크의 이론에 문제가 있음을 우려한다.

> 나는 지금 우리가 서로 이야기한 시점에서 당신의 이론이 후에 난관에 봉착하지 않을까 하는 의구심을 가지고 있습니다(p.91).

아인슈타인으로부터 받은 반응은 그 후에도 시종 이런 종류의 경고였다. 많은 문제가 산적해 있는데도 불구하고 하이젠베르크가 자신의 이론을 지나치게 확신하고 있다는 것이다. 그러나 이런 우려에 대한 하이젠베르크의 근거 역시 그렇게 확고한 것이 못 되었다. 놀랍게도 그 때 하이젠베르크가 아인슈타인에게 제시한 증거는 자신이 그 이론에 도달했을 때의 기분이었다. 우리가 흔히 타부시하는 그런 기분을 증거로 호소하기 위해서 하이젠베르크는 아인슈타인이 그의 상대성이론을 발견했을 때 느꼈을지도 모르는 진리체험을 상기시킨다. 과학자로서는 그야말로 너무도 주관적인 것이라고 할 수 있는 증득의 경험에 호소한 것이다.

> 제가 여기서 단순성과 아름다움에 대하여 이야기하였다고 해서 선생님께서는 심미적인 진리의 판단기준을 사용하고 있다고 저를 비판하실 수도 있을 것입니다. 그러나 저는 우리에게 계시된 수학적 체계의 단순성과 아름다움이 대단한 설득력을 가지고 있다는 사실을 인정하지 않을 수 없습니다. 자연이 갑자기 어느 한 사람 앞에 이 때까지 전혀 예상조차 할 수 없었던 현상의 단순성과 완결성을 펼쳐 보여주었다면 그 사람은 아마도 두려움에 가까운 놀라움에 사로잡힐 것입니다. 선생님께서도 틀림없이 이와 같은 체험을 하셨을 것입니다(p.95).

이 말은 우리의 개념으로 정확히 '회득'에 해당한다. 하이젠베르크는 지금 회득의 경험을 말하면서 그의 이런 경험이 아인슈타인에게 인정될 수 있기를 간절히 바라고 있다. 그러나 그의 자증이 곧바로 타증에 연결되는 것은 아니다. 타증은 상대자가 자신과 같은 경험을 반복해야 한다. 그러니까 아인슈타인이 이 새로운 세계에 진입하기 위해서 그가 가진 기존의 사고구조를 포기할 차례가 되었다. 그런데 그는 하이젠베르크가 자신의 경험을 토대로 그토록 포기하기를 종용하는 생각을 그대로 붙잡고 있는 것이다. 그 후 많은 기회를 통해 아인슈타인을 설득시키려는 노력을 하였지만 그는 새로운 양자이론의 원칙적인 통계학적 특징과 역할을 받아들이려고 하지 않는다. 아인슈타인은 "사랑하는 하나님은 주사위를 던지지 않는다"는 말로써 하이젠베르크의 불확정성의 원리가 성립할 수 없다고 고집을 부렸다. 이에 대해서 양자역학의 기수였던 보어는 "하나님이 이 세상을 어떻게 다스리실 것인가를 지시하는 것은 우리들의 과제가 될 수 없습니다"라는 말로 대꾸하였다. 그 후 몇 차례의 설득이 번번이 아인슈타인의 완고한 저항을 받자 현장에 있던 아인슈타인의 친구[50)]가 그에게 이런 말을 하였다고 한다.

> 아인슈타인! 나는 자네에 대하여 부끄러운 생각이 드네. 자네는 마치 자네의 상대성이론에 반대했던 사람들처럼 이 양자이론에 반대하고 있지 않은가?(p.109)

여기서의 내용은 타증을 한다는 것이 얼마나 어려운 것인지를 말해준다. 과거로 돌아가 보면 아인슈타인은 상대성이론에서 그 때까지의 물리학이 확고한 기반으로 삼고 있었던 동일성의 개념을 포기하였다. 그럼으로써 그는 뉴턴 역학의 개념으로는 도저히 꿰뚫을 수 없는 경험영역의 존재를 인식할 수 있게 되었다. 아인슈타인 역시 당대의 사람들에게 그의 이론을 받아들이게 하려면 동일성의 개념을 포기하도록 설득해야만 하였다. 그러나 당시 사람들은 지금 아인슈타인이 그러하듯이 그들의 생각을 고집하였기 때문에 상당한 애로를 체험하였던 것이다. 그 상황은 아인슈타인이 하이젠베르크에게 보이는 태도와 같은 것이었다. 위의 언급은 친구가 바로 그 때의 경험을 아인슈타인에게 상기시키고 있는 것이다.

후에도 아인슈타인은 그의 사고의 근거가 되는 인과적 결정주의를 고

---

50) 네덜란드의 라이덴에서 온 물리학자 파울 에렌페스트(P. Ehrenfest).

집하고 확률론적 해석을 배척하면서 불확정성의 원리가 적용되지 않는 예외를 찾으려고 노력했으나 결국 반론을 제기하는 데 실패했다. 이 때문에 그는 그 후로 물리학에서 활발하게 진행되고 있는 양자역학 분야의 발전을 외면하고 확고한 인과율에 의해서 진행되는 시공간적인 현상만을 연구하는 것으로 일생을 보냈다. 이 부분은 아인슈타인의 탁월한 과학자로서의 경력에 흠을 주는 불행한 사건으로 기록되고 있다. 이 상황이 하이젠베르크의 서투른 타증으로만 해석될 수 있을까? 아인슈타인 편에서 좀더 성실한 상구의 태도를 보였더라면 하는 아쉬움이 남는다.

(사례 2)

인과율적 가정에 기초한 고전 물리학을 지지하는 아인슈타인, 슈뢰딩거의 계열과 미시적 대상들의 행태를 설명함에 있어서 불확정성과 확률론의 개념을 새롭게 도입한 하이젠베르크, 그리고 보어의 계열간의 끊임없는 논쟁과 설득은 그 후에도 계속된다. 보어는 젊은 독일인 제자인 하이젠베르크 등과 함께 원자는 입자라는 관점에서, 입자의 움직임을 설명하기 위해 행렬역학을 도입하였다. 어느 세미나에서 하이젠베르크는 자신들과 견해를 달리하고 있는 슈뢰딩거의 입장에 대해 격분하여, 바로 그 사실을 보어에게 전하였다. 이 말을 듣고 보어는 슈뢰딩거에게 코펜하겐에 와서 보다 깊은 내용의 강연을 해달라는 내용을 담은 편지를 보낸다.

보어의 정중한 초대에 답하여 슈뢰딩거는 그 후 코펜하겐으로 갔다. 그 뒤의 상황은 《슈뢰딩거의 삶(Moore, /1997)》에서 하이젠베르크의 회고담으로 소개되고 있다.[51)]

> 보어와 슈뢰딩거의 토론은 코펜하겐 기차역에서 시작되어 이른 아침부터

---

51) 이 상황의 자세한 전개에 관해서는 《부분과 전체(Heisenberg, /1982, pp. 101-104)》를 참조.

> 늦은 밤까지 계속되었다. 외적인 환경 때문에 토론이 방해가 되지 않도록 슈뢰딩거는 보어의 집에 묶었다. 평상시 보어는 인간관계에서 매우 친절하고 이해심이 많은 사람이었는데, 그 때 내가 본 보어는 대화 상대자에게 한 치도 양보하지 않고 손톱만큼의 애매함도 용납하지 않는 잔혹한 광신자 같았다. 보어와 슈뢰딩거는 말로 표현할 수 없을 만큼 열정적으로 토론을 벌였다 (p.202).

두 사람은 서로가 상대의 생각이 잘못이라고 격론을 벌였다. 슈뢰딩거는 원자 안의 전자의 궤도를 말하는 것은 헛소리라고 주장했고, 보어는 그것이 헛소리가 아니라고 강변하였다. 그 상황은 슈뢰딩거의 전기 작가에 의해서 이렇게 기술된다.

> 결국 슈뢰딩거가 두 손을 들고 이렇게 말했다. "만일 우리가 이 빌어먹을 양자 뛰어넘기를 참고 수용하게 된다면, 내가 양자이론에 손을 댄 것 자체가 유감스러운 일이 될 것입니다." 보어는 슈뢰딩거를 달랜다. "하지만 당신이 양자이론에 손을 댄 것은 우리들에게는 매우 고마운 일입니다. 그리고 당신의 파동역학은 수학적 명료성과 단순성에서 이전의 양자역학을 획기적으로 발전시켰습니다."(Moore, /1997, p.203)

그들의 토론은 이런 식으로 밤낮 없이 계속되었고 어떤 일치된 결론에도 도달하지 않았다. 며칠 후 슈뢰딩거는 감기에 걸렸다. 보어 부인이 슈뢰딩거를 간호하고 침대에까지 차와 빵을 날라다 주곤 했다. 보어는 이런 난처한 조건에서도 침대 옆에 앉아 논쟁을 계속했다. "하지만 슈뢰딩거씨, 당신은 반드시 깨달으셔야 합니다." 그러나 슈뢰딩거는 원자적 과정을 시간-공간적으로 기술하는 것을 포기하는 것이 왜 필요한지 그리고 어떻게 가능한지 알 수 없었고, 이후에도 영원히 깨닫지 못했다.

그러나 여기서 전혀 성과가 없었던 것은 아니다. 그 치열한 대화는 두 사람에게 깊은 영향을 남겼다. 슈뢰딩거는 입자와 파동을 모두 인정할 필요성을 받아들였다. 또한 보어 역시 슈뢰딩거의 파동역학이 본질적으로 일치한다는 것을 밝혀냈다. 하지만 당시 슈뢰딩거는 코펜하겐의 정통 해석에 맞설 만한 포괄적인 해석을 고안하는 시도를 영원히 하지 않았다. 그는 비판적인 불신자로 남는 것에 만족했던 것이다. 그 후 얼마 안 있어 하이젠베르크는 유명한 불확정성 원리를 기반으로 해서 철학의 바다 속으로 보다 깊이 잠수했고, 상보성이라는 새로운 개념[52]을 건져 올렸다.

슈뢰딩거는 스스로 자신의 입장을 탄탄하게 발전시켜 왔음에도 불구하고 보어에게 강한 교육적 영향을 받아 자신의 진로에 풀리지 않는 문제가 있음을 의식하게 되었다고 한다. 그리고 그 이후 그는 한동안 놀라울 정도로 코펜하겐-괴팅겐 해석에 우호적인 입장을 취하게 된다. 슈뢰딩거 자신도 이런 태도상의 변화가 그를 설득하려고 했던 보어의 끈질긴 노력에서 기인했다는 것을 인정하였다. 그러나 그는 훗날 다시 아인슈타인의 경우처럼 아직도 그런 문제들이 시간과 공간 안에서 이해될 수 있다고 믿었다.

(사례 3)

그 양편의 설득작업에서 누가 최종적인 승리자가 될 수 있었는지는 논쟁을 지켜본 사람들에 의해서 자연히 결말을 본다. 다음의 글은 그런 논쟁의 결과를 다소나마 이해할 수 있는 충분한 단서를 제공한다.

아인슈타인은 슈뢰딩거와 보른의 논쟁에서는 어떤 편도 들지 않았다. 코펜하겐-괴팅겐 양자역학 해석에 대한 폭넓은 비판을 전개했다. 보어와 아인슈타인의 논쟁은 토론실 안팎에서 계속되었다. 그들의 논쟁은 의외의 가장 큰 흥미거리였다. 그 논쟁은 두 거인이 물리학의 인식론적 토대와 과학자들이 세계를 이해할 때 따라야 할 규범에 대해 벌인 전투였다. 아인슈타인은 즉각적으로, 보른-하이젠베르크-보어 해석이 특수 상대성이론에 모순될 수 있음

---

52) 이는 미시세계에서 입자와 파동은 동등한 것으로, 입자성과 파동성은 아원자의 양면이며, 둘은 상호보완의 관계를 이룬다는 원리이다.

> 을 발견했다. 그들의 해석에 의하면, 파동 꾸러미가 한 점에서 축소환원되면 (전자의 극소화), 임의의 거리만큼 떨어진 다른 점에서의 축소환원은 순식간에 배제되어야 하기 때문이다. 그러나 회의가 끝났을 때, 대부분의 물리학자들은, 유럽 중부의 반실재론적 철학에서 자양분을 얻은 코펜하겐 실증주의 해석이 더 우세하다고 믿으며 각자의 연구지로 돌아갔다. 그러나 아인슈타인과 슈뢰딩거와 드 브로이는 그렇게 믿지 않았다. 그들은 언젠가 다시 싸울 것을 결심하며, '브뤼셀에서 있었던 마녀들의 회의' — 아인슈타인의 명명임 — 를 뒤로 했다(Moore, /1997, p.217).

보다 엄정한 판정관은 이론의 교육적 검증을 중립적으로 지켜보는 여타의 과학자들이다. 위에서 지적했듯이 물리학자들은 그 논쟁을 통해서 양자역학의 불확정성과 확률론에 더 설득적인 요소가 있다는 쪽으로 기울었다. 이런 상황에서 아인슈타인과 슈뢰딩거는 통일장이론을 통해서 이에 대응하려고 했지만 결국 성공할 수 없었다. 그 결과는 다시 슈뢰딩거의 전기작가에 의해서 이렇게 요약되어 있다.

> 1955년 4월 슈뢰딩거는 커다란 절망에 빠졌다. 왜냐하면 그는 자신의 통일장이론이 더 이상 타당하지 않음을 확신하게 되었기 때문이다. 1950년 이래로 그는 아인슈타인과의 서신교환을 재개했었다. 그러나 두 과학자는 모두 용기를 잃은 상태였다(Moore, /1997, p.403).

오늘날 양자역학의 세계는 고전역학의 인과관계에 대한 생각을 버려야만 침투할 수 있는 것으로 밝혀지고 있다. 말하자면 그 후의 양자역학의 발전은 아인슈타인보다는 보어의 이론이 옳다는 쪽으로 기울어졌다는 것은 널리 알려진 사실이다. 영국의 유명한 현대 물리학자 스티븐 호킹(S. Hawking)은 앞서의 "신은 도박을 하지 않는다"는 아인슈타인의 말을 빗대어 "신은 주사위 놀이를 하는 정도가 아니라, 마치 도박사처럼 즐긴다고 할 수 있다"고 하여 그의 주장을 논박하기에 이른다.

위에서 소개된 에피소드는 우리에게 많은 시사점을 준다. 첫째, 여기서 주목해야 할 부분은 흔히 우리가 알고 있듯이 과학적 지식에 대한 타당성은 실험적 검증만으로 이루어지지 않는다는 사실이다. 당시 과학자들은 실험결과를 통해서 아인슈타인이 옳은지 보어가 옳은지를 판별할 수 없었다. 실험의 결과는 아인슈타인의 말대로 선입견에 따라 다르게 해석될 수 있다. 이 때문에 그에 대한 판별은 결국 두 이론가들의 논쟁에 의존하였다. 어느 이론이 더 설득력이 있느냐를 따진 것이다. 결국 자연과학의 경우도 최고권위자에 의한 지식의 판단은 상대를 설득시키는 교육에 의존한다.

둘째, 교육적 진화는 역사상 순조롭게 진행된 것만은 아니라는 사실이다. 여러 가지 여건 때문에 교육적인 공조성의 유지가 어려운 경우가 많았을 것이다. 우리의 기준으로 볼 때 공조가 제대로 작동하려면, 바로 그 프로그램을 담당하고 있는 과학자(들)가 교육적 인식론의 내재율을 먼저 이해하고 있어야만 한다. 인간의 변화는 단순히 논쟁과 논파 이상의 체계적인 교육적 시숙과 노력이 필요하다. 아인슈타인과 보어 사이에는 교육적인 내재율에 근거한 상호작용이 효과적으로 이루어졌다고 볼 수 없다. 사실은 서로가 상대를 설득시키려고 했을 뿐 결말은 오히려 두 집단의 설득과정을 주시하는 여타 과학자들의 변화에 의해서 이루어진 것이다. 만약 아인슈타인이 좀더 겸손하게 상구에 임하고, 보어가 좀더 체계적으로 하화에 임할 수 있었다면 서로가 학문적인 낭패나 갈등이 없이 양자물리학의 발전에 협력할 수 있었을 것이다.

마지막으로 우리는 오늘날과 같은 학문적인 발전의 과정에서 교육적 인식론이 그 추이에 적응하고 더 나아가 그것을 가속화시킬 수 있는 방향을 생각해야만 한다. 학문의 발전속도는 날로 가속화되고 있다고 봐도 무리가 없을 것이다. 오늘날 지식은 폭발적으로 발전하고 있다. 아마도 지난 50년 동안 생산된 지식의 양이 인류역사가 시작된 이래 그 때까지 이루어진 모든 지식의 양을 능가할 것이다. 그러나 양의 증대보다는 질의 혁신이 더욱 주목할 만하다. 몇 세기를 거쳐야만 가능했던 지식의 수정작업이 이제는 불과 5년 내지 10년의 간격으로 이루어지고 있다.

한 이론에 뒤이어 빠른 속도로 다른 이론이 등장할 때마다 우리는 어느 이론이 더 옳은지를 어떻게 알아낼 수 있는가? 그리고 경합하는 이론들 가운데 한쪽에서 다른 쪽으로의 전향을 어떻게 손쉽고 올바르게 할 수 있는가? 갈릴레오, 케플러와 당대 사람들의 우주체계에 대한 논쟁에서 그 이후 모든 사고의 표본이었던 '코페르니쿠스의 혁명'은 그 지분을 얻어내기까지 거의 150년 정도나 빛을 보지 못했다. 자연에서 우연성을 인정하는 19세기의 '확률론적 혁명'의 경우에서도 사정은 이와 비슷하다. 그 혁명 또한 긴 시대에 걸쳐서 일어났으며, 그들의 혁명적 내용도 코펜하겐 학파의 양자물리학적인 불확정성의 원리가 해명될 때까지 거의 빛을 보지 못한 채 있었다. 이런 느린 진행은 물론 체계적인 교육의 개입이 작용하지 못했기 때문이다. 만약 여기에 우리가 주장하려는 교육적인 수레바퀴가 제대로 작동했다면 진화의 속도는 더욱 효율적으로 가속화될 수 있었을 것이다. 이만큼 교육의 내재율은 어느 때보다도 시대를 앞서가려는 사람들이 유의해서 지켜야 할 기본적인 규칙이자 소양으로 등장하고 있다고 볼 수 있다.

4.4. 인문 · 사회과학

4.4.1. 학문의 세계와 그 인식대상이 되는 세계의 차이

이제 마지막으로 우리의 논의를 자연과학에서 인문 · 사회과학의 분야로 돌려보자. 앞 절에서 우리는 그동안 인문 · 사회과학적 방법론으로 알려졌던 해석학이 방법상 그것과 대조를 이루어 왔던 자연과학을 포섭하는 경향이 있다는 점을 밝혔다. 따라서 본 절에서 다시 인문 · 사회과학의 방법론을 재론하는 것은 별다른 의미가 없고, 다만 이 분야에서 교육적 인식론을 정착시키는 데 있어서 주목해야 할 몇 가지 특수한 측면들을 다루고자 한다. 이와 관련하여 나는 이 분야에서 학문의 세계와 그

대상세계의 경계가 모호한 것에서 비롯하는 문제, 그것의 해결방안으로 주목을 받고 있는 하버마스의 보편적 화용론과 우리의 교육적 인식론간의 차이, 발생적 인식론을 주제로 이루어진 교육적 이해의 사례, 그리고 교육적 검증방법을 교육학과 교육에 적용할 필요성 등을 다루고자 한다.

서로 분야가 다른 학문을 놓고 그 발전의 정도를 비교한다는 것이 쉽지는 않겠지만, 발전의 규모나 속도에 있어서 사회과학이나 인문과학이 자연과학보다 다소 뒤지는 것은 엄연한 사실일 것이다. 자연과학은 자연현상을 상당한 수준에서 설명하고 예언하고 통제할 수 있는 일단의 지식체계를 확보하게 되었다. 그 위세 역시 당당하다. 오늘날 대학에서 새로운 건물과 시설이 들어서고 외부의 지원이 있다고 할 때 수혜의 대상은 대부분 자연과학 분야이다. 이에 비해서 자연과학을 제외한 여타의 학문에서는 학문활동이 그렇게 활발하지 못하다. 이런 추세는 역사상 인문 · 사회과학 분야가 주도하던 대학에 자연과학이 진입한 이래 지속되고 있다.

인문 · 사회과학 분야에 어떤 근본적인 문제가 있는 것은 아닌가? 이런 질문에 대한 반성에서 한동안 주목을 받아 왔던 것이 그 방법에 관한 것이었다. 오늘날 이 분야는 방법의 면에서 크게 두 가지 길을 가고 있다. 하나는 앞에서 블룸(1987)이 지적했듯이 자연과학적 방법을 추종하는 것이고, 다른 하나는 그 나름의 고유한 방법을 찾는 것이다. 전자는 학문적인 경합에서 자연과학이 유리했던 것은 그 방법에 있다는 진단을 내리고 있는 듯하며, 후자는 그런 방법에 의해서는 인문 · 사회적 현상이 제대로 포착될 수 없다는 전제 아래 새로운 방법을 제안하고 있는 듯하다. 그러나 우리의 관점에서 볼 때 이런 경향의 이면에는 모두 그 나름의 착오가 있어 보인다.

우리는 앞에서 흔히 인과에 관한 설명, 그리고 그것의 객관성을 보장하는 실험과 관찰을 내세우는 자연과학 분야에서도 사실은 교육적 검증이라는 것이 매우 중요한 역할을 하고 있다는 사실을 밝혔다. 이런 진단이 맞는 것이라면 인문 · 사회과학 분야가 전통적인 자연과학의 방법적 모형을 따른다고 해서 지금의 학문적인 정체성을 쉽게 타개할 수 있을 것 같지는 않다. 그렇다면 그 후진성은 어디에서 비롯하는 것인가? 그것은 인문 · 사회과학 분야가 그들의 방법적 고유성을 추구하는 과정에서 학문 자체와 그 인식대상의 차이를 간과한 데서 비롯하고 있다는 것이 우리의 판단이다. 이하에서는 여기에 어떤 범주착오가 내포하고 있는지 문제점을 지적하고, 그 대안으로서 교육적 방법을 활성화할 필요성을 검토하기로 한다.

흔히 학문의 진리를 판명하는 가장 공정한 방법은 자연과학적인 객관주의였다. 인문 · 사회과학도들이 방법을 택할 때 그들은 자신들이 연구하는 대상도 자연과학적 사실과 다름이 없다는 입장을 취한다. 방법과 인식대상은 너무도 밀접하게 관련되어 있다. 어떻게 보느냐에 따라서 포착되는 인식대상의 양상이 변한다. 자연과학을 따르는 방법적 선택은 결국 인문 · 사회적 사실을 사물화시키는 방식으로 진행되었다. 가령 인간에게는 물리적인 측면이 있고 그만큼 자연과학적 방법이 그것을 해명하는 데 공헌할 수 있다. 그러나 우리 인간에게는 자연적 사실 이상의 것이 있고, 그것들은 단지 실증주의적 방법으로 이해될 수 없다는 점을 깨달아야 한다.

더 나아가 우리는 이제까지 자연과학자들이 주장해 왔던 이른바 객관적인 방법에 대한 신뢰가 따지고 보면 무근거한 것임을 충분히 지적해 왔다. 그 근거 역시 자연과학과 그 탐구의 대상이 되는 자연현상의 차이를 지적함으로써 이루어졌다. 여기서 그 점을 다시 상론할 필요는 없을 것 같고, 다만 자연과 우리의 인식을 일대일로 대응시켜서 검증할 어떤 방도도 없다는 점을 상기하는 정도로 지나갈 수밖에 없다. 자연과학이 사회과학보다 더 분명한 발전을 이루고 있는 것은, 흔히 생각하듯이, 전자가 모종의 객관성을 보장하는 절차를 마련하고 있고 후자는 그렇지 못한 것에 있는 것이 결코 아니다. 우리는 문제의 근원을 이제 다른 곳에서 찾아야 한다.

인문 · 사회과학은 탐구대상의 속성이 자연적 사실과 다른 어떤 것이라는 점을 들어 이제까지 방법적 특수성을 주장해 왔다. 그렇다면 그 대상의 성질이 어떤 것이냐를 먼저 밝히고 그것에 대한 방법론을 논의하는 것이 올바른 절차이다. 이들 분야에는 대상의 특수성으로 인하여 자연과학적인 인과적 설명이 적용되기 어렵거나 부적절한 면이 있다. 그 점에서 자연과학의 인과적 모델과 인문 · 사회과학의 해석적 모델을 대비시키는 논의는 정당성을 갖는다. 그러나 인문 · 사회과학의 고유한 탐구대상을 찾는 과정에서 새로운 문제가 등장하게 되는데, 그것은 마치 자연과학의 경우와는 달리 탐구 자체의 영역과 그 인식대상을 제대로 구분하지 못하는 것이다.

인문 · 사회과학의 방법론자들 가운데에는 과학의 특성과 그 인식대상을 구분하지 않고 동일시하는 경향이 엿보인다. 예컨대, 윈치(P. Winch, 1958)는 사회과학의 독특한 방법론으로서 일상언어의 분석을 든 바 있다. 그는 사회적 현상을 규칙의 체계로 보고 규칙을 파악하는 방법으로써 비트겐슈타인(1953)의 후기적 언어관, 즉 일상의 언어는 일종의 게임규칙으로서 사회구성원의 삶의 형식을 반영하고 있다는 생각을 원용하고자 한다. 윈치에 따르면, 성공적인 사회학자는 연구하려는 사회의 이상적인 정보제공자가 그에게 알려주는 모든 상식과 통념들을 단순히 다시 습득하면 된다. 이런 방법론의 저변에는 사실상 사회과학적 지식(sociological knowledge)과 사회적인 지식(social knowledge)을 같은 것으로 보려는 의도가 전제되어 있다.

여기에 문제가 있다. 특정 사회의 상식을 습득하는 것이 사회과학적인 지식을 구성하는 방법이라면 사회과학도가 별도로 존재할 이유가 어디에 있는가 하는 의문이 생긴다. 만약 특정한 사회의 상식을 이해하는 것이 사회과학의 임무라면 그 지식을 판정하는 기준은 사회적인 동의(social consensus)일 것이다. 사회구성원 대다수가 생각하고 있는 내용에 사회과학자의 지식이 일치하는 정도에 의해서 후자의 타당성을 판정해야 한다는 것이 그 방법의 특징이라고 할 수 있다. 만약 이러한 내규가 적용된다면 문화의 이질성에 따라 대중의 사회적인 동의도 다를 수밖에 없기 때문에 그 기준의 내용도 그때 그때마다 바뀌어질 수밖에 없을 것이다. 그런 지식내용을 학문적인 지식이라고 할 수 있는가? 지역과 시간의 제약 속에 있는 서로 다른 사회공동체의 특수한 상식들을 집대성해서 무엇을 하겠다는 것인가? 특수한 시공적 맥락을 초월하는 보편적인 지식은 없는 것인가? 만약 대중이 피상적인 '허위의식'에 사로잡혀 있다면 그것을 견제할 인식체계는 어디에서 누가 마련할 것인가? 이런 제반 문제가 사회과학도의 심각한 반성의 대상이 되어야 할 것이다. 이런 점에서 윈치와 같은 사회과학적 방법은 사회과학을 학문으로서 정립하는 것이 아니라 상식으로 환원시키는 오류를 범하고 있는 것으로 보인다.

우리는 인문 · 사회과학의 발전을 더디게 하는 원인이 방법의 차이에 있다기보다는 오히려 그런 문제의식에서 모색된 방법론이 인식대상과 학문적 인식 자체를 혼동하는 데서 비롯한다는 진단을 내릴 수 있을 것 같다. 사회구성원은 자신들이 살고 있는 세계를 당연한 것으로 받아들이도록 사회화된다. 그것이 성공적으로 이루어졌다고 할 때 그들은 인식의 면에서 상식과 특정한 이데올로기의 노예가 된다. 그 결과적 산물이 바로 사회적 지식이라고 할 수 있다. 이것은 분명히 사회학적 지식과 구분되어야 할 성질의 것이다. 그럼에도 불구하고 윈치의 노선을 따르는 방법론자들은 그것들의 이질성을 확연하게 구획하지 않는다.

사회과학의 발전을 방해하는 것은 사회과학이 많은 경우 그 대상인 사회의 영향을 너무 직접적으로 받기 때문이다. 사회적 사실 속에는 상식, 이데올로기, 교조 등과 같은 특수한 사회적 인식이 포함되어 있다. 그것들은 사회의 구성원들이 가지고 일상적 삶을 영위하고 있는 인식들로서 학문이 추구하는 진리탐구라는 범주와는 다른 관심과 기능에 의해서 형성되고 유지되고 파기된다. 그 때문에 만약 사회과학이 학문의 본령을 지키고자 한다면 그런 사회적 지식이 내면화되는 방식과는 다른 접근방식을 택해야만 한다. 그런데 그 양자를 혼동하는 경향은 자연과학이 이것을 경계하고 초월하려고 함으로써 얻은 반대의 효과를 가져왔다.

대체로 사회과학은 사회의 정치적, 경제적 제도의 변화에 훨씬 민감하게 연관되어 있다. 또한 그것은 전과학시대의 종교적, 철학적 이데올로기들과 더욱 명백하게 관련되어 있다. 모든 사회는 자기의 고유한 현실관을 가지며, 대중적인 합의나 혹은 계급적인 이해관계를 중심으로 그것을 전체적인 진리라고 간주하고 기타의 모든 세계관을 오류라고 보는 경향이 있다. 이 때문에 혁신적인 사회사상이나 이론들이 이들과 상충하는 경우 기존세력의 저항을 받았으며, 결정적인 입증이 어려운 경우는 사회구성원들의 의식의 성숙을 기다려야 하거나 저항의 정도가 더욱 강해서 심지어 정치적인 혁명을 요청한 경우조차 있었다.

이런 사실을 주목하고 최근의 지식 사회학은 사회적 존재가 사유를 결정한다는 식의 흥미있는 가설과 주장을 내놓고 있다(Mannheim, 1929; Stark, 1958). 사회적 결정성이 물질적인 것이냐, 계급적인 것이냐 혹은 보편적인 사회적 환경이냐 하는 문제에 있어서 그 내부에 다소의 입장의 차이가 있다고 하더라도 그것이 진리의 조건과는 무관한 것임에는 공통점이 있다. 비록 연구에 참여한 사람들이 학문적인 태도를 견지한다고 하더라도 사회적 행동에 대한 설명들은 불가피하게 사회적 상황이나 설명하는 사람의 관점에 의해서, 자연적 사실들과는 다른 방식으로 영향을 받기가 쉽다는 것이다. 더구나 사회에 대한 연구는 자연과학과는 달리 그들이 연구하는 것이 인간의 행동이다. 그들의 연구는 사람들의 신념체계에 영향을 주고, 그것이 다시 그 연구대상에 영향을 줄 수 있다. 그러나 이 점을 지나치게 강조하다보면 그 주장 자체가 자가당착에 빠진다. 그처럼 지식의 사회적 결정성을 주장하는 학자들은 어떤 사회적 존재를 반영하는 허수아비들인가?

자연에 관한 지식과 사회에 관한 지식을 구분할 때 후자에 이데올로기적인 요소가 개재될 가능성이 더 높을 것은 당연하다. 학자라는 집단도 자기 시대의 사회적 환경에서 생활하는 구성원의 일원이기 때문에 부지불식간에 그들이 소속한 계급의 이익을 대변할 수 있다. 실제로 상이한 사회이론가들 사이의 갈등은 그들이 소속한 집단과 신봉하는 이데올로기에 대한 충성을 내포하며, 과장과 비본질적인 논쟁을 유도할 수도 있다. 사회과학이 자연과학에 비해서 자립적인 학문적 성격을 얻지 못하게 될 위험성이 높은 것은 바로 이런 데에서 연유한다.

역사적으로 보아서 사회과학이라는 학문 자체가 시민계급의 등장과 더불어 생긴 학문이고 그만큼 이데올로기의 영향으로부터 벗어나기 어렵다는 것을 인정해야 한다. 이 때문에 서구의 영향권에서 생활하고 있는 우리는 자본주의적 생산체계가 한 시대의 특수한 산물임에도 불구하고 부지불식간에 그것이 마치 영구적이고 자연적인 것으로 받아들이게 되는 것이다. 이런 위험성은 이미 정치학, 경제학, 법학, 역사학 등에 상당한 정도로 침투해 있다. 전병재(1985)는 사회학 분야에서 서구 사회학과 마르크스적 사회학을 구분하고 그들이 가진 이데올로기적 성격을 다음과 같이 상대적으로 대비하고 있다.

> 이데올로기라는 개념을 정확하게 구사하기 위해서는 특정 사상이 (1) 허위성, (2) 계급성, (3) 의도적 조작성의 세 가지 조건이 갖추어져 있을 때에만 이데올로기로 보는 것이 타당하다고 할 것이다. 이데올로기를 이렇게 규정하면서 서구 사회학이 더 이데올로기적인지 아니면 마르크스 사회학이 더 이데올로기적인지를 따져 본다면 마르크스주의 사회학이 계급적 이익성과 의도적 조작성을 더 분명히 띤다는 점에서 더 이데올로기적이라고 할 수 있다(p.23).

위의 언명은 놀랍게도 현존하는 사회과학이 이데올로기적으로 양분되어 있음을 이미 전제하고 있는데, 여기에는 수도계의 하나로서 학문의 면모는 전혀 찾아보기 어렵다. 사회학이 그 사회적 사실에 동화되는 정도의 차이만을 지적하고 있는 것이다. 사회과학의 변화는 그것을 수용하는 사회의 변화 그리고 의식의 변화가 동반할 때 수락된다. 이 때문에 사회과학자들은 그가 속한 사회구성원의 영향을 의식해서 그들의 이론을 구성하기가 쉽고 그로 인해서 이데올로기에 오염되기 쉽다. 특히 이론을 궁극적으로는 혁명의 실천을 위한 것으로 보는 일부의 '학자'들은 그들의 혁명가적인 정열을 학문적 활동범주 속으로 끌어 들여서 이론과 실천의 문제를 혼동하는 자세를 보이기도 한다. 말하자면 사회이론 자체를 자신의 특정 이데올로기의 방향으로 유도하면서 그 타당성을 인정받고자 하는 방식으로 파행화되고 있는 것이다.[53)]

인식체계로서의 이데올로기가 갖는 특징은 그 내용의 진리다움이 중요한 것이 아니라는 점이다. 그것은 인식의 사회적인 기능을 중시하며 많은 경우에 사실을 밝히기보다는 사실을 신비화, 은폐, 위장시킨다. 그런데 일부 사회과학자들은 지식과 이데올로기가 분리되기 어렵다는 점을 들어 분리의 노력보다는 사회과학이 사회적 실천의 목표에 종속하기를 주장하기도 한다(Riley, 1974). 그러나 이런 식의 체념은 사회과학의 학문성을 위협하는 일대 위기로 보인다. 만약 지식을 평가하는 기준을 사회적인 기능이나 효용성에서 찾는다면 그 지식은 기존세력의 이해에 부합하는 방향으로 구성될 위험이 있기 때문이다.

진리의 정의를 다룰 때 논의된 바와 같이 효용성의 차원은 다양하며 모호하다. 대체로 지배세력의 이익이 어느 시대에서나 가장 뚜렷하게 부각된다. 이 때문에 사회과학은 현저하게 기존질서에 봉사하는 방향으로 발전되었다. 그렇다면 불평등사회의 이데올로기적인 편견에서 해방된 지식은 누가 어떻게 얻을 수 있을 것인가? 오늘날 특정 기업의 이익에 봉사하는 지식을 제공하면서 스스로 사회과학도를 자처하는 사람이 있다면 그를 용인할 수 있는가? 이런 문제도 학문의 발전지표와 관련하여 사회과학이 반성해야 할 중요한 대목이다.

인문 · 사회과학이 어떻게 세속적이고 이데올로기적인 함정과 질곡에

53) 이 점은 얼른 보기에 사람의 변화를 유도해 그 인식내용의 타당성을 검증하려고 한다는 점에서 교육적 인식론과 같은 맥락에 있다. 그러나 여기에는 방법상의 큰 차이가 있다. 이 문제는 사회화와 교육의 근본적인 차이에서 비롯하는 것으로서 우리의 논의에서 곧 해명이 이루어질 사항이다.

서 빠져나와 진정 진리탐구의 내규 속에 들어올 수 있느냐 하는 것이 우리에게 주어진 커다란 과제이다. 학문은 모름지기 일반인이 견지하고 있는 이데올로기적인 속박과 일반적으로 내재하는 선이해로부터, 그리고 사람이 사물을 파악하고 이해하는 데 숙달되어 있는 폐쇄적인 이해의 지평으로부터 해방하도록 돕는 세력이 될지언정 결코 그것을 강화하는 세력이 되어서는 안 될 것이다. 최소한 인문 · 사회과학이 은폐된 이데올로기적인 요소를 드러내는 비판적인 세력의 하나가 되는 일은 매우 중요하다.

이 문제에 있어서 독특한 입장을 가지고 근래에 주목을 받고 있는 학자가 하버마스(J. Habermas)이다. 그는 학문적 지식과 이데올로기의 관계가 복잡하게 얽혀 있기 때문에 학자는 그들의 분리를 주장하기보다는 학자 자신의 이데올로기를 밝히는 것이 더 중요하다고 본다. 세속적인 문제를 특정한 세속적 입장에서 푼다는 전략인 것이다. 그에 따르면, 모든 인식은 다소나마 그 인식 밖의 사회경제적 요인들의 제약을 받는다. 이런 관점에서 그는 이른바 '해방적 관심'이라고 하는 자신의 이데올로기적인 입장을 분명하게 밝히고 그 관심을 충족시키는 입장을 택한다. 그는 인식에 개재하는 억압적인 상태와 불균등한 권력의 분배를 주목하고 그것을 배제하거나 혹은 폭로할 수 있는 방법으로서 '비판이론(critical theory)'을 제안하고 있다.

하버마스는 주로 언어의 형식으로 표현된 텍스트나 전승되어 오는 의미 혹은 전통은 사회적이고 역사적인 연관 속에서 형성되고, 또한 계급적 지배관계를 통해서 각인되기 때문에 이데올로기적으로 왜곡되어 있다고 주장한다. 그는 이와 관련하여 해석학에서 가다머가 택한 입장과 자신의 입장을 대비시킨다. 그는 특히 가다머의 해석학에 개재될 수 있는 이데올로기적 영향의 위험성을 우려하면서 비판적 입장을 표명한 바 있다(Habermas, 1970, 1977). 하버마스에 따르면, 가다머가 이해를 의미에 관한 합의로 본 점에서는 옳았지만, 그런 합의가 체계적으로 왜곡될 가능성을 간과했다는 것이다. 가다머가 말하는 일정한 시기의 전통의 권위를 형성하는 합의는 제약없는 토론의 산물이나 상호이해의 표현이 아니라 폭력이나 강제력의 소산일 수도 있다는 것이다.[54]

이런 논리의 연장선상에서 하버마스는 가다머의 경우처럼 전통의 우월성을 선험적으로 가정하는 대신 그 속에 은폐되거나 과장된 것을 폭로하는 것이 해석학의 중요한 과제가 되어야 할 것으로 본다. 그런 부류의 해석학이 이른바 그의 '비판적 해석학(critical hermeneutics)' 이다. 인간의 소통과정은 인간 자신도 모르는 무의식적 장애요소로 인해서 사이비 의사소통을 되풀이한다는 것을 문제시한 그는 프로이트의 정신분석학의 관점을 원용하여 사회집단의 자기반성을 촉구하고 사회적 행위자가 기만적인 합의에서 벗어나 참된 합의에 도달할 수 있는 소통의 방법을 해석학에 도입하고자 한다. 그 구체적인 제안의 형식이 '보편적 화용론(universal pragmatics)' 이다.

그러나 교육적 인식론의 입장에서 보면 하버마스의 해결은 그렇게 만족스러운 것이 아니다. 그 역시 학문의 세계에서 해석의 문제를 이데올로기적인 이해관계와 분리시키고 있지 못하다는 점에서 윈치가 범했던 오류의 함정을 벗어나지 못했다. 하버마스는 특정한 이데올로기의 입장을 대변하고 있는 것이다. 혹은 학문적 지식과 이데올로기의 분리불가능성을 애초부터 인정하고 있다. 이에 비해 우리가 논의한 교육적 인식론은 그런 맹점을 근본적으로 차단하는 방식으로 인식의 문제를 다루고 있기 때문에 사회과학의 진로를 더욱 착실하게 다져나가는 인식론적인 대안이 될 수 있을 것으로 기대된다.

일상의 세계에서 생활한다는 것과 그것을 이론적으로 탐구한다는 것은 전혀 다른 종류의 활동이다. 학자는 통속의 삶을 인식의 대상으로 삼

---

54) 이에 대한 가다머(1960)의 대응은 이런 것이다. 그는 하버마스가 주장하는 계몽주의적 합리성도 하나의 선입견이며, 하버마스가 우려하는 이데올로기적 왜곡과 은폐도 지속적인 대화에 의한 학습 자체에 의해서 드러날 수 있다고 대응한다. 그러나 여기서는 그 논쟁에 끼어들 여유가 없다.

아 학문을 할 때, 그 통속에 의존하지 않고 그것에 대한 이론적인 세계를 구성해 나가야 한다. 진리탐구는 바로 이론적인 실재를 찾아가는 길이다. 세상사람들이 그들의 이해관계에 따라 인식의 경합에 몰두한다고 하더라도 최소한 학자들은 그 배후의 진실을 밝혀 폭로할 수 있어야 할 것이다. 세상사람들이 불확실성을 회피하기 위해 어떤 절대적 신념에 귀의하여 매달릴 때, 학자는 그 내용에 의문부호를 붙이고 그것을 다른 기준에 의해서 새롭게 평가하고 수정해 나가야 한다.

그 이유 때문에 우리는 지금까지 학문계를 세속계가 아닌 수도계에 속하는 것으로 분류해 왔다. 사회과학의 대상은 많은 부분 세속계와 겹치는 반면, 사회과학 자체는 수도계의 하나로서 그것을 인식한다는 입장을 우리는 시종 견지해 왔다. 학자집단은 일단 그가 소속한 세속계적 구성원이 아니라 진리를 추구하는 학문공동체의 구성원임을 잊어서는 안 될 것이다.[55] 여기서는 계급적 이해관계보다는 진리의 탐구가 우선하는 것이다. 예컨대, 머튼(P. Merton, 1973)은 과학공동체의 규범문제를 다루면서 여기에 보편성 · 공유성 · 무사공정성 · 조직화된 회의주의를 강조하였다. 또한 장상호(1993)는 학문공동체의 특징으로 진리에 대한 열정, 비학문적인 요소의 종속성, 창조적인 분위기, 자유로운 정보교환, 치열한 지적 경합, 교육적인 과정의 활성화 등을 지적했다.

우리는 학문적인 지식이 상식, 이데올로기, 교조와 엄격하게 구분되어야 할 성질의 것으로 본다(장상호, 1997a, pp.312-324). 이 주제와 관련하여 상당한 정도의 이설과 정의상의 차이는 있다고 하더라도 이데올로기는 대충 서로 경합하는 특정한 집단, 정파 혹은 계급의 권력적 지위와 이해관계에 봉사하기 위해서 유지되는 신념체계라고 할 수 있다. 이 때문에 그 신념체계의 진위는 원하는 목적을 달성하는 수단의 범위 안

---

55) 개념적으로 엄격하게 따지면, "학자가 세속계에 속한다"는 말 자체가 성립될 수 없다. 왜냐하면 학자는 바로 학문공동체에 속한다는 의미에서 규정되기 때문이다.

에서만 의미를 갖는다. 다른 한편으로 학문적 지식은 진리의 기준을 만족시키기 위한 것이다. 학문은 자연이나 사회의 베일을 벗겨내고 그것의 배후에 있는 실상을 드러내려는 데 그 존립의 목적을 둔다.

상식이나 이데올로기, 혹은 교조는 진리다움을 내세우고 겉으로 표방하지만, 그것은 수정을 거부한다는 점에서 본질상 학문적인 지식과 구별된다. 학문적인 지식은 결코 어느 단계에서 완료되는 것이 아니다. 우리가 이 세계에서 원하는 것은 완료될 수 없는 지식의 탐구작업을 계속하는 것이다. 이 때문에 지식은 영구적인 것이 될 수 없고 끊임없이 부정되고 재건될 숙명에 놓인다. 그것이 바로 우리가 말하는 '진리체험'에 해당한다. 이 때문에 이데올로기적 효용의 목적은 이 안에서 용납될 수 없다. 상식이나 이데올로기 자체가 학문의 대상이 될 수는 있다. 그러나 전자가 후자를 대신할 수는 없다. 그렇게 될 경우 모든 것이 뒤죽박죽이 되고 만다.

학문은 탐구과정에서 얻는 지식들 가운데 이전의 것은 파기하고 이후의 것을 승인하는 방식으로 재고정리를 해 나간다. 각각의 지식은 현상태에 머무르기를 거부하고 자체의 가정을 초월하거나 파기하면서 경계를 점점 원심적으로 확장한다. 새롭고 혁명적인 이론은 당시의 학문공동체의 수준을 초월하는 상구의 소산이며, 따라서 그 만큼의 전문적인 수련이 없이는 그것을 정당하게 판단할 수 없다. 이 때문에 선진적인 지식은 대개 학문공동체가 그것을 이해하는 데 필요한 만큼의 시간이 흐른 후에야 대중적인 인정을 받게 되었다. 말하자면 교육적 시숙의 세월이 흐르는 동안 양쪽의 패러다임 사이에서 이전의 지식체계를 오류로 인식하고 새로운 인식체계에서 배울 것이 많다는 것을 식별할 만한 학자들의 인구가 증가했다고 볼 수 있다.

학문적 지식과 상식 혹은 이데올로기는 그것이 공유되거나 입증되는 방법에서도 큰 차이가 있다. 모든 신념체계는 서로 공유됨으로써 정당성이 입증될 수 있다. 그런데 학문적 지식과 상식(혹은 이데올로기)은 동기에 있어서 차이가 있을 뿐만 아니라 공유의 방법 또한 다르다. 한마디로 전자는 교육의 내재율에 의해서 공유된다. 우리가 여기서 내세우는 교육이라는 것도 아직 실체가 분명하고 충분하게 밝혀진 것은 아니다. 그럼에도 불구하고 우리는 교육이 예컨대 사회화, 문화화, 조건화, 교조화와 같은 행동통제의 방법과는 구분될 수 있는 것으로 부각시키고자 하였다. 후자들 각각은 과정적 특징이 없다고는 할 수 없지만 종국적으로 결과 자체에서 그 정당성을 주장하는 데 비해서, 전자는 과정적 절차와 규칙을 존중한다. 이 단계에서 우리는 최소한 독자가 교육이 고유한 구조와 내재율을 가지고 있다는 점에 공감할 수 있기를 기대한다.

진리체험은 결코 사회적인 동의를 토대로 규정될 수 없다. 교육적 인식론의 강점은 교육이 사회화나 문화화와 구분되는 방식으로 개념화된다는 데 있다. 교육은 사회적 동조, 불안의 회피, 신비화, 세뇌, 혹은 세속적인 강제가 아니라 주체적인 체험의 누적에 의해서 단계별로 더 높은 실재에 접하고 그것에 심열성복하는 과정이다. 여기에서 세속계적인 관심이나 지위는 일체 무효화되어야 한다. 만약 권력, 부, 사회적 지위가 여기에 개재된다면 애초의 의도를 달성할 수 없다. 따라서 이런 자가당착을 가져오는 요소들은 교육적 이해에서 원천적으로 무의미하게 된다. 이러한 교육의 속성 때문에 교육을 토대로 하는 방법론은 학문계로 하여금 세속적인 이해관계나 상식을 초극하여 진리를 추구하도록 도울 수 있다. 사회과학도는 자신들이 소속한 사회화나 문화화에 저항하고 대신 교육에 의존함으로써 그들의 내면적인 창의성과 가능성을 개발하면서 더욱 보편타당한 지식을 생산할 수 있을 것이다.

이에 비해서 상식이나 이데올로기의 목적과 기능은 특정한 사회구조와 이해관계의 유지에 있기 때문에 결과가 과정을 정당화하는 방식으로 진행된다. 사회생활에서 다수의 행위자들의 개별적인 인식을 조화시킨다는 것은 모든 조직체의 기본적인 요구사항이다. 사회적으로 명백하게 규정된 규칙과 표준에 상호주관적으로 일치하는 것은 중요하며, 관련된 모든 사람들과 동료들이 동일한 규칙과 표준을 따를 때, 그 규칙과 표준은 소임을 다 했다고 볼 수 있다. 다수의 개인들 사이에 사회적 갈등을 해소하고 조화로운 관계를 유지하기 위해서 경우에 따라 외적 강제라는 통제수단을 쓸 수도 있다. 그러나 이처럼 강요된 화해는 그것이 아무리 높은 수준에서 이루어진다고 하더라도 진리와는 거리가 멀다. 하버마스는 보편적 화용론에서 강요 자체의 배제를 강조하지만, 그것 역시 사회적 해방의 관점에 서 있는 것이지 진리를 탐구하는 데 있는 것은 아니다.

이제 우리의 논점을 정리해 보기로 하자. 우리는 본 절의 출발을 자연과학과 인문 · 사회과학 사이에 학문적인 발전의 불균형이 있음을 지적하고 그 원인에 관한 논의를 추정해 왔다. 그 가운데 한 관점은 전자는 객관적 준거가 있음에 비해서 후자는 그렇지 못하다는 입장이 있을 수 있다. 그러나 사실을 따지고 보면 그런 것이 아니고, 그 배후에는 지식이 무엇이며 그것을 구성할 때에 어떤 태도와 검증의 방식을 따르느냐에 차이가 있었다. 자연과학은 비교적 처음부터 세속적인 관심과는 달리 수도계적인 도정을 밟을 수 있었다. 자연과학은 처음부터 전반성적이고 상호주관적이며 직접 체험된 생활세계에 토대를 둔 상식과 통속적인 지혜라는 속박에서 벗어나 자연현상에 대해 보편적인 지식을 창출해 내려고 노력하였고, 결국 일상어로서는 접근하기 어려운 학문적인 지식 체계를 발전시키는 데에 성공하였다.

이로써 최근의 자연과학적인 지식은 일반 대중에게는 하나의 허구처럼 보일 정도로 놀라운 변모를 할 수 있었다. 학문이 성립되기 시작한 희랍시대의 철학자들이 오늘날의 지식을 접한다면 환상이라고 말할 것이다. 지식은 그것을 허구라고 믿는 사람에게는 입증하기 어렵다. 허구 자체는 실증될 수 없다. 그것이 허구가 아니라고 입증하려면 그 지식을 실감할 수 있는 단계에까지 그들이 걸어와야만 하였다. 인식론적으로 볼 때 일상적 상식에서 최근의 과학적 지식에까지는 오랜 도정이 있다. 그 도정의 단계를 생략하고 일반인이 최근의 지식을 실감할 수는 없다. 이처럼 오늘날 자연과학의 지식은 너무도 고도화되어 있기 때문에 그것을 소재로 하는 체계적인 교육의 통로를 거치지 않고는 더 이상 접촉하기 어려운 상황에 돌입하고 있다.

다른 한편으로 사회과학은 인식대상의 세계와 그것을 탐구하는 학문의 세계를 구분하는 데 어려움이 있었다. 사회과학자들은 자신의 연구를 대상의 실천적 관심에 종속시키고 진리다움을 그 실천의 효과에 비추어 평가하려는 경향을 보였다. 그로 인해서 대상 자체에 대한 인식의 깊이는 일반상식의 범위를 크게 벗어나지 못하고 있다. 그 동안 사회과학이나 인문과학의 경우 인식대상이 복잡하다는 것을 포함하여 무수히 많은 변명이 있지만, 그 변명은 우리의 관점에서 볼 때 분명히 그들이 가지고 있는 태도의 불철저함의 반영에 불과한 것이다.

뿐만 아니라 사회과학은 이론을 정당화하는 방법 역시 교육보다는 다분히 사회화에 의존하였다. 말하자면 이론의 깊이보다는 그것이 얼마나 대중적인 지지를 받을 수 있느냐에 더 큰 관심이 있었고, 국가체계나 지배적인 세력의 비호 아래, 예컨대 학교라는 기관을 통해서 그것들을 무조건 젊은이들의 머리 속에 주입하기에만 급급했다. 사회과학 혹은 인문과학은 이 점에서 아직까지 방법적인 결함을 지니고 있으며, 여기서 제안한 교육의 방법이 많은 부분에서 그 결격된 방법을 보완할 여지가 있다. 만약 인문 · 사회과학자들이 그들의 대상세계인 세속계와 자신이 참여하고 있는 학문계의 차이를 분명하게 인식하고 자신의 학문적인 지식을 교육을 통해서 탐구하고 입증하려고 한다면, 사회과학도 자연과학에 못지않은 학문적인 발전을 꾀할 수 있을 것으로 우리는 예측하고 기대한다.

4.4.2. 하버마스의 보편적 화용론과 교육적 인식론의 차이

역사적으로 인문 · 사회과학 분야에서 어떻게 연구의 질 관리가 이루어져 왔는가? 어떻게 우수한 지식과 열등한 지식의 변별이 이루어질 수 있었는가? 이런 문제와 관련하여 무조건 자연과학적 객관주의가 성행하던 시절의 방어적 태도를 그대로 유지할 것인가? 다행히 이런 문제들에 관련된 상황은 역전되어 자연과학이 인문·사회과학에 속한 해석학적 방법에 거는 기대가 부풀어 오르고 있다. 현재로서 그 가능성이 엿보이는 전면의 한편에는 하이데거와 가다머의 노선에서 이루어지고 있는 '철학적 해석학'이 있고, 다른 한편에는 하버마스의 '비판적 해석학'이 있다. 그렇다면 우리가 말하는 교육적 인식론은 그들과 어떻게 다른 것이며, 또 어떻게 차별된 입장에서 인문·사회과학의 새로운 발전을 약속할 수 있는가?

우리는 앞(1.4.2.)에서 간간이 철학적 해석학과 교육적 인식론의 인척관계를 언급한 바 있다. 그러나 그것은 어디까지나 부분적인 중첩을 말하는 것으로서 다른 곳(2.3.2.)에서 그들과의 차이가 있음도 부각시키려고 하였다. 이제 특히 이데올로기의 측면에서 하버마스의 '비판적 해석학'을 언급한 이상 그것과 우리의 교육적 인식론의 차별화도 불가피하게 되었다. 그 점을 이어서 검토하고자 한다. 우리는 그 점을 밝히면서 아울러 이제까지 이루어진 다양한 종류의 해석학적 조류에 '교육적 해석학'이라는 새로운 입장을 추가하고 싶다.

인문·사회과학 분야가 이데올로기의 영향에 각별하게 취약하다는 것은 사실이다. 이 점에서 처음부터 이데올로기적 입장을 천명하고 들어가는 하버마스가 할 수 있는 몫은 다소 분명해진다. 하버마스가 강조하려는 것은 대화와 의사소통을 체계적으로 왜곡하는 사회적 장벽들이 존재한다는 것이다. 그의 우려대로 해석의 과정에 진정한 의미를 왜곡하게 하는 장애가 개입하고, 그로 인해서 우리는 정신병리학적으로 혹은 이데올로기적으로 왜곡된 합의를 낳을 수도 있다. 비판적 해석학의 목적은 일상적 이해에 포함되어 있는 그러한 이데올로기적인 차원을 드러내고 폭로하는 데 있다.

이를 위해서 하버마스(1976/1979)는 이른바 '보편적 화용론'을 제안하고 있다. 이것은 일상언어의 영역으로부터 외부적인 억압과 지배의 요인을 가급적 배제하고, 합리적인 원리를 첨가시킨 무제약적이고 이상적인 소통의 상황을 설정하고 있다. 하버마스는 서로가 강제되고 왜곡되지 않은 대화와 의사소통이 가능한 절차적 합리성이 무엇인지를 모색하고 처방한다. 의사소통 행위는 일종의 이해지향적인 사회적 상호작용의 유형이다. 만약 여기에 어떤 규범적인 요소를 추가한다면 우리는 일상적인 사회에 내재된 구조적 장벽을 뛰어넘을 수 있다는 것이다. 이 점에서 그는 모든 사람들이 담화행위의 수행에서 보편적인 타당성을 주장해야 하며, 그 주장이 논박되거나 혹은 보완될 수 있다는 것을 전제로 삼는다.

합의도출의 과정에서 가장 중요한 점의 하나는 지배로부터 자유로운 상황을 위해 어떠한 종류의 강제와 억압도 용인하지 않는다는 것이다. 모든 참여자가 자유로운 조건에서 자신이 생각하기에 보편적이고 타당한 견해를 주장할 수 있다. 하버마스의 '이상적 담론상황'이 요구하는 최우선의 선행조건은 의사소통의 능력을 가진 자율적인 개인과 억압 없는 자유로운 대화가 가능하도록 하는 것이다. 이 때문에 그것 속에는 선택의 기회가 균형적으로 이루어지고, 언어행위가 왜곡 없이 실행되는 민주주의적인 의사소통 체계가 유지되어야 한다는 등의 조건이 장치되어 있다.

합의적 타당성에 근거한 하버마스의 검증방법은 지배와 종속이라는 사회적 차원을 강조하면서 특별히 대화 당사자의 평등한 관계를 강조한다. 대화에 참여하는 사람들과 당파들이 합리적이고 동등한 권리를 지니고 있다는 전제하에 동등한 위치에서 동일한 기회를 갖도록 보장하는 공적 영역이 제도적으로 확보되어야 할 것으로 주장된다. 하버마스는 이렇게 함으로써 참여자들이 이데올로기가 잠재된 일상언어의 대화적 구조에서 용이하게 빠져 나올 수 있을 것으로 기대한다.

이런 소통의 이상적 조건 가운데에는 수긍할 만한 점이 많다. 그 가운데 강요로부터 자유로워야 한다는 점은 특히 교육적 인식론의 경우에도 적용되어야 할 조건임을 우리는 강조해 왔다. 지식의 합의적 타당화에 참여하는 사람은 자기기만과 권위에 대한 무조건적 복종으로부터 자유로워야 한다. 그는 자신의 당사자적 지식을 가지고 있을 뿐만 아니라 그것을 떳떳하게 주장하고 드러낼 수 있어야 한다. 아울러 그는 자신의 바람직한 변화에 의해서 더 나은 의견을 가진 상대의 견해에 동조할 수 있는 개방성이 있어야 한다.

그러나 다른 한편으로 우리는 교육적 인식론의 측면에서 하버마스의 논점에는 수긍하기 어려운 많은 난점이 있음을 지적하지 않을 수 없다. 그것은 기본적으로 우리가 말하는 세속계와 수도계의 차이에 관한 의식의 차이에서 비롯하는 듯하다. 우리는 세속계적인 것과 수도계적인 것은 관심과 목표, 체험의 성질, 그리고 체험의 합의를 성취하는 방법에 있어서 근본적인 차이가 있다고 본다. 우리의 기준에 비추어 볼 때 하버마스의 해석학적 관심의 비중은 다분히 세속적인 관심과 문제의 해결에 기울어 있다. 이런 점은 고대의 희랍적인 전통에서부터 이어지는 철학의 경향으로서 오늘날의 다원적인 세계에서는 일종의 범주착오로 논의될 수 있는 부분이다.

일반적으로 철학자들이 우리의 삶에서 실현시키고자 하는 대화적 공동체는 진정한 상호참여가 이루어지고, 또 상호간의 간청과 설득이 이루어지는 곳으로 여겨진다. 그들은 그 대화적 관계에서 한결같이 평등한 대화와 그에 따른 인간적 연대감을 강조하고 있다. 그러나 이런 생각은 플라톤의 관점을 검토하는 곳(4.2.4.)에서 지적한 바 있듯이 우리가 살고 있는 세계의 다원성에 비해 위험할 정도로 일원적이고 일반적인 규정에 속한다. 우리의 입장에서 인간적인 유대감과 공동체적인 삶의 정서는 해당되는 특수한 세계의 유형에 따라 그 양상이 달라지고 그것이 유지되는 조건도 달라진다.[56)]

하버마스의 보편적 화용론에서 우선 문제시되어야 할 것은 대화참여

---

56) 본서에서 누차 강조되어 온 것이지만 철학에서 대화에 의한 해결을 시도할 때 수도계와 세속계의 영역이 명백하게 구분되지 않는 폐단이 있다. 근래에 로티(1989)가 자아의 창조와 관련하여 사적인 영역과 사회정의를 실현하는 공적인 영역을 구분한 것은 이 점에서 거의 예외적이라고 할 만하다.

자의 동등성에 대한 선험적 가정이다. 여기서는 타자가 합리적이고 동등한 권리를 지니고 있다는 점을 당위적 전제로 받아들인다. 그 전제는 정치적으로 볼 때 일면 평등적인 공동체를 이념적으로 지향하는 오늘날의 시대사조와 일치한다. 세속계적인 삶을 영위함에 있어서 차별적인 것은 용인될 수 없는 조건이다. 이제 우리는 이데올로기적으로 누구에게는 편파적으로 이롭고 누구에게는 불리한 부, 지위, 권력의 배분이 인정될 수 없는 시대에 살고 있다. 이 점에서 고대 희랍식의 민주적인 공동체 또는 폴리스를 선호하는 경향을 나무랄 수는 없다. 우리가 더불어 사는 사회적 조건에서는 어떻든 합의가 있어야 하고, 이를 위한 상호논쟁과 설득은 서로 평등하다는 조건에서 이루어져야 할 것이다.

그러나 우리가 지적하고 싶은 것은 세속계적인 이념이 수도계적인 이념과 결코 혼동되어서는 안 된다는 것이다. 수도계에서는 위계적 질서가 강조되며, 그것은 세속계에서의 평등적 질서와 결코 양립될 수 없다. 여기서는 세속계적인 관심이 정지되고 새로운 계급이 형성되는 곳이다. 그것이 바로 우리가 말하는 품위의 위계적 차이이다. 수도계의 선진과 후진은 평등하게 수도계에 참여하는 것이 아니다. 그들이 가지고 있는 품위와 그에 따른 가치규정은 질적으로 서로 다르다. 따라서 그들에게 평등을 요구하는 것은 수도계의 입장에서 볼 때 불평등할 뿐만 아니라 무질서의 범주에 든다. 오히려 이 곳에서는 품위의 차이에 따른 차별적 권위를 인정하는 것이 더 공정하다.

특히 대화의 상대방을 자신과 동등한 타자로 인정하도록 요구하는 것은 수도계의 선진과 후진이라는 위계가 어떤 방식으로든 이미 가정되거나 확정된 교육적 상황에는 부적합하며 낭비적이다. 물론 교육의 주체는 언제나 자율적인 것으로 상정되지만, 그렇다고 해서 스승과 제자의 동등성을 인정하는 것은 상호주관적인 경험의 이행을 추진함에 있어서 서로에게 도움이 되지 못한다. 하버마스의 처방에 따라 선진과 후진이 각각 현재의 품위에서 자기주장을 하고 비판한다면 교육적인 합의에 도달하기 어렵고, 많은 경우 시간만 낭비하는 무모한 논쟁으로 비화할 위험이 있다. 학문의 역사에서 일어난 대부분의 이론적 논쟁은 상호간의 몰이해를 증거하는 기록이라고 할 만큼 비경제적으로 이루어져 왔다. 논쟁에 참여하는 학자들은 상대가 자신의 체험구조와 동등한 위치에 있을 것으로 가정하고 오로지 자신의 주장과 해명만을 늘어놓는 경우가 많았다. 그런 경우 선진과 후진의 구분은 불가능하며, 서로의 갈등만 증폭된다.

수평적 평등의 조건은 수도계에서는 어느 누구에게도 이로운 것이 아니다. 우리가 앞에서 예거한 인류의 위인들인 공자, 석가, 소크라테스, 아인슈타인, 보어, 슈뢰딩거, 하이젠베르크 등에게 하버마스가 강조한 대화의 평등조건을 강조해서 우리들이 얻을 수 있는 것이 무엇인가? 이들과 접촉해서 이득을 볼 수 있는 것은 사회적인 해방적 범주가 아니라 인격적이고 수도계적인 범주이다. 그들은 자신들이 개척해 온 품위의 면에서 탁월한 인물들이기 때문에 우리는 그들과의 관계에서 세속계적인 평등이나 이해관계는 일단 접어두고 해당 수도계의 측면에서 선진과 후진의 관계로 전환해야 한다. 이러한 태도전환은 학자와 일반 사람들 간에도 성립하지만 보어와 슈뢰딩거 그리고 하이젠베르크과 아인슈타인과 같은 학자와 학자간에도 성립한다. 가령 다수의 합의라는 힘을 빌어 아인슈타인의 상대성 이론이 하이젠베르크의 불확정성 원리를 논쟁에서 일시적으로 제압하는 데 성공했다고 하자. 이것을 진정 수도계적인 승리라고 할 수 있는가?

교육적인 과정을 거쳐서 이론의 상대적인 우열을 가리기 위해서는 해당하는 높은 수준의 이론들을 일단 이해시키는 것이 선행되어야 한다. 선진과 후진은 주어진 교육소재와 관련하여 애초부터 동등한 위치에 있지 않다. 그들은 품위에 대해서 상호주관성을 전제할 수 없다. 그들은 상호주관성을 확보하기 이전의 상태에 있으며, 그것을 확보하는 과정이 바로 교육에 해당한다. 따라서 하버마스의 동등성의 요구를 교육에 적용하는 경우 '선결문제 요구'의 오류에 빠진다. 이 점에서 가다머의 철학적 해석학이 오히려 우리의 입장에 가깝다. 가다머는 하버마스가 과거의 권위에 대한 개방을 너무 성급하게 전통에 대한 맹목적이고 독선적인 굴종과 동일시한다고 반박한다. 참된 권위에 대한 복종은 맹목적인 것도 노예적인 것도 아니고, 권위는 그것이 자유롭게 인정되거나 수용될 때에만 지배될 수 있다는 것이다.

하버마스의 보편적 화용론은 합의 자체를 목적으로 삼고 있다. 이것은 우리가 사회적인 문제를 해결해 나감에 있어서 불가피한 일이기도 하다. 우리는 특정 사안에 대해서 모든 것이 밝혀질 때까지 기다리면서 사회적 삶을 영위할 수 없다. 가령 우리는 여기서 소크라테스의 재판과정을 떠올릴 수 있다. 당대의 사람은 그 문제에 있어서 모종의 합의된 결정을 내려야만 했을 것이다. 그러나 수도계적인 삶에서는 그런 합의가 중요하지 않고 더 나은 것에 대한 추구가 절실한 과제이다. 이 점에서 우리는 진리의 합의설이 갖는 문제점을 지적한 바 있다. 이 점에 있어서도 우리에게는 하버마스보다 가다머의 통찰이 수도계와 교육계의 범주에 가까워 보인다. 가다머에 있어서 합의는 합의 자체가 목적이 아니라 서로 다른 전망들이 사상에 관한 보다 높고 깊은 이해에 통합되는 이른바 '지평의 융합' 을 의미한다. 재판정에서 소크라테스가 대중적 합의에 불만을 품고 수도계적인 추구를 아쉬워한 것도 이런 맥락에 부합한다.

교육적 인식론은 일치보다는 불일치를 전제하며 그로부터 체험의 상향적 흐름을 유지하고 보장하는 것을 중시한다. 그러니까 합의 자체가 진리를 규정할 수는 없고 합의의 방향과 과정이 중요하다. 수도계에서의 상호주관적 실천, 세계에 대한 이해와 경험은 아래의 품위에서 위쪽의 품위에로의 흐름을 보장해야 한다. 그래야만 비로소 구성원 모두에게 수도계적인 삶의 의미가 성립되는 것이다. 이 때문에 교육적 관계에서는 특정한 품위에의 일치가 아니라 매 단계의 성실한 교육 자체가 존중된다.

낮은 품위에서 높은 품위로 진행하는 데 필요한 실천은 무엇인가? 이 부분에 있어서 교육적 인식론은 하버마스는 물론 가다머의 입장과 전혀 다른 방법을 택한다. 철학자들은 언어에 의한 대화를 매우 신뢰하고 있다. 언어는 장기간의 집단적인 세련화를 거친 것으로서 개인적인 차원을 능가한다. 철학자들은 은연중에 언어가 그것을 사용하는 재량과는 분명히 독립된 채 서로를 내포하며 지지해 주는 의미들의 형식체계라고 전제한다. 따라서 그들은 언어 속에 집단적 지혜가 포함되어 있고 언어를 통해서 집단의 지혜가 어떤 방식으로든 전달될 수 있을 것으로 본다. 하버마스는 논거를 제시하면서 서로의 진리주장을 정당화하려는 형식을 담론(Diskurs)이라는 말로 나타낸다. 이것은 언어에 의해서 품위의 내용이 곧바로 전달된다는 의미론적인 측면보다는 언어의 화용론적인 측면을 강조하는 것도 사실이다. 그렇기 때문에 그가 강조하는 언어적인 소통을 곧바로 '언어주의적 폐단'과 연결시키는 것은 옳지 않다.[57] 그렇다고 하더라도 어떤 주어진 담론에서 말해진 모든 것은 서로간에 공약가능하다는, 다분히 언어주의적인 편의가 은연중에 전제되어 있다는 것도 부인하기 어렵다.

하버마스류의 '토론을 통한 합의'는 수도계에서의 선진과 후진간에는 결코 도달할 수 없는 이상이다. 이는 기본적으로 선진과 후진의 언어게임의 비통약성과 이질성을 무시한다. 여기서 주목해야 할 중요한 부분은 언어적 소통은 말을 주고받는 사람이 체험의 공감대를 가지고 있다는 전제 위에 성립한다는 것이다. 그러니까 인식에 있어서 언어의 효능을 말하는 입장은 언어가 전제하는 것을 충족시키려고 하기보다는 오히려 언어가 그 전제한 것을 충족시켜줄 것으로 문제를 전도시키고 있다. 기본적으로 철학적 인식론의 문제는 이런 맹점에서 비롯한다.

언어는 오랫동안의 집단적 세련화를 거친 것이라는 데 의심의 여지가 없다. 학문어가 전형적인 예이다. 학문적 언어는 피상적이고 제도화된 일상언어와는 달리 역사적으로 탁월한 능력을 가진 학자들이 치열한 탐

---

57) 교육적 인식론을 주장하는 나의 경우도 화용론적 측면에서 '교육어'를 제안해 놓고 있다는 점을 상기하자(장상호, 1998).

구에서 얻은 고급한 인식내용을 표현하는 수단으로 발전시킨 것이다. 그래서 하나의 용어가 서로 수준이 다른 학문적인 체험과 인식내용을 대표하고 있는 경우가 거의 태반을 이룬다. 이 때문에 일상어와는 달리 학문어는 수직적 편차가 크다. 말하자면 동일한 용어가 헤겔이 말하는 논리적인 모순을 내포하고 있는 경우가 흔하다. 예컨대, 자연과학의 경우 뉴턴 체계에서의 '중력'과 상대성 이론에서의 '중력'은 서로 그 수준이 다른 맥락적 의미를 지닌다. 철학에서 '현상'이라는 개념 역시 마찬가지이다.

우리가 세계에 대해서 어떤 전제를 가지느냐에 따라 언어표현에 대하여 상반되는 둘 또는 그 이상의 번역이 가능하다. 그 중 어떤 번역이 옳은가에 대한 물음은 언어에 대한 물음이 아니고, 번역자가 번역작업에 지니고 들어가는 세계에 대한 인식체계의 성격에 대한 물음이다. 다시 말해서 언어적 의미의 차이는 우리가 세계를 어떠한 것으로 보느냐 하는 전체적인 인식체계상의 차이인 것이다. 학문에서 선진과 후진은 비대칭적으로 마주하고 있다. 그것을 다른 말로 하면 그들은 학문의 역사에서 서로 다른 시대의 지식을 대표하고 있기 때문에 의사소통을 가능하게 하는 인식의 공통기반이 없다. 그러므로 역사적으로 진행된 품위의 발전을 동일한 용어로 수평화시켜 간주하면 심각한 논리적인 모순(형식논리의 의미에서)이 일어난다.

선진과 후진은 대화 이전에 서로 이해가 가능한 체험적 공감대를 결여하고 있다. 이런 상태에서 후진의 체험내용의 개선이 없이 언어적인 교환이 이루어진다고 할 때, 그들은 사실상 서로의 품위에 의해 여과된 말을 주고받을 수밖에 없다. 여기서 의사소통의 내용은 당사자의 순수한 상호이해의 동기에도 불구하고 불가피하게 왜곡될 수밖에 없다. 우리는 이 현상을 고압제와 저압제라는 개념으로 포착하려고 하였다. 물론 귀를 기울이면 후진의 말이 선진에게는 들릴지도 모른다. 그러나 반대의 경우는 불가능하다. 이런 에피소드가 전해진다. 아인슈타인은 어느 날 저녁 사교모임에 초대받았을 때 어느 귀부인이 상대성원리가 무엇인지를 설명해 달라는 간청을 받았다. 그 때 그는 눈이 먼 친구와 산보 도중에 일어난 일로 화제를 돌림으로써 그 어려움을 암시하였다고 한다.

흔히 수준이 비슷비슷한 학자들끼리의 논쟁이 주선되기도 한다. 그러나 이 과정을 통해서 학문이 더 풍부하게 된다는 가정은 아직 충분히 검증된 것이 못 된다. 이들은 누가 선진이고 후진이라는 사전의 양해내용이 없이 자신의 품위를 반영하는 언어를 구사하면서 상대의 동의를 요구한다. 이 경우 서로를 향해서 무슨 말을 하고는 있지만 그것은 대화가 아니라 사실상 독백에 그치는 경우가 대부분이다. 이처럼 서로의 형평성을 유지하려는 학문적인 논쟁은 다분히 폐쇄적인 그러나 조리 있는 말놀이 차원에 머무를 위험이 많다. 자연과학의 경우 아인슈타인과 하이젠베르크, 그리고 보어와 슈뢰딩거의 사례가 이것을 대변하고 있다. 이 부분에서 소크라테스적인 대화의 전통보다는 동양의 성현인 공자와 석가가 추천한 솔선수범과 시범 그리고 실행의 측면이 더 많은 지혜를 포함하고 있다.

요컨대, 하버마스의 비판적 해석학과 교육적 인식론은 관심의 범주에 있어서 평행선을 가고 있다. 왜곡되지 않은 의사소통에 의한 자유주의의 실현에 관심이 있는 하버마스는 철학의 과제를 합리와 자유를 전제로 하는 자유주의 사회구성원들의 사회적 합의를 달성하는 것으로 규정한다. 자아창조나 자아실현과 사회적 정의의 실현을 동격시하고 있다는 점에서 하버마스의 화용론은 철학적 전통의 연장선상에 있다. 그것은 한마디로 희랍철학에서 시작된 대화법의 현대판이라고 할 만하다. 이에 비해서 교육적 인식론은 그런 이상적인 상황이 현실 속에서 주어진다고 하더라도 언어가 품위로서의 지식을 전달하고 그 진리됨을 입증하는 데에는 한계가 있다고 본다. 하버마스의 경우처럼 단순히 평등을 가정해서는 논쟁이나 오해에 그칠 가능성이 많다. 대신 우리는 일정한 교육적인 내규와 교섭에 따라서 문제에 포함된 당사자 가운데 후진이 자신의 합리성을 포기하는 절차를 도입해야만 한다. 교육에서 스승의 지식을 제자에게 증명하는 데 필요한 절차는 지식을 언어로 전달하거나 혹은 담론의 형식으로 논쟁하는 것이 아니라, 그것이 바람직한 것으로 입증되기까지 교육적 과정을 단계별로 제자에게 재생시키는 것이다.

나는 앞(p. 556)에서 '철학적 해석학' 혹은 '비판적 해석학'에 대비되는 '교육적 해석학'을 새로운 해석학의 영역으로 제안하겠다는 시사를 한 바 있다. 학자의 논문과 예술가의 작품 혹은 도덕가의 삶의 발자취나 행적은 수도계적인 표현체이며, 그 표현체는 종적인 상대성을 가지기 때문에 일반적인 의미의 해석의 범위를 벗어난다. 그것들은 단순히 공통의 선이해를 전제하고 권력의 불평등을 배제하여 소통을 개방하는 방식으로 의미가 전달되고 해석될 수 있는 성질의 것이 아니다. 위대한 학자의 저서를 그 분야의 초보자가 직접 이해할 수 있는 어떤 해석학적 비결도 있을 수 없다. 창조자와 독자 사이에는 언제나 다소간의 품위차이가 개재되기 때문에 특별한 의미의 이해, 즉 우리가 말하는 '교육적인 이해'가 요구된다.

교육적 이해는 언어적 상호작용 이상의 것이다. 여기에는 객관적 표현체를 옳게 해석할 수 있는 높은 수준의 체험의 구성이라는 과제가 포함된다. 선진의 표현체를 이해할 정도의 체험이 후진에게 형성되기 위해서는 양자 사이에 교육적 관계를 맺고 오랫동안 실습과 시범을 포함하는 교육적인 도제관계가 필요하다. 교육적 이해는 참여자의 합의가 중요한 것이 아니다. 그것은 후진이 선진의 품위에 일치해 가는 체험을 목표로 삼는다. 그러자면 당사자들은 서로 품차를 가정하고 후진의 편에서 존현하는 자세로 상구적 이해를 꾀하고, 선진의 편에서 존우하는 자세로 하화적 이해를 구해야 한다. 여기서 창조적인 불협화를 보장하는 방식으로 점차 품위의 차이를 연결짓는 단계별 진전이 전제됨은 말할 필요가 없다. 그리고 쌍방의 접근이 일정한 교육적 시숙의 기간을 거쳐 서로 일치하는 단계에 이르러 비로소 주관과 객관의 구분이 필요 없는 품위상의 이해에 도달하게 되는 것이다.

4.4.3. 발생적 인식론의 검증에 적용된 교육적 이해

인식론과 관련하여 아직까지 충분히 검토되지 않은 연구주제 가운데 하나는 그 인식론 자체가 어떻게 검증되었느냐 하는 것이다. 경험주의 인식론은 경험주의적으로 검증되었는가? 합리주의는 합리적으로 검증되었는가? 이율배반의 사례를 들어 형이상학을 참된 지식에서 배제한 칸트는 자신의 인식론을 참된 지식의 범주에 넣었는가? 그렇다면 그는 그것을 어떻게 확실한 것으로 입증할 수 있었는가? 분석철학은 그것이 의미있는 명제로 분류한 기준에 의해서 그 자체를 대상으로 분석한 일이 있는가? 현상학의 본질은 현상학적 환원의 대상이 되었는가? 나는 이런 질문과 관련하여 제반 인식론자들이 사실은 자신의 인식론적 처방보다는 결국 많은 부분에서 교육적 이해에 근거해 자체를 입증하였을 것이라는 흥미로운 가설을 가지고 있다.

그 한 사례로서 나는 피아제가 제안한 인식론의 경우를 살펴 보고자 한다. 피아제는 인식의 문제가 철학적인 방법에 의해서만 해명될 수 있는 주제가 아니라고 보고 '발생적 인식론(1937, 1970b)'이라는 독보적인 영역을 창출해 냈다. 이는 지식이 어떻게 형성되는가 하는 질문에 대한 해답을 얻는 학문으로서 당시까지의 다양한 이론을 나름의 특색있는 관점에 의해서 종합하는 방식으로 구성되었다. 이로써 그는 기존의 어느 학설로도 환원될 수 없는 전대미문의 지식체계를 구성할 수 있었다. 그런데 문제는 기존의 인식론에 지배되어 있는 사람들에게 그의 새로운 지식체계를 어떻게 입증시킬 수 있었는가 하는 것이다.

주로 프랑스어로 발표된 피아제의 연구결과와 아이디어는 새롭고 이해하기 어렵다. 그것은 물론 앞 절에서 다룬 상식과 이데올로기를 뛰어넘는다. 또한 기존의 인식론과는 전혀 다르다. 피아제가 새롭게 도입한 이론적 용어의 대부분은 전통적인 심리학자나 교육학자의 귀에는 이상하게 들린다. 그의 후기 저작은 그가 관심을 가진 지적 구조를 상징적 논리와 수학과 관련하여 진술하려고 했기 때문에 더욱 난해하다. 그의 이론은 매우 광범한 영역을 포괄하고 있고 각각의 요소는 서로의 의미를 규정하고 있기 때문에 전체적인 이론적 맥락에 대한 관점의 확립이 없이는 그것을 올바로 이해할 수 없다. 또한 그의 체계는 고정된 것이 아니라 오랫동안의 지속적인 작업에 의해서 많은 부분 확장되고 심화되었다.

피아제의 이론은 이전의 인식론과는 전혀 상이한 체계로서 항상 예비적인 단계에서 새로운 개념을 도입하여 발표하였다. 피아제의 글쓰기 스타일은 명백하지 않다. 그의 이론은 1920년대부터 조금씩 알려진 바 있지만, 1960년대의 구조주의 운동과 교육분야에 대한 미국의 혁신운동과 관련하여 세계적인 주목을 받게 되었다. 그의 학설이 널리 인용되고 논의되는 과정에서 제기된 가장 큰 문제는 그가 생각하고 발표하는 이론이 끊임없이 곡해되고, 오해와 오용의 대상이 된다는 사실이었다. 이런 오해는 피아제 이론을 비판하는 편만 아니라 그의 이론을 열광적으로 지지하는 편에서조차도 발생하였다. 피아제와 오랫동안 같은 연구의 길을 밟았던 인헬더(Bärbel Inhelder)는 피아제를 소개하는 책(Ginsburg & Opper, 1969)의 서문을 쓰면서 "피아제에 관한 책을 읽을 때 그의 사상에 대한 오해로 기분을 상하지 않은 것은 흔하지 않은 기쁨이다(p.vii)"고 말할 정도이다.

영미계열의 심리학자들은 맥락에 대한 이해가 없이 극히 일부를 편의에 따라 인용하고, 그 오해를 토대로 맹목적으로 피아제의 관점을 추종하거나 혹은 비판하였다. 최근에 급진적 구성주의를 주창하고 있는 글래서스펠트(1995)는 피아제를 연구하면서 미국의 문헌에서 발견한 피아제에 관한 오해를 이렇게 묘사한다.

> 오직 영어만을 읽을 수 있는 학생들에게 피아제에 관한 강의를 하게 되었을 때 번역물로부터 피아제의 이론을 이해한다는 것이 설사 불가능하지는 않다고 하더라도 얼마나 어려운가를 나는 알게 되었다. 몇몇의 극히 예외적인

> 사람들(예컨대, Wolfe Mays나 혹은 Eleanor Duckworth)[58]을 제외하고 번역자들은 일종의 순박한 지식론(즉 순박한 실재론자의 입장)을 가지고 피아제가 저술한 원본에서 읽은 것을 그들의 세계관에 맞도록 무의식적으로 왜곡하고 있는 듯했다. 이런 역량의 미흡함에 의해서 그들의 번역물들은 흔히 피아제의 이론과는 맞지 않거나, 그렇지 않으면 도저히 이해할 수 없는 관념들을 전달한다(p.12).

피아제는 극히 이해하기 어려운 저자이다. 그는 자신의 입장을 프랑스어로 저술하였다. 더구나 그의 사상은 구조주의를 근간으로 삼기 때문에 경험주의의 전통을 지켜온 영미계열의 심리학자들에게는 전혀 다르게 번역되고 해석되었다. 이것은 앞 절에서 논의했던 바와 같은 단순히 언어의 문제에 국한된 것이 아니라는 데 심각성이 있었다. 피아제는 특히 어린이의 세계와 성인적인 지능의 질적인 차이를 보지 못하는 행동주의자들 사이에서 특히 오해의 대상이 되었다. 피아제의 지식의 구조를 탐색하려고 할 때 그들은 요소적 단위에 대한 경험주의적 통계에 의존하였다. 그들은 발달을 외부적인 자극의 조작에 의한 일단의 학습 현상으로 환원시켰다.

뿐만 아니라 피아제 이론은 영미의 학자들에게 그들이 선호하는 경험주의의 검증원리에 의해서 검토되었다. 피아제의 구조주의적 관점이 개별적인 단위로 세분되고 그것이 사실인지 아닌지를 경험주의의 내규 안에서 판정되었던 것이다. 그런 연구결과는 다분히 부정적인 것이거나 피아제의 입장에서는 오해로 귀결되었다. 우리는 사실이 이론과 불가분의 관계가 있음을 살펴보았다. 이처럼 이론 자체의 이해가 어려운 형편에서 그것에 대한 객관적인 검증이라는 것은 후차의 문제가 된다. 필요한 것은 제시되는 자료가 아니라 그 자료를 해석하는 관점의 전환인 것

58) 이들은 피아제가 제네바에 설립한 발생적 인식론 국제센터(International Center for Genetic Epistemology)에서 연구한 학자들이다.

이다.

그래서 피아제가 그의 이론을 입증하게 위해서는 특별한 방도를 취해야만 하였다. 그것은 자신의 이론을 오해하거나 비판하는 사람들을 초청해서 그들과 공동연구를 하는 것이다. 그는 그들에게 남들이 하는 실험 혹은 시범을 단지 보는 정도를 넘어서서 그것에 직접 참여하여 스스로 발견할 수 있는 기회를 주었다. 바로 그런 방식에 의해서 그를 반대하는 대열의 선봉에 섰었던 학자들이 결국 피아제의 이론에 동화되는 새로운 경로가 열렸다. 예컨대, 그의 연구 초기에 언어와 사고의 문제에 있어서 처음에는 극히 비판적이었던 싱클레어(Hermine Sinclair)는 이런 동화과정을 거쳐서 이후에 항상 피아제의 입장을 대변하기에 이른 것이다. 피아제가 그의 동료연구자를 얻는 방법은 거의 그런 특이한 경로에 의존하였다.

이런 사례는 바로 과학적 입증은 관찰자료나 문헌의 해석으로 이루어지기 어렵고, 결국 교육적인 과정을 통한 관점의 전환이 선결되어야 함을 웅변적으로 말해준다. 특히 사고구조의 변혁이 얼마나 어려운지를 누구보다 잘 아는 피아제는 학자들을 초청하여 협동연구에 참여하도록 하여 경험적인 연구의 결과를 발표하고, 그 연구를 재생하도록 하는 방식으로 그의 이론의 오해에 따른 문제를 해결하는 책략을 본격적으로 도입하기에 이른다. 그는 1955년에 록펠러 재단의 도움으로 제네바에 발생적 인식론 국제센터(International Center for Genetic Epistemology)를 조직하였다. 기관의 목적은 매년 세계 곳곳의 다양한 분과학문의 연구자들, 예컨대 생물학자, 심리학자, 수학자, 언어학자 등이 모여서 어떤 주어진 문제를 공동으로 연구하는 데 있었다. 그들은 피아제 계열의 학자들과 더불어 제한된 주제를 가지고 적어도 일년 이상을 함께 연구하고 최종적으로 연구결과를 검토받게 된다. 그런 과정에서 많은 오해가 풀리고 드디어 애초에는 피아제의 이론을 비판했던 학자들이 결국 동조하는 세력으로 변하는 결과를 가져왔다.

이런 성과에 힘입어 피아제는 1971년 교수활동에서 은퇴하고 나서도

1980년 사망할 때까지 연구를 계속하면서 센터의 매주 모임을 주재하였다. 토론의 주제들은 주로 피아제의 이론과 관련된 논쟁점에 관한 것이다. 각자는 그 문제를 그의 전공영역의 관점에서 취급하고 그 결과를 논의하고 발표하는 기회를 갖는다. 세미나는 피아제의 주재하에 그의 제자와 동료들과 더불어 주어진 주제를 집중적으로 탐구하고 새로운 아이디어를 얻는 것으로 되어 있다. 그 장면에는 피아제의 입장에 동조하는 학자뿐만 아니라 격렬하게 반대하는 사람들이 섞여서 서로 다른 견해를 활발하게 교환한다. 이런 과정에서 참여자들은 피아제의 이론이 갖는 장점에 점차 익숙하게 되고 결국 그의 입장에 동조하기에 이르게 된다.

그런 절차는 우리가 말하는 교육적 인식론에 가장 부합하는 해결이라는 점에서 우리의 주목을 끈다. 실천의 중심에 있었던 피아제 자신은 그 절차상의 비결을 의식하지 못했을 수도 있다. 그러나 우리의 해석은 이렇다. 피아제 이론의 동조자이든 비판자이든 간에 그들은 연구소에 초청받기 전에는 피아제의 이론을 이해할 수 있는 지적인 수준에 이르지 못했을 것이다. 오해는 바로 거기에서 생겼다고 볼 수 있다. 따라서 피아제 계열의 학자들은 그들로 하여금 연구소에서 그 수준에 이르는 관점의 변화를 촉구했을 것이다. 적어도 일년 이상을 연구소에서 생활하는 동안 초청자인 피아제가 선진으로서 하화하고 초청받은 학자들이 후진으로서 상구하는 형식의 상호작용이 이루어졌을 것이다. 교육적 시숙이 이루어지기에 일년이 충분한 시간은 아니라고 할지라도, 단지 연구보고서의 교환에 의한 설득이나 공개적인 논쟁의 방법보다는 이 방법이 더 큰 효과를 가져 왔을 것이고, 그 결과 초청된 학자는 피아제 계열의 측에 동조하지 않을 수 없게 되었을 것이다.[59]

피아제가 주도했다는 세미나에서는 어떤 종류의 활동이 있었는가? 거

---

59) 여기서 피아제의 이론이 완벽하다고 생각해서는 안 된다. 다만 경험주의적 학습이나 발달의 관점보다는 우세하다는 뜻이다. 최근의 연구에 비추어 피아제의 이론이 비판받고 있는 부분은 보든(M. Boden, 1994)을 참조할 것.

기에 참여한 학자들 중 미국의 심리학자 엘킨드(D. Elkind, 1976)가 있다. 그가 1965년 일년 동안 이 센터의 세미나에 참여했던 경험의 일단을 서술한 것을 인용해 보자.

> 초청된 학자들을 위한 센터의 모임에는 초청자들이 주로 말을 하고 학생들은 대개 정숙하게 앉아 있는 편이다. 나는 어떤 특수한 세미나 모임을 생생하게 기억한다. 피아제는 연구의 어떤 것을 말하고 있었는데, 내가 불쑥 악역을 맡아 개입하였다. 도대체 '동화(assimilation)'와 '조절(accommodation)'이란 단어를 쓰는 것을 왜 그렇게 고집하는가를 나는 따졌다. 결국 미국적인 용어인 '자극(stimulus)'과 '반응(response)'이 같은 의미로 쓰일 수 있지는 않는가? 그 질문은 순간적으로 그 집단을 침묵시켰다. 대부분은 아연한 채 내가 앉아 있은 자리의 쪽으로 시선을 모았다. 그러나 피아제는 거의 즐거운 마음으로 그의 눈을 반짝이면서 이렇게 대답하였다. "엘킨드(Elkind), 당신은 자극과 반응이라는 말을 당신이 원하는 바대로 선택해서 사용할 수 있어요. 그러나 만약 당신이 사실들을 진정 이해하기를 원한다면, 나는 당신이 동화와 조절이라는 용어를 사용하기를 제안하고 싶소."(p.69)

이런 충고를 하는 피아제는 당시 인간의 앎에 대한 그의 혁명적 이론이 경험주의적 이론이 지배하는 학문풍토에서 생활하는 엘킨드에게 동화되는 데에는 상당한 시간이 걸린다는 것을 알았을 것이다. 그는 위에서처럼 기회가 있을 때마다 알맞은 맥락에서 적절한 코멘트를 하면서 엘킨드의 사고구조에 변화가 오도록 서서히 유도했을 것이다. 이러한 비교적 긴 교육적 상호작용과 시숙을 통해서 엘킨드는 차츰 미국의 행동주의와 피아제의 구조주의적 발달론 사이의 수준에 있는 큰 차이를 인식할 수 있게 되었음이 틀림없다. 그는 결국 피아제의 하화에 의한 타증에 심열성복하였고, 그 뒤 미국에 돌아와서 결국 피아제 이론을 전파하는 충실한 겹제자가 되었다. 엘킨드(1976)의 변모된 입장은 다음의 글에 잘 드러나 있다.

> 미국의 심리학 안에서는 학습이 경험의 결과로서 사고와 행동의 수정으로 정의되어 왔다. 그러나 발달의 관점에서 보면, 이런 학습의 정의는 역시 너무도 협소하다. 아동의 사고나 행위는 경험에 의해서 변화될 뿐만 아니라 경험 자체가 아동의 성숙하는 정신적 조작과 협응의 직접적인 결과로서 변한다. … 요컨대, 여기에는 불가피하게 하나의 상호작용이 있다. 아동이 학습한 것은 항상 경험의 결과이고, 그 경험 자체는 그의 인지적 발달의 수준에 의해서 조건화되어 있다(p.112).

이런 사례의 보고는 단지 엘킨드에 국한된 것이 아니다. 수많은 학자들이 이런 경로에 의해서 피아제의 이론을 수긍하게 되었다. 피아제가 사망할 시점에, 학문적 지식의 면에서 개인의 발달과 과학의 발전의 유사성을 찾는 연구에서 그와 공동작업[60]을 한 물리학자 가르시아(R. Garcia)의 경우도 거기에 포함된다. 그의 경험은 그와 피아제가 어느 TV 교양 프로그램에 출연하여 주고받은 대화에 잘 나타나 있다.

> 제가 처음 피아제의 작업을 접했을 때 저는 전적으로 그것을 진부한 것으로 거부했습니다. 제가 그 문제에 빠지기 시작해서 피아제의 설명이 논리적 경험주의에 의해 제공되는 그 어떤 설명보다 앞서 나갔다고 본 것은 피아제의 심리학을 연구하는 심리학자인 저의 아내를 통해서였습니다. 그래서 저는 제 자신을 점검하고 제네바에 갈 차비를 하였습니다. 피아제는 저를 인식론 센터의 회합에 참여하도록 초청하였습니다. 그리고 나에게는 그 경험이 전적으로 다른 세계를 발견하는 것과 같았습니다. 당신[61]은 전적으로 저의 생활을 변화시켰다고 말할 수 있을 겁니다. 저의 사고방식 그리고 세계에 관한 관점을 바꾸어 버렸습니다. 그리고 내가 제기했던 문제의 많은 것을 해결했습니다(Bringuier, 1980, p.104).

---

60) 그 공동연구의 결과는 피아제가 사망한 후에 《심리적 발생과 과학의 역사(Piaget & Garcia, 1983)》라는 제목으로 출판되었다.

61) TV 대담 프로그램에 동석해 있는 피아제를 지칭한 것이다.

아동들의 인지적 성장도 그의 감각체계에 부딪치는 외부적 사건을 복사하거나 혹은 그것을 단지 수동적으로 반사하는 방식으로 일어나지 않는다. 자식은 그가 세계를 받아들이는 방식을 부단히 재구성하는 활동을 통해서 형성된다. 그것이 피아제가 표방한 발생적 인식론의 논지이다. 일류학자들이 학문적 지식을 얻는 경우도 이와 마찬가지이다. 그 점에서 피아제는 그의 인식론을 자체의 내규에 따라 검증하려고 했다고도 볼 수 있다. 그러나 발생적 인식론은 인위적인 행위보다는 다분히 장기간의 성숙과 자연적 과정을 중시하고 있다. 이 점에 비추어 앞에서 소개된 피아제의 인식론의 검증에 동원된 방법은 단순히 발생적 인식에 의존했다기보다는 교육적 인식론에 의존했다고 할 수 있다. 이론에 대한 동의나 합의는 발생적 인식론이 시사하는 바와 같이 시간의 성숙만을 기다리면서 저절로 이루어지는 것이 아니라 인위적인 실천과 개입에 의해서 만들어진다. 지식의 습득을 우연에 맡기지 않고 비교적 신속하게 이룩하는 것이 교육이다. 그렇다면 피아제는 발생적 인식론을 표방했지만 그것을 입증하는 데는 결국 최종적으로 교육적 실천에 의존했다는 흥미있는 결론을 우리는 얻게 된다.

4.4.4. 교육학과 교육의 교육적 검증

우리는 천문학이나 물리학과 같은 고도로 조직화된 학문의 발전과정에도 교육적 과정이 개재함을 알았다. 마찬가지로 인문 · 사회과학 분야도 교육적 인식론의 입장에서 더 탐구할 여지가 있다는 점이 논의되었다. 인문 · 사회과학 분야가 자연과학의 방법론을 따라야 발전할 수 있다는 생각에 의문을 제기하였다. 이 분야에서 문제의 근원은 자기의 본령을 떠나서 대상세계와 자체의 관심과 가치를 혼동한다는 것이다. 자연과학의 눈부신 발전의 저변에 흔히 말하는 객관주의적 방법보다는 교육적 진화가 현저하게 작용했다면, 인문 · 사회과학은 당연히 실증주의적인 방법보다는 교육적 방법을 활용하는 것이 더 현명할 것이다.

이제 마지막으로 우리는 교육학과 교육의 분야에 교육적 검증의 방법을 적용하는 문제를 생각해 보고자 한다. 본서에서는 충분한 논의가 이루어지지 않았지만 우리는 교육학이 새로운 전통의 기반을 구축해 나가야 할 것으로 보았다(장상호, 1997a, 2000). 그런 교육학이 자연과학, 사회과학, 인문과학이라는 더 큰 규모의 학문의 범주 가운데 정확히 어디 속할지는 아직 모른다. 교육학은 그 어느 곳에도 속하지 않는 독립된 분야일 수도 있다. 나는 그런 의미의 새로운 교육학의 발전이 교육적 인식론의 논리에 따라 검증될 수 있는 가능성을 타진하고자 한다. 교육학의 발전은 바로 교육의 발전과도 무관하지 않다. 그 관계는 흔히 일반사람들이나 교육학자들이 생각하듯이 직접적인 것은 아니다. 교육학과 교육의 관계에서 나는 전자가 후자의 본질을 파악하여 나간다는 입장을 취하고 있고, 그 본질규정이 우리가 개선해야 할 대상에 대한 관심의 전환으로 연결될 수 있을 것으로 예상한다. 그리고 그것이 교육을 개선하는 계기를 마련한다면, 교육은 그 자체의 메타교육적 메커니즘에 의해서 자발적으로 발전해 갈 수 있다는 것이 내가 이 분야의 발전과 관련하여 제안하고자 하는 전략이다. 또한 이렇게 이루어지는 교육의 발전은 다른 분야와 마찬가지로 다시 환류되어 교육학의 발전에도 응용될 수 있을 것이다.

현존하는 교육학은 학교라는 사회적 제도를 교육이라고 보는 특정한 시대정신 속에서 임시방편적으로 탄생하였다는 점은 《학문과 교육(중)》에서 "교육이란 무엇인가" 하는 부제를 가지고 충분히 논의되었다. 교육학은 자체의 자율적인 개념체계를 확보하려는 노력을 하지 않고 기존하는 타학문의 지식을 선망하고 추종하는 데에 몰두해 왔다. 그런 관행이 오늘날까지 유지될 수 있었던 것은 학교가 교육하는 곳이고, 그것을 연구하는 것이 바로 교육학이라는 오래된 전통과 관습, 그리고 사고의 타성이 있었기 때문이다. 강력한 사회화 기관의 하나로서 학교체제는 그 곳에 의무적으로 다니고 있는 젊은이들에게 학교가 곧 교육기관이라는 사회적 지식과 관념을 주입했고, 교육학이 그것을 이론적으로 가정해 온 것이다. 그러나 그런 상식이 무너지고 타성이 더 이상 적용될 수 없는 사태가 온다면 교육학의 학적 토대 역시 무너지고 말 것이다.

그 위기는 점차 현실로 다가오고 있다. 현존하는 교육학은 이론적으로나 실제적으로 그 정당화가 상실될 논거에 쉽게 노출되어 있다. 현존하는 학교상태가 진정 교육인지에 관한 일반인의 의구심은 날로 팽배해 가고 있다. 다만 이론적인 해명만이 아쉬운 상태이다. 교육학자들이 이른바 '모학문'으로 삼고 있는 철학, 심리학, 사회학, 인류학, 행정학 등이 하나의 학문으로 통합될 가능성은 없다. 또한 그런 기적이 설사 학제간 연구[62]의 명분으로 일어난다고 하더라도 그것이 교육을 해명하는 학문이 될 수 없다는 사실은 교육학의 현상유지론자들만을 제외하고 누구나 쉽게 수긍할 수 있는 기초적인 사실이다(장상호, 2000). 이처럼 학문의 기본틀에 있어서 근본적인 문제가 있음에도 불구하고 교육학자들은 사태의 오도된 진전을 깨닫지 못하고 아직도 초기의 임시방편적인 전통에 안주하고 있는 것이 안타깝다.

나는 이제까지 그 안이한 태도가 위기의식으로 연결되는 대전환을 앞당기고 촉진하려고 노력해 왔다. 문제해결의 첫 단계는 위기를 위기로 받아들이는 것이다. 내가 가장 우려하는 사태는 본격적인 교육학이 시작도 해 보기 전에 대학이나 학문공동체로부터 경원의 대상이 되어 퇴출당하는 것이다. 그 점에서 나는 퇴출당해야 마땅한 교육학과 학문공동체의 일원으로 앞으로 모색되어야 할 교육학을 '제 1 기 교육학'에 대한 '제 2 기 교육학'으로 구분해 왔다. 이제는 전자의 관점과 인식의 가치를 포기하고 후자의 관점과 인식의 가치를 취해야 할 시점에 와 있다. 그러한 전환이 이루어지지 않고는 교육학이 더 이상 대학이라는 학문공

62) 오해의 소지가 있기 때문에 이런 부류의 학제간 연구에 대한 나의 태도를 다시 한 번 지적하고자 한다. 나는 이런 연구의 필요성과 가치를 부인하지 않는다. 다만 그것이 학교에 관한 연구이며, 교육학이 될 수 없다는 입장을 택해 왔다.

동체에 적응하기 어렵게 될 것이다.

제 2 기 교육학은 소규모의 수도계의 출현과 같은 의미를 지닌다. 우리는 그것이 신생학문임을 인정한다. 그 미래는 아직 분명한 것이 아니고 그 앞에는 수많은 미지수와 뛰어 넘어가야 할 장애가 있을 것이다. 새로운 교육학의 개념체계에 근거해서 이제까지 제시된 교육적 인식론도 그 발전의 내실과 속도에 비례하여 발전할 수 있을 것으로 전망한다. 여기에는 물론 아직도 검토해야 할 중요한 가정들이 들어 있고 그것들은 또한 그 나름의 검증과정을 거쳐야 한다. 또한 더욱 보충되어야 할 내용도 너무나 많다. 충분한 성숙의 기간이 필요한 것만큼 새로움을 추구하는 핵심적인 혁명집단과 주변의 보호장치가 필요하다.

제 2 기 교육학을 표방하는 우리는 그러한 취약성을 가지고 있음에도 불구하고 제 1 기의 교육학적 체계를 부인하고 새로운 교육학적 체계를 받아들이기를 요구한다. 그런 요구는 아직도 구체계의 문제점을 인식하지 못하는 학자들에게는 당장 받아들이기 어려울 것이다. 우선 제 2 기 교육학은 기존의 이론이 그것을 이해할 수 없는 상태에서 자신의 선택적 우위를 주장하기 때문에 제 1 기 교육학자들의 거부감을 일으킬 것은 당연하다. 또한 설사 구체계의 문제점을 인식한다고 하더라도 그것을 시인하는 것 자체가 곧 제 1 기 교육학의 자기붕괴를 의미한다. 만약 내가 말하는 제 1 기적 용병학문이 여기서 논의한 교육의 논리를 받아들인다면, 그것은 '용병학문'[63]의 보완이 아니라 패배와 퇴장을 의미하는 것이다. 따라서 제 1 기 교육학의 저항은 불가피하고, 예상컨대 그것과 제 2 기 교육학의 논증은 쉽게 종결되지도 않을 것이다.

소수 학자들의 주장이 전 체계를 일시에 소멸시키기에는 제 1 기 교육학의 토대가 매우 깊고 넓다. 적어도 역사의 면에서 그 교육학은 수십년이 걸렸고, 또 그 체계에 익숙한 학자들의 수도 엄청나다. 새로운 제

63) 이 용어는 제 1 기 교육학이 외래의 학문을 모학문으로 삼고 있다는 사실을 부각시키기 위해 편의상 내가 도입한 것이다.

2 기 교육학을 입증하기 위해서는 다수의 기존 학자들이 그들의 오랜 전통과 신념에 의문을 제기하고 스스로 변하는 기간이 필요하다. 앞(4.4.1.)에서 우리는 사회적 상식이나 제도가 학문적 탐구를 흡수하거나 압력을 가하는 것이 인문 · 사회과학의 발전에 큰 장애가 되고 있다는 사실에 주목했다. 그런데 학교제도를 근거로 하는 허구적인 대중적 상식이 지배적인 사회에서 제 2 기 교육학을 기반으로 하는 교육이 받아들여지는 데에도 상당한 기간이 필요하다. 학교당국(그 배경에는 국가가 있다)은 이제까지 해 왔던 방식대로 학교만이 교육하는 곳이라는 허위의식을 자체의 제도적 통로와 권위를 이용하여 계속해서 젊은이와 일반인들에게 재생산할 것이고, 교육학자들은 그런 상식에 힘입어 지금의 오도된 학문적인 위기를 호도하고 현상유지를 도모하려고 할 것이다. 이런 점을 고려한다면 현존의 학교체계와 그것을 기반으로 하는 교육학이 규정하는 좁은 의미의 잘못된 교육을 좀더 넓은 생활세계 전반으로까지 확장시키려는 데에는 적어도 한 세대 이상이 필요할지도 모른다.

역사적으로 당대에는 인정을 받지 못했던 지식이 많은 세월이 흐른 후에야 비로소 인정받는 경우가 많았다. 그 이유는 새로운 지식을 접하는 사람들에게 그것을 감식할 만한 능력이 불충분했기 때문이다. 일반인은 그들이 가진 지식을 기준으로 다른 사람의 지식을 판단하는 데 참여한다. 이 때 일반인들이 변화하지 않은 상태에서 시대에 앞선 지식을 승인하도록 계속 요구한다면 그 진의는 오도될 수밖에 없다. 그들의 틀에 박힌 생각으로는 그 지식을 수용할 수 없다. 이 때문에 제 2 기 교육학도 시대적으로 학교에서 일어나는 일이 반드시 교육현상은 아니라는 자각과 학교 밖의 교육이 제도의 영역을 벗어나 만연되는 시기를 기다려야 할 것이다. 설사 오랜 기간이 걸리더라도 오히려 일반사람들이 이런 관점을 이해할 수 있을 만큼 성숙할 때까지 기다리는 편이 그들로 하여금 진리의 편에 서서 헌신하는 생활을 하도록 하는 확실한 방법이 될 수 있을 것이다.

교육학의 진정한 발전은 그것에 침투해 들어온 외래학문, 즉 용병학문의 자각적인 해체 혹은 모학문에로의 복귀에 의해서 지금의 체계가 와해되고 자생적인 교육학 집단들에 의해서 그 자리가 대치될 수 있을 때 가능하다. 앞에서 우리는 사회과학의 변화는 그것을 수용하는 사회의 변화 그리고 의식의 변화가 동반할 때 수락된다는 점을 주목했다. 학교를 중심으로 하는 제도적인 기반이 보장되어 있는 한 그것을 전제하는 현존의 교육학은 지속될 것이다. 그러나 미구에 그런 오도된 교육의 정체성이 와해되는 시점이 있을 것이고, 그와 더불어 교육이라는 것이 무엇이냐 하는 의문이 생길 것이다. 다가오는 시대에는 학교 밖에서 이루어지는 교육공간의 중요성을 일반인이 재인식하게 되고 그 활성화에 가담함에 따라 학교에 의한 교육의 독점에 관한 편협한 의식에도 변화가 올 것이다. 그렇게 되면 학교의 울타리를 중심으로 교육과 비교육을 구분하는 원시적이고 상식적인 사고방식도 예상과는 달리 갑작스럽게 소멸될지도 모를 일이다.

그러나 우리는 그 모호한 시간의 경과와 우연적 과정에 의존하여 단지 긴 세월의 경과를 기다릴 수만은 없다. 하나의 분과학문이 자율성을 가지려면 그에 합당한 강력한 방법론적인 특징을 가져야 한다는 것은 널리 알려진 사실이다. 이 점에서 우리가 검토한 교육적인 방법은 제 2 기 교육학이 새로운 출발을 촉진하는 한 가지 유리한 수단이 될 수 있다. 교육적 인식론은 교육학이 그 영역 속에서 장차 새롭게 다루어야 할 여러 가지 하위주제의 하나에 불과하다. 이것은 교육학 자체의 발전에도 유용하리라는 것은 의심의 여지가 없다. 제 2 기 교육학은 아직 그 세계관을 여러 사람들과 공유하기에는 시간이 걸릴 만큼 혁신적이다. 따라서 특히 초기단계에서 교육적 인식론이 절실히 필요하다. 만약 그런 변화를 주도하는 방식으로 새로운 교육학의 교육을 체계적으로 도입한다면 우리가 기대하는 근본적인 변화의 시기는 의외로 가까울 수도 있다.

이제까지 신과학철학자, 예컨대 쿤은 종종 '정상과학'에서 '위기의 과학'으로 넘어가는 과정을 제대로 설명할 수 없었다. 정상이 비정상으로 되고 그 비정상이 다시 정상으로 인정받게 되는 과정에 어떤 규칙이 있는가? 우리는 그 대안으로 교육적 이해에 의한 합의가 가능하다는 주장을 했다. 이 때문에 제 2 기 교육학을 입증하는 데 있어서 도입되는 교육은 교육적 인식론 자체의 자기처방에 대한 검증의 기회도 된다. 제 1 기 교육학자와 제 2 기 교육학자가 교육적 교류를 통하여 비공감 영역을 공감영역으로 전환해 나가면서 현존하는 교육학 안에서의 세속적인 주도권 싸움보다는 상호간의 교육적 이해를 통한 점진적인 발전을 꾀할 수 있다면, 그 자체만으로도 제 2 기 교육학은 성공적으로 입증되었다고 보아야 할 것이다.

교육학자들은 교육적 인식론을 주장하기에 앞서 자신들이 먼저 교육적 인식론의 내재율을 그들의 학문에 적용시킬 수 있어야 할 것이다. 교육학의 학문공동체는 어느 학문분야에서보다도 교육을 활성화시킬 필요가 있다. 교육학의 발전은 역사적인 우연성보다는 체계적인 '교육공간'의 구성에 기반을 두어야 한다. 우리는 앞서의 제반 사례분석에서 교육적 진화가 학문의 역사상 가장 두드러진 사실이었음을 지적했다. 교육학은 그것이 탐구하는 교육의 특성을 살려서 방법적 우위를 확보하도록 노력해야 한다. 그럼에도 불구하고 이 면에서 지금까지 교육학도가 더 모범적이었다는 증거는 별로 없어 보인다. 오히려 교육학의 학문공동체는 이 점에서 반성의 여지가 가장 많은 분야의 하나이다(Torbert, 1981; Eisner, 1985, 제15장).

제 2 기 교육학은 아직도 많은 수정을 거쳐 발전되어야만 할 새로운 분야이다. 우리가 《학문과 교육(중)》에서 시도한 '교육본위론'과 그것에 근거한 본서의 '교육적 인식론'은 현재로서 하나의 작업적 공간과 틀을 확보한 것에 불과하다. 이 작업은 출발의 문턱에 서 있을 뿐 앞으로 많은 탐구가 요구되는 영역이다. 우리는 계속해서 교육학의 맥락을 더욱 세분화하고 더 정교한 것으로 발전시켜 나가야 한다. 교육적인 인식론 자체가 그 핵을 이루는 교육이라는 내재율을 이탈해서는 안 될 것이다. 교육은 존재론적인 완성을 가정하지 않는다. 모든 결론은 과정의 한 단면에 불과하다. 뿐만 아니라 그것이 아무리 고도의 체계를 성취할 수 있다고 하더라도 그것의 한계는 있다. 제 2 기 교육학도는, 한편으로는 상구활동으로 교육학적인 맥락을 새롭게 발전시키면서 그 발전을 스스로 자증할 수 있어야 할 것이다. 자신들도 확신하지 못하는 상태에서 타인들의 공감을 요구하는 것은 무모한 짓이다. 교육에 대한 개념은 궁극적인 것이 아니라 항상 확장과 수정과 발전의 가능성이 있다. 그것을 출발점으로 더욱 개선하고 발전시켜 나가면서 새로운 이론이 이전의 것보다 더 발전된 것임을 입증하여야 한다.

새로운 이론의 발굴도 중요하지만 또한 그것 못지않은 것은 새로움의 관리와 타증이다. 새로움은 기존의 지적 소유에 대한 도전을 포함하며, 따라서 저항을 받기 마련이다. 새로움이 별다른 모호함이 없이 모든 사람들에게 알려진다면 그것은 새로움이라고 할 수 없다. 이 말을 듣고 다소 모욕감을 느낄 제 1 기 교육학자가 있을지 모르지만, 지금 우리가 논의하는 교육관은 이전의 교육관을 버리는 스스로의 노력이 없이는 이해되기 어려울 것이다. 만약 그것에 대한 오해가 있다면 하화를 통해서 많은 타증의 기회를 가지도록 노력해야 할 것이다. 현존하는 교육학도가 우리가 모색하고 제안하는 교육학의 개념을 수락하는 데는 수년간의 수련이 필요할 것이다. 이런 추정은 나 자신이 제 1 기 교육학에서 제 2 기 교육학으로 전향하는 데 필요했던 경험에 토대를 두고 있다.[64] 그 전환은 점차적인 단계를 거쳐서 충분한 시간의 여유를 가지고 서서히 그러나 체계적으로 진행되어야 한다.

그렇게 교육학이 미구에 발전된다고 가정하면 그것은 교육과 어떤 관계를 가지는가? 이 질문에 대해서도 제 2 기 교육학은 제 1 기 교육학과 전혀 다른 해답을 가지고 있다. 제 1 기 교육학자들은 응용학문이라는 기치 아래 마치 교육의 개선이 자기들의 목표인 양 생각해 왔다. 그러나 제 2 기 교육학자들은 그런 과장되고 허황한 목표를 갖지 않는다. 교육

64) 필자도 한동안 용병학문의 대표격인 정통파 교육심리학자였다는 점을 여기서 독자에게 상기시키고 싶다.

학을 하는 것과 교육을 하는 것은 목표나 방법이 다르다. 교육학의 일차적인 목표는 교육을 개선하는 데 있지 않고 교육학을 개선하는 데 있다. 생활세계에서 일어나고 있는 교육은 모든 사람의 과제이며 그들에 의해서 개선되고 향유되어야 할 세계이다. 전자가 후자를 책임질 수 있는 어떤 자격이나 능력도 없다.

그러나 우리는 제 2 기 교육학이 그 동안 제 1 기 교육학이 이제까지 교육을 위해서 할 수 없었던 매우 결정적이고 불가결한 역할을 할 수 있을 것으로 본다. 무엇이 교육인지를 이론적으로 건실하게 해명하지 않고 교육을 개선한다는 것은 성립될 수 없다. 교육의 개선은 결국 그 개선의 주체가 가진 교육의 개념이 무엇이냐에 따라 달라질 것이다. 사람들이 교육에 관해서 말할 때, 그 사람이 무엇을 교육으로 보는지를 유념해야 한다. 예를 들면 어떤 교사가 "이렇게 해 가지고는 교육이 일어나지 않는다"고 현실을 개탄할 때 그 사람이 교육이라는 것을 어떻게 생각하는지를 따져보아야 할 것이다. 오늘날 학교교육과 관련하여 정부, 학부모, 교사, 학생들이 가진 교육에 대한 개념의 갈등은 심각하다. 여기서 교육학도가 할 수 있는 일은 무엇인가? 그것은 당연히 일반인이 그 현상을 좀더 심층적으로 이해하는 데 도움이 될 수 있는 인식의 체제를 지원하는 것이다. 학문적으로 교육을 이해한다는 것은 상식적인 의미의 이해와 전혀 다른 종류의 것이다. 학문적으로 교육현상을 이해한다는 것은 그것에 관한 심층적인 이론을 갖는다는 것이다. 일반인들은 많은 부분 검토되지 않은 관행적 상식을 토대로 생활한다. 학교가 교육하는 곳이라는 생각도 그 중의 하나이다. 학자는 그것을 이론적으로 검토하고 그 허위성을 폭로하는 책임을 지고 있다. 그만큼 교육의 개선을 위한 교육학자들의 책임도 크다고 해야 할 것이다.

이런 책임의 수락과 역할에 있어서 제 1 기 교육학자와 제 2 기 교육학자는 전혀 다른 해답을 제공하고 있다는 점을 여기서 다시 생각해 볼 필요가 있다. 그 대비는 '학교교육'에 대한 교육학적 공헌의 방식을 대입해 보면 분명하게 드러날 것이다. 그 양상은 어떻게 다를까? 이를 개략적으로나마 짐작하기 위해서 우선 편의상 우리 나라의 학교에서 볼 수 있는 흔한 상황을 기술하고 그것에 대처하는 방식의 차이를 드러내 보기로 하자. 우리는 당장 이러한 학교상황의 기술에서 용어의 선택에 어려움을 느낀다. 왜냐하면 그것은 이론적인 것이라기보다는 상식적인 교육관에 터하고 있기 때문이다. 따라서 여기서는 인용의 형식으로 현존하는 학교의 상황을 기술하는 방편을 쓸 것이다.

> 오늘날 학교는 동일한 교과목을 동일한 일정과 계획 속에 가르치고 배운다. 과거에 콩나물 시루로 비유되던 60~70명의 학급들이 요즘에는 30~45명 수준으로 낮아졌다. 그럼에도 불구하고 학교의 관행은 크게 변화되지 않았다. 학급 안에서 학생들의 이해수준과 진도에 차이가 있음에도 불구하고 교사가 학생 각각의 사정을 고려하기란 사실상 불가능한 상황이다. 활동의 측면에서 볼 때 대개 교사는 적극적이고 학생들은 수동적이다. 학생은 지식을 받아들이는 용기이고 교사는 그가 아는 지식을 그 용기에 집어넣는다. 일방적인 하달체제에서 교사와 학생의 의미있는 상호작용은 찾아보기 어렵다. 통일된 커리큘럼의 일정을 따라야만 하는 상황에서 학생의 활동과 발언은 수업의 진도를 늦추는 방해물로 간주된다. 학생들의 대화는 거의 금지되고 수업시간 내내 엄숙하게 교사의 언어적 전달에만 귀를 기울여야 한다. 따라서 수업은 일부 능력있는 학생을 중심으로 진행되고 대다수의 학생들은 교육활동의 핵심에서 소외된다.
>
> 학교에서는 시험을 자주 본다. 그 결과에 의해서 인간의 서열이 매겨지며, 더 나아가 출세의 경쟁에서 성공하거나 낙오된다. 이런 심각한 상황에서 평가의 공정성이 큰 문제가 된다. 모든 평가는 객관적으로 이루어져야 한다. 그 때문에 정답은 교과서를 근거로 규정된다. 평가의 혼란을 줄이고 공정성을 기하기 위해서 정답은 언제나 하나이어야 한다. 다양성은 엄격히 배제된다. 교과서에 담긴 것만이 지식이다. 또한 그것은 절대적인 가치를 갖는다. 대부분 평가는 교과서의 내용을 얼마나 암기하고 정확히 기억해 내는가에 초점을 두고 이루어진다. 이 때문에 학생들은 머리 속에 교과서의 문장 하나 하나, 단어 하나 하나까지도 복사해 두어야 한다. 학생들은 매 단계마다 그가 처한 위치에서 새로운 앎을 접하고 재창조하는 활동의 보람을 찾을 수 없다. 만약

평가에서 낮은 점수가 나온다면 그 책임은 전적으로 학생에게 있다.

짧은 글에서 오늘날 우리 나라의 학교의 실제상황을 묘사하기는 어렵지만 위의 기술은 실상과 크게 동떨어지지는 않았을 것이다. 목하 우리의 의도는 이런 상황에서 교육관과 교육의 관계에 국한된 문제를 다루려는 데 있다. 위의 상황기술에서 '교과서', '교사가 가르친다', '학생이 배운다', '교육평가가 이루어진다' 등에 동원된 개념과 용어의 사용에 있어서 제 1 기 교육학자들은 일반대중과 동일한 입장에 있다. 그들에게 있어서 학교에서는 그 말 그대로 교육이 진행되고 있다. 그렇다면 지금의 교육학자와 일반인들 사이의 교육관에는 큰 차이가 없다는 의미가 되겠다. 그러나 젊은이들이 이런 '교육을 받는' 절박한 목적에 있어서 일반인과 교육학자간에는 큰 차이를 보이는 듯하다.

일반인들은 학교에서 높은 시험점수를 올리는 것이 교육이라고 생각하고 있고, 그 점수 올리기 경쟁에서 유리한 방법을 더욱 치열하게 활용하는 것을 교육의 개선으로 보는 듯하다. 다른 한편으로 교육학자들은 이들보다는 초연한 입장에 있기 때문에 그것을 교육의 개선으로 보는 것 같지는 않다. 그들은 이런 상황을 이른바 '잘못된 교육'으로 치부한다. 그것이 왜 잘못된 것이냐 하는 문제 있어서 제 1 기 교육학자들간에 많은 분파작용이 일어난다. 이 때 그들의 이질적인 모학문적 사실과 관심이 등장한다. 교육철학자들은 '항존주의'냐 최근의 '포스트모더니즘'이냐 하는 식으로 논쟁을 일으킬 것이다. 교육심리학자들은 다분히 경험주의적인 학습과 교수이론을 끌어들일 것이며, 학교생활에 적응하지 못하는 학생들은 '심리치료'나 '카운셀링'을 받아야 한다고 처방할 것이다. 이에 대해서 교육사회학자들은 그런 처방이 너무 미시적이고 거기에는 사회구조의 문제가 있다고 대응할 것이다. 또한 교육행정가는 대폭적인 제도의 개선이 있어야 한다고 목청을 높일 것이다.

제 1 기 교육학자들이 주장하는 학교교육은 막상 교육이 아니라 외래적 사실들이다. 학교가 삶의 공간인 이상 복합적인 사실들을 동시에 고려하는 것 자체를 비난할 일은 못 된다. 그러나 그 많은 논의 가운데 정작 부재한 것은 교육에 대한 고유한 관점이다. 현존하는 제 1 기 교육학은 그들간의 대립을 분리해 낼 수 있는 개념체계가 없다. 이것은 학교생활 자체를 교육으로 뭉뚱그려 생각한다. 학교 안의 모든 이질적인 문제들이나 사실들이 이들의 관여에 의해서 뒤죽박죽이 되어 버리는 것이다. 이처럼 제 1 기 교육학은 한편으로 '잘못된 교육'을 소리높여 비난하면서도 개념적 혼란에서 한치도 떠날 수가 없다. 왜냐하면 제 1 기 교육학자들에게 있어서 학교를 떠나는 것은 자신을 성립시킨 조건을 부정하는 셈이기 때문이다.

이와는 대조적으로 제 2 기 교육학의 '학교교육'에 대한 관점이나 공헌의 전략은 전혀 다르다. 우리는 동서고금의 교육공간에서 일어나고 있는 교육현상들에 균형있는 관심을 갖는다. 교육은 학교의 울타리와는 아무 관련을 갖지 않는다. 우리는 교육을 학교뿐만 아니라 모든 생활세계에서 찾을 수 있는 세계로 보고, 그 모든 생활세계 내에 일어나는 전반적인 교육현상에 관심을 가지고 있다. 그 가운데 학교는 젊은이들에게 매우 중요한 교육의 공간이 될 소지가 있다. 그 점에서 우리는 학교를 교육학적으로 보고 개선점을 찾는 일이 중요하다고 본다. 물론 아직 충분히 성숙된 것은 아니지만, 지금의 단계에서 보더라도 현존하는 학교는 새로운 교육의 관점에서 문제시하고 개선해 볼 수 있는 여지가 많은 생활세계의 하나로 판단된다.

제 2 기 교육학은 학교에 대한 기존의 인식을 전반적으로 수정할 것을 요구한다. 학교는 오늘날 젊은이들이 하루 가운데 가장 많은 시간을 보내는 중요한 생활세계의 하나로 보아야 할 것이다. 그 곳은 생활상의 모든 사건이 일어나는 곳이며, 오직 교육만 일어나는 곳은 아니다. 우리는 학교의 개선과 교육의 개선을 분리시켜야 한다. 학교의 목표는 다양하며, 이와 관련하여 정부, 일반시민, 학부모, 교육학자, 그리고 온갖 이해집단 등의 요구가 끊이지 않는다. 학교를 개선한다고 할 때, 학교의 기능을 무엇으로 규정하고, 누가 주도세력이 되느냐에 따라서 개선의 방향이 달라진다. 거기에는 충돌이 있을 수밖에 없다. 학교를 개선하기 위해서는 현실의 갈등을 사실로 인정해야 한다.

학교의 기능은 참으로 다양하다. 그 기능들이 교육의 기능과 어떻게 다르고, 상충하고, 조화롭게 공존하는지를 알아야 한다. 결국 무엇이 어떻게 서로 다른가를 판별하는 것은 이론적인 개념이다. 무엇을 본위로 학교를 운영하느냐 하는 문제가 해결되어야 한다. 공립학교는 정치적으로 국민국가의 출현과 경제적으로 대량생산체계의 등장과 더불어 생긴 19세기적 산물이다. 이 때문에 학교현상은 다방면의 분과학문적 조명을 필요로 한다. 그야말로 제 1 기 교육학이 모학문으로 삼고 있는 것, 그리고 그 이외의 조명이 모두 필요하다. 그런데 아이러니컬하게도 자율성의 결여라는 교육학의 학문적인 성격 때문에 이제까지 학교문제를 다룸에 있어서 교육 내재적인 관점이 철저하게 배제되어 왔던 것이다. 따라서 제 2 기 교육학은 그 부족한 교육적 측면을 새롭게 조명하여 학교 안에 명실상부한 교육이 이루어질 수 있기를 소망하고 기대한다.

제 2 기 교육학은 우선 학교 내에서 이루어지는 비교육과 교육을 구분짓는 데 한몫을 할 수 있기를 소망한다. 우리의 관점에서 볼 때 우리 나라의 학교는 세속계적인 관심과 수도계적 관심의 예리한 대립에서 현실적으로 전자가 후자를 압도하는 형세에 있는 것으로 보인다. 정부나 일반인에게 있어서 전자는 실질이며, 후자는 명분에 불과한 것처럼 치부되고 있는 실정이다. 또한 오늘날의 학교는 중세의 상황과 유사하다. 이미 알려져 있는 교과서의 내용을 절대적인 것으로 보고 그것을 성경처럼 외우고 재생하는 데 급급하고 있다. 이 점에서 우리 나라의 학교체계는 세속계적인 관심 이외에 중세 서구사회가 그러했듯이 상당한 정도로 종교적인 측면도 내포하고 있다고 보아야 할 것이다.

방법의 면에서도 학교는 세속적 사회화와 수도계적인 교육의 이질성이 예리하게 대립하고 있으며, 그들간의 갈등과 조화의 문제가 해결되어야 할 것으로 보인다. 이 점에 있어서도 전자가 후자를 압도하고 있는 것으로 보인다. 학교는 교육소재의 면에서 관련 교과영역의 성과에 대한 일차 확인만을 중시하고 그것에 대한 학생들의 이차 확인을 생략하는 방식으로 운영되고 있다. 무조건 한편에서 다른 편으로 일치하는 것을 주된 목표로 삼고 그 성공을 보장하는 온갖 방법들이 도입된다. 이로써 교육의 단계별 진전, 체험의 구축을 위한 실습과 시범, 심열성복 등 교육적 내재율의 준수는 시간을 낭비하는 구차한 절차들로 치부된다. 대신 외재적 보상을 약속하는 조건화, 무조건 맹목적으로 따르기를 강요하는 교조화, 언어적 암기, 그리고 심한 경우는 세뇌의 방법까지 정당화된다. 그 결과는 교육적 인식론이 강조하는 증득이 아니라 체험이 배제된 언어적 모방, 즉 우리가 경계의 대상으로 삼는 지득이다. 그러나 실증주의적 평가방법은 증득과 지득을 구분하지 않기 때문에 학교에는 후자의 형식성만이 득세하고 있다.

교육을 표방하는 학교에서의 실천은 바뀌어야 한다. 학교의 실천은 대부분 외래적 관점, 특히 인식론에서 더 이상 시효가 상실된 19세기적 실증주의에 토대를 두고 있다. 이제 그것을 극복하고 우리가 말하는 교육적 인식론으로 그것을 대체할 수 있어야 한다. 모든 것을 학교의 여건 탓으로 돌리는 폐단을 우리는 반성해야 한다. 이제 무엇이 교육인지를 따지고 그것을 개선하는 데 중점을 두어야 한다. 앞으로 더 자세한 검토가 있어야 할 것이지만 앞서 잠깐 이루어진 우리의 논의만을 참조하더라도 그 개선점은 눈에 띠게 많다. 학교는 각종 수도계의 교육적 진화를 촉진하는 주도적인 역할을 담당할 수 있을 것이다. 그러자면 그 생활의 일부는 교육적인 내재율에 부합하도록 재조정되어야 한다.

우선 우리의 관점에서 볼 때 학문은 교육소재의 하나이다. 따라서 학교교육이 오로지 학문을 소재로 할 필요는 없다. 뿐만 아니라 학문을 소재로 하는 경우에도 그 소재는 학생의 수준에 따라 달라져야 할 것이다. 최근의 지식을 중심으로 하는 학문계 위주의 고압제도 문제이다. 선진과 후진, 그리고 각자에 맞는 수준의 소재를 중심으로 하는 단계별 교육이 일어나야 한다. 교사의 활동만큼 학생들의 활동도 적극성을 띠어야 할 것이다. 교사가 스승이 되고 학생이 제자가 되어야 한다는 고정관념도 타파되어야 할 신화이다. 교사가 상구자가 되고 학생이 하화자가 되지 말란 법은 없다. 학생들끼리의 교육적인 관계도 활성화되어야 할 것이다. 또한 교육평가의 문제에 있어서도 학교의 구성원이면 누구나 자신과 타인을 평가하는 주체로서 자주성을 가질 수 있어야 한다. 학자나 학교 당국의 일차 확인에 대한 학생들의 이차 확인을 허용하지 않는다면 그것은 수도계적인 품위의 평가가 될 수 없다.

우리가 흔히 무의식 중에 뱉어내는 "교과서를 배우고 가르친다"는 말은 적절한 표현인가? 학급사태를 정확하게 묘사한다면 교과서를 사이에 두고 저자의 생각, 교사의 교과서에 대한 해석, 그리고 개별학생의 관점이 충돌하는 사태이다. 이들 관점은 각각 그들의 품위수준에서 모두 정답이라고 할 수 있다. 이 경우 여러 수준의 해석이 있을 수 있고, 낮은 수준의 것이 높은 것으로 전환해 나가도록 하는 과정이 중요하다. 우리는 의심의 여지가 없이 교사의 정답이 학생의 것보다 더 높은 수준의 것으로 가정한다. 그러나 그 가정은 학생들에게 교육을 통해서 검증되어야 한다. 학생들은 그들의 지식을 꺼내 놓고 그것을 합당한 근거에 의해서 해체하고 새로운 지식을 얻는 데 적극적인 주체가 되어야 한다. 그가 무엇인가를 진정 배웠다면 이는 곧 그것에 대한 평가능력을 가졌다는 것을 의미한다. 만약 학생들에게 타증이 성공적으로 이루어졌다면 학생들은 결국 교사의 정답에 동조할 수 있게 될 것이고, 지금과 같은 경직된 객관적 검사가 별도로 필요하지 않을 것이다. 또한 학생들이 교사의 정답에 동조할 수 없다면 교사의 타증은 아직 완료된 것이 아니다.

이미 앞에서 길게 논의되었듯이 적어도 교육적 인식론의 관점에서는 자연과학, 인문과학, 사회과학을 예리하게 구분하고 있던 방법적인 이질성은 무너진다. 모든 분과학문이 수도계로서의 성격과 교육의 속성간의 만남에 의해서 공동의 기반을 가질 수 있게 된다. 그럼에도 불구하고 우리가 자연과학과 인문 · 사회과학에서 교육적 인식론의 적용가능성을 이야기할 때 살펴보았듯이 각각의 영역에서 특별히 개선되어야 할 독특한 측면들이 있었다. 우선 자연과학을 소재로 하는 교육에서 자연현상과 자연과학을 분리하는 일이 중요할 것으로 보인다. 우리가 자연과 직접 접속할 수 있는 길은 없다. 이 때문에 단순히 사물들을 지각할 기회를 주거나 그것들을 그림이나 필름으로 시청각화하여 제시하면, 혹은 교사를 포함하는 타인이 그것을 조작하는 활동을 관찰하게 하면, 그것이 학생들의 직접적인 실습과 동일한 효과가 있으리라는 예상은 큰 착각이다. 그것이 아무리 구체적인 것이라고 할지라도 외부적 사물의 변형을 이해함에 있어서 그리고 아동 내에서의 새로운 인지구조를 형성함에 있어서 적극적 조작의 중요성은 언제나 남아 있고, 그 조작의 수준에서 선진과 후진의 체험의 간극은 특히 과학교육에서 주된 고려의 항목이 되어야 할 것이다.

인문 · 사회과학을 소재로 하는 교육에도 문제가 많다. 인문 · 사회교육은 세속적인 이데올로기를 어떻게 배제하느냐 하는 것이 중요한 관건이 될 것이다. 학교 안에는 이미 이데올로기적인 요소가 지배적이다(Apple, 1979; Giroux, 1981). 이 사실은 부정하기 어려운 현실로서 학교를 이해하는 중요한 요소가 될 수 있을 것이다. 학교를 장악하고 있는 세력이 자신의 지위를 유지하거나 정당화시키는 방식으로 젊은이들의 가치관을 조작하기 위해 학교생활을 설계한다는 것은 천진난만한 사람이 아니라면 누구나 인정하는 일이다. 그러나 그런 현상은 우리의 관점에서 볼 때 교육의 영역이 아니라 사회화의 영역에 속한다.

인문 · 사회과학의 발전을 저해하는 요소는 이 분야가 지식과 이데올로기의 경계를 분명히 하고 있지 않다는 점이다. 특정한 사회 혹은 윤리적 가치체계를 정당화하기 위한 주장이나 이념의 복합체를 마치 학문적 지식인 양 위장하는 경우가 허다하다. 기존의 사회질서와 타협하도록 유도하는 의도에서 만들어진 이데올로기일수록 그 주장의 내용이나 입장이 가질 수 있는 오류가능성을 배제하려는 치밀한 은폐가 도사리고 있다. 또한 위장된 이데올로기의 주입은 국가기구를 등에 업은 학교기관을 통해서 강요되거나 세뇌된다. 만약 그런 허점에 대한 자성과 학교와 같은 형식교육에 대한 이론적 비판을 확보할 수 있다면 사회과학의 발전이 자연과학에 비해 지체될 아무런 이유가 없다. 어떤 지식이건 오류가 있음을 겸허하게 시인하고 그 오류로부터 서로 배우고 가르칠 용의를 갖는다면 오늘날의 사회에 대한 학문적 이해는 자연과학에 못지않은 소득을 얻을 수 있을 것이다.

우리는 마지막으로 학교를 포함하는 모든 생활세계에서 교육과 관련하여 간과되고 있으나 매우 중요한 측면을 언급해야 할 것 같다. 그것은 교육을 통한 교육계의 확인과 검증의 과정이다. 이것을 제 2 기 교육학은 교육을 소재로 하는 교육, 즉 '메타교육'의 측면에서 교육이 자율적으로 발전할 수 있는 내적 장치로 보고 있다. 나는 "교육은 결국 교육에 의해서 구제되어야 할 것(장상호, 1994)"으로 본다. 그 이유와 방법을 간략하게 요약하면 이렇다.

나는 참다운 교육은 그 고유한 실재와 가치를 스스로 입증한다고 믿는다. 교육은 마치 고상한 게임이나 취미와 같아서 한번 그 맛을 알게 되면 자주 그것을 하고 싶게 된다. 다시 말하자면 그것은 그 결과와 무관하게 우리의 삶에서 향유할 수 있는 활동이다. 모르면 배우고 알면 가르친다는 것은 인간으로서 너무도 당연한 권리이자 의무이다. 우리 선인들은 교육을 통해서 어떤 대가를 받으려고 하기보다는 내재적인 가치를 음미하면서 생활하였다. 예컨대 공자, 석가, 소크라테스는 교육적인 삶 자체를 즐겼고, 또 그것을 위해 다른 것들을 희생할 용의조차 보였다. 그러한 가치의 인식은 참된 교육이 진행될 때 가능해 진다.

어떤 세계이든 간에 그것의 실재가 창출되고 많은 사람들에게 입증되는 데에는 긴 시간의 경과가 필요하다. 우리가 교육을 방법론적으로 평가할 때 중요한 것은 특정한 순간의 교육이론이 아니라 오랜 시간에 걸친 교육 자체의 역사적 진화이다. 우리 선인들은 오랜 역사를 통해서 교육을 실천하면서 그것보다 더 나은 실천을 지향했을 것이고, 교육의 수도계적 품계를 확인할 수 있었을 것이다. 말하자면 수도계적인 품위를 향상시킨다는 관점에서 벗어나 교육적 활동 자체에 대한 평가를 할 수 있었을 것으로 본다. 교육은 이처럼 그것에 가담하는 주체가 교육의 고유가치를 '충분한 이유들' 로 체험하고 받아들일 때 비로소 온전하게 번창할 수 있다.

그런데 국가기구를 등에 업은 학교제도가 전 세계에 갑자기 도입되면서 교육적 삶의 고유한 측면이 망실되었다. 그 속에서 이루어지는 생활은 명분상 교육과 연관된 것으로 되어 있지만 온갖 비리나 부정적인 요소를 가지고 있다. 바로 그 부정적인 경험들이 누적되면서 학교를 거친 일반사람들의 교육에 대한 이미지가 오도되기에 이른 것이다. 이 점에서 학교는 잘못된 교육관을 재생하는 데 중요한 역할을 하고 있다. 이제 제 2 기 교육학은 그 잘못된 생각을 바로 잡고 오랫동안 망각되고 망실된 교육을 우리의 삶에서 복권하고 증대시키는 데 한몫을 할 수 있기를 기대한다.

학교의 경험이 교육의 이미지에 준 상처는 깊고 그 기간 역시 길다. 그만큼 치유의 기간도 길어질 것이다. 앞에서 우리는 당대에는 인정을 받지 못했지만 교육을 통해서 그것을 체험한 후에 비로소 인정받는 경우를 예상했다. 교육은 많은 경우에 그것을 접하는 사람들에게 그에 합당한 감식능력을 요구한다. 일반인은 그들이 가진 부정적인 학교경험을 기준으로 교육을 보고 또 다른 사람의 교육을 판단할 것이다. 제 2 기 교육학은 그런 교육관을 불식시키기를 원하며 그들이 참된 교육을 인식하고 경험함으로써 교육의 편에 서서 헌신하는 생활을 하도록 하는 확실한 방법으로서 메타교육의 중요성을 강조하지 않을 수 없다.

그 방법은 의외로 간명하다. 우리가 되도록 교육의 내재율에 충실한 생활을 하면서 그것의 가치를 감식할 수 있도록 서로 협조하는 것이다. 교육에 성공적으로 참여하거나 모범적인 교육을 보는 것은 참된 의미의 교육 자체를 강화한다. 우리는 참다운 교육을 하면서 한편으로 그것에 관해서 상구하고 다른 한편으로 후진에게 그것을 하화할 수 있다. 이런 방식으로 교육의 실재성과 그 나름의 품계가 확인되면 이제까지 교육을 단지 수단의 의미로만 부각시켜 왔던 우리생활의 폐습과 관례가 좀더 단기간에 교정되고 극복될 수 있을 것이다.

참고문헌

가이즈카 시게키(貝塚茂樹; 1951/1991). 공자. (박연호 역.「공자의 생애와 사상」. 서울: 서광사).

강대석(1988).「독일관념철학과 변증법」. 서울: 한길사.

김남두(1992). "서구 대화문화의 그리스적 기원." 크리스찬 아카데미(편).「대화의 철학」. 서울: 서광사. 157-196.

김학주(1988).「공자의 생애와 사상」. 서울: 명문당.

김혜숙 편(1995).「포스트모더니즘과 철학」. 서울: 이화여자대학교 출판부.

마스다니 후미오(1972/1987). 佛陀 : その生涯と思想. (반영규 역.「붓다: 그 생애와 사상」. 서울: 대원정사).

박종현 편저(1996).「플라톤」. 서울: 서울대학교 출판부.

불교성전편찬회(1985).「불교성전」. 서울: 동국대학교 역경원.

사마천(/1981). 사기열전. (홍석보 역.「사기열전」. 서울: 삼성출판사).

엄태동(1998). 교육적 인식론 연구: 키에르케고르와 폴라니의 교화적 방법에 대한 교육학적 고찰. 서울대학교 박사학위논문.

윤호병 외(1992).「후기구조주의」. 서울: 고려원.

이기영(1999).「석가」. 서울: 한국불교연구원.

장상호(1991). "교육학 탐구영역의 재개념화."「교육학연구」, 91-2. 서울대학교 사범대학 교육연구소.

장상호(1993). "학문공동체의 지적 풍토에 관한 소고."「서울대학교 사대

논총」, 제47집. 25-59.

장상호(1994). "교육은 결국 교육에 의해서 개혁되어야 한다."「교육개발」, 통권 87호. 한국교육개발원. 10-13.

장상호(1997a).「학문과 교육(상): 학문이란 무엇인가」. 서울: 서울대학교 출판부.

장상호(1997b). "교육의 재개념화에 따른 10가지 새로운 탐구영역."「교육원리연구」, 2(1). 111-212.

장상호(1998). "교육활동으로서의 언어적 소통: 그 한계와 새로운 가능성의 탐색."「교육원리연구」, 3(1). 40-77.

장상호(2005).「학문과 교육(중): 교육이란 무엇인가」. 서울: 서울대학교 출판부.

전병재 편(1985).「사회학과 마르크스주의」. 서울: 한울.

정우 · 길상 편(1981).「부처님과 그 제자들」. 서울: 홍법원.

차주환(1984).「공자」. 서울: 삼성미술문화재단.

최명관 역저(1983).「방법서설 · 성찰 · 데까르트 연구」. 서울: 서광사.

표재명(1992).「키에르케고어의 단독자 개념」. 서울: 서광사.

표재명(1994). "키에르케고어에서의 간접전달." 표재명 외.「헤겔에서 리오타르까지」. 서울: 지성의 샘. 129-151.

한국하이데거학회 편(1998).「하이데거의 언어사상」. 서울: 철학과 현실사.

Ambedkar, B. R.(1974/1994). *The Buddha and his Dhamma.* (박희준 · 김기춘 역.「붓다와 그 가르침」. 서울: 민족사).

Apel, Karl-Otto(1972/1980). *Transformation der Philosophie.* (G. Adey & D. Frisby, Trans. Towards a Transformation of Philosophy. London: Routledge & Kegan Paul).

Apple, M.(1979). *Ideology and Curriculum.* Boston: Routledge & Kegan Paul.

Aristotle(/1984). *Nicomachean Ethics.* (최명관 역.「니코마코스 윤리학」. 서

울: 서광사).

Austin, J. L.(1962). *How to Do Things with Words.* New York: Oxford University Press.

Ayer, A. J.(1936). *Language, Truth and Logic.* Harmondsworth: Penguin Books.

Ayer, A. J.(Ed.)(1959). *Logical Positivism.* New York: The Free Press.

Bachelard, G.(1934/1990). *Le Nouvel Esprit Scientifique.* (김용선 역. 「새로운 과학정신」. 서울: 인간사랑).

Bachelard, G.(1949/1991). *La Philosophie du Non.* (김용선 역. 「부정의 철학」. 서울: 인간사랑).

Barnes, J. (1982/1989). *Aristotle.* (문계석 역. 「아리스토텔레스의 철학」. 서울: 서광사).

Berk, L. E. & A. Winsler(1995/1995). *Scaffolding Children's Learning: Vygotsky and Early Childhood Education.* (홍용희 역. 「어린이들의 학습에 비계설정: 비고스키와 유아교육」. 서울: 창지사).

Bernstein, R. J.(1983). *Beyond Objectivism and Relativism: Science, Hermeneutics, and Praxis.* Pennsylvania: University of Pennsylvania Press.

Bloom, A. D.(1987/1989). *The Closing of the American Mind.* (이원희 역. 「미국 정신의 종말」. 서울: 범양사 출판부).

Boden, M.(1994/1999). *Piaget.* (서창열 역. 「피아제」. 서울: 서광사).

Bollnow, O. F.(1975/1994). *Das Doppelgesicht der Wahrheit: Philosophie der Erkenntnis.* (백승윤 역. 「진리의 양면성: 인식의 철학」. 서울: 서광사).

Bollnow, O. F.(1981/1993). *Philosophie der Erkenntnis.* (백승윤 역. 「인식의 해석학」. 서울: 서광사).

Bridgman, P. W.(1958). *The Logic of Modern Physics.* New York: The Macmillan Company.

Bringuier, Jean-Claude(1980). *Conversations with Jean Piaget*. Chicago: The University of Chicago Press.

Broad, W. & N. Wade(1983/1989). *Betrayers of the Truth: Fraud and Deceit in the Halls of Science.* (박익수 역. 「과학사에 오점을 남긴 배신의 과학자들」. 서울: 겸지사).

Capra, F.(/1989). *Uncommon Wisdom: Conversation with Remarkable People.* (홍동선 역. 「탁월한 지혜」. 서울: 범양사 출판부).

Castanenda, C.(1968/1986). *The Teaching of Don Juan — A Yaque Way of Knowledge.* (류시화 역. 「돈 후앙의 가르침」. 서울: 청하).

Collins, A., J. Brown, & S. Newman(1988). "Cognitive apprenticeship: Teaching the craft of reading, writing, and mathematics." In L. B. Resnick(Ed.). *Cognition and Instruction: Issues and Agendas.* New Jersey: Lawrence Erlbaum Associates. 453-494.

Conford, F. M.(1976/1988). *Before and After Socrates.* (이종훈 역. 「소크라테스의 철학」. 서울: 박영사).

Csikszentmihalyi, M. & C. Csikszentmihaly(Eds.)(1988). *Optimal Experience: Psychological Studies of Flow in Consciousness.* New York: Cambridge University Press.

Deci, E. L. & R. M. Ryan(1985). *Intrinsic Motivation and Self-Determination in Human Behavior.* New York: Plenum Press.

Derrida, J.(1967a/1996). *De la grammatologie.* (김성도 역. 「그라마톨로지」. 서울: 민음사).

Derrida, J.(1967b/1973). *La Voix et le phénomène: Introduction au problème du signe dans la phénomènologie.* (D. Allison, Trans. *Speech and Phenomena and Other Essays on Husserl's Theory of Signs.* Evanston: Northwestern University Press).

Derrida, J.(1972/1994). *Positions: Entretiens avec Henri Ronse et al.* (박성창 편

역.「입장들」. 서울: 솔).

Dewey, J.(1916). *Democracy and Education*. New York: The Macmillan Company.

Dewey, J.(1922). *Human Nature and Conduct: An Introduction to Social Psychology*. New York: Randon House.

Dewey, J.(1929a). *Experience and Nature*. New York: Dover Publication, Inc.

Dewey, J.(1929b). *The Quest for Certainty*. New York: Minton Balch Company.

Dewey, J.(1933). *How We Think*. Chicago: Henry Regnery Company.

Dewey, J.(1934). *Art as Experience*. New York: Minton Balch Company.

Dewey, J.(1939). *Theory of Valuation*. Chicago: University of Chicago Press.

Dewey, J.(1948). *Reconstruction in Philosophy*. Boston: Beacon Press.

Dewey, J.(1963). *Experience and Education*. New York: Collier Books.

Dilthey, W.(1927/1976). Gesammelte Schriften. In. H. P. Rickman, Ed., Trans., & Intro. *W. Dilthey: Selected Writings*. Cambridge: Cambridge University Press.

Duckworth, E.(1973). "The having of wonderful ideas." In M. Schwebell & J. Raph(Eds.). *Piaget in the Classroom*. New York: Basic Books, Inc. 258-277.

Duhem, P.(1954). *The Aim and Structure of Physical Theory*. New York: Atheneum.

Eisner, E. W.(1985). *The Art of Educational Evaluation: A Personal View*. London: The Falmer Press.

Elkind, D.(1976). *Child Development and Education: A Piagetian Perspective*. New York: Oxford University Press.

Feyerabend, P. K.(1963). "Explanation, reduction, and empiricism." In H. Feigl, M. Scriven, & G. Maxwell(Eds.). *Minnesota Studies in the Philosophy of Science*, Vol. III. Minneapolis: University of Minnessota Press. 28-97.

Feyerabend, P. K.(1975). *Against Method: Outline of an Anarchistic Theory of Knowledge.* London: NLB.

Feyerabend, P. K.(1978). *Science in a Free Society*. London: NLB.

Flitner, A.(1982). "Educational science and educational practice." *Education,* 25, 63-75.

Foucault, M.(1966/1987). *Les Mot et les choses.* (이광래 역. 「말과 사물」. 서울: 민음사).

Foucault, M.(1969/1972). *L'Archéologie du savoir.* (A. M. Shheridan, Trans. *The Archaeology of Knowledge and the Discourse on Language.* New York: Harper Torchbooks).

Foucault, M.(1977). *Power/Knowledge: Selected Interviews and Other Writings.* (C. Gordon, et al., Trans. New York: Pantheon Books).

Gadamer, Hans-Georg(1960/1982). *Wahrheit und Methode.* (J. C. B. Mohr, Trans. *Truth and Method.* New York: The Crossroad Publishing Company).

Gadamer, Hans-Georg(/1976). *Philosophical Hermeneutics.* (D. E. Linge, Trans. & Ed. Berkeley: University of California Press).

Ginsburg, H. & S. Opper(1969). *Piaget's Theory of Intellectual Development: An Introduction.* New Jersey: Prentice-Hall, Inc.

Giroux, H. A.(1981). *Ideology, Culture and the Process of Schooling.* Philadelphia: Temple University Press.

Glasersfeld, E.(1995). *Radical Construtivism: A Way of Knowing and Learning.* London: The Falmer Press.

Goffman, E.(1974). *Frame Analysis.* New York: Harper & Row.

Goodman, N.(1978). *Ways of Worldmaking.* Indianapolis: Hackett Publishing Company.

Gruber, H. H.(1973). "Courage and cognitive growth in children and scientists." In M. Schwebel & J. Raph(Eds.). *Piaget in the Classroom.* New York: Basic Books, Inc. 73-105.

Habermas, J.(1970/1986). *Zur Logic der Sozialwissenschaften.* (박성수 역. 「사회과학의 논리」. 서울: 문예출판사).

Habermas, J.(1976/1979). *Sprachpragmatik und Philosophie/Zur Rekonstruktion des Historischen Materialismus.* (T. A. McCarthy, Trans. *Communication and the Evolution of Society.* Boston: Beacon Press).

Habermas, J.(1977). "A review of Gadamer's truth and method." In F. Dallmayr & T. A. McCarthy(Eds.). *Understanding and Social Inquiry.* Notre Dame: University of Notre Dame Press. 335-363.

Hanson, N. R.(1961/1995). *Patterns of Discovery: An Inquiry into the Conceptual Foundations of Science.* (송진웅 · 조숙경 역. 「과학적 발견의 패턴」. 서울: 민음사).

Hegel, G. W. F.(1808/1988). *Phänomenologie des Geistes.* (임석진 역. 「정신현상학 I, II」. 서울: 지식산업사).

Hegel, G. W. F.(1812/1994). *Wissenschaft der Logik.* (임석진 역. 「대논리학 I, II, III」. 서울: 벽호).

Hegel, G. W. F.(1928/1981). *Vorlesungen über die Philosophie der Geschichte.* (김종호 역. 「역사철학강의」. 서울: 삼성출판사).

Heidegger, M.(1927/1994). *Die Grundprobleme der Phänomenologie.* (이기상 역. 「현상학의 근본문제들」. 서울: 문예출판사).

Heidegger, M.(1953/1989). *Sein und Zeit.* (전양범 역. 「존재와 시간」. 서울: 시간과 공간사).

Heisenberg, W. K.(1969/1982). *Der Teil und das Ganze.* (김용준 역. 「부분과 전체」. 서울: 지식산업사).

Hunt, J.(1961). *Intelligence and Experience.* New York: Knoph.

Husserl, E.(/1965). *Phenomenology and the Crisis of Philosophy.* (Q. Lauer,

Trans. New York: Harper Torchbooks).

Husserl, E.(1950/1970a). *Die Idee der Phänomenologie.* (W. P. Alston & Nakhnikian G., Trans. *The Idea of Phenomenology.* The Hague: Marinus Najihoff).

Husserl, E.(1954/1970b). *Die Krisis europaischen Wissenscaften und die transzentale Phänomenologie.* (David Carr, Trans. *The Crisis of European Sciencies and Transcendental Phenomenology.* Evanston: Northwestern University Press).

Husserl, E.(1913/1997). *Ideen zu einer reinen Phänomenologie und Phänomenologischen Philosophie.* (최경호 역. 「순수현상학과 현상학적 철학의 이념들」. 서울: 문학과 지성사).

Illich, I.(1971/1986). *The Deschooling Society.* (김남석 역. 「교육사회에서의 탈출」. 서울: 범조사).

Illich, I.(1973/1979). *Tools for Conviviality.* (김남석 역. 「공생의 사회」. 서울: 범조사).

Illich, I.(1981/1988). *Shadow Work.* (박홍규 역. 「그림자 노동」. 서울: 분도출판사).

Inhelder, B., H. Sinclair, & M. Bovet(1974/1974). *Apprentissage et Structures de la Connaissance.* (S. Wedgwood, Trans. *Learning and the Development of Cognition.* London: Routledge & Kegan Paul).

James, W.(1907). "Pragmatism's conception of truth." In P. Horwich(Ed.)(1994). *Theories of Truth.* Aldershot: Dartmouth. 17-42.

Kamii, C.(1973). "Piaget's interactionism and the process of teaching young children." In M. Schwebel & J. Raph(Eds.). *Piaget in the Classroom.* New York: Basic Books, Inc. 99-230.

Kamii, C. & R. DeVries(1978/1992). *Physical Knowledge in Preschool Education: Implications of Piaget's Theory.* (문미옥 역. 「물리적 지식 활동」.

서울: 창지사).

Kant, I.(1781/1995). *Kritik der reinen Vernunft.* (최재희 역. 「순수이성비판」. 서울: 박영사).

Kierkegaard, S.(1843a/1959). *Either/Or. Vols. I & II.* (W. Lowrie, Trans. New York: Double Day).

Kierkegaard, S.(1843b/1970). *Furcht und zittern.* (W. Lowrie, Trans. *Fear and Trembling.* Princeton: Princeton University Press).

Kierkegaard, S.(1846/1941). *Concluding Unscientific Postscript to the Philosophical Fragments.* (D. Swenson & W. Lowrie, Trans. Princeton: Princeton University Press).

Kierkegaard, S.(1859/1980). *The Point of View for My Work as an Author: A Report to History.* (임춘갑 역. 「관점/현대의 비판」. 서울: 종로서적).

Kuhn, T. S.(1970). *The Structure of Scientific Revolutions.* Chicago: The University of Chicago Press.

Lakatos, I.(1970). "Falsification and the methodology of scientific research programmes." In I. Lakatos & A. Musgrave(Eds.). *Criticism and the Growth of Knowledge.* London: Cambridge University Press. 91-196.

Laudan, L.(1977). *Progress and Its Problems.* Berkeley: University of California Press.

Laudan, L.(1984/1994). *Science and Values: The Aims of Science and Their Role in Scientific Debate.* (이유선 역. 「과학과 가치」. 서울: 민음사).

Lowrie, W.(1951/1995). *A Short Life of Kierkegaard.* (임춘갑 역. 「키에르케고르: 생애와 사상」. 서울: 종로서적).

Lyotard, J. F.(1979/1992). *La Condition Postmoderne.* (이현복 역. 「포스트모던적 조건」. 서울: 서광사),

Mannheim, K.(1929/1976). *Ideologie und Utopie.* (L. Wirth & E. Shils, Trans.

Ideology and Utopia. London: Routledge & Kegan Paul).

Maslow, A. H.(1966). *The Psychology of Science.* Chicago: Henry Regnery.

Maslow, A. H.(1970). *Motivation and Personality.* New York: Harper.

Mason, C. (1954/1991). *Socrates: The Man Who Dared to Ask.* (최명관 역. 「소설 소크라테스: 끊임없이 질문을 던진 사람」. 서울: 서광사).

Maturana, H. R. & F. J. Varela(1987/1995). *Der Baum der Erkenntis: Die biologischen Wurzeln des menschlichen Erkennens.* (최영호 역. 「인식의 나무」. 서울: 자작아카데미).

Merleau-Ponty, M.(1964). *The Primacy of Perception.* Chicago: Northwestern University Press.

Merquior, J.(1985/1998). *Foucault.* (이종인 역. 「푸코」. 서울: 시공사).

Merton, P. K.(1973). *The Sociology of Science.* Chicago: The University of Chicago Press.

Mezirow, J.(1991). *Transformative Dimensions of Adult Learning.* San Francisco: Jossey-Bass Publishers.

Moore, W. J.(1994/1997). *A Life of Erwin Schrödinger.* (전대호 역. 「슈뢰딩거의 삶」. 서울: 사이언스북스).

Nagel, E.(1961). *The Structure of Science.* London: Routledge & Kegan Paul.

Nietzsche, F. W.(1873/1991). *Die Geburt der Tragodie.* (김대경 역. 「비극의 탄생」. 서울: 청하).

Norris, C.(1987/1999). *Derrida.* (이종인 역. 「데리다」. 서울: 시공사).

Oakeshott, M.(1933). *Experience and Its Modes.* London: Cambridge University Press.

Oakeshott, M.(1962). *Rationalism in Politics.* London: Methuen.

Petrie, H. G.(1981). *The Dilema of Enquiry and Learning.* Chicago: The University of Chicago Press.

Piaget, J.(1923/1955). *Le Langage et la pensée chez l'enfant.* (M. Gabain, Trans.

The Language and Thought of the Child. New York : Meridian Books).

Piaget, J.(1937/1971a). *La Construction du réel chez l'enfant.* (M. Cook, Trans. *The Construction of Reality in the Child.* New York: Ballantine Books).

Piaget, J.(1947/1972a). *La Psychologie de l'intelligence.* (M. Piercy & D. E Andrews, Trans. *The Psychology of Intelligence.* New Jersey: Littledfield, Adams & Co).

Piaget, J.(1953/1977). *Naissance de l'intelligence chez l'enfant.* (M. Cook, Trans. *The Origin of Intelligence in the Child.* Harmondsworth : Penguin Books).

Piaget, J.(1964). "Development and learning." *Journal of Research in Science Teaching,* 2, 176-186.

Piaget, J.(1967/1971b). *Biologie et connaissance.* (B. Walsh, Trans. *Biology and Knowledge.* Chicago: The University of Chicago Press).

Piaget, J.(1968/1970a). *Le Structuralisme.* (C. Maschler, Trans. & Ed. Structuralism. New York: Basic Books).

Piaget, J.(1969/1970b). *Psychologie et pédagogue.* (D. Coltman, Trans. *Science of Education and the Psychology of the Child.* New York: Orion Press).

Piaget, J.(1970a/1971c). *L'Épistémologie génétique.* (E. Duckworth, Trans. *Genetic Epistemology.* New York: Norton & Company).

Piaget, J.(1970b/1972b). *Psychologie et Épistémologie.* (P. A. Wells, Trans. *Psychology and Epistemology: Towards a Theory of Knowledge.* New York: Penguin Books).

Piaget, J.(1974/1980). *Adaptation vitale et psychologie de l'intelligence.* (S. Eames, Trans. *Adaptation and Intelligence: Organic Selection and Phenocopy.* Chicago: The University of Chicago Press).

Piaget, J. & B. Inhelder(1968/1973). *Memoire et intelligence.* (A. J. Pomerans, Trans. *Memory and Intelligence.* London: Routledge & Kegan Paul).

Piaget, J. & R. Garcia(1983/1989). *Psychogenèse et Histoire des Sciences.* (H. Feider, Trans. *Psychogeneis and the History of Science.* New York: Columbia University).

Platon(/1965). *Protagoras.* (박양운 역. 「플라톤」. 서울: 광문출판사. 83-202).

Platon(/1987). *Apology.* (황문수 역. 「소크라테스의 변명 · 크리톤 · 파이돈 · 향연」. 서울: 문예출판사).

Platon(/1996). *Menon · Phaedo · Republic.* (박종현 역. 「플라톤: 메논 · 파이돈 · 국가」. 서울: 서울대학교 출판부).

Platon(/1997). *Republic.* (박종현 역. 「국가 · 정체」. 서울: 서광사).

Polanyi, M.(1958). *Personal Knowledge: Towards a Post-Critical Philosophy.* London: Routledge & Kegan Paul.

Polanyi, M.(1959). *The Study of Man.* Chicago: The University of Chicago Press.

Polanyi, M.(1964). *Science, Faith and Society.* Chicago: The University of Chicago Press.

Polanyi, M.(1967). *The Tacit Dimension.* New York: Anchor Books.

Popper, K. R.(1959). *The Logic of Scientific Discovery.* New York: Harper Torchbooks.

Popper, K. R.(1963). *Conjectures and Refutations: The Growth of Scientific Knowledge.* New York: Basic Books, Inc.

Popper, K. R.(1972). *Objective Knowledge: An Evolutionary Approach.* Oxford: Oxford University Press.

Putnam, H.(1981/1987). *Reason, Truth and History.* (김효명 역. 「이성 · 진리 · 역사」. 서울: 민음사).

Quine, W. V. O.(1961). "Two dogmas of empiricism." In W. V. O. Quine. *From a Logical Point of View.* New York: Harper and Row. 20-46.

Quine, W. V. O.(1969). *Ontological Relativity and Other Essays.* New York: Columbia University Press.

Ravetz, J. R.(1971). *Scientific Knowledge and its Social Problems.* Harmondsworth: Penguin Books.

Reichenbach, H.(1951). *The Rise of Schientific Philosophy.* Berkeley: University of California Press.

Riley, G.(1974). *Values, Objectivity, and the Social Sciences.* London: Addison-Wesley Publishing Company.

Rogoff, B.(1990). *Apprenticeship in Thinking: Cognitive Development in Social Context.* New York: Oxford University Press.

Rogoff, B.(1993). "Social interaction as apprenticeship in thinking: Guidance and participation in spacial planning." In L. Resnick, J. Levine, & S. Teasley(Eds.). *Perspectives on Socially Shared Cognition.* Washington D. C.: American Psychological Association. 349-364.

Rogoff, B. & J. V. Wertsch(Eds.)(1984). *Children's Learning in "Zone of Proximal Development".* San Francisco: Jossey-Bass Publishers.

Rorty, R.(1979). *Philosophy and the Mirror of Nature.* Princeton: Princeton University Press.

Rorty, R.(1982/1996). *Consequences of Pragmatism.* (김동식 역.「실용주의의 결과」. 서울: 민음사).

Rorty, R.(1989). *Contingency, Irony, and Solidarity.* New York: Cambridge University Press.

Rousseau, J. J.(1762/1983). *Emile.* (강인성 역.「에밀」. 서울: 한국출판문화공사).

Russell, B.(1964). *An Inquiry onto Meaning and Truth.* Baltimore: Penguin Books.

Ryle, G.(1949). *The Concept of Mind.* New York: Barnes & Noble.

Saussure, F. de.(1959/1990). *Cours de Linguistique Generale.* (최승언 역. 「일반언어학 강의」. 서울: 민음사).

Scheffler, I.(1967). *Science and Subjectivity.* New York: Bobbs-Merrill.

Schmidt, S. J.(1994/1996). *Kognitive Autonomie und soziale Orientierung: konstruktivistische Bemerkungen zum Zusammenhang von Kognition, Kommuniktion, Medien und Kultur.* (박여성 역. 「미디어 인식론: 인지-텍스트-커뮤니케이션」. 서울: 까치).

Schön D. A.(1983). *The Reflective Practitioner*. New York: Basic Books.

Schön, D. A.(1988). *Educating the Reflective Practitioner.* San Francisco: Jossey-Bass Publishers.

Schön, D. A.(1988). "Coaching reflective teaching." In P. P. Grimmett & G. L. Erickson(Eds.). *Reflection in Teacher Education.* New York: Teachers College, Columbia University. 19-30.

Schutz, A.(1973). *Collected Papers I: The Problem of Social Reality.* In. M. Natanson(Ed.). Hague: Martinus Nijhoff.

Stark, W.(1958). *The Sociology of Knowledge.* London: Routledge & Kegan Paul.

Taylor, M.(1975). *Kierkegaard's Pseudonymous Authorship: A Study of Time and the Self.* New Jersey: Princeton University Press.

Thomson, G.(1961/1992). *The Study of Ancient Greek Society: The First Philosophers.* (조대호 역. 「고대사회와 최초의 철학자들」. 서울: 고려원).

Tiles, J. E.(Ed.)(1992). *John Dewey: Critical Assessments,* III. London: Routledge.

Torbert, W. R.(1981). "Why educational research has been so uneducational: The case for a new model of social science based on collaborative inquiry." In P. Reason & J. Rowan(Eds.). *Human Inquiry: A Sourcebook of New Paradigm Research.* New York: John Wiley & Sons. 141-152.

Toulmin, S.(1961). *Foresight and Understanding: An Enquiry into the Aims of*

Science. New York: Harper Torchbooks.

Toulmin, S.(1970). "Does the distinction between normal and revolutionary science hold water?" In I. Lakatos & A. Musgrave(Eds.). *Criticism and the Growth of Knowledge*. London: Cambridge University Press. 39-58.

Toulmin, S.(1972). *Human Understanding: The Collective Use and Evolution of Concepts*. Princeton: Princeton University Press.

van Peursen, C. A.(1972/1983). *Phenomenology and Analytical Philosophy.* (손봉호 역.「현상학과 분석철학」. 서울: 탑출판사).

van Peursen, C. A.(1981). "Creativity as learning process." In D. Dutton & M. Kausz(Eds.). *The Concept of Creativity in Science and Art.* Hague: Martinus Nijhoff Publishers. 157-185.

Varela, F. J., E. Thompson, & E. Roth(1991/1997). *The Embodied Mind: Cognitive Science and Human Experience.* (석봉래 역.「인지과학의 철학적 이해」. 서울: 옥토).

Vygotsky, L. S.(1934/1985). *Thought and Language.* (신현정 역.「사고와 언어」. 서울: 성원사).

Vygotsky, L. S.(1978). *Mind in Society: The Development of Higher Psychological Processes.* Cambridge: Harvard University Press.

Weber, M.(/1949). *The Methodology of the Social Sciences.* (E. A. Shils & H. A. Finch, Trans. & Ed. New York: The Free Press.)

Whitehead, A. N.(1929). *The Aims of Education and Other Essays.* New York: The Free Press.

Winch, P.(1958). *The Idea of a Social Science and Its Relation to Philosophy.* New York: Humanities Press.

Wittgenstein, L.(1922/1951). *Tractatus Logico-Philosophicus.* (K. Ogden. Trans. London: Routlege & Kegan Paul.

Wittgenstein, L.(1953/1978). *Philosophische Untersuchungen.* (G. E. M. Anscombe, Trans. *Phiosophical Investigations.* Oxford: Basil Blackwell).

Wood, D. J.(1980). "Teaching the young child: Some relationships between social interaction, language, and thought." In D. R. Olson(Ed.). *The Social Foundations of Language and Thought*. New York: W. W. Norton & Company. 280-296.

Wood, D. J., J. S. Bruner, & G. Ross(1976). "The role of tutoring in problem solving." *Journal of Child Psychology and Psychiatry*, 17(2), 89-100.

Ziman, J.(1968). *Public Knowledge: An Essay Concerning the Social Dimension of Science.* London: Cambridge University Press.

Ziman, J.(1979/1994). *Teaching and Learning about Science and Society.* (오진곤 · 박충웅 역. 「과학과 사회를 잇는 교육」. 서울: 전파과학사).

인명색인

ㄹ

ㅁ

ㅇ

ㅈ

ㅊ

ㅋ

주제색인

ㄱ

ㄹ

ㅁ

ㅂ

ㅊ

□ 저자약력 □

장 상 호

서울대학교 교육학과 졸업(1959～1963)

동 대학원 교육학과 석사(1965～1967)

한국행동과학연구소 연구원(1968～1970)

미국 Stanford University 대학원 박사(1970～1974)

서울대학교 교육학과 교수(1974～2005)

현 서울대학교 명예교수

현 삶과교육연구소 소장

shchang@snu.ac.kr

저서 · 논문

《행동과학의 연구논리》, 《행동과학의 문제와 방법론》, 《인간행동과 자유》, 《발생적 인식론과 교육》, 《학습의 인간화》, 《교육학 탐구영역의 재개념화》, 《인격적 지식의 확장》, 《학문과 교육(상): 학문이란 무엇인가》, 《학문과 교육(중Ⅰ): 교육이란 무엇인가》, 《학문과 교육(중Ⅱ): 교육본위의 삶》, 《학문과 교육(중Ⅲ): 교육연구의 새 지평》, 《학문과 교육(하): 교육적 인식론이란 무엇인가》, 《인간주의 교육》(역), 《오류가능성의 교육적 의의》(역), 《교수, 학습, 그리고 의사소통》(역), 기타 다수의 논문과 공저

학문과 교육 【하】

초판 1쇄 발행 2000년 8월 15일
초판 6쇄 발행 2019년 2월 25일

지은이 장상호
펴낸이 오세정
펴낸곳 서울대학교출판문화원

출판등록 제15-3호

주소 08826 서울 관악구 관악로 1
대표전화 02-880-5252 | 팩스 02-888-4148
홍보마케팅팀(주문 상담) 02-889-4424, 02-880-7995
이메일 snubook@snu.ac.kr
홈페이지 www.snupress.com

ISBN 978-89-521-1917-9 94370
978-89-521-0671-1 (세트)